先秦文学与文化研究丛书

赵逵夫／主编

先秦人物品评研究

孙董霞／著

上海古籍出版社

图书在版编目(CIP)数据

先秦人物品评研究/孙董霞著. —上海:上海古籍出版社,2022.10
(先秦文学与文化研究丛书)
ISBN 978-7-5732-0467-7

Ⅰ.①先… Ⅱ.①孙… Ⅲ.①历史人物—人物研究—中国—先秦时代 Ⅳ.①K820.2

中国版本图书馆 CIP 数据核字(2022)第 188888 号

先秦文学与文化研究丛书
先秦人物品评研究
孙董霞 著
上海古籍出版社出版发行

(上海市闵行区号景路 159 弄 1-5 号 A 座 5F 邮政编码 201101)
 (1) 网址: www.guji.com.cn
 (2) E-mail: guji1@guji.com.cn
 (3) 易文网网址: www.ewen.co
常熟文化印刷有限公司印刷
开本 635×965 1/16 印张 34.5 插页 2 字数 489,000
2022 年 10 月第 1 版 2022 年 10 月第 1 次印刷
印数:1—1,300
ISBN 978-7-5732-0467-7
K·3279 定价:148.00 元
如有质量问题,请与承印公司联系

《先秦文学与文化研究丛书》序

赵逵夫

在今日的社会环境与学术条件下,应该对先秦文学与文化进行集中的、系统的、更深入的研究。中华民族有五千年的文明史。一般说来,距当今社会越近者,与当今社会的共同性越多,对当今社会的影响便越大,借鉴意义也越大。但是,先秦时期既是中华民族的形成时期,也是中华民族精神的确立时期,它对后代在文学和文化各方面的影响,此后任何一个时代不能与之相比。

在学术领域的情形是,从古到今,有关这一段的研究最多(包括经学范围内的论著),但近代以来学者同古代人们的看法之差距却最大,而且近代以来学者之间争论亦最多,分歧也最大。读读《古史辨》以来的有关论著,便可以明白。至于文学史著作,先秦一段似乎只是同汉、魏、晋、南北朝、唐、宋、元、明、清并列的一个时段,同各朝分体论述的情形一样,大多分为《诗经》、"历史散文"、"诸子散文"、《楚辞》四大部分,有的在前面加上"概述"或"原始歌谣与神话",后面带上"秦代文学"。而事实上,就中国文明史言之,秦以前的一段同汉以后一段时间大体相等①。先秦时代没有摄影、录音、录像设备,我们对先秦时两千年社会的认识,除了有关史书、诸子著作之外,一靠地下出土的材料,二靠当时留下来的文学作品。文学作品不仅是当时社会的反映,也是当时人们心灵的反映。一部文学史,便是一部心灵史。至今存在一个比较普遍的错误观念,认为先秦时代没有纯文学。

---

① 秦朝从统一全国至灭亡,前后十六年,秦统一之前同之后的历史,无论人物、文件都很难截然分开,故虽然严格的"先秦"指秦统一六国以前的两千多年,但很多学术著作将秦代也附于战国之后。研究政治思想史者,则多将"秦汉"连接论述之。大体上根据研究的内容,各取其便。

《诗经》中的三百多首诗难道不是纯文学？世界各个民族中，文学不同体裁的发展是不平衡的。但一般说来，诗歌都是产生最早的。我国西周末年宣王时代即产生了以召伯虎、尹吉甫、南仲、张仲为代表的中兴诗人，成为中国文学史上最早的文学群体，这也是很多学者未能想到的[①]。

我们要展现中华民族五千年的文明史，必须对先秦时代的文学与文化各方面有一个科学、明晰的认识，既消除种种盲目信古的谬说，也克服一味疑古的心理与思想，从而对它们作科学的、更为细致的研究。

百年来地下出土的大量文物资料及一些学者们的研究，已为我们奠定了一个好的基础，即使是"疑古派"学者所提出的种种问题，也对我们彻底地清理理论场地、对不少问题的考察与研究抛开各种旧说的束缚而从头做起，起到了积极的作用。而近几十年出土的大量文字资料，更使我们有可能弄清前人无法弄清的问题，纠正前人的某些错误，解决一些历史的悬案，补出某些历史的缺环。

我们的先民大约从公元前3500年左右进入铜石并用的时代（在距今六七千年的陕西临潼姜寨文化遗址中已发现铜片）。在仰韶文化中期已出现中心聚落，表现出明显的阶段、阶层的差异，有的大墓葬中还有象征着权威、武力、生杀大权的玉钺。到仰韶文化晚期，社会分化更为明显。如秦安大地湾中心聚落出现了建筑规格甚高的原始殿堂[②]。可见，当时已确立了强制性权力系统。而阶段或阶层的存在，强制性权力系统的确立，是国家形成的标志[③]。炎帝族、黄帝族争战于阪泉，黄帝族、蚩尤族争战于涿鹿，以及颛顼、共工之战，实际上就反映了在一定王权之下，各部族间为扩大势力、争得更多生活、生产资源而进行的战争。当时的帝（部族集团的首领）或由各部族首领协商确定，或由上一任的部族集团首领提名确定。与由选举产生的制度相比，逐渐带有强制确定的性质，已为以后的世袭王权奠定了基

[①] 参拙文《周宣王中兴功臣诗考论》，载《中华文史论丛》第55辑，上海古籍出版社，1996年版。学术界普遍以"屈宋"为最早的作家群体，其实屈原、宋玉并不完全同时。

[②] 李学勤主编《中国古代文明与国家形成研究》，云南人民出版社，1997年版，第197页。

[③] 同上，第7页。

础。《山海经·海外南经》郭璞注:"昔尧以天下让舜,三苗之君非之,帝杀之。"《韩非子·外储说右上》和《吕氏春秋·行论》有类似的记载①。《韩非子》中言鲧因反对传于舜,尧"举兵而诛杀鲧于羽山之郊",并说时舜为"匹夫",说明舜此前在部落集团中并无高的地位。尧为什么不顾其他首领的反对而一意传位于一个并无地位的人呢?因为这样就可以使继位者完全听他的话,维护他的利益,包括他的声誉。而《史记正义·五帝本纪》引《竹书》,又说"舜囚尧,复偃塞丹朱,使不与父相见也。"这或者是尧初言传于舜只是一个姿态,本意是要传于儿子丹朱,后来舜在培植了自己的势力之后强取之;或者尧虽打算百年之后传于舜,舜等不及,因而抢班夺权。总之,"尧舜禅让"乃是儒家为了宣传自己的政治理想而改造了的历史,其实当时已开始了家天下的前奏。禹的宣言传位于益,而实欲传于子,表现得更为明显。《韩非子·饰邪》说:"禹朝诸侯之君会稽之上,防风之君后至,而禹斩之。"一个部落的首领或曰酋长因朝会迟到而被杀,帝(君主)的地位如此之威严,其法令如此之峻急,则其个人与家族的势力到了怎样的程度,便可想而知。古代文献中说禹年老之后在部落集团会议上提出继承人的问题,大家推举皋陶,但皋陶早死。后又推举了益。其实这时推举帝的继承人在禹来说,只是因袭旧制度与习俗进行的一种形式而已,因为他将天下传于自己儿子启已经是水到渠成,只需交接的过程了。《晋书·束皙传》引《竹书纪年》说:"益干启位,启杀之。"《淮南子·齐俗》说:"昔有扈氏为义而亡。"高诱注:"有扈……以尧、舜举贤,禹独与子,故伐启,启亡之。"("启亡之"言启灭了有扈氏。)《尚书·虞夏书》中有《甘誓》,即记启灭有扈氏之事。

扫除儒家所散迷雾,由古代文献即可以看出,中华民族从炎黄时代已经开始进入文明社会。而近几十年地下挖掘的资料,也充分地证明了这一点。对中国远古时代历史、文化的正确认识,也有利于对"轴心时期"我国文化的繁荣及各种思想的来源、形成与发展有更为

---

① 《韩非子·外储说右上》:"尧欲传天下于舜,鲧谏曰:'不祥哉!孰以天下而传之于匹夫乎?'尧不听,而举兵诛杀鲧于羽山之郊。"《吕氏春秋·行论》:"尧以天下让舜。鲧为诸侯,怒于尧曰:'得天之道者为帝,得地之道者为三公,今我得地之道,而不以我为三公。'以尧为失论,欲得三公。怒甚猛兽,欲以为乱。"

深入的研究。

　　远古时代由于人类无力治理河道,洪水暴发会淹没平原地带居民的房屋等生活资源,故先民多居于丘陵地带。西北的黄土高原是中华民族远祖生存栖息地之一。随着人类对自然规律(如一年四季的变化,洪水的发作、消退,果实谷物的生长、成熟等)的逐渐掌握,防止河患能力的增强(局部的围堵、疏通等),人类慢慢向平原地带发展。古代传说伏羲"生于仇夷,长于起城","徙治陈仓"(《路史》。其说本荣氏《遁甲开山图》,见《路史·后纪一》罗苹注引),正说明了远古氏族生存、迁徙的一般状况。甘肃秦安大地湾一期文化距今7800年,已发现绳纹,则作为八卦前身的结绳记事,具有了产生的基础。那么,作为远古时先民记数、记事、判断吉凶的"八索",也应该已经形成。这就是八卦的前身①。周人使用八进位制,这就同"八索"有关。全世界大部分地区用十进位制,因为人的两手共十个指头,是人类最早的、与生俱来的计算工具;有的民族用十二进位,因为一年十二个月,这种进制起源于对一年十二个月事件的记载。周人最早用八进位制,涉及度、量、衡、历算等社会生活各个方面,文献中有大量证据,只是学者们熟视无睹懵然不知而已。如:

　　"八尺曰寻,倍寻曰常"(《考工记·庐人》郑玄注,《左传》成公十二年杜预注),"八寸曰咫"(《国语·鲁语下》韦昭注)。《说文》:"中妇人手长八寸谓之咫,周尺也。"明言"咫"为周尺,则"八尺为寻,信寻为常",也是周人度制。

　　《国语·周语中》韦昭注:"十六斗曰庾。"又出土战国金文中有"料"字,学者们多释为"半",实误。此乃是半庾之义,即八斗,为周人衡制之单位。八斗曰料,倍八曰庾,略同于长度单位之"八尺曰寻,倍寻曰常"。又据《仪礼·丧服》注,二十四镒为一升。二十四也是八的倍数。则八进位制在量制中也自成系统。

　　《汉书·律历志上》:"二十四铢为两,十六两为斤。"又据《孟子·

----

① 《左传》昭公十二年载楚灵王言左史倚相"能读《三坟》、《五典》、《八索》、《九丘》"。"索"即绳索之"索"。"八索"为远古时记数、记事之工具,后也因奇偶之数以示吉凶。为八卦的前身。参拙文《八进位制孑遗与八卦的起源及演变》,载《伏羲文化》,中国社会出版社,1994年版。

公孙丑下》:"一镒是为二十四两也。"

周人的八进位制在历算中也留下了深远的影响。湖北云梦出土秦简《日书》中的《日夕表》,便是将一天分为十六等分。一年中日、夕的变化,从"日六夕十"到白天最短、夜晚最长的"日五夕十一",再恢复到"日六夕十",按月变化,直至白天最长,夜晚最短的"日十一夕五",再又一月月向日短夜长变化。秦人发祥于今甘肃礼县东部、西和县北部、天水西南之地,周人最早发祥于陇东马莲河流域①。后来周人东迁,秦人有周岐以西之地,"收周余民而有之"(《史记·周本纪》),形成周秦文化的交融,则秦人在某些方面也采用了周人八进位制。

"八节二十四气"民间至今十分重视②,十六两为一斤,这种衡制一直使用到二十世纪五十年代,"半斤八两"这句俗语至今活在语言中。则可见周人八进位制影响之深远。"八卦"的变化规则、卦爻辞及对这些进行解说的《易传》,组成《周易》。不仅八卦,整个《周易》的理论框架也同周人的八进位制有着密切的关系。八八六十四,为重卦,在远古周人应是整数。《周易·系辞上》:"是故《易》有太极,是生两仪,两仪生四象,四象生八卦,八卦定吉凶。"这是《周易》哲学体系中有关阴阳学说的基本概念。《周易》的很多理论基于此。

"八卦"固然是用来占卜的,但它起于记事,而且影响了我国上古时代的度、量、衡、历算等同生产、生活、科学研究密不可分的各个方面,又影响到中华民族的思维方式和哲学思想。充满了辩证思想的阴阳学说虽然其产生同我国先民从远古即主要以农业生产(由采集农业到种植农业)有关,但其系统化为一种思想方法,也应同起于"八索"的"八卦"从一开始即以奇偶示吉凶有关。中华民族美学思想中的"对称美"以及"和而不同"等重要思想,也无不与《周易》及其前身有关。与传说的伏羲时代相当的秦安大地湾一期文化中,已发现刻画符号,这既是文字的滥觞,也是后代八卦形成的基础。今天我们看

---

① 参李学勤主编《中国古代文明与国家形成研究》,第486—487页。
② 《周髀算经》下二:"凡为八节二十四气。"注:"二'至'者,寒暑之极;二'分'者,阴阳之和;四'立'者,生长收藏之始。是为八节。""二十四气"即二十四节气,农历中是物候变化的重要坐标。

到的八卦卦画,是产生较迟的。由八索到今日之卦画之间,是数字卦,作连山形,用"一"、"五"、"六"、"七"、"八"这五个数字组成。为什么没有"二"、"三"、"四"?因为这几个数在上古分别用两个、三个、四个"一"重叠来表示。恐相互间不易识别,故奇数有三个,而偶数只有两个。当时五作"×",六作"∧",七作"十",八作"）(",竖写如连山形。这其实就是古代文献中说的"连山易"。至今有不少学者对八卦的形成,八种卦画的来源以及"连山易"作出种种完全出于猜想的解释,其实都是向壁之说。

在上世纪的数十年之中,研究中国古代文学与文化,学者们多能上溯至先秦时《易》、《书》、《诗》、《礼》、《春秋》,而能更上求其形成之基础与根源者并不多。研究儒家上至孔子为止,研究道家上至老子为止,研究墨家上至墨子而止,研究兵家上至孙武为止。其实,这些学术祖师的思想也不是凭空产生的,老子上承容成,孔丘上承周公旦(当今学者多改为"姬旦",误。先秦时男子称氏不称姓。秦始皇亦当称"赵政",而不当称"嬴政",新出土文献已证明之)。这样看来似乎中国文化发轫于春秋时期,此前似乎是一片空白。这与中国五千年的文明史是不适应的。近若干年中,李学勤等先生进行的"夏商周断代工程"与"中华文明与国家的形成"的研究,张光直、余英时、陈来等对"前轴心时代"的探讨,使人们对我国春秋中期以前的历史有了较明晰的认识,在《周易》、《尚书》、《诗经》及《逸周书》、《国语》、《左氏春秋》、《楚辞》、三《礼》等文化元典的研究方面,在先秦诸子的研究方面也都取得了突出的成绩;先秦时代文学、史学、哲学、教育、艺术以至科技史、逻辑学等,一百多年来产生了大量具有开拓性、具有创见的论著。总的说来,成绩是巨大的。但应该重新研究、重新审视的问题尚多。在上下贯通、溯源辨流、打破旧有的藩篱、更准确地恢复历史真相方面,还有些工作可做;在消除经学、旧史学的束缚,同时又打通学科的界线,对先秦一些文学、文化现象作新的审视方面,也有些工作可做。因此,我们准备出一套《先秦文学与文化研究丛书》。

如前所言,甘肃是伏羲氏发祥地。伏羲氏是远古一个氏族,有氏族就有氏族首领,所以在长久的传说中伏羲是指一个具体的人。关于这个氏族的延续迁徙情况,我们先不说,但文献中说的伏羲时代,确实代表了我国史前社会种植农业繁荣以前,以渔猎为主要生产方式的一个时代。甘肃秦安大地湾文化、天水西山坪一期文化、天水师赵村一期文化,都早于仰韶文化早期的半坡类型;包括天水师赵村、秦安王家阴洼、秦安大地湾等遗址在内的不少文化遗址中,保存着丰富的仰韶早、中、晚各期文化,上世纪二十年代以前首先发现于甘肃临洮马家窑的马家窑文化(年代为公元前 3300—前 2050 年),以及首先发现于甘肃广河县齐家坪,大体相当于夏商时期的齐家文化,为弄清中华民族早期阶段的情况提供了重要的依据。庆阳县董志塬、韩滩庙嘴等处的商代遗存,陇东灵台、泾川、崇信、合水、正宁、宁、庆阳等县,及天水、陇南一些县的大量西周文化遗址,以及布于甘肃很多地方的春秋战国文化遗址,如辛店文化(因 1924 年在临洮县辛店村首先发现而得名)、寺洼文化(因 1923 年在临洮县寺洼山首先发现而得名)、沙井文化(因 1924 年在民勤县沙井村首先发现而得名)、四坝文化(因 1948 年在山丹县四坝首先发现而得名)等,显示了中华民族的发展进程和民族交融过程。尤其礼县大堡子山、圆顶山秦早期先公先王及贵族墓葬群,使我们对秦国从西周末年到春秋时代状况有了清楚的认识。周人、秦人都发祥于甘肃,都先后达到不同程度的统一局面,从而形成周王朝与秦王朝。周代的礼制、文化影响中国文化两千多年,秦王朝通过实行郡县制及"一法度衡石丈尺,车同轨,书同文字"(《史记·秦始皇本纪》),达到完全意义上的统一,其政体亦影响以后两千余年。而周秦文化的交融,形成了中国四大民间传说中孕育最久、流传时间最长、传播最广的牛郎织女传说,并形成一个"七夕"节①。这都是以前学者们未能注意到的。

  近几年来在甘肃和全国很多地方出土大量刻画符号、陶文、文字资料及实物资料,不只是解决了一些学术上的历史疑案,使我们在有关先秦历史、文学、艺术、哲学等方面所持的观念大大转变。在今天新的条件下,以一种新的观念来解读先秦时文学、文献,可能会发现以往不曾注意到的问题。

  甘肃省先秦文学与文化研究中心经我省领导关心,于 2008 年在

---

① 参拙文《先周历史与牵牛传说》,《人文杂志》2009 年第 1 期;《汉水与西、礼两县的乞巧风俗》,《西北师大学报》2005 年第 6 期。

原西北师范大学先秦文学与文化研究中心的基础上组建,由省内一些高校和科研单位的研究人员组成,而仍附设于西北师范大学。本省和学校领导对中心工作给予了大力支持。我们一定共同努力,在这一套丛书中推出一些有价值的论著,以与学界朋友共商。希望得到学界朋友的批评与帮助。

2010 年 2 月 22 日

序

赵逵夫

  人类从野蛮时代进入到文明时代,一方面是生活经验的不断积累,能力的不断增强,智力的不断发展;另一方面是道德意识的不断提升,情亲关照范围的不断扩展,社会公序良俗的不断增强。在人类社会的发展过程中,第二方面显得尤为重要;人如果没有起码的社会公德,第一方面也很难得到发展。上古时代,几千年中战乱不断,不同族群或国家之间为了扩张势力范围或争夺地理资源相互攻伐,有些则是无端进攻他国,发动侵略战争,屠戮平民。战争既有出于保家卫国或者"禁暴正乱"的义战,也有"恃强凌弱,弃礼贪利"的不义之战。是仁义之师还是"暴兵""逆兵";是慎战、少战,还是乐战、好战,其中关键取决于决策者的胸怀和格局。我国很早就形成了"耀德不观兵"(《国语·周语上》)、"师直为壮,曲为老"(《左传·僖公二十八年》)、"举顺天人"(《吴子》)等进步的战争思想和政治观念。政治决策和行动是否符合道义,除了特定历史时期的决策者认识水平的局限之外,主要在于执政者作决策之时是为了实现个人的政治野心或保护小集团的利益,还是考虑到广大人民的利益或整个社会、国家的安定与发展。前者是客观的,后者是主观的;前者依赖于知识的丰富与发展,后者依赖于个人思想境界和道德水平的提升。所以历史上一些政治、军事等重大事件的决策及其所导致的后果,反映出事件中关键人物的思想观念与个人品质。人一生的各种行为都会对家庭、社会、国家产生有益或有害的影响,而身居社会结构高层的人,其影响力与影响范围更大。

  中华民族的先祖很早就意识到了高层执政者和决策者的个人品行对社会政治和国家发展的重大意义。这一认识是在对历史事件的不断总结和反思中逐渐形成的。所以中国历来重视对历史事件的书写与记载。历史是人创造的,无论一次重大的历史事件导致了社会的进步还是倒退,给人民带来了安定还是灾难,都和主事者的思想、主张、行为以及道德品行有关。所以中华民族从上古时代开始的历史记载都侧重于人,以人为中心。

《尚书·虞书》中的《尧典》《舜典》《大禹谟》专记尧、舜、禹等当时社会组织最高首领(部落联盟首领)的事迹。而《夏书》中的《禹贡》也是借"禹别九州"反映出战国以前已形成的中华一统的观念,又将这种观念同禹的个人业绩联系起来,肯定了禹的个人贡献在中华一统格局形成中的作用。启能建立夏王朝,将如"满天星斗"的部落与部落联盟共存的原始社会组织变为以封建王朝为中心的"月明星稀"的社会结构,是同禹有关的。禹经历过尧、舜两位杰出部落联盟首领的时代,看出了独立的各部落不能真正协力治理洪水、抵抗灾害、改善交通。要解决这些关乎人类前途命运和广大人民利益的工程,没有统一的社会政治中心和统一的规划协调是行不通的。建立能够统一协调和联络更多部族的统一王朝的观念逐渐萌发。禹划定九州,"任土作贡",为统一王朝的建立奠定基础;启废除禅让制,建立真正统一的夏王朝。这是历史的进步。夏朝之初,有的部族不服,起而反抗,加之启子太康追求享乐,夏初一直很不太平,经中康、相,至少康时才得以安定。可以说《尚书》最早总结了掌握人民命运的君王与辅佐之臣的品性对国家和社会发展的重要性。通过《尚书》的记载,唐尧、虞舜、大禹成为我国历史上圣君的最杰出的代表,而夏、商的亡国之君桀、纣则成了昏君的典型。

屈原《天问》中有一段专门记录了夏初从太康失国到少康复国的复杂斗争,和夏朝在数百年之后亡于商汤的过程。这是从夏代传下来的集中对一些关键人物加以品评的材料,是文学作品中对历史人物进行定性品评的集中表现。整个《天问》除了开头部分的天、地之问及其对自然规律的探索和思考之外,以下四大部分发问的内容则依次是夏民族之兴起、建国、灭亡,商民族之兴起、建国、灭亡,周民族之兴起、建国、灭亡,以及春秋战国尤其是楚国历史上的几个重大事件,总体上表现了"有道而兴,无道而亡"的思想。这一思想是通过追问一些关键人物在历史事件中或正或反的作用表现出来的,这一系列发问的背后突出地体现了人物品评的观念。可以说,《天问》品评人物的历史尺度与评判准则与《尚书》一脉相承。人物品评的早期材料在这些历史记录和文学书写中互见与整合,通过品评历史人物的功过得失确立起中华民族的精神品格和道德准则。

人物品评的早期材料除了《尚书》的不少篇章之外,《诗经》中也有大量赞扬歌颂与讽刺揭露的作品。《大雅》中对那些在周人发展壮大过程中做出过巨大贡献的人物的颂扬,《小雅》中对一些造成社会灾难的人物的揭露与批判,都体现了这种精神。如《小雅》中家父所作《节南山》三次评点执政者"尹氏"(或作"师尹"),言其"弗躬弗亲,庶民弗信。弗问弗仕,勿罔君子"(国家大事不亲自办理,老百姓对他毫不相信。不咨询贤达,不任用能人,欺罔君王与朝臣)。《十月之交》中三次评点"皇父",言"皇父孔圣,作都于向。择三有事,亶侯多藏。不慭遗一老,俾守我王"(皇父卿士太聪明,建都于向避祸殃。选择亲信作三卿,真为大富多珍藏。不愿留下一老臣,守护社稷与君王)。《大雅》中的《文王》《公刘》由诗题即可看出是颂扬周先祖中贡献巨大的人物的,其他反映周人早期历史的篇章也突出对具有杰出贡献的人物的赞扬。如《大明》中说:"维此文王,小心翼翼。昭事上帝,聿怀多福。厥德不回,以受方国。"就带有品评的特征。主要为民间作品的《国风》中也体现出鲜明的爱憎感情:《召南·甘棠》对召伯的颂扬,《邶风·新台》对卫宣公的揭露,《鄘风·墙有茨》对卫宣姜的讽刺等都是突出的例子。

当然,明显表现出对所记述人物进行品评的是《左传》,其多次引"君子曰"评价所记人物。如隐公元年载郑庄公之弟共叔段在其母武姜的支持与配合下,欲攻庄公而夺其位,郑庄公击败共叔段之后又发誓不愿再见其母。此后庄公悔其言,而颍考叔巧为开导,使母子二人相见,"遂为母子如初"。在记录完整个事件的始末之后,引君子曰:"颍考叔,纯孝也,爱其母,施及庄公。"又引《诗》曰:"孝子不匮,永锡尔类。"对颍考叔的做法给予充分的肯定。《左传》中还多次引孔子语以品评人物。《国语》同样如此。史书中对一些人物的结论性评价,是要让人们知道:虽然一个人做事完全由自己,但对他的评价在于他人，特别是对那些有很高道德修养的君子以及那些公认的圣贤人物的评价，决定其个人价值的历史定位。这样，一个人就不能不在言谈举止尤其是在一些重大事件的决定上坚守正道。

司马迁的《史记》便继承了这个传统。首先用纪传体的形式，着重显示历史人物在历史发展中的作用，帝王曰"本纪"，列国王族和大臣之后的士族大家曰"世家"，其他影响大的人物曰"列传"。《酷吏列传》《佞幸列传》等类传将"酷吏"和"佞幸"这两类历史上的坏人永久钉在了耻辱柱上；而《循吏列传》则让那些有担当的清廉官吏名垂青史。其次，每篇之后有"太史公曰"，对传内所列人物作出历史性的评价。再次，在《太史公自序》后半部分的全书目录中对该篇内容作了概括说明，进一步体现出人物品评的意义。

《史记》总结性地继承了我国从上古时代开始形成的重视人物品评的传统，成为后代史书的典范，其创立的纪传体例也成为历代正史的典范。《资治通鉴》虽然改用编年体的形式，但卷末也往往有评，对重大历史事件中一些人的言行作为与素养加以评论，卷中也常用"臣光曰"对一些人事加以评论；而评事实际上也是在评人。《资治通鉴》中有的地方对前人不妥的评价也提出讨论，甚至提出新的看法，体现出史学家在历史人物评价问题上的认真与审慎。历史上对有些历史人物的评价有分歧，这其中有一个着眼点的问题。史书中对某个人物的评价，很多是定论，即历史结论，有些则是就具体事件而言的。《左传》《国语》《论语》等典籍中有些也是就其具体事件而作评。如《资治通鉴》卷二在"孟尝君招致诸侯游士及有罪亡人，皆舍业厚遇之，存救其亲戚，食客常数千人，各自以为孟尝君亲己，由是孟尝君之名重天下"一段文字之后说：

　　臣光曰：君子之养士，以为民也。《易》曰："圣人养贤，以及万民。"夫贤者，其德足以敦化正俗，其才足以顿纲振纪，其明足以烛微虑远，其强足以结仁固义；大则利天下，小则利一国。……今孟尝君之养士也，不恤智愚，不择臧否，盗其君之禄，以立私党、张虚誉，上以侮其君，下以蠹其民，是奸人之雄也，乌足尚哉！

前人对孟尝君的"养士"多取肯定的态度,司马光则站在更高的角度来看他的"养士"问题。就其"养士"而言,司马光对其持否定和批评态度;而后面对孟尝君能听从谏言之事则又持肯定和褒奖态度。孟尝君聘于楚,楚王赠以象床(以象齿为之),其门人公孙戍谏之,遂不受,并书于门版,言能"止文之过"者"疾入谏"。针对此事,司马光作如下评价:

> 臣光曰:孟尝君可谓能用谏矣。苟其言之善也,虽怀诈谖之心,犹将用之,况尽忠无私以事其上乎!

有些人的一生是复杂的,因而对人物的评价要具体问题具体分析,这关乎到社会应该提倡什么,应该反对什么。所以一些重要的历史人物往往会引起史学家的长期关注和反复讨论。这就使得人们尤其是居高位、任要职、负重任者对自己的行为和决策去取格外慎重。正如司马光所说,贤明者其德行举措"大则利天下,小则利一国"。任何时代都是如此。

先秦诸子同样表现出对人物品评的重视。儒家重要经典《论语》对人的"仁""义""礼""德""孝"等品行的弘扬与品鉴,两千多年来影响深远。中国人的忠厚、诚实、守信、本分、友好、孝亲等品德共同构筑起中华民族的优秀品格。《孟子》《荀子》等诸子之书中也都体现了注重人物德行这一点。

群居是人类生产生存的现实状态,群体中的个人除了考虑自身的生存之外,根据自身所处的地位,必须考虑个体之间、群体之间、地区之间、国家之间的关系;必须考虑个人与家庭、社会乃至"天下"的关系。很多动物也会顾及亲情间以至群体内的关系,而人作为已知宇宙中最高级的动物,如果头脑中缺乏包括社会公德在内的道德品质方面的提示与约束,对社会乃至对整个世界的破坏性要大得多。

中国上古文化中,儒家讲仁义,道家讲天道,法家讲法制,各有所长。在今天看来,有相通互补之处。一个人无论主张哪一方面,都不能只停留在口头上,而应言行一致,并且重实际,顾大局,目标正确且力行之。人物品评的文化传统,便是提醒人们要言行一致,本着为民、为国、利天下的原则去行事。中国古代文化中重视人物品评的思想观念具有悠久的历史,人物品评也成为阐发思想的思维模式,成为中华民族的优秀传统,即使在今天、在将来都是有积极的社会意义的。

孙董霞同志本为兰州大学张崇琛先生的硕士生,2011 年到我处攻读博士学位。她读书认真,善于思考,做学问扎实。入学不久,我同她认真讨论后,将学位论文选题定为"先秦人物品评研究"。完成论文期间她读了大量的书,对包括铜器铭文等出土文献在内的各种典籍中有关人物品评的资料加以详细梳理,对先秦不同历史时期人物品评的观念准则、品目的变化及其背后的思想史演变等相关问题都做了深入的分析和探讨,其中涉及的很多问题对于文学研究、历史研究、思想史研究、哲学研究以及今日弘扬优秀传统文化的工作,都具有重要意义。毕业答辩中,安徽大学丁放教授和西北师大讲座教授、复旦大学徐志啸教授等都对论文给予了很好的评价,也指出来一些应进一步完善之处。五年来,她又进行了认真的修改、补充和完善,使论述更为透彻、全面。今修改完成,将收入"先秦文学与文化丛书"出版,应其请作此以为小引。想此书的出版一定会引起学术界的重视。

2019 年 9 月
于滋兰斋

目 录

《先秦文学与文化研究丛书》序 ……………………………………… 1
序 ……………………………………………………………………… 1

前言 …………………………………………………………………… 1

第一章 "敬慎威仪,以近有德":西周的思想世界与人物
　　　 品评 ……………………………………………………… 1
　第一节 周初人物品评与政治意识形态建设 ……………………… 1
　　一、明德 …………………………………………………………… 2
　　二、敬德 …………………………………………………………… 19
　　三、品评三代先王,总结经验教训 ……………………………… 25
　第二节 周代铜器铭文中的人物品评及其特点 …………………… 40
　　一、周代铜器铭文人物品评的内容和方式 ……………………… 43
　　二、周代铜器铭文人物品评的文化蕴含 ………………………… 72
　第三节 西周人物品评的发展趋势及其特点 ……………………… 92
　　一、从先祖到功臣 ………………………………………………… 92
　　二、从赞美到批判 ………………………………………………… 94
　　三、"德"和"威仪"为两翼 …………………………………… 100

第二章 小传统的价值观和审美观:《诗经》风诗人物品评 …… 104
　第一节 《诗经》"美刺"与人物品评 ……………………………… 105
　第二节 《诗经》风诗"美刺式"人物品评举隅 ………………… 110

第三节 《诗经》风诗人物品评之品目及其对人的审美
　　　　观照 …………………………………………………… 114
　　一、洵美且武 …………………………………………………… 114
　　二、良 …………………………………………………………… 119
　　三、美人、硕人、姝人 ………………………………………… 122
　　四、淑人 ………………………………………………………… 135
　　五、清扬 ………………………………………………………… 137
　　六、温其如玉 …………………………………………………… 141

第三章　春秋时期的思想变革及其人物品评 ……………………… 145
　第一节　前诸子时代的思想变革与"德"的裂变和内化 ……… 145
　　一、前诸子时代 ………………………………………………… 146
　　二、前诸子时代的思想变革 …………………………………… 147
　　三、德的裂变 …………………………………………………… 153
　　四、德的内化 …………………………………………………… 157
　第二节　谥法的流行及其人物品评性质 ………………………… 163
　　一、谥法起源于人们对于死者的禁忌 ………………………… 164
　　二、周公制谥只涉及"美谥" ………………………………… 165
　　三、成熟的谥法制度确立于厉王之后 ………………………… 168
　　四、谥法制度成为春秋时人自觉遵守的文化制度 …………… 168
　第三节　春秋人物品评的"天人二元"模式 …………………… 172
　　一、千面神灵与春秋思想界的天人二元状态 ………………… 173
　　二、相术观人与实际考察相结合 ……………………………… 179
　　三、品评人物与预测人物命运相结合 ………………………… 183
　第四节　春秋时期人物品评的功用 ……………………………… 187
　　一、知人以观政 ………………………………………………… 187
　　二、个人魅力的崇尚 …………………………………………… 188
　　三、外交策略的决策标准 ……………………………………… 188

四、分析战争形势 …………………………………………… 190

第四章　《左传》《国语》承载的"君子文化"及其人物品评 …… 194
　第一节　人物品评的主体及其"君子曰"与"孔子曰" ………… 194
　　一、《左传》《国语》品评人物的主体及其相互关系 ………… 194
　　二、"君子曰"是君子时代特有的话语形态 ………………… 196
　　三、"君子曰"是史官文化与君子文化合流的标志 ………… 198
　　四、"孔子曰"是"君子曰"的特殊形态 ……………………… 204
　第二节　《左传》《国语》人物品评之品目及其思想内涵 ……… 206
　　一、"敬"与"惰傲" …………………………………………… 212
　　二、礼 ………………………………………………………… 216
　　三、敬戒 ……………………………………………………… 218
　　四、守位 ……………………………………………………… 219
　　五、和同 ……………………………………………………… 222
　第三节　《左传》所记三次重大的人物品评活动 ……………… 225
　　一、虢之会：郑行人公孙挥品评各国大夫 ………………… 225
　　二、垂陇之会：赵孟请赋诗以观郑国七大夫之志 ………… 230
　　三、延陵季子遍评各诸侯国政治精英 ……………………… 231

第五章　士阶层的崛起与《论语》人物品评 ……………………… 234
　第一节　《大戴礼记·文王官人》的观人方法论与孔子人才
　　　　　思想的契合 ………………………………………… 234
　　一、春秋战国之际的政治局面和人才格局 ………………… 234
　　二、《大戴礼记·文王官人》和《逸周书·官人解》的官人
　　　　思想 ……………………………………………………… 236
　　三、孔子将新的人才观念付诸教育实践 …………………… 239
　　四、《文王官人》的人才标准与《论语》育人思想的契合 …… 241
　第二节　《论语》人物品评之品目及其哲学内涵 ……………… 248

一、仁 ………………………………………………… 250
　　二、礼 ………………………………………………… 257
　　三、德 ………………………………………………… 262
　　四、孝 ………………………………………………… 266
　　五、中 ………………………………………………… 267
　　六、好学 ……………………………………………… 270
　　七、乐道 ……………………………………………… 272
　　八、尊道 ……………………………………………… 274
　第三节　《论语》人物品评的方法 ………………………… 277
　　一、品第法 …………………………………………… 277
　　二、比喻法 …………………………………………… 280
　　三、品类法 …………………………………………… 282
　　四、一字评 …………………………………………… 286

第六章　战国时代的"评人论道"和"人学兼评" ……………… 291
　第一节　战国时代的"评人论道"和"人学兼评" ………… 292
　　一、《荀子·非十二子》的"以学论人" ……………… 292
　　二、《庄子·天下》的"人学兼评" …………………… 293
　第二节　战国文体对后世人物品评文本形态的影响 …… 296
　　一、"以类相从"的人物故事编排形式 ……………… 297
　　二、品鉴性叙事 ……………………………………… 299

第七章　战国诸子著作的"三言"模式及其孔子形象的"重言"
　　　　意味 ………………………………………………… 307
　第一节　孔子在《墨子》中的形象及其作用 ……………… 308
　第二节　《孟子》对孔子形象的"圣化"和"重言"化 ……… 317
　第三节　《庄子》中孔子形象的"重言"意味 ……………… 319
　第四节　《韩非子》中孔子的"重言"角色 ………………… 326

第八章 《孟子》的哲学思想与人物品评 ……………… 329
第一节 孟子以"仁政""王道"为核心的人物品评 ……… 330
第二节 孟子以"性善论"为核心的人物品评 …………… 333
一、孟子的"性善论" ……………………………………… 333
二、"仁"境的层次性 ……………………………………… 335
三、"求仁"之健动性 ……………………………………… 337
四、"不动心"与"固志" …………………………………… 338
五、"知言"与"养气" ……………………………………… 341
第三节 "义裁"、中庸之道与孟子的人物品评 …………… 345
一、"义"的三重含义及"义裁"维度 ……………………… 346
二、"义裁"与中庸之道 …………………………………… 348
三、《孟子》基于"义裁"的人物品评 ……………………… 350

第九章 正名辨实、分类定等与《荀子》的伦类品评 ……… 361
第一节 荀子思想的基本理路 …………………………… 361
一、性恶论：荀子理论的基石 …………………………… 362
二、化性起伪 ……………………………………………… 365
三、荀子性恶论的特点 …………………………………… 368
四、礼法伦类 ……………………………………………… 372
第二节 正名辨实与分类定等 …………………………… 374
一、"统类"与"伦类" ……………………………………… 374
二、正名辨实 ……………………………………………… 376
三、名类结合与分类定等 ………………………………… 380
第三节 伦类与类型品评 ………………………………… 382
一、修养境界与层次名类 ………………………………… 383
二、解蔽与蔽者 …………………………………………… 401
三、伦类与职守 …………………………………………… 408

余论：先秦人物品评对两汉魏晋人物品评的影响 …………… 424
  一、先秦人物品评与社会风潮的"联动"机制和"互见"
     模式成为后世人物品评的传统 …………………… 424
  二、先秦史传文学的人物品评模式在汉晋的传承和
     创新 ……………………………………………………… 427
  三、战国文体"品汇相从"和"品鉴性叙事"的文本形态
     持续发展 ………………………………………………… 429
  四、人物品评的理论著作越来越丰富 ………………… 429
  五、从"儒家伦理"到"风度材性"：《论语》《法言》《世说
     新语》品评人物的主题转换 …………………………… 430
  六、先秦谥法与铜器铭文人物品评的流变与整合：汉魏
     墓志铭 …………………………………………………… 433
  七、民间人物品评之风盛行 …………………………… 433

参考文献 ………………………………………………… 436

附录一：《左传》《国语》人物品评录 ………………… 443
附录二：《论语》人物品评录 ………………………… 481

后记 ……………………………………………………… 493

前　　言

一

　　人物品评又叫"人伦识鉴",是指对人物的德行、能力、才情、个性、风采、举止、仪容、言语、人生境界和人格理想等等的品评。人物品评是中国古代一种特殊的文化和文学现象,其在先秦已经产生,并在春秋时期形成了品评人物的一个高峰。先秦人物品评不仅与文学活动关系密切,而且与社会制度建设、政治意识形态的演变、社会文化心理的形成、社会价值观的构建和导向、学术文化思潮的发展等有密切关系。先秦人物品评从品评方法、评价准则和形式体例等诸多方面为后世的人物品评树立了范式,产生了深远影响。

　　最早关注到先秦人物品评现象的是扬雄,他最先提出《左传》具有"品藻"之性质。扬雄《法言·重黎》:

　　　　或问"《周官》"。曰:"立事。""《左氏》"。曰:"品藻。""太史迁"。曰:"实录。"

其《法言·序》又云:"仲尼之后,讫于汉道,德行颜、闵,股肱萧、曹,爰及名将尊卑之条,称述品藻。撰《渊骞》第十一。"《汉书·扬雄传下》:"爰及名将尊卑之条,称述品藻。"颜师古注曰:"品藻者,定其差品及文质。"唐刘知幾《史通·杂说上》:"如班氏之古今人表者,唯以品藻贤愚,激扬善恶为务尔。"《史通》有《品藻》篇和《鉴识》篇。其中《品藻》篇专论史书对历史人物以"品汇相从"的方式进行分等和归类的得失,强调要按人物的优劣贤愚来定其高低次序,批评了史书中人物归属连类不当、对人物优劣贤愚高下的定位不符合实际的情况。其宗旨是使人物在史书中的次序和地位趋于合理,"使小人君子臭味得朋,上智中庸等差有叙",达到"惩恶劝善,永肃将来"的目的;而《鉴识》篇专论人们对历史人物和历史著作的鉴定和判断之得失,感叹鉴识难遇,明鉴者少,人们不能对历史人物和史书给予正确的评价,主要阐发的是人对历史的判断力问题。刘义庆的《世说新语》是以人物品评为主要内容的专门著作,其中品鉴人物的门类众多,有德行、言语、政事、文学、方正、雅量、识鉴、赏誉、品藻、规箴、捷悟等 36 门,大多数都是对人物言行举止、特点、个性等的品评。但其中又专门设有"品藻"一门,从其所记人物品评事例来看,其品评方式是一种人物间的比较品评,或比高下,或比特点,或比优劣。可见"品藻"一词主要侧重于对人物及其某一方面进行优劣高下的比较品评。

先秦是人物品评现象的发端期。本书试图对人物品评进行追根溯源的探究,研究人物品评现象从产生到发展成熟的过程,研究对象并不限于对人物高低优劣的比较。"品藻"一词无法涵盖全部研究的内容,因此用"品评"一词,其中包括对人物的评论、判定、识鉴、品藻等。

中国文化的理性精神在先秦时期已经觉醒,人们很早就注意到决定事物成败的关键因素在人,因此品评人物的言行举止和行为方式,以达到或规劝、或警戒、或示范的目的,就成为一种社会意识形态制约机制的有效补充。这种评人论事的方式在先秦已经非常普遍。宗白华说:"中国人对于人格美的爱赏渊源极早,而品藻人物的空气,已盛行于汉末。到'世说新语时代'则登峰造极了。"① 其实,在先秦时期,许多文学典籍都已涉及了人物品评的内容。如《诗经·六月》用"文武吉甫,万邦为宪"来品评尹吉甫;《诗经·烝民》是尹吉甫送别仲山甫的诗,其中大多数诗句如"仲山甫之德,柔嘉维则。令仪令色,小心翼翼。古训是式,威仪是力"等,都是对仲山甫的品评;《尚书·尧典》开篇即是对尧的品鉴;《尚书·洪范》中的"洪范九畴"之"五事"、《尚书·皋陶谟》的"行有九德"都是谈人物品评问题的。先秦史传文学的代表作品《左传》《国语》中具有大量的人物品评内容,有时直接以"君子曰"的形式对人物言行进行品鉴。《论语》不论从形式还

---

① 宗白华《美学散步》,上海人民出版社,1981 年版,第 178 页。

是从内容来说都与魏晋品评人物的专门著作《世说新语》有密切关系,其中涉及大量的人物品评内容;《孟子》《荀子》《庄子》等先秦诸子著作中也有许多围绕各自学术思想进行人物品评的资料。周代铜器铭文以及屈原的《离骚》中也有一部分人物品评的资料。另外,先秦也出现了品鉴人物的系统理论和方法,最有代表性的是《大戴礼记·文王官人》和《逸周书·官人解》,还有一些品鉴人物的理论散见于《庄子·列御寇》《鹖冠子·道端》《淮南子·氾论训》《六韬·六守》《吕氏春秋·论人》等篇章中。尤其是《大戴礼记·文王官人》和《逸周书·官人解》,其在人物品评方面的理论性和系统性绝不亚于汉魏之际刘劭的《人物志》。

  人物品评现象的萌芽在远古时代就已经产生,但自觉地、真正地以人为道德反思和审美观照的主体是在人的主体性和理性精神完全确立之后产生的。先秦人物品评是在天人关系的演变和人的理性精神的觉醒过程中逐渐明朗起来的。理性精神的觉醒伴随着对两个问题的思考:一是"社会治乱"问题,二是人对于"永生"的终极关怀问题。对这两个问题理性思考的结果是实现了思想观念的两个转向:一是天人关系中天的作用逐渐让位于人的作用,即人的作为在社会治乱中的重要性逐渐代替了上天神灵和祭祀在人类社会生活中的作用和意义;二是人的永生追求从归于天帝、神灵、先祖转为归于"立德""立功""立言"的"三不朽",从追求灵魂不朽转为追求精神和人生价值在历史中的长存,即由宗教意识转为历史意识。

  中国文化先天早熟并过早地进入了理性时代。这种早熟和理性最明显的标志是没有形成强大的、影响深远的像西方上帝一样的人格神。随着天帝的权威失坠,人逐渐意识到自身在祸福成败中所起的作用和应承担的责任。徐复观说:"忧患心理的形成,乃是从当事者对吉凶成败的深思熟考而来的远见;在这种远见中,主要发现了吉凶成败与当事者行为的密切关系,及当事者在行为上所应负的责任。"① 人的理性精神觉醒之后,宇宙的一切合理性依据由天道转到了人道,天道是人道的反映,天道依人道而行。人们认识到人的行为成

---

① 徐复观《中国人性论史》(先秦篇),上海三联书店,2001年版,第18页。

为事物成败的决定性力量,于是围绕"知人""用人""官人"的根本目的进行的人物品评活动开始活跃起来。

另外,宗教为人们提供了一个虚幻的精神归依之所,宗教的特性在于构想了生前和死后的人类未知世界,在虚幻中满足了人们对于"人从何处来,要到何处去"的终极关怀,使人的生命在过去—现在—未来的时间轴上产生连续性,从而满足了人对永恒的渴望与追求,满足了人与生俱来的归依渴望。当宗教为人们提供的永恒之路断裂之后,人们不得不把目光投向此岸世界,转而在现世人生中寻求生命的意义和人生的价值,追求在历史中的永恒。在这种清醒的理性前提下,道家选择了自然,儒家选择了社会。儒家的现世关怀使其把人生价值的实现定位于社会,定位于日常人伦,强调的是自我在与他者的关系中的定位和评价。不同身份、不同等级、不同年龄的人按照礼仪规定都有各自的价值尺度和交往准则,这些准则大多具有价值生成作用。忠、信、节、义、孝等人伦交往的准则和规范容易上升为具有神圣性的精神范畴,这种人伦准则既是选拔人才的依据,也是人孜孜以求的名分节操的评价标准。人物品评既是人生价值的实现途径,又是人生价值的体现方式,这就导致了人物品评现象的盛行。随着周初"人文精神的涌动",人物品评现象已经出现。伴随着中国文化理性精神的完全确立,春秋时期出现了中国历史上第一个人物品评的高峰。

二

人物品评活动大盛于汉末和魏晋六朝。"溯自汉代取士大别为地方察举,公府征辟,人物品鉴遂极重要。有名者入青云,无闻者委沟渠。朝廷以名为治(顾亭林语),士风亦竞以名行相高。声名出于乡里之臧否,故民间清议乃隐操士人进退之权。于是月旦人物,流为俗尚;讲目成名(《人物志》语),具有定格,乃成社会中不成文之法度"。① 并且出现了《人物志》《语林》《世说新语》等有关人物品评方面的专门著作。因此,一直以来人们形成一种错觉,就是"人物品评"

---

① 汤用彤《读〈人物志〉》,《魏晋玄学论稿》,上海古籍出版社,2001年版,第10页。

是汉末魏晋特有的文化现象。又因为东汉以前人物品评方面的材料比较零散,而对东汉以前尤其是先秦时期有关的文献资料重视不够。多年来,对人物品评方面的研究也主要集中在魏晋六朝时期代表性作品《人物志》和《世说新语》上,这方面的研究可谓硕果累累,但对先秦人物品评方面的研究可谓凤毛麟角。汤用彤《魏晋玄学论稿·读〈人物志〉》和徐复观《中国艺术精神》有对人物品评问题的专门讨论,但都很少涉及先秦的有关内容。可以说,学术界对人物品评的研究呈现出明显的不均衡性。目前系统针对先秦人物品评进行的研究还没有,与先秦人物品评有关的研究主要体现在以下几个方面:

(一)魏晋六朝人物品评方法论著作中的先秦人物品评故事记录

东汉王充的《论衡·骨相》可以说是一篇以骨相品评人物的专论。其中所举古代的一些以骨相品评人物的典故钩稽了西汉以前人物品评的情况。汉末王符的《潜夫论·相列》也是专门论述骨相问题的,基本上是对王充观点的发挥。之后曹植和王朗皆著有《相论》,皆是讨论骨相品人问题的。但骨相只是人物品评方法论方面的一支,而这些著作所记人物品评故事本身也只是一些资料记录,并没有多少针对人物品评现象的研究。因此,只是从其追根溯源的引述中,可以看到一些先秦人物品评的故实而已。汉末的刘劭注意到了《论语》的人物品评特征及其对后世的影响,他在《人物志》序言中对《论语》中和人物品评有关的重要内容作了概括说明,但仍是作为己文的引子而已。

(二)后世史评类著作中关于先秦人物品评的论述

由于史书人物传记与人物品评关系密切,从《史记》开始,设立本纪、世家、列传等体例类别,其分类本身就是根据历史人物的功绩和历史地位对其进行的品评和定位,而将相关或类似的人物进行合传,明确设立循吏、酷吏、佞幸、滑稽等名目和门类,更是体现了人物品评的性质。后世的许多人物传记以及以《世说新语》为代表的笔记类小说,大多以历史人物为记述对象,亦具有人物品评鉴赏的性质。因此,一些史评类著作中也有针对史书人物品评问题的讨论,但数量很少。如唐刘知幾《史通》专立《品藻》一目,专门论述史书中对历史人物的品藻问题。又如清代彭孙贻的《茗香堂史论》,其中有对史法和史书人物归类问题的讨论,其对《史记》《汉书》等史著中的人物评价和归类之失进行了分析①;清代另一位学者赵翼的《廿二史劄记》对前人书史时的人物评价和归类尤其是列传人物的分类和次序的得失进行了分析②。虽然他们没有像刘知幾一样运用"品藻"一词,但实质上对史书中有关人物品评问题进行了一定的探讨。明代郑贤辑《古今人物论》,在对历代有关人物品评的资料进行辑录的基础上,对这些人物品评资料本身进行了点评③,该书是人物品评的资料汇编,其点评很简短,多为一句话点评,算不上是对人物品评问题的系统研究。这些研究都是针对史书人物品评问题进行的,主要是方法论的讨论,其中虽然涉及先秦人物品评问题,但并不以先秦人物品评问题为研究对象,侧重点不同,因而不具有全面性;而且多是点评性质的文字,不是系统而深入的研究。

(三)美学史、哲学史、思想史、文学史及文学批评史著作和研究论文中关于人物品评源流方面的论述

李泽厚、刘纲纪《中国美学史》(魏晋南北朝卷)第三章第一节专门讲了人物品藻的由来及其发展问题。通过人物品藻的溯源,简单地追述了先秦人物品评的发展过程④。谭德兴《论周代铜器铭文中的文学批评思想》一文认为周代铜器铭文中有明显的涉及"帅秉明德""克哲厥德""惠于政德"等人物品评内容的文献资料⑤。但这些都是个别的概述性的介绍,并不是系统而深入的研究。

(四)相关研究

有些研究著作和论文从不同的角度论述先秦人物品评方面的内容,但侧重点不同。这类研究又可以分为以下几个方面:

第一,从观人学和识人学的角度进行的研究。人们根据曾国藩

---

① [清]彭孙贻《茗香堂史论》,《续修四库全书》第四五〇册,上海古籍出版社,2002年版。
② [清]赵翼《廿二史劄记》,《续修四库全书》第四五三册,上海古籍出版社,2002年版。
③ [明]郑贤《古今人物论》,《四库禁毁书丛刊》史部第二七册,北京出版社,1997年版。
④ 李泽厚、刘纲纪《中国美学史》(魏晋南北朝卷),安徽文艺出版社,1999年版。
⑤ 谭德兴《论周代铜器铭文中的文学批评思想》,《贵州大学学报》(社会科学版),2009年第3期。

的观人思想整理而成的《冰鉴》①和民国时期的学者邵祖平的《观人学》②,从观人、识人、用人的角度对人物的识别方法和理论进行了研究,侧重于方法论和实用性,并不是针对人物品评相关文献及其文学性的研究。其对人物品评的发展流变,人物品评与社会思潮、美学、文学的关系等没有进行讨论。

  刘启文的硕士学位论文《春秋战国识人文化研究》③从鉴识人才的角度对春秋战国的识人文化进行了研究,根据识人的方法和技术的不同把春秋战国的识人方法分为三类:相术识人、言语动静及神态识人、综合识人。又认为,春秋战国的识人文化从宏观上主要表现为三种主要的识人类型,即相术识人、礼德识人和谋智识人,并对春秋战国时期的具有代表性的识人理论《大戴礼记·文王官人》中的识人方法进行了分析研究。这篇论文涉及了一些春秋战国时期人物品评方面的问题,但由于其研究的范围在春秋战国,且是从识人和观人的角度进行的研究,侧重于识人方法和技术,先秦时期一些其他方面的重要的人物品评文献资料并没有被纳入研究范围。

  第二,从人才观的角度进行的研究。这一类主要是从人才学的角度对先秦各家的人才思想和人才观进行的研究,这些研究也部分地涉及一些人物品评方面的问题④。同样,从人才的鉴识与选拔的角度进行的研究,必然将一部分不属于人才选拔任用目的的人物品评材料排除在外。识人和人才选拔是人物品评的目的和功用之一,但

---

① 参[清]曾国藩《冰鉴》,中央编译出版社,2007 年版。又有梁平天解注《冰鉴精解详注——曾国藩相人术》,青海人民出版社,1998 年版;李明文编《冰鉴全集》,当代世界出版社,2007 年版。
② 邵祖平原著,金志文译注,孙政治点校《观人学》,世界知识出版社,2010 年版。
③ 刘启文《春秋战国识人文化研究》,华东师范大学硕士论文,2010 年。
④ 这类研究专著如朱耀廷《诸子百家论人才》,北京大学出版社,1988 年版;雷祯孝《中国人才思想史》(第一卷),中国展望出版社,1986 年版。研究论文如张科杨《〈论语〉君子观探析》,《西南农业大学学报》(社会科学版),2009 年第 1 期;唐溥生《论〈论语〉中的人才思想》,《江淮论坛》,1987 年第 2 期;宋协科《〈孙子兵法〉的人才素质观》,《昭乌达蒙族师专学报》(汉文哲学社会科学版),2000 年第 1 期;孙湜茗《析儒家人才观及其现代意义》,《中国哲学史》,1997 年第 2 期;童恒萍《墨家人才思想的现代意义》,《华南师范大学学报》(社会科学版),2004 年第 5 期;韩银政《法家人才观对古代人才管理的影响》,《天府新论》,2000 年第 2 期;汪美良、周晓东《孟子人才观探析》,《乐山师范学院学报》,2006 年第 10 期;王颖《试析荀子的理想人格理论》,《北京青年政治学院学报》,2006 年第 1 期;朱永龄《老子人才观初论》,《洛阳师专学报》,1998 年第 1 期。

人们品鉴人物的目的或者说人物品评的功用比较复杂,其与社会思潮、意识形态的变化等关系密切,从识人和人才观的角度进行的研究只是与人物品评研究相关的一个问题。并且,人才选拔侧重的是人的政治才能,这一方面的人物品评也是以德和才为基本鉴识标准;其次是智,重视的是其政治功利性和实用性。而对人物的其他方面如才情、个性、风采、举止、仪容、言语、人生境界和人格理想等等的品评却得不到相应的关注。

第三,从相术角度进行的研究。相人术,是根据人的面貌、五官、骨骼、气色、体态、手纹以及声音、动静、威仪、清浊等等,推测人的吉凶、福祸、贫富、贵贱、穷通、荣枯、得失、寿夭、休咎等等的一种方术。也就是说,相人术是依据人的生理特征和其他一些外显的特征对人的吉凶、福祸、寿夭做出推断的方法和技术。相人术属于方术、术技类之一支,因此在一些方术、术技类的专门研究中经常会涉及相人术[①]。相术论人跟人物品评有关系,但两者又有区别:相术论人的突出特点是神秘性、生理性、预测性等;而人物品评除了生理性的判断标准之外,还有道德品质、精神气质、人格境界等众多方面。预测性的相人术也只是人们在特定时期、特定情境、特定场合下识别鉴定人的方式之一。在实际的人物品评中,人们对某一人物进行定性和总结性的评价是最主要的目的,而这种定性的、总结性的品评背后又隐含着一定的社会文化机制。从方法论上来说,相术论人只是人物鉴识的一种特殊方法之一,不具有典型性和代表性,如《左传》等历史著作中记录了一些相术论人的事例,明显带有巫史礼官结合天道谈人事的时代痕迹。尽管如此,其仍然以礼和德作为人物品评的主要标准,相术只是作为判断的辅助而已。《左传》《国语》中虽然记载了一些相人事例,但时人并不完全迷信相人术,而是通过设置一些特殊的情境难题对其进行检验。另外,《逸周书·官人解》和《大戴礼记·文王官人》中贯穿着一条很明显的人物品评思想,那就是通过情境预设

---

① 这类著作如李零《中国方术考》(修订本),东方出版社,2001年版;李零《中国方术概观(相术卷)》,人民中国出版社,1993年版;陈永正《中国方术大辞典》,中山大学出版社,1991年版;宋会群《中国术数文化史》,河南大学出版社,1999年版;谢路军、董沛文《中国古代相术》,九州出版社,2008年版;祝平一《汉代的相人术》,台湾学生书局,1990年版;张明喜《神秘的命运密码——中国相术与命学》,上海三联书店,1992年版。

来检验人物的品性,从而对人物做出准确的、切合实际的鉴定。由于相人术具有神秘性的特点,在一定的时期往往被作为一种意识形态工具使用,如汉代相人术作为一股思潮,受天人感应和谶纬学说的影响较大,与一定的政治文化背景密切相关。相术论人也具有经验性、实用性甚至是科学性和技术性的一面,并与中医理论和中医诊断方法之"望闻问切"等关系密切,因此成为方术研究的问题之一。从人物品评的角度来看,相术论人只是一个相关的问题。

概而言之,以上这些研究都侧重于人物识鉴的方法论问题,而且也只是方法论的某一方面。仅从方法论的角度来说,先秦还有许多丰富的人物品评方法论有待于进一步研究和整理。如先秦儒家和道家都注重以品德和修养来判断人的贤愚,注重后天修养和磨炼对塑造人物品性的重要性,认为人的贤能与否是在实践和锻炼中生成的。《逸周书·官人解》《大戴礼记·文王官人》《庄子·列御寇》《鹖冠子·道端》《淮南子·氾论》《六韬·六守》《吕氏春秋·论人》等都表达了类似的观点。另外,儒家更注重全面考察和评价一个人的才能,反对以偏概全。如孔子提出观察人物的方法要听其言,观其行,"以言取人,失之宰予;以貌取人,失之子羽"(《史记·仲尼弟子列传》)。这些都是非常重要的品人方法论。人物品评的方法论问题可以成为人物品评的一个专门的大问题进行研究。

第四,从文学方面进行的相关研究。如复旦大学赵彩花博士的论文《前四史论赞文体艺术及其文化内涵》在对前四史的论赞进行全方位的研究中论及人物品评方面的一些问题,其中包括对《左传》"君子曰"的人物品评性质的探讨。这些研究注意到一些文体跟人物品评相关,但都不是针对人物品评而作的专论,也比较零碎。不过,人物品评与文体演变的关系也是人物品评研究中的一个重要方面,需要做更深入的研究。

(五)部分研究

台湾大学张蓓蓓教授的《汉晋人物品鉴研究》在与《论语》的人物品评进行比较的基础上,对《汉书·古今人表》的人物品评标准和分目定等的依据进行了研究,并认为班固品次人物的标准基本上与孔子的人物品评标准相一致。近年来一些研究者注意到了先秦人物品评对魏晋人物品评的影响及其源流关系,尤其是注意到了《论语》对《世说新语》的影响,出现了一些相关论文。如彭昊《论孔子的人物品评》、阳清《〈论语〉人物品评的双重范式》、彭昊《论〈论语〉对〈世说新语〉人物品评的影响》、余群《试论〈论语〉对〈世说新语〉的影响》、许琰《试论〈世说新语〉对〈论语〉的改造运用》、彭昊《论〈论语〉人物品评体系的三重构建》、彭昊《〈世说新语〉人物品评的儒学渊源》等①。但总的来说,针对先秦人物品评的系统研究目前还没有出现。

通过梳理中国古代人物品评问题的研究现状可以发现,学界对于人物品评的研究目前表现出明显的不均衡性:一是在研究时段上,集中在汉末魏晋,针对这一时期人物品评的代表性著作《世说新语》《人物志》等的专门研究及其相关研究非常丰富,但对于先秦人物品评现象的研究却寥寥无几。国内外学术界对先秦人物品评还没有进行过系统而全面的研究。二是在研究领域上,集中在对人物品评的审美价值和文学价值的研究,对于人物品评门类、范畴和品目的形成与流变问题,人物品评与思想史演变之关系,人物品评与民族性的建构及其民族文化人格的模塑、核心价值观的生成,人物品评中隐含的文化生态格局等问题的研究相对较少。三是在研究思路上,横向的研究较多,大多是针对一个特定时代的人物品评问题展开横向的考察,而纵向的针对人物品评的源流和历时性的发展流变问题的研究较少,对相关文献资料的重视度不够。当前人物品评研究的不均衡性正是本书研究的立足点和突破口。本书拟以先秦人物品评研究这一薄弱领域为研究范围,以原始文献和原始材料的梳理为基础,以纵向的源流考察为研究思路,理清先秦人物品评的产生和发展状态,并将人物品评现象与先秦思想史的演变结合起来进行综合考察,探究

---

① 彭昊《论孔子的人物品评》,《船山学刊》,2000 年第 3 期;阳清《〈论语〉人物品评的双重范式》,《宁波广播电视大学学报》,2006 年第 4 期;彭昊《论〈论语〉对〈世说新语〉人物品评的影响》,《船山学刊》,2008 年第 1 期;余群《试论〈论语〉对〈世说新语〉的影响》,《学术交流》,2004 年第 10 期;许琰《试论〈世说新语〉对〈论语〉的改造运用》,《兰州交通大学学报》,2004 年第 2 期;彭昊《论〈论语〉人物品评体系的三重构建》,《求索》,2008 年第 7 期;彭昊《〈世说新语〉人物品评的儒学渊源》,《湘潭大学学报》(哲学社会科学版),2008 年第 3 期。

这一文化和文学现象的发展演变脉络,寻求其之所以在魏晋六朝时期成为一种显著的文化景观的历史根源。

三

本书将研究的基点建立在先秦核心思想范畴与人物品评之准则和品目的互动演变上。因此,对先秦思想史和先秦核心思想范畴的演变的考察是本书展开研究的基础和理论背景。思想史的演变通过一些重要的思想范畴表现出来,而人物品评的价值标准则随着这些思想范畴的演变而变化,品评准则和思想范畴之间有着密切的对应关系。经过研究分析,可以发现"德"这一思想范畴在先秦思想史中具有非常重要的地位。先秦思想史围绕着"德"范畴的产生、分化、重组而展开。德在西周主要用于评价人的政治品质,春秋时期裂变为各种德目并且逐渐转化为人的内在道德品质,经过长期的酝酿,最后凝练为诸子学术的核心思想,分别成为儒家的"仁"、道家的"道"、法家的"法"等。化用庄子的说法,先秦思想史是"德术将为天下裂"的运动。在先秦思想史中,德的发展演变在前,道的观念产生在后。道是德的演变和转化。庄子站在道家的立场上,从当时的学术背景出发,才提出了"道术将为天下裂"的论断,其实"德"的裂变发生在前。这也是本书从人物品评的角度得出的一个研究结论。先秦人物品评的准则和品目的变化与"德"范畴的演变形成互动,反映出"德"的演变轨迹。因此,德的演变与人物品评之品目的互动发展是本书的内在线索。下面,试就先秦"德"观念的来源和"德"的内在含义做一分析。

(一) 德之初义为"政治控取能力"和"权威影响力"

"德"观念的产生其实与人物品评观念的发生有密切关系。人物品评观念来源于人类对"功能"和"效能"的崇拜。人们将自然物象的各种效能魔力化、神圣化,并渴望自身拥有这种能力。原始先民通过巫术和宗教试图拥有和支配这些"魔力",各部族选择那些曾经在重大活动中"真正听从自己的支配而发挥了作用"的事物作为自己特有的图腾和"曼纳"(mana),并以之为本部族的保护神。同时,那些将自己的实际能力与自然魔力结合而使这些魔力"发挥了作用"的巫师和部族首领成为人们崇拜的对象。随着人们实践能力的提高,对于自然物象的"效能"崇拜逐渐转变为对具有强大能力的人的崇拜,一些运用自己的发明创造或聪明才智改善了人们的生活,推进了社会进步的英雄人物和神话人物逐渐成为人们关注和评论的对象。

上古人们对"效能"和"能力"的崇拜也是"德"观念产生的基础。德的原始含义就是"效能"和"能力"。德是先秦思想史中一个非常复杂的概念范畴。对于"德"字含义的训释,历来众说纷纭,有"德得相通说"(郭沫若、刘翔等)、"德为图腾生性说"(李玄伯、斯维至等)、"德为行为说"(李泽厚等)等等。在综合分析当前对先秦"德"观念的大量研究资料之后,我们认为"德"的原始观念来源于人们对"效能"和"能力"的崇拜。不同的时代所需要的具体能力不同,德观念就产生于人类社会对一种特殊"能力"——"政治控驭能力"的需要。德观念的产生要先于"德"字的产生,但"德"的字形结构仍然反映了这种特殊的"能力"。从"德"的字形结构和音韵训诂、文献用例等方面都可以证明"德"字是古代君王通过"巡省"方式以树立自己的权威影响力的反应。德之初义就是"政治控驭能力和权威影响力",这种观念大概产生于部族联合体的尧舜禹时代,这也是"德"字产生的时间上限。虽然无法断定德字产生的具体时间,但可以肯定的是甲骨文中的 徝 就是德字的雏形。

(二)"德"字的产生与古代的"省方"制度有密切关系

甲骨文中没有带"心"的"德"字,但有 徝、卣 等字。对于甲骨文中 徝、卣 的训释主要出现了两类分歧:一是将 卣 训为省,一是训为直。围绕这两种释读,形成了对 徝 字的各种不同训释①。但这种训释可以梳理为两大系统:一是"徝",以及省"彳"的"直"的系统,这两个字形(徝、卣)在添加"心"符之后,演变为后来的"德"和"悳";

---

① 甲骨文中有 徝 字,为"德"字去"心"部之形。郑开在于省吾《甲骨文字诂林》和李孝定《甲骨文字通释》的基础上对各家说法进行统计:对这一字形,孙诒让、罗振玉、陈梦家、唐兰释为"德";王襄释为"省";郭沫若前期、闻一多、饶宗颐释为"徝";叶玉森、容庚、孙海波、于省吾、李孝定释为"循";郭沫若后期、徐中舒释为"值";商承祚释为"直";赵诚释为"徝";刘桓释为"陟"。见郑开《德礼之间——前诸子时期的思想史》,生活・读书・新知三联书店,2009年版,第47—50页。

二是"眚",以及省"彳"的"省"的系统,释 𢾾 为徝、眚、循皆属于同一系统①。虽然 𢾾 在字形上与金文中的"德"十分相似②,但在甲骨卜辞的语境中,𢾾 并不能解释为道德之"德"。如果我们将"𢾾方"一词与古代的巡省制度联系起来,似乎更能接近德字的最初含义。因为,甲骨卜辞语境中反复出现的"𢾾方"一词将其训释为"徝方""省方""陟方"更符合卜辞语境。而从德的最初的含义寻绎,也可以发现德的字源意义与古代的省方制度有着密切的关系。

王襄在训"𢾾"为"省"的基础上说:"省方,见于《易》之《观》:先王以省方,观之设教。又《复》:后不省方。省方,即《尚书·舜典》巡守之礼。"③《易经》有"直方大,不习无不利"语,闻一多认为"直方"疑为"省方","省方犹后世之巡狩。"④日本学者小仓芳彦受到闻一多的启发,进一步论证了"德"与巡省制度的关系。他说:

> "德"原来与王者所进行的"省"事有关,是作为下述实际行动的概念而发挥作用的,即为征发谷物与兵赋而巡行,有时巡行转为征伐,而当对方屈服时则饶恕。这种统治形式,好像可以追溯到殷末,同时它也是直到春秋中期诸侯扩张势力所使用的手段。但是,战国以降,由于实施所谓郡县制,这种统治形式逐渐被取代。⑤

巡守制度是先秦时期一种非常典型的军事和政治制度。从传说时期的尧舜禹时代就已经有很完备的巡守制度,舜因南巡而死于苍梧。西周有几个王都曾进行过大规模的巡守活动。最著名的是周昭

---

① 郑开《德礼之间——前诸子时期的思想史》,生活·读书·新知三联书店,2009年版,第51页。
② 周代金文中的德字形如:番生簋盖作 德,大盂鼎作 德,辛鼎作 𢾾,秦公簋作 德,甲骨文有 𢾾(甲2304)和 𢾾(合7254)字形。
③ 于省吾主编《甲骨文字诂林》,中华书局,1996年版,第2251页。
④ 闻一多《古典新义·周易义证类纂》,《闻一多全集》第二卷,生活·读书·新知三联书店,1982年版,第41页。
⑤ (日)小仓芳彦《〈左传〉中的霸与德——"德"概念的形成与发展》,载刘俊文主编,许洋主等译《日本学者研究中国史论著选译》(第七卷:思想宗教),中华书局,1993年版,第18页。

王南巡而死于汉水。周穆王的西巡声势浩大,后人据此而写成《穆天子传》。春秋战国时期五霸代兴,其中的一项最重要的称霸方式是"会盟",会盟可以说是古代天子巡守制度的孑遗。称霸主要以军事威慑力为主,以讨伐征战为辅,其目的是"不战而屈人之兵"。我们经常看到《左传》所记之战事,往往是兴师动众去征讨,当对方屈服或与对方达成协议后,则不战而返。曾经被战国时人不解甚至耻笑的"宋襄公不鼓不成列"的战例,其背后也是这种巡守制度的深厚背景。因此,甲骨卜辞的"㣭方"极有可能指的是商王的巡守活动。甲骨文的"㣭"应该是"德"字的前身。徐中舒以为甲骨文中的㣭即"徝",乃德之初文。① 刘桓也认为卜辞中的"㣭方"可以释读为"德方",而"德方就是殷王到方国的巡守,德方须带武装,一方面是为了保护殷王及贵族的人身安全,另一方面这种巡视也有炫耀武力及镇抚性质。殷王凭借军事力量,对于一些较小的方国临之以武,即可达到使其臣服的目的。"② 郑开也认为,"从制度分析的层面上说,经籍所载的'省方''巡狩'其实就是'德'的政治原则的制度表达"。③

(三)德作为政治控驭能力包含"德"和"刑"两种手段

美国汉学家倪德卫认为甲骨文中的㣭即是"德"字,甲骨文中的"是春,王将德土方"指的是一种军事行动。他又说:

> 军事上的"德"事实上不是军事的。它是敬畏、可觉察到的声誉、害怕、对领导克制的感恩等方面的混合影响;作为一种可以感觉到的力量,这种影响使采用军事措施成为不必要。我把这称之为"德战"范式:甲骨文上显示的商王的部分职责,似乎就是在每一个战斗季节领导他的军队打着战旗向前去威慑邻国,以其不示武器锋芒之克制来给邻国留下加倍深刻的印象。④

---

① 徐中舒主编《甲骨文字典》,四川辞书出版社,1989年版,第168—169页。
② 刘桓《殷代"德方"说》,《中国史研究》,1995年第4期。
③ 郑开《德礼之间——前诸子时期的思想史》,生活·读书·新知三联书店,2009年版,第51—52页。
④ (美)倪德卫著,(美)万白安编,周炽成译《儒家之道:中国哲学之探讨》,江苏人民出版社,2006年版,第29页。

看来,巡省制度中,军事只是起威慑作用,其真正目的是不战而屈人之兵,只有对于不臣服者才动用征讨手段。在"德方"的巡守制度中,包含着德、刑两柄(或谓德罚、德武、德兵等),传说禹曾在会稽山大会诸侯,防风氏后至而被杀,即是使用了"德方"中的刑罚的一面。在省方制度中,人们看重的是其声势的威慑力,即"德"的宽仁柔惠的一面,而以刑罚为下策。《国语·周语上》载:"穆王将征犬戎,祭公谋父谏曰:'不可。先王耀德不观兵。夫兵戢而时动,动则威,观则玩,玩则无震。'"最后穆王终不听祭公之劝谏,"遂征之,得四白狼、四白鹿以归。自是荒服者不至"。祭公劝谏之词中的"德"已经与"兵"并提,其已经完全等同于"德"中的宽仁柔惠的一面了,这是"德"义内涵分化的结果。从这个例子来看,宽仁柔惠的方式更容易树立威信而达到政治和军事目的。军事征讨可能只能取得表面的胜利或一时的胜利,而最终是更大的失败。在春秋战国时期的中原华夏族中,常常用宽仁柔惠的方式(如会盟)达成妥协,而一些四方夷狄则有时不接受其柔惠的一面(或者是当时的夷夏之辨的原因),才有"德以柔中国,刑以威四夷"的说法(《左传·僖公二十五年》)。但这并不代表主流。《左传·庄公二十七年》的"天子非展义不巡守",杨伯峻注曰:"展义犹言宣扬德义。"① 说的就是巡省制度中用怀柔手段对其进行政治威慑的重要性。

总之,从字形上来说,甲骨文中的 ![]应该是金文中的 ![] 之初形。![] 只是在 ![] 的基础上加了"心"部。而商代的卜辞与西周的金文比较,其区别之一就在于:西周金文加了若干新的符号,如心部。② 另外,在西周的金文中,同样发现了不带"心"部的 ![]字③,这又可视为 ![] 为德字初形的佐证。

甲骨文中的"德方"一词中包含的德观念很可能是商代德观念的主要含义。在甲骨卜辞语境中反复出现的"省方""值方"或者"陟

---

① 杨伯峻《春秋左传注》,中华书局,1990 年版,第 235 页。本书所引《左传》原文皆以杨伯峻《春秋左传注》为本。
② 许倬云《西周史》,生活·读书·新知三联书店,1994 年版,第 31 页。
③ 按:周初"四德器"——德方鼎、德鼎、德簋、叔德簋铭文中即有无"心"旁的"![]"字。

方"是商王朝非常重要的政治举措,是商王权威性和统治力量的体现方式。郑开认为,在殷周之际的"巡守"和"省方"制度中包含了"征伐、威慑、职贡、考绩、祭祀、问政、修礼、观风"等众多的内容:

> 我们认为,"陟方""巡狩""省方"等制度设施是"同源"的。它们的目的首先是要"知四方之政",因为它们体现了政治权力;其次,它们还具有教化或者整合文化的功能与作用,所谓"教于九夷""更易其俗",当然还包括封禅祭祀等。可见,"巡狩"制度集政治、社会、宗教、文化权力于一身,其目的既在于开疆拓土,维系政治势力版图,还在于文化传播和文明融合;这种特征使之成为政治理念和人文精神建构、发展的"母体"。而其中政治理念之胎息,已清晰可闻。①

所以甲骨卜辞中的"省方"就是要播王室权威于四方,扩大殷商统治者的政治控制力和影响力。在这种巡省举动中,闻风而服并能积极执行商王室的命名和政策的四方部族,不再征伐;而对于敢于对抗者,则武力征服。所以"省方""巡守"制度中包含了相辅相成的两手:"软的一手"("柔克")和"硬的一手"("刚克")。前者的目的在于威慑、镇抚、文化认同和道德感化,后者意味着大规模杀伤和毁灭性的打击。而"巡守"制度中的这两手正好与后世的"德""刑"两种政治行为方式相对应:"德"的方式是"抚""怀""宽""柔服"和"施惠","刑"的方式是"伐""讨""威""罚""杀"和"正邪"②。柔和的一面成为德后期的发展方向和基本内涵,或者说在早期的"德"概念中,作为一种政治控驭能力,其中包括了德、刑两手,只是到后来逐渐分化,其中包含的柔和宽仁的一面,逐渐扩展为德概念范畴的主体内涵,而其中的武力征服和杀罚的一方面逐渐退出了德的范畴,而专门称其为刑。因此甲骨文中的"𧘂方"(省方)制度中的"𧘂"字用例

---

① 郑开《德礼之间——前诸子时期的思想史》,生活·读书·新知三联书店,2009年版,第162页。
② 郑开《德礼之间——前诸子时期的思想史》,生活·读书·新知三联书店,2009年版,第163—165页。

当解释为政治控制力和权威威慑力。从德的字形来看,系由"彳"和"㥁"两部分组成。彳为出行义应该可以肯定,㥁的主要组成部分为眼睛之状,剩余的部分(在不同的地方有细微的书写变化)不论是理解为出行时目光如柱直视前方,还是理解为目光发散四处查看①,皆可理解为出行巡视之义。这也许是德字的造字本义。用具体指代一般,用形象说明抽象是古代语言运用中常见的现象。古人用表示统治者出行巡视的政治军事行为代指这种行为的作用和目的,即是为了宣示其政治控驭能力和威慑力。那么我们也不妨作大胆的推测,德字的出现与国家政治层面上的省方制度的产生同步。从德在文献中的用例和神秘性来看,普通人的出行绝不会用"德",在《周易》卦爻辞中有"观"字,似乎比"德"字世俗化一些。那么省方制度的出现也许是德字产生的上限。德字的出现和德字背后的意义内涵之间的关系是具体与抽象的关系,这种抽象的意义内涵则是指统治者的政治控驭能力和权威性,而政治控驭能力和权威影响力在人类社会中的意义是随着人类族群的发展壮大而逐渐凸显出来的。随着图腾团发展为部落联盟,再到作为国家雏形的部族联合体,再到国家的产生,政治控驭能力和权威影响力的作用越来越突出。传说的黄帝时期,部族的政治控驭能力和权威性的建立主要还是通过暴力和武力的手段实现的。而到了尧的时代,则注重用比较柔和的政治措施来加强控驭能力并提升权威性。晁福林说:"如果说黄帝、颛顼主要以征伐所表现出来的强力来建立部落联盟首领威信和话,那么,发展到了尧的时代,则是靠运筹与组织协调各种事务的才能来增长部落联盟首领威望的。"②而这种威望的具体表现就是联盟内各部族的拥戴和臣服。联盟首领通过定期的巡守来宣示和检验其权威性,因此巡守制度(德方)成为一个联盟首领权威性的集中体现。这种权威性和影响力的获得已经不是主要通过武力和暴力手段,而是通过政治运筹能力和组织协调各种事务的管理能力。这种管理能力成为新时代社会群体的稳定和发展最为急需的能力。庞大的社会面临的不

---

① 关于㥁的解释,还有解作发芽的种子之状;用目光看垂直的悬挂之绳,引出做事有准绳之义;释放了一个在路上碰到的奴隶,引申为正义之举等等解释,似乎都过于迂曲。
② 晁福林《天玄地黄——中国上古文化溯源》,巴蜀书社,1990年版,第138—139页。

再是各种单纯的发明创造和职业技能能够解决的问题,于是具有这种政治控驭能力和威望的人成为人们新的崇拜对象。人们将这种能力用能够集中体现这种能力的"省方"制度的 神 字来表示。这也许是德字产生的社会文化背景。

吕文郁认为尧舜禹时代是中国的部族联合体时代。这一时代,"华夏族尚未形成,当时的炎黄后裔正在为本族的生存和发展而进行艰苦卓绝的斗争。在部族联合体时代,不可能产生夷夏之分的观念,更不可能存在正统与非正统的意识。无论哪一个部族,也不管其血统如何、起源于何方,只要有雄厚的实力和出色的部族首领,都可能成为一些部族的核心,或成为某一方部族联合体的首领"①。

李德龙博士也断定德观念的产生应当在具有国家雏形的部族联合体形成的尧舜禹时代。② 并认为,"联合体的最高首领及各地方部族首领公共权力及威望的获得,已经有了相对固定的方式,那就是依靠自身之'德','德'已经被有意识地运用于政治实践中,从而为'德'观念的形成提供了契机"。而传说的尧舜禹时代的禅让制就是以"德"作为推举和任命联合体最高首领所依据的标准,"德"是部族联合体最高首领的必备的政治素质,也是推举及任命联合体最高首领所依据的标准。"德"的高下决定了部族首领们能否拥有竞争最高首领的政治资格。③

在甲骨文的"德"字用例中,我们可以看出"德"实质是政治控制力和权威性、影响力的代名词,其在商代的省方制度中成为常用语,其本质仍然是功用和能力在政治控驭方面的体现。功用和能力其实是人们在任何时代都极为看重的东西,因为它代表着能获得一定的权威性和影响力,代表着身份、地位、赏赐、俸禄、爵位、家族福泽、祭祀权力等等内容,人们根据这种能力分配社会资源。这种能力最后

---

① 吕文郁《论尧舜禹时代的部族联合体》,《社会科学战线》,1995 年第 5 期。
② 按:我们的观点与李德龙博士的差异之处是"德"的本质源于古老的能力崇拜,经过魔力、图腾精神和曼纳、技能、功绩等观念的演变,部族联合体出现之后,人们将在这一时期最为重要的政治控驭能力和权威影响力称为德。其是能力崇拜在新时期的新称谓。故不是德观念产生于尧舜禹时代,而是我们认为这一时代可能是代表省方制度的"德"字产生的上限。
③ 李德龙《先秦时期"德"观念源流考》,吉林大学博士论文,2013 年,第 44—46 页。

以权威性和影响力的方式集中体现出来。在"德"字产生之后,这种在人类社会一直处于发展演变中的综合能力和影响力都被称作"德"。不同的人具有不同的能力和影响力,即是德大和德小的问题,所谓大德者得大位。在生产力水平低下的时代,人们对于具有超强能力的人产生崇拜心理,并且以为这种能力和影响力背后有神灵起作用,再加上已获得统治权和一定地位的人利用天命或祭祀祖先的特权(或让自己的祖先配天享祭,或成为国家公祭对象,或体现为祭祀的丰厚与频繁)加强和巩固这种能力和权威性。这使得"德"这个词语本身具有了一种神秘性。它也被用来称谓那些具有神秘影响力和神奇性能的一切事物。这种神秘的能力一直是人们在日常生活中极为看重的。

因此,德是上古社会在人们的实践活动中发挥巨大作用的事物和个人的"效能"和"功用"(或者称其为功勋)演化而来的观念,这种演变包括实与名的双重演变。从实的角度来说,德的本质仍然是人们极为看重的能力崇拜,只是到了政治控驭力成为社会核心能力的时候,其才被称作德;从名的角度来说,德的造字本义可能专指国家政治层面上的控制力和影响力。可见德字在意义内涵上有承前启后的特点,因而具有极大的包容性。它是特定的历史阶段对于功能和影响力的代称。承前,它包容了德字产生之前,人们崇拜自然界和人类社会各种能力和效用的历史记忆;启后,它不断融入新的时代内容,容纳在新的时代人们认为具有巨大功能和影响力的理念和范畴,当其再也无法承载新的时代观念的时候,它也逐渐消退于历史的舞台,完成了自己的历史使命,退守到一个特定的范围之内,代之而起的是新的概念范畴,如儒家的"仁"、道家的"道"、法家的"法"等。德的主要意义内涵也被这些新的概念范畴分而有之。

总之,德作为一种"能力"在不同的时代表现出不同的倾向和特点,这种不同取决于当时的社会条件下人们所面临的关键问题。在夏商时期,随着国家形态的出现,政治控驭能力成为社会面临的关键问题,能否驾驭四周方国,建立和维持强有力的国家政权,成了一个部族或一个政治集团面临的关键问题,"德"的观念应这种需要而生,专指政治控制能力和权威影响力。但其中的内涵因素总是随着时代的变化处于不断的演变中。其就像一个容器,新的时代观念因素不断融入"德"的概念,处于这一容器的最上层,曾经有过的原始的各种意义逐渐下沉到底层;或者说它像是一个滚动在历史大道上的雪球,表层是新的时代因素,里层是原始的意义内涵。而在人们的实际应用中,人们可以用表层的意义,也可以剥开表层,用里层的内容。这也是造成德字含义众多而复杂多变的原因,但只要透过现象,还原其本质;透过其表面义,挖掘其实质内涵,则会对其有一个清晰的认识。

(四) 德含义的复杂性和包容性

古代的概念范畴往往具有综合性的特点,一个概念范畴常常将与自己密切相关的内容纳入自己的意义范围之内。德的本质含义虽然是"能力"或者"影响力",但获得这种能力和影响力的行为方式、手段、目的、结果等等也常用"德"来表示,因此造成了德含义的复杂性和综合性特征。从德的目的和结果来说,它是"得"。有德者能获得地位、爵禄、祭祀权力、政治权力以及声望和权威性等。

从获得德(能力和影响力)的方式上来说,德与"行为"产生密切关系,所以"行为"也被包含在了德的含义中。对于具体的事物来说,其"有德"也就是说其有某种"性能",因为"德"的"能力"体现在具体的物体上就是"性能""属性"。这样,"性能"也成为"德"的应有之义,在这一含义的基础上,又引申出"生""姓"等含义。这样德的目的和结果、德的行为和方式都被称为"德",德因而成为一个包容性极强的概念范畴。这也是关于德的解释很多,但都很难以一种解释涵盖所有德的用例的原因。

从德的结果来看,德就是得。德可以获得人们在社会生活中极为看重的东西。德与一个人的身份、地位、爵禄、祭祀权力密切相关。有德者有"得",而这种"得"反过来又影响和提升了其本有的德,形成互动和循环。

从获得德的方式和手段来说,德就是行为。德的本质是功能和影响力。从其获得的条件来说,包括两方面:一是来自神秘力量的福佑,二是人们在实践活动中逐渐形成的各种有利于提升这种能力的行为方式。郑开认为,"普世道德、个体道德意义上的'德'成熟于春秋中晚期,而之前的'德'主要运用于政治范畴,或者用来表明贵族阶层的身份地位和行为模式。"①李泽厚认为德的"原义显然并非道德,而可能是各氏族的习惯法规"②。"'德'似乎首先是一套行为,但不是一般的行为,主要是以氏族部落首领为表率的祭祀、出征等重大政治行为。它与传统氏族部落的祖先祭祀活动的巫术礼仪紧密结合在一起,逐渐演变而成为维系氏族部落生存发展的一整套的社会规范、秩序、要求、习惯等非成文法规。"③人类社会的发展最终要付诸实践活动和行为方式,所以德具体落实到各种行动上就是各种习惯法规和行为模式,而这些行为模式往往在促进部族的发展和解决部族面临的重大问题中会起到巨大作用。古人往往将行为方式与行为的结果合起来谈,或者直接以结果代称过程和方式。因此,获得"能力"和"影响力"的条件和行为方式也被称作"德"。比如,获得赏赐叫做德,赏赐别人也叫德。这样"德"就具有了集合概念的性质。

礼与德之间是一种表里关系。礼是一种特殊的行为方式。礼乐本身是宗教仪式活动的组成部分。盛大的宗教活动可以崇德、昭德,使德更隆盛,使这种德得到的神灵福佑和认可更多。礼可以提升德的"能力"和"影响力",让德发挥出巨大的"功效"。礼仪背后隐匿的精神因素莫过于德。礼在仪式和精神方面都体现了德的原则。这使得"早期的'礼'和'德行'往往没有什么区别,而'德'往往意味着规范性的社会行为方式及其原则"④。

生和性是德含义中的又一重内容。其直承远古时代人们对自然界神奇"效能"(性能)和有神奇"能力"的人物的崇拜。虽然功用崇拜黏附了新的时代观念而被称为德,但其原有的意义内涵仍然被包裹其中,在"德"的使用语境中表现出来。最早提出早期的德有"生""性"含义的是李玄伯。他认为,早期人类社会属于某一图腾的成员即认为自己具有该图腾特有的属性。⑤斯维至也支持李玄伯的观点,

---

① 郑开《德礼之间——前诸子时期的思想史》,生活·读书·新知三联书店,2009年版,第11页。
② 李泽厚《中国思想史论》,安徽文艺出版社,1999年版,第91页。
③ 李泽厚《中国思想史论》,安徽文艺出版社,1999年版,第92页。
④ 郑开《德礼之间——前诸子时期的思想史》,生活·读书·新知三联书店,2009年版,第93页。
⑤ 李玄伯《中国古代社会新研》,上海开明书店,1949年版,第82页。

认为德的本义为"生"和"性"。生、性偏重于对自然事物之功用的统称。一般事物的生、性偏向于指先天的功能属性或者被看作事物特有的神奇性能,而族类意义上的"姓"所包含的"生""性"之含义更多了后天的附加因素,如借助图腾所获得的特有的神力、族群在长期的生产生活实践中逐渐形成的各种习惯法和行为方式。长久而稳固的行为也会成为一种属性,所谓"习性"就是因习惯法形成的属性。即使这种能力最后凝练成为政治层面的综合能力——影响力和权威性。其本质和意义内核仍然是功用和能力。因此,德观念中的"生""性"之含义即是远古社会人们对于自然界事物之功用的普遍崇拜的遗留,是原始拜物教在德观念中的孑遗。所以生、性实为属性,属性也主要体现为功能和功效。后世语言中的"性能"一词即说明"性"和"能"的密切关系。西周以后,德观念中已经融入了伦理道德因素,但其作为"能力""性能"的原始意义并没有在人们的语言习惯中消失。从《诗经》《尚书》《左传》《国语》等文献来看,德的词语组合有"明德""盛德""吉德""令德""懿德""昏德""衰德""凶德""恶德""秽德",还有"大德""小德""帝德""王德""君德""男德""女德""听德"等等。这些德的语境,显然不能用某一种解释来概括,因为在不同的词语组合中,分别使用了德在发展过程中形成的不同含义。有些可以作"行为"义解,如"明德""吉德""令德""懿德""昏德""凶德""恶德""秽德"等;有的可以作"能力"或"影响力"解,如"大德""小德""衰德""帝德""王德""君德"等(当然"明德""吉德""令德""懿德""昏德""凶德""恶德""秽德"等也可以从影响力的角度来解释,就是取其影响力的大小和好坏而言的)。而"男德""女德""听德""风德""酒德"都是取其特性和功能意义的。这种特性和功能能够产生一种引力场,对周围的事物产生影响。"德作为其不变的个性,被认为既是其本身的结构又是所有与其周围的世界的交感的因果关系(不管这种关系是好的,还是坏的;是积极的,还是消极的)",是"天生的特性和相生的因果力'场'"①。战国时代的邹衍提出的"五德"实际是五种自然物的属性和效能。所谓的"女德无极,妇怨无终",其中的女

---

① (美)倪德卫著,(美)万白安编,周炽成译《儒家之道:中国哲学之探讨》,江苏人民出版社,2006年版,第39页。

德或者就是指"一个年轻女子的性的吸引力"①。特性和功能是一个较原始的意义内涵,当然不同特性的事物可以产生不同的效用,与功能和影响力也是相关的。

合道德性是德含义发展演变的主要方向。德从一个政治核心话语最后发展为个人伦理道德的代称,其深层原因是德从一开始就潜藏着合道德性因素。也就是说,脱胎于远古人们崇尚的功能和"魔力"的德,到了部族联合体的时代成为政治控驭能力和权威影响力的专门术语,到后来又逐渐内面化,其本质内涵逐渐演变为个人伦理道德。伦理道德本质上也是一种强有力的"影响力"。

由于对能力的崇拜,人们常常将"德"神圣化。在古人看来,神灵可以帮助和福佑人们获得某种德,或者德本身就是神力的表现,两者融合在一起。于是德本身也成为一种神秘力量并与"天命"产生密切关系。天命是从远古社会的万物有灵观念开始一直萦绕在古人心目中的神灵观念演变发展而来的,神灵是古人所有行事的大前提。古人对于神灵、图腾、祖灵的崇拜体现了人们企图借助神力增加自身生存和发展能力的愿望。获得能力即是获得某种德,神灵可以帮助和福佑人们获得某种德,或者德本身就是神力的表现,两者融合在一起,于是德本身也成为一种神秘力量。这种神秘力量可以维系族群的发展和繁衍生息,使族群在与自然和与其他部族的斗争中处于优势地位。于是这种神秘的德成为族群独特的属性、魅力、神力。事实上,真正起作用的"神力"并非来自神灵,而是来自人们的聪明才智和合理的行为。只是人们对这种行为处于日用而不自觉的状态,以为一切能够在人们的活动中起作用的"能力"皆来自神灵。人们宁愿在观念上认为在实际事务中起作用的一套行为法则也是神灵作用的结果。于是德成为神灵和人的行为方式的统一体,有德的即是有用的,也是神秘的。有德即是有天命,有天命即是有德。

综上所述,"德"不是周人的首创,周人提出了有别于商人的德,即"明德"观念。德随着西周社会人文精神的涌动,在提升政治权威

---

① (美)倪德卫著,(美)万白安编,周炽成译《儒家之道:中国哲学之探讨》,江苏人民出版社,2006年版,第39页。

能力时不断向宽仁柔惠的一面发展,并且德含义中的合道德性因素不断加强。西周时期以"德"为基本准则的人物品评也以人的政治能力和政治品质为主要关注点。

(五)德在春秋时期"裂变"并"内面化"为"道德力"

春秋时期,"德"裂变为浩浩荡荡的德目,这些德目成为新的人物品评的准则和品目。这一时期人物品评活动也空前繁荣,出现了中国历史上第一个人物品评的高峰。这些德目内化为伦理道德和人的精神品质。"德"在这一时期从外在的"能力"和"影响力"转化为内在的"道德力"。经过春秋时期的思想酝酿,这些德目最后分别被凝练为诸子学术的核心思想,成为儒家的"仁"、道家的"道"、法家的"法"等。诸子的学术思想其实是分别选择并发挥了"德"观念的某一个方面,使之成为自己的思想核心,如儒家的"仁"和法家的"法"其实就是德之"影响力"中"柔克"和"刚克"的两个方面,即德、刑两柄;德作为"性能""功效"的原始含义在道家的"道"中被充分保留。在注重"德"的方式和手段的时代,诸子学术的核心概念都侧重于德的行为方式和途径层面。道家的"道"即是实现其"德"的方式和途径。从这个意义上来说,先秦思想界发生了一场"德术将为天下裂"的思想史运动,或者说是从"德"到"道"的思想史运动。

"德"作为能力崇拜的产物,最后不断倾向于伦理道德。德范畴裂变后,其含义中的其他意义内涵纷纷析出,德范畴本身则退守到伦理道德这一特定的范围之内。德从一个政治核心话语最后发展为个人伦理道德的代称,其深层原因是德从一开始就潜藏着合道德性因素。

德起初是中性的,不具有褒贬色彩。但有德者常要通过一系列正确的行为来突出其能力,这些正确的行为本身与其个人品行和美德是紧密联系在一起的。这种正确的行为方式及其个人品行即为合道德性因素。后来,德作为政治威慑力的一面被强化,在"德方""省方"中体现出来的恩惠慈善的一面正好与人们在社会生活中形成的各种个人美德联系起来。儒家是先秦政治文化和政治哲学的直接继承者,在《庄子》所说的"道术将为天下裂"的时代,儒家延续了传统文化的基本精神,虽然也只能执传统道术之一端,但也代表了先秦政治文化的发展方向,执先秦政治文化精神之牛耳①。同时儒家也继承了德的发展形态,以伦理道德为其学术性格。儒家之德观念建立的理论前提仍然是政治需要,是通过提高个人能力在社会政治中发挥作用。由此可见,伦理道德与传统德观念一脉相承的内在联系就在于道德也能产生"影响力"。美国学者倪德卫在其对中国哲学范畴"德"的讨论中,曾经提出"道德力"一词,他说:

> 我首先要谈在早的铭文中"德"这个字的使用,我们中的大部分人把它译为"virtue",或者留下不译。在下一次讲演("'德'悖论")中,我会说到,由这个字所体现的概念,通过其视界的容易的和自然的延伸,在一些高水平的古典道德哲学家中流行起来,它包含着一个好人为了在道德上好而必须有的那些品质,并且,集体意义上的人的"德"也是这样。但是,"德"好像还有其他意义。阿瑟·韦利(Arthur Waley)在1958年翻译《道德经》的时候,用了 The Way and Its Power("道和它的力量")这样的标题。他用 power 来翻译"德",他是有好的理由来这样译的。当他遇到用于指称一种道德品质的"德"字时,正如它有时在《论语》中出现的那样,他结合了这些意义,并把它译为 moral force("道德力")。确实,我想,这是一种常识:作为一个人的道德品质,"德"被认为可以给这个人心灵力或对其他人产生影响,甚至有时候是对人类以外的环境产生影响。②

这种道德力其实在早期的一些合道德性行为中已经不自觉地体

---

① 其实,先秦文化发展至春秋战国时期,从传统文化的角度来看,应该是"德"术将为天下裂。"道术将为天下裂"是《庄子·天下》提出的。道家的核心哲学理念是道。道家从唯我独尊的角度出发,认为自己继承了传统文化的核心内涵,并将这个内涵称为道。事实上,诸子百家中重要的几家皆继承了"德"内涵中的不同方面。道家继承了德观念中的属性、功能等含义;法家继承了德观念中的武力和刑罚思想;墨家继承了附魅于德之上的天命神学思想;儒家继承了德的合道德性思想,是德的合道德性发展的归宿。德术为天下裂之后,德的话语在诸子学术中并不占据核心位置,因为德的丰富内涵已被各家用新的哲学概念所代替,道家称为"道",法家称为"法",儒家称为"仁"。

② (美)倪德卫著,(美)万白安编,周炽成译《儒家之道:中国哲学之探讨》,江苏人民出版社,2006年版,第21—22页。

现出来。倪德卫通过对甲骨文中记载的商王愿意牺牲自己,或向神灵许诺宁愿置自己于危险之中来换取另一个人的健康等行为的分析(这种情形类似于《尚书·金縢》记载的周公祈求三王的在天之灵让自己代替武王去死),认为在献祭中体现的德的意义是神灵能够看到并喜欢看到的国王身上的一种品质或心灵能量。这种牺牲自己对受惠方(或处于监察者位置的上帝神灵)的施与使得受恩方感到一种巨大的心理压力。这种压力使得受恩方产生一种要反惠施恩方的心理强迫。这种压力和强迫是如此的强烈,以至于它好像是一种发自施恩方的心灵力,使其周围的人在它的指引下找到了方向。春秋战国时期的"士为知己者死"就是这种道德影响力强大作用的典型形态。

这种道德力就是一种影响力,是以道德的力量影响他人。总之,能够产生强有力的影响力即是德的根本目的。只不过早期的合道德性因素包裹在神灵巫术思想中,并非自觉的道德意识。郑开在其《德礼之间——前诸子时期的思想史》一书中,对于"合道德性"和"美德"之间的差异有着详细的论述。他说:"早期文献和彝铭中的'德'虽然不乏伦理意义上的美德(virtue)意味,却不能简单地归结为'美德'。"而"西周以来的'德'所具有的'道德的意味'其实可以恰当地称之为'合道德性'。换个说法,早期的'德'的语词中的'道德'含义正是经过'合道德性'的反复酝酿、反复展开而趋向于'道德'的。因此,前轴心时期的'德'的思想逻辑就具有了一个'合道德性'的中介环节"[1]。

获得德的能力最后集中于道德领域。人们发现道德也能够产生巨大的影响力,树立权威性,是为"道德力"。道德因而成为德发展演变的最后归宿。道德也能产生一种神奇的"魔力",道德力会在其周围产生一个力场,施影响于周围的人,进而提升其影响力和权威性。在个人价值高扬的春秋战国时期,甚至可以说是道德力的角逐时代。士人阶层以自己的道德力获得一定的影响力,并被社会认可。在权威性和影响力一直被渊源有自的家族和贵族占据的格局被打破后,下层掌握了道统和文化主动权的士人知识分子发现了一个神秘的获得个人价值和尊严感的有效途径,这就是以道德为核心内容的德。

---

[1] 郑开《德礼之间——前诸子时期的思想史》,生活·读书·新知三联书店,2009年版,第326页。

这种价值感、尊严感、个人权威性和影响力曾经被说成是天生的,是祖宗的福荫,甚至是天命,到春秋战国时代则变成通过个人修养和努力就可以得到的东西。这一发现引发了主体意识爆发之后的道德竞赛和精神狂欢。在求德的路上,士为知己者死、杀身成仁、舍生取义;在成德之后,可以傲视王侯、粪土诸侯、从道不从君。中国文化因为发现了能够张扬人的主体力量的道德价值而出现前所未有的辉煌。这一辉煌产生的原因就在于宗教与政治权威的失坠为每个人的成德敞开了大门。而孔子提出的"因材施教,有教无类"等教育思想就是在这样的时代大背景下产生的,其不仅仅是普通的教育思想,而是中国思想史变革的里程碑、创世纪。

总之,人物品评的价值准则和依据是建立在社会核心思想观念的基础之上的,先秦人物品评的准则和品目与先秦"德"观念的发展之间形成互动关系。人物品评价值准则的变化反映了先秦"德"范畴的形成、裂变、分化、蜕变的演变轨迹。人物品评现象与思想史的结合是本书的内在逻辑。

四

本书分为九章,对先秦人物品评的发展进程进行历时性的梳理,并揭示其内在的发展线索和演变逻辑。主要包括以下几个方面的内容:

第一,以西周时期的思想世界为背景,分析西周时期人物品评与政治意识形态之间的关系,探究西周人物品评的核心范畴及其发展趋势。西周初年的文献中就已经出现了大量的人物品评材料。周初文化大传统中的人物品评主要围绕政治意识形态建设和新政权的巩固而展开,形成了以"德"为核心的一系列品评人物的活动。这一时期的人物品评材料集中于《尚书》和《诗经》的雅颂诗中。先秦人物品评所依据的第一个价值准则和核心的概念范畴就是"德"。"德"观念产生于上古时期人们对自然界和人类社会各种"效能"和"能力"的崇拜。德的原始含义就是"效能"和"能力"。当一种特殊的"能力"——"政治影响能力"成为人类社会的关注焦点时,真正的德观念开始产生。先秦人物品评的准则随着"德"的演变而变化。先秦思想史围绕着"德"范畴的产生、分化、重组而展开。德在西周主要用于政治领域,在春秋时期裂变为各种德目,经过长期的酝酿,最后凝练为诸子学术的核心思想,分别成为儒家的"仁"、道家的"道"、法家的"法"等。化用《庄子》的说法就是先秦思想史是"德术将为天下裂"的思想史运动,先秦人物品评的准则和品目的变化与"德"范畴的演变形成互动,反映出"德"的演变轨迹。

"德"不是周人的首创,周人提出了有别于商人的"明德"观念,这种观念体现在周代铜器铭文中。"明德"和"敬德"是西周思想领域的两大核心观念。敬德通过"礼"的践行来实现,周公虽然制礼作乐,但在西周文献中,"礼"字的使用很少,代之而出现的是"威仪",威仪是礼在西周时期的代称。礼在春秋时期被大量使用和再诠释,焕发出了新的时代精神。"德"和"威仪"构成了西周人物品评的两翼。

第二,以《诗经》风诗中的人物品评为依据,研究《诗经》时代文化小传统的价值观和审美观。《诗经》人物品评分为"美刺式"人物品评和一般人物品评两种类型。尽管《诗经》雅颂诗中的人物品评多关政治美刺,但《诗经》风诗中的人物品评活动已经开始对人的言行举止和精神风貌进行审美观照。《诗经》风诗中的人物品评体现了社会底层的风俗和人物品评状况。

第三,研究春秋时期思想世界的剧烈变革及这一时期人物品评活动的盛况。西周末年到春秋时期,中国思想界发生了剧烈的变化,这一时期的思想酝酿直接开启了战国诸子文化的繁荣。因此,可以将这一时期称为"前诸子时代"。强调"前诸子时代"一方面是与战国诸子有所区别;另一方面是因为从《左传》《国语》《逸周书》等文献的记载来看,春秋贵族君子完全算得上是一个可以与战国诸子平分秋色的文化群体。贵族君子是这一时期人物品评活动的主体,他们在政治外交活动和人物品评活动中展示出来的思想观念成为孔子思想和战国诸子思想的土壤和积淀。在思想界正处于"从宗教到历史"的转变和"哲学的突破"的过渡时期,天人二元模式并存于人的思维模式中,新旧思想碰撞激烈,人物品评活动非常活跃。西周以来,作为人物品评核心范畴的"德"在这一时期开始裂变和内面化。一方面是人物品评之准则与新的价值观念相互生发,形成了浩浩荡荡的德目;

另一方面，这些德目逐渐转化为伦理道德和人的精神品质。"德"从通过外部的各种行为方式获得的"影响力"逐渐转化为内在的"道德影响力"。这一时期形成了中国历史上人物品评的第一个高峰。

第四，立足于春秋时期社会变革的广阔背景，点面结合，以集中反映春秋人物品评状况的《左传》《国语》为重点文本，揭示其中承载的"君子文化"及君子文化圈的人物品评状况。《左传》《国语》是春秋人物品评活动的主要文献载体，其中记录了丰富的人物品评资料和人物品评活动。《左传》《国语》中人物品评的实例既呈现了春秋时期丰富多彩的人物品评之准则和品目，又反映了春秋精英思想界形成的众多德目。在《左传》《国语》中，人物品评的主体包括贵族君子、隐性主体"君子曰"以及"孔子曰"，这表明史官和春秋君子的思想开始合流。

第五，以《论语》中的人物品评内容为主体，结合《大戴礼记·文王官人》的官人用人标准，分析孔子时代社会变革对人才培养的新要求及士阶层的崛起。孔子及其《论语》在先秦人物品评中具有里程碑意义。孔子的文化活动直接开启了诸子时代的到来。孔子也开创了先秦人才思想和人才培养模式的新纪元，并对先秦士阶层的形成和壮大产生了巨大影响。本书将《论语》所记孔子思想与《大戴礼记·文王官人》进行对比研究之后发现，《大戴礼记·文王官人》从官方用人的角度总结的人才培养目标反映了新时代的人才观念，与孔子的教育理念和教育目标基本一致。《论语》的人物品评活动也反映了当时"官人"的新标准和新的人才观。《论语》具有哲学、文学、历史等多重价值，而从其体例和内容来看，将其作为一部人物品评著作也并不为过。《论语》品评人物的品目是儒家的核心思想范畴，尽管相对于《左传》《国语》来说品目大大减少，但出现了人物品评门类的萌芽。这说明德裂变之后产生的德目开始逐渐重组和聚合，新的核心理念正在酝酿之中。《论语》从体例、人物品评方法和品鉴标准等各个方面为后世人物品评树立了范式，对《史记》《汉书》《法言》《世说新语》等产生了深远影响。

第六，结合战国诸子的哲学思想，研究战国诸子文本中反映出的"评人论道"与"人学兼评"现象。战国时期的人物品评与诸子的道义阐发紧密结合，体现出"以学论人"和"人学兼评"的特点。另外，战国文体中出现的一些新特点对后世人物品评的发展和人物品评成熟文本的出现产生了巨大影响。这些新特点主要表现在"以类相从"的人物故事编排形式和品鉴性叙事的大量出现两个方面。

第七，战国子、史著作都存在着"三言"模式，孔子在诸子著作中普遍地充当了"重言"角色。 我们对孔子在诸子著作中的形象特征和意义、作用进行分析研究之后认为，子与史在行文模式上有密切关系，诸子和史传都有庄子所谓的"三言"模式，只是侧重点不同而已。孔子在战国诸子著作中的主要作用和意义就在于承载了"重言"的角色。

第八，《孟子》的人物品评主要围绕"仁政""王道""性善论"和"义裁"等问题展开。 在战国诸子中，孟子的人物品评有突出地位，其与孔子的人物品评一脉相承。孔子多言礼，而孟子多言义，由礼到义的转化是孔孟哲学的主要区别，也是儒家学术从孔子到孟子发展的关键点。"礼"是人们面对外部世界进行决策时采取的来自传统的依据和标准，这种标准是一种他律体系；"义"的强化是人面对外部世界进行决策时自主精神提高的表现，"义"的执行更依赖于人的自律精神。"义"就是人的自觉心及由人的自觉心主宰的对于公平正义的判断力和需要采取的决策行动。这种对世间大道的裁断能力是以人对道义的把握为前提的。人依据自己的裁断能力对外部事象做出综合的判断，就是"权"，也即中庸之道。《孟子》有许多人物品评的内容围绕"义"的裁定问题而展开。人们体道的能力不同，则对世间事象做出的裁定也不同，因而孟子对其做出的评价也不同。孟子的时代，面对瞬息万变的社会事象，陈旧的"礼"已经不能作为决策的合理依据，人必须通过自己的主体精神来把握世界。这是隐藏在"义"背后的深层内涵。

第九，《荀子》一书出现了独特的"作类品评"现象。 这与其正名观念和礼法思想密切相关。《荀子》一书所涉人物品评同样具有战国诸子"以学论人""人学兼评"的共同特征，但《荀子》评人论事主要从其"名学"理论出发，对人事进行"正名辨实"；基于"礼法伦类"思想对人伦道德进行"分类定等"，以此达到正伦常、明纲纪的目的。

　　总之,先秦人物品评现象从品评准则、品评方法和文本体例等诸多方面对后世的人物品评产生了影响。春秋时期出现了中国历史上品评人物的第一个高峰。这一时期的人物品评活动与汉末魏晋的人物品评活动遥相呼应,形成了中国文化史上一种独特的景观。

　　本书以传统的文献研究法和文本解读法为基础,进行文史哲结合的综合研究。研究涉及的文献包括传世文献和出土文献。研究中尽可能全面地搜集相关资料,通过对基础文献资料的收集、考证、比对、研读、分析、梳理、总结,并结合前人的相关研究成果,对与先秦人物品评相关的诸多问题进行系统分析和深入探讨,试图从人物品评这一独特视角反观先秦文学史和思想史中的诸多问题。即把人物品鉴作为一个切入点、观察点,并以此为纽带,把与先秦人物品评有关的社会背景、社会变革、思想运动、文学变迁等联结成一个有机整体,进而展开对一系列重要问题的探讨。但因为学力有限,许多地方并没有达到预期的效果。不当之处,敬请方家指正。

第一章 "敬慎威仪,以近有德":西周的思想世界与人物品评

人物品评总是与一个时代的核心观念和主导思想联系在一起。人物品评中反映的是时代的基本观念,或者说一个时代的思想观念往往通过人物品评的方式体现出来。在中国早期的文献资料中,第一个具有真正的人物品评性质的核心范畴是"德"。在商周的文献记载中,人们用"德"来衡量和评定人物的事例比比皆是。"德"不是周人的首创,周人提出了不同于商人的"明德"观念,以"帝迁明德"为自己的政治合法性依据。"明德"和"敬德"是西周传统思想领域的两大核心观念。敬德通过"礼"的践行来实现。周公制礼作乐基本是历史的定论,但在西周文献中,"礼"字使用很少,而"威仪"一词却出现得相当频繁,其用法和意义正好与"礼"的含义吻合。因此,可以说"威仪"是礼在西周时期的代称,传统意义上说的"礼崩乐坏"其实就是"威仪"的崩坏。威仪的权威性受到挑战,试图重建"威仪"权威性的人们开始用周初只用于祭祀场合的"礼"代替"威仪",并对其赋予新的意义和时代内涵。所以"礼"是春秋时期人们重申礼乐制度的一个全新概念,其在春秋时期被大量使用和再诠释,体现出了新的时代精神。这样,"德"和"威仪"就构成了西周传统人物品评的两翼。"德"和"威仪"作为西周人物品评的核心观念贯穿于《尚书》《诗经》的雅颂诗以及周代的铜器铭文中。另外,《诗经》风诗中的人物品评已经具有了对人物进行审美观照的特征,是后世"容止"品评的先河。

第一节 周初人物品评与政治意识形态建设

武王灭商后,周人的统治根基尚不稳固。灭商只是攻克了殷商

的核心政治力量,但一些殷商遗民并不臣服,殷商残余势力的叛乱和反扑随时都会卷土重来。武王克殷后四年(前1043)病逝,成王年幼,周公摄政。管叔、蔡叔与纣子武庚联合淮夷、徐、奄、熊、盈等国叛乱。周的统治似乎面临"山雨欲来"之困境。周公东征,讨伐管蔡、武庚及东方诸国,诛管叔,杀武庚,放蔡叔,封微子启于宋。周公平定三叔和武庚之乱后,进行了一系列巩固政权的措施。在制度建设方面建立了"分封制""宗法制"和"礼乐制"等制度。这些制度建设被王国维称为"中国政治与文化之剧烈变革"。他说:"欲观周之所以定天下,必自其制度始矣。周人制度之大异于商者,一曰立子立嫡之制,由是而生宗法及丧服之制,并由是而有封建子弟之制、君天子臣诸侯之制;二曰庙数之制;三曰同姓不婚之制。此数者,皆周之所以纲纪天下,其旨则在纳上下于道德,而合天子诸侯卿大夫士庶民以成一道德之团体。"① 在意识形态领域一方面加大对殷商遗民的心理攻势和教化,树立自己政权的合法性和合理性;另一方面总结殷商灭亡的历史教训,对自己的王族子弟进行政治教育,激发他们的忧患意识,培养他们谨慎敬畏的政治态度。因为周初的这种政治需要,产生了一大批政治文献。这些文献基本上贯穿着三个主题:树立自己的政治合法性;激发周人的忧患意识;继承先祖懿德,确立自己的统治思想和政治规范。而用来申述这三个主题的方式是"以史为鉴"。这些史料就是周人的近代史——夏人和商人的历史,还有周先王的历史,尤其是商的历史。这些历史一方面被镶嵌在周初诸诰中,另一方面被用在祭祀仪式的颂诗和雅诗中,用来完成周人的政治意识形态建设。周诰中记载的周人近代史和《诗经》中的祖先颂诗就成为周初人物品评的主要文献载体。此时的品评对象即是三代先祖,基调是将各代前期先祖与后期亡国之君区别对待。最终经过对历史的总结和反思,周人凝练出了一套自己的政治品格和价值规范。

一、明德

在周初文献中,"德"是一个非常常见的概念范畴。如《诗经·

---

① 王国维《观堂集林》,中华书局,1959年版,第453—454页。

卷阿》：

> 有冯有翼，有孝有德，以引以翼。岂弟君子，四方为则。

孝，指美德。马瑞辰《毛诗传笺通释》："王尚书曰：'《尔雅》："善父母为孝。"推而言之，则为善德之通称。'……此诗'有孝有德'亦泛言有善有德，不必专指孝亲言。"①《周颂·维天之命》：

> 於乎不显，文王之德之纯。

《说文》："纯，丝也。"②朱熹《诗集传》："纯，不杂也。"③形容文王德行的纯洁。《周颂·时迈》：

> 我求懿德，肆于时夏。允王保之！

《尔雅·释诂》："懿，美也。"④懿德，指美政，指的是政治美德。就现有的文献资料来看，先秦最早的一个人物品评标准和品目是"德"。德的本义脱胎于原始先民的能力崇拜和效能崇拜，最后随着人类社会政治控驭能力的强化而成为政治控驭能力和权威影响力的专称。能力在不同的时代表现为不同的内容和不同的行为方式。对于能力和效能的崇拜使人们将其神秘化，并与神灵、天命等非理性因素结合在一起。这些意义内涵在德的使用语境中交错出现，德作为一个"能指"概念，其"所指"的内涵具有丰富性和包容性。从周初文献"德"的用例中，可以发现，"德"是个中性词（尽管其已经有越来越明显的合道德性倾向），并无褒贬色彩，所以仅仅一个"德"字还不能明确地评价一个人物。在德的话语系统中，往往是同其他词语组合使用才构成对其"德"之好坏的价值判断。如上文所举例子中，分别将"德"与

---

① ［清］马瑞辰《毛诗传笺通释》，中华书局，1989年版。下引《毛诗传笺通释》同。
② ［汉］许慎《说文解字》，中华书局，1963年版。下引《说文解字》同。
③ ［宋］朱熹《诗集传》，中华书局，2011年版。下引《诗集传》同。
④ ［晋］郭璞注，［宋］邢昺疏《尔雅注疏》，［清］阮元校刻《十三经注疏》，中华书局，1980年版。下引《尔雅》同。

"孝""纯""懿"等字联系在一起,才形成一种"美德"的意义表达和价值判断。另外如《鲁颂·閟宫》:"赫赫姜嫄,其德不回。""德"与"不回"结合。《大雅·思齐》:"肆成人有德。""德"与"有"结合(与"有德"相对的是"无德"),共同形成"好的德行"的价值判定。德的这种中性色彩即使在德的意义内涵完全合道德化的春秋时期仍然保留在德的使用语境中。德的话语系统中既有"明德""懿德""文德""嘉德""吉德""令德""德音"等好的德行,也有"昏德""乱德""恶德""凉德""败德""悖德"等坏的德行。在周初俯拾皆是的德的话语中,德与具有褒义色彩的词语的搭配占了多数,基本上用来形容周人自己的德行或者周人需要努力趋近的德行,而在评价殷商后王和统治者的时候则多用"恶德""昏德"等词语。在周人评价自己的德行时,"明德"一词的使用最为频繁。

  周人的"明德"正是为了区别于殷商之德而提出的一个全新的概念。这正说明商人也是有"德"的,商人之德与周人之德的区别不是"无德"和"有德"的区别,而是德之性质的区别。段凌平、柯兆利《试论殷商的"德"观念》一文,在肯定甲骨文中有"德"字的前提下,梳理了《尚书·盘庚》中的"德"观念,结合《尚书·盘庚》篇中的十个"德"字,对"德"观念首创于周初的观点提出质疑,认为"在殷代,一个氏族残余较浓的社会,稍顾及民意的德观念的存在,是历史的必然"①。认为殷商时代"德"观念的主要内容大致包括敬上帝、崇拜先王和略为顾及民意以加强种族团结等内容,并结合殷代社会的基本状况来说明其"德"观念所具有的这些内容是合理的。赵忠文《从〈尚书〉看商周两代"敬德"观念的演变》②,依据今文《尚书》中商周统治者关于"德"的政治言论,认为"敬德"不是周人所独有的思想。从《汤誓》的记载来看,商汤心目中的"德"主要包括减轻人民的劳役、节用民力、不那么残酷地剥削人民等内容。从《盘庚》中的"德"来看,盘庚迁殷时的"德"已经有了君德与臣德的区别,"德"的含义较商汤时期更为

---

① 段凌平、柯兆利《试论殷商的"德"观念》,《厦门大学学报》(哲学社会科学版),1988年第4期。
② 赵忠文《从〈尚书〉看商周两代"敬德"观念的演变》,《中国哲学史研究》,1986年第2期。

丰富,用法也更广泛。周人的"敬德"思想是承继商代而来,并做了进一步的丰富和发展,周初之"德"的基本含义是"保惠于庶民",此基本含义决定了"德"在当时有"知小民之依""知稼穑之艰难""君子所其无逸""以庶邦惟正之供""明德慎罚"等内容。游唤民根据《尚书·商书》中"德"的记载,认为"'德'作为一种范畴和概念的出现,应是殷代的事"①。当然,如果以"政治控驭能力和权威影响力"定义德之最初含义的话,德观念的产生可能还要早于商代。依据学者们对商人之德的研究,似乎商人本非全是"恶德"和"昏德",商人也有"善德"。从《尚书》中有关周人对殷先公先王的评价中也可以证实这一点。那么周人提出的"明德"观念到底有什么特别之处呢?其意义有二:第一,周人提出"明德"观念是其建立政权合法性的政治纲领。周人的明德观念主要是针对殷商后王和亡国之君的。周人在评价殷商先公先王时仍然赞美其有"明德"。《尚书·多士》②:

> 自成汤至于帝乙,罔不明德恤祀。

又《尚书·多方》:

> 乃惟成汤,克以尔多方简,代夏作民主。慎厥丽乃劝。厥民刑用劝。以至于帝乙,罔不明德慎罚,亦克用劝。

尽管周人也赞美了商人的"明德"之君,但这种赞美是周人用自己的新理念将商先公先王纳入了自己统一的评价体系之后做出的评价,同时也将殷商后王的暴政和恶德更加凸显出来了。虽然殷商也有"明德"之君,但从整体上来说,殷商之德中过多地体现了初期奴隶制政权的暴力性。初具规模的国家机器呈现出强大的力量,这种力量在维护统治和提高自己的政治权威方面"立竿见影",因而掩盖了其柔德和善德。由于受周初统治者在意识形态方面对商的贬斥和丑化

---

① 游唤民《尚书思想研究》,湖南教育出版社,2001年版,第114页。
② [汉]孔安国传,[唐]孔颖达疏《尚书正义》,[清]阮元校刻《十三经注疏》,中华书局,1980年版。下引《尚书》同。

之影响,无形中放大了殷商政治行为的暴虐性。随着商朝的衰落,商人后期的德倾向于暴力的一面。周初仍然围绕"德"这一核心的政治范畴构建自己的意识形态话语体系。所以周人在建立自己的政治思想体系的时候,必然要对自己的德重新定位,以便与商人之德有所区别。这一定位就是"明德"①。第二,整个商朝的德(政治控驭力)还倾向于神秘色彩,将德与天命鬼神紧密结合在一起。周人在重建自己的意识形态时,仍然需要传统思想中的"天命"观念和上帝鬼神观念作为自己政治权威性的依据。周人对于殷商文化既有继承,又有创新。在人文领域,周人提出不同于商人之德的"明德"观念。在天命观上,周人提出"帝迁明德"和"敬天保民"的观念,以示与殷商天命观之区别。前者是对人的,是论证自己政权的合法性时使用的;后者是对己的,是巩固自己的新政权和提高自己的警惕性的需要。可以说"帝迁明德"是周人论证自己代商的合理性依据,也是树立自己政权的合法性依据,更是周初意识形态建设的总纲领。

周文化的变革是在殷文化的基础上进行的。近些年来,大量的考古发现和研究表明,殷商王朝无论是在物质文明还是在精神文明方面所达到的水平都要远远地高于周人立国时的水平。② 殷文化在周初仍然起着巨大作用。孔子说:"殷因于夏礼,所损益,可知也;周因于殷礼,所损益,可知也。"(《论语·为政》)又说:"周监于二代,郁郁乎文哉!"(《论语·八佾》)说的都是殷周文化的承继关系。而"周的文化,最初只是殷帝国文化中的一支;灭殷以后,在文化制度上的成就,乃是继承殷文化之流而向前发展的结果"。③ 因此,周人对于殷商文化既有继承,也有创新。周人要在宗教这一影响巨大的传统领

---

① 按:在周人的德字语境中既有"明德""懿德""文德""嘉德""吉德""令德""德音"等好的德行,也有"昏德""乱德""恶德""凉德""败德""悖德"等坏的德行。用来形容好的德行的词语也很多,我们何以认为"明德"一词是殷周之德的本质区别呢? 因为通过对周初文献的考察,在周人建立政治合法性这一点上直接提出"帝迁明德"的理论依据。"明"在周初是一个非常宏大而神圣的赞美之词,其他的"懿德""令德""嘉德"都是比较普遍的赞美个人及其行为品格的词,"吉德""文德"是形容具体的人事或行为特征的词。

② 参孟世凯《商史与商代文明》;上海科学技术文献出版社,2007年版;张广志《西周史与西周文明》,上海科学技术文献出版社,2012年版。

③ 徐复观《中国人性论史》(先秦篇),上海三联书店,2001年版,第15页。

域为自己的政权寻找新的合理性依据,更需要借助殷人原有的宗教信仰,因为这也是当时周人自己的宗教信仰。"周原来是在殷帝国的政治、文化体系之内的一个方国;他关于宗教方面的文化,大体上是属于殷文化的一支;但在文物制度方面,因为它是方国的关系,自然没有殷自身发展得完备。殷之与周,决不可因偶有'戎殷'一词,便忘记了对'大邑商'而自称为'小邑'的情形,认为是两个不同质的文化系统"。① 周初人们的天、帝、天命等观念,都是继承于殷商文化的传统。殷人信奉的"帝"是最高的尊神,但"帝"与人似乎并不直接交流,人要通过自己的祖先对其发生影响,因此,其宗教信仰转为以祖先神崇拜为主。周人以"天""帝"为至尊,也常以祖宗为中介人,这一点与甲骨文中反复出现的殷之祖先"宾于帝"的观念是一致的。也就是说,天帝鬼神在殷周之际是人们建构文化体系的大前提,这一点,周因于殷礼,两者没有什么区别。

  在殷人和周人的天命观中,真正的区别在于,殷人主要以祭祀的频繁和祭品的丰厚作为受天命的条件和依据②。费尔巴哈说:"人的本质在对象中显现出来:对象是他的公开的本质,是他的真正的、客观的'我'。"③上帝神灵也是人的本质的对象化,神灵的意识即是人的自我意识的反映。他还说:"上帝之意识,就是人之自我意识;上帝之认识,就是人之自我认识。"④殷人的上帝,还处于丰厚的祭品和频繁的祭祀的支配之下,这正是殷商最高统治者自我意识的反应。就像古希腊神话中好色、爱美、好嫉妒的神灵同样是希腊人自我意识的反映一样,爱好丰厚祭品和频繁祭祀的殷人上帝同样是殷商奴隶主阶级意识的反映。殷人相信上帝神灵像自己一样喜爱丰富的可以用来享受的物品,其政治受宗教祭祀的影响太大而堪称"巫政"。就对于鬼神上帝祭祀的频繁、祭品的丰厚来说,周人是难望其项背的。据甲骨文的记载,殷人几乎遇事皆卜,祭祀常态化,动辄杀牛、杀羊,甚

---

① 徐复观《中国人性论史》(先秦篇),上海三联书店,2001年版,第17—18页。
② 按:其实在这背后,还有强大的奴隶制国家机器作为后盾。初期的国家机器对于被征服者和臣民来说,呈现出强大的统治力量,这种力量再与天命结合,助长了殷人的政治自信,也助长了殷人对天命的自信。
③ (德)费尔巴哈著,荣震华译《基督教的本质》,商务印书馆,1984年版,第33页。
④ (德)费尔巴哈著,荣震华译《基督教的本质》,商务印书馆,1984年版,第42页。

至杀人以祭。如：

　　　　庚(辰)□于庚宗十羌,卯二十牛,酒……①
　　　　……(断)于庚宗十羌,卯二十牛……②

直到殷商临近灭亡之际,纣王仍然相信自己有命在天,这种自信与殷人的淫祀不无关系。③

虽然整个商朝的德(政治控驭力)倾向于神秘色彩,并将德与天命鬼神紧密结合在一起。但是在周初文献《尚书》诸诰中,商朝后期统治者却被斥为"不敬祭祀"。《牧誓》是武王伐纣的誓师之辞,其中武王列举的纣王之罪责之一,就是"昏弃厥肆祀,弗答"。《酒诰》说其"弗惟德馨香祀,登闻于天,诞惟民怨,庶群自酒,腥闻在上,故天降丧于殷"。《多士》也说商的后王不敬上帝:"在今后嗣王,诞罔显于天,矧曰其有听念。"《多方》:"乃惟尔商后王逸厥逸,图厥政,不蠲烝,天惟降时丧。"周初文献中许多地方在指责商后王不敬上帝和祖先、不恤祀。虽然不能排除周人意识形态宣传中"言过其实"的因素,但也不能说全无根据,因为有些言论甚至是在对殷商遗民的训诰中陈述的。如果不是事实,难以服人。对于这种记载,有以下几种可能:一是从纣王的酗于酒德,逸于淫乐的行为来分析,他很难有时间去亲自参与祭祀,从其放纵淫逸的生活状态来说,他很难进入那种虔敬肃穆的祭祀状态。二是从商代甲骨文可以看出,商人遍祀群神,凡事皆卜,祭祀过于频繁,在商朝末年,统治者对于过于频繁的祭祀倦怠也是情理之中的事。而《周易》通过卦爻辞将占卜的问题和事象加以分类归纳,使其类型化,这就大大简化了占卜的繁琐程序和次数,从而使其趋于理性化。从《周易》卦爻辞的体制可以反推商末周初人们对于祭祀和占卜的改革需求。周人的宗教改革也体现了这种需求,他们不像殷人遍祭祖先,其常祭者大概在四庙和七庙之间,对祖宗之祭

---

① 胡厚宣主编《甲骨文合集释文》,中国社会科学出版社,1999年版,第00333片。
② 胡厚宣主编《甲骨文合集释文》,中国社会科学出版社,1999年版,第00334片。
③ 《史记·周本纪》:"明年,伐犬戎。明年,伐密须。明年,败耆国。殷之祖伊闻之,惧,以告帝纣。纣曰:'不有天命乎？是何能为！'"又《尚书·西伯戡黎》:"王曰:'呜呼！我生不有命在天？'"

祀,由宗教之意义转化为道德之意义①。三是周人对于敬上帝的内涵进行了新的理论阐释,或者说在是否敬上帝的认定中,加入了新的判断标准。那就是以德的好坏判断是否敬上帝,所谓"弗惟德馨香祀,登闻于天"(《酒诰》)。不过在甲骨卜辞的记载中,曾有类似"王将德牲于祖先"这样的祝祷语,意思是"王德之芬悦于神灵"②。但是,殷人的德与周人的德的内容已经不同:殷人的德中更多的是神秘色彩和宗教意味,甚至是商王的巫术能力的反映;周人的德的合道德性因素明显加强,而且将德与对民众的善政结合在一起,将对民众的善政作为敬上帝的内在要求。这是殷周之际人们进步了的思想观念在上帝观念中的新反映。不过,通过这些记载可以推断,商朝末年已经出现宗教祭祀的衰败现象。作为殷商属下小邦的周人在殷商末年即已经注意到丰厚的祭品不如好的德行更有实际效果。《周易·既济》九五爻辞曰:"东邻杀牛,不如西邻之禴祭,实受其福。"周人的这种思想其实是殷商末年以祭祀为主要内容的宗教走向衰落的反映。陈来认为,中国上古宗教文化是按照巫觋文化——祭祀文化——礼乐文化的路径演进的,商代末年祭祀文化衰落,代之而起的是周人的礼乐文化③。但周人建立新政权之后,必须要利用殷人原有的宗教信仰树立自己政权的合法性。

周人对于宗教采用既怀疑又信仰的状态,或者说对天命采用了两种态度。首先,在树立自己政权的合法性上强化宗教神权的作用和地位。在对殷商遗民的训诰中,加强"天命"观的宣传,针对在殷商末年已经呈现衰落倾向的宗教,周人对天命的内涵进行改革,改革的纲领就是"帝迁明德"。这样周人仍然信仰人格神和天命,但因为"明德"观念的引入,便使天帝以人自身德行的好坏为依归,而不再是以祭祀的丰厚和频繁与否为标准来投射天命于某一统治集团。"天命"的条件由祭祀转移到了人文。这样周初统治者便把自己"王天下"的

---

① 徐复观《中国人性论史》(先秦篇),上海三联书店,2001年版,第13—27页。
② (美)倪德卫著,(美)万白安编,周炽成译《儒家之道:中国哲学之探讨》,江苏人民出版社,2006年版,第28—29页。
③ 陈来《古代宗教与伦理:儒家思想的根源》,生活·读书·新知三联书店,2009年版,第10—12页。

合法性建立在"明德"的基础上。有了"明德"这一宗教和政治意识形态的核心纲领，周人更有理由说服被征服者。他们承认殷的先祖代夏政而有天下的合理性。《尚书·多士》载周公告诫殷遗民："惟尔知惟殷先人，有册有典，殷革夏命。"殷人先祖有明德，所以代夏受天命而有天下。如今殷人失德，周人从其先祖后稷开始，一直到文王、武王不断修明德，其明德日隆，因此理所当然地代商受天命而"王天下"。

其次，在自己的统治集团内部，周人一再强调"天命靡常""骏命不易"①(《大雅·文王》)，强化"敬德"等忧患意识的宣传，并提出"敬天保民"的思想。如果说"保民"是周代政治不同于殷政的新思想的话，"敬天"则同样是对殷末宗教状况的反驳和纠正。并且周人的"敬天"侧重于宗教祭祀的态度和宗教礼仪的威严，在这种态度和威严中体现着人自身敬慎的处事态度和对政治的敬畏感，而不是牺牲的丰厚和祭祀的频繁。周人清楚地认识到"天命靡常"，因为自颛顼"绝地天通"以来，统治者都将自己的统治与天帝神权结合在一起。而且这种结合使得宗教的权威性与统治者"政德"的好坏联系在一起，政权与神权一损俱损，一荣俱荣。殷末神权为政治所累，神权已经受损，周人出于建立自己的政治权威性的需要，对这种状况拨乱反正，重申天帝权威。周人让上帝作为政治好坏的最高裁定者，并将天命"授予"周人，这就使宗教与政治进一步紧密结合起来。后来，随着周人政治的衰败，人们痛恨统治者，同时将批判的矛头指向授命给周人的上帝，最终其随着周政权的再一次衰落而彻底衰落。但是西周初年将天帝权威与民意结合，与统治者的善政结合，使其处于一个监督者和裁判者的地位，这较之殷人之宗教是一大进步。

上帝在先民们的观念中一直处于若即若离的状态，他跟人们的实际生活的联系太远，也不是人们死后灵魂的皈依之所。上帝太缥缈，太不可捉摸，中国的天帝观念没有像佛教和西方基督教那样形成一套体系和实实在在的所在，因此与人的关系不密切。人们只是将其作为最高权威的代表或者裁判者，中国人真正的皈依之所是先祖。先祖是实实在在的、与自己有血缘关系的、亲切的、可靠的皈依之所，

---

① 按：天命不易把握。

所以祖先崇拜才是中国宗教文化的基本形态。周人进一步利用了宗教神权，但对于祖先祭祀却极为认真，因为祖先崇拜寄托了人们的不朽追求，死后灵魂归于祖先，对祖先绵延不绝的祭祀则是人们最为看重的。即使在人们的理性精神完全觉醒之后，祖先崇拜仍然被人们认可和推崇，人们对于祖先祭祀的强烈感情压倒了其对神灵的理性认识。费尔巴哈说："既然感情是宗教的基本工具，那末，上帝的本质，就不过表明感情的本质。""感情是人里面的至贵、至优和属神的东西。""感情所知觉的属神的本质，事实上不外就是感情之为自己所迷乱和蛊惑了的本质——狂欢的、自得其乐的感情。"①祖先崇拜是凝结着中国人的不朽追求和感情寄托的宗教。人在祭祀中将祖先、自己和后代连接起来，在历史的长河中使不朽成为一种看得见的实在。这种不朽追求是理性和非理性的结合，具有宗教和历史的二重性。春秋时期，鲁国的叔孙豹提出"三不朽"理论，这是祖先崇拜从宗教到历史的转折点，他将不朽与宗族享受世禄的长久区别开来，而将其定为立德、立功、立言。这一观点的提出也是跟当时的社会变革紧密相关的。当时是一个权力下移、文化下移的时代，世卿世禄面临着挑战。叔孙豹的不朽论在当时的社会背景下具有双重含义：一是按照血缘和等级分封的诸侯、卿、大夫，如果没有功德，即使长期占有禄位，也并不是不朽；二是一个家族如果仅靠祖德而不再有所作为，也只能说是世禄而不能算不朽。每个家族都可以祭祀自己的先祖（只是祭祀的等级、规模不同而已。祖先祭祀的隆重并不能使自己福泽绵长，后来这种祭祀变成了人们的感情寄托和修身养性的途径）。如果不出意外，就是普通家族都能使自己的祖先香火不断，但随着人们的理性精神的觉醒，人们认识到这已经不算不朽，不朽意味着在历史中留下有分量的东西，产生重大影响力，并强有力地影响历史的进程，为人类的进步事业做出贡献。按照影响历史能力的大小，分为立德、立功、立言。这样中国人的祖先崇拜充分见证了人的理性精神的觉醒和历史意识的产生过程。

综上所述，周人在继承商的宗教文化的基础上对其进行了创新，

---

① （德）费尔巴哈著，荣震华译《基督教的本质》，商务印书馆，1984年版，第38—39页。

周人在以"天命"和天帝来树立自己的政治权威性的时候提出"帝迁明德"的新理念,对自己提出"敬天保民"的新要求。这是周文化不同于殷商文化的主要区别。

以往的研究大多认为,无"德"和有"德"、"敬上帝"和"重人文"是殷周政治思想观念的根本区别,其实在我们分析了"德"的起源和早期文献中的"德"字用例之后发现,殷周政治思想观念的区别在于"明德"一词。周人的"明德"思想中就包含着丰富的人文关怀。在天命观上,也就是"帝迁明德""敬上帝"与"淫祀上帝"的区别。因为"敬上帝"更侧重于祭祀时人的精神状态,其目的不是从上帝那里获得多少福佑,而是将祭祀作为人的行为方式的约束。周人仍然以天帝为最高权威和裁判者,在这一大前提之下,歌颂周族诸王的"明德"政绩。《诗经》颂诗和《大雅》的周人始祖颂歌历数始祖功德,赞颂其明德,强调周人受命的合法性依据。

在周初文献中,周人反复强调其"明德",可见"明德"是周人特有之德。《大雅·皇矣》:"帝迁明德。"迁,转移。胡承珙《毛诗后笺》:"帝迁明德,言天去殷即周。"①这是说上帝的心由殷王身上转移到周王身上,因为周的始祖皆能秉承明德。《尚书·梓材》:"先王既勤用明德,怀为夹,庶邦享作,兄弟方来,亦既用明德。"《大雅·皇矣》:"维此王季,帝度其心,貊其德音。其德克明,克明克类,克长克君。王此大邦,克顺克比。比于文王,其德靡悔。既受帝祉,施于孙子。"是说周人的子孙能够世代发扬先祖的优良传统,继承先祖之"明德",因而能够"永言配命"。《大雅·下武》:"下武维周,世有哲王。三后在天,王配于京。王配于京,世德作求。永言配命,成王之孚。"毛《传》:"武,继也。"郑《笺》:"下,犹后也。……后人能继先祖者,维有周家。"②哲王,即明智之王。

在周族先王中,文王的明德最为显赫,《诗经》的大多数篇章都是赞颂文王的,《大雅》以《文王》为首篇,可见其地位。在对文王功德的

---

① [清]胡承珙《毛诗后笺》,《续修四库全书》第六七册,上海古籍出版社,2002年版。下引《毛诗后笺》同。

② 本书所引《诗经》皆出自程俊英、蒋见元《诗经注析》,中华书局,1991年版;并参[清]马瑞辰《毛诗传笺通释》,中华书局,1989年版。毛《传》、郑玄《笺》、孔颖达《疏》皆出自《毛诗正义》,[清]阮元校刻《十三经注疏》,中华书局,1980年版。

赞美和评价中,除了"烝哉""有德"等称美之词外,最突出的评价是赞颂其"明德"。《文王》一诗在赞美文王功德之时多处用到具有"光明"义之词:"文王在上,於昭于天。"昭,即昭显,有光明之义。又"有周不显,帝命不时。"毛《传》:"不显,显也。显,光也。"郑《笺》:"周之德不光明乎?光明矣。"马瑞辰《毛诗传笺通释》:"不、丕古通用,丕亦语词,不显犹丕显也。"是为光明甚大之义。又"穆穆文王,於缉熙敬止。"缉熙,意即光明,形容文王品德之美。上帝对其明德更是"赞赏"有加:"帝谓文王:予怀明德,不大声以色,不长夏以革。"(《大雅·皇矣》)《大雅·大明》:"明明在下,赫赫在上。天难忱斯,不易维王。天位殷适,使不挟四方。"《大明》诗叙述王季和太任、文王和太姒结婚以及武王伐纣的事。《毛序》:"文王有明德,故天复命武王也。"郑《笺》:"二圣相承,其明德日以广大,故曰大明。"马瑞辰以为"《大明》盖对《小雅》有《小明》篇而言。《逸周书·世俘解》:'籥人奏《武》,王入进《万》,献《明明》三终。'孔晁注:'《明明》,诗篇名。'当即此诗。是此诗又以《明明》名篇,盖即取首句为篇名耳"。但不论是言周人"明德日以广大",还是以"首句为篇名",从全诗来看,此诗以"明明"来赞颂文王之明德当无疑问。陈奂《诗毛氏传疏》:"明明、赫赫皆是形容文王之德。在上与在下对文,下为天之下,则上为天矣。"[1]是说文王在人间的明德登闻于上帝,于是"帝迁明德",使殷商不再拥有天下。《大雅·思齐》歌颂文王:"雝雝在宫,肃肃在庙。不显亦临,无射亦保。"《周颂·清庙》是祭祀文王於宗庙的乐歌,歌颂文王德行光明,为周代臣民所永远遵循。《毛序》:"《清庙》,祀文王也。"郑《笺》:"清庙者,祭有清明之德者之宫也,谓祭文王也。"其诗有云:"於穆清庙,肃雝显相。济济多士,秉文之德。对越在天,骏奔走在庙。不显不承,无射于人斯。"显,即明,指有明德。许学夷《诗源辩体》:"《清庙》言:'肃雝显相,济济多士,秉文之德。'此言文王道化之广,最善形容者也。下'维天之命:於穆不已,於乎不显,文王之德之纯。'则文王之德,四语尽之矣。"[2]"不显不承,无射于人斯。"显,光明之义。不,通

---

[1] 陈奂《诗毛氏传疏》,《续修四库全书》第七〇册,上海古籍出版社,2002年版。下引《诗毛氏传疏》同。
[2] 许学夷《诗源辩体》,人民文学出版社,1987年版,第28页。

丕。《孟子·滕文公》引《尚书》:"丕显哉文王谟,丕承哉武王烈。"即谓"不显不承"为"丕显丕承"之义。王引之《经传释词》:"显哉、承哉,赞美之词。"《周颂·雝》是武王祭文王而彻俎之诗。其中赞颂文王的句子有"宣哲维人,文武维后。燕及皇天,克昌厥后"等语。宣,通、明之义。哲,智之义。马瑞辰《毛诗传笺通释》:"'宣哲'与'文武'对举,二字平列。朱子《集传》训宣为通,哲为知,是也。宣之言显。显,明也。宣哲犹言明哲也。"文武,有文德又有武功。朱熹《诗集传》:"此美文王之德,宣哲则尽人之道,文武则备君之德,故能安人以及于天,而克昌其后嗣也。"

可见,在周初的意识形态建设中,文王之德被树立为统治者政德的典范,文王即成为明德的化身。上帝虽然至高无上,但其意旨难以把握,"上天之载,无声无臭"(《大雅·文王》),"天命靡常"(《尚书·多士》)。但以"明德"之人的行为方式为准则,则可把握天意,"永言配命"。文王的明德给人们以把握天命的启示:"仪刑文王,万邦作孚。"(《大雅·文王》)上帝不言,但文王是上帝的代言人,"在帝左右",而且以身作则,教示人们接近上帝的途径。

在文王的明德示范下,周人以"明德"为其政治原则和人生规范的核心理念。在整个西周的意识形态领域,"明德"作为核心价值观贯穿始终。后期的《诗经》作品都以"明德"作为政治准则来评判周王的政德和大臣的政行。《执竞》是祭祀武王、成王和康王的乐歌。其称颂三王曰:"执竞武王,无竞维烈。不显成康,上帝是皇。自彼成康,奄有四方,斤斤其明。"不显,光明之义。"斤斤其明",毛《传》:"斤斤,明察也。"《尔雅·释训》:"明明、斤斤,察也。"马瑞辰《毛诗传笺通释》:"斤斤即昕昕之省借。"《大雅·既醉》是工祝代表神尸对主祭者所致的祝词。其诗有云:"既醉以酒,既饱以德。君子万年,介尔景福。既醉以酒,尔肴既将。君子万年,介尔昭明。昭明有融,高朗令终……其告维何?"昭明,光明之义。孔《疏》:"与之以昭明之道,谓使之政教常善,永作明君也。""昭明有融",马瑞辰《毛诗传笺通释》:"谓既已昭明而又融融不绝,极言其明之长且盛也。""高朗令终",毛《传》:"朗,明也。始于飨燕,终于享祀。"郑《笺》:"令,善也。天既与女以光明之道,又使之长有高明之誉而以善名终,是其长也。"《敬止》:"日就月将,学有缉熙于光明。佛时仔肩,示我显德行。"明德和含有光明之义的语词在许多时候都是一种非常郑重的祝福语,同时又是对人最高的赞美词,明和哲意义接近,常常连用。《烝民》赞美仲山甫之德:"既明且哲,以保其身,夙夜匪解,以事一人。""明德"作为周人在上帝那里获取天命的政治品质,一直是人们衡量政德好坏的重要标准。在周人政治走衰的厉王时代,人们假托文王批评殷商的口吻批评厉王无道,政德昏暗:"女炰烋于中国,敛怨以为德。不明尔德,时无背无侧。尔德不明,以无陪无卿。"(《大雅·荡》)厉王以"敛怨"为德,而不能明德。不能明德即是对其最严厉的批评。那么与明德相对的就是"凶德""昏德""回德"等。以明德为最高的政治品质,这种观念在春秋时期的诗歌中仍有体现。《鲁颂·泮水》:

穆穆鲁侯,敬明其德。敬慎威仪,维民之则。
允文允武,昭假烈祖。靡有不孝,自求伊祜。
明明鲁侯,克明其德。既作泮宫,淮夷攸服。
矫矫虎臣,在泮献馘。淑问如皋陶,在泮献囚。

《泮水》是赞美鲁公继承先祖事业,整修泮宫,征服淮夷的文治武功的诗歌。诗中对鲁公的赞美集中在"明德"一词上。既云"敬明其德",又云"明明鲁侯,克明其德",表现了"明德"在意识形态领域的重要地位。

因为德的原始含义是能力和功用,在殷周时期的使用语境中,仍然是一个中性词,可以通过不同的词语组合表达褒贬不同的含义。在殷周时期,"德"集中表现为政治控驭能力和政治品质,其中包含了"刚克"和"柔克"两个方面。周代作为政治控驭能力和权威性的"德"观念逐渐倾向于柔惠宽仁的一面,其中"刚克"的一面(暴力、刑罚、征伐)逐渐从德含义中分化析出,用"兵""伐""刑""罚"等词语来表示。但由于"德""刑"本有的内在联系和密切关系,两者经常相提并论,如"德威惟畏,德明惟明","士制百姓于刑之中,以教祗德","惟敬五刑,以成三德","有德惟刑"(《尚书·吕刑》)。要让德(权威性)更加威严,必须要让民有所敬畏,崇德在必要的时候需要刑罚,所以"士制百姓于刑之中"是"成德"的需要,刑是德的手段之一。之前,这种手段也是德的一部分。因为刑、罚原本是德的内容之一,所以以"明德"为最高政治纲领的周人在刑、罚的使用语境中仍然不忘与"明"结合,称其公正合理的刑罚为"明刑""明罚"等。《尚书·康诰》:

> 呜呼!封,敬明乃罚。

《尚书·吕刑》:

> 穆穆在上,明明在下,灼于四方,罔不惟德之勤,故乃明于刑之中,率乂于民棐彝。

又云:

> 王曰:"呜呼!嗣孙,今往何监,非德?于民之中,尚明听之哉!哲人惟刑,无疆之辞,属于五极,咸中有庆。受王嘉师,监于兹祥刑。"

在这里,"明刑""明罚"其实就是"明德"的一部分,是"明德"观念在周人刑罚手段中的体现。《国语·周语上》记载祭公谋父劝谏穆王时论述了德在政治中的作用。在引用了周公所作《时迈》之诗后,提出"耀德不观兵"的战争原则。李学勤认为"耀德"即文献常见的"明德"①。祭公谋父将明德与观兵并提,说明德与刑罚、武力之间的关系。祭公的"德"观念是对周初明德观念的继承的发扬,能以德确立自己的政治权威性的时候,决不能用武力。虽然德含义中的刑罚观念逐渐析出,但两者仍然有着密切关系,人们言刑必及德,因为政治观念中的德之本质就是政治控驭能力和权威影响力,刑罚作为德早期含义中的一部分,在后世"德"字的使用语境中仍然留有痕迹,有时甚至会返璞归真,回到原点。

---

① 李学勤《祭公谋父及其德论》,《齐鲁学刊》,1988年第3期。

总之,周人在早期的意识形态建设中,以天帝作为最高的裁定者和评判者,即以"明德"为政治纲领,以此作为自己接受天命的合法性依据。而这一政治纲领成为周代意识形态领域核心的价值准则和行为规范,影响深远。为了使自己的政治合法性依据更有说服力,周人还将三代先王的事迹统一纳入自己的评价体系,然后用自己推崇的"明德"为准绳对其政德进行褒贬判定。他们追述品评三代先王政德以建立自己的政治合法性时,始终在强调他们的"明德",以区别于夏桀、商纣的"凶德""恶德""昏德"。

《尚书·多士》:

> 自成汤至于帝乙,罔不明德恤祀。亦惟天丕建,保乂有殷。殷王亦罔敢失帝,罔不配天其泽。在今后嗣王,诞罔显于天,矧曰其有听念于先王勤家?诞淫厥泆,罔顾于天显、民祗。惟时上帝不保,降若兹大丧。惟天不畀不明厥德,凡四方小大邦丧,罔非有辞于罚。

周人的聪明之处就是并不否定商朝所有的统治,而是将商先王和后王区别对待。周人利用自己崭新的思想观念和评价体系对三代历史进行重新定位和诠释。殷代有政绩的诸王"罔不明德恤祀",于是"亦惟天丕建,保乂有殷",而商的后王不能秉于明德,因而"上帝不保",因为"惟天不畀不明厥德"。

以"明德"这一崭新的政治理念为准则,周人将三代先王分为有"明德"和"不明厥德"两大类,然后将其分别与"有天下"和"失天下",即"受命"与"弃命"两种结果联系起来。这样,周人就将自己"王天下"的合法性建立在了"明德"的基础之上。周公在《多方》中告诫发动叛乱的殷人及其追随者"徐夷""淮夷"时说:

> 惟夏之恭多士,大不克明保享于民,乃胥惟虐于民,至于百为,大不克开。乃惟成汤,克以尔多方简,代夏作民主。慎厥丽,乃劝。厥民刑,用劝。以至于帝乙,罔不明德慎罚,亦克用劝。要囚殄戮多罪,亦克用劝。开释无辜,亦克用劝。今至于尔辟,

弗克以尔多方享天之命。呜呼！王若曰：诰告尔多方,非天庸释有夏,非天庸释有殷。乃惟尔辟以尔多方大淫图天之命,屑有辞。乃惟有夏,图厥政不集于享,天降时丧,有邦间之。乃惟尔商后王逸厥逸,图厥政、不蠲烝,天惟降时丧。……惟我周王灵承于旅,克堪用德①,惟典神天。天惟式教我用休,简畀殷命,尹尔多方。

周公的意思是说,夏有"明德",因此受命而有天下;夏失"明德","诞厥逸,不肯戚言于民","大淫昏","不克开于民之丽",于是天降大命于有"明德"的成汤;商后王又失掉了"明德","逸厥逸,图厥政、不蠲烝",于是天又降大命于有"明德"的周王。这样,周人将夏、商、周的历史纳入了一个统一的逻辑过程,纳入了一个统一的评价体系,用统一的标准评价了三代先王的政德,体现了周人开阔的政治视野和文化胸怀,同时也体现了周人的政治理性和文化理性。

周人不但以"明德"这一最高的政治品质品评了三代先王的政德及其得失天命的历史运动,而且用同一标准评价了辅佐殷周先王取得成就的贤臣。

《尚书·君奭》：

公曰："君奭,我闻在昔成汤既受命,时则有若伊尹,格于皇天。在太甲,时则有若保衡。在太戊,时则有若伊陟、臣扈,格于上帝。巫咸乂王家。在祖乙,时则有若巫贤。在武丁,时则有若甘盘。率惟兹有陈,保乂有殷,故殷礼陟配天,多历年所。天惟纯佑命,则商实百姓、王人,罔不秉德明恤。小臣、屏侯、甸,矧咸奔走。惟兹,惟德称,用乂厥辟。故一人有事于四方,若卜筮,罔不是孚。"

公曰："君奭,在昔上帝,割申劝宁王之德,其集大命于厥躬。惟文王尚克修和我有夏,亦惟有若虢叔,有若闳夭,有若散宜生,

---

① 按：因为德的中性色彩,德的褒贬色彩和含义受语境和具体的词语组合影响甚大,这里的德不但有"克堪用德"的肯定语境限定意义,且显然承接前文"明德慎罚",仍为"明德"之义。

有若泰颠,有若南宫括。"

又曰:"无能往来,兹迪彝教,文王蔑德降于国人。亦惟纯佑秉德,迪知天威,乃惟时昭文王,迪见冒闻于上帝。惟时受有殷命哉!武王惟兹四人,尚迪有禄。后暨武王诞将天威,咸刘厥敌。惟兹四人昭武王惟冒,丕单称德。"

殷商的先王成汤因明德而受命,自成汤以至于帝乙,"罔不明德慎罚",皆有贤能之臣辅佐,成汤时有伊尹,太甲时有保衡,太戊时有伊陟、臣扈、巫咸,祖乙时则有巫贤,武丁时有甘盘。在他们的帮助之下,殷商的天命"多历年所"。在殷商先王的"明德"垂范之下,商在相当长的时间里,君臣、民众皆形成崇尚"明德"的传统:"商实百姓、王人,罔不秉德明恤。"帝怀文王之"明德",授大命于厥躬。但是如果没有虢叔、闳夭、散宜生、泰颠、南宫括这样的贤臣奔走效劳,努力宣扬教化,文王的明德就无法传播给国人。也就是说,文王的明德离不开这些秉明德之贤臣的昭明和协助。他们的明德和文王的明德一起成就了周人的辉煌事业。

总之,周初统治者首先面临的是新生政权的确立和巩固问题。周人一方面通过武力平定殷商残余势力和顽固势力的叛乱;另一方面通过一整套的制度建设维护自己的新生政权;同时在政治意识形态和文化领域竖立起自己革命而代殷的合法性依据,确立自己的政治权威性。这一合法性依据就是"明德","明德"也就成为西周品评政治人物的主要准则。

二、敬德

对于新生政权,周人心存敬畏,周初的统治者并没有沉浸在灭亡殷商的喜悦中,而是感到前所未有的压力和惊惧。《尚书·酒诰》:

今惟殷坠厥命,我其可不大监,抚于时。

因为他们明白天命所归完全在于统治者为政的能力和方式。因为殷商前期先哲明王的德行和政绩赫然在册,但殷人最终还是丢掉了"大命",这不得不让周初的统治者深以为戒。徐复观认为,周初在宗教文化的内部已经产生了"人文精神的涌动",其主要表现是由忧患意识而引发的"敬"观念的产生和原始宗教的人文转化。这种转化也意味着人的主体性的增强。周人在周的统治集团内部,普遍存在着一种强烈的忧患意识,他们将这种忧患意识称为"敬德"。在天命观上,提出"敬天",而"敬德"完全是针对人文制度而言的,可以说"敬天"和"敬德"表现了周人"敬"观念的一体两翼。"明德"是就周人的德之性质来说的,"敬德"则是就周人的态度而言的。周统治集团内的精英人物清醒地意识到"敬德"的重要性,他们不但极力推崇"敬德"观念,而且通过对殷周先王正反两方面的政治事例之对比和品评强化"敬德"观念,并将其传示于后人,期望其成为一种优良的政治传统。《钦定四库全书》本《尚书注疏》卷前所附《御制读〈召诰〉》曰:"《诗三百》,一言以蔽之曰:'思无邪!'予读《召诰》之篇,求其一言以蔽之者,莫若曰:'曷其奈何弗敬。'盖召公因成王始政,拳拳致告。蔡《传》所谓:'究其归,以诫民为祈天之本,而又以敬德为诫民之本,一篇之中三致意焉。'则所谓'奈何弗敬'者,非挈一篇之领要乎?夫奈何者,一唱三叹之意,言有尽而义无穷。奈何者,更有不忍人之心,以不忍人之心行不忍人之政,则敬之施于外者也。敬胜怠者,吉义胜欲者。从然必敬胜而后能义胜。则又敬之存乎内者也。内外交养诚,实无妄祈天永命。其弗基于此乎?"周初诸诰都在反复申明敬德观念。"敬哉"这样的告诫几乎成为周诰的基调。如《尚书·康诰》:

呜呼!小子封,恫瘝乃身。敬哉!
呜呼!封,敬明乃罚。

又如《尚书·召诰》:

王先服殷御事,比介于我有周御事。节性,惟日其迈。王敬作所,不可不敬德。
肆惟王其疾敬德?王其德之用,祈天永命。

《尚书·君奭》：

> 其汝克敬德，明我俊民，在让后人于丕时。

又如《周颂·敬之》：

> 敬之敬之！天维显思，命不易哉。无曰高高在上，陟降厥士，日监在兹。维予小子，不聪敬止？

《周颂·闵予小子》：

> 维予小子，夙夜敬止。

周人对"天命"的惊惧心理来自对殷商先贤哲王政绩的敬佩和周人先祖创业的不易。殷商先哲王的政行政德是他们执政的参照系，也是他们对天命产生敬畏心理的根源。周人总是在品评殷代先王政德的同时疾呼"疾敬德"，这显然是以殷先王的政德来有意识地激发自己的"敬德"思想。《尚书·康诰》中周公告诫其弟康叔：

> 往敷求于殷先哲王，用保乂民。汝丕远惟商耇成人，宅心知训。别求闻由古先哲王，用康保民，弘于天，若德裕乃身，不废在王命。

又说：

> 我时其惟殷先哲王德，用康乂民作求。

又如《商颂·那》：

> 于赫汤孙，穆穆厥声。……温恭朝夕，执事有恪。

《尚书·无逸》：

> 周公曰:"呜呼! 自殷王中宗,及高宗,及祖甲,及我周文王,兹四人,迪哲。厥或告之曰:'小人怨汝詈汝。'则皇自敬德。"

《尚书·召诰》

> 呜呼! 曷其奈何弗敬? 天既遐终大邦殷之命,兹殷多先哲王在天,越厥后王后民,兹服厥命。厥终,智藏瘝在。夫知保抱携持厥妇子,以哀吁天,徂厥亡,出执。呜呼! 天亦哀于四方民,其眷命用懋。王其疾敬德!

周人用博大的胸怀客观地评价了殷商先王的业绩,"哲王"是他们对殷商有功德的先王的总体评价。哲,"明智""贤明"之义。周人通过对殷先哲王的评价进行自我警诫,增强自己的忧患意识。他们能够谦虚谨慎地面对自己获得的新生政权,并且将自己面对新生政权的敬畏心理袒露无遗。《尚书·召诰》:

> 王敬作所,不可不敬德。我不可不监于有夏,亦不可不监于有殷。我不敢知曰,有夏服天命,惟有历年;我不敢知曰,不其延。惟不敬厥德,乃早坠厥命。我不敢知曰,有殷受天命,惟有历年;我不敢知曰,不其延。惟不敬厥德,乃早坠厥命。今王嗣受厥命,我亦惟兹二国命,嗣若功。

对天命的敬畏和对于"敬德"的紧迫感在《召诰》的语气中尽显无遗,"不可不""不敢"等词语的运用显示了周人对待"敬德"问题的虔敬心理和严肃态度。周的最高统治者不但毫不隐讳这种敬惧的心理,而且将其作为一种政治美德加以提倡和传承,将敬慎警诫的思想贯穿于国家意识形态中。《尚书·顾命》[①]所记为成王临终时之遗命,及

---

① 按:《顾命》与《康王之诰》的分合历来有争论。伏生本《顾命》与《康王之诰》为二篇,欧阳及大小夏侯本则合为一篇。马融、郑玄、王肃亦皆作两篇,自"高祖寡命"以上为《顾命》,"王若曰"以下为《康王之诰》。伪孔本则自"诸侯出庙门俟"以上为《顾命》,"王出在应门之内"以下为《康王之诰》。这里引用之《尚书·顾命》合《康王之诰》。

成王没后之丧礼,与康王即位时之仪节。《书序》:"成王将崩,命召公、毕公率诸侯相康王,作《顾命》。"成王在弥留之际,嘱托群臣以遗嘱为准则约束嗣王:

> 昔君文王、武王宣重光,奠丽陈教则肄,肄不违,用克达殷集大命。在后之侗,敬迓天威,嗣守文武大训,无敢昏逾。今天降疾殆,弗兴弗悟。尔尚明时朕言,用敬保元子钊弘济于艰难。柔远能迩,安劝小大庶邦,思夫人自乱于威仪。尔无以钊冒,贡于非几。

在遗嘱中,成王回顾文王、武王的优秀政治品质是"奠丽陈教则肄,肄不违",总结自己的为政经验是"敬迓天威,嗣守文武大训,无敢昏逾"。"敬迓天威",敬,谨慎之义;迓,迎接之义。成王的意思是说:文王和武王光照天下,定天命,施陈教则劳,虽劳而不违道①,因此才能够消灭殷国。当时刚刚即位的我还是个年幼无知的孩子,但我能够恭敬地对待上天的威严,严格地遵守文王和武王的教导,不敢昏乱妄为,逾越法纪。成王除了将从先王那里继承来的治国方法传承给康王之外,更重要的是传承一种精神——"敬"的精神,而这种精神似乎更为重要,被特别地强调和提了出来。大臣们在对康王的祝词和康王的答词中也一再申明"敬"的思想:

> 太史秉书,由宾阶隮,御王册命。曰:"皇后冯玉几,道扬末命,命汝嗣训,临君周邦,率循大卞,燮和天下,用答扬文、武之光训。"王再拜,兴。答曰:"眇眇予末小子,其能而乱四方,以敬忌天威。"
> ……
> 太保暨芮伯咸进相揖,皆再拜稽首。曰:"敢敬告天子,皇天改大邦殷之命,惟周文武诞受羑若,克恤西土。惟新陟王毕协赏罚,戡定厥功,用敷遗后人休。今王敬之哉!张皇六师,无坏我

---

① 此用《十三经注疏》本《尚书正义》孔《传》说。孙星衍《尚书今古文注疏》以为"陈教则肄"意为"布陈教民习兵",见[清]孙星衍《尚书今古文注疏》,中华书局,1986年版,第484页。

高祖寡命。"

另外,就像周人推崇的"明德"观念影响深远,被普及到各个社会领域一样,"敬"的观念也是西周政治意识形态的核心理念。这一理念也被用于法律领域。作于穆王时的《尚书·吕刑》则提出"敬刑"观念:

天齐于民,俾我一日,非终惟终,在人。尔尚敬逆天命,以奉我一人!虽畏勿畏,虽休勿休。惟敬五刑,以成三德。

又说:

王曰:"呜呼!敬之哉!官伯族姓,朕言多惧。朕敬于刑,有德惟刑。"

国家大型的祭祀活动和礼乐活动是宣传和培养"敬"观念的重要场合,在这些活动中,周人很好地将"敬神灵"和"敬人事"结合起来。更难能可贵的是,周人将敬德的思想具体化到人的仪容仪态、言行举止等方面,通过各种活动环节中的具体细节体现出来。通过这些细节自觉地进行"敬德"观念的培养,激发忧患意识。因此在《诗经》颂诗中出现了大量表现"敬"的仪容和态度的语词。

《周颂·小毖》:"予其惩而毖后患。莫予荓蜂,自求辛螫。肇允彼桃虫,拼飞维鸟。未堪家多难,予又集于蓼。"这是成王诛管蔡,消灭武庚以后,自我惩戒并请求群臣辅助的诗篇。《毛序》:"小毖,嗣王求助也。"郑《笺》:"毖,慎也。天下之事当慎其小,小时而不慎,后为祸大。故成王求忠臣辅助己为政,以救患难。"方玉润《诗经原始》:"此诗名虽小毖,意实大戒,盖深自惩也。"①诗中表现了成王自警,认为应防患于未然的谨慎心情。《周颂·清庙》:"於穆清庙,肃雝显相。济济多士,秉文之德。对越在天,骏奔走在庙。"毛《传》:"肃,敬。"

---

① [清]方玉润《诗经原始》,《续修四库全书》第七三册,上海古籍出版社,2002年版。下引《诗经原始》同。

《说文》:"肃,持事振敬也。""雝",同"雍"。"肃雝",程俊英《诗经注析》:"形容助祭者态度严肃雍容。"①"济济多士",有威仪而整齐之貌,方玉润《诗经原始》:"济济,亦只是仪度整齐。""对越在天,骏奔走在庙。"《尔雅·释诂》:"骏,速也。"孔《疏》:"庙中奔走以疾为敬。"都强调的是人敬慎的仪容和态度。《周颂·有瞽》描写祭祀先祖的音乐:"喤喤厥声,肃雝和鸣,先祖是听。"《礼记·乐记》引诗"肃雝和鸣,先祖是听",郑玄《注》:"言古乐敬且和。"②说明这种音乐庄严肃穆,具有令人肃然起敬的功效。《周颂·雝》:"有来雝雝,至止肃肃。相维辟公,天子穆穆。""雝雝",和睦貌。"肃肃",严肃恭敬貌。"穆穆",容止端庄肃穆貌。

"敬德"体现在仪容仪态方面就是"威仪",所以"威仪"和"敬德"是表里关系,西周文献中反复出现的"威仪"即是礼的代称。礼的精神和目的是要体现德,体现敬;德和敬通过礼表现出来。"敬德"思想落实到具体的事务中就是一种严肃谨慎的处事方式和处事态度。这种敬谨的态度成为周人又一重要的政治品格。"敬"既是周人面对新生政权的敬畏心理,又是宗教祭祀中的虔敬心理,同时还包括严肃谨慎的政治品质。随着周人政权的衰落和人的理性精神的觉醒,"敬德"逐渐变成人们推崇的人生态度和精神状态。其在春秋时期再一次被提了出来,注入了新的时代内容,并被重新阐释。最后在以孔子为代表的儒家哲学那里获得新的思想生命。

三、品评三代先王,总结经验教训

周人在意识形态建设中,以"明德"作为自身立身行事的行为准则,又以"敬德"作为自身立身行事的态度,以三代先王的政治品质为参照系,构筑起自己的意识形态大厦。他们品鉴三代先王的功过成败,从中吸取经验教训,"明德""敬德"就是周人在总结历史中提出的总纲领性质的政治思想。"明德"是从周人的政治特性来说的,"敬德"是从周人的政治态度来说的。在这些大的纲领下,他们还从三代

---

① 程俊英、蒋见元《诗经注析》,中华书局,1991年版。下引《诗经注析》同。
② [汉]郑玄注,[唐]孔颖达正义《礼记正义》,[清]阮元校刻《十三经注疏》,中华书局,1980年版。下引《礼记》同。

先王的功过成败中,总结出了"无逸""敬天保民""克用三宅三俊""明德慎罚"等具体的政治措施和行为规范。这些都是"明德"和"敬德"的具体化。

(一) 无逸

"逸乐"是为政者的隐形杀手。逸乐即是放纵自己的欲望。先民们很早就发现过分放纵欲望的负面后果,对于自身的行为进行必要的制约,这也是人与动物的根本区别。"动物也有冲动、情欲、倾向,但动物没有意志;如果没有外在的东西阻止它,它只有听命于冲动。惟有人作为全无规定的东西,才是凌驾于冲动之上的,并且还能把它规定和设定为他自己的东西。冲动是一种自然的东西,但是我把它设定在这个自我中,这件事却依赖于我的意志。因此,我的意志就不能以冲动是一种自然的东西为借口来替自己辩解。"①对于欲望的满足是人的天性,人们往往将欲望的满足与"自由"联系起来,以为"自由就是可以为所欲为",但是这种跟着欲望走的自由只能叫做任性。黑格尔说:"通常的人当他可以为所欲为时就信以为自己是自由的,但他的不自由恰好就在任性中。"②因为为所欲为所获得的东西,不是通过人的意志的本性,而是通过偶然性被规定成为自己的东西。"自由正是在他物中即是在自己本身中、自己依赖自己、自己是自己的决定者。所以思想与冲动不同。在一切冲动中,我是从一个他物,从一个外在于我的事物开始。在这里,我们说的是依赖,不是自由。只有当没有外在于我的他物和不是我自己本身的对方时,我才能说是自由。那只是被他自己的冲动所决定的自然人,并不是在自己本身内:即使他被冲动驱使,表现一些癖性,但他的意志和意见的内容却不是他自己的,他的自由也只是一种形式上的自由。"③被欲望牵着走的任性使人处于矛盾状态,一方面的满足必然是另一方面的失去,"它们彼此阻挠,其中一个的满足必然要求另一个的满足服从于它,或者要求另一个牺牲其满足"④。"由于冲动除了它的规定性外没有其他方

---

① (德)黑格尔著,范扬、张企泰译《法哲学原理》,商务印书馆,1961年版,第23页。
② (德)黑格尔著,范扬、张企泰译《法哲学原理》,商务印书馆,1961年版,第27页。
③ (德)黑格尔著,贺麟译《小逻辑》,商务印书馆,1980年版,第83页。
④ (德)黑格尔著,范扬、张企泰译《法哲学原理》,商务印书馆,1961年版,第28页。

向,从而它自身没有尺度,所以规定使另一个服从或牺牲,只能是出于任性的偶然决断"①。这种不遵循人理智的普遍规定性的偶然行为使人的生活陷入无序的混乱状态。然而,对有序性和规定性的追求是人类社会发展的必然方向。人类社会本身也是通过秩序才得以发展前进的,人的自由意识也是趋于有秩序和规定性的生命存在方式。这样人的欲望和自由意识之间构成一对矛盾,这种矛盾表现为:人的自由意识"从自身同一的自我意识一端到偶然的、紊乱模糊的意识一端,往来反复摇摆不定。它自己对它自己本身这两个思想就始终结合不起来:一方面它认识到它的自由在于超出有限存在中的一切紊乱和一切偶然性,而另一方面它又同样自己承认自由在于退回到非本质的东西并徘徊周旋于这些非本质的东西里面"②。所以,人们要通过一定的强制和规范来约束人们的行为,限制人们的欲望。道德、伦理、法律由此而产生。但是这些限制都是外在的,人通过自在自为的意志对于作为欲望的任性的意志的驾驭才是根本的、内在的。所以说,自由是对欲望的节制。只有当人能够不受本能和自然欲望支配的时候,才能获得真正的自由,才能使自己成为自己的决定者。但是,欲望总是隐藏在意识的深处,会时不时地爆发出自己的能量,从而影响人的意志,所以人对自由的追求永远是一个过程。在必要的时候,自由需要自律和他律的结合来实现。中国的主流文化试图以高度的道德律完全控制人的不理智的欲望,走在不断地自我完善和自我模塑的道路上,从而缺乏文化的反思和自否定精神。人类早期的各种禁忌、戒律试图通过对自身欲望的节制和限制达到自由的尝试。世界三大宗教皆以戒律为修行的途径,比如佛教提出"戒""定""慧"的修行环节,只有通过控制自己的欲望才能为心灵敞开体道的空间,才会有体道的自由。

周人从夏商的兴亡中看到"逸乐"的危害。从而得出"无逸"的思想,用来限制人的欲望和放纵的行为。只有这样,才能使自己获得驾驭新生政权的自由。而"无逸"正是从历史中总结出来的宝贵经验。

---

① (德)黑格尔著,范扬、张企泰译《法哲学原理》,商务印书馆,1961年版,第28页。
② (德)黑格尔著,贺麟、王玖兴译《精神现象学》,商务印书馆,1979年版,第138页。

周人借上帝之口告诫人们逸乐的危害。《尚书·多士》：

> 我闻曰："上帝引逸，有夏不适逸；则惟帝降格，向于时夏。弗克庸帝，大淫泆有辞。惟时天罔念闻，厥惟废元命，降致罚；乃命尔先祖成汤革夏，俊民甸四方。"

在这里，三代贤明先王与夏商逸乐误国的后王又成为周人的历史教材。《尚书·无逸》：

> 周公曰："呜呼！我闻曰：昔在殷王中宗，严恭寅畏天命自度。治民祗惧，不敢荒宁。肆中宗之享国七十有五年。其在高宗，时旧劳于外，爰暨小人。作其即位，乃或亮阴，三年不言。其惟不言，言乃雍。不敢荒宁，嘉靖殷邦。至于小大，无时或怨。肆高宗之享国五十有九年。其在祖甲，不义惟王，旧为小人。作其即位，爰知小人之依，能保惠于庶民，不敢侮鳏寡。肆祖甲之享国三十有三年。自时厥后立王，生则逸。生则逸，不知稼穑之艰难，不闻小人之劳，惟耽乐之从。自时厥后，亦罔或克寿。或十年，或七八年，或五六年，或四三年。"

在这里周公将殷王逸乐与否与其享国时间挂钩。殷王中宗"畏天命"、"不敢荒宁"，享国七十有五年；殷王高宗"不敢荒宁"，享国五十有九年；祖甲"能保惠于庶民"，享国三十有三年。虽然没有说其"不敢荒宁"，但与前王同列，与后王的"生则逸"相区别，应该也是"不敢荒宁"的了。由于其特殊经历（"旧为小人"），与其他王比起来，格外能"保惠于庶民"而已。再说，荒宁之君显然是无暇顾及民众的，因为只有能自我约束，才能勤政爱民。

无节制的饮酒是逸乐的表现之一。酒能乱性，使人迷狂。饮酒误国、误事，醉酒使人丧失威仪。所以周初统治者通过对殷先贤哲王和纣王的对比，总结出饮酒误国的经验教训。《尚书·酒诰》：

> 在昔殷先哲王迪畏天显小民，经德秉哲。自成汤咸至于帝

乙,成王畏相,惟御事厥棐有恭。不敢自暇自逸,矧曰其敢崇饮?……在今后嗣王酣身,厥命罔显,于民祇保越怨,不易,诞惟厥纵淫泆于非彝。用燕丧威仪,民罔不盡伤心。惟荒腆于酒,不惟自息乃逸。厥心疾很,不克畏死。辜在商邑,越殷国灭,无罹。弗惟德馨香祀,登闻于天,诞惟民怨,庶群自酒,腥闻在上,故天降丧于殷。罔爱于殷,惟逸。

殷先哲王"惟御事厥棐有恭","不敢自暇自逸,矧曰其敢崇饮";而商后王"诞惟厥纵淫泆于非彝。用燕丧威仪,民罔不盡伤心。惟荒腆于酒,不惟自息乃逸"。最终商的统治者饮酒败德,"腥闻在上,故天降丧于殷。罔爱于殷,惟逸"。商人最终失去了祖宗辛勤经营创下的基业。而文王之所以能拥有天命,是因为"文王不敢盘于游田,以庶邦惟正之供。文王受命惟中身,厥享国五十年"。所以周人以史为鉴,严格戒酒。周公曾告诫周成王:"无若殷王受(纣)之迷乱,酗于酒德哉。"(《尚书·无逸》)

但是到了周代后期,统治者已经渐渐淡忘了周公的告诫,一些官员在重要的场合不但开怀畅饮,而且醉态百出。《小雅·宾之初筵》是卫武公所作之诗,讽刺了周代后期统治者的饮酒无度,失礼败德。全诗通过宴会前后场面和客人仪态的描写,刻画出一幅醉客图,从中足见饮酒迷乱人性,使人威仪尽失。诗歌开头描写宴饮之前宴会场面秩序井然,典雅庄重,客人温文尔雅,仪态端庄:

宾之初筵,左右秩秩,笾豆有楚,肴核维旅。酒既和旨,饮酒孔偕,钟鼓既设,举酬逸逸。大侯既抗,弓矢斯张,射夫既同,献尔发功。发彼有的,以祈尔爵。

但当他们喝醉以后,场面开始变得混乱,客人丑态百出:

宾之初筵,温温其恭。其未醉止,威仪反反。曰既醉止,威仪幡幡,舍其坐迁,屡舞仙仙。其未醉止,威仪抑抑。曰醉既止,威仪怭怭。是曰既醉,不知其秩。

  宾既醉止,载号载呶。乱我笾豆,屡舞僛僛。是曰既醉,不知其邮。侧弁之俄,屡舞傞傞。既醉而出,并受其福,醉而不出,是谓伐德。饮酒孔嘉,维其令仪。

一开始宴会现场"左右秩秩",后来则"是曰既醉,不知其秩";初筵是"温温其恭","威仪反反",醉了则是"舍其坐迁,屡舞仙仙","载号载呶,乱我笾豆,屡舞僛僛","侧弁之俄,屡舞傞傞"。诗作者对于这种场面真是不忍直视。他替这些醉客感到万分难堪:"既醉而出,并受其福,醉而不出,是谓伐德。饮酒孔嘉,维其令仪。"

  可见,正如黑格尔所说,人的自我意识常常在规定性、有序性和无序性、无规定性之间徘徊,欲望和逸乐思想时不时会冒出来,影响人的行为,动摇人的意志。逸乐之危害可谓大矣。苏轼说:"令德之主,欲其长有天下以庇民。仁人之意,莫急于此,此周公所以身代武王也。人莫不好逸欲。而其所甚好者,生也。以其所甚好禁其所好,庶几必信,此《无逸》之所为作也。然犹不信者,以逸欲为未必害生也。汉武帝、唐明皇,岂无欲者哉?而寿如此矣。夫多欲而不享国者皆是也,汉武、明皇,十一而已,岂可望哉?饮酖、食野葛必死,而曹操独不死,亦可效乎?使人主不寿者五:一曰色,二曰酒,三曰便辟嬖佞,四曰台榭游观,五曰田猎。此五者,《无逸》之所讳也。既困其身,又困其民,民怨咨吁天。此最害寿之大者。予欲以恶衣食,远女色,卑宫室,罢游田,夙兴勤劳,以此五物者为人主永年之药石也。"①

"无逸"观念的提出无疑是周人思想的又一闪光之处。"生于忧患,死于安乐","无欲则刚"等经世名言皆源于周人的"无逸"思想。所以,"无逸"是西周人物品评的又一个主要准则。

(二) 敬天保民

周人不但认为天命择德而栖,而且认为天命在民意中显现。人民本来是政治的对象,对人民治理的好坏也是统治者政治能力的主要标志。"周初已认为上帝不是为了事奉自己而选择政治的领导人,

---

① [宋] 苏轼《书传》卷十四,文渊阁《四库全书》本。

乃是为了人民而选择可以为人民作主的人。"①即如《尚书·多方》所谓"天惟时求民主","乃惟成汤,克以尔多方,简代夏作民主","诞作民主"。在《尚书》诸诰和《诗经》雅颂诗等周初文献中,爱民、保民已经与政治紧密结合起来,周人将"敬天"与"保民"并提,认为天命在民情中体现出来。《大诰》:"天棐忱辞,其考我民。"《康诰》:"天畏棐忱,民情大可见。"《酒诰》:"人无于水监,当于民监。"《召诰》:"王不敢后,用顾畏于民碞。"又说"欲王以小民受天永命"。《康诰》:"亦惟助王宅天命,作新民。"《酒诰》:"在昔殷先哲王迪畏天显小民。"《召诰》:"天亦哀于四方民,其眷命用懋,王其疾敬德。"《洛诰》:"诞保文武受民。"在天命观上,周人认为"帝迁明德","明德"就是好的政治行为和政治品质,而"怀保小民"是"明德"的重要内容。所以,民情也是上天判断一个统治集团有无"明德"的重要衡量标准。因此,天命也就成了民意的体现。所以统治者要关心民众的疾苦,要"怀保小民"。而能够"保民"、得民心的典型政治人物莫若文王,"文王卑服,即康功、田功。徽柔懿恭,怀保小民,惠鲜鳏寡。自朝至于日中,昃,不遑暇食,用咸和万民。"(《尚书·无逸》)在《尚书》中,殷先哲王和后王的正反事例是周人确立自己的意识形态观念的历史教材,通过对他们的行为和政治品质的再诠释,总结出自己的为政之道。在《诗经》的雅颂诗中,文王是周人树立正面的政治意识形态和价值观的典型和参照。在对文王的颂美中,周人提炼出文王的正确行为和合理的政治品质作为为政的典范,以垂范后世。

《大雅·灵台》就是颂美文王能得民心的诗。《毛诗序》说:"《灵台》,民始附也。文王受命,而民乐其灵德,以及鸟兽昆虫焉。"姚际恒《诗经通论》批评毛说:"《小序》谓'民始附',混谬语。文王以前,民不附乎?大王迁岐,何以从之如归市也?"②看来,《毛序》的"民始附"说是有问题的。陈奂《诗毛氏传疏》:"《皇矣》言伐崇而《灵台》即言作丰。於伐崇观天命之归,而於作丰验民心之所归往,皆文王受命六年中事。"《孟子·梁惠王》云:"文王以民力为台为沼,而民欢乐之,谓

---

① 徐复观《中国人性论史》(先秦篇),上海三联书店,2001年版,第27页。
② [清]姚际恒《诗经通论》,《续修四库全书》第六二册,上海古籍出版社,2002年版。下引《诗经通论》同。

其台曰灵台,谓其沼曰灵沼,乐其有麋鹿鱼鳖。古之人与民偕乐,故能乐也。"①《诗经》雅颂诗中的祖先颂歌,皆有颂美先祖功德之义。建造灵台,难免动用民力,使民劳碌,但诗中写百姓为周王建造灵台,积极主动而乐为之,这就不得不让人敬佩文王之德了。诗曰:

> 经始灵台,经之营之。庶民攻之,不日成之。经始勿亟,庶民子来。
> 王在灵囿,麀鹿攸伏。麀鹿濯濯,白鸟翯翯。王在灵沼,於牣鱼跃。
> 虡业维枞,贲鼓维镛。於论鼓钟,於乐辟廱。
> 於论鼓钟,於乐辟廱。鼍鼓逢逢。矇瞍奏公。

"不日成之",郑《笺》:"不设期日而成之,言说(悦)文王之德,劝其事,忘己劳也。""经始勿亟"的意思是,刚开始建设灵台,文王告诉百姓,不必太着急。但是老百姓爱戴文王,争先恐后前来工作。"庶民子来"的意思是老百姓就像儿子一样主动前来建筑灵台。朱熹《诗集传》:"虽文王心恐烦民,戒令勿亟,而民心乐之,如子趣父事,不召自来也。"这首诗运用了典型的侧面描写和侧面烘托的方法,将文王的爱民之心生动形象地表现出来。只有文王爱民如子,才会"庶民子来",诗中没有正面写文王如何爱民,但通过人民的"乐于王事"使文王的爱民之德实实在在地呈现出来。文王建造灵台,也不是为自己所用,而是为国家重大活动所用,同时与民同用,与民同乐。前面第一章通过"庶民子来"说明文王能与民同乐,后面的二、三、四章通过鸟兽虫鱼的自得其乐、钟鼓音乐的和谐美好反衬文王的与民同乐。此诗为孟子"与民同乐"思想的渊薮。"灵台"一词的使用对台的功用进行定性。马瑞辰《毛诗传笺通释》:"惟《说苑·修文篇》云:'积恩为爱,积爱为仁,积仁为灵。灵台之所以为台者,积仁也。'……《广雅·释诂》:'灵,善也。''积仁为灵',盖亦训灵为善。因有善德而名其台为灵台。"《大雅·假乐》:"宜民宜人,受禄于天。"《大雅·泂酌》

---

① [宋]朱熹《四书章句集注》,中华书局,1986年版。下引《四书》非注明者皆以《四书章句集注》为本。

也是赞美统治者能得民心的诗,诗曰:

> 泂酌彼行潦,挹彼注兹,可以餴饎。岂弟君子,民之父母。
> 泂酌彼行潦,挹彼注兹,可以濯罍。岂弟君子,民之攸归。
> 泂酌彼行潦,挹彼注兹,可以濯溉。岂弟君子,民之攸墍。

对这首诗主旨的解说,各家之见颇有差异。《毛诗序》云:"《泂酌》,召康公戒成王也。言皇天亲有德,飨有道也。"扬雄《博士箴》云:"公刘挹行潦而浊乱斯清,官操其业,士执其经。"①陈乔枞《鲁诗遗说考》以之为鲁诗。② 王先谦《诗三家义集疏》云:"三家以诗为公刘作,盖以戎狄浊乱之区而公刘居之,譬如行潦可谓浊矣,公刘挹而注之,则浊者不浊,清者自清。由公刘居豳之后,别田而养,立学以教,法度简易,人民相安,故亲之如父母。……其详则不可得而闻矣。"③其详既不得闻,三家诗之说的正误也就难以稽考了,而《毛序》之说似乎也与诗旨不符。此诗的颂美之意比较明显,但却很难讲有什么告诫之意。至于陈子展《诗经直解》所说"当是奴隶被迫自远地汲水者所作。此非奴才诗人之歌颂,而似奴隶歌手之讽刺"④,似更迂远。相比较而言,程俊英《诗经译注》所说"这是歌颂统治者能得民心的诗"⑤,高亨《诗经今注》所说"这是一首为周王或诸侯颂德的诗,集中歌颂他能爱人民,得到人民的拥护"⑥,皆比较圆通,今从之。

总之,被周人称颂的"明德"中,显然也是包括"保民"思想的。此后,"民本"思想就成为中国政治的核心内容,成为人们判断政治得失的主要标准。

(三) 克用三宅三俊

在周初的意识形态建设中,关于官人制度和选贤任能的人才选

---

① [唐]欧阳询《艺文类聚·职官部》引,文渊阁《四库全书》本。
② [清]陈乔枞《三家诗遗说考》,《续修四库全书》第七六册,上海古籍出版社,2002年版。
③ [清]王先谦《诗三家义集疏》,《续修四库全书》第七七册,上海古籍出版社,2002年版。下引《诗三家义集疏》同。
④ 陈子展《诗经直解》,复旦大学出版社,1983年版,第944页。
⑤ 程俊英《诗经译注》,上海古籍出版社,1985年版,第545页。
⑥ 高亨《诗经今注》,上海古籍出版社,1980年版,第417页。

拔制度的讨论也是统治者的一项重要话题，这也是周初品评政治人物的一个重要标准。《尚书》和《诗经》雅颂诗代表了周人立国之初在政治意识形态建设方面的两种话语形态：一种是严肃的训诰，是国家政策方面的直接昭示；一种是春风化雨式的潜移默化，将这些政策和政治理念融入重大活动的祝颂诗歌中。两种话语方式互相配合，共同达到"人文化成"的目的。在《尚书》和《诗经》中都有关于三代君王能否知人、用人，能否官人以贤的人物品评内容。《诗经》有多篇歌颂周王举贤任能和贤士云集的诗歌。这是周人能官人以贤的写照。周人歌颂贤人荟萃，吉士云集其实是在颂扬统治者有"知人"之明。如《大雅·文王》："思皇多士，生此王国。""济济多士，文王以宁。"《大雅·棫朴》就是一首典型的歌颂文王能任用贤人的诗：

芃芃棫朴，薪之槱之。济济辟王，左右趣之。
济济辟王，左右奉璋。奉璋峨峨，髦士攸宜。
淠彼泾舟，烝徒楫之。周王于迈，六师及之。
倬彼云汉，为章于天。周王寿考，遐不作人？
追琢其章，金玉其相。勉勉我王，纲纪四方。

《毛序》："《棫朴》，文王能官人也。""官人"语出《尚书·皋陶谟》："知人则哲，能官人。"意谓善于选取人才并授以适当官职。而姚际恒《诗经通论》则曰："此言文王能作士也。《小序》谓'文王能官人'，差些，盖袭《左传》释《卷耳》之说。""作士"一语直接取自此诗的"遐不作人"。孔《疏》："作人者，变旧造新之辞。"朱熹《诗集传》："作人，谓变化鼓舞之也。"概而言之，意为培育造就人才及鼓舞振作人心。其实这两种意见并无大异，《毛序》着眼的是前三章，故得出"官人"的结论；姚氏着眼的是后二章，故得出"作士"的结论。"官人"也罢，"作士"也罢，都离不开周王的盛德，所以《诗集传》又说："此诗前三章言文王之德，为人所归。后二章言文王之德，有以振作纲纪天下之人，而人归之。"

《大雅·卷阿》也是歌颂周王礼贤求士的诗。关于其主旨和作者,《毛序》以为是"召康公戒成王",王质《诗总闻》以为是颂文王①。姚际恒《诗经通论》说:"《小序》谓'召康公戒成王',未见其必然。按:《书·立政》曰:'继自今立政,其勿以憸人,其唯吉士。'与此篇中语意相近,则亦谓周公也。或引《竹书纪年》以为'成王三十三年游于卷阿,召康公从',政附会此而云,不足信。《大序》谓'用贤求吉士'。无意义,且亦只说得后半。按:此篇自七章至十章始言求贤用吉士之意,首章至六章皆祝劝王之辞,唯五章亦见用贤意。然曰'岂弟君子,四方为则',则仍祝劝之辞也。自郑氏切合《大序》求贤之说,以通篇皆作求贤解,因以'岂弟君子'为指贤者,非矣。'岂弟君子'从来指王,不应此篇独指贤者。且如是,则章章赞美贤臣,岂对君赓歌之体? 况'四方为则,四方为纲',岂赞臣语耶?"姚际恒将此诗与《尚书·立政》联系起来理解,以探究其旨,不失为一种很好的途径。因为将《诗经》和《尚书》结合起来研究,可以说是一种很好的研究方法,其中有好多问题可以互相发明。从诗文本来看,诚如姚氏所言。朱熹《诗集传》也认为,"岂弟君子"是指周王而言;但姚氏谓"'岂弟君子'从来指王",似乎有点绝对。因为"君子"一词在先秦时期的指称是发展变化的。周初的雅颂诗中,其多指君王,如《大雅·旱麓》:"岂弟君子,干禄岂弟。"君子指文王。《大雅·泂酌》中的"岂弟君子,民之父母"也是指作为最高统治者的君王。但在后期的《诗经》作品中,君子一词就不是君王的专称了。不过姚氏对诗旨和作者的把握窃以为是可取的。此诗为周公所作的可能性很大。

总之,能够知人并任用贤人对统治者来说是一种极其重要的政治智慧,能任用贤人也是统治者"明德"的体现。后人在官人水平和才能上常常首推文王,并将"官人"大法的创作权授予文王,是因为文王的智慧也从其知人和"官人"的能力中反映出来。姜尚得遇文王而相周被传为美谈,成为君臣遇合的典范。其中文王的知人能力是关键。所以能否知人是评价人的能力尤其是统治者的政治品质的一个重要标准。《左传·文公十八年》记载季孙行父就莒太子仆弑君父窃宝玉来奔之事而发表议论和看法时,对尧和舜在"官人"能力方面有

---

① [宋] 王质《诗总闻》,文渊阁《四库全书》本。

一个比较评价:高阳氏有八才子,曰"八恺"。高辛氏有八才子,曰"八元"。……"以至于尧,尧不能举。舜臣尧,举八恺,使主后土,以揆百事,莫不时序,地平天成。举八元,使布五教于四方,父义、母慈、兄友、弟共、子孝,内平外成。昔帝鸿氏有不才子,……天下之民谓之浑敦。少皞氏有不才子,……天下之民谓之穷奇。颛顼氏有不才子,……天下之民谓之梼杌。……缙云氏有不才子,……谓之饕餮。"尧皆不能去。"舜臣尧,宾于四门,流四凶族。"就官人能力方面来说舜显然更胜一筹①。季孙行父甚至将舜的官人业绩看作舜的二十大功之首,而行父自己也将知人看作自己为政之根本。他说:"今行父虽未获一吉人,去一凶矣,于舜之功,二十之一也,庶几免于戾乎!"(《左传·文公十八年》)季孙行父的时代,知人成为对春秋士君子能力和德行的普遍要求。但在周初,知人被看作为王的重要品质和能力,也是其"明德"的一部分。如果说《诗经》是通过颂赞的方式歌颂周王礼贤求士、官人以贤的政治美德的话,《尚书·立政》则是从严肃的国家政策的层面确立周初的官人思想,可以说是最早的记载官人制度的文献。《逸周书·官人解》和《大戴礼记·文王官人》是春秋以后儒家学者对周代官人制度的总结和完善,同时融入了春秋时期新的官人思想。所谓的"文王官人"其实是假托文王而名篇。周人真正最早的成文的官人文献是《尚书·立政》。立政,就要有好的官人方法。要官人就要正确识别人才,合理利用人才,其中必然涉及人物品评问题。官人是对用人者和被用者的双重考验。对于官人者来说,不但要善于发现人、善于知人而且要善于利用人,使其各得其所。所以知人、官人也是衡量统治者政治水平的重要标准。面对官人问题,周人同样从夏商先王的身上直接寻找答案,总结出了"克用三宅三俊"的官人思想和方法。周公在《尚书·立政》中首先分析评价了三代先王的官人方式及其结果。

夏先王:

　　古之人迪惟有夏,乃有室大竞,吁俊,尊上帝,迪知忱恂于九

---

① 当然这也与当时统治集团的政治实力有关,但《尚书·皋陶谟》记载舜、皋陶、禹君臣的谈话,则有对官人的讨论,可见,舜时代在官人方面的确有突出的表现。

德之行。乃敢告教厥后曰:"拜手稽首后矣!"曰:"宅乃事,宅乃牧,宅乃准,兹惟后矣。谋面,用丕训德,则乃宅人,兹乃三宅无义民。"①

---

① 孙星衍疏曰:"宅者,《释言》云:'居也。'亦与度通。……谋面者,《周书·官人解》有考言观色。训与顺通。丕,大也。义民,王氏念孙云:'邪民。《说文》:"俄行顷也。"《广雅·释诂》云:"俄,衺也。"《学记》:"蛾子时术之。"即蚁子也。古字俄、义同声。'言既诚信所知之人有九德之行,乃敢手稽首以告其君曰:'居乃职事之人,居乃作牧之人,居乃平法之人,兹乃在我后矣。'察其言,观其色,用大顺德之人,乃以官居人,此乃职事、作牧、平法之人皆无邪民矣。"([清]孙星衍《尚书今古文注疏》卷廿四,中华书局,2004年版,第470页)

从文本的内在逻辑来看,孙氏将"义民"作"邪民"解,其说是。今有学者作"贤人"解,与文本不通。持此解者,将"丕训德"之"丕"理解为"不",与文法不符。而"兹乃三宅无义民"这样肯定、自如甚至带有如释重负的表达语气和文法也不可能用来表达"所官无贤人"的现象。其实古今学者基本对此有一致的看法,不必节外生枝。

孔颖达《尚书注疏》以为"三宅三俊"包含"举贤人"和"黜恶人"两重含义。他说:"禹之臣蹈知诚信于九德之行者,乃敢告教其君曰,我敢拜手稽首,君今已为君矣,不可不慎也。戒其君即告曰:'居汝掌事之六卿,居汝牧民之州伯,居汝平法之狱官,使此三者,皆得其人,则此惟为君矣。'言不得贤人,不成为君也,禹能谋所面见之事,无所疑惑,用大明顺之德,则乃能居贤人于官,贤人在官,职事修理,乃能三处居无义之民,善人在朝,恶人黜远,其国乃为治矣,……禹能谋所面见之事,善官贤人,既得其官,分别善恶,无所疑惑,仁贤必用,邪佞必退,然后举直错诸枉,则为能用大顺德,如是乃能居贤人于众官,贤人既得居官,则能分别善恶。无义之民,必获大罪,量其轻重,斥之远地,乃能三处居此无义罪人。"([唐]孔颖达《尚书注疏》卷十六,文渊阁《四库全书》本)

苏轼也以为"三宅三俊"包含"任贤者"和"去凶人"两重含义。"三宅"既包括"宅三俊",还包括"宅五流",使其各得其所。他说:"事则向所谓常任也,牧则向所谓牧伯也,准则向所谓准人也,一篇之中所论宅俊者参差不齐,然大要不出是三者,其余则曰小臣,百执事也。古今学者解'三宅三俊'多不同,惟专以经训经,庶得其正。《书》曰:'迪知忱恂于九德之行。'是九德为三俊也。皋陶之九德,则箕子三德之详者也,并三为一,则九德为三俊明矣。书曰:'宅乃事,宅乃牧,宅乃准。'是事也、牧也、准也为三宅,所以宅三俊也。《书》曰:'流宥五刑。'五流有宅,五宅三居。又曰:'兹乃三宅无义民。'此三宅所以宅五流也。人之有疾也,食而不药不可,药而不食亦不可。三宅三俊如药食之交相养,而不知食之养药耶?药之养食耶?所以宅三俊及所以宅五流者,皆曰三宅。如此而后,经之言可通也。……谋面,谋其耳目所及者,言自近及远,皆大训我德,则可以宅三俊之人。既宅三俊,然后可以宅五流。……以三宅去凶人,凶人各即其宅,然后宅俊。其所谓俊者,皆真有德者也。故曰'三有俊,克即俊'。殷人去凶而后用贤,夏后氏用贤而后去凶,各从当时之宜。要之,二者相资而成也。《礼》曰:夏后氏'先禄而后威,先赏而后罚。'殷人先罚而后赏,盖缘立政之文,而立此言。"([宋]苏轼《书传》卷十六,文渊阁《四库全书》本)

孙星衍认为,三宅就是指事、牧、准三宅之官能就其所居之位,即称职之义。他说:"三宅,江氏声云:'事、牧、准也。'……三俊即三英,《诗·羔裘》云:'三英粲兮。'《传》云:'三英,三德也。'《笺》云:'三德:刚克、柔克、正直也。'……言亦以成汤能敕理天之光命,乃用事、牧、准三宅之官,能就其所居之位。言称职。举三德之俊,能就其俊德,言不失实,惟严以用人,能用三宅三俊。其在京邑,以和于其邑;其在四方,以能用人见其德。"([清]孙星衍《尚书今古文注疏》卷廿四,中华书局,2004年版,第471页)

综合各家之说,"三宅三俊"即举贤任能之义。三俊即三德,代为指三德之人。三德指箕子所说的正直、刚克、柔克。三俊、三德其实是皋陶之九德的合并。九德是箕子三德之详者。

夏桀：

　　桀德惟乃弗作往任，是惟暴德，罔后。

成汤：

　　亦越成汤陟丕釐上帝之耿命，乃用三有宅，克即宅，曰三有俊，克即俊。严惟丕式，克用三宅三俊。其在商邑，用协于厥邑；其在四方，用丕式见德。

商纣：

　　其在受德暋，惟羞刑暴德之人，同于厥邦，乃惟庶习逸德之人，同于厥政。帝钦罚之，乃伻我有夏，式商受命，奄甸万姓。

文王、武王：

　　亦越文王、武王克知三有宅心，灼见三有俊心，以敬事上帝，立民长伯。立政任人：准、夫、牧作三事，虎贲、缀衣、趣马、小尹、左右携仆、百司庶府、大都小伯艺人、表臣百司、太史、尹伯、庶常吉士、司徒、司马、司空、亚旅、夷微、卢烝、三亳阪尹。文王惟克厥宅心，乃克立兹常事司牧人，以克俊有德。文王罔攸兼于庶言。庶狱庶慎，惟有司之牧夫是训用违。庶狱庶慎，文王罔敢知于兹。亦越武王率惟敉功，不敢替厥义德，率惟谋从容德，以并受此丕丕基。

分析三代先王的用人制度，可以发现其基本思想是任人唯贤，方法和措施是"克用三宅三俊"。夏代能用三宅之法。成汤在三宅的基础上提出三俊，文王、武王又进一步提出"三有宅心"和"三有俊心"。而周的时王就应该继承这些宝贵的经验。因为夏桀和商纣不用好的经验而导致败亡的事实历历在目。周公为周的统治者总结的官人之道是：

　　立政用忨人，不训于德，是罔显在厥世。继自今立政，其勿以忨人，其惟吉士，用劢相我国家。

　　林之奇说："《诗》曰：'济济多士，文王以宁。'则周之初可谓多士矣。周公之作《君奭》，自成汤至于武丁，称其臣之贤者不过一二人耳。至于文王，则有若虢叔、闳夭、太颠、散宜生、南宫适，而武王以其四人诞受天命，以有天下。然太公、周公、召公、毕公之徒犹不与焉。

孔子称'周有八士',而太颠、闳夭犹不与焉。足见其贤才之多矣。及成王之继统,周公为师,召公为保,二公在王之左右,而为贤才之主于内,则天下之贤莫不因之。"①此论足以说明周初对官人、用人制度的重视和贤人云集的盛况。

(四) 明德慎罚

"明德"是周人最高的政治纲领,也是当时人物品评的最高标准。"明德"中包含了许多具体的规范和措施。这些规范和措施即是其"明德"的具体表现。周人在讲"明德"的时候总是与"慎罚"联系在一起。我们说过,由于德观念的包容性和丰富性,早期的德中就包含有"刚克"和"柔克"两种手段,前者是恩惠的一面,后者是强硬的一面,包括武力征伐、刑罚和法律等暴力手段。其目的都是显示其德的影响力和控制力。周人提倡"明德"之后,其中包含的刑罚要素("刚克")仍然存在,但与"明德"观念一致,刑罚不再是非人道的、粗暴的镇压,而是要"慎罚"。《尚书·召诰》称赞殷商的先王,从成汤"以至于帝乙,罔不明德慎罚,亦克用劝"。《尚书·康诰》首先赞美文王"丕显考文王,克明德慎罚",然后集中阐述了周人的"明德慎罚"的思想。"明德慎罚"的实质是"不敢侮鳏寡,庸庸,祗祗,威威,显民"。在《康诰》中,周公将"明德"与"慎罚"并提,但主要论述的是"慎罚",表面上看似乎本章谈论的问题与明德关系不大,实际上通过前面的论述,我们知道,慎罚是明德的一部分,明德也要通过慎罚表现出来,因为刑罚是德的应有之义。周公对"慎罚"的主张主要包括以下几个方面:一是对犯罪要考察其犯罪动机,对故意犯罪者要严惩,对无意犯罪而且知错悔改者要处罚从轻,给人以改错的机会。二是要审慎地对待犯人的供词,避免错断。三是对"不孝不友"的"元恶大憝"要"刑兹无赦"。四是,对"乃别播敷,造民大誉"的官吏也要"速由兹义率杀",毫不手软。另外,《康诰》中提出"义杀"的刑法原则:"用其义刑义杀,勿庸以次汝封。""汝乃其速由兹义率杀。"又说:"非汝封刑人、杀人,无或刑人杀人;非汝封又曰劓刵人,无或劓刵人。"意思是刑罚的使用要依据一定的法律原则,而不是以个人的好恶。对于周人的

---

① [宋] 林之奇《尚书全解》卷三十五,文渊阁《四库全书》本。

这一刑罚思想,徐复观称其为"道德地人文精神之光""中国历史的黎明期"。① 另外,"义杀"的观念还有为刑罚寻找人道和人文依据的潜在意识。因为在周人的思想已被人文之光照亮的历史时期,周人要以柔惠宽仁的柔德统治天下,"杀人"终归是残忍的行为,不是其政治内容的主要方面。但是周公一再重申,"非汝封刑人、杀人",而是为了保民才杀人,是为"义杀"。"义杀"是为了德的完成,是"明德"的需要,德"故乃明于刑之中","惟敬五刑,以成三德","敬于刑,有德惟刑"(《尚书·吕刑》)。《尚书·立政》在确立自己的官人思想的时候,尤其重视"宅乃准",一再申明要"庶狱庶慎"。司法和监狱的事情一定要让司法负责人专管,不可包办代替或进行干预。总之"慎罚""义杀""敬刑"都是周人"明德"观念在刑罚领域的体现。

综上所述,周初大传统中的人物品评基本上都围绕政治意识形态的建设而展开。人物品评的对象是三代先王。人物品评的准则也是周人政治意识形态建设中的重要主题。人物品评中推崇的个人品质也是周人试图建立的政治品质。周人以史为鉴,从古代先王身上汲取经验和教训,在对历史人物的褒贬中昭明自己的政治理念。这些政治品质和政治理念主要体现为总纲领性质的"明德"思想,政治态度方面的"敬德"思想和具体措施和规范方面的"无逸""敬天保民""克用三宅三俊""明德慎罚"等,后者都是周人"明德"思想的体现和反映。而人物品评则为这些政治品质的确立提供的了可靠的依据。在人物品评中,周人也运用了以《尚书》和《诗经》雅颂诗为代表的"刚""柔"两种话语系统:一种严肃庄重,客观评价前代先王的功过是非;一种春风化雨,赞美歌颂先王尤其是周代先王的政治品质。两种系统相辅相成,共同构筑起了周初意识形态之大厦。

第二节　周代铜器铭文中的人物品评及其特点

周代铜器铭文中也存在大量的人物品评的内容。具有人物品评

---

① 徐复观《中国人性论史》(先秦篇),上海三联书店,2001年版,第28页。

性质的铜器铭文在西周中后期大量出现。从铜器铭文人物品评的内容和风格来看,其属于《诗经》雅颂诗先祖品评一系。① 在上古社会,人们对于祭祀权力和宗教神灵的争夺是一种独特的文化现象。在大的天帝神灵被统治者以权力独占之后,他们变成了国家公器。祖先崇拜因为私有性太强,最后成为人人得以拥有的"私有权利"。这样祖先祭祀就成为中国宗教的主体内容。那么在这一私有领域,如何显示权威的高低?那就是祭祀的等级、规格、规模,而划定祭祀权力的依据就是这个家族的"德"。周人按照功德论功行赏,确立分封制和宗法制之后,在文化生态领域,也划分出了相应的祖先祭祀权力之格局。《礼记·王制》:"天子七庙,三昭三穆,与大祖之庙而七。诸侯五庙,二昭二穆,与大祖之庙而五。大夫三庙,一昭一穆,与大祖之庙而三。士一庙。庶人祭于寝。"德高者使用高级别的祭祀规格,德薄者使用低级别的祭祀规模。周人将祭祀权力与土地、人民、风物、财产统一纳入分封体系,这是中国文化独有的特点。周的最高统治者可以用最高级别的礼乐仪式祭祀自己的先祖。《诗经》雅颂诗中的祖先颂歌就是颂扬周人先祖功德的。先祖功德成为周人受天命的政治资本。在天子之下的诸侯、卿大夫等也是依据其功德而获得自己的政治权力。一切的权力都与"德"联系在一起,这无疑强化了周人的功德观念。先祖功德可以福泽子孙,子孙要效法先祖,"秉先祖明德",继续积累自己的功德以福泽更久远的子孙。周天子也是按照功德的大小策命和赏赐臣属,策命和赏赐言必称先祖,勉励受赏者帅型祖德,受赏者表示既要"对扬王休",又要光宗耀祖,这就将祖先祭祀与功德观念紧密结合起来。受赏者受到策命和赏赐后,"则一般的都要拜稽首、对扬王休,继之以作器纪念祖考并祈求福寿"②。在青铜十分珍贵的周代,通常情况下是不能随便制作铜器的,能做器者,必然是因为有功德或者受到天子的赏赐。青铜器同时也成为功德和地位的象征。《左传·襄公十九年》载:"季武子以所得于齐之兵,作林钟

---

① 在本文所收集到的具有人物品评性质的铜器铭文中,也包括一部分春秋时期的铭文,由于其在内容和风格上与西周铜器铭文人物品评一脉相承,故将其统一纳入西周人物品评研究的体系之内,不再做区别研究。

② 陈梦家《尚书通论》(增订本),中华书局,1985年版,第159页。

而铭鲁功焉。臧武仲谓季孙曰:'非礼也! 夫铭,天子令德,诸侯言时计功,大夫称伐。今称伐,则下等也;计功,则借人也;言时,则妨民多矣,何以为铭? 且夫大伐小,取其所得以作彝器,铭其功烈以示子孙,昭明德而惩无礼也。今将借人之力以救其死,若之何铭之?'"在周王室的政治控驭能力衰落之后,青铜成为武力占有的对象,作器也成为宣示武力的手段。所以,臧武仲重申青铜铭刻的依据和应遵守的原则,即天子有令德,可铭;诸侯举得时,动有功,可铭;大夫有攻伐之劳,可铭。所以青铜大多用于制作礼器,很少用于农具,甚至兵器也很少用之,说明青铜器只用于非常重大而神圣的活动中。根据流传至今的青铜器铭文内容可以反推青铜器使用的神圣性。陈梦家说:

> 西周金文的内容是多种样的,大别之可分为:(1)作器以祭祀或纪念其祖先的,(2)记录战役和重大事件的,(3)记录王的任命、训戒和赏赐的,(4)记录田地的纠纷与疆界的。(4)很少,(2)虽有而不如(1)、(3)之多。其中自然以记录王的任命、训戒和赏锡的,最为重要。它们具体的说明了当时的制度,并且实录了当时的王命。这些王命,最先是书写在简书上的,当庭的宣读了,然后刻铸于铜器之上。原来的简书已经不存,赖此保存了周王室的官文书,它们实具有古代档案的性质。西周档案的流传于后世的,主要的只有两种:一是今文《尚书》中的《周书》部分,一是西周铜器铭文。《周书》与西周金文在研究上有彼此发明的地方,而在作为档案与史料的意义上说,是同等重要的。①

青铜器铭文以记录王的任命、训诫和赏赐的最多,说明这些铜器大多是受赏者所作,他们在铜器上刻录铭文,记录受赏和策命之事,称颂先祖功德,然后表明自己要秉先祖之德,对扬王休,并期望这种功德能福泽子孙。这其中必然要涉及人物品评的内容。

---

① 陈梦家《尚书通论》(增订本),中华书局,1985年版,第149页。

一、周代铜器铭文人物品评的内容和方式

分析周代有人物品评内容的铜器铭文,其内容包括三方面:一是评价、赞颂先祖的功业德行,表示崇敬之意;二是表明自己要效法先祖,继承先祖的德行和精神传统,要"帅型祖考",将宗族的荣耀发扬光大;三是在申述祖德和己德的基础上,祈请或祝祷先祖神灵降福于子孙,使这种福泽让"子子孙孙永宝用"。铜器铭文中人物品评的主要对象是先祖,其次是作器者本人。铜器铭文人物品评的对象、内容、特征都秉承《诗经》雅颂诗之周人先祖颂诗的传统和《尚书》的基本精神,两者是一脉相承的。从铜器铭文人物品评的方式来看,其主要包括三个方面:

(一) 在先祖名号之前冠以敬称或美称

周代铜器铭文中常常用来敬称和美称先祖的词语有皇、丕显、烈、文、昭等词。现将此类铭文列举如下:

西周中期——师趛鬲[1]:

唯九月初吉庚寅,师趛作文考圣公、文母圣姬尊鬲。其万年子孙永宝用。

西周中晚期——胡叔鼎[2]:

唯王正月初吉乙丑,胡叔、信姬作宝鼎。其用享于文祖考,胡叔眔信姬,其赐寿考,多宗永命,胡叔、信姬其万年子子孙永宝。

西周中期——帅隹鼎[3]:

---

[1] 中国社会科学院考古研究所编《殷周金文集成释文》第一卷,香港中文大学中国文化研究所,2001年版,第558页,器号:745。
[2] 中国社会科学院考古研究所编《殷周金文集成释文》第二卷,香港中文大学中国文化研究所,2001年版,第350页,器号:2767。
[3] 中国社会科学院考古研究所编《殷周金文集成释文》第二卷,香港中文大学中国文化研究所,2001年版,第354页,器号:2774。

帅隹懋朕念王母勤陶,自作后王母庡赏厥文母鲁公孙用鼎,乃颧子帅隹王母,唯用自念于周公孙子,曰:"余弋毋庸又忘。"

西周中晚期——康鼎①:

唯三月初吉甲戌,王在康宫,荣伯入右,康王命死辞王家,赐女幽衡、鋚勒。康拜稽首,敢对扬天子丕显休。用作朕文考釐伯宝尊鼎,子子孙孙,其万年永宝用郑邢。

西周中期——彧方鼎②:

唯九月既望乙丑,在堂师,王俎姜使内史友员赐彧玄衣、朱襮袊。彧拜稽首,对扬王俎姜休,用作宝龘尊鼎,其用夙夜享孝于厥文祖乙公于文妣日戊,其子子孙孙永宝。

西周中期——利鼎③:

唯王九月丁亥,王客于般宫,邢伯入佑。利立中廷北向。王呼作命。内史册命利曰:"赐女赤⊙市銮旂用事。"利拜稽首,对扬天子丕显皇休。用作朕文考漣伯尊鼎。利其万年子孙永宝用。

西周中期——师晨鼎④:

……用作朕文祖辛公尊鼎,晨其[万年]世,子子孙孙其永

---

① 中国社会科学院考古研究所编《殷周金文集成释文》第二卷,香港中文大学中国文化研究所,2001年版,第360页,器号:2786。
② 中国社会科学院考古研究所编《殷周金文集成释文》第二卷,香港中文大学中国文化研究所,2001年版,第361页,器号:2789。
③ 中国社会科学院考古研究所编《殷周金文集成释文》第二卷,香港中文大学中国文化研究所,2001年版,第371页,器号:2804。
④ 中国社会科学院考古研究所编《殷周金文集成释文》第二卷,香港中文大学中国文化研究所,2001年版,第383页,器号:2817。

宝用。

西周中期——善鼎①：

　　唯十又二月初吉，辰在丁亥，王在宗周，王格大师宫。王曰："善，昔先王既令女佐胥𤞷侯，今余唯肇申先王命。命女佐胥𤞷侯，监䜌师戍。赐女乃祖旂用事。"善敢拜稽首，对扬皇天子丕丕休，用作宗室宝尊。唯用绥福号前文人，秉德、恭纯。余其用格我宗子与百姓。余用介纯鲁，于万年其永宝用之。

西周中期——彧方鼎②：

　　……朕文考甲公，文母日庚弋，休则尚安永宕，乃子彧心安……

西周晚期——此鼎③：

　　……用作朕皇考癸公尊鼎。用享孝于文神，用介眉寿，此其万年无疆。畯臣天子灵终，子子孙永宝用。

西周晚期——南宫柳鼎④：

　　唯王五月初吉甲寅，王在康庙，武公佑。南宫柳即立中廷北向，王呼作册。尹册命柳，辞六师，牧阳大□；辞羲夷阳佃事；赐女赤市、幽衡、鋚勒。柳拜稽首，对扬天子休，用作朕烈考尊鼎，

---

① 中国社会科学院考古研究所编《殷周金文集成释文》第二卷，香港中文大学中国文化研究所，2001年版，第386页，器号：2820。
② 中国社会科学院考古研究所编《殷周金文集成释文》第二卷，香港中文大学中国文化研究所，2001年版，第390页，器号：2824。
③ 中国社会科学院考古研究所编《殷周金文集成释文》第二卷，香港中文大学中国文化研究所，2001年版，第387页，器号：2821。
④ 中国社会科学院考古研究所编《殷周金文集成释文》第二卷，香港中文大学中国文化研究所，2001年版，第372页，器号：2805。

其万年子子孙孙永宝用。

西周晚期——无叀鼎①：

……敢对扬天子，丕显鲁休，用作尊鼎，用享于朕烈考，用介眉寿，万年子孙永宝用。

西周晚期——师㝨钟②：

师㝨肇作朕烈祖虢季宂公幽叔、朕皇考德叔大林钟，用喜侃前文人，用祈纯鲁永命，用介眉寿无疆，师㝨其万年永宝用享。

西周晚期——梁其钟③：

鎗鎗鏓鏓，鈇鈇鏞鏞，用邵格喜侃前文人，用祈介康，𧈪纯佑绰绾通禄，皇祖考其严在上，数数橐橐降余大鲁福，亡斁用宝光梁其身擢于永令[梁]其其万年无疆毚臣皇王眉寿永宝。

西周晚期——颂鼎④：

……天子丕显鲁休，用作朕皇考龏叔、皇母龏姒宝尊鼎……

在这些具有人物品评性质的铜器铭文中，在对先祖功德进行正式评价之前，古人直接将赞美之辞加在先祖称谓之前，表达对先祖的歌颂和赞美之义。古人往往对已逝之人称美不称恶，对自己的先祖

---

① 中国社会科学院考古研究所编《殷周金文集成释文》第二卷，香港中文大学中国文化研究所出版，2001年版，第380页，器号：2814。
② 中国社会科学院考古研究所编《殷周金文集成释文》第一卷，香港中文大学中国文化研究所，2001年版，第107页，器号：141。
③ 中国社会科学院考古研究所编《殷周金文集成释文》第一卷，香港中文大学中国文化研究所，2001年版，第153页，器号：190。
④ 中国社会科学院考古研究所编《殷周金文集成释文》第二卷，香港中文大学中国文化研究所，2001年版，第396页，器号：2829。

出于怀念和崇敬而生出更多赞美之辞。《礼记·祭统》:"夫鼎有铭,铭者,自名也,自名以称扬其先祖之美,而明著之后世者也。为先祖者,莫不有美焉,莫不有恶焉。铭之义,称美而不称恶,此孝子孝孙之心也。"因此,从人物品评的角度来说,这些只能算是溢美之词。在铜器铭文中,常见的加于先祖称谓之前或直接以美称代指先祖的溢美之词有:丕显、文、烈、皇等。"丕显"二字在周初文献中非常多见,是对先祖和有功德者的赞美之词,前文已有例证,此处不赘。下面就文、烈、皇等词的用例和意义内涵作简单分析,以探究周人以此类词汇作为称颂先祖之词的原因所在。

铜器铭文中直接在先祖名号前冠以"文""烈""皇""丕""显"等词语可以说是对先祖德行本质和德行性质的意义认定,同时还有对先祖的歌颂。虽然这些词语是子孙对先祖的溢美之词,谈不上客观公正,但其与谥法和后世的墓志铭都有密切关系,而且其本身也具有人物品评的性质。

1. 前文人、文神、文祖、文祖考、文考、文母、文妣

在前文所列举的文献用例中,"文"这一词语运用最多。"文"之本义为花纹、纹饰、彩色交错之义,亦指彩色交错的图形。《说文》:"文,错画也,象交文。"《玉篇》:"文,文章也。"《释名》:"文者,会集众采以成锦绣,会集众字,以成词谊,如文绣然也。"《易·系辞下》:"物相杂,故曰文。"韩康伯《注》:"刚柔交错,玄黄错杂。"①《周礼·天官·典丝》:"共其丝圹组文之物。"郑玄《注》:"青与赤谓之文。"②《礼记·乐记》:"五色成文而不乱。"清王夫之《读四书大全说·论语·泰伯篇》:"异色成采之谓文,一色昭著之谓章。"③由此引申为纹饰、文理、文采、文辞之义。《易·乾卦》孔颖达《疏》:"文谓文饰。"又《易·坤卦》:"文在中也。"孔《疏》:"通达文理。"《史记·礼书》:"贵

---

① 《周易正义》,[清]阮元校刻《十三经注疏》,中华书局,1980年版。下引《周易》同。
② 《周礼注疏》,[清]阮元校刻《十三经注疏》,中华书局,1980年版。下引《周礼》同。
③ [清]王夫之《读四书大全说》,《续修四库全书》第一六四册,上海古籍出版社,2002年版。

本之谓文,亲用之谓理,两者合而成文,以归太一,是谓大隆。"①又《尚书·尧典》:"钦明文思安安。"《疏》:"发举则有文谋。"又《礼记·礼器》:"先王之立礼也,有本有文。忠信,礼之本也。义理,礼之文也。"《史记·乐书》:"礼自外作,故文。"裴骃《集解》:"郑玄曰:'文犹动。'"张守节《正义》:"礼肃人貌,貌在外,故云动。"又《左传·僖公二十三年》:"吾不如衰之文也。"杜《注》:"有文辞也。"②

　　文又指礼乐制度和礼节仪式。《论语·子罕》:"文王既没,文不在兹乎?"朱熹《四书章句集注》:"道之显者谓之文,盖礼乐制度之谓。"《荀子·礼论》:"故至备,情文俱尽;其次,情文代胜。"杨倞《注》:"文谓礼物、威仪也。"③《史记·高祖本纪》:"敬之敝,小人以鬼,故周人承之以文。"裴骃《集解》引郑玄曰:"文,尊卑之差也。"《汉书·地理志下》:"(鲁俗)丧祭之礼文备实寡。"④

　　文还指礼乐(制度)等的表现形式。《礼记·乐记》:"屈伸俯仰,缀兆舒疾,乐之文也。……升降上下,周还裼袭,礼之文也。"《荀子·乐论》:"故乐者,审一以定和者也,比物以饰节者也,合奏以成文者也。"《荀子·礼论》:"故钟鼓管磬,琴瑟竽笙,《韶》《夏》《护》《武》《汋》《桓》《箾》《象》,是君子之所以为愅诡其所喜乐之文也。"董仲舒《春秋繁露·考功名》:"赏罚用于实,不用于名;贤愚在于质,不在于文。"⑤《礼记·乐记》:"始奏以文,复乱以武。"郑玄《注》:"文谓鼓也,武谓金也。"《礼记·乐记》:"乐者,异文合爱者也。"孔颖达《疏》:"宫商别调是异文。"

　　在政治制度方面,文指文治、文事、文职及其法令条文,与"武"相对。《尚书·武成》:"王来自商,至于丰,乃偃武修文。"《国语·周语中》:"武不可觌,文不可匿。"⑥《尉缭子·原官》:"官分文武,惟王之

---

① [汉]司马迁《史记》,中华书局,1959年版。下引《史记》同。
② 《春秋左传正义》,[清]阮元校刻《十三经注疏》,中华书局,1980年版。下引杜《注》同。
③ [清]王先谦撰,沈啸寰、王星贤点校《荀子集解》,中华书局,1988年版。下引《荀子》同。杨倞《注》引文渊阁《四库全书》本。下引杨倞《注》同。
④ [汉]班固《汉书》,中华书局,1962年版。下引《汉书》同。
⑤ 苏舆撰,钟哲点校《春秋繁露义证》,中华书局,1992年版,第178页。
⑥ 徐元诰撰,王树民、沈长云点校《国语集解》,中华书局,2002年版。下引《国语》非注明者同。

二术也。"①《国语·周语上》:"有不祭则修意,有不祀则修言,有不享则修文。"韦昭《注》:"文,典法也。"②

从这些"文"的语词用例中可以看出,"文"其实是各种制度、规范、礼节仪式和文明形式的总称,它的反面就是简质、素朴、内容、实质等。虽然,春秋战国时期,许多精英思想家发现"文过其实"之弊,纷纷提出了"救文之弊"的观点,像孔子强调"礼之本",墨子提倡节俭、节葬,老子、庄子提倡返璞归真等都是对这种"弊端"的反驳。但是从整个先秦时代来看,"文"是十分受人推崇的文明表征。

因此,文又引申为"美""善"之义。《礼记·乐记》:"礼减而进,以进为文;乐盈而反,以反为文。"郑玄《注》:"文,犹美也,善也。"《荀子·正名》:"故期命辨说也者,用之大文也。"《韩非子·说疑》:"文言多,实行寡而不当法者。"③

"文"用来品评人物指"文德"或指有文德之人,文德是周人最为推崇的明德之一。周人将自己的政治控驭能力和影响力形容为明德。一"明"字作为德的限定使周人之德主要倾向于人文化成的宽仁柔惠的方式。通过一系列的人文制度和行为规范而不是武力来确立其德,归根结底就是要用文的方式来实现德。因为制度和行为规范是体现德的形式,因此也被称作"德",为了与其他"德"(如哲德、政德)相区别,称其为文德。文德是周人明德的主要体现,在一定程度上,它甚至就是"明德"的总称。《国语·周语下》:"夫敬,文之恭也。"韦昭《注》:"文者,德之总名也。"韦昭《注》所体现的德的内涵其实应该是与周人的"明德"思想一致的。《荀子·不苟》:"夫是之谓至文。"杨倞《注》:"言德备也。"《诗·周颂·武》:"允文文王,克开厥后。"孔颖达《疏》:"所以能致此业而得为强者,由于信有文德者之文王以圣德受命,能开其后世子孙之基绪。"

所以,在西周铜器铭文中,常用"文"来称颂先祖。文即具有文德

---

① 《尉缭子·原官》,文渊阁《四库全书》本。
② [吴]韦昭注《国语》,文渊阁《四库全书》本。下引韦昭《注》皆出自文渊阁《四库全书》本《国语》。
③ [清]王先慎撰,钟哲点校《韩非子集解》,中华书局,1998年版。下引《韩非子》同。

之义,在有些用例中简直就成了"明德"的代名词。《尚书·文侯之命》:"汝肇刑文武,用会绍乃辟,追孝于前文人。"孔《传》:"使追孝于前文德之人。"《文侯之命》从体式上来看,与铜器铭文的训诫、策命文辞如出一辙。此"前文人"与铜器铭文中之"前文人"用法相同。《诗·大雅·江汉》:"釐尔圭瓒,秬鬯一卣,告于文人。"郑玄《笺》:"告其先祖诸有德美见记者。"孔颖达《疏》:"汝当受之以告祭于汝先祖有文德之人。"马瑞辰《毛诗传笺通释》:"文人,犹云文祖、文父、文考耳。……文人亦追自称其先祖。此诗'文人',《传》《笺》俱指召穆公之先人,甚确。"

正因为"文"是在祭祀和策命文字中常用的赞美先祖之词,其也具有了谥号的性质,可以说这些加在先祖称谓之前的赞美之词已经具有谥法的性质。这对我们研究谥号的产生和发展提供了另一个视角。而在后人总结的谥法中,"文"就是一个意义非常丰富的"美谥"之一。《逸周书·谥法解》:"经纬天地曰文。道德博厚曰文。学勤好问曰文。慈惠爱民曰文。愍民惠礼曰文。锡民爵位曰文。"①

2. 烈考、烈祖

《尔雅·释诂》:"烈,业也。"郭璞《注》:"谓功业也。"邢昺《疏》:"谓功业也。烈者,《周颂·执竞》云:'无竞维烈。'"又云:"烈,光也。"烈既指功业,又指有功业之人,还有光明之义。《尚书·洛诰》:"公称丕显德,以予小子,扬文武烈。"孔《传》:"用我小子褒扬文武之业。"《尚书·伊训》:"伊尹乃明言烈祖之成德,以训于王。"孔《传》:"汤,有功烈之祖,故称焉。"《小雅·宾之初筵》:"籥舞笙鼓,乐既和奏。烝衎烈祖,以洽百礼。"这里指有功业之祖。《周颂·烈文》:"烈文辟公,锡兹祉福。"郑玄《笺》:"光文百辟卿士。"孔颖达《疏》:"汝等有是光明文章者君人之辟公。"高亨《诗经今注》:"烈,光明。文,有文采。"一说指武功文德。马瑞辰《毛诗传笺通释》:"《周书·谥法解》'有功安民曰烈。''烈''文'二字平列,烈言其功,文言其德也。"

烈又引申为威武、荣耀、美好之义。《国语·周语中》:"武不可觌,文不可匿。觌武无烈,匿文不昭。"韦昭《注》:"烈,威也。"《周

---

① 黄怀信、张懋镕、田旭东撰,黄怀信修订,李学勤审定《逸周书汇校集注》(修订本),上海古籍出版社,2007年版。下引《逸周书》同。

颂・载见》:"鞗革有鸧,休有烈光。"《史记・秦始皇本纪》:"从臣诵烈,请刻此石,光垂休铭。"张守节《正义》:"烈,美也。所随巡从诸臣,咸诵美,请刻此石。"《史记・萧相国世家》:"萧相国何……位冠群臣,声施后世,与闳夭、散宜生等争烈矣。"烈也是美谥之一。《逸周书・谥法解》:"有功安民曰烈。秉德遵业曰烈。"在周代铜器铭文中,也称先祖为烈考、烈祖,意思是显赫的亡父、先祖。《周颂・雝》:"既右烈考,亦右文母。"毛《传》:"烈考,武王也。"郑《笺》:"烈,光也。"后多用为对亡父的美称。

3. 皇考、皇母、皇妣、皇祖考

《尔雅・释诂》邢昺《疏》:"皇,美也,大也。"皇为美好之义,常用来表示赞美和嘉许。《大雅・臣工》:"于皇来牟,将受厥明。"孔颖达《疏》:"皇,训为美。"朱熹《诗集传》:"于皇,叹美之辞。"《周颂・执竞》:"不显成康,上帝是皇。"毛《传》:"皇,美也。"高亨《诗经今注》:"此句言上帝嘉美赞许成王、康王。"《大雅・文王》:"思皇多士,生此王国。"朱熹《诗集传》:"皇,美。"《大雅・文王有声》:"四方攸同,皇王维辟。"毛《传》:"皇,大也。""皇"常常被用来形容君王、天及天神等。《尔雅・释诂》:"皇,君也。"邢昺《疏》:"天子诸侯南面之君异称也。"所以铜器铭文中常常称呼逝去之先祖曰"皇考""皇妣",表示尊敬,或者直接以"皇"代称先祖。《楚辞・离骚》:"皇览揆余初度兮,肇锡余以嘉名。"王逸《注》:"皇,皇考也。"①"皇"也是美谥之一。《逸周书・谥法解》:"靖民则法曰皇。"在谥法中,"皇"是极其重要的谥号之一,其紧随"神""圣""帝"之后。后世统治者以"皇帝"为自己的专称,由此可见其重要地位。

(二) 克哲厥德、秉元明德、惠于政德

铜器铭文中的人物品评秉承了周人开国之初确立的意识形态之核心理念,其思想内容完全是周初人物品评思想的延续。在这些带有人物品评性质的铜器铭文中,"德"仍然是其品评人物的核心概念范畴。不过铜器铭文中的"德"与《尚书》《诗经》等传世文献一样,仍体现了周人具有创新精神的政治品质和价值观。令他

---

① [宋]洪兴祖撰,白化文、许德楠、李如鸾、方进点校《楚辞补注》,中华书局,1983年版。下引《楚辞》同。

们引以为豪的先祖能够"秉明德""秉懿德","克哲厥德","惠于政德"。周人在称颂先祖的同时,表明自己也要秉承这些美好的品德。如:

西周中期——师望鼎①:

　　大师小子师望曰:"丕显皇考究公,穆穆克明厥心,哲厥德,用辟于先王,得纯亡愍。望肇帅型皇考,虔夙夜,出入王命,不敢不夅不妻。王用弗忘圣人之后,多蔑厤赐休。望敢对扬天子,丕显鲁休,用作朕皇考究公尊鼎。师望其万年子子孙孙永宝用。"

西周中期——癫钟②:

　　曰:"古文王初盭龢于政,上帝降懿德大甹,匍有四方,迨受万邦,雩武王既伐殷,微史烈。"

西周中期——师𩛥鼎③:

　　唯王八祀正月,辰在丁卯,王曰:"师𩛥,女克疐乃身,臣朕皇考穆王,用乃孔德,琮纯,乃用心引正乃辟安德,惠余小子,肇淑先王德,赐女玄衮、䋺纯、赤市、朱衡、鋚旂。大师金膺鋚勒,用型乃圣祖考,鄰明令辟前王,事余一人。"𩛥拜稽首,休伯大师,肩𠷎,𩛥臣皇辟天子,亦弗忘公上父胡德,𩛥蔑厤,伯大师,不自作,小子夙夕專由先祖烈德,用臣皇辟,伯亦克欵由先祖蠱孙子,一𠷎皇辟懿德,用保王身,𩛥敢肇王,俾天子万年,褖祎伯大师、武臣、保天子,用厥烈祖介德,𩛥敢对王休,用绥作公上父尊,于朕

---

① 中国社会科学院考古研究所编《殷周金文集成释文》第二卷,香港中文大学中国文化研究所,2001年版,第378页,器号2812。
② 中国社会科学院考古研究所编《殷周金文集成释文》第一卷,香港中文大学中国文化研究所,2001年版,第223页,器号:251。
③ 中国社会科学院考古研究所编《殷周金文集成释文》第二卷,香港中文大学中国文化研究所,2001年版,第398页,器号:2830。

考墉季易父报宗。

西周晚期——虢叔旅钟①:

虢叔旅曰:"丕显皇考惠叔,穆穆秉元明德,御于厥辟,得纯亡愍,旅敢肇帅型皇考威仪,祗御于天子,乃天子多赐旅休,旅对天子鲁休扬,用作朕皇考惠叔大林龢钟,皇考严在上,翼在下,數數㝬㝬,降旅多福,旅其万年子子孙孙永宝用享。"

西周晚期——梁其钟②:

梁其曰:"丕显皇祖考,穆穆翼翼,克哲厥德,农臣先王得纯亡愍,梁其肇帅型皇祖考,秉明德,虔夙夕,辟天子。天子肩事梁其身,邦君大正。用天子宠蔑梁其厝,梁其敢对天子丕显休扬,用作朕皇祖考龢钟,鎗鎗鏓鏓,鉠鉠鏾鏾,用邵格喜侃前文人。……"

西周晚期——大克鼎③:

克曰:"穆穆朕文祖师华父,悤襄厥心,宇静於猷,淑哲厥德,肆克龏保厥辟。恭王谏、奠王家,惠于万民,柔远能迩,肆克智于皇天,琐于上下,得纯亡愍,赐釐无疆,永念于厥孙。……"

西周晚期——单伯昊生钟④:

---

① 中国社会科学院考古研究所编《殷周金文集成释文》第一卷,香港中文大学中国文化研究所,2001年版,第212页,器号:239。
② 中国社会科学院考古研究所编《殷周金文集成释文》第一卷,香港中文大学中国文化研究所,2001年版,第155页,器号:192。
③ 中国社会科学院考古研究所编《殷周金文集成释文》第二卷,香港中文大学中国文化研究所,2001年版,第409页,器号:2836。
④ 中国社会科学院考古研究所编《殷周金文集成释文》第一卷,香港中文大学中国文化研究所,2001年版,第48页,器号:82。

单伯昊生曰：丕显皇祖烈考，徕匹之王，龏勤大命，余小子肇帅型朕皇祖考懿德，用保奠。

春秋——秦公镈①：

秦公曰："丕显朕皇祖，受天命，肇有下国。十有二公，不坠在上，严夤夤天命，保业厥秦，虩事蛮夏。曰：'余虽小子，穆穆帅秉明德，睿敷明型，虔敬朕祀，以受多福。'协龢万民，虔夙夕，烈烈桓桓，万姓是敕。……"

春秋——秦公簋②：

秦公曰："丕显朕皇祖，受天命鼏，宅禹迹十又二公，在帝之坏。严恭夤天命，保业厥秦，虩使蛮夏。余虽小子，穆穆帅秉明德，烈烈桓桓，万民是敕。"

西周晚期——番生簋盖③：

丕显皇祖考，穆穆克哲厥德。严在上，广启厥孙子于下，勋于大服，番生不敢弗帅型皇祖考，丕丕元德，用申恪大命，粤王位，虔夙夜，……番生敢对天子休，用作簋，永宝。

春秋早期——叔家父簠④：

叔家父作仲姬匡，用盛稻粱，用速先后诸兄，用祈眉考无疆，

---

① 中国社会科学院考古研究所编《殷周金文集成释文》第一卷，香港中文大学中国文化研究所，2001年版，第238页，器号：270。
② 中国社会科学院考古研究所编《殷周金文集成释文》第三卷，香港中文大学中国文化研究所，2001年版，第444页，器号：4315。
③ 中国社会科学院考古研究所编《殷周金文集成释文》第三卷，香港中文大学中国文化研究所，2001年版，第461页，器号：4326。
④ 中国社会科学院考古研究所编《殷周金文集成释文》第三卷，香港中文大学中国文化研究所，2001年版，第577页，器号：4615。

懋德不忘,孙子之贶。

春秋早期——晋姜鼎①:

  唯王九月乙亥,晋姜曰:"余唯嗣朕先姑君晋邦。余不暇荒宁,经雍明德,宣郐我猷,用召匹辞辟。每扬厥光烈,虔不坠鲁覃。……"

春秋晚期——蔡侯纽钟②:

  邦休有成庆,既恩于心,延中厥德,均保大夫,建我邦国,为命祗祗,不愆不忒,自作歌钟,元鸣无期,子孙鼓之。

"秉元明德",《尔雅·释诂》:"秉,执也。""元,始也。"邢昺《疏》:"元者,善之长也。长即始义。""秉元明德"谓能够执行或者继承先祖和宗族代代相传的明德,并将其发扬光大。"克哲厥德",《尔雅·释言》:"克,能也。""哲,智也。"《尚书·舜典》:"濬哲文明。"克哲厥德、克明厥心,是说人能够修为己德,让自己的德光明美好。"淑哲厥德",《尔雅·释诂》:"淑,善也。"邢昺《疏》:"美善也。……淑者,有德之善也。"《曹风·鸤鸠》:"淑人君子。""淑哲厥德"意思是能够秉持淑善美好之德。"懿德",《尔雅·释诂》:"懿,美也。"《周颂·时迈》:"我求懿德。""懿德"即美好的德行。

  铜器铭文中这些赞美之词围绕"德"这一核心理念范畴展开,而且基本上都用表示光明和美善之义的词语与其组合,对其性质进行限定,表明"德"观念的道德化倾向和合道德性因素的加强。在一定的语境中,有时"德"直接表示美善之义。周初的"德"字用例呈现出德含义从原始概念向伦理道德范畴过渡的特点。郑开说:"西周以来

---

① 中国社会科学院考古研究所编《殷周金文集成释文》第二卷,香港中文大学中国文化研究所,2001年版,第392页,器号:2826。
② 中国社会科学院考古研究所编《殷周金文集成释文》第一卷,香港中文大学中国文化研究所,2001年版,第176页,器号:211。

的'德'不断地结合着社会政治规范和伦理道德因素,在不断地吸纳着更合理、更人道的价值观念(主要是宗法制度下的价值观念)的同时逐渐地从制度层面抽离,沿着精神观念的向度而内向发展,并最终巩固成为一个伦理心性概念。"①当"德"完全不用美善之词修饰就可以直接表达美善之义时,其范畴就真正完成了从"能力"崇拜到"道德"崇尚的转变。

铜器铭文的人物品评秉承的是西周文化大传统中人物品评的基本价值准则,因为其是周王策命、训诫、赏赐的副产品。所以,对政治功德的品鉴是其人物品评的本质。在铜器铭文的人物品评话语系统中,品评人物始终镶嵌在"对扬王休"和"子子孙孙永宝用"的政治语境中。一个家族的德仍然是以其政治影响力和社会影响力来定位的。因为德是一个家族的地位、荣耀、福泽的象征,也是传承不断的家族精神和品质,故铜器铭文人物品评话语具有互文性。当其赞美先祖能"秉元明德""克哲厥德"之时,也意味着子孙后代能够帅型祖考,传承这种品质;当其申明"余小子"要"穆穆帅秉明德""哲德不忘"的时候,其潜台词是这些都来自先祖。所以铜器铭文中被品评的对象既是先祖,又是作器者本人,甚至是隐藏在后面的整个家族。

(三)淑于威仪

一个家族的德首先是从其行为方式上体现出来的。行为规范和行为方式是德的载体,这种行为规范和行为方式能够"有威而可畏"。通过庄重典雅的礼节仪式令人产生敬畏感,而敬畏感正是"德"要达到的目的。如果一个人有威仪,就可以让人产生敬畏感而确立自己的"德";如果统治阶层有威仪,则可确立和巩固统治者的"德",提升其政治控驭能力和权威影响力。因此,"威仪"成为铜器铭文人物品评的另一核心术语。如:

春秋晚期——沇儿镈②:

---

① 郑开《德礼之间——前诸子时期的思想史》,生活·读书·新知三联书店,2009年版,第183页。

② 中国社会科学院考古研究所编《殷周金文集成释文》第一卷,香港中文大学中国文化研究所,2001年版,第165—166页,器号:203。

唯正月初吉丁亥,徐王庚之淑子沇儿择其吉金,自作龢钟,中翰且汤元鸣,孔皇孔嘉,元成用盘饮酒,龢会百姓,淑于威义,惠于盟祀,余以宴以喜,以乐嘉宾及我父兄庶士,皇皇熙熙,眉寿无期,子子孙孙永保鼓之。

西周晚期——叔向父禹簋①:

叔向父禹曰:"余小子司朕皇考,肇帅型先文祖,恭明德,秉威仪,用申[㽙]奠保我邦我家,作朕皇祖幽大叔尊簋。其[严在]上,降余多福,繁釐广启禹身,勵于永命。禹其万年永宝用。"

西周中期——癲钟②:

癲曰:"丕显高祖、亚祖、文考,克明厥心,疋尹余典厥威仪,用辟先王,癲不敢弗帅祖考,秉明德,恪夙夕,佐尹氏,皇王对癲身懋,赐佩,敢作文人大宝协龢钟,用追孝、敦祀、卲格乐大神,……"

春秋晚期——王孙遗者钟③:

唯正月初吉丁亥,王孙遗者择其吉金,自作龢钟,中翰且汤,元鸣孔皇,用享以孝于我皇祖文考,用祈眉寿,余函龏胡犀,畏忌趩趩,肃悊圣武,惠于政德,淑于威仪,诲猷丕饬,阑阑龢钟,用宴以喜,用乐嘉宾、父兄,及我倗友。……

---

① 中国社会科学院考古研究所编《殷周金文集成释文》第三卷,香港中文大学中国文化研究所,2001年版,第361页,器号:4242。
② 中国社会科学院考古研究所编《殷周金文集成释文》第一卷,香港中文大学中国文化研究所,2001年版,第219页,器号:247。
③ 中国社会科学院考古研究所编《殷周金文集成释文》第一卷,香港中文大学中国文化研究所,2001年版,第229页,器号:261。

春秋中晚期——王子午鼎①：

唯正月初吉丁亥，王子午择其吉金，自作䰯彝䵼鼎，用享以孝于我皇祖文考，用祈眉寿，宏蠚胡犀，畏忌趩趩，敬厥盟祀，永受其福，余不畏不差，惠于政德，淑于威仪，阑阑兽兽，令尹子庚殴民之所亟，万年无期，子孙是制。

在周初文献和整个周代铜器铭文中，就像无处不在的"德"一样，"威仪"一词也是俯拾皆是。威仪是能够让人产生敬畏感并愿意效法的行为方式和行为规范。那么威仪到底是什么？它具有怎样的思想史意义？它与先秦的另一核心概念——"礼"之间到底是什么关系呢？

关于"威仪"到底是什么，《左传·襄公三十一年》北宫文子有一段非常著名的"威仪论"，兹引述如下：

卫侯在楚，北宫文子见令尹围之威仪，言于卫侯曰："令尹似君矣，将有他志。虽获其志，不能终也。《诗》曰：'靡不有初，鲜克有终。'终之实难，令尹其将不免。"公曰："子何以知之？"对曰："《诗》云：'敬慎威仪，惟民之则。'令尹无威仪，民无则焉。民所不则，以在民上，不可以终。"公曰："善哉！何谓威仪？"对曰："有威而可畏，谓之威；有仪而可象，谓之仪。君有君之威仪，其臣畏而爱之，则而象之，故能有其国家，令闻长世。臣有臣之威仪，其下畏而爱之，故能守其官职，保族宜家，顺是以下。皆如是，是以上下能相固也。卫《诗》曰：'威仪棣棣，不可选也。'言君臣上下，父子兄弟，内外大小，皆有威仪也。周《诗》曰：'朋友攸摄，摄以威仪。'言朋友之道，必相教训，以威仪也。《周书》数文王之德曰："大国畏其力，小国怀其德，言畏而爱之也。《诗》云：'不识不知，顺帝之则。'言则而象之也。纣囚文王七年，诸侯皆从之囚，

---

① 中国社会科学院考古研究所编《殷周金文集成释文》第二卷，香港中文大学中国文化研究所，2001年版，第377页，器号：2811。

纣于是乎惧而归之,可谓爱之。文王伐崇,再驾而降为臣,蛮夷帅服,可谓畏之。文王之功,天下诵而歌舞之,可谓则之。文王之行,至今为法,可谓象之,有威仪也。故君子在位可畏、施舍可爱、进退可度、周旋可则、容止可观、作事可法、德行可象、声气可乐、动作有文、言语有章,以临其下,谓之有威仪也。"

按照北宫文子的解释,"有威而可畏,谓之威;有仪而可象,谓之仪",威仪体现在普遍的交往规范和行为方式中。"君臣上下,父子兄弟,内外大小,皆有威仪也。"但它不是一般的行为,而是能够使人产生敬畏感并对人产生影响力的行为,是有"威"之"仪"。这种行为规范能使人产生追随和效法的动力。

从北宫文子对威仪的阐释中可见,威仪与礼有着密切关系。有些学者因此认为威仪就是礼。《礼记·内则》:"礼帅初,无辞。"孔颖达《疏》:"礼,谓威仪也。"杨向奎说:"西周春秋间礼和德的含义是相通的。"周秦文献中颇不乏例的"敬慎威仪,以近有德"(《大雅·民劳》)之类的话语表明了"德"与"威仪"(礼)之间的紧密关系,同时也表明了"礼"是"德"的同义语。[①] 杨先生在论述礼德之关系时,"礼"与"威仪"的含义基本是等同的。虽然我们尚不能断言威仪在一定程度上就是礼,但两者必然有内在关系。《中庸》:"礼仪三百,威仪三千。"朱熹《四书章句集注》:"礼仪,经礼也。威仪,曲礼也。"被后人推崇备至的"周公制礼作乐"对中国文化产生了巨大影响。但是令人奇怪的是,以"礼"为核心的话语体系并没有流行于西周时期,而是大行于春秋时期。这不能不让人深思。在《尚书》等周初文献中,只出现了五个"礼"字,而且还停留在"祭祀仪节"的层面[②]。徐复观说:"周初由敬而来的合理的人文规范与制度,皆包括于'彝'的观念之中。其分量远比周初的礼的观念为重要。这是远承《洪范》的'彝伦'观念而来的。春秋时期所称的'周公制周礼',惟'彝'的观念足以当之;而周初以宗教仪节为主的礼的观念,决不足以当此。"[③]但他又说:"西周

---

① 参杨向奎《宗周社会与礼乐文明》,人民出版社,1992年版,第332—333页。
② 参徐复观《中国人性论史》(先秦篇),上海三联书店,2001年版,第36页。
③ 徐复观《中国人性论史》(先秦篇),上海三联书店,2001年版,第38页。

金文中,出现有许多彝字,但皆指的是宗庙常器,找不出一个作抽象名词用的彝字;大约因为这种偏于器物上的使用习惯,终于在不知不觉之间,把由常器引伸而来的周初的抽象的'彝'的观念,吸收在原始的礼的观念之中;到了《诗经》时代末期之所谓礼,乃是原始的'礼',再加上了抽象的'彝'的观念的总和,而成为人文精神最显著的征表。这便成为新观念的礼。"①徐复观先生以非常敏锐的洞察力注意到"周公制礼"与礼流行于春秋时期的矛盾,而且徐先生提出"周公制礼"惟"彝"足以当之,都极具启发性。但是他也发现"彝"在西周金文中,皆指宗庙常器,找不出一个抽象名词用的彝字。而他对彝与礼的关系的解释则显得过于迂曲,因为彝的本义就是指宗庙常器。《说文·糸部》:"彝,宗庙常器也。"龚自珍《说宗彝》:"彝者,百器之总名也,宗彝也者,宗庙之器。"②王国维《观堂集林·说彝》:"尊、彝,皆礼器之总名也。"③有时,彝专指盛酒的尊。《尔雅·释器》:"彝、卣、罍,器也。"郭璞《注》:"皆盛酒尊,彝其总名。"《周礼·春官·叙官》:"司尊彝。"郑玄《注》:"彝,亦尊也。"贾公彦《疏》:"彝亦尊者,以其同是酒器。"因为彝是宗庙常器,而且祭祀活动在古代社会生活中常态化,故彝引申为"常""常规""常法""习惯法"或一成不变的法度等。《大雅·烝民》:"民之秉彝,好是懿德。"毛《传》:"彝,常。"朱熹《诗集传》:"是乃民所执之常性,故其情无不好此美德者。"《国语·周语中》:"天道赏善而罚淫,故凡我造国,无从非彝,无即慆淫,各守尔典,以承天休。"韦昭《注》:"彝,常也。"《尚书·洪范》中的"彝伦"即常法、常理。而《尚书》周初文献中出现的具有抽象的"法典""规范"意义的"彝"字,将其理解为"常法""常理"可能比解释为"礼"要恰切。因为社会生活中千百年来形成的常规、常理是人类社会按秩序运行的基本保障,尽管社会在变革,但一些常法变化缓慢,而且是渗透和渐变的。在上古社会,宗庙祭祀也是常态化的,古人以常态化的宗庙祭祀与常用的宗庙常器代指社会生活中的常法,这是"彝"字作为常规、常法的意义来源。彝具有传统规范的意味,而被称作由周公"制

---

① 徐复观《中国人性论史》(先秦篇),上海三联书店,2001年版,第39页。
② [清]龚自珍《龚自珍全集·第四辑》,上海人民出版社,1975年版,第261页。
③ 王国维《观堂集林》,中华书局,1959年版,第153页。

作"的"礼"则显然是有创新意义的。

那么,周代早期文献中是如何称谓周公所制之礼的呢?周公所制之礼与后世通行的三礼文献是什么关系呢?《左传·文公十八年》记季文子使太史克对鲁宣公曰:"先大夫臧文仲教行父事君之礼,行父奉以周旋,弗敢失队,曰:'见有礼于其君者事之,如孝子之养父母也;见无礼于其君者诛之,如鹰鹯之逐鸟雀也。'先君周公制周礼曰:'则以观德,德以处事,事以度功,功以食民。'作《誓命》曰:'毁则为贼,掩贼为藏。窃贿为盗,盗器为奸。主藏之名,赖奸之用,为大凶德,有常无赦,在《九刑》不忘。'"这里将周公所制之礼称为"则",而《左传·文公十八年》北宫文子在论及威仪时认为威仪的本质也在于"则"。周公制礼的来源有二:一是传统的祭祀仪式,二是民间礼俗。周公创立的礼乐制和宗法制就是将祭祀仪式中的上下尊卑等级次序普世化,下移到周人"亲亲尊尊"的社会体系中,同时将民间礼俗提升凝练为一种规范和制度,两者结合,从而形成一种让民有所则的仪式规范。孔颖达《礼记正义·序》说:"文武重光,典章斯备,洎乎姬旦,负扆临朝,述曲礼以节威仪,制周礼而经邦国。礼者,体也,履也。郁郁乎文哉,三百三千,于斯为盛。"周公所制《周礼》与《左传·文公十八年》所记《周礼》应当是一回事,但与今本之《周礼》并不是一回事。但孔颖达《礼记正义·序》又说:"武王没后,成王幼弱,周公代之摄政,六年致太平,述文武之德而制礼也,故《洛诰》云:'考朕昭子刑,乃单文祖德。'又《礼记·明堂位》云:'周公摄政六年制礼作乐,颁度量于天下,但所制之礼则《周官》《仪礼》也。'"孔颖达认为,周公所制之礼就是《周官》和《仪礼》。显然此说皆是因为迁就"周礼三百,仪礼三千"之说而出现的偏差。《礼记·中庸》:"礼仪三百,威仪三千。"孔颖达《疏》:"威仪三千者,即《仪礼》中行事之威仪。"孔氏又说:

> 郑作《序》云:"礼者,体也,履也。统之于心曰体,践而行之曰履。"郑知然者,《礼器》云:"礼者体也。"《祭义》云:"礼者,履此者也。"《礼记》既有此释,故郑依而用之。礼虽合训体、履,则《周官》为体,《仪礼》为履。故郑《序》又云:"然则三百三千,虽混同为礼,至于并立俱陈,则曰:'此经礼也,此曲礼也。'或云:

'此经文也,此威仪也。'是《周礼》《仪礼》有体履之别也。所以《周礼》为体者,《周礼》是立治之本,统之心体以齐正于物,故为体。"贺玚云:"其体有二:一是物体,言万物贵贱、高下、小大、文质各有其体。二曰礼体,言圣人制法体,此万物使高下、贵贱各得其宜也。其仪礼但明体之所行践履之事物,虽万体皆同一履,履无两义也。于周之礼,其文大备。故《论语》云:'周监于二代,郁郁乎文哉。吾从周也。'"然周既礼道大用,……既《周礼》为体,其《周礼》见于经籍,其名异者见有七处。案《孝经说》云"礼经三百",一也;《礼器》云"经礼三百",二也;《中庸》云"礼仪三百",三也;《春秋说》云"礼经三百",四也;《礼说》云"有正经三百",五也;《周官外题》谓为《周礼》,六也;《汉书·艺文志》云"《周官经》六篇"七也。七者皆云"三百",故知俱是《周官》。《周官》三百六十,举其大数而云"三百"也。其《仪礼》之别亦有七处,而有五名。一则《孝经说》《春秋》及《中庸》并云"威仪三千";二则《礼器》云"曲礼三千";三则《礼说》云"动仪三千";四则谓为《仪礼》;五则《汉书·艺文志》谓《仪礼》为古礼经。凡此七处五名称谓并承"三百"之下,故知即《仪礼》也。所以三千者,其履行《周官》五礼之别,其事委曲,条数繁广,故有三千也,非谓篇有三千。

孔氏和郑玄的观点,有其合理的地方,也有不合理的地方。合理之处是认为礼包括体和履两方面;不合理之处是将礼之体与《周官》对等,认为《周官》正好为三百六十,"举其大数而云'三百'也"。而威仪"所以三千者,其履行《周官》五礼之别,其事委曲,条数繁广,故有三千也"。但是将周公所制之礼中的"体"等同于完全讲官制的今本《周礼》则似乎有点绝对。所谓"礼经三百,威仪三千"之"礼经"也不能等同于《周官》。孔颖达所举《周礼》见于经籍而名异者七处,有五处分别云:"礼经""经礼""礼仪""礼经""正经"。《周官外题》所谓"《周礼》",也是表明《周官》是属于《周礼》的一部分,并非就是《周礼》的全部。《汉书·艺文志》云:"《周官经》六篇。"明明说是《周官经》,并没有说《周礼》。盖周的一系列社会制度和等级、人伦关系的相关规定即是礼之经,或者叫做礼之正经;而人在这些制度和人伦关系中具体要遵循的礼节过程和仪容仪态就是"威仪",或者谓礼之副经。不同的等级和人伦关系体现为不同的仪式,故云"威仪三千"。所谓的"三百""三千"或者就是纲和目的关系,是类别和种属的关系,或者本身就是形容其多,并非确数,是形容礼的丰富性的。后人非要套用"三百"之确数,则必然将其与谈官制的《周礼》联系起来,所以周公制礼之"体"并不能与《周礼》画等号,今本《周礼》也不能等同于先秦文献系统中的"礼"和"周礼"。今本《周礼》为晚出之书,不等于"周公所制之礼"。顾颉刚先生以为《周礼》为稷下先生所作的齐统一中国之后的蓝图,蒋伯潜先生认为是周秦之间无名学者拟写的官制①。

我们认为,周公所制周礼即是周初的一系列政治制度及其相应的行为规范,包括分封制、宗法制、礼乐制等。其既包括一些已经落实下去的政治制度,也包括一些宏观的设想和政治蓝图,然后在后人的实践中不断完善。这些制度都是在周公的总体构想中或者说是在周公的关于政治制度的指导思想下逐步完善的。《四库全书总目·周礼注疏》条说:

> 《周礼》一书上自河间献王,于诸经之中,其出最晚,其真伪亦纷如聚讼,不可缕举。惟《横渠语录》曰:"《周礼》是的当之书,然其间必有末世增入者。"郑樵《通志》引孙处之言曰:"周公居摄六年之后,书成归丰,而实未尝行,盖周公之为《周礼》,亦犹唐之《显庆开元礼》,预为之以待他日之用,其实未尝行也。惟其未经行,故仅述大略。俟其临事而损益之,故建都之制不与《召诰》《洛诰》合,封国之制不与武成、孟子合,设官之制不与《周官》合,九畿之制不与《禹贡》合"云云。其说差为近之,然亦未尽也。夫《周礼》作于周初,而周事之可考者,不过春秋以后。其东迁以前三百余年官制之沿革,政典之损益,除旧布新,不知凡几。其初去成康未远,不过因其旧章稍为改易,而改易之人不皆周公也。

---

① 蒋伯潜《十三经概论·自序》,上海古籍出版社,2010年版。

于是以后世之法窜入之，其书遂杂，其后去之愈远。时移势变，不可行者渐多，其书遂废。此亦如后世律令条格，率数十年而一修，修则必有所附益。特世近者可考，年远者无征，其增删之迹遂靡所稽，统以为周公之旧耳。迨乎法制既更，简编犹在。①

因此，由周公初创的这些制度之礼在现行政治制度中执行，成为政治和社会之常态。除了一些重要的资料被保存在王室的档案中之外，关于礼的仪式和制度大多数情况下是通过人这种活文献传播和传承的，因为其是人们日常行为中每天都在运用的仪式。春秋战国时期是一个书写文献大量生成的时代，文献的生成使口头传承变为真正的文字记录。促使大量文献产生的动力是礼崩乐坏，一些仪式和制度已经无法完整地传承下去，不"书于竹帛"则会失传。另外就是当礼按照正常的形式在人们的生活中运行的时候，人们不会大规模地讨论，而当这种正常的格局被打破后，关于礼的践行问题的讨论就爆发了出来。因此，礼的记载在周初的传世文献和作品中出现较少。而且，周公所制之礼在西周很少被称为礼，"礼"字很少出现在西周的传世文献中，而出现较多的一个与周公之礼有关的概念是"威仪"。礼是春秋时人对周礼的总称，因为周公的首创之功，故称其为"周公所制之礼"，将礼之发展形态和完备形态皆归于周公。

周公通过一系列被王国维称作最剧烈的制度变革奠定了周的政治格局②，是为制礼之大者。这些制度之礼确立下来之后，就要通过实践层面的环节进行落实。落实就需要一系列的仪式、规范和行为方式。其实，周公不但制礼，而且以自己的实际行动践行和维护了礼，体现了自己的"威仪"。"摄政四年，封建亲戚以蕃屏周，确立了封建宗法制。摄政七年，洛邑告成，天下太平，举行一系列祭祀典礼，确立了郊天祭祖的制度；反政成王，又确定了嫡长子继承制"。③ 凡此种

---

① ［清］纪昀等《钦定四库全书总目》（整理本），中华书局，1997年版，第235页。
② 赵逵夫师《先秦文学编年史》认为，从根本上说，礼就是制度，西周曾经实行过的各种制度皆可归之于礼。周公所制之礼见诸《逸周书》《左传》等文献的就包括：郊天祭祖之礼，封建宗法制，籍田之法，嫡长子继承制，以列定贡之轻重等等。（见赵逵夫《先秦文学编年史》，商务印书馆，2010年版，第217—218页）
③ 赵逵夫《先秦文学编年史》，商务印书馆，2010年版，第218页。

种皆是礼的践行层面的伟大创举,是周公威仪的体现,也是礼的体现。

这样,仪式成为礼的显性特征和根本体现。而处于"基本完成式"的周的制度之礼(因为制度总是与时俱进的)则隐藏在了传世文献话语表达的背后。或者说西周的制度之礼就直接表述为某种制度,而不用"礼"字来表达。而礼的仪式(礼之"履")成为礼最突出的部分,成为西周初期礼的核心话语,这个话语的关键词就是"威仪"。"威仪"就是周代完成了一系列基本制度建设之后,落实到实践层面的礼的代称。这样"威仪"与周人的"明德"思想一起构筑了周代社会的人文大厦。周人的德是明德,周人实现其明德的行为方式和规范是"威仪"。礼是较原始的概念,在周代初期仍然停留在祭祀仪节的层面。但周公所制之礼与周初保留在传统观念中的礼是有区别的,这种礼在周初作为一种全新的概念被提出来,同时普及到社会政治生活和伦理生活等各个方面,并被表述为"威仪"。它注重的是仪式本身的意义和价值,是全新的"人文"观念。"威仪"作为周人对人的行为规范和仪容态度的一个新要求,侧重的是仪式的价值和意义,强调的是仪式的人文内涵。如果说周初的礼侧重于仪式的形式,同时还局限在祭祀仪式领域的话,那么周人的威仪则扩展到社会政治生活和伦理生活领域,同时强调仪容仪态的精神实质,是对仪容仪态的明确的要求和规范。周人创立的分封制、宗法制、礼乐制等社会政治制度和伦理规范中的行为仪式用一个全新的概念"威仪"来表达。周人的"威仪"普遍运用于社会政治生活和伦理生活领域,它与周初之礼的区别在于一个"威"字上,体现了仪式与制度的表里关系。《礼记·曲礼上》:"礼不下庶人,刑不上大夫。"郑玄《注》:"为其遽于事且不能备物。"因为日常生活中的礼俗主要体现在"和",而不必苛求"威",实现威仪需要相应的器物,庶人无法企及。总之,西周的威仪就是早期礼的代称,其主要体现为上层社会礼的执行和执行者的仪容仪态。在春秋时期,人们仍然通过一定的礼节观察人的威仪。《左传·成公十四年》:

> 卫侯飨苦成叔,宁惠子相。苦成叔傲。宁子曰:"苦成家其亡乎! 古之为享食也,以观威仪、省祸福也。故《诗》曰:'兕觥其

觫,旨酒思柔。彼交匪傲,万福来求。'今夫子傲,取祸之道也。"

卫侯设享礼招待苦成叔,苦成叔表现傲慢。宁惠子认为享礼是用来观察威仪、省察祸福的,从享礼上所流露出来的情状,能够对一个人进行判断。不骄不傲者是有德有福之人,而傲慢、自视甚高却是取祸之道。《左传·昭公二年》:

叔弓聘于晋,报宣子也。晋侯使郊劳。辞曰:"寡君使弓来继旧好,固曰:'女无敢为宾!'彻命于执事,敝邑弘矣。敢辱郊使?请辞。"致馆,辞曰:"寡君命下臣来继旧好,好合使成,臣之禄也。敢辱大馆?"叔向曰:"子叔子知礼哉!吾闻之曰:'忠信,礼之器也。卑让,礼之宗也。'辞不忘国,忠信也。先国后己,卑让也。《诗》曰:'敬慎威仪,以近有德。'夫子近德矣。"

叔向从叔弓的言行举止评价其"知礼",即能够在重大场合不失威仪。后面又引《诗》曰:"敬慎威仪,以近有德。"显然这里的礼与"威仪"是同一的,而礼的践行又是实现德的途径。不论是以礼观威仪,还是以威仪来论定礼。春秋时期大多数品评人物是不是有礼的标准是从威仪来看的,这充分说明了威仪与礼的关系。西周早期文献中的威仪应该是周礼在文献中的反应,这样礼和德的密切关系就转化成为威仪和德的密切关系。《左传·文公十八年》说:"先君周公制周礼曰:'则以观德,德以处事,事以度功,功以食民。'作《誓命》曰:'毁则为贼,掩贼为臧。窃贿为盗,盗器为奸。主臧之名,赖奸之用,为大凶德,有常无赦,在《九刑》不忘。'"这里的"则"指的就是威仪,就是北宫文子所说的"周旋可则"之威仪。在铜器铭文中,品评人物的核心话语是"明德"和"威仪",其实就是德礼两端。德虽然神秘而难以掌握,但"敬慎威仪"便能够"以近有德",因为威仪"有仪可象",便于操作。所以铜器铭文中直接将能秉承先祖威仪或者敬慎自己的威仪看作秉德的方式。秉明德和秉威仪也是互文性的,皆是"德"的体现。

但是到了春秋时期,"礼"却成为核心话语。那么,从"威仪"到

"礼"是如何演化的呢？两者是什么关系呢？在西周的早期文献中，"礼"字的使用仍然停留在祭祀仪节的层面。西周是仪式的时代，在建立礼乐制之后，国家的权威和各项制度按正常的秩序运行，各种威仪都与制度默契配合，威仪成为国家秩序的象征，威仪的正常运行就是国家秩序的正常运行。所以礼直接就叫做"威仪"，因为威仪是礼的直接呈现。礼的使用在西周文献中很少，礼在《诗经》中共出现九次，但"只有《周颂》中《丰年》与《载芟》的'以洽百礼'，才与祭祀有关；……其余七个礼字，皆与祭祀无关。这可证明在《诗经》时代，礼的内容已经开始转化了。"① 而且《诗经》上言"礼"多和"仪"连在一起，或多偏重于"仪"的意义，如《鄘风·相鼠》："相鼠有皮，人而无仪。人而无仪，不死何为？相鼠有齿，人而无止。人而无止，不死何俟？相鼠有体，人而无礼。人而无礼，胡不遄死？"《小雅·楚茨》："献酬交错，礼仪卒度，笑语卒获。""我孔熯矣，式礼莫愆。""礼仪既备，钟鼓既戒。"《小雅·宾之初筵》："以洽百礼。""礼"最初常用于表示庄严肃穆的祭祀仪式，圣神意味较浓；而"威仪"则普遍表示政治生活和伦常社会的各种仪式和人际交往中的各种仪节，具有人间化和世俗化的倾向。这种仪式将其叫做"礼"，则显得过于神圣；按照伦常社会的一般称呼，则显得过于随意。所以称呼其为"威仪"，突出其人间性，摒弃其随意性，其重点体现在一"威"字上，这正与周人的宗法制相吻合。因为宗法的本质就是家国同构，将日常人伦中的"亲亲"之道与国家制度层面上的"尊尊"之义结合起来。"亲亲"中的仪式是礼俗，一旦与"尊尊"的意识形态制度结合则必须进行品质的提升，于是礼俗上升，与"礼"这种传统用于祭祀的仪式融合，取中和状态而成为"威仪"，成为周人宗法社会的普遍礼仪。在早期的文献用例中，"礼"用于神圣的场合，偏重于宗教仪式；而"威仪"偏重于人间仪式和人的行为规范、仪容仪态。如《小雅·宾之初筵》先写神圣庄严的宗教仪式，且用"以洽百礼"，后写人按照上下尊卑等级和伦常关系进行的各种礼仪，运用"威仪反反"等词句，是为先礼后威仪，先神圣后人间的明证。但不管是神圣的还是人间的，两者都侧重于仪式、仪节，所以

---

① 徐复观《中国人性论史》(先秦篇)，上海三联书店，2001年版，第40页。

在有些场合往往是"礼""仪"合用,并且具有合流的趋势,但"礼"比"仪"的宗教意味要浓厚一些。到了春秋时期,礼崩乐坏,于是直接体现周人的政治秩序的威仪首先受到挑战。在周人政治权威强大之时,各种威仪按照规范正常运行,威仪就是秩序的体现。秩序崩坏,也就是威仪崩坏。当一个政治权威动摇并被人怀疑的时候,与这一政治体系结合最紧密的、能代表这一政治体系基本特征的东西就会同时受到牵连。威仪就是如此。更重要的原因是,威仪作为仪式,其得以依附的王室权威("德")已经失坠,所谓唇亡齿寒。而且威仪越来越走向形式化,随着王室权威的失坠,这种形式化显得更为突出,并逐渐失去了存在的依据。所以传统意义上常常说的"礼崩乐坏"其实就是代表西周政治秩序的"威仪"的崩坏。

随着王室权威的失坠和社会秩序的崩坏,社会政治权力的格局正在发生着剧烈的变化,失去政治权力核心的各诸侯国被暴露在了政治的前台,他们失去王室的庇护,如何在风云变幻的时代保全自己,如何与别的诸侯交往相处成为迫切的问题。在天下"无主"(周天子已无力主持天下)的情况下,各诸侯间必须形成一个新的"国际"政治秩序。这成为身处精英阶层的春秋士君子必须考虑的问题。这时,一直在人们的心目中具有神圣性的"礼"重新进入了人们的视线。因为此时的当务之急是确立新的社会秩序,建立新的能为众多诸侯国认可的政治价值体系。围绕周天子建立的"威仪"因为周王室的衰败而无"威"可言,以此来重建秩序显然没有多少说服力。但春秋君子仍然需要寻找一个能被当时的政治文化圈普遍认可的行为规范来作为立身行事的标准。他们不可能像周公那样进行除旧布新的"制作",因为周公的背后有强大的新政权作为后盾。他们无力创造全新的政治理念来让所有的诸侯国都接受。最好的办法是"推陈出新",从传统中寻找依据。而"礼"正是与"威仪"具有同等性质而且更具神圣性的秩序生成物。作为仪式的礼常常用于圣神的场合,受政治的影响小,且春秋时期虽然宗教神权进一步失坠,但天人关系尚处于一种过渡状态,宗教神权还没有完全退却,思想界的天人二元模式非常明显。人们对于圣神的事物并不完全排斥,所以春秋君子借助人们对于礼的普遍敬畏感,选择礼重新建立自己的话语体系。但是礼与威仪都侧重于仪式仪节,这就必然意味着要对礼的意义内涵进行重新阐发和新的诠释。春秋君子重视挖掘礼的本质和内在意义,探寻仪式背后的意义和目的,孔子谈礼之本,也是因为这个原因。这时候人们仍然重视礼作为行为规范和仪式的外在形式,但人们言礼必及义,必及礼的价值和内涵以及人的内在品质。如《左传·桓公二年》晋师服曰:

> 夫名以制义,义以出礼,礼以体政,政以正民。

当礼脱离了某种意义内涵或者某种礼节的背后毫无价值和意义时,人们便将其视为仪,而不许之以礼。这就使得礼和仪在某些场合被有识之士特意分开。如《左传·昭公五年》:

> 公如晋,自郊劳至于赠贿,无失礼。晋侯谓女叔齐曰:"鲁侯不亦善于礼乎?"对曰:"鲁侯焉知礼?"公曰:"何为?自郊劳至于赠贿,礼无违者,何故不知?"对曰:"是仪也,不可谓礼。礼,所以守其国,行其政令,无失其民者也。今政令在家,不能取也。有子家羁,弗能用也。奸大国之盟,陵虐小国。利人之难,不知其私。公室四分,民食于他。思莫在公,不图其终。为国君,难将及身,不恤其所。礼之本末,将于此乎在,而屑屑焉习仪以亟。言善于礼,不亦远乎?"君子谓:"叔侯于是乎知礼。"

人们回顾周公的制度创设,并将其称为"制礼作乐",确立礼的神圣地位,或者说用礼为周的制度及体现这种制度的仪式重新定位,同时强调仪式背后的制度、精神和人的内在品质。礼从制度、仪式逐渐向人的修养规范过渡。以前人们在国家权威的规定下执行礼节威仪,春秋时期,人们通过礼来观察人的政治能力、道德品质、人格修养和人自身的权威性、影响力。德逐渐内面化,礼也逐渐内面化。礼以观德,礼以观政。千百年来,人们普遍认为春秋时期礼崩乐坏,但又发现礼文化在这一时期乍然勃兴,礼成了时代的主题。其原因就在这里。

(四) 夙夕虔敬、不敢逸康

铜器铭文人物品评不但强调要"秉明德,哲厥德","秉威仪",而且非常重视秉承先祖之德,帅型先祖威仪时的精神态度。为了能够秉承家族之德,必须要在思想态度上严肃谨慎,要"夙夕虔敬""毕恭畏忌","不敢逸康"。这是贯穿在铜器铭文中的一个思想基调,形成了铜器铭文的主旋律。如:

西周早期——大盂鼎①:

……今我唯即型禀于文王正德,若文王令二三正。今余唯令女盂,绍荣敬雍德,经敏朝夕入谏,享奔走,畏天威。王曰:"耐令女盂,型乃嗣祖南公。"王曰:"盂乃绍夹死辞戎、敏谏、罚讼,夙夕绍我一人,烝四方雩。我其遹省先王受民受疆土,……"

西周中期——癲钟②:

祖来见武王,武王则令周公舍宇以五十颂,处今,癲夙夕虔敬,恤厥死事,肇作龢林钟用。

西周晚期——毛公鼎③:

王若曰:父厝丕显文武,皇天引厌厥德,配我有周,膺受大命,……余一人在位,引唯乃智。余非庸又昏,女毋敢荒宁,虔夙夕,惠我一人。雍我邦小大猷,毋折缄告余。先王若德,用仰昭皇天,申恪大命,康能四国,欲我弗作先王忧,……毋敢湎于酒,女毋敢坠在乃服。恪夙夕,敬念王威不惕。女毋弗帅用先王作明型,欲女弗以乃辟陷于艰,……

---

① 中国社会科学院考古研究所编《殷周金文集成释文》第二卷,香港中文大学中国文化研究所,2001年版,第411页,器号:2837。
② 中国社会科学院考古研究所编《殷周金文集成释文》第一卷,香港中文大学中国文化研究所,2001年版,第223页,器号:252。
③ 中国社会科学院考古研究所编《殷周金文集成释文》第二卷,香港中文大学中国文化研究所,2001年版,第433页,器号:2841。

春秋早期——秦公钟①：

　　秦公曰："我先祖受天命,赏宅受国。烈烈昭文公、静公、宪公不坠于上,昭合皇天,以虩事蛮方。公及王姬曰：'余小子,余夙夕虔敬朕祀,以受多福。'克明厥心,盭龢胤士,咸畜左右。蔼蔼允义,翼受明德,以康奠协朕国。……"

春秋早期——秦公镈②：

　　秦公曰："我先祖受天命,赏宅受国。烈烈昭文公、静公、宪公不坠于上,昭合皇天,以虩事蛮方。公及王姬曰：'余小子,余夙夕虔敬朕祀,以受多福。'克明厥心,盭龢胤士,咸畜左右。蔼蔼允义,翼受明德,以康奠协朕国。……"

春秋晚期——邾公华钟③：

　　唯王正月初吉乙亥,邾公华择厥吉金,玄镠赤铝,用铸厥龢钟,以作其皇祖皇考曰："余毕恭畏忌,淑穆不坠于厥身,铸其龢钟。以恤其祭祀、盟祀,以乐大夫,以宴士庶子,慎为之听。元器其旧哉,公眉寿邾邦是保,其万年无疆,子子孙孙永宝用享。"

战国早期——齐陈曼簠④：

　　齐陈曼不敢逸康,肇勤经德,作皇考献叔馈盘,永保用簠。

---

　　① 中国社会科学院考古研究所编《殷周金文集成释文》第一卷,香港中文大学中国文化研究所,2001年版,第230页,器号：262。
　　② 中国社会科学院考古研究所编《殷周金文集成释文》第一卷,香港中文大学中国文化研究所,2001年版,第235页,器号：267。
　　③ 中国社会科学院考古研究所编《殷周金文集成释文》第一卷,香港中文大学中国文化研究所,2001年版,第217页,器号：245。
　　④ 中国社会科学院考古研究所编《殷周金文集成释文》第三卷,香港中文大学中国文化研究所,2001年版,第564页,器号：4596。

夙夕虔敬、不敢逸康是周初意识形态建设中"敬德"思想在铜器铭文中的延续,这种虔敬的精神是周人忧患意识的体现,忧患意识是周初人文精神之光的折射。这一意识奠定了中国文化的根基,是人自强不息之精神的源泉。后世儒家文化即以这一精神为其思想之个性,并成为中国文化的主流。虔敬的精神在孔子那里最后发展为仁,在儒家后学那里进一步发展为诚,这是中国主流文化精神自觉的演变路径。在周初和周代的铜器铭文中,虔敬的精神还没有完全脱离先祖神灵等神秘力量的约束和促成。而到了孔子那里,虔敬心理蜕掉了神秘因素,而成为发自内心的精神自觉。德不论对国家来说,还是对家族、个人来说,都是一种最高的目标和追求。当德最终脱掉天帝神灵等神秘力量的影响之后,成为一种通过个人努力即可获得的东西,那么剩下的就是成德的功夫了,仁就是一种成德的功夫。这种功夫要靠内外两种力量来实现:外在的是礼的践行,内在的是虔敬的态度和自强不息的精神状态。铜器铭文人物品评的最高要求是秉承先祖之德,同时要求敬慎威仪、淑于威仪。但虔敬的精神态度是实现两者的心理基础,是连接德与威仪的桥梁。所以这种虔敬的精神态度也是铜器铭文人物品评的一个重要方面。

二、周代铜器铭文人物品评的文化蕴含

具有人物品评内容的周代铜器铭文,大多是贵族在受到策命和赏赐之后做器并铸刻,以歌颂祖先功德,并向祖先表明自己能够秉承其功德,要将家族之德发扬光大。铜器铭文的制作目的及其内容就决定了其中的人物品评内容具有独特的文化蕴涵。

(一)"交感"思维与祖先崇拜意识

周代铜器铭文常常对先祖的功德、业绩和道德品质进行赞美和歌颂。这类铜器铭文的内容大多由三部分构成:称颂先祖功德和道德品质;起誓要在祭祀和政事中努力帅型祖考、敬慎威仪;表明作器的目的是祈求先祖和神灵福泽子孙后代。因此其结尾都是"子子孙孙永宝用"之类的祝祷辞。对先祖的功德品评其实是为了给子孙后代祈福,或者说祖先和自身功德的积累是子孙永享福佑的神圣资本。这一点与中国传统的祖先崇拜观念密切相关。可以说,铜器铭文中

的人物品评反映了典型的祖先崇拜意识。

按照人类学家的观点,祖先崇拜源于原始人对于灵魂不灭和生命一体化的情感认同和坚定信念。这种信念产生的基础是"交感"思维。祖先崇拜观念建立在人们对于生者和死者的精神之间可以交往这种交感观念之上。但这种交感观念源于强烈的情感而不是理性。卡西尔在其《人论》中认为,原始人的观念中,生命系统是综合的,不是分析的。生命没有被划分为类和亚类,而被看作是一个不中断的连续整体,各种生命领域之间没有特别的差异。这是因为原始人的自然观不是纯理论的,也不是纯实践的,而是交感(sympathetic)的。这种交感之所以出现,并非像列维布留尔所说的是因为原始人的心灵智力尚未显现出差别性以及还处于一种混沌不分的"原逻辑"状态。在人类学众多的田野作业中,"我们也总是看到,在神圣的领域以外还有着尘世的或非宗教的领域。存在着一套由各种习惯的或法定的规则构成的世俗传统,它们规定着社会生活得以进行的方式"①。所以说,即使是原始人也并非完全生活在神话的、宗教的、完全缺乏主体能动性的世界里。正是人在实践中的主体能动性推动着社会的发展。原始人并不缺乏判断力,其之所以在认识自然界和人类社会时出现了极为缺乏理性和经验判断的所谓"交感观念",是因为他们的经验区别能力"被一种更强烈的情感湮没了:他深深地相信,有一种基本的不可磨灭的生命一体化(solidarity of life)沟通了多种多样形形色色的个别生命形式"②。原始人的神话是一种强烈的情感的产物。他们在情感上坚定信仰生命一体化的倾向"掩盖了从我们的观点来看似乎是不会弄错不可抹杀的所有那些区别。我们绝对不能设想这些区别都被完全忽视了,它们并不是在经验的意义上被否定了,而是在宗教的意义上被宣称为是不重要的。对神化和宗教的感情来说,自然成了一个巨大的社会——生命的社会"③。这种生命一体化的原则不但适用于同时性的空间秩序,也同样适用于连续性的时间秩序。"一代代的人形成了一个独一无二的不间断的链条。上一阶

---

① (德)恩斯特·卡西尔著,甘阳译《人论》,上海译文出版社,1985年版,第103页。
② (德)恩斯特·卡西尔著,甘阳译《人论》,上海译文出版社,1985年版,第105页。
③ (德)恩斯特·卡西尔著,甘阳译《人论》,上海译文出版社,1985年版,第106页。

段的生命被新生生命所保存。祖先的灵魂返老还童似地又显现在新生婴儿身上。现在、过去、将来彼此混成一团而没有任何明确的分界线;在各代人之间的界线变得不确定了。"①

人们对生命不可毁灭的信念是如此的坚定,以至到了否定和蔑视死亡这个事实的地步。由于对生命不中断的统一性和连续性的信念,原始宗教或许是人们在人类文化中可以看到的最坚定最有力的对生命的肯定。生命一体化的信念扩展于自然的全部领域和人的全部历史,这种观念成为祖先崇拜观念产生的基础。祖先崇拜体现了人们对于死后生命的信仰。这种信仰建立在人们对于生者和死者的精神之间可以交往这种交感观念之上。

在任何方面、任何时候,原始人的生活都会面临未知的危险和威胁。但是"即使在最早最低的文明阶段中,人就已经发现了一种新的力量,靠着这种力量他能够抵制和破除对死亡的畏惧。他用以与死亡相对抗的东西就是他对生命的坚固性、生命的不可征服、不可毁灭的统一性的坚定信念。甚至连图腾崇拜也表达了这种对一切有生命存在物的共同体的坚定信念——这个共同体必须靠人的不断努力,靠严格履行巫术仪式和宗教仪式来维护和加强"②。当然,我们认为,祖先崇拜除了源于这种对生命统一体的信仰之外,还在于人类以血缘关系为纽带的天然归属感和同类意识。罗伯森·史密斯说:

> 从野蛮人的图腾崇拜时代起,一切古代异教的某些最显著而又经久不变的特征都可以在自然的亲属关系中得到充分的说明,这种亲属关系把同一宗教社会共同体成员中的人与超人统一了起来。……把人与他们的神统一起来的那种不可分解的纽带也就是血缘关系的纽带,这种血缘关系在早期社会中是人与人之间的一种有约束力的联系纽带,也是一种神圣的道德责任原则。这样我们就可以看到,宗教甚至在最原始的形态中,也是一种道德力量。……从最早的时候起,宗教就与巫术或妖术有所不同,它总是向有血缘关系的亲善的人们讲话,这样的人确实

---

① (德)恩斯特·卡西尔著,甘阳译《人论》,上海译文出版社,1985年版,第107页。
② (德)恩斯特·卡西尔著,甘阳译《人论》,上海译文出版社,1985年版,第110页。

也可能一时对自己的同胞发怒,但总是容易和解的,除非是碰到他们崇拜对象的敌人或共同体的叛徒时才是例外。①

正是因为这种建立在族群和血缘关系之上的归属感和认同感,当人们遇到困难和威胁时,他们就会感到祖先与自己同在。祖先的魔力与自己的力量融汇在一起,从而产生强大的精神力量。这种整体交感的魔力帮助他们勇往直前,战胜困难。

中国上古是典型的祖先崇拜的社会,中国人的祖先崇拜由来已久。《尚书·甘誓》传说是启伐有扈氏时的动员令,其中就有"用命,赏于祖;弗用命,戮于社"的赏罚制度。这说明古人的赏罚都要见证于祖先神灵。从甲骨文来看,商代对先祖的祭祀可谓达到了极盛,是典型的祭祀文化模式。陈来认为,中国文化在先秦时期基本上是按照"巫觋文化"——"祭祀文化"——"礼乐文化"的递进模式演进的。但是这种演进不是一刀切的革命性的,而是渐进式的。另外,这种演进也不是一种文化模式对另一种文化模式的完全替代,而是在相当长的时间内,先有的文化模式与新的文化模式并存,当新的文化模式占据了主导位置之后,先有的文化模式在精英文化圈的影响消退并逐渐下沉为习俗,在文化的小传统中继续存在。虽然,周代的文化总体上属于"礼乐文化",与殷商的"祭祀文化"有所区别,但礼乐文化来源于祭祀文化,祭祀文化仍然是周代礼乐文化的重要组成部分②。甲骨文记录了商代大量的占卜活动和祭祀活动。通过对甲骨卜辞记录的研究可以发现,殷人祭祀的神鬼有三类:一是天神,包括上帝、日、东母、西母、云、风、雨、雪;二是地示,包括社、四方、四戈、四巫、山、川;三是人鬼,包括先王、先公、先妣、诸子、诸母、旧臣③。在这三类神祇中,第一类和第二类是不可控的,他们是变幻莫测的自然力的象征,是人们在自然崇拜的基础上产生的。上帝虽然是殷人信仰的至上神,但并不是殷人祭祀的主要对象④。帝并不享受祭祀的牺牲,从

---

① (德)恩斯特·卡西尔著,甘阳译《人论》,上海译文出版社,1985年版,第111页。
② 陈来《古代宗教与伦理:儒家思想的根源》,生活·读书·新知三联书店,2009年版,第131页。
③ 陈梦家《殷虚卜辞综述》,中华书局,1988年版,第562页。
④ 陈梦家《殷虚卜辞综述》,中华书局,1988年版,第580页。

其能够令风令雨的卜辞记录来看,帝是自然天时的主宰,这是农业民族从自己的实际需要出发构想出的一个农神型的至上神。帝不仅降福于人间,同时降祸于人间。李亚农说:

> 殷人创造的上帝并不单是降福于人、慈悲为怀的慈爱的神,同时也是降祸于人、残酷无情的憎恶的神。①

所以,商人的上帝并不享受祭祀的牺牲,他虽然是令风令雨的主宰,但人并不能向他直接表达诉求,对其他山川之神也是如此。先祖是商人祭祀的主要神灵。商人的先公先王不仅可以享用时王的献祭,时王也可以通过祈求先公先王来使之影响上帝,以得到降雨或丰年②。甲骨文中经常有先公先王"宾于帝所"的记录,说明先公先王是帝与人之间的中介。除了祭祀,殷人遇事必卜,"卜问只是借助于一种神秘的方式来向祖先神询问,相信祖先神会通过龟板的裂坼显示出对占问的回答"③。殷人对祖先神的崇拜和祭祀远远超过了对至上神天帝的崇拜,这种传统也被周人所继承,只不过在周人那里又加入了新的文化元素而已。因此,中国是标准的祖先崇拜的国家。殷商时代的信仰核心是祖先崇拜,商人"神"的世界与祖先的世界几乎是重合的。不仅王室崇拜、祭祀自己的祖先神,普通百姓也可以祭祀自己的祖先神,并向祖先神祈求福佑。到了周代,建立宗法制,分封诸侯,并建立起一整套的祖先祭祀制度。尽管祖先神有时同样不被人们的祭品所感动,同样会时不时地降下灾祸,但其毕竟与人亲近一步,从感情上来说,似乎更容易怜悯人的遭遇,更容易被丰富的祭品所打动,毕竟祖先神与人有着剪不断的血缘亲情关系。

祖先祭祀是图腾崇拜的延续。在古人的立身行事中,神灵的存在是一个大前提。人们都希望自己的行为能得到神灵的帮助。上古

---

① 李亚农《李亚农史论集》,上海人民出版社,1962年版,第561页。
② 陈梦家《殷虚卜辞综述》,中华书局,1988年版,第580页。
③ 陈来《古代宗教与伦理:儒家思想的根源》,生活·读书·新知三联书店,2009年版,第114页。

时期的人们通过巫术和祭祀手段试图支配神灵,使其成为自己的保护神,并且将那些在某些重大活动中真正"帮助"了自己部族的神灵当作自己的图腾。这样,一些"显现"(其实是人类自己的努力在起作用,但人们宁愿相信是神灵的帮助在起作用)过神奇魔力的事物便与一定的部族联系在一起,两者形成固定关系。不像一开始,不同的部族可以通过各自的手段支配或利用任何超自然力,或者说这些自然魔力是人们所共有的,而图腾却是部族私有的,是部族的保护神,它只保护特定的族群,不会被别的部族所利用。从这个意义上说,图腾也是私有观念的产物。相比较而言,巫术比较原始,它受任何善于操作巫术技能的人支配,这种传统一直在后世还有遗留①。巫术的中间性曾导致了中国上古传说中所谓的"家为巫史"和"民神杂糅"的混乱局面。

其实,不论是巫术、图腾还是宗教,随着族群的壮大,或者当一个族群(的首领)成为天下共主的时候,其图腾和神灵也便具有了普世性。人人都想拥有巫术权力,都想利用巫术力量,出现"家为巫史"的情况也是在所难免的。如果没有一定的权力约束,"家为巫史"的情形在后世同样会发生。最后,由颛顼帝通过一场"绝地天通"的宗教改革将其"收归公有"。其实这种宗教改革也是阶级分化和对立的表现,是统治阶级垄断和独占祭祀权力的反映。所以说,颛顼的"绝地天通"具有划时代的意义。他使重要的宗教祭祀活动与国家意识形态紧密结合,使其成为公器,个人不得私有。劳思光认为,传说中颛顼的"绝地天通"即是一场"宗教改革",这一改革意味着各部落的"'图腾崇拜'阶段之结束,及超部落之共同信仰之开始成立"。颛顼建立了以重、黎为主的宗教领导中心。在文化的影响上随着"图腾崇拜"日衰,共同的宗教信仰便渐渐形成。"则颛顼此一运动,倘说为共主制及王国制度产生之先驱,亦不为过"②。但是需要神灵的保护是先民们的普遍需求。因为祖先神灵

---

① 尽管巫术最终被精英文化排斥,地位降到了社会的底层,但其并未绝迹。在战国时期秦楚的交战中,秦国的《诅楚文》试图利用楚国人同样信奉的神对其降下灾祸,还有后世的所谓巫蛊之术,皆可为任何人所利用。
② 劳思光《新编中国哲学史》,广西师范大学出版社,2005年版,第28—29页。

是每个人的私有之物，统治者无法据为己有，因此，祖先崇拜得以成为每个家族私有的宗教权力，也成为"家为巫史"在祭祀文化时代的变种，是为"家为祭祀"。统治者独占政治权力，同时垄断了重要的文化和祭祀权力，却不能剥夺人们崇拜自己祖先的权力。随着人类的繁衍和世系的延续，祖先也有了远近和等级，始祖和为族群做出重大贡献的祖先也成为天下公器，只有最高统治者才能祭祀，民众只能祭祀自己的近祖。最后在祭祀祖先这一统治者再也无法收归公有的领地，权力的高低便体现为祭祀规模、级别、祭祀用品的多寡之分别。《礼记·王制》："天子七庙，三昭三穆，与大祖之庙而七。诸侯五庙，二昭二穆，与大祖之庙而五。大夫三庙，一昭一穆，与大祖之庙而三。士一庙。庶人祭于寝。"可以说，上古的权力之争集中地体现在祭祀权力的争夺上面。铜器及其铭文中的人物品评内容皆是祖先崇拜观念的集中反映。

（二）神圣意味

铜器的形制及其铭文中的人物品评内容皆有昭示神灵的神圣性质。在青铜资源极为宝贵的先秦，铜器铭文与其载体青铜器一样具有敬天法祖的神秘意味。在青铜器制作最为兴盛的商周时期，青铜器的主要用途在于礼器和祭祀用器。除了作为兵器（很少）、祭祀用的彝器和少量的酒器、食器之外，几乎没有用于农具的。青铜器作为殷周时期的艺术品和奢侈品，"不一定是下层众人能轻易看到的，同时现存的商周艺术品绝大部分是自墓葬里出土的"[①]。这些艺术品多是庙堂之器。早期的商周青铜器上常有夸张的、严肃的、静穆的、神秘的动物纹样，这一点与其作为礼器和祭祀用器的用途一致。这些动物纹样表现了人们对于神秘力量的敬畏感和希望获得超凡力量的愿望。青铜作为祭祀仪式上使用的神圣器物，其纹样自然也要与整个仪式以及举行这种仪式的目的相切合。因此，在现已出土的商代和西周青铜器上，几乎不见表现人间活动的现实场景。另外，青铜器的器形、规格也象征着权势的强弱和地位的尊卑。春秋时期的王孙满说："昔夏之方有德也，远方图物，贡金九牧，铸鼎象物，百物而为之

---

① 张光直《中国青铜时代》，生活·读书·新知三联书店，2013年版，第470页。

备,使民知神奸。"(《左传·宣公三年》)夏代的政治控驭能力和政治权威达到鼎盛的时候,将九州之内进贡而来的青铜原料铸造成大鼎,在鼎上铸上四方的各种神灵物象,使其成为圣神权威的象征。谁拥有了它,谁就拥有神灵赐予的统治天下的大权。中国古代的艺术与政治、宗教是结合在一起的,"各式各样的饕餮纹样及以它为主体的整个青铜器其他纹饰和造型,特征都在突出这种指向一种无限深渊的原始力量,突出在这种神秘威吓面前的畏怖、恐惧、残酷和凶狠"①。更重要的是,殷周早期的青铜器上面没有多少文字,要么是简单的象形文字和符号,要么是一些动物形象和指示符号,这种符号皆有神秘的宗教意味(如下图②):

天簋(2914)　奭簋(2941)　牛簋(2973)　卫簋(2944-9)　正簋(2948-8)

殷周早期铜器铭文中的象形符号

从这些金文符号中,看到的是神秘的带有宗教意味的一种象征和暗示。况且,在青铜器十分稀有的人类文明早期,在青铜器上雕刻这些象征性的符号本身就是神圣而又严肃的事情。

除了用途的神圣和器形的严肃神秘之外,青铜器铭文的神圣性还体现在其常常是被深埋于地下的。在先秦早期的文献记载中,经常可以看到将一些具有特殊意义的物品埋于地下或沉于河中以取信于神灵的行为。如《左传·僖公二十四年》:

> 及河,子犯以璧授公子,曰:"臣负羁绁,从君巡于天下,臣之罪甚多矣。臣犹知之,而况君乎?请由此亡。"公子曰:"所不与舅氏同心者,有如白水。"投其璧于河。

---

① 李泽厚《美的历程》,文物出版社,1981年版,第36页。
② 中国社会科学院考古研究所编《殷周金文集成释文》第三卷,香港中文大学中国文化研究所,2001年版,第1、4、9、5、5页,器号见图示。

这是晋公子重耳在外流亡十九年,终于返回晋国之时,发生在重耳君臣之间的一幕。在重耳君臣的流亡途中,狐偃在重耳软弱徘徊的时候,总是及时地纠正其软弱的举动,甚至不惜软硬兼施,迫使其继续走上寻求大国支持之路。在重耳终于功成返晋之时,狐偃子犯惮于自己的多次冒犯之举,打算功成身退。重耳于是面对黄河起誓,又沉璧为质,取信于河神。这样的起誓行为,《左传》《国语》中很多见。如文公十三年的"有如河"、襄公二十五年的"有如上帝"、定公六年的"有如先君"、定公三年的"有若大川"等等,都是向山川鬼神起誓,请其见证誓言的典型例子。而流行于春秋时期的歃血为盟更是以向山川鬼神起誓的方式取信于各国,这种起誓具有神圣的约束力。春秋时期,诸侯和卿大夫在举行盟誓活动时,要签订誓约文件。这种文件就是盟书(或者叫载书),盟书皆有数本,一本埋在盟所或沉河,以取信鬼神,与盟者各持一本归,藏于祖庙或司盟之府。《周礼·司盟》:"掌盟载之法。"郑玄《注》:"载,盟辞也。盟者书其辞于策,杀牲取血,坎其牲,加书于上而埋之,谓之载书。"又如《左传·定公十三年》有"载书在河"之说。这些将起誓信物埋于地下或沉于河中以取信于鬼神的做法是最常用的盟誓方法。因此,将具有祈祷性质的物品埋于地下本身就具有神圣意味。

　　同样,对祖先进行歌颂式评价的周代青铜器铭文显然也具有这种神圣意味。对先祖进行歌功颂德式的品评反映的是典型的宗族观念和祖先崇拜意识。宗族观念和祖先崇拜意识起初通过带有族徽和宗族标志性质的铜器铭文反映出来。如:

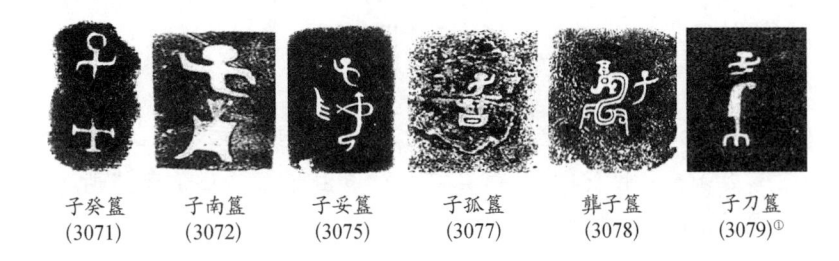

| 子癸簋 | 子南簋 | 子妥簋 | 子狐簋 | 韠子簋 | 子刀簋 |
| (3071) | (3072) | (3075) | (3077) | (3078) | (3079)① |

―――――――――

① 中国社会科学院考古研究所编《殷周金文集成释文》第三卷,香港中文大学中国文化研究所,2001年版,第23—24页,器号见图示。

从这些象形符号性质的文字即可看出其族徽或族子的性质。这些铜器上的象形族徽,都与本族图腾崇拜或者对本族来说非常重要的物象有关。一个族群的族徽被深埋于地下,显然具有祈求神灵福佑其族兴旺长存、强大而绵延不绝的神圣性。另外,铜器铭文中还有书写个人名号的青铜礼器,或者表明由谁作的彝器。这种铜器铭文格式一般有表明作器者身份的"某某作某器"字样,如"伯作旅簋""毂簋""休作父丁宝簋"等(如下图)。那么这些套语除了因为作为稀有器物的青铜彝器需要表明该器属于某人之外,恐怕是早期青铜器族徽铭文的变种。除了表明作器者的虔敬之情外,也是为了让神灵记住作器者的功德。后来除了"某某作某器"的套语之外,大多数铜器铭文的末尾又多了一种套语,那就是"子子孙孙永用"之类的祝祷语。这种套语熔铸了作器者对宗族绵延长存的祝福和期望,显然是一种宗教性的神圣行为。

伯作旅簋(3352)　　毂簋(3681):毂作宝簋子子孙孙永用　　休作父丁宝簋(3609)[1]

西周中晚期的青铜器铭文越来越长,内容也渐趋丰富。其主要内容仍然以作器者向祖先祈福,希望祖灵"用赐眉寿",希望子孙能享有万年福禄为主。如西周中期的仲叡父簋曰:"仲叡父作朕皇考迟伯、王母迟姬尊簋,其万年子子孙孙永宝用享于宗室。"[2]又如西周晚

---

[1] 中国社会科学院考古研究所编《殷周金文集成释文》第三卷,香港中文大学中国文化研究所,2001年版,第61、134、113页,器号见图示。

[2] 中国社会科学院考古研究所编《殷周金文集成释文》第三卷,香港中文大学中国文化研究所,2001年版,第273页,器号:4102。

期的"膳夫梁其簋"和"仲枏父簋"明确说明作器的目的是"用追享孝""用介眉寿""用祈眉寿"并且祈求祖先将福泽延及子孙后代(如下图)。

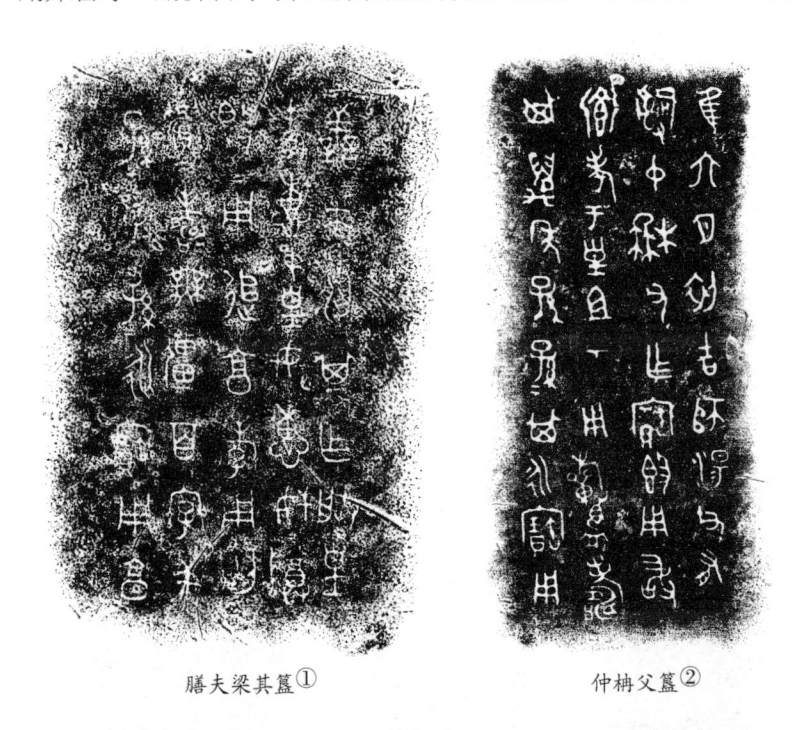

膳夫梁其簋①　　　　　　仲枏父簋②

另外,殷周青铜器还出现了许多带有"亚"字形标志的情况,如亚疑簋、亚告簋、亚齔簋等③。这些带有"亚"字形的族徽性质的铜器更具有祈福于先祖的特征。关于金文与卜辞中亚形的解释最早见于北宋的《博古图》。《博古图》卷一"商亚虎父丁鼎"下说:"铭四字,亚形内著虎象。凡如此者皆为亚室,而亚室者,庙室也。庙之有室,如左氏所谓宗祐,而杜预以谓宗庙中藏主石室是也。"④近代的研究者认为,这些亚形

---

① 中国社会科学院考古研究所编《殷周金文集成释文》(第三卷)香港中文大学中国文化研究所,2001年版,第296页,器号:4148。
② 中国社会科学院考古研究所编《殷周金文集成释文》(第三卷)香港中文大学中国文化研究所,2001年版,第300页,器号:4154。
③ 中国社会科学院考古研究所编《殷周金文集成释文》第三卷,香港中文大学中国文化研究所,2001年版,第26—27页,器号:3092、3094、3099。
④ 转引自张光直《中国青铜时代》,生活·读书·新知三联书店,2013年版,第315页。

是"一种特殊身份的标记"①,或者是"祭祀关系之职能之标识"②。高去寻对河南殷墟大墓亚形墓坑与坑里面的亚形木室进行研究之后,认为殷墟大墓木室为宗庙明堂建筑之象征。他说:"这种丧礼制度的建筑可能是象征着当时贵族社会的一种礼制建筑,而非一般的住处。这种贵族社会的礼制建筑根据后世的记载,它是祭祀祖先的地方,也是祭祀上帝和颁布政令举行重要典礼的处所,它的名称,较早的说法是夏后氏称之为世室(即大室),殷人称之为重屋,周人称之为明堂,我们现在称它为古代的宗庙明堂建筑。"③张光直也附议这种看法,并认为宗庙明堂的礼制建筑四周有象征沟通天地的四种神木,"由于四木在四角这种情形而产生的亚形的宇宙图或明堂太室图"④。这就是说,殷周早期的铜器铭文的确与宗庙祭祀有密切关系,它的出现象征着神的在场。从刻录族徽标志到向祖先祈祷再到赞颂先祖功德,铜器铭文祖先崇拜表达方式的变化意味着人们祖先崇拜观念的转变,这种转变就是祖先神力与功德的结合。功德观念逐渐渗透于祖先崇拜意识中。青铜器铭文突出对祖先功德的记录和歌颂之后,承载着祖先崇拜观念的铜器的神圣性逐渐从形式转变为内容,其人文内涵越来越明显。铜器铭文歌颂先祖功业,并表明子孙能够继承先祖之德,其性质和内涵与周初的祖先颂诗相似。

(三) 功德观念

从动物纹样到符号标志再到祖述功德,青铜器的器形、纹样及其内容的演变,表现了获得神圣力量的观念和途径的转变。凶猛的青铜器纹样寄托着人们渴望获得神秘力量的愿望。歌颂祖先功德则将获得神秘力量的途径转变为依靠人自身的功德,但是青铜器作为获得神力的一种形式在本质上仍然没有改变。青铜的神圣性加上功德,将会带来更大的神力。起初,人们可能觉得只要在这些贵重的礼器上刻上先祖或者自己的名字,祈请先祖或者神灵,就可以达到"眉

---

① 王献唐《黄县㠱器》,山东人民出版社,1960年版,第88页。
② 白川静说,转引自周法高编撰《金文诂林补》,《中央研究院历史语言研究所专刊》之七十七,1982年,第4120页。
③ 高去寻《殷代大墓的木室及其涵义之推测》,《中央研究院历史语言研究所集刊》第三十九本(下),1969年,第181—182页。
④ 张光直《中国青铜时代》,生活·读书·新知三联书店,2013年版,第320—327页。

寿万年""子孙永宝用"的目的。比如,夏桀就曾经将自己宠妃的名字刻在尊贵的玉石上,以为这样就可以得到神灵的福佑。《竹书纪年》:"后桀伐岷山,进女于桀二人,曰琬,曰琰。桀受二女,无子,刻其名于苕华之玉,苕是琬,华是琰,而弃其元妃于洛,曰末喜氏。"①但是到后来,可能为了加大祈福的力度,铜器铭文中又出现了对祖先或自己歌功颂德的内容。

　　功德观念是远古的"能力"和"效能"崇拜发展到一定阶段的产物,是德观念在某一阶段的特殊内涵。在图腾社会,人们对于能够维护族群利益并为族群发展做出巨大贡献的人会产生崇拜心理,并将其神圣化,使其成为图腾的代表,进而成为图腾精神的象征。这样在氏族部落中展现出超凡能力和作用的个人成为图腾精神的化身而被认为是具有神力的人。死后他的神力仍然存在,成为人们顶礼膜拜的神灵。对一个人物的崇拜和祭祀本身就意味着人们对崇拜者的肯定性评价和褒奖。在技能崇拜时代,一个个为族群、为社会做出重大贡献的伟大人物,他们因为有功于人类社会而长期享有祭祀。因为他们是智者,他们是"有神性"的人,他们不但能够判断正义与邪恶,而且能够为人们创造有秩序、有效益的生活。他们以自己的能力提高了人们的生活质量,促进了族群的发展。他们因此而拥有了功德,他们因为有功德于民而受到人们长久的祭祀。

　　春秋的鲁文公时期,有海鸟"爰居"止于鲁东门之外三日,臧文仲使国人祭之。展禽批评臧文仲迂阔而不知政要,他认为古代圣王制祀典,所祭祀者皆是有功德于民者。他说:

　　　　法施于民则祀之,以死勤事则祀之,以劳定国则祀之,能御大灾则祀之,能捍大患则祀之。非是族也,不在祀典。昔烈山氏之有天下也,其子曰柱,能植百谷百蔬。夏之兴也,周弃继之,故祀以为稷。共工氏之伯九有也,其子曰后土,能平九土,故祀以为社。黄帝能成命百物,以明民共财,颛顼能修之,帝喾能序三辰以固民,尧能单均刑法以仪民,舜勤民事而野死,鲧鄣洪水而

---

① 范祥雍《古本竹书纪年辑校订补》,上海古籍出版社,2011年版,第14页。

殛死,禹能以德修鲧之功,契为司徒而民辑,冥勤其官而水死,汤以宽治民而除其邪,稷勤百谷而山死,文王以文昭,武王以武烈,去民之秽。故有虞氏禘黄帝而祖颛顼,郊尧而宗舜。夏后氏禘黄帝而祖颛顼,郊鲧而宗禹。商人禘喾而祖契,郊冥而宗汤。周人禘喾而郊稷,祖文王而宗武王。幕,能帅颛顼者也,有虞氏报焉。杼,能帅禹者也,夏后氏报焉。上甲微,能帅契者也,商人报焉。高圉、大王,能帅稷者也,周人报焉。凡禘、郊、祖、宗、报,此五者,国之典祀也。加之以社稷、山川之神,皆有功烈于民者也。及前哲令德之人,所以为明质也。及天之三辰,民所以瞻仰也。及地之五行,所以生殖也。及九州名山川泽,所以出财用也。非是不在祀典。①

根据展禽对于祀典的解释,何人何物能列入祀典,一言以蔽之,就是"有用""有功"。功就是用,功德就是因功而得。德是能力,是权威影响力;功是获得影响力的手段和途径。有功德之人受到人们的尊崇,被列入祀典,受到后人的祭祀。人们对于有"功用"的、有"魔力"的事物,都是怀有敬畏和崇拜心理的,不论是崇拜自然力,还是崇拜图腾、崇拜个人,都表现了对于"功用"的崇尚,因为"功用"能为人们带来实际的利益和好处。将功用和由其所带来的利益结合起来,就是"德"。这应当是"德"观念的萌芽。

有功德之人的族群和子孙后代因此而被人们所重视,甚至受到后世统治者的封赐,是为德的结果,即获得,即因功而得。《中庸》:"大德必得其位。"封建诸侯以其祖德。武王克商以后,下车伊始,就分封了先代有名的宗族之后,封黄帝之后于蓟,帝尧之后于陈,夏后氏之后于杞,投殷之后于宋,封王子比干之墓,释箕子之囚,使之行商容而复其位。慎终追远,存亡继绝一直是统治者约定俗成的做法。周成王封舜后胡公于陈,楚文王灭陈,但不绝其祀。古人认为绝人先祖之祀,不详。

周人依其祖德而有天下,并通过歌颂自己的先祖之德来确立自

---

① 徐元诰撰,王树民、沈长云点校《国语集解》,中华书局,2002 年版,第 154—161 页。

己政权的合法性。① 有天下的周人又通过分封制,将天下人民分封给同姓子弟、有功之臣以及先祖功德显赫的部族。随着周朝分封制和宗法制的实行,各级各系的宗子经过长期的发展,其支属逐渐分化,越来越多,形成了数目庞大的新的族群。这些族群建立自己的宗庙,祭祀自己的先祖,形成自己的谱系,积累起有着属于自己家族特色的祖德。周王室一开始在分封异姓诸侯时是以其功德和祖德为依据的,一些渊源有自的、家史悠久的、功德显赫的家族首先受封,之后周天子又经常依据其先祖功德或新建功德予以重新策命和论功封赏,"爵有德而禄有功,必赐爵禄于大庙"(《礼记·祭统》)。这种做法加强了宗族荣耀感和崇尚功德的社会观念。于是势力雄厚的贵族家族(尤其是在其获得新的封赏之后)大量铸刻嘉功崇德,颂扬先祖或自身德行的铜器铭文。《礼记·祭统》说:"夫鼎有铭,铭者,自名也,自名以称扬其先祖之美,而明著之后世者也。为先祖者,莫不有美焉,莫不有恶焉。铭之义,称美而不称恶。此孝子孝孙之心也,唯贤者能之。铭者,论撰其先祖之有德善、功烈、勋劳、庆赏、声名,列于天下,而酌之祭器,自成其名焉,以祀其先祖者也。显扬先祖,所以崇孝也。身比焉,顺也。明示后世,教也。夫铭者,壹称而上下皆得焉耳矣。是故君子之观于铭也,既美其所称,又美其所为。为之者,明足以见之,仁足以与之,知足以利之,可谓贤矣。贤而勿伐,可谓恭矣。"《周礼·司勋》:"司勋掌六乡赏地之法,以等其功。王功曰勋,国功曰功,民功曰庸,事功曰劳,治功曰力,战功曰多。凡有功者,铭书于王之大常,祭于大烝,司勋诏之。"周代社会自上而下形成了普遍崇尚功德的

---

① 《诗经》的"颂诗"和部分"雅诗"中有许多周人赞美先祖功德的周民族史诗,其主要目的是通过对祖先功德的赞颂式品评来树立其政治的合法性。以追述祖德的方式来树立自己的政治威信和统治合法性的做法在夏商时代就已经出现了。《山海经·大荒西经》:"开上三嫔于天,得《九辩》与《九歌》以下。"显然是禹假托能得仙乐来树立自己的政治权威性。虽然启假托天乐而作的《九歌》没有流传下来,但其作歌以颂祖德来树立自己统治合法性的做法应该是可信的。《左传·文公七年》晋郤缺对赵宣子的一番话中引《夏书》说:"戒之用休,董之用威,劝之以《九歌》,勿使坏。"并解释说"九功之德皆可歌也,谓之九歌。六府、三事,谓之九功。水、火、金、木、土、谷,谓之六府。正德、利用、厚生,谓之三事。义而行之,谓之德、礼。无礼不乐,所由叛也。若吾子之德,莫可歌也,其谁来之? 盍使睦者歌吾子乎?"看来,夏人已经通过恩威并施的方式来确立自己的政治威信。从甲骨卜辞中存在的大量的殷人祭祀祖先的记录可以看出,这种情况同样发生在殷人的意识形态建设中。周人"因于殷礼",将宣扬先祖功德作为树立政治威信的有效方式。

社会观念。

周人依据不同家族的功德分配社会资源,按功德的大小配以相应的土地、人民、祭祀权。这样家族功德与爵位俸禄挂钩。《春秋穀梁传·僖公十五年》:"故德厚者流光,德薄者流卑。"①《左传·成公十八年》:"官不易方,爵不逾德。"《礼记·缁衣》引《兑命》:"爵无及恶德。"这些都是按功德的大小来决定爵禄的最好说明。

另外,周代社会上层普遍存在着依据先祖功德评价人物、识鉴人物、任用人物、定位人物的习惯和传统。《绎史》卷六十四《晋悼公复霸》引《国语》:

> 二月乙酉,公即位。使吕宣子佐下军,曰:"邲之役,吕锜佐知庄子于下军,获楚公子谷臣与连尹襄老,以免子羽。鄢之役,亲射楚王而败楚师,以定晋国而无后,其子孙不可不崇也。"使彘恭子将新军,曰:"武子之季,文子之母弟也。武子宣法以定晋国,至于今是用。文子勤身以定诸侯,至于今是赖。夫二子之德,其可忘乎!"故以彘季屏其宗。使令狐文子佐之,曰:"昔克潞之役,秦来图败晋功,魏颗以其身郤退秦师于辅氏,亲止杜回,其勋铭于景钟。至于今不育,其子不可不兴也。"

祖先有功德,其子孙因为祖先功德而受到褒奖、重视和任用。有功之人的功德不可忘,其子孙不可不兴。这种官人、用人的观念一直到春秋时期仍然盛行。直到春秋末期,这种思想才逐渐让位于新的官人思想,可见其影响之大。《左传·僖公二十三年》记载了晋公子重耳出奔及其最终成功反晋的事件。晋文公能够成功反晋,除了自己的努力之外,也有当时国内外政治人物对其祖先功德的尊崇,为其继位找到了合理性依据和来自天命的支持。重耳每过一个国家,这些国家的卿大夫都对重耳的定位及其"礼"与"不礼"的问题进行权衡和分析,一些人对晋国的政治形势和重耳的德行洞若观火,认为重耳必为晋主,建议其国君礼之。在这些人对重耳的识鉴和定位中,其祖

---

① [清]廖平撰,郜积意点校《穀梁古义疏》,中华书局,2012年版,第258—259页。

先的功德是一个非常重要的衡量标准。《国语·晋语四》：

> 过卫，卫文公有邢、狄之虞，不能礼焉。宁庄子言于公曰："……康叔，文之昭也。唐叔，武之穆也。周之大功在武，天祚将在武族。苟姬未绝周室，而俾守天聚者，必武族也。武族惟晋实昌，晋胤公子实德。晋仍无道，天祚有德，晋之守祀，必公子也。"

宁庄子劝卫文公礼遇重耳的理由除了其有德之外，非常重要的一条理由是"周之大功在武，天祚将在武族。苟姬未绝周室，而俾守天聚者，必武族也"。他显然是将先祖功德与本人之德结合起来判断和识鉴人物的。重耳君臣离开卫国，来到曹国，曹公共亦不礼。曹大夫僖负羁劝曹伯善待重耳，其中最周要的一条也是因为，曹与晋是同姓宗亲，宗族之亲，不可违弃。《国语·晋语四》：

> 先君叔振，出自文王，晋祖唐叔，出自武王，文、武之功，实建诸姬。故二王之嗣，世不废亲。今君弃之，是不爱亲也。

虽然僖负羁没有直接称引其祖德，但也要与其祖宗扯上关系。不仅是重耳本人的宗族血统不可忽视，就连其随从者的宗族和出身也受到观察者的重视，成为其定位重耳的综合判断因素之一。《国语·晋语四》：

> 公子过宋，与司马公孙固相善，公孙固言于襄公曰："晋公子亡，长幼矣，而好善不厌，父事狐偃，师事赵衰，而长事贾佗。狐偃，其舅也，而惠以有谋。赵衰，其先君之戎御赵夙之弟也，而文以忠贞。贾佗，公族也，而多识以恭敬。此三人者，实左右之。公子居则下之，动则咨焉，成幼而不倦，殆有礼矣。树于有礼，必有艾。"

所谓"物以类聚，人以群分"，随从者有才有祖德，其本人定当不凡。

《周易·讼·六三》:"食旧德,贞厉,终吉。"食旧德,犹食旧禄,指享受世袭俸禄。可见,在早期,祖德和权威、福禄、天命等观念是联系在一起的,是人们评价和定位人物的一个重要标准。如果有功德显赫的先祖,其功德将会绵延不绝,代代相传,在一定的历史时期,其家族会重新显赫起来。祖先的功德必然泽被子孙,会在后世子孙的有德者中显现出来。《国语·郑语》记载了史伯对郑桓公的一段话,其中就表明了这种观念:

> 夫成天地之大功者,其子孙未尝不章,虞、夏、商、周是也。虞幕能听协风,以成物乐生者也。夏禹能单平水土,以品处庶类者也。商契能和合五教,以保于百姓者也。周弃能播殖百谷蔬,以衣食民人者也。其后皆为王公侯伯。祝融亦能昭显天地之光明,以生柔嘉材者也,其后八姓,于周未有侯伯。佐制物于前代者,昆吾为夏伯矣,大彭、豕韦为商伯矣。当周未有。己姓昆吾、苏、顾、温、董,董姓鬷夷、豢龙,则夏灭之矣。彭姓彭祖、豕韦、诸、稽,则商灭之矣。秃姓舟人,则周灭之矣。妘姓邬、郐、路、偪阳,曹姓邹、莒,皆为采卫,或在王室,或在夷、狄,莫之数也。而又无令闻,必不兴矣。斟姓无后。融之兴者,其在芈姓乎?芈姓夔越,不足命也。闽芈蛮矣,唯荆实有昭德,若周衰,其必兴矣。姜、嬴、荆芈,实与诸姬代相干也。姜,伯夷之后也;嬴,伯翳之后也。伯夷能礼于神以佐尧者也,伯翳能议百物以佐舜者也。其后皆不失祀而未有兴者,周衰其将至矣。

史伯认为,那些成就了天地之大功的人,其子孙没有不显赫的,虞、夏、商、周的先祖都曾有过显赫的功德,其后皆为王公侯伯。还有一些先祖有功德而后代尚未有侯伯者,如果其本身"不失祀"、有"令闻"、有"昭德",一旦周衰,皆将兴。

总之,铜器铭文对人物的品评主要以功德为评价标准,是自古以来人们崇尚功德的传统观念的反映。具有人物品评内容的铜器铭文在西周中期以后大量出现,这些铜器铭文与周初最高统治者的先祖颂诗一脉相承。《诗经》雅颂诗中的先祖颂诗是周王室祭祀先祖的仪式诗歌,而西周中后期出现的大量具有人物品评内容的铭文同样是在祭祖敬宗的仪式上产生的,其人物品评思想与周初的王室颂诗在内容和性质上具有一致性,可以看作贵族士大夫们的先祖颂诗。虽然不能像周的最高统治者的先祖颂诗一样在国家的重大仪式活动中唱诵,但却可以在自己的家族中流传,成为家族的历史和宝贵的精神财富。春秋战国时期,代表文化大传统的精英思想界以天道逐渐让位于人道,人文理性破茧而出的方式完成了"哲学的突破",铜器铭文从"大传统"逐渐退出,最终留在了"小传统",延续着宗教意味很浓的"敬天法祖""慎终追远"的传统观念。

(四)历史意识的萌芽

中国是一个历史悠久的国家。每个人都在历史功德中获得定位,有功德则有声誉、有爵位、有世禄,可以福泽子孙。所以不论是君王还是卿大夫,都要慎重地记下自己的功德,功德的累积逐渐形成了家史,形成了历史意识,最后出现了历史至上主义。中国人的家族文化源远流长,家谱就是家史。从历史观念的形成历程来看,历史观念在先秦时期的发展路径是:国史(先祖颂诗)——诸侯史(《国语》、百国春秋)——家史(贵族大夫家语)——个人史(诸子)。在这一发展过程中,只有到春秋战国时期"哲学的突破"之后,真正的历史意识才完全确立。

祖先崇拜和功德观念都是历史意识产生的根源。重视家族功德的传统起初是谋求在宗教领域达到灵魂的不朽和宗族的绵延不绝。在理性觉醒之后,功德变为家族的荣耀。从宗教福泽到历史的荣耀,功德成为一种人生价值的体现,完成了祛魅和蜕变。因为早期的功德是与天命结合在一起的,贵族们重视事功,是受到天命思想的震慑,生前的德行是子孙的回报。铜器铭文对先祖功德的总结和赞美一方面是对其功绩的肯定,另一方面是为了保证其世功世禄的延续,更具有祈求神灵因其功德而保其家族兴旺发达、绵延不绝的意图。早期的史官其实就是功德记录者。史官记录功德,目的在于论功行赏。到王室衰微之后,史官的记录除了论功行赏的目的,还包括了惩恶扬善的意图。所以史官最初记录的意义并非在历史,而在宗教。史官的记录最后呈示于神灵,赏罚的权力最终在于神,后果在于子孙，故铜器铭文结尾一般都是"子子孙孙永宝用"。春秋时期，史官文化处于从宗教到历史的过渡阶段。史官的话语模式具有明显的过渡痕迹。《左传》中的人物品评常与神秘的预测和断言相结合，表现了从宗教向哲学过渡的突破阶段下宗教与历史的纠结和交织状况。神秘的预言同歃血为盟、埋下载书、祈灵于神灵的见证一样皆有宗教意味。《左传》在品评人物之后往往说"某某当有后乎"，这种模式即是传统的宗教思维在史官品评人物的话语系统中的遗留。在春秋时期，由于礼崩乐坏，诸侯大夫的越礼行为层出不穷，史官笔法中惩恶扬善的因素更为突出。史官用春秋笔法褒贬人物的立身行事，让越礼者深以为惧，原因就在于史官笔法具有浓厚的宗教意味。史官一旦就某一事件进行是非判定，必将累及子孙后代。人们重视自己德行，重视史官评价的原因就在于其关乎子孙后代。祖上有德是子孙的荣耀，无德则是子孙的耻辱。所以后世事功有成者往往开口追述自己的世系、祖德，以示祖德丰厚，家族渊源有自。司马迁在写人物纪传时均要追述其祖宗世系，就是这种史官传统的反映，甚至在中国文化中根基深厚的孝的观念也是这一思想的衍化。

后来，随着宗教观念的逐渐淡化，人们对于功德的理性认识摆脱了宗教神秘力量的束缚。历史意识逐渐凸显出来。中国的历史可以说是直接脱胎于宗教意味浓厚的祖先崇拜，先有对祖先神秘力量的信仰，将祖先的功德记录下来，并在对祖先的祭祀中加以赞颂。功德的累积渐渐变成了历史。春秋时期，鲁国的叔孙豹提出"三不朽"，则意味着历史意识的真正确立，"三不朽"即"太上有立德，其次有立功，其次有立言"。叔孙豹的"三不朽"可谓推陈出新，对传统的功德观念给予新的诠释，祛除附着在功德之上的宗教之魅，凸显其被理性精神过滤之后的历史意识，将家族和个人的功德完全转变为历史意义和价值。在叔孙豹的"三不朽"中，"立德"最难，因为德是影响人类历史进程和社会发展的功德之大者，只有天子之功绩可以当之；"立功"为其次，诸侯和卿大夫之德可以当之；"立言"更次之，普通人之有德者即可以争取之。从司马迁所创之纪传体的史书体例来看，"三不朽"基本可以与"本纪""世家""列传"中的人物分别对应。

总之，周代铜器铭文中的人物品评内容，反映了中国传统文化中的祖先崇拜意识和功德观念,这两种观念经过发展演变,最后变为历史意识,其对中国传统文化中重视历史价值的民族文化心理产生了巨大影响。

第三节 西周人物品评的发展趋势及其特点

西周大传统中的人物品评活动主要围绕政治意识形态的建设而展开。随着西周社会的发展,人物品评也出现了一些新的发展趋势和特点,主要表现为品评的对象从先祖转向功臣。西周后期,随着王室政治的衰败,人物品评的内容也开始从歌功颂德转向批判和讽刺。

一、从先祖到功臣

周初人物品评的主要对象是先祖和周王。到了西周中后期,周王退居幕后,品评和赞美贵族功臣的诗歌多了起来。从中也可以看到人们对于个人魅力的关注和崇尚逐渐加强。即使在政治事功的歌颂中,也可以看到个人魅力的张扬。如宣王时期的尹吉甫赞美和品评仲山甫的《大雅·烝民》诗云:

> 天生烝民,有物有则。民之秉彝,好是懿德。天监有周,昭假于下。保兹天子,生仲山甫。
> 仲山甫之德,柔嘉维则,令仪令色,小心翼翼。古训是式,威仪是力。天子是若,明命使赋。
> 王命仲山甫,式是百辟,缵戎祖考,王躬是保。出纳王命,王之喉舌。赋政于外,四方爰发。
> 肃肃王命,仲山甫将之。邦国若否,仲山甫明之。既明且哲,以保其身。夙夜匪解,以事一人。
> 人亦有言,柔则茹之,刚则吐之。维仲山甫,柔亦不茹,刚亦不吐。不侮矜寡,不畏强御。
> 人亦有言,德輶如毛,民鲜克举之。我仪图之,维仲山甫举之。爱莫助之。衮职有阙,维仲山甫补之。

仲山甫出祖,四牡业业,征夫捷捷,每怀靡及。四牡彭彭,八鸾锵锵。王命仲山甫,城彼东方。

四牡骙骙,八鸾喈喈。仲山甫徂齐,式遄其归。吉甫作诵,穆如清风,仲山甫永怀,以慰其心。

"天监有周,昭假天下。保兹天子,生仲山甫",这是西周初年延续的歌颂人先祖人物的模式,与《生民》的天降后稷是一致的。只是这时的人物确实是当下的人,而不是先王。这首诗是典型的人物品评性质的诗。我们看到其延续了西周人物德行品评的三个维度:功德、个人美德、继承先祖和效命王室的政治意识形态。在这首诗中,突出了个人美德。在西周人物品评中,我们看到这种个人美德一直包裹在功德中,而主要突出的是其温和恭敬的仪态和举止,作为伦理道德的"品德"还是模糊的,没有突出表达。而在这首诗中,我们看到了仲山甫"品德"的具体表现:

人亦有言,柔则茹之,刚则吐之。维仲山甫,柔亦不茹,刚亦不吐。不侮矜寡,不畏强御。

人亦有言,德𬨎如毛,民鲜克举之。我仪图之,维仲山甫举之。爱莫助之。衮职有阙,维仲山甫补之。

我们看到了一个刚正不阿、不畏权贵、敢于仗义执言的仲山甫的形象,这的确是其个人道德的具体表现。这首诗通过人物品评视角让我们看到先秦"德"观念的一个发展演变过程。这首诗在春秋时期的人物品评中被反复引用,可见其影响之大。又如《大雅·崧高》:

崧高维岳,骏极于天。维岳降神,生甫及申。维申及甫,维周之翰,四国于蕃,四方于宣。

亹亹申伯,王缵之事,于邑于谢,南国是式。王命召伯,"定申伯之宅。登是南邦,世执其功。"

申伯番番,既入于谢,徒御啴啴。周邦咸喜,戎有良翰。不显申伯,王之元舅,文武是宪。

> 申伯之德，柔惠且直。揉此万邦，闻于四国。吉甫作诵，其诗孔硕，其风肆好，以赠申伯。

尹吉甫是宣王时的大臣，是当时著名的诗人，围绕着他形成了一个诗人群体，他们之间的诗除了相互勉励，更有互相品鉴的性质，虽然说有"溢美之嫌"，但其中有一个重要的变化就是，以前是赞美先祖和周天子，现在是直接赞美友人，这是文化下移的表现，也是由神到人的转变迹象。以前赞颂的都是先祖之德，而作为子孙后代的人一再申述的是要秉先祖明德，主要在于赞颂先祖的功德，自己是隐藏在先祖的背后的；唯有这时期的诗中后代的功德似乎凸显了出来。自己的好的表现也是继承先祖的，而宣王中兴功臣诗的特点是人物之间的相互品评开始出现，树立自己德行的时代开始了。

另外，《大雅·韩奕》这首诗也从头到尾都是对韩后的溢美之词，与周宣王时代的其他诗作一样，都是在策命中对策命对象给予赞誉，这可能与这一时期王室权威的衰落有很大关系。以前的赞颂的主角是周先祖及周王，现在是那些可以为周王"征讨不庭"的侯伯卿士。《韩奕》一诗与《大明》《绵》《思齐》的模式十分相似，只是主角发生了变化。经过厉王时期的乱政，周室被大大削弱了，虽然宣王中兴，但自一开始就将自己的统治与德行、天命捆绑在一起的周政权随着其德衰而衰落。作为一种文化惯性，其对有德的大臣的赞颂也是必要的。

二、从赞美到批判

《逸周书·祭公》载，穆王见祭公将死，请他告以"懿德"，祭公告诫穆王说："呜呼！天子，我丕则寅哉寅哉！汝无以戾反罪疾，丧时二王大功。汝无以嬖御固庄后，汝无以小谋败大作，汝无以嬖御士疾大夫、卿士，汝无以家相乱王室而莫恤其外，尚皆以时中乂万国。"李学勤对这段话的解释是："'寅'训为敬，祭公首先要穆王敬德，不可以乖戾背理、罪恶害民之行，毁弃文王、武王建立的功业。下面具体讲的几点，应该都是有针对性的。所谓'以嬖御固（王念孙云读为"姻"，嫉妒）庄后'，'以嬖御士疾大夫、卿士'，即《左传》闵公二年'内宠并后，外宠二政'，《逸周书·武称》'美男破老，美女破舌（后）'。'家相'，则指陪臣而言。祭公谋父这段告诫,在一定意义上已经预见到西周晚年到春秋王朝出现的某些弊端。"[1]周王室自穆王之孙懿王时始衰,到厉王和幽王时代,政治更为昏暗,王室危机四伏。《诗经》大小雅中哀伤时政的怨刺诗多产生于此时。后世认为诗主美刺,盛世主美,乱世作刺。《大雅》《小雅》中编排在前面的诗多为颂美之诗,而后面的则转为怨刺之诗,即所谓"变雅"者也。国风也一样,《周南》《召南》很早就被编入《诗经》,是因为其正声也,而后世入《诗》者多变风。所谓的"风雅正变",即此谓也。厉王幽王之世,政治昏暗,《国语·周语上》记载:厉王暴虐,并使卫巫监视谤者,"国人莫敢言,道路以目",厉王的高压弭谤行为激起国人的反叛。最后国人流放厉王于彘地。宣王初立,从厉王的乱政中吸取教训,他在邵公等大臣的帮助下励精图治,实施一系列的政治措施,渐渐出现中兴局面。邵公效法先祖先王,团结宗族,整顿礼制,大兴礼乐,征伐四夷,平定内忧外患,并以诗歌相勉励,创作了大量的诗歌作品。但是好景不长,宣王中兴无法挽救西周社会的衰颓之世。宣王后期,连年征战,国力日衰,诗歌多有怨刺之作。幽王继位,由于其废申后,爱褒姒,立褒姒之子伯服为太子,逐原太子宜臼而导致众叛亲离,再加上东征西伐,用兵不息,周室内忧外患,风雨飘摇,终于在公元前771年,幽王被申侯联合犬戎、缯人所杀,西周灭亡。所以说,在厉王、共和、宣王、幽王这一时期的一百多年中,西周政治社会经历了剧烈的变乱,这种变乱使王室的权威受到严重损害,人们的思想观念也经历了剧烈的冲击,周初先王苦心经营的政治威信荡然无存。人物品评除了宣王中兴时期的一些颂美作品外,从周初的歌颂赞美转而为怨刺批判。在西周后期的政治怨刺诗中,主要品评和批判的对象有两种人,一是周王,二是逸人。

(一)上帝盛蹈

如《大雅·民劳》是警告同列大臣并以之致戒周厉王的诗。《毛序》云:"《民劳》,召穆公刺厉王也。"郑玄《笺》:"时赋敛重数,繇役烦多,人民劳苦,轻为奸宄,强陵弱,众暴寡,作寇害,故穆公以刺之。"《大雅·板》也是讽刺周厉王的诗篇。《毛序》云:"《板》,凡伯刺厉王

---

[1] 李学勤《祭公谋父及其德论》,《齐鲁学刊》,1988年第3期。

也。"《大雅·桑柔》,芮良夫作,悯伤周厉王贪暴残虐而造成国家的灾难。《毛序》云:"《桑柔》,芮伯刺厉王也。"《小雅·十月之交》讽刺幽王宠信褒姒、任用小人,逼走了宣王朝的老臣皇父及其盟友,致使国乱政衰,人心离散。《毛序》说此诗是"大夫刺幽王"之作。以上诗作皆是朝中大夫从国家兴亡的角度表达对时政和周王的不满。下层人民也从自身的遭遇和感受出发,抒发国政混乱对自己造成的灾难和伤痛,如《小雅·北山》是周幽王时一个下层官员(士)所作,主要是讽刺幽王任用大夫劳逸不均、善恶无别。《毛序》谓"《北山》,大夫刺幽王也。役使不均,己劳于从事,而不得养其父母焉。"《小雅·小明》是周幽王执政期间,下层大夫自伤久役,思归怀友而作。篇名之意,颇多异说。郑《笺》认为此诗言"幽王日小其明,损其政事,以至于乱",所以命名为《小明》。《小雅·无将大车》是周幽王时下层官员所作,诗中表达了政繁役多、苦于行役而劳苦忧思、感时伤乱的情感。诗人借用推大车而自招尘埃起兴,告诫自己远离纷扰,否则只能自讨苦吃。《小雅·四月》是周幽王朝的一位"君子"所作,他被周王派遣驻守江汉之间的南国,但因朝中发生祸乱,过期而不得归家,于是写下这首诗,对造成祸乱的当政者表示极大的怨愤。《小雅·苕之华》似是一首末世的哀歌,作者感叹衣食堪忧,朝不保夕,抱怨自己生不逢时。这种现象与周幽王时代实行暴政,东征西伐,用兵不息,民不聊生的社会现象颇为吻合。作者大概适当其时,感周室将亡而作此诗。《大雅·荡》篇,《毛序》云:"召穆公伤周室大坏也。厉王无道,天下荡荡,无纲纪文章,故作是诗也。"其独特之处是模拟周文王斥责殷商的口吻表达对现实政治的不满:

　　文王曰:咨!咨女殷商。曾是强御,曾是掊克,曾是在位,曾是在服。天降滔德,女兴是力。
　　文王曰:咨!咨女殷商。而秉义类,强御多怼。流言以对,寇攘式内。侯作侯祝,靡届靡究。

　　全诗基本用这种表述方式贯穿始终,开借古讽今之先河,表现了人民在周室衰败的环境下的挣扎和对统治者的愤怒之情。厉王就小人,远贤臣。奸人当道,结党营私,人心离散,好谄媚之言,而不听忠言:"天之方懠,无为夸毗。威仪卒迷,善人载尸。"(《大雅·板》)正人君子不敢言政事:"维此圣人,瞻言百里。维彼愚人,覆狂以喜。匪言不能,胡斯畏忌。维此良人,弗求弗迪。维彼忍心,是顾是复。"(《大雅·桑柔》)面对这种情形,诗人禁不住怒斥小人:"嗟尔朋友!予岂不知而作?如彼飞虫,时亦弋获。既之阴女,反予来赫。"(《大雅·桑柔》)

《毛序》对这些作品作怨刺之说,多能切中诗旨。因为这些作品中的怨刺主题皆是从文本中直接透显出来的,其主旨自明,并不像其他一些诗篇,文本并无美刺之义,而《毛序》作迂曲之解,强为美刺之说,则失之。在这些怨刺诗中,大多数是通过描写政治的昏暗、朝廷的混乱、奸人当道、上天的警示、民生的凋敝等现象间接地批判周王的失德,而有些直接以批判上帝的方式借以批判周王,这不但使批判的对象更为明确,而且使这种批判具有了鲜明的人物品评性质。如《小雅·菀柳》就直接用了"上帝甚蹈"这样的口吻来批判厉王:

> 有菀者柳,不尚息焉?上帝甚蹈,无自昵焉。俾予靖之,后予极焉。
> 有菀者柳,不尚愒焉?上帝甚蹈,无自瘵焉。俾予靖之,后予迈焉。
> 有鸟高飞,亦傅于天。彼人之心,于何其臻?曷予靖之?居以凶矜。

《毛序》云:"《菀柳》,刺幽王也。暴虐无亲,而刑罚不中,诸侯皆不欲朝。言王者之不可朝事也。"魏源《诗古微》中编卷六则以为是刺周厉王,他的理由是:"试质诸《大雅》刺厉、刺幽之篇则了然矣。厉王暴虐刚恶,乃宋康武乙之流;幽王童昏柔恶,特后汉桓灵之比。故刺厉之诗皆欲其收辑人心;刺幽之诗皆欲其辨佞远色。"又说:"征以厉王诸诗,……一则曰'上帝板板',再则曰'荡荡上帝',与此《菀柳》篇'上帝甚神(按,当为"蹈")',皆监谤时不敢斥言而托讽之同文也。"①较

---

① [清]魏源《诗古微》,《续修四库全书》第七七册,上海古籍出版社,2002年版,第247页。

之《毛序》之说,似更合情理。这首诗旧说虽认为是刺王暴虐,不欲朝王,但导致诸侯不欲朝王的原因是因为周王前后不一,对大臣先委以重任,后又撤职流放。诗中反复说"上帝甚蹈","上帝"指厉王,由于厉王暴虐,监谤于人,故假托上帝。蹈,指变动,马瑞辰《毛诗传笺通释》:"言其喜怒变动无常。""俾予靖之,后予极焉"和"后予迈焉"意思是先使我治理国事,后来"王信谗,不察功考绩,后反诛放我"。

总之,《大雅》《小雅》中西周后期的诗歌作品由于周王的失德而走向批判和讽刺,这些诗歌直接将批判的矛头指向周王。从人物品评的角度来说,这时的周王从周初被褒扬的对象变为贬斥的对象。

(二)谗人罔极

伴随着政治的衰颓,谗毁和中伤行为滋生。对于谗人的描写和斥责也成为西周后期人物品评的内容之一。《小雅·青蝇》:

营营青蝇,止于樊。岂弟君子,无信谗言。
营营青蝇,止于棘。谗人罔极,交乱四国。
营营青蝇,止于榛。谗人罔极,构我二人。

陈奂《诗毛氏传疏》云:"襄十四年《左传》云:'赋《青蝇》而退',则诗为刺谗明矣。《诗考》引袁孝政注《刘子》以为魏武公信谗诗。案:'魏'当'卫'之误,三家诗以此合下篇(按:指《宾之初筵》),皆卫武公所作。何楷说同。"又说:"魏源云:'《易林·豫》云:"青蝇集藩,君子信谗。害贤伤忠,患生妇人。"又《观革》云:"马蹄踬车,妇恶破家。青蝇污白,恭子离居。"夫幽王听谗,莫大于废后、放子,而此曰"患生妇人",则明指褒姒矣。"恭子离居",用申生恭世子事,明指宜臼矣。故曰"谗人罔极,构我二人",谓王与母后也。"谗人罔极,交乱四国",谓戎、缯、申、吕也。'案:魏说本何楷《世本古义》。《汉书》戾太子之乱,壶关三老茂上书:'昔者虞舜,孝之至也,而不中于瞽叟;孝己被谤,伯奇放流,骨肉至亲,父子相疑。何者?积毁之所生也。'其下即引《青蝇》之诗,与幽王放宜臼合。《楚辞·九叹》:'若青蝇之伪质兮,晋骊姬之反情。'又与幽王嬖褒姒合。皆出于三家,有足以补明毛义者也。"可见,《青蝇》所述谗毁现象与幽王放宜臼事更为相合,应是幽王时代的诗。又《小雅·巷伯》是周幽王末世,因朝中奸佞当道,寺人孟子遭谗言罹祸而作。《毛序》云:"刺幽王也。寺人伤于谗,故作是诗也。"诗中对谮人者的厌恶和愤怒之情达到了极致:"彼谮人者,谁适与谋?取彼谮人,投畀豺虎;豺虎不食,投畀有北;有北不受,投畀有昊。"而对谮人者的罗织罪名的伎俩更是极尽讽刺之能事:"萋兮斐兮,成是贝锦。""哆兮侈兮,成是南箕。""缉缉翩翩,谋欲谮人。""捷捷幡幡,谋欲谮言。"活画出了谮人者蝇营狗苟、预谋谮人的卑劣形象,表现了诗人对谮人者的憎恶之情。在《小雅·巧言》中,诗人痛斥小人进谗言而天子不察,遂使国家祸乱频生,眼看朝章国典毁于一旦,而天子依旧不知屏退小人,任用贤者。作者遭受了谗害,悲愤的情绪难以抑制,所以用愤激之词直斥谗佞之人。看来馋人、谮人现象是厉王幽王时代政治乱象的表现之一,是王权人治社会下难以避免的政治悲剧。这些谗人的产生正是祭公谋父说的"以譬御固庄后","以譬御士疾大夫、卿士","以家相乱王室而莫恤其外"的结果。谗言能否起到破坏作用,关键在于人君,王智则臣幸、国幸,王昏则忠臣死、强国亡。

对于馋毁现象的描述,西周末年的诗作中俯拾皆是。如"黾勉从事,不敢告劳。无罪无辜,谗口嚣嚣。"(《小雅·十月之交》)"君子信谗,如或酬之。君子不惠,不舒究之。"(《小雅·小弁》)"哀哉不能言!匪舌是出,维躬是瘁。哿矣能言,巧言如流,俾躬处休。"(《小雅·雨无正》)"民之讹言,亦孔之将。""好言自口,莠言自口。忧心愈愈,是以有侮。""民之讹言,宁莫之惩!"(《小雅·正月》)"懿厥哲妇,为枭为鸱。妇有长舌,维厉之阶。"(《大雅·瞻卬》)奸邪小人馋毁忠臣的现象历朝都有,但西周末年对谗言和馋毁现象的描述及其反应的强烈和深刻的确是文学史上值得注意的现象。其特点一是对谗言现象反应的彻底和深刻,是一种深恶痛绝的斥责和批判;二是对其进行直接的批判,少用迂回曲折的方式;三是在对谗毁小人进行揭露的同时,兼而批判作为君王的最高统治者。如《小雅·节南山》末章曰:"家父作诵,以究王讻。式讹尔心,以畜万邦。"作者对当时的社会现状不满,作诗讽刺周幽王任用尹氏以致朝纲大乱,最后将批判的矛头直接指向西周的最高统治者,可以说是十分大胆和彻底的。这是后世文学作品所做不到的。这一方面是因为上古时期,君主与臣民的关系还较为质直朴素,臣民还可以较直接地指出国家和君王的政治弊端。即便是令卫巫监谤的厉王,也最终被国人赶走,流放于彘。胡承珙《毛诗后笺》评《民劳》诗云:"此诗后儒多以为戒同列之词,不过因《板》诗有戒臣之语推类及之,又以诗中'尔女'似非斥王之词耳。不知称谓古今递变。三代质直,'尔女'之称,尊卑上下皆可施用。"正好说明了上古君主与臣民的关系不像后世那样森严。另一方面是因为在西周末年大起大落的政治变革中,有些诗可能是作于变乱之中或变乱之后,周王自顾不暇,无力整顿意识形态中尖锐而不利于自己的声音。

中国文化一开始就以政治为本位,故早期大传统中的人物品评集中在政治领域,关注的是人(尤其是统治者)的政治美德以及在国家制度层面的行为方式和处事态度。即使是个人美德的判定,也以其对于国家的政治事功为依据。有功德于政治,则予以赞美,反之则予以讽刺和鞭挞。所以早期大传统中的人物品评与政治美刺是一而二、二而一的关系。伴随着王室的衰落,人物品评从赞美走向批判,即从美走向刺。因为品评的对象是作为"民之父母"的最高统治者,他们的政治行为关乎国计民生,关乎人们的生死存亡,而品评者又是与其关系密切的臣民,面对君王的不德之举,他们的反应过于强烈而不能与品评对象拉开一定的距离,其人物品评因此常带有强烈的感情好恶而表现为直接的批判和愤激的声讨。这是大传统内人物品评侧重于政治能力和政治品质的反映。要么是过度的崇拜和美化,要么是深恶痛绝的批判,即政治色彩和实用的立场鲜明,而缺少比较中和的审美判断。

三、"德"和"威仪"为两翼

人物品评依据的价值准则总是与一个时代的核心观念和主导思想联系在一起的。西周人物品评主要围绕"德"这一核心范畴而展开,整个西周上层社会的人物品评以"德"为准则和价值依据。人们用"德"来衡量和评定人物行为方式、性格特点的事例比比皆是。周人以"德"为标准,将三代先王都纳入自己的人物评价体系内,重建自己的政治纲领和社会意识形态。周人提出"明德"观念,以与商人之德相区别,以"帝迁明德"为自己的政治合法性依据,以"敬德"为表明自己对"德"的态度,以"礼"的践行来彰显自己的"敬德"精神,落实自己的"明德"理念。"礼"在西周社会用"威仪"一词来表达。除了"德","威仪"成为西周人物品评的又一准则。从"威仪"方面对人进行的评价也很多。如《周颂·执竞》:"执竞武王,无竞维烈。不显成康,上帝是皇。自彼成康,奄有四方,斤斤其明。钟鼓喤喤,……降福简简,威仪反反。""反反",《释文》引《韩诗》作"昄昄",《潜夫论》引作"板板"。胡承珙《毛诗后笺》:"《说文》:'反,覆也。'凡言反覆者,皆重慎之义。"《大雅·瞻卬》:"不吊不祥,威仪不类,人之云亡,邦国殄瘁。"《大雅·既醉》:"笾豆静嘉。朋友攸摄,摄以威仪。威仪孔时,君子有孝子。孝子不匮,永锡尔类。"对人从威仪方面进行的品评有时候并不出现"威仪"二字,而是从品评人的神情、仪表、态度的严肃恭顺表现出来,就像以德的标准评价人有时候并不用"德",而是用"孝""明""哲"一样。如《大雅·常武》:"赫赫业业,有严天子。"业业,举止有威仪貌。《大雅·卷阿》:"颙颙卬卬,如圭如璋,令闻令望。岂弟君子,四方为纲。""如圭如璋",以玉来比喻人的美德。颙颙,温和恭敬貌。昂昂,气宇轩昂貌。《大雅·思齐》:"雍雍在宫,肃肃在庙。"雍雍、肃肃皆表示人的恭敬严肃之貌。人的行为神情的恭顺温和既是威仪的体现,也是德的体现。或者说,威仪就是德的表征。威仪与德互为表里,相辅相成。在西周的话语系统中,威仪和德常常并用。在反复说明威仪的重要性的同时,表明威仪就是德的根基。如《大雅·民劳》:"敬慎威仪,以近有德。"《大雅·假乐》:"威仪抑抑,德音秩秩。"《大雅·抑》:"抑抑威仪,维德之隅。""敬慎威仪,维民之则。其在于今,兴迷乱于政:颠覆厥德,荒湛于酒。""质尔人民,谨尔侯度,用戒不虞。慎尔出话,敬尔威仪,无不柔嘉。白圭之玷,尚可磨也;斯言之玷,不可为也!""辟尔为德,俾臧俾嘉。淑慎尔止,不愆于仪。""温温恭人,惟德之基。其维哲人,告之话言,顺德之行。"在西周的政治话语体系中,"威仪"作为一种非常重要的行为规范,成为衡量人的政治品质的主要标准。在各种政治和国家活动中都被反复重申。周王策命或者赏赐大臣,首先要告诫他们"虔共尔位",臣下接受任命和赏赐,首先要表明"夙夕虔敬""淑于威仪"之态度,逐渐形成一种基于威仪的规范和品评人物的标准,这对整个中国文化产生深远影响。如《大雅·韩奕》写韩侯受命,王亲命之:"缵戎祖考,无废朕命。夙夜匪懈,虔共尔位。"周王在策命诸侯时反复告诫其要"虔共尔位",而作为受策命者也要用谦恭的态度来表明对王室的忠心。因此《诗经》人物品评中对人的态度的重视即成为一大特色。周人对于做人态度、仪容等的重视,是因为作为一种与政治、伦理、宗教三位一体的结合体的礼就是一整套国家统治规范。礼把对先祖的孝、对宗教的虔诚、对国家的忠紧密结合在一起,一个人品行的好坏首先表现在其对礼的执行态度和敬慎上,所以西周人物品评首先从关注人的态度开始,这就形成了中国传统文化以谦恭为美德的特点。《史记·孔子世家》说:"孔子年十七,鲁大夫孟釐子病且死,诫其嗣懿子曰:'孔丘,圣人之后,灭于宋。其祖弗父何始有宋而嗣让厉公。及正考父佐戴、武、宣公,三命兹益恭,故鼎铭云:"一命而偻,再命而伛,三命而俯,循墙而走。"'"这一故事很能说明西周文化的这一特点。

因此,"德"和"威仪"构成了西周大传统人物品评的两翼,并作为西周人物品评的核心观念贯穿于《尚书》《诗经》的雅诗和颂诗以及周代铜器铭文的人物品评活动中。

总之,宣王之前可以说是一个政治神话时代,宣王之后进入君子时代,春秋之后进入诸子时代。神话时代人物品评的对象是先祖和周初统治者,品评的标准是德。君子时代人物品评的对象是卿大夫,标准仍然是德和礼,但德的内涵已经丰富化,并向着个人品德的内涵意义发展。敬慎的态度是这种演变的桥梁。这种演变的主线是敬的精神。在敬的精神中,逐渐使得外在的功德和礼向内在的德和行转变。春秋君子时代是一个发现人的时代,我们看到《诗经》中有些地方对一些君子进行讽刺和批评,因为先前的君子是与爵位、地位相关的,地位高而德行差的君子们破坏了"君子"一词的使用价值,春秋君子们重建君子的文化内涵,以德行代替权威。但春秋时期是一个重建君子魅力的时代,"君子"一词又恢复了褒义。君子时代的德行内涵不断丰富化,从谥法的出现到春秋君子对个人魅力和"不朽"等人生价值的大讨论建立了一系列定位人生价值的标准,评判人物的标准也随即多样化。正是因为人物品评中对礼仪中的"威仪"格外重视,因此礼向人的个人修养方面发展,最后变为内在的品质。内在道德修养需要敬慎的态度和威仪来完成。在威仪中人们领会到人格魅力,在修养中人们逐渐形成一种人生境界。道,行之而成。佛教要达到某种精神境界,首先要走修炼之路,从戒而定再而慧。没有态度上的端正严肃,便无法领略佛法的玄妙境界。从某种程度上来说,任何修身养性之道都是相通的。

第二章　小传统的价值观和审美观：
《诗经》风诗人物品评

先秦人物品评可以分为大传统和小传统两个系统，表现为两种不同的品评风格，形成不同的品评标准。大传统中的人物品评关注人物的政治美德，小传统中的人物品评关注个人在日常生活中的品行和美德。《诗经》雅颂诗反映了上层主流文化圈人物品评的现象及其品评标准；《诗经》风诗则反映了民间人物品评的状况，虽然其价值标准和个人美德明显受上层文化和意识形态的影响，但其距离政治较远，因而显得非常生动、丰富、质朴。大传统品评人物的关键品目是"德"与"威仪"，"德"是围绕品评对象的影响力和权威性而对其进行的全面考察，包括其血统、爵位、宗族功德、家族文化精神、祖先福荫以及行为方式、道德品质等综合因素；"威仪"是在各种仪式和活动中与其身份地位相一致的行为规范。在这种行为模式中强调"敬"的精神状态和处事态度。"德"和"威仪"作为人物品评的品目是集体性的、共性的，是与意识形态的规范相一致的，表现为一种外在的预设和规定，要求个人在行为举止上向这一规范趋近，符合其要求则受到赞美，反之则受到批判。虽然"敬"和"德"的规范都有一种向善的、合道德性的内在要求，但这并不是基于个体自觉的道德品性，而是基于政治权威、宗族利益、神灵在场以及集体精神的统一规范。到了春秋战国时期，其才逐渐变为个人的自觉追求。《诗经》风诗反映了周代民间小传统人物品评的特点，其品评人物的标准包括人伦规范、个人品德、精神气质、才能、个性、形貌特征等多方面。人物品评的审美意识突出，注重人的内美和外美的结合。从品评的对象来看，先秦人物品评已经具有后世人物品评品目之德行、材性、隐逸、容止等门类的端倪。在品评方法上已经出现比较（品藻）、比喻、烘托、夸张等多种方法。《诗经》品评人物通常使用表示美或善的综合性词汇,这些词汇常常既包括外美,又包括内美。就像"硕人""美人""姝人"等词汇既表示外貌美,也可以用来表示内在品质之美。纯粹表示人的道德品质的词语不是很多。真正能与后世的道德或品德观念在意义内涵上完全对应的词汇还没有出现。

另外,在讨论《诗经》风诗中的人物品评问题之前,必须将其与人物描写作一区别。《汉语大词典》释"品评":"评价;评论。"在评价和评论中必然伴有对人的是非、善恶、高低、好坏等的定位和判断,而作为评判者又不免产生好恶、褒贬、美刺、激赏与艳羡、猎奇与尚怪、惩恶与扬善等情感倾向。而人物描写则是运用详尽细致的形容将人物的形象、情态和特征等表现出来。人物描写虽然不可避免地带有描写者的情感倾向,但其以追求形象的逼真、具体、细腻、生动为主。在《诗经》中,大多数有关人物的描述与其说是人物描写,还不如说是对人物的总体评价。因为其并不以刻画具体生动的人物形象为目的,而是以表达对人的好恶之情以及是非、善恶的判断为目的。

第一节 《诗经》"美刺"与人物品评

对于《诗经》风诗人物品评的研究还必须与千百年来《诗经》学史上争论不休的"美刺"说做一分辨。《诗经》美刺说的根源来自《毛序》。《毛序》解诗基本上以事关君臣国政的政治美刺为说,并且以史证诗,甚至给一些明为乡间里巷的民间情诗也贴上政治美刺的标签,显然有牵强附会之嫌。《诗大序》云:

  《关雎》,后妃之德也,风之始也,所以风天下而正夫妇也。故用之乡人焉,用之邦国焉。风,风也,教也。风以动之,教以化之。……先王以是经夫妇、成孝敬、厚人伦、美教化、移风俗。

《诗大序》又用美刺说解释"六义":

故诗有六义焉：一曰风,二曰赋,三曰比,四曰兴,五曰雅,六曰颂。上以风化下,下以风刺上,主文而谲谏,言之者无罪,闻之者足以戒,故曰风。至于王道衰,礼义废,政教失,国异政,家殊俗,而变风变雅作矣。国史明乎得失之迹,伤人伦之废,哀刑政之苛,吟咏情性,以风其上,达于事变而怀其旧俗者也。故变风发乎情,止乎礼义。发乎情,民之性也;止乎礼义,先王之泽也。是以一国之事,系一人之本,谓之风;言天下之事,形四方之风,谓之雅。雅者,正也,言王政之所由废兴也。政有小大,故有小雅焉,有大雅焉。颂者,美盛德之形容,以其成功告于神明者也。是谓四始,诗之至也。

之后《诗经》在解诗的小序中都遵循美刺说的原则,分别定其为美某人、某事或刺某人某事。《诗经》标明刺诗的有129篇,标明美诗的有28篇,还有许多虽未贴上美刺的标签,但用了具有美刺意义的"规""诲""戒""疾""乐"等字眼,是为"隐言美刺者也"①。郑玄《诗谱序》进一步补充说:

论功颂德,所以将顺其美;刺过讥失,所以匡救其恶。各于其党,则为法者彰显,为戒者著明。周自后稷播种百谷,黎民阻饥,兹时乃粒,自传于此名也。陶唐之末,中叶公刘,亦世修其业,以明民共财。至于大王、王季,克堪顾天。文、武之德,光熙前绪,以集大命于厥身,遂为天下父母,使民有政有居。其时《诗》,《风》有《周南》《召南》,《雅》有《鹿鸣》《文王》之属。及成王、周公致太平,制礼作乐,而有颂声兴焉,盛之至也。本之由此《风》《雅》而来,故皆录之,谓之《诗》之正经。后王稍更凌迟,懿王始受谮亨齐哀公,夷身失礼之后,《邶》不尊贤。自是而下,厉也幽也,政教犹衰,周室大坏。《十月之交》《民劳》《板》《荡》,勃尔俱作,众国纷然,刺怨相寻。五霸之末,上无天子,下无方伯,善者谁赏? 恶者谁罚? 纪纲绝矣。故孔子录懿王、夷王时诗,讫

---

① [清]惠周惕《诗说》卷上,文渊阁《四库全书》本。

于陈灵公淫乱之事,谓之变《风》、变《雅》。以为勤民恤功、昭示上帝,则受颂声,弘福如彼;若违而弗用,则被劫杀,大祸如此。吉凶之所由,忧娱之萌渐,昭昭在斯,足作后王之鉴,于是止矣。①

总之,受《毛序》的影响,汉代学者解诗多持美刺之说。如司马迁谓:"周道缺,诗人本之衽席,《关雎》作。仁义陵迟,《鹿鸣》刺焉。"(《史记·十二诸侯年表》)班固谓:"周道始缺,怨刺之诗起。"(《汉书·礼乐志》)王符《潜夫论·班禄》:"其后忽养贤而《鹿鸣》思,背宗族而《采蘩》怨。"可以说,将"诗三百"全部贴上政治"美刺"的标签显然是与事实不符的。尤其是《诗经》中的风诗,具有民间歌谣的质朴和自然,直接关乎政治美刺的很少。风诗作为民间歌谣,之所以进入《诗经》文本,是与统治者观民风以知政治得失的措施密切相关的。《礼记·王制》:"命大师陈诗,以观民风。"大师所陈之诗皆是民风、民俗的反映,其中肯定有关于政治兴废的反映,但更多的是对风土人情、社会风化的反映。统治者采风,是供其"斟酌"国政,以达到"观民设教""事行而不悖"(《国语·周语上》)的目的。民间风诗的产生并非像《毛序》所说的那样是某些民间诗人自觉地站在政治兴亡的高度上对君臣国政进行"美刺",而是"虑之心而宣之于口,成而行之"(《国语·周语上》)的,是很自然产生的结果。更何况风诗中有许多无关政治美刺,只反映民间生活情状的歌谣。对于汉儒解诗的政治"美刺"说,后世学者多持反对意见。北宋的欧阳修、苏辙,南宋的郑樵、王质、朱熹等对《毛序》的说法进行质疑和否定,尤其是朱熹从诗文本的角度解诗,虽然仍然难以避免理学家的偏见和时代的局限,特别是将一些清新自然的民间情诗斥为"淫奔"之诗,但毕竟从反面印证了其作为民间婚恋之诗的本来面目,比起《毛序》过于迂曲的"美刺"解诗说前进了一大步。他说:

> 大率古人作诗,与今人作诗一般,其间亦自有感物道情,吟咏情性,几时尽是讥刺他人?只缘序者立例,篇篇要作美刺说,

---

① 郑玄《诗谱序》,[清]阮元校刻《十三经注疏》,中华书局,1980年版,第262—263页。

将诗人意思尽穿凿坏了。且如今人见人才做事，便作一诗歌美之，或讥刺之，是甚么道理？如此亦似里巷无知之人，胡乱称颂谀说，把持放雕，何以见先王之泽？何以为性情之正？①

那么被汉儒推崇的"美刺"说是否毫无合理性呢？非也。纵观《诗经》文本的具体内容，"美刺"的存在的确是客观事实。《毛序》美刺说的弊端在于将美刺范围扩大化。对于所有诗篇（尤其是风诗）皆试图以美刺原则强以为说，结果造成牵强附会、任意歪曲的解诗现象。正如郑玄所说，周德正盛之时，"颂声作焉"，风雅皆为"诗之正经"；懿王以下，至厉、幽之世，王道凌迟，"周室大坏"，"变风、变雅作"。《诗经》中的大雅和颂诗多以评判、论定、赞颂先王功德和业绩为主要内容，其主题为"美"无疑；但厉、幽之世的雅诗多主"刺"也是毋庸置疑的。众所周知，厉王、幽王之世，政治昏暗，《国语·周语上》记载，厉王暴虐，并使卫巫监视谤者，"国人莫敢言，道路以目"。厉王的高压弭谤行为激起国人的反叛，最后国人流放厉王于彘地。宣王初立，从厉王的乱政中吸取教训，他在邵公等大臣的帮助下励精图治，实施一系列的政治措施，渐渐出现中兴局面，邵公效法先祖先王，团结宗族，整顿礼制，大兴礼乐，征伐四夷，平定内忧外患，并以诗歌相勉励，创作了大量的诗歌作品。但是好景不长，宣王中兴无法挽救西周社会的衰颓之势，宣王后期，连年的征战致使国力日衰，诗多有怨刺之作。幽王继位，由于其废申后，爱褒姒，立褒姒之子伯服为太子，逐原太子宜臼而导致众叛亲离，再加上东征西伐，用兵不息，周室内忧外患，风雨飘摇。公元前771年，幽王被申侯联合犬戎、缯人所杀，西周灭亡。所以说，在厉王、共和、宣王、幽王这一时期的一百多年中，周室政治社会经历了剧烈的变乱，人们的思想观念也经历了剧烈的冲击，这种变乱对当时的文化和文学也产生了巨大影响。

以怨刺上政为主要内容的二雅怨刺诗大多便产生在这一时期。由于时局的动乱，诗歌的主流由周初的歌功颂德转为怨刺现实，诗歌创作多"缘事而发"，这些怨刺诗又被称为"变雅"。朱熹虽然反对《毛

---

① ［宋］朱熹《朱子语类》卷八十，文渊阁《四库全书》本。

序》以政治美刺解释所有诗歌,尤其是风诗,如他说,"凡《诗》之所谓风者,多出于里巷歌谣之作",是"男女相与咏歌,各言其情"的民间歌谣(《诗集传·序》)。而"诗人之意不尽在美刺",但他并不否认《诗》存在"美刺"的事实。他说,"诗文明白,直指其事,如《甘棠》《定中》《南山》《株林》之属;若证验之切,见于书史,如《载驰》《硕人》《清人》《黄鸟》之类,决为可无疑者",则可以一仍《序》说。朱熹反对的是不顾诗歌本意,对《诗》篇篇皆作政治"美刺"观,且"不知其时者,必强以为某王某公之时;不知其人者,必强以为某甲某乙之事"的"凿空妄语"。① 考《毛序》之所谓"刺诗",十三国风(变风)中82篇,二雅(变雅)中49篇,合131篇。另外,许多诗篇明明是主美的,《毛诗》则迂曲牵强作刺诗解,或者明为刺诗却作美诗解,以为言在此而意在彼。窃以为,被《毛序》放大了的美刺说源于"诗之用",而非"诗之作"。在先秦史传文学和诸子散文中有许多赋诗言志、引诗评人、引诗证其学说等现象。在引诗的过程中,诗与引用者的观点和倾向相结合,因而具有了评定是非的性质,并且提升了其权威性。诗的美刺倾向在反复的引用中被突出和强化。对于《诗经》的美刺问题我们将从诗文本出发,从人物品评的角度对其作全新的审视。

另外,我们还要分辨事关国政君臣和统治阶层人物行为的"政治美刺"和民间人物品评之区别,对事关君臣国政的"政治美刺"诗和民间歌谣作区别对待。在《诗经》的雅颂诗中,与政治美刺相关的诗歌大多具有人物品评的性质,通过对人物功过、是非、善恶的判定,进而对其进行褒贬品评,其中具有明确的对人物进行定性和品评的诗句。这类诗在周初主美,在西周末年主刺。

《诗经》民间风诗中有关描写人物的诗歌往往渗透着作者(歌唱者)对人物的强烈的情感倾向。表述者直接将情感投射到人物身上,必然产生对人物的好恶判断,这也是早期文学作品共有的特点。所以《诗经》表现人物的诗歌大多具有人物品评的性质,直接的人物描写很少。风诗中的人物品评往往用高度概括而传神的语词对人物的才德、品貌、举止神态及其善恶好坏进行判断,并予以褒贬和美刺(这

---

① [宋]朱熹《诗序辨说·邶·柏舟》,《续修四库全书》第五六册,上海古籍出版社,2002年版,第265页。

里的美刺皆从文本内容进行判断,不做专门的推测创作背景和创作目的的政治美刺之分析)。《诗经》风诗的人物品评反映了民间小传统品评人物的特点。与《毛诗》以美刺来推断诗歌创作背景和动机并力求坐实所美刺之人的做法不同,本书对于具有人物品评性质的风诗皆从诗文本出发,不就所品评对象作考证研究,而就诗论诗,分析其人物品评的特点。

第二节 《诗经》风诗"美刺式"人物品评举隅

在这里需将美刺式人物品评与一般的人物品评做一区分:一般的人物品评是基于人自身的各种特质进行的品评。《诗经》风诗中大多数具有人物品评性质的诗歌皆是对人的品质、才能、形貌、精神气质等的品评,而且以赞美居多。美刺式品评是带有明确的肯定、褒扬或否定、贬斥色彩的人物品评,其中直接品评人物的诗句很少。这种人物品评是根据全诗主题的美刺性质、评价对象的行为及与其有关的事件的性质而投射褒贬好恶于其人,并不关注品评对象自身的品行、精神气质、才情和仪容等因素,而且其与政治关系密切。这类诗歌中人物品评与一般的人物品评有区别,其与作品主题关系密切,故不是本文研究的主要对象。《诗经》风诗中这类美刺式品评非常少,兹对此类诗略举几例。如《周南·兔罝》:

> 肃肃兔罝,椓之丁丁。赳赳武夫,公侯干城。
> 肃肃兔罝,施于中逵。赳赳武夫,公侯好仇。
> 肃肃兔罝,施于中林。赳赳武夫,公侯腹心。

《兔罝》是一首赞美猎人的诗。诗人在路上遇到英姿飒爽的猎人正在打桩张网捕兔,惋惜他们英雄没有用武之地,希望他们能被选拔为国家的武士,使其充分发挥自己的才能,成为"公侯腹心"。崔述《读风偶识》卷一云:"余玩其词,似有惋惜之意,殊不类盛世之音。……太平日久,上下恬熙,始不复以进贤为事,是以世胄常蹑高位而寒畯苦无进身之阶。文士或间一遇时,而武夫尤难以逢世。以故诗人惜之曰:'此林中之施兔罝者,其才皆公侯之干城、公侯之腹心也。'惋惜之情,显然言外。"①此说比较接近诗旨。因此,从诗的主题来说,有微刺之义,但刺义正是通过对武夫的赞美表现出来的。诗中屡言"赳赳武夫",又假想他能成为"公侯干城""公侯好仇""公侯腹心",其对猎人的赞美之义溢于言表,故此诗属于美刺式人物品评。又如《召南·甘棠》:

> 蔽芾甘棠,勿翦勿伐,召伯所茇。
> 蔽芾甘棠,勿翦勿败,召伯所憩。
> 蔽芾甘棠,勿翦勿拜,召伯所说。

《毛序》:"《甘棠》,美召伯也。"郑玄、孔颖达、朱熹以来的传统观点认为诗中的"召伯"为周初召公。其实,南国的开发完全有赖于宣王时代的召穆公召伯虎,因此诗中的"召伯"当指召伯虎,此诗则当为赞美召伯虎所作。诗所诵之事与《大雅·崧高》一致,为召伯虎奉宣王之命为其母舅申伯于召南域内筑城盖房、划定土田、规定租税,因此其后人作诗颂扬召伯虎。程俊英、蒋见元《诗经注析》亦持此说。此诗通过描写人们对曾是召伯休息处的甘棠树的爱惜,表现了人们对召伯的怀念和热爱,从而赞美召伯的人格魅力。此诗主美,从人物品评的角度来说,属于美刺式人物品评。

《邶风·凯风》也是一首赞美人物的诗。其诗曰:

> 凯风自南,吹彼棘心。棘心夭夭,母氏劬劳。
> 凯风自南,吹彼棘薪。母氏圣善,我无令人。
> 爰有寒泉,在浚之下。有子七人,母氏劳苦。
> 睍睆黄鸟,载好其音。有子七人,莫慰母心。

《毛序》曰:"美孝子也。卫之淫风流行,虽有七子之母,犹不能安其

---

① [清]崔述《读风偶识》,《续修四库全书》第六四册,上海古籍出版社,2002年版。下引《读风偶识》同。

室。故美七子能尽其孝道,以慰其母心,而成其志尔。"朱熹《诗集传》以为"母以淫风流行,不能自守,而诸子自责,但以不能事母,使母劳苦为辞。婉辞几谏,不显其亲之恶,可谓孝矣。"但从诗文本来看,诗中言"母氏劬劳""母氏圣善",皆是赞扬母亲语,并无责备之义。而以"美孝子"解诗虽然也能说得通,似乎也有点迂曲。从诗文本来看,其对母亲的赞美和歌颂倒是实实在在的。诗中自责"有子七人,莫慰母心",从另一个方面赞美了母亲的伟大。又如《曹风·下泉》:

冽彼下泉,浸彼苞稂。忾我寤叹,念彼周京。
冽彼下泉,浸彼苞萧。忾我寤叹,念彼京周。
冽彼下泉,浸彼苞蓍。忾我寤叹,念彼京师。
芃芃黍苗,阴雨膏之。四国有王,郇伯劳之。

《下泉》,《毛序》以为是世道大乱,周室衰落,无力保护小国,曹国人"思明王贤伯"之作;或以为是赞美晋卿荀跞纳周敬王于成周。似以后一说更符合诗的本旨。诗产生的具体时代,何楷、马瑞辰、王先谦以为当在周敬王之世,是曹人在周者为"美晋荀跞纳周敬王于成周而作"。马瑞辰《毛诗传笺通释》云:"按何楷《诗世本古义》据《易林·蛊》之《归妹》云'下泉苞稂,十年无王,荀伯遇时,忧念周京',此诗当为曹人美晋荀跞纳敬王于成周而作。其说以自春秋昭二十二年王子朝作乱,至昭三十二年城成周,为十年无王。《左传》天王使告于晋曰:'天降祸于周,俾我兄弟并有乱心,以为伯父忧。我一二甥舅不遑启处,于今十年,勤戍五年,余一人无日忘之。'与《易林》'十年无王'合。又以昭二十三年'天王居于狄泉'即此诗下泉,郇伯即荀跞也。荀即郇国之后,去邑称荀也。称荀伯者,《左传》昭三十一年'晋侯使荀跞唁公','季孙从知伯如乾侯',知伯即荀跞也。诸荀在晋别为知与中行二氏,故又称知伯。荀伯,犹知伯也。美荀跞而诗列《曹风》者,昭二十五年晋人为黄父之会,谋王室,具戍人,二十七年会扈,令戍周,三十二年城成周,曹人盖皆与焉,故曹人歌其事也。"此说有理有据,后之说诗者亦多从之。可见,《下泉》符合政治美刺诗的特点,有美刺式人物品评的特点。以上所举,从诗的主题来看,皆主美。

《诗经》风诗中的有些诗篇则主刺。如《曹风·候人》：

> 彼候人兮,何戈与祋。彼其之子,三百赤芾。
> 维鹈在梁,不濡其翼。彼其之子,不称其服。
> 维鹈在梁,不濡其咮。彼其之子,不遂其媾。
> 荟兮蔚兮,南山朝隮。婉兮娈兮,季女斯饥。

《候人》,曹国人所作,是一首讽刺诗,主要讽刺曹共公滥用小人,朝政昏乱。《毛序》云:"刺近小人也。共公远君子而好近小人焉。"三家诗及郑、孔诸家无异说,故朱熹、方玉润亦以为刺曹共公。曹共公之昏悖,见于《左传·僖公二十三年》之观重耳骈胁及不用僖负羁之言。今观其诗,与《序》说大体相合。首章直赋其事,言曹之贤者在下位而小人则赤芾乘轩。二章以鹈鹕起兴,喻小人据高位而服不称其德。三章以南山之朝云喻小人之众多,而贤人沉于下僚,国以昏乱。故此诗为刺诗,属于美刺式人物品评。又《魏风·葛屦》:

> 纠纠葛屦,可以履霜。掺掺女手,可以缝裳。要之襋之,好人服之。
> 好人提提,宛然左辟,佩其象揥。维是褊心,是以为刺。

《葛屦》为《魏风》首篇,《毛序》:"刺褊也。魏地狭隘,其民机巧趋利,其君俭啬褊急,而无德以将之。"郑《笺》:"俭啬而无德,是其所以见侵削。"孔颖达《疏》解说:"所以刺之者,魏之土地既以狭隘,故其民机心巧伪以趋于利,其君又俭啬且褊急,而无德教以将抚之,令魏俗弥趋于利,故刺之也。言魏地狭隘者,若地广民稀,则情不趋利;地狭民稠,耕稼无所,衣食不给,机巧易生。人君不知其非,反覆俭啬褊急,德教不加于民,所以日见侵削,故举其民俗君情以刺之。机巧趋利者,章上四句是也。俭啬,言爱物;褊急,言性躁,二者大同,故直云'刺褊'。"意思是说,此诗是讽刺魏国国君过于节俭,而不体恤下情。朱熹《诗集传》以为"疑即缝裳之女所作",比较接近诗的本意。在诗的末尾作者说:"维是褊心,是以为刺。"意思是因为贵族心胸太狭小,所以作这首诗来讽刺。方玉润《诗经原始》评曰:"明点作意,又是一法。"这位作者已经表现出创作上的某种自觉,即作诗以讽刺。

总之,以上诸诗从诗文本来看,或主美、或主刺,属于美刺式人物品评。其他诗作即使是解诗者将其断为美刺,但从文本中并看不出美刺之义者另当别论。

第三节 《诗经》风诗人物品评之品目及其对人的审美观照

《诗经》风诗中的人物品评具有概括性、整体性的特点。其品评人物基本上是从外在状貌和内在精神品质两方面来做综合评论,同时具有民间品评人物的自然质朴性。其与《左传》《国语》所记上层贵族君子间的人物品评观念和标准不同,也与诸子时代围绕各自的学术思想而进行的人物品评不同。《诗经》风诗中的人物品评是民间的,属于小传统的。因此,其人物品评之品目也是质朴自然而具有民间特色的,我们从中可以看出《诗经》时代不同于上层贵族社会的民间审美观念和精神风尚。

一、洵美且武

风诗人物品评的许多对象是民间猎人,对猎人的品评虽然以综合考察为原则,但以"勇武"为主要标准。《郑风·叔于田》就是一首品评和赞美猎人的诗歌,其诗云:

叔于田,巷无居人。岂无居人?不如叔也,洵美且仁。
叔于狩,巷无饮酒。岂无饮酒?不如叔也,洵美且好。
叔适野,巷无服马。岂无服马?不如叔也,洵美且武。

对于这首诗,《毛序》谓:"刺庄公也。叔处于京,缮甲治兵,以出于田,国人说而归之。"郑《笺》云:"叔往田,国人注心于叔,似如无人处。"《叔于田》旧说以为与《太叔于田》一诗同为郑人刺郑庄公放任其弟共叔段,使其逐渐坐大,最终发动叛乱。三家诗无异义。孔颖达《疏》说同,此皆主"刺"说。严粲《诗辑》认为二《叔于田》美叔段:"二《叔于田》皆美叔段之材武,无一辞他及。"① 王先谦《诗三家义集疏》:"叔者,段字。武姜溺爱,庄公纵恶,宠异其号,谓之京城大叔。从叔于京者,类皆谀佞之徒,惟导以畋游饮酒之事,而国人亦同声贡媚,诗之所为作也。"何楷《诗经世本古义》引章潢曰:"词虽美叔段,意实刺庄公,国人不敢直指其君,故词在此而意在彼,乃风之体也。"② 王、何主"美刺"并用说,以为诗美叔段兼而刺庄公。崔述《读风偶识》卷三否认美刺说,曰:"大抵《毛诗》专事附会。仲与叔皆男子之字。郑国之人不啻数万,其字仲与叔者不知几何也。乃称叔即以为共叔,称仲即以为祭仲,情势之合与否皆不复问。然则郑有共叔,他人即不得复字叔;郑有祭仲,他人即不得复字仲乎?"以为仲与叔皆男子之字,而此处之"叔"并非专指段叔。朱熹《诗集传》:"或疑此亦民间男女相悦之辞也。"

从诗文本来看,这首诗非关政治美刺,更看不出所谓"刺庄公"之义,立足于诗文本并结合《诗经》时代的文化背景,从人物品评的角度对其进行重新审视,我们发现这首诗从内容上来说的确在赞美一个被称为"叔"的人,而这首赞美叔的诗,分别从外美和内美两方面对叔给予了高度的评价。"洵美且仁""洵美且好""洵美且武"在强调其俊美的外表之外,更从内在的修养品行("仁")、平易近人的性格("好")、英武有力的本领("武")三个方面评价叔出类拔萃的高大形象。虽然对叔进行了综合的评价,但评价中的"美""仁""好"都是建立在"武"的基础之上的。我们说善恶、好坏、美丑作为品评人物的观念产生比较早,前文还论述到古人在判定事物的价值的时候,实用性、有效性曾经是一个非常重要的根本原则。甚至早期的好坏、美丑观念最初都是建立在实用性的基础之上的。虽然《诗经》时代人们的审美观念有了很大的发展,但作为一个猎人,其受到人们尊重和赞颂的基础条件就是在狩猎过程中勇敢英武的表现。所以诗的最后一句"洵美且武"是此诗人物品评的关键词。

在人物品评的技巧上,这首诗用了夸张和对比的修辞方式以"增

---

① [宋]严粲《诗辑》卷八,文渊阁《四库全书》本。
② [明]何楷《诗经世本古义》卷十九上,文渊阁《四库全书》本。

其美"(王充《论衡·艺增》)。我们试将《叔于田》的品评模式与后世的人物品评专书《世说新语》"容止"篇中的某些品目作一比较:

> 魏明帝使后弟毛曾与夏侯玄共坐,时人谓"蒹葭倚玉树"。
> 潘岳妙有姿容,好神情,少时挟弹出洛阳道,妇人遇者莫不连手共萦之。左太冲绝丑,亦复效岳游遨,于是群妪齐共乱唾之,委顿而返。
> 有人语王戎曰:"嵇延祖(嵇绍,嵇康之子)卓卓如野鹤之在鸡群。"答曰:"君未见其父耳!"
> 骠骑王武子是卫玠之舅,俊爽有风姿,见玠辄叹曰:"珠玉在侧,觉我形秽!"
> 王大将军(敦)称太尉(衍):处众人中似珠玉在瓦石间。
> 海西时,诸公每朝,朝堂犹暗,唯会稽王来,轩轩如朝霞举。
> 庾长仁(统)与诸弟入吴,欲往亭中宿。诸弟先上,见群小满屋都无相避意,长仁曰:"我试观之。"乃策杖将一小儿,始入门,诸客望其神姿,一时退匿。①

俊美神武的"叔"一出现,辄"似珠玉在瓦石间",又"卓卓如野鹤之在鸡群",令巷子里的其他人黯然失色,所以说"叔于田,巷无居人"。胡承珙《毛诗后笺》曰:"犹云倾城出观,里巷为空耳。"但诗的后两句接着说:"岂无居人? 不如叔也,洵美且仁。"说明胡氏理解有误,并非里巷皆空以观叔猎,而是一种对比和夸张,不是没有居人,而是不如叔"洵美且仁""洵美且好""洵美且武"的缘故。王充《论衡·艺增》:"《易》曰:'丰其屋,蔀其家,窥其户,阒其无人也。'非其无人也,无贤人也。"②即是此理。在这首诗中用了对比和夸张的手法对叔进行品评和赞美。作为民间风诗,具有质朴、简洁、不事雕琢的特点,但在艺术上已然具有后世人物品评的神韵。同样,另一首赞美猎人的诗《卢令》与《叔于田》一样,赞美了猎人的俊美高大、和蔼可亲和勇武有力的精神风貌。其诗曰:

---

① 朱铸禹《世说新语汇校集注》,上海古籍出版社,2002年版。下引《世说新语》同。
② 北京大学历史系《论衡》注释小组《论衡注释》,中华书局,1979年版,第489页。

> 卢令令，其人美且仁。
> 卢重环，其人美且鬈。
> 卢重鋂，其人美且偲。

《诗序》以为《卢令》为刺齐襄公之诗："刺荒也。襄公好田猎，毕弋，而不修民事，百姓苦之，故陈古以风焉。"后人引《国语》《左传》《管子》《公羊传》等以证成《序》说。何楷《诗经世本古义》说："《公羊传》载庄四年公与齐侯狩于禚。《左传》载庄八年齐侯田于贝丘，见大豕，从者曰：'公子彭生也！'公怒，射之，豕人立而啼。公惧，坠于车，因遂为无知所弑。此足为襄公好田之证。"但是从文本来看，诗中赞美之义甚浓，并无刺义。程俊英、蒋见元《诗经注析》认为是"赞美猎人的诗"，是对猎人的肯定性评价。此诗分别用了"美且仁""美且鬈""美且偲"三组词语来评价和赞美猎人。仁，即和蔼友好之义。郑《笺》："鬈，读当为权。权，勇壮也。"马瑞辰《毛诗传笺通释》："權乃攇字之讹。张参《五经文字》攇字注云：'从手作攇者，古拳握字。'按《说文》：'卷，气埶也。'引《国语》曰'有卷勇'。乃古拳勇字。《诗》作拳者，亦假借。攇者，拳之异体，古亦假为卷勇字，故《笺》云'鬈当读为攇'，后人讹写作權。"故鬈当作"勇壮"解。毛《传》曰："偲，才也。"郑《笺》："才，多才也。"《说文》："偲，强力也。"段玉裁注："许云'强力'者，亦取才之义申之。"故偲当作"多才"解。综合起来看，《卢令》对所赞美猎人的品评仍以"勇武"为主要标准，突出的是猎人的狩猎技巧和才能，因为其才能受到人们的爱戴，"美""仁"等评价都是因其在狩猎中英勇神武的表现而获得的，这就如同说某人很厉害，很了不起，很有吸引力一样，这些评价都是建立在其"勇武"这一核心品质之上的。

《齐风·还》是猎人之间互相赞美的诗。诗中的两位猎人互相赞誉，并肩驱驰猎物，刻画出了两位英武飒爽的猎人形象。其诗曰：

> 子之还兮，遭我乎峱之间兮。并驱从两肩兮，揖我谓我儇兮。
> 子之茂兮，遭我乎峱之道兮。并驱从两牡兮，揖我谓我好兮。
> 子之昌兮，遭我乎峱之阳兮。并驱从两狼兮，揖我谓我臧兮。

方玉润《诗经原始》引章潢曰:"'子之还兮',己誉人也;'谓我儇兮',人誉己也。'并驱',则人己皆与有能也。"还,通"旋"。毛《传》:"还,便捷之貌。"马瑞辰《毛诗传笺通释》:"《释文》引《韩诗》作嫙,云:'嫙,好貌。'据下章'子之茂兮''子之昌兮',茂、昌皆为好,则还者,嫙之假借,从《韩诗》训好为是。"儇,毛《传》训为"利",郑《笺》:"子则揖耦我,谓我儇。誉之也。誉之者,以报前言还也。"陈奂《诗毛氏传疏》:"《传》训儇为利者,利犹閒也,閒於驰逐也。"马瑞辰《毛诗传笺通释》引王观察曰:"二章言好,三章言臧,则首章从《韩诗》作嫙、训好,义亦同。"

在这里,训诂学家针对"还""儇"二字的训释可谓细致而精微。但是将出现的赞美之辞全部做"美好貌"解释,似乎有点呆板而与诗意不符。我们认为这里品评赞美的是两位飒爽英姿的猎人,作者不可能不赞美其英武娴熟的狩猎技能,而只对其"美好貌"进行赞美。或者说,没有猎人的狩猎技能,对其空作"美好"之赞美难免虚美之嫌。因此,本诗的首句当从郑《笺》和方玉润的解释,是猎人互相赞美对方的身手敏捷,技艺超群。"还"从毛《传》训为"便捷"可也。"儇"当从毛《传》和陈奂说,训为"利""閒"是也。"茂",本义为草木茂盛,引申为美。陈奂《诗毛氏传疏》:"美者,谓习于田猎也。"故"茂"有多才多艺之义。因为茂盛之物皆有丰富、众多之义,对于猎人来说,使多与美能联系在一起的只能是其超群的狩猎技能和打的猎物了。程俊英、蒋见元《诗经注析》解为"夸奖猎手技艺完美",是。昌,郑《笺》释为"佼好貌"。"好"和"臧"皆为好、善之义,意义自明。因此这首诗中对猎人的赞美品评仍然突出的是其勇武壮美的精神气质以及精湛超群的技艺和才能。由此可见,在《诗经》时代的民间,对于男子的评价以勇武壮美为主要标准。就是在上层贵族阶层,与民间的勇武观念一致的是对于"勇"的崇尚,孔子将"勇"看作"三达德"之一,谓"知者不惑,仁者不忧,勇者不惧"(《论语·子罕》),又说"见义不为,无勇也"(《论语·为政》)。

贵族子弟所学习的"六艺"中就有"射"和"御",是专门培养其勇武精神的。《郑风·羔裘》就是赞美一位贵族官吏在国家事务中能够勇于担当重任的精神品质的诗歌:

羔裘如濡,洵直且侯。彼其之子,舍命不渝。
羔裘豹饰,孔武有力。彼其之子,邦之司直。
羔裘晏兮,三英粲兮。彼其之子,邦之彦兮!

《羔裘》,朱熹《诗集传》说:"盖美其大夫之词,然不知其所指矣。"诗中所赞美之人身着"羔裘",郑玄《笺》:"缁衣、羔裘,诸侯之朝服也。言古朝廷之臣,皆忠直且君也。君者,言正其衣冠,尊其瞻视,俨然人望而畏之。"两者皆认为所赞美者为贵族官吏。诗歌每一章的前两句皆是对其服饰的描绘,通过服饰之美反衬人的品德和精神气质之美,而后两句则完全是对其人的道德品质的品评。其将人物的衣着描写和对人物品行的品鉴相结合,交相辉映,衣着描写是为了更好地衬托出人物的精神气质。"舍命不渝"即当国家有危难时,能够勇于承担重任,甚至舍弃生命而不变节。"舍命不渝"在这首诗中是"诗眼",也是品评人物的关键品目。"邦之司直"即谓他们不但能处己以直,而且能够以直人为己任。马瑞辰《毛诗传笺通释》:"《吕氏春秋·自知篇》……高注:'司,主也。直,正也,正其过阙也。'……上章言'洵直且侯',是君子之处己以直;此章'邦之司直',是言君子之能直人也。""邦之彦兮",毛《传》:"彦,士之美称。""邦之彦",犹言邦之表率、邦之楷模之义。"邦之司直"和"邦之彦兮"即是赞美其勇敢正直的精神气质能够为国之楷模,能以身作则。其之所以能"直己、直人",为"邦之彦",一"舍命不渝"完全道出缘由。没有这一词,后两句的定位和评价无以着落。

二、良

"良"是《诗经》风诗从才德方面综合品评人物的又一品目。春秋时期,秦国发生了"三良殉穆公"事件,国人大哀,作《黄鸟》之诗以哀之。因为被殉葬的子车氏三子在国人心目中具有崇高地位,即《秦风·黄鸟》:

交交黄鸟,止于棘。谁从穆公?子车奄息。维此奄息,百夫之特。临其穴,惴惴其栗。彼苍者天,歼我良人。如可赎兮,人百其身。

交交黄鸟,止于桑。谁从穆公?子车仲行。维此仲行,百夫之防。临其穴,惴惴其栗。彼苍者天,歼我良人。如可赎兮,人百其身。

交交黄鸟,止于楚。谁从穆公?子车针虎。维此针虎,百夫之御。临其穴,惴惴其栗。彼苍者天,歼我良人。如可赎兮,人百其身。

《毛序》云:"哀三良也。国人刺穆公以人从死而作是诗也。"三家诗均无异说。三良之从葬穆公,一说以为被迫殉葬①,一说为三良自愿从死②。但从诗歌内容来看,前说更可信。理由有三:其一,人们对于三良的从死深为哀痛,并且表示情愿死一百次来赎回三良的性命。如果是三良自愿从死,百姓可能不至于如此悲痛。其二,如果是自愿从死,当是从容不迫,不至于"临其穴,惴惴其栗"。国人出于对三良的爱戴,也不会特意强调和放大其恐惧之情状。其三,从当时有识之士对于三良从死事件的评价以及对秦穆公的谴责态度可以看出,三良自愿从死的可能性不大。《左传·文公六年》:"秦伯任好卒,以子车氏之三子奄息、仲行、针虎为殉,皆秦之良也。国人哀之,为之赋《黄鸟》。君子曰:'秦穆之不为盟主也,宜哉!死而弃民。先王违世,犹诒之法,而况夺之善人乎?《诗》曰:"人之云亡,邦国殄瘁。"无善人之谓。若之何夺之?古之王者知命之不长,是以并建圣哲,树之风声,分之采物,着之话言,为之律度,陈之艺极,引之表仪,予之法制,告之训典,教之防利,委之常秩,道之礼则,使毋失其土宜,众隶赖之,而后即命。圣王同之。今纵无法以遗后嗣,而又收其良以死,难以在上矣。'君子是以知秦之不复东征也。"《毛序》以为国人"哀三良"而

---

① 《史记·蒙恬列传》:"昔者秦穆公杀三良而死,罪百里奚而非其罪也,故立号曰'缪'。"《风俗通·皇霸》亦云:"(缪公)杀贤臣百里奚,以子车氏为殉,《诗·黄鸟》之所为作,故谥曰缪。"

② 《汉书·匡衡传》载匡衡上疏云:"秦穆贵信,士多从死。"应劭注云:"秦穆公与群臣饮酒,酒酣,公曰:'生共此乐,死共此哀。'于是奄息、仲行、针虎许诺。及公薨,皆从死。《黄鸟》诗所为作也。"《汉书叙传》:"旅人慕殉,义过《黄鸟》。"刘德注:"《黄鸟》之诗刺秦穆公要人从死。"曹植《三良诗》云:"功名不可为,忠义我所安。秦穆先下世,三臣皆自残。生时等荣乐,既没同忧患。谁言捐躯易?杀身诚独难。……《黄鸟》为悲鸣,哀哉伤肺肝。"

"刺穆公",当无疑义。国人之所以如此哀痛,是因为三良皆国之栋梁,这一点从其对三良的评价也可以显示出来。诗中用来评价三良才德出众的诗句是"维此奄息,百夫之特""维此仲行,百夫之防""维此针虎,百夫之御"三句。特,匹敌。毛《传》:"乃特百夫之德。"郑《笺》:"百夫之中最雄俊也。"马瑞辰《毛诗传笺通释》:"《柏舟》诗'实维我特',《传》:'特,匹也。'此《传》'乃特百夫之德'正训特为匹。匹之言敌也,当也,犹云乃当百夫之德耳。二章'百夫之防',《传》:'防,比也。'按:此读防如比方之方。《笺》:'防,犹当也。言此一人当百夫。'正是申明《传》义。三章'百夫之御',《传》:'御,当也。'均与首章训特为匹义近。"总之,三良之才德足以一当百。国人综合其才德,称其为"良人",即善人。郑《笺》:"三良,三善臣也。"此"善"即是对其才德的总体概括。

《陈风·墓门》从反面证明"良"和"不良"是对人的才德高低进行的总体品评。其诗曰:

> 墓门有棘,斧以斯之。夫也不良,国人知之。知而不已,谁昔然矣。
> 墓门有梅,有鸮萃止。夫也不良,歌以讯之。讯予不顾,颠倒思予。

《毛序》谓:"刺陈佗也。陈佗无良师傅,以至于不义,恶加于万民焉。"孔颖达《正义》承其说,均以诗刺陈佗杀其君而自立之事。苏辙《诗集传》:"桓公之世,陈人知佗之不臣矣,而桓公不去,以及于乱。是以国人追咎桓公,以为桓公之智不能及其后,故以《墓门》刺焉。"①方玉润也认为:"诗非刺佗无良师傅,乃刺桓公不能去佗耳。"以为是刺陈桓公之诗。从诗文本来看,刺桓公说更为合理。但刺桓公是诗歌隐含的主题和情感倾向,诗中并没有明确地品评桓公,故桓公不纳入我们这里讨论的人物品评范围。诗中的"夫也不良"是一句典型的人物品评话语,是对陈佗的整体评价。这里的"不良"也当是从才德方面,尤

---

① [宋]苏辙《诗集传》,文渊阁《四库全书》本。

其是品行方面进行的评价。同样,《鄘风·鹑之奔奔》也用"人之无良,我以为兄"和"人之无良,我以为君"来讽刺卫宣公之妻宣姜无德而与公子顽私通之事。《毛序》和郑《笺》皆以之为刺宣姜之诗。孔颖达认为,诗同时刺公子顽。孔颖达《疏》:"二章皆上二句刺宣姜,下二句责公不防闲也。顽与宣姜共为此恶,而独为刺宣姜者,以宣姜卫之小君,当母仪一国,而与子淫,尤为不可,故作者意有所主,非谓顽不当刺也。今'人之无良,我以为兄',亦是恶顽之乱。"朱熹《诗集传》也认为前章"人之无良"刺公子顽,是以惠公的口吻刺之;后章"人之无良"刺宣姜。"君",指宣姜为国之小君。"无良"均指无德之义,正与"良"形成鲜明对比。

三、美人、硕人、姝人

《诗经》除了在精神气质和才德方面对人进行品评之外,也出现了容止品评的萌芽。容止品评人物的品目包括"美人""硕人""姝人""清扬"等。"美人""硕人"在《诗经》人物品评中并不专指女性,同样用来品评男性。

(一) 美人

在《诗经》中,侧重于人的外貌品评的基本品目是"美人"。如《鄘风·桑中》:

> 爰采唐矣,沬之乡矣。云谁之思?美孟姜矣。期我乎桑中,要我乎上宫,送我乎淇之上矣。
>
> 爰采麦矣,沬之北矣。云谁之思?美孟弋矣。期我乎桑中,要我乎上宫,送我乎淇之上矣。
>
> 爰采葑矣,沬之东矣。云谁之思?美孟庸矣。期我乎桑中,要我乎上宫,送我乎淇之上矣。

《毛序》:"刺奔也。卫之公室淫乱,男女相奔,至于世族在位,相窃妻妾,期于幽远,政散民流而不可止。"郑《笺》:"卫之公室淫乱,谓宣惠之世。男女相奔,不待媒氏以礼会之也。世族在位,取姜氏、弋氏、庸氏者也。窃,盗也。幽远,谓桑中之野。"孔颖达《疏》:"《鹑之奔奔》

云'宣姜',亦是惠公之母,则《君子偕老》《桑中》在其间,亦皆惠公诗也。"但细玩诗意,并无讽刺之义。崔述《读风偶识》卷二:"《桑中》一篇但有叹美之意,绝无规戒之言。若如是而可以为刺,则曹植之《洛神赋》、李商隐之《无题》诗、韩偓之《香奁集》莫非刺淫者矣。夫《子虚》《上林》劝百讽一,古人犹以为讥,况有劝而无讽,乃反可谓之刺诗乎?"其说甚是。诗歌是以一位男子的口吻书写和情人相会相恋的过程,是一首情诗无疑。《汉书·地理志》认为卫国溱水、洧水之滨每年春天有此踏青游春、男女相会的风俗。《桑中》应当是三月上巳节时产生的情歌。至于诗中出现的孟姜、孟弋、孟庸到底是贵族还是贫民,是一人还是三人,是专称还是泛称,历来皆有争论。许伯政《诗深》云:"诗中孟庸、孟弋及齐姜、宋子之类,犹世人称所美曰西子耳。"① 朱熹以为指三位贵族女性。程俊英、蒋见元《诗经注析》:"民歌中称人之名,多属泛指,似不应过于拘泥。诗中的三姓女子,可能都是诗人称所美者的代词。他在采菜摘麦时,想念起恋人。但不愿将她的真实姓名说出来,就借用几个美女作代称。"结合当时的民俗和诗中反映的内容,诗的民歌意味很浓,而所谓的三姓女子也应当是泛称,其对应的都是歌唱者心目中的恋人。而在其泛称的姓名之前皆冠以"美"字,既体现了此女子在歌唱者心中的地位,同时也具有对此女子进行品评的性质。"美"是一个对心仪之人最具概括力的品评词汇,是一个整体映象。对事物作简洁概括的评价,是先秦文化的一个鲜明特征。先秦文化正在发端期,许多观念范畴都具有极强的统摄性,同时概念范畴还处于不断的演变和分化中,一个大的概念范畴下往往又会析出许多次级的概念范畴,用来专指或突出某一方面。这一点最突出的是"德"字的演变,德在起初是一个具有高度概括力的范畴,到后来分化析出浩浩荡荡的德目,这些德目用来专指某一方面的德。先秦在评定是非和品评人物、品评诗文时喜用简洁概括的"一字评",这也是早期的概念范畴崇尚简洁概括、突出主要特征的表现。因此"美"是先秦民间人物品评的一个基本品目。在"美"的范畴之下,又析出了"硕人""姝人""淑人""清扬"等一些具体的品目,这

---

① [清]许伯政《诗深》卷四,《四库全书存目丛书》经部第七十九册,齐鲁书社,1997年版。

些品目反映了先秦人们对于人物美的审美观念及其对于人物美的界定。

（二）硕人

高大健硕是先秦人物美的一个重要标志。《卫风·硕人》就是卫人赞美卫庄公夫人庄姜的诗歌，其诗以成功的人物描写而被人称道：

> 硕人其颀，衣锦褧衣。齐侯之子，卫侯之妻。东宫之妹，邢侯之姨，谭公维私。
>
> 手如柔荑，肤如凝脂，领如蝤蛴，齿如瓠犀，螓首蛾眉。巧笑倩兮，美目盼兮。
>
> 硕人敖敖，说于农郊。四牡有骄，朱幩镳镳，翟茀以朝。大夫夙退，无使君劳。

诗中先运用一连串的排比句介绍其高贵的身份和地位，然后又用五个排比句描摹其容貌，接着又用两个排比句摹写其神态。"巧笑倩兮，美目盼兮"两句尤其受到历代诗歌评论家的推崇。在整部《诗经》中，如此生动具体地描写一个人容貌的诗篇很少见，同时这首诗将人物品评和描写相结合。这些描写丰富了人们对其进行的整体品评——"硕人"。在后世的人物品评中，常常先归某人于某一品目，然后通过外貌、细节、场面、语言描写和对比、侧面烘托等手法刻画人物，以将其品目具体化，或者说通过其某些方面的表现证成其品目。而这首诗中的"硕人其颀"是此诗品评人物的关键品目，后面的形象描写和神态描摹则是将"硕人"形象具体化。硕人，王先谦《诗三家义集疏》："大人犹美人，《简兮》咏贤者，称'硕人'，又称'美人'，郑《笺》以为即一人，是其证也。古人硕、美二字为赞美男女之统词，故男亦称'美'，女亦称'硕'，若泥'长大''大德'为言，则失之矣。"其实'硕人'即有长大之义，而大德之人也往往被赋予高大之形貌，或者直接将大德之贤人也称为硕人。《卫风·考槃》即是其例。这首诗用"硕人其颀"来形容庄姜为高大的硕人，其实就等于说她是"高大的美人"，其主要是从形貌上来品评的。毛《传》："颀，长貌。"马瑞辰《毛诗传笺通释》："按《说文》：'颀，头佳貌。'引申为长貌。《齐风》'颀若长兮',亦以顾为长貌。《说文》:'嫣,长貌。'段玉裁谓嫣与顾声相近。今按嫣与引、永、艳俱双声。《说文》:'艳,好而长也。'引、永皆为长,故嫣有长义,顾或即嫣之假借。"诗中虽然没有出现"美人"二字,但后面着力描摹其美人形象,足以说明"硕人"和"美人"在这里是合二为一的关系。《陈风·泽陂》则直接将"美人"和"硕大"等同起来,更说明两者之间的同一关系:

彼泽之陂,有蒲与荷。有美一人,伤如之何! 寤寐无为,涕泗滂沱。

彼泽之陂,有蒲与蕳。有美一人,硕大且卷。寤寐无为,中心悁悁。

彼泽之陂,有蒲菡萏。有美一人,硕大且俨。寤寐无为,辗转伏枕。

《泽陂》与《蒹葭》《关雎》一样也是表现一种爱而不得的"企慕"情结(钱锺书《管锥编》)。关于《泽陂》的主题,《诗序》曰:"刺时也。言灵公君臣淫于其国,男女相说,忧思感伤焉。"言其为刺陈灵公,诗文本看不出刺灵公之旨,实为表现男女相悦爱慕之情的情诗。闻一多先生以为此诗是"荷塘有遇,悦之无因,作诗自伤"。[1] "伤如之何"之"伤",《鲁诗》《韩诗》作"阳","伤"是"阳"的假借字。闻一多先生又认为其是专用于女性的第一人称代词,他说:"阳一作佒,又作卬,是女性的第一人称代名词。'阳如之何'犹言'我奈他何'。……'寤寐无由'等于说睡不着觉。……诗人自称曰阳,分明是位女子。从'阳如之何'和'涕泗滂沱''辗转伏枕'等语中,也可看出一副柔怯而任情的女性意态来。至于那被赞为'硕大且拳','硕大且俨'的对手方,是位典型的男子,也是显而易见的。"[2] 闻一多先生将"阳"释为"卬",这在《诗经》和一些地方方言中皆有实证。如《邶风·匏有苦叶》:"招招

---

[1] 闻一多《诗经通义乙》,《闻一多全集》第4卷,湖北人民出版社,1993年版,第489页。
[2] 闻一多《风诗类钞甲》,《闻一多全集》第4卷,湖北人民出版社,1993年版,第471页。

舟子,人涉卬否。人涉卬否,卬须我友。"马瑞辰《毛诗传笺通释》:"按卬者,姎之假借。《说文》:'姎,妇人自称我也。'《尔雅》郭注:'卬,犹姎也。'卬、姎声近通用,亦为我之统称。"但在这首诗中将"阳"理解为专用于女性的第一人称代词,恐不确。其作为第一人称代词,未必不能用于男子。《尔雅·释诂》:"阳,予也。"表明其是第一人称代词。今天的天水方言中,第一人称代词即为"卬",并无男女之分。而用"涕泗滂沱""辗转伏枕"这样的词汇来形容在爱情困扰中侠骨柔肠的男子在《诗经》中也不是没有。如《周南·关雎》:"参差荇菜,左右流之。窈窕淑女,寤寐求之。求之不得,寤寐思服。悠哉悠哉!辗转反侧。"倒是诗中"有蒲与荷"等用以起兴的事物和对"硕大且卷""硕大且俨"的美人形象的描写更像是一位女性。毛《传》:"卷,好貌。""俨,矜庄貌。"《释文》:"卷,本又作婘。"是漂亮、美好之义。俨,钱锺书《管锥编》:"按《太平御览》卷三六八引《韩诗》作'硕大且嬽',薛君(按:即汉代经学家薛汉)曰:'"嬽"、重颐也'。'硕大'得'重颐'而更亲切着实。《大招》之状美人曰:'丰肉微骨,调以娱只';再曰:'丰肉微骨,体便娟只';复曰:'曾颊倚耳',王逸注:'曾,重也。'《诗》之言'嬽',正如《楚辞》之言'曾颊'。"①重颐,即双下巴之义,形容女性的丰满高大之美。在《卫风·硕人》中,卫人美庄姜也突出其丰满高大之特征。《陈风·月出》中反复咏叹的"佼人",也是高大的美人之义。其诗曰:

> 月出皎兮,佼人僚兮。舒窈纠兮,劳心悄兮。
> 月出皓兮,佼人懰兮。舒忧受兮,劳心慅兮。
> 月初昭兮,佼人燎兮。舒夭绍兮,劳心惨兮。

《月出》是一首月下怀人的诗。朱熹《诗集传》:"此亦男女相悦而相念之辞。"全诗通过细腻的刻画,描绘出一个绰约多姿的月下美人形象。全诗用了众多的形容词来形容其体貌之美,但其中对人物形貌的总体品评集中在"佼人"一词上。马瑞辰《毛诗传笺通释》:"《方言》《说

---

① 钱锺书《管锥编》(一),生活·读书·新知三联书店,2007年版,第216页。

文》并曰:'姣,好也。'是佼为姣之假借。"姣即美好之义。佼人,美人也。段玉裁《说文解字注》:"姣谓容体壮大之好也。《史记》:'长姣美人。'"看来,先秦时期对于女性的审美标准是以丰满高大为主的。对于男性的赞美品评同样可以用"美人""硕人",但侧重于高大健壮之义,如《邶风·简兮》:

简兮简兮,方将万舞。日之方中,在前上处。
硕人俣俣,公庭万舞。有力如虎,执辔如组。
左手执籥,右手秉翟。赫如渥赭,公言锡爵。
山有榛,隰有苓。云谁之思?西方美人。彼美人兮,西方之人兮!

《简兮》所品评的人物为男子无疑,这里的"硕人俣俣"指跳万舞的领队舞师身材魁梧高大,而高大健硕是《诗经》时代人物美的主要评定标准,既适用于女性,也适用于男性。虽然同样用了"硕人""美人"等品目,但在具体的描写中运用"有力如虎""执辔如组"等词语,显然与《泽陂》中的"硕人"形象男女有别。毛《传》:"俣俣,容貌大也。"《韩诗》作"扈扈"。马瑞辰《毛诗传笺通释》:"俣,扈音近,美与大亦同义,故扈扈训美,又训大。"古人以硕大为美,可能与早期人类判断事物美丑优劣时遵循的"实用"原则有关,男子高大强壮则可在田猎、农业劳动和部族战争中表现出优势,给人可靠感和安全感;女子丰满高大也意味着在生产力比较低下的时代,其更具旺盛的生命力和生存能力,也是家境殷实、丰衣足食的生活水平在人的形体上的体现;同时也可能与古人的生殖崇拜有关。

用"硕人"来品评男子的还有《卫风·考槃》。《考槃》是一首书写隐士生活的诗。孔子说,吾"于《考槃》,见遁世之士而不闷也"。[①]上古对于隐士大多持赞许的态度,如隐于首阳山的伯夷和叔齐,楚狂接舆,《论语》中的长沮、桀溺、荷蓧丈人等,虽然孔子用"鸟兽不可与同群"来表明自己与隐者不同的人生态度,但对隐者还是相当尊重

---

① [汉]孔鲋《孔丛子·记义》,文渊阁《四库全书》本。

的,甚至在其"道之不行"的时候,也主张可以"卷而怀之"。《庄子》中的隐士更是得道者的化身。总之,中国传统文化中的隐逸文化在先秦就已经初见规模,并且形成了其独特的文化特征。而对于隐逸者的赞许态度也意味着"硕人"这一人物品评的品目也融进了人物精神气质美和人格境界美的因素。《考槃》诗曰:

考槃在涧,硕人之宽。独寐寤言,永矢弗谖。
考槃在阿,硕人之薖。独寐寤歌,永矢弗过。
考槃在陆,硕人之轴。独寐寤宿,永矢弗告。

诗中以"硕人之宽""硕人之薖""硕人之轴"对这一隐士进行品评。朱熹《诗集传》释"宽"为"广"之义:"诗人美贤者隐处涧谷之间,而硕大宽广,无戚戚之意。虽独寐而寤言,犹自誓其不忘此乐也。"郑《笺》:"硕,大也。有穷处成乐在于此涧者,形貌大人而宽然有虚乏之色。"意为隐者扣盘而歌,心胸宽广。毛《传》:"薖,宽大貌。"仍当作心胸宽大之义解。轴,毛《传》:"轴,进也。"马瑞辰《毛诗传笺通释》:"轴通作逐。《尔雅》:'竞、逐,强也。'以上二章推之,轴当为强壮貌。《传》训为进,义与强近。"盖此处说隐居者心胸宽广,自得其乐,其人因为内在的超凡气质和崇高的精神境界而更让人觉得其高大而威严。轴可理解为"强壮貌",也可理解为其精神气质折射出来的力量感和威严感。所以,不妨认为此诗是后世人物品评中"栖逸"品目的滥觞,关注人的内在美和超脱的精神境界。"宽""薖""轴"三词即从其内在气质方面进行品评,其精神境界的宽广散发出来的气质美使其形象显得格外高大而威严。或者说"硕人"一词即是对其内在的精神境界的赞美和评价,已经融合了人的内在气质之美。以"硕"来赞美人的精神境界的诗篇还有《豳风·狼跋》,其诗曰:

狼跋其胡,载疐其尾。公孙硕肤,赤舄几几。
狼疐其尾,载跋其胡。公孙硕肤,德音不瑕。

关于《狼跋》一诗的诗旨,历代学者多认为是美周公之诗。《毛序》:

"美周公也。周公摄政,远则四国流言,近则王不知,周大夫美其不失其圣也。"郑《笺》:"不失其圣者,闻流言不惑,王不知不怨,终立其志,成周之王功,致大平,复成王之位,又为之大师,终始无愆,圣德著焉。"三家诗无异议,后人多从之。陈奂《诗毛氏传疏》说:"此诗既归朝廷而作,在摄政四年后事。"王先谦《诗三家义集疏》指出:"当流言之起,成王疑公,盖有二公(即召公、太公)所不能匡救者。公此时既已摄政,进而负扆,无以解于鸮子;退而弗治,无以告我先王。请命东行,内则远嫌,外仍扞难,实处危疑恐惧之地。及四国果叛,连兵二年,罪人斯得,然后心迹大显。衮衣既锡,旋亦召归。豳人于公之归,追纪德音,故以是诗美之耳。"但是,一些学者认为"狼跋其胡,载疐其尾"是以狼的窘丑之态起兴,与赞美之旨不符。对于此一"矛盾",一些学者以反兴说解之。如孙鑛《批评诗经》:"反兴正承,意旨与他篇稍有不同。然跋胡疐尾,周公之迹固近之。第狼非佳物,所以人多致疑。……总是反意为比,要自无害耳。"①但又有学者提出质疑,认为《国风》"虽有反兴之法,如《鹑之奔奔》以鹑鹊尚居有常匹,反兴卫君荒淫乱伦,鹑鹊之不如。又如《相鼠》以相鼠尚且有皮,反兴统治者无耻苟得,相鼠之不如。所谓反兴,皆如此类,从未见以丑兴美者,《狼跋》何得例外?"②所以定此诗为刺诗。而高亨先生《诗经今注》认为"硕肤,当读为石甫",是讽刺幽王时的虢石甫。我们认为,此诗当为美周公之诗。至于"狼跋其胡,载疐其尾"的比兴实为描述一种进退两难的境况。陈启源《毛诗稽古编》:"诗以狼为兴,但取其跋胡疐尾,为进退两难之喻,初不计其物之善恶也。"③所以其比兴的重点不在狼本身,而在于一种情景。这样的比兴思维在《周易》中很常见。如《周易·大壮·上六》:"羝羊触藩,不能退,不能遂,无攸利。"是直接以现象来比喻人的一种处境。此外,在上古社会,狼与虎、豹、熊、罴一样都会对人构成威胁,人们一方面与这些猛兽作斗争,另一方面又把一些猛兽作为图腾加以崇拜,何以狼独被认定为非善类?狼被丑化,作为民间故事中的反面教材是在后世逐渐形成的。在上古时期,狼作

---

① 转引自程俊英、蒋见元《诗经注析》,中华书局,1991年版,第432页。
② 程俊英、蒋见元《诗经注析》,中华书局,1991年版,第432页。
③ [清]陈启源《毛诗稽古编》卷八,文渊阁《四库全书》本。

为与狐、兔一样最常见的动物,人们非常熟悉其特性,故常常被人用来说理论事,只是因为其常见罢了。比如"狡兔三窟""狐死首丘"皆不是依后世人们对动物的好恶和善恶分类为依据的。

另外,在《诗经》中的刺诗大多态度鲜明,批判率真而直截了当,极少作委婉之态。如《相鼠》直接说:"相鼠有皮,人而无仪! 人而无仪,不死何为? 相鼠有齿,人而无止! 人而无止,不死何俟? 相鼠有体,人而无礼! 人而无礼,胡不遄死?"《硕鼠》《伐檀》也都是直接批判,毫不隐晦。而此诗后面全作十分肯定的赞美语,即使要反讽也不当作陈述句的形式,应当有何、胡、岂等表示反问和反讽的语气词。就是在大小雅的政治怨刺诗中,其批判的语气也是非常直接而尖锐的,何况距离政治比较远的风诗。《诗经》中的反讽之诗也有,但在看似赞美的过程中,总会出现一些点明题旨的诗句予以反驳。如《鄘风·君子偕老》全诗从头至尾都在赞美卫宣姜的服饰之盛和仪容之美,但其中一句"子之不淑,云如之何"点明题旨,刺义全出。此诗每章的后两句都是赞美之语,毫无刺义,如"赤舄几几"是赞美其服饰仪容之盛。马瑞辰《毛诗传笺通释》:"上公衮冕,故赤舄。《广雅》:'几几,盛也。'诗盖以状盛服之貌。""德音不瑕",马瑞辰《毛诗传笺通释》:"瑕、假古通用。《尔雅》:'假,已也。'《思齐》诗'烈假不瑕',《笺》:'瑕,已也。'《正义》以为《释诂》文。是假通作瑕之证。'德音不瑕',瑕正当读假,训已,犹《南山有台》诗云'德音不已'也。"那么关于此诗是美还是刺,最终的判断就落在了"硕肤"二字上。马瑞辰《毛诗传笺通释》以为"硕肤"为心宽体胖之貌。当然作心胸宽广解也未尝不可。根据"硕"在《诗经》中的一贯用法,"硕肤"当为赞美之词无疑。通过《诗经》人物品评品目的特点,我们也可以反推诗的主旨。

(三) 姝人

与"硕人"一样,"姝人"也是《诗经》品评人物的重要品目。这些品目不仅包括人物的外在美,同时包括其内在美。在《诗经》人物品评中,大多数品目都有外美和内美结合的特点,"姝人"这一品目也是如此。《邶风·静女》:

静女其姝,俟我于城隅。爱而不见,搔首踟蹰。

静女其娈,贻我彤管。彤管有炜,说怿女美。
自牧归荑,洵美且异。匪女之为美,美人之贻。

从前面的分析中已经看到,"美人"和"硕人"侧重于指容貌美,同时也具有内在德行和气质美的意义。"硕人"对于男子,偏重于表现其高大壮硕之特征;对于女性,偏重于形容其丰满高大之特征。"硕"有高大、丰满、丰富之义,"硕人"可以说是受原始的实用观念影响而形成的一个比较原始的人物审美观念,常与高贵身份、多才多艺和丰富的内在气质联系在一起,因此其在《诗经》中用来品评的人物有贵族女性、有魅力无穷的舞师、有境界宽广的隐者,用"硕人"来品评的多是大人物。《静女》是一首青年男女约会的情诗。诗中所品评和赞美的女子是民间的小家碧玉,更是情人眼中的美人。因此,诗歌称其为"静女",又用"姝""娈"来状其美好之貌。

《毛序》:"刺时也。卫君无道,夫人无德。"朱熹《诗序辨说》:"此《序》全然不似诗意。"①欧阳修《诗本义》以为"《静女》一诗,本是情诗"②,可谓切中诗旨。全诗写男女幽会城隅,女子先到而隐其身,故意逗趣,男子"不见"女子来,心急如焚,"搔首踟蹰",最后女子终于出现与其会面,并以彤管相赠。诗歌极富民间情趣,以男子的口吻对女子进行赞美,称其为"静女",又说"其姝""其娈"。毛《传》:"静,贞静也。……姝,美色也。"马瑞辰《毛诗传笺通释》以为静为靖之假借,是"善"之义:静女"谓善女,犹云淑女、硕女也。""其姝""其娈"皆状其美好之貌。娈,美好貌。《邶风·泉水》:"娈彼诸姬。"毛《传》:"娈,好貌。"《静女》以"静""姝""娈"三词描述这一女子,皆有美好之义。"善良""美好"皆是日常人们夸赞别人的常用语,唯"姝"字在这里更具人物品评的性质,含有较丰富的审美内涵。《方言》:"娥嬿,女子也。……赵魏燕代之间曰姝。"③《韩诗外传》:"居处齐则色姝。"④是姝为有德之色。因此"姝"是一个更具文化气质的词语,用其表现女

---

① [宋]朱熹《诗序辨说》,《续修四库全书》第五十六册,上海古籍出版社,2002年版。下引《诗序辨说》同。
② 转引自程俊英、蒋见元《诗经注析》,中华书局,1991年版,第115页。
③ [汉]扬雄撰,[晋]郭璞注《方言》卷一,文渊阁《四库全书》本。
④ [汉]韩婴《韩诗外传》卷八,文渊阁《四库全书》本。

子的精神气质之美，不但形容女子有色，而且还要有德，是为有德之色。用"姝"来品评的女子不但外貌美，而且是有德行和内在气质之美的女子，可见其不是一般意义上的赞美。

"姝"作为《诗经》人物品评的一个重要品目，常常在诗章中非常显著的位置出现，是品评人物的核心词。比如《齐风·东方之日》：

东方之日兮，彼姝者子，在我室兮。在我室兮，履我即兮。
东方之月兮，彼姝者子，在我闼兮。在我闼兮，履我发兮。

关于这首诗的主题，《毛序》曰："刺衰也。君臣失道，男女淫奔，不能以礼化也。"毛《传》、郑《笺》及《正义》从之。后儒多从此立说。其实此诗所写为情人幽会之事，主要从男子的角度写美丽的女子主动追求男子。《毛序》从礼教的角度出发，故而言其淫乱。其实我们不妨将其看作民间表达恋情的歌谣。此诗完全是从男子的角度来写的，所以如果据此说是一个女子主动追求男子，甚至主动挑逗男子，恐怕有些过于夸大《诗经》时代女子婚恋状况的事实。尽管齐、卫风俗比较开放自由，但在《诗经》的其他篇章，如《将仲子》《丰》《氓》等，我们都可以看到礼俗社会对于女子婚恋自由的限制和约束。这首诗从男子的角度来写，不排除男子臆想和夸张的因素。就像后世文人所写的思妇诗、传奇、风月小说、花妖狐媚故事，多从男性文人的角度来设想女性如何大胆、自由。这些文人笔下的女子是男性想象的产物，其中有多少真实的成分，值得怀疑。现代西方兴起的女性主义思潮，要求从女性自己的角度还原文学作品中的女性之真实，是很有理论意义的。许多民间歌谣，如信天游之类的民间小调，多由男子所唱，其中表现的女子形象和行为大多具有男性"白日梦"的性质，关于这一点也可以用众所周知的弗洛伊德(Sigmund Freud)的精神分析法(性心理分析法)作出解释。诗无达诂，如果将此诗理解为由男性所唱的民间小调，也许比一些经学家费尽周折地作迂曲之解可能更接近诗旨。

我们仍然回到这首诗的人物品评角度上来。诗中所写虽然是男子心目中的女子形象和女子行为，但他仍然对这一在幻想中主动地来"登堂入室"的女子的各方面条件有所要求，这个要求集中在一个

"姝"字上,他想象此女子是一个内美和外美兼得的女子,也就是说是一个有"德色"的女子,不仅仅是徒具美貌而无德行的女子。如果此诗是记录实有之事,从歌者而言,作歌当在事后,如果有女子真的如此不顾社会礼俗的规范而自荐枕席,不知此男子还会不会赞美其为"彼姝者子",因为人不能脱离当时占主流的社会道德观念而夸赞一个人。用一个社会公认的褒义词去赞美明明有"越礼"行为的人,似乎就不是赞美,而是讽刺了。所以从民歌的角度来看,倒是真实可信的。男子想象有这样一个德色兼备的"姝人"能主动靠近自己,作为一种爱而不得的"企慕"(钱锺书语)也是在情理之中的。因为《诗经》中的许多男女情爱恋歌是因为"不可得"而作企慕之思的,《关雎》《蒹葭》皆如此。如果美人如此主动追求自己,而且行为如此无拘无束,还会如此作歌赞美其行为,污人又自污,真是匪夷所思。朱熹《诗序辨说》云:"此男女淫奔者所自作,非有刺也。其曰君臣失道者,尤无所谓。"朱熹从道学家的角度出发,总是以"淫奔"解情诗,其谓"淫奔"者实际是从另一个方面抓住了其作为情诗的实质,但他以为是淫奔者自作,则是没有意识到作此诗有"污人又自污"之嫌。崔述《读风偶识》道破此中玄机,谓:"《东方之日》云:'在我室兮,履我即兮。'皆以其事归之于己。夫天下之刺人者,必以其人为不肖也。乃反以其事加于己身,曰我如是,我如是,天下有如是之自污者乎!"此论旨在驳《毛序》美刺说之失,但即便是民间情歌也不当将自己偷情之事如此公之于众,并且作讴歌赞美之语,只有"企慕"未发生之事才会作歌如此。

从前文的分析中,可以发现《诗经》中人物品评之品目皆有内外兼具的性质,只是有不同侧重而已。侧重内在美的品目,其中也有对外在美的赞美;侧重外在美的品目,其中也有对内在美的崇尚。就"姝"字而言,其既表现人的外在美,也表现人的内在美。这一点从《鄘风·干旄》中可以得到印证。其诗曰:

孑孑干旄,在浚之郊。素丝纰之,良马四之。彼姝者子,何以畀之?

孑孑干旟,在浚之都。素丝组之,良马五之。彼姝者子,何以予之?

　孑孑干旌,在浚之城。素丝祝之,良马六之。彼姝者子,何以告之?

与《东方之日》一样,此诗品评人物同样用了"姝"一词,而这首诗中的"彼姝者子"是用来赞美贤者的,由此可见,"姝"蕴含有道德义。《干旄》是赞美卫文公招贤致士,复兴卫国的诗。关于《干旄》之诗旨,人们多从此说。《毛序》以为:"美好善也。卫文公臣子多好善,贤者乐告以善道也。"三家诗的解释与《毛诗》近似。马瑞辰《毛诗传笺通释》:"《左传》引逸诗'翘翘车乘,招我以弓',又曰:'旃以招大夫,弓以招士,皮冠以招虞人。'《孟子》:'庶人以旃,士以旂,大夫以旌。'是古者聘贤招士多以弓旌车乘。此诗干旄、干旟、干旌,皆历举召贤者之所建。《传》《笺》谓卿大夫建此旌旄,失之。"王先谦《诗三家义集疏》以为:"《传》言'大夫之旃',又云'臣有大功,其世官邑',明谓旌旄是大夫所建,不得以此为《笺》失。且《序》言卫臣好善,即使招聘出于君意,干旄本以求贤,而将命往招,亦是臣子之职,无妨是大夫建此旌旄、备此车马也。盖卫文草创于丧败之余,授方任能,励精为国,其臣如宁庄子辈,皆能宣扬德化,留意人才,故岩穴之儒,闻风兴起,思以善道告之,中兴气象,固不偻矣。"三家诗与《毛诗》之说一致,其说可从。虽然对旌旄由谁所建,诸家有分歧,但诗中的"彼姝者子"指贤者当无疑问。毛《传》:"姝,顺貌。"马瑞辰《毛诗传笺通释》:"顺与美义本相成。姝可训美,又训顺者,犹《说文》训婉为顺,而《郑风》'清扬婉兮',《传》云'婉然美'也。"

因此,"姝"在此诗是用来品评贤者的,当然是注重内在德行之美的评价而非外貌美的赞美了。此诗中的"姝"字用来品评贤人,进一步佐证了我们对于《东方之日》中"姝"字的用法和作诗之背景的推测。"姝"后来逐渐演化为专指美女和美丽的容颜,但在《诗经》时代,其仍然是一个融合了外美和内美的品评词汇。从这个意义上来说,《诗经》中用来品评人物的另一个词语"淑"与"姝"的意义和用法有相似之处。只不过"淑"主要用于形容人内在的道德品质,而"姝"更侧重于人的外貌。

总之,"美人""硕人""姝人"皆侧重于对人的容止和外貌的品评,但也包含着对人的精神气质和内在品行的赞美之义,皆有内美和外美结合的特点。

四、淑人

"淑人"是《诗经》中用来品评人的内在道德品质的概念范畴。在《诗经》时代,道德的观念不用"道德"一词来表示。根据人们的不同行为和表现,人们用不同的词来表现行为的不同方面,包括道德方面。同时对于美好的事物,包括道德品质,也常常用表示美或好的通用词汇来形容。因此美、善、好等概念常常用同一种词来表达。就像"硕人""美人""姝人"等词汇既表示外貌美,也可以用来表示内在品质之美。纯粹表示人的道德品质的词语不是很多,而且也只是形容善或美好之义。真正的能与后世的道德或品德观念在意义内涵上能够完全对应的词汇还没有出现。在《诗经》和《尚书》中大为流行的核心概念"德"并不等同于后来意义上的"道德"观念。表示人的道德品质或内在品行的词除了共用形容外貌的词之外,也根据人的内在品质的不同特点,用"良""淑""仁"等词。"淑"就是一个表示人的内在品行的概念范畴。

《说文·水部》:"淑,清湛也。""清湛"用之于人,当然是形容人的内在品质纯净善美了,故"淑"在先秦时代多作"善""美善"之义解。《公羊传·庄公十二年》:"甚矣,鲁侯之淑,鲁侯之美也!"①《国语·楚语下》:"其为人也,展而不信,爱而不仁,诈而不智,毅而不勇,直而不衷,周而不淑。"韦昭《注》:"淑,善也。"《周南·关雎》:"窈窕淑女,君子好逑。"毛《传》:"淑,善。逑,匹也。言后妃有关雎之德,是幽闲贞专之善女,宜为君子之好匹。"此"淑女"指贤良美好的女子。郑《笺》:"幽闲处深宫贞专之善女。"孔《疏》曰:"淑女已为善称,则窈窕宜为居处。"杨慎《升庵经说》卷四:"窈窕言其居,贞专言其德。今解者混之,遂以窈窕为德,误矣。"《小雅·鼓钟》:"淑人君子,怀允不忘。"郑《笺》:"淑,善。"《鄘风·君子偕老》前面用大量的笔墨铺排描

---

① 刘尚慈《春秋公羊传译注》,中华书局,2010年版,第133页。

述卫夫人宣姜容饰衣服之盛:"君子偕老,副笄六珈。委委佗佗,如山如河,象服是宜。"然后转而从道德品行方面批评她说:"子之不淑,云如之何?"之后又描述其容饰和美貌:"玼兮玼兮,其之翟也。鬒发如云,不屑髢也。玉之瑱也,象之揥也,扬且之皙也。"然后以设问的语气再作讽刺:"胡然而天也?胡然而帝也?"意思是:纵然其服饰尊贵,容貌美丽(像天仙帝女),但其品行不正,又岂能尊为天仙帝女?此诗将容貌之美和德行之美分得很清楚,说明"淑"是一个侧重于品评人物德行的品目。《曹风·鸤鸠》用"淑人"一词赞美在位的统治者。

> 鸤鸠在桑,其子七兮。淑人君子,其仪一兮。其仪一兮,心如结兮。
> 鸤鸠在桑,其子在梅。淑人君子,其带伊丝。其带伊丝,其弁伊骐。
> 鸤鸠在桑,其子在棘。淑人君子,其仪不忒。其仪不忒,正是四国。
> 鸤鸠在桑,其子在榛。淑人君子,正是国人。正是国人,胡不万年?

关于《鸤鸠》之旨,《毛序》说:"刺不壹也。在位无君子,用心之不壹也。"但诗文本中并看不出有什么刺义,反而全是溢美之词。孔《疏》在《毛序》的基础上以为是"举善以驳时恶",他说:"经云'正是四国''正是国人',皆谓诸侯之身,能为人长,则知此云'在位无君子'者,正谓在人君之位无君子之人也。在位之人既用心不壹,故经四章皆美用心均壹之人,举善以驳时恶。首章'其子七兮',言生子之数。下章云'在梅''在棘',言其所在之树。见鸤鸠均壹之,得长大而处他木也。鸤鸠常言'在桑',其子每章异木,言子自飞去,母常不移也。"朱熹认为此诗为"美诗"。陈乔枞《三家诗遗说考》:"诸习《鲁诗》者说《鸤鸠》之义,词无讥刺。"①方玉润《诗经原始》说:"诗中纯美无刺意。"又说此诗"回环讽咏,非开国贤君,未足当此,故以为'美振铎'之

---

① [清]陈乔枞《三家诗遗说考》,《续修四库全书》第七六册,上海古籍出版社,2002年版。

说者,亦庶几焉。惜其编《诗》失次,为前后三诗所混,故启人疑。若移置本风之首,如《卫》之《淇奥》,《郑》之《缁衣》,则义自明矣"。而《鸤鸠》是"追美曹之先君德足正人也"。聂石樵《诗经新注》也说:"《鸤鸠》是对在上位的君子(贵族)的颂美之诗。而所颂美者为何人则不详。"①总之,《鸤鸠》为颂美一个受人尊重的在位者当无疑问。诗中评价这一在位者为"淑人"("君子"在这里指在位的人,并不是含有道德意义之词),其之所以是"淑人",是因为他"其仪一兮""其带伊丝""其仪不忒""正是国人"。郑《笺》:"仪,义也。善人君子,其执义当如一也。"马瑞辰《毛诗传笺通释》:"《说文》:'檥,榦也。'今经传通作仪。《尔雅》:'仪,榦也。'《左氏》文六年《传》'引之表仪',仪与表同义。人之立木为表曰仪,人之为民表则亦曰仪。《荀子》:'君者,仪也,仪正则景正。'故此诗'其仪不忒'即曰'正是四国'矣。凡言表仪,言仪式,言仪度,皆仪榦引伸之义。"胡承珙《毛诗后笺》:"《礼记·缁衣》:'子曰:"下之事上也,身不正,言不信,则义不壹,行无类也。"'……其末引《诗》云:'淑人君子,其仪一也。'然则仪一谓执义如一。"也就是说,这里赞颂在位之君子德行始终如一,并且可为各国及其百姓之表率。这是他被颂美为"淑人"的原因,也是"淑人"这一品目在内在品质方面对人的要求。因此"淑人"是侧重于人的内在德行品质的品目。

五、清扬

"清扬"一词是《诗经》中形容人的容貌美的词语。《鄘风·君子偕老》:"玉之瑱也,象之揥也,扬且之皙也。"又云:"子之清扬,扬且之颜也。"

又《郑风·野有蔓草》:

野有蔓草,零露漙兮。有美一人,清扬婉兮。邂逅相遇,适我愿兮。

野有蔓草,零露瀼瀼。有美一人,婉如清扬。邂逅相遇,与

---

① 聂石樵主编,雒三桂、李山注释《诗经新注》,齐鲁书社,2000年版,第278页。

子偕臧。

对于《鄘风·君子偕老》"扬且之皙也"的训释,毛《传》云:"扬,眉上广。皙,白皙。""子之清扬,扬且之颜也",毛《传》:"清,视清明也。扬,广扬而颜角丰满。"马瑞辰《毛诗传笺通释》:"清、扬皆美貌之称。《野有蔓草》诗'清扬婉兮''婉如清扬',此泛言貌之美也。《猗嗟》诗'美目扬兮''美目清兮',此专言目之美也。此诗'扬且之皙也',皙谓色白,又曰'子之清扬,扬且之颜也',则颜色之美皆可曰清扬矣。'扬且之皙也'与上'玉之瑱也,象之揥也'句法相类。《吕览·音初篇》高《注》:'之,其也。'此诗三'之'字皆当训其,犹云'玉其瑱也,象其揥也,扬其皙也'。"其谓"清"和"扬"皆是形容人的美貌的。其说可从。

《齐风·猗嗟》赞美一位貌美而武艺高强的射手。诗中用了大量的赞美之辞来形容这一美男子出众的容貌和射艺:

猗嗟昌兮,颀而长兮。抑若扬兮,美目扬兮。巧趋跄兮,射则臧兮。
猗嗟名兮,美目清兮,仪既成兮。终日射侯,不出正兮,展我甥兮。
猗嗟娈兮,清扬婉兮。舞则选兮,射则贯兮。四矢反兮,以御乱兮。

在这首诗中,"昌""名""娈"三词都表示美盛貌,且出现在每一章第一句的开头,与赞叹之词"猗嗟"一起来表示叹美。毛《传》:"猗嗟,叹辞。昌,盛也。"马瑞辰《毛诗传笺通释》据《说文》以为:"昌之本义为美言,引申为凡美盛之称。"名,毛《传》以为"目上为名"。马瑞辰《毛诗传笺通释》以为"名当读明。明亦昌盛之义。……三章首句皆叹美其容貌之盛大"。"盛大"不能算作人物品评之品目,其与叹词结合在一起相当于说:"哎呀,真是美极了!""哎呀,真是了不起呀!"诗中用来表现其容貌美的词语有:"颀而长兮""抑若扬兮""美目扬兮""美目清兮""清扬婉兮"。后面三个词语皆赞扬其容貌之美,尤其是赞美其眼睛之美(如前所述)。对于前两个词的训释,"颀而长兮",马瑞辰《毛诗传笺通释》:"《正义》:'若,犹然也。'引《史记》'颀然而长'为证。又云:'今定本云"颀而长兮",而与若义并通。'是孔《疏》本原作'颀若长兮',与下文'抑若扬兮'句法相类。今从定本作而,非孔本之旧。"由此可见,"而""若""然"三字可通用,"颀若长兮"与"抑若扬兮"句法一致,"颀""长"同义,则"抑"与"扬"也应当意义一致,皆为赞美之词。毛《传》:"抑,美色。扬,广扬。"以为"抑""扬"分属两义,失之。马瑞辰《毛诗传笺通释》考定,"抑即懿之假借,故《传》训美色。扬当读如'扬休'之扬,谓美貌也,不必如《传》训为广扬"。另外,《韩诗》扬字本作阳,曰:"眉上曰阳。"皮锡瑞《经学通论》:"阳者,阳明之处也。今俗呼额角之侧亦谓'太阳',即同此义。然则自眉以及额角,皆得为阳也。"①意思是"扬"当作"阳",指人的额头,为名词。比较而言,马说比较合理。因为从此诗赞美之句的句式来看,其赞美的重点之词皆在第三字上,且多为主谓结构,形容词和名词皆在后面,《诗经》重章叠句和押韵的特点使各句在同一位置上的用词趋于一致,无由此句独作主谓倒置句,作"美好之额头"或作"美好啊,他的额头"。再说,"抑若扬兮"中间以"若"为连结词,即使依马说理解为"而""然",也于句义不通,甚至不可成句,故当以"扬"为赞美之词为益。

总之,《齐风·猗嗟》对这位射手容貌之美的品评集中在"清扬"一词上(或者"清""扬"分开使用),然后是对射手射箭技能和射仪的描述和赞美,主要描述的是射箭的表现和操作过程,虽然不乏溢美之词,但主要不在品评。故将此诗定位为容止品评,核心品目是"清扬"。

不过对此诗赞美之人的考证使其主题又与诗之"美刺"挂钩。关于诗中描述的美貌射手,《毛序》以为"刺鲁庄公也。齐人伤鲁庄公有威仪技艺,然不能以礼防闲其母,失子之道,人以为齐侯之子焉"。王先谦《诗三家义集疏》以为"三家无异义"。明清以来学者如何楷、王夫之、惠周惕、孔广森、陈奂、胡承珙、沈德潜等基本上从《毛序》说以为刺鲁庄公之诗。沈德潜《说诗晬语》卷上云:"讽刺之词,直诘易尽,

---

① 转引自程俊英、蒋见元《诗经注析》,中华书局,1991年版,第286页。

婉道无穷。卫宣姜无复人理,而《君子偕老》一诗,止道其容饰衣服之盛,而首章末以'子之不淑,云如之何'二语逗露之;鲁庄公不能为父复雠,防闲其母,失人子之道,而《猗嗟》一诗,止道其威仪技艺之美,而章首以'猗嗟'二字讥叹之。苏子所谓不可以言语求而得,而必深观其意者也。诗人往往如此。"①他认为,"猗嗟"为讥叹之词,而非叹美之词。另外,将此诗理解为刺诗的根据是"展我甥兮""以御乱兮"两句。郑《笺》:"容貌技艺如此,诚我齐之甥。言诚者,拒时人言齐侯之子。"朱熹《诗集传》:"言称其为齐之甥,而又以明非齐侯之子,此诗人之微辞也。按《春秋》,桓公三年,夫人姜氏至自齐。六年九月,子同生。即庄公也。十八年,桓公乃与夫人如齐,则庄公诚非齐侯之子也。""以御乱兮",意为以他的才能足以抵抗外侮。而经学家多认为此句是讽刺鲁庄公貌美艺高,但忘记了报父仇。因为齐襄公与其妹——鲁桓公夫人齐姜(庄公之母)私通,并派人暗杀了桓公,而庄公又娶了襄公的女儿为妻,所以人们怀疑诗中有讽刺之意。

　　在这里我们有必要对人物品评和诗歌主题之间的关系再作一区别。诗歌的主题反映作者的思想倾向和作诗的目的,从读者的角度而言,是综合整首诗的内容概括出来的。这里又有一个问题,含蓄委婉的诗歌的主旨本身就比较含蓄,而且一个跨越数千年的文学文本,已经是作者和读者共同的产物,甚至解诗之义掩盖或者偏离了作诗之旨。对于作诗之旨的推测和考订,历来是《诗经》学史中的显学。《毛序》解诗的一些美刺说大概是强征作诗之旨而偏离诗旨的典型例子。但有些诗的确可以与一定的历史事件相对应,且在传统文献中有实证,则诗旨自明。且有些诗文本内容即已反映出以美或刺某人为主旨,当遵从文本内容,不可作牵强之推测。对于文本即有美刺人物之义者,当以文本内容反映人物和作者作诗之旨表现人物的比例而定(这种主旨是历代经学家考订推测而得者),要看其侧重点。对于推测的作诗之旨过于隐晦者,当从文本内容决定。显然《猗嗟》文本中对于射手的容止之赞美大大超过了经学家推测的"刺庄公"之旨。当然这里并非要否定这一微言大义之诗旨,而是就人物品评而

---

① 沈德潜著,霍松林校注《说诗晬语》,人民文学出版社,1979年版,第190—191页。

言,当有主次之分。因为人物品评不仅仅是是非判断,其包括一个人各个方面的品质。品评人物也是就其突出特征或某些方面进行品评,就是以实录为宗旨的历史人物传记,也是挑选人物有代表性的立身行事以表现人物并在论赞中品评其主要特征。在后世的人物品评专著《世说新语》中,皆是以人物的某一方面特征或品质进行品评,并将其归入一定的品目,而且不同的人由于品评的标准不同,可以归入不同的品目。所以人物品评侧重的是人物与众不同的突出特征和精神气质,这些特点总能给人留下深刻的印象,甚至引起人的审美体验。由于人物总是在某一方面有突出特征,因此在人物品评中才形成了众多的品目。品目是特征性的,而不是全面性的。我们研究《诗经》时代的人物品评,因为其尚处于人物品评的萌芽状态,我们在整首诗中要寻找具有人物品评品目性质的概念范畴,不能排除诗歌蕴含的其他文学要素,也不能以后世人物品评成熟时期的标准来衡量之,因为《诗经》毕竟不是人物品评的专门著作。我们的目的是梳理人物品评产生和形成的脉络,这一点是我们研究的前提。因此,就本诗来看,居于主导地位的是对人物的容止品评和赞美,我们只能取容止品评而放弃其蕴含的微旨,尽管其中的美刺也具有人物品评的性质。

六、温其如玉

在《诗经》风诗人物品评中,已经出现了以玉喻人的品评方法。《秦风·小戎》用美玉来赞美君子:

> 言念君子,温其如玉。在其板屋,乱我心曲。
> ……
> 言念君子,温其在邑。方何为期,胡然我念之?
> ……
> 言念君子,载寝载兴。厌厌良人,秩秩德音。

《魏风·汾沮洳》是一个女子赞美自己意中人的诗,赞美的对象是一个贵族。其特点也是以"玉"喻人:

> 彼汾沮洳,言采其莫。彼其之子,美无度。美无度,殊异乎公路。
>
> 彼汾一方,言采其桑。彼其之子,美如英。美如英,殊异乎公行。
>
> 彼汾一曲,言采其藚。彼其之子,美如玉。美如玉,殊异乎公族。

《毛序》以为:"刺俭也。其君俭以能勤,刺不得礼也。"孔颖达《疏》曰:"由魏君俭以能勤,于彼汾水渐洳之中,我魏君亲往采其莫以为菜,是俭而能勤也。彼其采莫之子,能勤俭如是,其美信无限度矣,非尺寸可量也。美虽无度,其采莫之士殊异于公路,贱官尚不为之,君何故亲采莫乎?刺其不得礼也。"《毛序》之后,诸家说诗者均以这首诗为"刺无礼",其实诗中并无刺魏君无礼的意思。诗中只是反复赞美"彼其之子"的"美如英""美如玉",远远胜过那些"公路""公行""公族"的贵族,与《卫风》中的《淇奥》和《秦风》中的《小戎》立意相似。《淇奥》:

> 瞻彼淇奥,绿竹猗猗。有匪君子,如切如磋,如琢如磨。瑟兮僩兮,赫兮咺兮。有匪君子,终不可谖兮。
>
> 瞻彼淇奥,绿竹青青。有匪君子,充耳琇莹,会弁如星。瑟兮僩兮,赫兮咺兮。有匪君子,终不可谖兮。
>
> 瞻彼淇奥,绿竹如箦。有匪君子,如金如锡,如圭如璧。宽兮绰兮,猗重较兮。善戏谑兮,不为虐兮。

《淇奥》,卫人所作,赞美卫武公卫和(前852—前758)为有德君子。关于其主题及作时,王先谦《诗三家义集疏》曰:"《毛序》:'美武公之德也。有文章,又能听其规谏,以礼自防,故能入相于周,美而作是诗也。'《左·昭二年传》'北宫文子赋《淇奥》',杜注:'《淇澳》,《诗·卫风》,美武公也。'据诗'终不可谖兮'及'猗重较兮',是公入为卿士时国人思慕而作。徐干《中论·修本篇》:'卫武公年过九十,犹夙夜不怠,思闻训道。卫人诵其德,为赋《淇澳》。'徐用《鲁诗》,明鲁与毛同。齐齐无异义。"王氏以此诗为卫人颂武公"思闻训道"之德而作,诗云"有匪君子,如切如磋,如琢如磨。瑟兮僩兮,赫兮咺兮",又云"有匪君子,充耳琇莹,会弁如星。瑟兮僩兮,赫兮咺兮。有匪君子,终不可谖兮",与此相合。《左传·襄公二十九年》季札适鲁观乐,总评卫诗曰:"美哉渊乎!吾闻卫康叔、武公之德如是,是其卫风乎?"吴公子札以博学著称,他说《卫风》体现了康叔和卫武公之德,亦可作为《淇奥》美卫武公的一个有力的旁证。

比喻是后世人物品评常用的方法。如《世说新语·赏誉》:

> 公孙度目邴原:"所谓云中白鹤,非燕雀之网所能罗也。"
> 庾子嵩(敳)目和峤,森森如千丈松,虽磊砢有节目,施之大厦,有栋梁之用。

在众多的比喻中,以玉作为喻体尤为常见。又如:

> 王戎目山巨源(涛)如璞玉浑金,人皆钦其宝,莫知名其器。
> 王戎云:太尉神姿高彻,如瑶林琼树,自然是风尘外物。

又如《世说新语·容止》:

> 时人目夏侯太初朗朗如日月之入怀;李安国颓唐如玉山之将崩。
> 嵇康身长七尺八寸,风姿特秀,见者叹曰:"萧萧肃肃,爽朗清举。"或曰:"肃肃如松下风,高而徐引。"山公(涛)曰:"嵇叔夜之为人也,岩岩若孤松之独立;其醉也,傀俄若玉山之将崩。"
> 王夷甫(衍)容貌整丽,妙于谈玄,恒捉白玉柄麈尾,与手都无分别。
> 裴令公有俊容仪,脱冠冕,粗服乱头皆好,时人以为"玉人"。见者曰:"见裴叔则如玉山上行,光映照人。"

《诗经》中的人物描写都含有一定的情感倾向,或者排斥,或者赞颂,或者讽刺,都带有强烈的主观感情。如果对某一人物进行定位和判断,或者对其进行基于主观感情的审视,就是极具品鉴性质的人物品评。这种品评不同于人物描写,人物描写追求形象逼真,不含感情的好恶判断。当然人物品评和人物描写有密切关系,人物品鉴需要借助一定的人物描写来实现,人物描写也常常最终对人物做出判断。另外,《诗经》中的人物描写不像后世的对人物细节和外貌的具体描写,而是一种整体的概括,或者抓住一种特点的强调突出,而且更倾向于对人物投入情感好恶和价值判断,因此更具人物品评的性质。

纵观人物品评的发展历史,品目的形成、演变和分化是人物品评发展演变的内在脉络。品目就是不同时代对于人的精神品质和行为规范的规定和崇尚。先秦是人物品评各种品目的形成期,中华民族许多为人称道的优秀品质和精神气质在这一时期都已经定型。

《诗经》人物品评之品目大多具有内在品质与外在特征相结合的特点。《诗经》风诗人物品评之品目表现出综合性、质朴性、自然性等特征。在《诗经》风诗人物品评中,已经出现了后世常用的人物品评方法,如侧面烘托、比较、比喻和夸张等。

第三章　春秋时期的思想变革及其人物品评

在厉王、幽王之后，随着周王室政权的衰落和政治的巨变，先秦思想史又有了一次巨大的变革。到了春秋战国之交，精英思想界最终完成了"从宗教到哲学"的突破。对于厉、幽之后的社会变革，当前许多思想史学者都借用德国哲学家雅斯贝斯（Karl Jaspers）的"轴心时代"（the Axial Period）来概括它，并且将其放在世界思想史的演进历程中进行全球文化格局的综合考察。雅斯贝斯认为，在公元前800至公元前200年之间，尤其是公元前600至公元前300年间，是人类文明的"轴心时代"。在这一时期，影响人类至今的世界几大文化模式（中国、印度、西方）大致同时确立起来，从此，"人类一直靠轴心期所产生、思考和创造的一切而生存。每一次新的飞跃都回顾这一时期，并被它重燃火焰。……轴心期潜力的苏醒和对轴心期潜力的回忆，或曰复兴，总是提供了精神动力"。[①]

第一节　前诸子时代的思想变革与"德"的裂变和内化

西周末年到春秋末年这一阶段正处于轴心时代思想史巨变的过渡时期。这一时期处于思想前沿的是贵族君子，他们在思想领域的探索为战国诸子学术的繁荣奠定了基础，所以可以称这一时期为"前诸子时代"或"君子时代"。因为作为"前诸子"的春秋贵族君子完全

[①]（德）卡尔·雅斯贝斯著，魏楚雄、俞新天译，《历史的起源与目标》，华夏出版社，1989年版，第14页。

算得上是一个与战国诸子可以平分秋色的文化群体。春秋贵族君子的思想酝酿使西周思想领域的核心范畴"德"裂变为众多的德目。德在西周主要指人的政治行为和品质,在春秋时期裂变为各种德目并且转化为人内在的道德品质。经过长期的酝酿,最后凝练为诸子学术的核心思想,分别成为儒家的"仁"、道家的"道"、法家的"法"等。

一、前诸子时代

轴心时代应当包括前诸子时代和诸子时代两个阶段。当前学术界对先秦哲学和思想史的研究更重视由孔子开启的诸子时代,而对诸子时代前的思想史关注不够。近年来一些学者的研究更关注前诸子时代,尤其是西周末年到春秋末年这一阶段的思想史演变。对这一阶段思想史的研究为我们进一步认识诸子时代的思想观念并了解其发生根源至关重要。关于诸子时代百家争鸣的形成原因,除了历代学者反复称述的社会变革之外,思想文化的内部本身发展和积淀尤其不容忽视,甚至可以认为前诸子时代是诸子时代思想浪潮来临之前的第一个波浪,是思想之光破云而出的第一缕曙光。这一时期的思想引领者是贵族中的有识之士,他们大多执掌国政,处在政治和思想的风口浪尖,他们的思想酝酿和阐发,使得他们完全算得上是一个与战国诸子可以平分秋色的文化群体。

在先秦思想史的划界问题上,孔子无疑是一个里程碑式的人物,先秦思想史发展到孔子无疑是一座高峰。如果说孔子是诸子时代的开创性人物的话,那么孔子之前的春秋君子和思想家的思想积淀就是孔子思想的源泉。集中反映孔子思想的最可靠的文献典籍是《论语》。"《论语》中许多观念,几无不与春秋时期一般贤士大夫间所流行的观念有关。"[1]孔子自认为自己的学术是"述而不作",说明春秋时期贤士大夫的思想观念对孔子思想的产生做了充分的积淀。臧文仲、叔向、子产、叔孙豹、季札等春秋君子的思想是孔子思想的重要来源。孔子思想的核心可以用一个"仁"字来概括,而这一核心思想范畴就脱胎于流行于整个西周时代的"德"和盛行于春秋时期的"礼"。

---

[1] 徐复观《中国人性论史》(先秦篇),上海三联书店,2001年版,第55页。

前诸子时代的思想,对诸子思想的产生有重大影响,其自身在思想史上的地位也极其重要。反映前诸子时期思想文化发展水平的文献载体是《周书》《逸周书》《左传》《国语》等。虽然《左传》《国语》的成书晚于春秋时期,但其主要记载了春秋时期士大夫阶层的思想风貌和那个时代特有的文化观念。前诸子时代的思想酝酿是诸子思想产生的丰厚土壤。

二、前诸子时代的思想变革

如果说以《论语》为代表的儒家思想代表了春秋战国之交文化知识下移之后士阶层普遍的文化自觉的话,那么以《左传》《国语》为代表的君子文化则反映了春秋时期贵族士大夫阶层知识精英的精神自觉。这种精神自觉就是人的理性精神的凸显。

人的理性精神的觉醒伴随着对两个问题的思考:一是"人的主体精神的成长"问题,二是人对于永生的"终极关怀"问题。人文理性的觉醒始终伴随着对这两个问题的反复思考。对这两个问题理性思考的结果是实现了思想史的两个转向:一是天人关系中天的作用逐渐让位于人的作用,即人的作为在社会治乱中的重要性逐渐代替了上天神灵和鬼神祭祀在人类社会生活中的作用和意义;二是人对于永生的追求从归依于天帝、神灵、先祖转为归依于"立德""立功""立言"的"三不朽",从追求灵魂不朽转为追求精神和人生价值在历史中的长存,即由宗教意识转为历史意识。伴随着这两个转变的还有人的主体意识的凸显和个人思想从集体思想中的破茧而出。

(一)从神灵信仰到实践理性

前诸子时代正是轴心时代思想史巨变的过渡时期。这一时期思想史的变革主要体现为天人关系由天到人的转变,人文理性加强,人的主体意识凸显出来,思想史的重心开始"从宗教信仰向实践理性"转移,思想精英们关注的焦点从天道转向人道。在中国,这种转变提前发生了。相对于西方思想史而言,中国文化先天早熟并过早地进入了理性时代。这种早熟最明显的标志是没有形成强大的、影响深远的、像西方上帝一样的人格神。天帝的权威最终失坠,天人关系的重心最终由天转到人,天人关系也就是宗教与理性的关系,或谓"神灵信仰"与"实践理性"之关系(陈来),或谓"天官传统"与"地官意识"之关系(李零)。整个先秦思想史是人文理性不断突破神灵信仰最终完全确立的过程。人的主体性与人的理性精神同时成长起来。人的主体性被徐复观称为"忧患意识"。人对于自身行为方式应负的责任和对自身前途、命运的担当精神,是人们对自身行为在事物成败中的决定性力量的清醒认识。重视人本身在社会生活中的作用和意义,凸显人的主体精神,意味着人们对天道的关注转向人道。子产说:"天道远,人道迩。"(《左传·昭公十八年》)这说明人必须依靠自身的力量,发挥自己的能动性,靠自己来实现对自己命运的掌控,而不是依赖冥冥之中的神。

但是这种转变经历了一个漫长的过程。春秋时期,天人关系仍然处于交织过渡状态。理性精神的觉醒只限于少数的文化精英。如《左传·襄公十八年》载:"晋人闻有楚师,师旷曰:'不害。吾骤歌北风,又歌南风。南风不竞,多死声。楚必无功。'董叔曰:'天道多在西北,南师不时,必无功。'叔向曰:'在其君之德也。'"同样是晋国的政治精英人物,师旷和董叔分析战争形势仍然不离天道,但叔向的思想观念显然超前一步,认为天道依人道而动,祸福成败不在天道而在"君之德"。叔向这位晋国政治精英人物的真知灼见代表了春秋时期最前沿的思想认识。与叔向一样具有超前观念的思想家还有齐国的晏子。昭公二十年,齐侯生病,想通过诛杀祝史以解除病患,晏子听了这件事之后,告诉齐侯兴衰祸福在修德不在鬼神的道理。昭公二十六年,齐国出现彗星,齐侯使人禳之。晏子说:"无益也,只取诬焉。天道不谄,不贰其命,若之何禳之?且天之有彗也,以除秽也。君无秽德,又何禳焉?若德之秽,禳之何损?"叔向、晏子等春秋君子早已认识到人事的重要性,祭祀鬼神无益于事。这些事例反映了春秋时期思想界的剧烈变化。在一般人还在唯鬼神是听的时代,处于思想界前沿的知识精英已经开始意识到天道以人道为转移的道理。

这种转变还从人们对于占卜的态度上表现出来。春秋时期的人们已经不完全按占卜所示的神灵的意愿行事了。《左传·昭公十二年》载,楚灵王向神灵占卜能否得天下,结果不吉,灵王扔掉龟,对着天狂呼:"是区区者而不余畀,余必自取之。"占卜不吉利时,便要自己取。这还是在重淫祀的楚国发生的事情,可见当时天命鬼神思想对人的束缚已经很小了。不仅如此,一些人在关键时刻试图借鬼神之名义压服异己的做法已经让人甚为不屑。定公元年,孟懿子会诸侯城成周,宋国的仲几不愿意接受筑城任务,想让滕国、薛国、郳国代替自己服役,薛国不同意,双方就各自在历史上的地位和世职争执起来。士弥牟从中调解,让宋先接受筑城的任务,回去查查档案再说,结果仲几说:"纵子忘之,山川鬼神其忘诸乎?"士弥牟大怒,对韩简子说:薛国以人作证明,宋国以鬼神作证明,他自己理屈词穷,反而用鬼神来压制我们,一定要严厉地惩罚这个仲几。于是将宋国的仲几抓了起来。这种动辄以鬼神来压人的做法已经成为低级和无能的表现,结果当然是自讨苦吃。

(二)从灵魂不朽到价值不朽

正因为经历了春秋时期天人观念的碰撞和较量,才有了后来孔子"敬鬼神而远之"的超然和思想高度,人的理性精神最终在诸子时代完全确立。伴随着人的理性精神的成长,人们对于永生的观念也发生了根本转向。在人类社会的早期,人们将永生归于宗教。中国的宗教主要是以祖先祭祀为代表的神灵信仰,尤其是在祖先祭祀中寄托人们的不朽追求。最早的"不朽"是指灵魂的不朽和死后灵魂归依于祖先。《左传·僖公三十三年》载,在秦晋崤之战中,秦国战败,秦军将领孟明视等被俘,后来又被晋国释放,孟明视回国之前对晋侯说:"君之惠,不以累臣衅鼓,使归就戮于秦。寡君之以为戮,死且不朽。若从君惠而免之,三年将拜君赐。"《左传·成公三年》载,晋人归还楚公子谷臣与连尹襄老之尸与楚国,用来交换知罃。临行前,楚王和知罃有一段对话:

> 王送知罃,曰:"子其怨我乎?"对曰:"二国治戎,臣不才,不胜其任,以为俘馘。执事不以衅鼓,使归即戮,君之惠也。臣实不才,又谁敢怨?"……"以君之灵,累臣得归骨于晋,寡君之以为戮,死且不朽。若从君之惠而免之,以赐君之外臣首,首其请于寡君而以戮于宗,亦死且不朽。"

另外,成公十六年和昭公三十一年《左传》也都记载了相似的"死且不朽"的说法。这些事例中关于"死且不朽"的说法基本一致,就是说能回到本国被自己的国君赐死或者处死,或者死在自己本族的宗庙里,都可称为"死且不朽"。否则,死在异国他乡,尸骨和灵魂都不能归于宗族先祖,则不能死而不朽。古人非常看重落叶归根,魂归故里,就是死在了外地,也要想方设法将尸体运回故里,就是这个道理。晋国人能拿楚公子谷臣与连尹襄老的尸体换知罃;楚怀王客死秦国,屈原为其写《招魂》,也是这个原因。所以"死且不朽"就是指"死在自己的国、家,死后可以享祀,死后的精神魂魄可以与宗族祖先的精神魂魄在一起"。① 人类早期的所谓不朽是与祭祀和享祀联系在一起的。

总之,宗教信仰为人们提供了一个虚幻的不朽之所,宗教的特性在于构想了生前和死后的未知世界,使人的生命在过去——现在——未来的时间轴上产生连续性,从而满足了人对不朽的渴望与追求。当宗教为人们提供的永恒之路断裂之后,人们不得不把目光投向此岸世界,转而在现世人生中寻求生命的意义和人生的价值。由于中国早期的祖先崇拜一开始就与功德联系在一起,祖先的功德事迹成为祭祀依据和家族获取社会地位的资本,"述祖德"的宗教祭祀与"传家谱"的历史记录无缝对接,在思想观念上由"非理性"向"理性"的转变中自然过渡。在思想史"从宗教到历史"和"从宗教到哲学"的宏大变革中,"死而不朽"的价值归宿也会自然而然地切换到历史领域。人们转而在历史领域寻求永恒和不朽,这一转换的思想契机需要精英人物的思想"突破"和"顿悟"来"捕获"。最先抵达这一层面的思想精英是春秋后期鲁国的叔孙豹,他提出了著名的"三不朽"论。"三不朽"的提出标志着以祭祀和享祀为主的不朽观念已经淡化,代之而起的是历史价值的高扬。人们从在宗教信仰中寻求不朽转而在人间的历史价值中寻求永生。历史价值的发现正好弥补了宗教衰减之后的精神空缺。史官的历史书写见证了从灵魂不朽到青史留名的演变过程。思想史"从宗教到哲学的突破"是中国思想史的

---

① 陈来《古代思想文化的世界:春秋时代的宗教、伦理与社会思想》,生活·读书·新知三联书店,2009年版,第157页。

一个根本转向。

(三) 从史官"叙事"到君子"立言"

在叔孙豹提出的"三不朽"观念中,其中非常重要的一条就是"立言"。"立言"的主体是这一时期的文化主导者"春秋君子"。随着官学下移,史官地位的下降,史官已经"不再独享文化话语权力,某些贵族士大夫已经有了分享、甚至主导社会话语的能力"。① 君子在文化领域脱颖而出,他们除了掌握以史官文化为主体的王官之学,还产生了反映新的时代精神的思想观念,在文化上已经超越史官,成为新的文化引领者。去职走向社会的史官顺应时代的变化,主动靠近和接纳君子文化,他们一边对典籍文献进行整理、编辑,一边在历史载录和编撰中给君子文化留下充足的"立言"空间,而他们也以"君子曰"的形式主动加入"立言"的文化大潮中,出现了史官文化和君子文化的"合流"。正是史官的书写,呈现了前诸子时代"君子文化"的盛况。"赋予'君子'以价值和相关的文化内涵,则是由史官文献完成的"。② 春秋时期,"立言"成为一种文化自觉。"君子"在这时已经不是一种权力地位的象征,而是一种文化品格的认定,"君子的标志,一是礼仪修养,二是立言于世"。③ 反过来,能"立言"者,也自然被视为"君子",或者被视为具有君子素养。史官的历史书写重心也从叙事变为"记言",在以叙事为主的《左传》等史著中加大了"记言"比重,而且这些"记言"与文学性的塑造人物的语言描写不同,而是一种具有思想性和意识形态性的"嘉言善语",其目的在于传授道义,表达个人思想。当史官意识到贵族君子的社会影响力和思想的先进性之后,主动将其"嘉言善语"著录史册,促使贵族君子意识到"立言"的不朽价值,从而为先进文化代言。这样在史官文化的助推下催生出以"立言"为身份认同的"君子"群体。

随着"记言"风尚的进一步强化,还出现了专门记言的"语"体文献,如《国语》、马王堆出土帛书《春秋事语》等。虽然早期的历史散文总集《尚书》也以记言为主,但其中所记之言多是帝王和最高统治的

---

① 过常宝《原史文化及文献研究》,北京大学出版社,2008年版,第193页。
② 过常宝《原史文化及文献研究》,北京大学出版社,2008年版,第194页。
③ 过常宝《原史文化及文献研究》,北京大学出版社,2008年版,第193页。

誓命训诰,是一些政治公文性质的政策性言论,是国家意识和集体思想的表达,这与春秋君子的"立言"内容完全不同。春秋时期的"立言"属于个人思想的阐发,哲学突破的一个突出的表现就是从集体思想向个人思想的转变,①而阐发思想正是诸子学说的基本特征。这些思想性言论与诸子时代思想的阐发是一脉相承的,性质是相同的。不论是春秋君子的"立言"还是战国诸子的"立说",它们都属于"子学"系统。只不过春秋君子的言论不及战国诸子的思想体系完整而自成系统。它们散见于史学文献,依赖于史官记录,受限于政治身份,但已然是诸子思想的前奏。

前诸子时代的思想家是以政治家的身份闯入思想文化领域的,是普遍的时代危机和政治困境激发了他们的思想探索。他们大多是各国卿大夫,执掌国政,身处政治和文化前沿,如鲁国的臧文仲、申繻、叔孙豹、臧武仲,晋国的师服、荀息、叔向、师旷、蔡墨,齐国的鲍叔牙、管仲、晏婴,郑国的子展、子产、子罕、游吉、女叔齐,楚国的申叔时、椒举、蓮启疆,宋国的子鱼,随国的季梁,吴国的季札,秦国的公孙枝,周王朝的富辰、王孙满等,还有思想上可与贵族君子并驾齐驱的史官如内史过、史嚚、卜偃、内史叔兴、大史克、史赵、泠州鸠、史墨、史鳝等等。他们如璀璨星辰散布在前诸子时代思想史的天幕上。春秋君子以"立言"的方式开启思想模式,为诸子时代的思想争鸣做铺垫,由他们创造的君子文化是史官文化到诸子文化的过渡阶段。春秋末期到整个战国时代,诸子蜂起,他们著书立说,争鸣论辩,思想界迎来灿烂辉煌、群星闪耀的诸子时代。

总之,春秋时期是天人关系交织过渡的时期。掌握了这一时期思想精华的文化精英是贵族阶层中的有识之士——贵族君子,是他们在思想前沿的探索为诸子时代的到来奠定了基础。春秋君子以政治哲学为出发点,在文化领域展开的思考主要包括三方面:一是发掘和确立礼的新内涵,二是在人的精神世界寻找"德"的生长点,三是探寻新的"不朽"途径。对于前两方面的探讨,便形成了浩浩荡荡的德目。

---

① 郑开《德礼之间——前诸子时期的思想史》,生活·读书·新知三联书店,2009年版,第37页。

三、德的裂变

德是西周早期思想界的核心话语。西周社会的政治意识形态和思想文化世界围绕着对"明德""敬德"等德行观念的阐发和尊崇而展开。"德"观念源于上古人们的"能力"崇拜,"德"字的产生源于人类社会对于一种特殊"能力"——"政治控驭能力"的需要。"德"之初义就是"政治控驭能力"和"权威影响力"。[①] 古代的概念范畴往往具有综合性的特点,一个概念范畴常常将与自己密切相关的内容纳入自己的意义内涵之内。德的本质含义虽然是"能力"和"影响力",但获得这种"能力"和"影响力"的行为方式、手段、目的、结果等等也常用"德"来表示,因此造成了"德"含义的复杂性和综合性特征。"德"因而成为一个包容性极强的概念范畴。这为后期"德"含义的裂变、分化和聚合重组的思想史运动埋下了伏笔。

(一)德的裂变与分化

早期的"德"侧重于各种有效的政治实践和政治措施,"德"的政治能力具体表现为能够维护族群利益、对族群事务起实际作用的行为实践和方法。周公的制礼作乐就是丰隆周德的经典举措,礼乐仪式成为体现周德的载体。名目繁复的礼乐制度和仪式对应和诠释着"德"在不同情境下的意义内涵,于是演化出了一系列的德目。西周时期,德目逐渐丰富化,但其意义内涵基本都还在政治领域内。春秋时期,随着礼崩乐坏和礼与仪的分离,思想界对于礼的改革意识越来越突出,春秋君子对礼的关注从仪式转移到对意义内涵的探求,为礼的确立寻求新的根据。将礼的内涵与人的精神品质联系在一起,这是礼在春秋时期发生的一个巨大变革,这一变革伴随着人对自身德行和内在品质的普遍关注。于是"德"在这一时期裂变分化,形成了名目繁多的德目。"德"的丰富内涵也分散于这些德目中。附着在"德"上的神秘色彩越来越少,"德"的人间品质越来越浓。"德"经过分化后不断地融合时代的新思想,再经过各派知识精英的酝酿和再创造,又在分化的德目中凝练出各自的"德"。"德"的精髓和内涵经

[①] 参拙文《先秦"德"义新解》,《甘肃社会科学》,2015年第1期。

过诸子们的凝练、提升,逐渐聚拢、收敛于各家的核心概念范畴,如道家的"道"、儒家的"仁"、法家的"法"等等。

诸子的学术思想其实是分别选择并发挥了"德"观念的某一(些)方面,使之成为自己的思想核心,如儒家的"仁"和法家的"法"代表了早期"德"观念中获得"影响力"的"柔克"和"刚克"的两个方面,即德、刑两柄。"德"作为"性能""功效"的原始含义在道家思想的"德"观念中被充分保留。而早期"德"观念中的神秘因素和宗教内涵又被墨家的"明鬼""天志"等观念所承继。

在注重"德"的方式和途经的时代,诸子学术的核心概念都侧重于"德"的行为方式和途径层面。儒家的"仁"、道家的"道"、法家的"法"都是实现其"德"的方式和途径。从这个意义上来说,先秦思想可以概括为"德术将为天下裂"的思想史运动,或者说是从"德"到"道"的思想史运动。因为"德"作为政治能力和影响力是以政治伦理为学术核心的先秦思想家追求的最终目标,而战国诸子深切认识到自己的学问只能是通向"德"的途径而已,所以各家有各家之"道"。而各家的学术核心则变为新的能直接体现自身特色的概念范畴。"德"的核心话语地位逐渐在思想史中隐退。《庄子》曾提出"道术将为天下裂"的观点。其实,按照先秦思想史的发展逻辑,应该是"德术为天下裂"的演变在前,"道术为天下裂"的发生在后。

(二)德目体系与文献载体

反映和记载了"德"的裂变和分化现象的是形成于春秋战国时期的一大批文献。早在春秋初期,东周王室的统治阶层就在政治文化层面进行着重建政治权威的努力。在这种努力下,生成了《逸周书》等一大批文献。《逸周书》是周王室文件的汇编,大部分篇章写定于春秋早期。"春秋早期,为'复文武之业',史官们辑集文王、武王、周公等的训诫之言编成《周志》。战国初年,居于魏国的学者,以《周志》为底本,收录孔子所删《尚书》之余以及当时流行的兵书、礼书等编成《周书》。秦火之后,汉室收得残篇,藏在中秘,刘向整理为71篇《周书》。"[①]此《周书》又

[①] 罗家湘《〈逸周书〉研究》,上海古籍出版社,2006年版,绪论第1页。

叫《逸周书》。《逸周书》中存在大量的以数为纪的训诫文章,这些文章多是讨论政事的。据有关学者研究,《逸周书》中有 32 篇是来源相同、时代相近的作品,它们好用连珠句法,好用四字句,好用数字来叙述,多为韵文,构成了《逸周书》的主体。① 这些以数为纪的篇章都是东周统治阶层和文化阶层对于西周政治经验的总结,它们大都假托于文王、武王、周公等圣贤,其实是春秋初年东周王室行政的理论指导,可见东周时期的统治阶层曾经为重塑自己的政治权威进行过努力。这些政论性文献在总结前人政治经验的基础上对为政之道进行了重新的思考和阐发,并且融合了新的时代观念。《逸周书》的大部分篇章是春秋时期新的时代思想的反映,其中关于"德"的思想正好可与《左传》《国语》所记春秋士君子的思想观念互相发明,它们反映的是同一个时代的相似的观念,只不过一个完全侧重于政治领域,一个侧重于文化领域。《逸周书》的纪数体清晰地反映出"德"的裂变和德目的扩张。

如《逸周书·宝典解》提出九德十奸,分别从正反两方面规定出不同的德目。

> 九德:一孝,子畏哉,乃不乱谋。二悌,悌乃知序,序乃伦。伦不腾上,上乃不崩。三慈惠,兹知长幼。知长幼,乐养老。四忠恕,是谓四仪。风言大极,意定不移。五中正,是谓权断。补损知选。六恭逊,是谓容德。以法从权,安上无慝。七宽弘,是谓宽宇。准德以义,乐获纯嘏。八温直,是谓明德。喜怒不隙,主人乃服。九兼武。是谓明刑。惠而能忍,尊天大经。九德广备,次世有声。

此处之九德分别指孝、悌、慈惠、忠恕、中正、恭逊、宽弘、温直、兼武。

> 十奸:一穷□干静,二酒行干理,三辩惠干智,四移洁干清,五死勇干武,六展允干信,七比誉干让,八阿众干名,九专愚干

---

① 黄沛荣《周书研究》,台湾大学中国文学研究所博士论文,1976 年,第 83—88 页。

果，十慁孤干贞。

奸本是指坏的德行。但其中称为"奸"者皆是因为败坏好的德行而形成的，所以十奸的反面即是"德"。其分别是静、理、智、清、武、信、让、名、果、贞十种正面的德行。《逸周书·文政解》：

>惟十有三祀，王在管，管、蔡开宗循王，禁九慝，昭九行，济九丑，尊九德，止九过，务九胜，倾九戒，固九守，顺九典。

其中的"九行""九丑""九德""九守""九典"皆是正面的德行，而"九过""九戒"等皆是从反面说明不应该有的行为。

>九行：一仁，二行，三让，四言，五固，六始，七义，八意，九勇。
>九丑：思勇丑忘，思意丑变，思义丑□，思治丑乱，思固丑转，思信丑奸，思让丑残，思行丑顽，思仁丑豊。
>九德：一忠，二慈，三禄，四赏，五民之利，六商工受资，七祗民之死，八无夺农，九是民之则。
>九守：一仁守以均，二智守以等，三固守以兴，四信守维假，五城沟守立，六廉守以名，七戒守以信，八竞守以备，九国守以谋。
>九典：一祗道以明之，二称贤以赏，三典师以教之，四四戚以劳之，五位长以遵之，六群长以老之，七群丑以移之，八什长以行之，九戒卒以将之。
>呜呼！充虚为害，无由不通，无虚不败。

《逸周书》中像这样对德目的规定还有许多。在《左传》和《国语》所记春秋君子的言行中，围绕着"德"和"礼"的阐发也形成了众多的德目。这些德目与《逸周书》的德目交相辉映，共同构成了春秋时期德目的盛宴，令人目不暇接，叹为观止。如《左传·文公十八年》评价古之十六善族用了"齐、圣、广、渊、明、允、笃、诚""忠、肃、共、懿、宣、慈、惠、和"等德目。《国语·周语下》记载单襄公评价晋悼公周时,在其身上引申出敬、忠、信、仁、义、智、勇、教、孝、惠、让、慎、成、端、正、为国休戚等十六种德行。① 伴随着德的裂变这一发展趋势,"德"也逐渐内面化和道德化,即人们开始在精神境界和道德品质中寻找"德"的生长点。从历史上看,春秋时期围绕着"德"的主题进行的各种各样的酝酿与阐发,乃是诸子哲学的思想资源与背景。而"'德'的内面化是前诸子时期思想史的'大势所趋',而活跃于春秋战国时期的诸子百家所说的'德',或者转化为人性概念的基础(例如道家),或者变形为道德规范及其内在意识(例如儒家)"。②

四、德的内化

德的内化就是德的意义内涵逐渐从政治领域转化为人的精神品质和伦理道德的过程。春秋时期形成的德目体系中,普世的、个体性的、伦理道德性的德目占了大多数。"德"从外在的政治"能力"和"影响力"转化为内在的"道德力"。因为,道德也能产生巨大的影响力。

(一)德行与德容

德目体系虽然庞大,但也是各有渊源,可以归入不同的类属。《论语·学而》:"子禽问于子贡曰:'夫子至于是邦也,必闻其政,求之与? 亦与之与?'子贡曰:'夫子温、良、恭、俭、让以得之。夫子之求之也,其诸异乎人之求之与?'"朱熹《四书章句集注》曰:"言夫子未尝求之,但其德容如是,故时君敬信,自以其政就而问之耳,非若他人必求之而后得也。"我们从朱注"德容"一词得到启发,发现春秋时期的德目体系中,有相当一部分是可以归入"德容"这一大类的,这类德目与人的行为举止和仪容有关。这样,纷繁的德目基本上可以归入"德行"与"德容"这两大类。为了全面分析"德行"与"德容"中的德目状况及其相互关系,下面我们拟作一德目表对其进行归纳分析。

---

① 陈来《古代思想文化的世界:春秋时代的宗教、伦理与社会思想》,生活·读书·新知三联书店,2009年版,第331页。
② 郑开《德礼之间——前诸子时期的思想史》,生活·读书·新知三联书店,2009年版,第13页。

德　目	出　处	德　容	德　行
钦、明、文、思、安安	《尚书·尧典》	钦、明、安安	文、思
直而温,宽而栗,刚而无虐,简而无傲	《尚书·尧典》	直、温、宽、栗、刚、简、无虐、无傲	
宽而栗,柔而立,愿而恭,乱而敬,扰而毅,直而温,简而廉,刚而塞,强而义	《尚书·皋陶谟》	宽、栗、柔、愿、敬、扰、简、刚、强	立、恭(同"供")、毅、廉、塞、义
五事：一曰貌,二曰言,三曰视,四曰听,五曰思。貌曰恭,言曰从,视曰明,听曰聪,思曰睿。恭作肃,从作乂,明作哲,聪作谋,睿作圣	《尚书·洪范》	从、明、聪、睿、恭、肃	乂、哲、谋、圣
正直、刚克、柔克	《尚书·洪范》	正直、刚克、柔克	
孝行、友行、顺行	《周礼·师氏》	顺行	孝行、友行
中、和、祇、庸、孝、友	《周礼·大司乐》	中、和、祇	庸、孝、友
九德：孝、悌、慈惠、忠恕、中正、恭逊、宽弘、温直、兼武	《逸周书·宝典解》	慈惠、忠恕、中正、恭逊、宽弘、温直	孝、悌、兼武
十奸：静、理、智、清、武、信、让、名、果、贞	《逸周书·宝典解》	静、让	理、智、清、武、信、名、果、贞
九行：仁、行、让、言、固、始、义、意、勇	《逸周书·文政解》	行、让、言、勇	仁、固、始、义、意
九丑：勇、意、治、固、信、让、行、仁	《逸周书·文政解》	勇、让、行	意、治、固、信、仁
九德：忠、慈、禄、赏	《逸周书·文政解》	忠、慈	禄、赏
九守：仁、智、固、信	《逸周书·文政解》		仁、智、固、信

续　表

德　　目	出　　处	德容	德行
九德：忠、信、敬、刚、柔、和、固、贞、顺	《逸周书·常训解》	忠、敬、刚、柔、和、顺	信、固、贞
五教：义、慈、友、共、孝	《左传·文公十八年》	共（通"恭"）	义、慈、友、孝
六德：咨、诹、谋、度、询、周	《国语·鲁语下》	周	咨、诹、谋、度、询
五德：祥、义、仁、顺、正	《国语·周语下》	顺、正	祥、义、仁
四德：忠、仁、信、义	《国语·周语上》	忠	仁、信、义
三德：智、仁、勇	《国语·晋语二》	勇	智、仁
四德：智、仁、勇、学	《国语·晋语七》	勇、学	智、仁
六德：信、仁、智、勇、衷、淑	《国语·楚语下》	勇、衷、淑	信、仁、智
四德：仁、信、忠、敏	《左传·成公九年》	忠、敏	仁、信
十六德：敬、忠、信、仁、义、智、勇、教、孝、惠、让、正、端、成、慎、为国休戚	《国语·周语下》	敬、忠、勇、惠、让、正、端、慎	信、义、智、教、孝、成、为国休戚
十二德：忠、信、义、礼、孝、事、仁、文、武、罚、赏、临	《国语·楚语上》	忠、礼	信、义、孝、事、仁、文、武、罚、赏、临
齐、圣、广、渊、明、允、笃、诚、忠、肃、共、懿、宣、慈、惠、和	《左传·文公十八年》	明、允、笃、诚、忠、肃、共、慈、惠、和	齐、圣、广、渊、懿、宣

需要指出的是，上表中的德目出处大多是春秋和战国早期的文献，基本上能反映春秋时期的德目状况。《尚书》中的《虞夏书》部分（包括《尧典》《皋陶谟》等）比起佶屈聱牙的周诰殷盘，显然要"文从字顺"许多，所以一般认为其是后世根据上古流传下来的尧舜事迹加

工写定的。其著于竹帛，形成传世文献的时间当晚于西周，其中的一些德目当为春秋时期的观念。① 上表中庞大的德目体系反映了"德"内涵的丰富性和包容性，也反映了"德"的发展演变痕迹。其中文、武、赏、罚、谋、禄等德目，进一步验证了早期"德"含义中的政治控驭性倾向。作为一种政治控驭力和权威影响力，早期的"德"包容了一切能够提升这种能力的行为、品行、方式、手段等，所以是"德"比较原始的意义内涵。而"德"在春秋时期的内面化发展就包括了"德行"的内化和"德容"的内化。因为"德行"目与"德容"目对应的正好是相辅相成、表里相依的"德"与"礼"。春秋时期的"德行"目基本来源于"德"，而"德容"目大多来源于"礼"。在"德行"内面化的同时，"德容"也内面化了。或者说"德"和"礼"在前诸子时代都走向了内面化的发展之路。礼的内面化与对礼之本的讨论和人们对礼的人格塑造价值的关注是一致的。

（二）德行的内面化

西周时期的德目大多涉及社会政治行动意义上的"德行"而非道德伦理意义上的"德性"。② 德行的内面化就是"德"的意义内涵由政治行动转为伦理道德，发生了由"行"到"性"的转化。由于人的主体性的张扬，"德"在前诸子时代逐渐沉潜到人的内心世界，人们围绕"德"的要求开拓出自己的心灵境界来，"德"转化为个人的精神境界或者说道德力。人们对个体之德的重视空前高涨。此时的"德"关注

---

① 关于《尚书》中虞夏书的写作时间，学界观点不一。《史记·孔子世家》说："周室微而礼乐废，《诗》《书》缺。追迹三代之礼，序《书传》，上纪唐虞之际，下至秦缪，编次其事。"孔子编订《书传》的次序，始于唐虞之际，可知《尧典》等篇的制作年代当在孔子之前（参金景芳、吕绍纲《〈尚书·虞夏书〉新解》，辽宁古籍出版社，1996年版，第7页）。又《尧典》等篇中杂有若干孟子、荀子以后乃至秦代的色彩，也是其在流传和整理过程中杂入后世观念的缘故。然而其初步写定时代的思想观念当在文本中的体现更为明显。综合考察，《尚书·虞夏书》的写定大概在春秋时期，故其中的德目多与春秋时期其他文献中反映的德目相似。至于《尚书·洪范》，赵逵夫师认为其在"西周、春秋时期就已是广泛流传的文献之一，其成书年代绝不会晚于春秋"。（参《先秦文学编年史》（上），商务印书馆，2010年版，第189页）刘起釪认为，《洪范》在春秋之世就已定型（参刘起釪《〈洪范〉这篇统治大法的形成过程》，《古史续辨》，中国社会科学出版社，1991年版）。而《洪范》中的"刚克、柔克、正直"等德目也反映了"德"早期的意义内涵。说明"德"的裂变和分化是一个逐步发展的过程，只是在春秋时期这种分化状态达到了高峰。

② 郑开《德礼之间——前诸子时期的思想史》，生活·读书·新知三联书店，2009年版，第331页。

的是人在社会中的个人能力和政治影响力。个人的政治影响力是通过成己进而成物的方式实现的，或者说通过自己的道德影响力和内在精神的提升达到治平天下的目的。

与春秋君子在人的精神世界寻找"德"（政治影响力）的生长点相一致，关于"人"的一系列学术思想也在这一时期纷纷建立起来。人的思想视野内传，并最终回归人本身。道家和儒家都非常关注个人存在，并依据各自对宇宙时空和社会人生的理解，确立自我价值，开辟内在的精神境界。对个人价值的重视是思想界天人关系的重心由天转向人的体现。宗教神灵的衰落伴随着人的理性精神的觉醒。没有理性精神的觉醒，没有人的主体意识的成长，就没有对个人价值的深刻反思和内在观照。

"德"内面化为人的道德品质，并没有脱离其原始意义内核。作为"能力"崇拜的产物，它不断容纳在新的时代人们认为具有巨大功能和影响力的因素。伦理道德这种具有巨大能力场的"影响力"必然会被吸纳进"德"的范畴。"德"范畴裂变和内面化之后，其含义中的其他意义内涵纷纷析出，"德"范畴本身则退守到伦理道德这一特定的范围之内，其地位逐渐被新的概念范畴所代替。"德"从一个政治核心话语最后发展为个人伦理道德的代称，其深层原因是"德"从一开始就潜藏着合道德性因素（即政治控驭手段中的"柔克"模式）。获得"德"的方式最后集中于道德领域，人们发现道德也能够产生巨大的影响力，树立权威性，是为"道德力"，道德因而成为"德"发展演变的最后归宿[①]。

（三）德容的内面化

从上表中我们看到，一些德目是与人的言行举止和仪容态度有关的德目，即从仪容规范方面形成的德目，我们将其归入"德容"这一大类。虽然还可以将这些德目分为诸如"性情之德、道德之德、伦理之德、理智之德"[②]、制度之德（禄、事、文、武、赏、罚、临）等不同的类型。但是西周至春秋时期，在"德"的体系中形成了两个基本方面：一

---

① 美国学者倪德卫就"德"的"伦理道德"倾向提出"道德力"一词，这种道德力就是一种影响力，是以道德的力量施影响于人。参（美）倪德卫著，（美）万白安编，周炽成译《儒家之道：中国哲学之探讨》，江苏人民出版社，2006年版，第21页。

② 陈来《古代思想文化的世界：春秋时代的宗教、伦理与社会思想》，生活·读书·新知三联书店，2009年版，第366页。

是各种不同的德行;二是"德"的具体行为模式和表现,也就是"礼"(威仪)。"德"和"礼"(威仪)是西周意识形态话语体系中最大的两类德目。"礼"和"德"之间的关系即表里关系,"德"即"礼仪"的内化,①"礼"属于"德"的行为层面,是"德"的外化,也是德目。陈来先生在将春秋时期的德目详细地分为"性情之德、道德之德、伦理之德、理智之德"之外,也认为"在古代的德行中,我们大致可以分别为'实质的'和'形式的'两类,……对形式的德性的强调,这是与礼乐文化的特质相适应的",②或者说这些德目包括"仪式伦理"(或者说"仪式性德行")和"德行伦理"两大类。③ 而我们依据"德"和威仪("礼")在周代社会文化中的密切关系及其演变轨迹,借用古人常用的"德容"一词,将这些德目分为"德行"和"德容"两类,也就是分为"实质性的"和"形式性的"两类。

随着"德"由"德行"变为"德性",即人的内在品质之后,与"德"互为表里的"礼"的制度仪式意味变淡,人的言行举止方面表现出来的特性和品质意味加强,如礼仪中体现出来的恭、敬、让、顺、肃等精神品质受到人们的关注。上表中的"德容"一栏基本上就是从人的言行举止等仪容方面内面化出的德目。所以说"礼"(威仪)也分化出了许多德目,"礼"也内面化、品格化了。

除此之外,"礼"(威仪)除了是"德"的表象之外,它本身还有一本质内涵和基本精神——"敬"。如果说隐藏在"德"背后的灵魂性的要素是"功能""效用"的话,"敬"就是一直隐藏在"礼"(仪式)背后的灵魂性的要素。不论是"德"还是"礼"都可以按照规范作出来,但是只按照规范机械地去做,没有"敬"的心理作支撑,这一切的"德"和"礼"都是虚伪的,无意义的,是缺乏灵魂的,而且是不长久的,极有可能反复的。"敬"作为"礼"的核心要素也随着"礼"(仪式)的变化而演变,其演变路径是:敬——忠——诚。在西周其伴随着各种"威仪"

---

① 郑开《德礼之间——前诸子时期的思想史》,生活·读书·新知三联书店,2009年版,第59—60页。
② 陈来《古代思想文化的世界:春秋时代的宗教、伦理与社会思想》,生活·读书·新知三联书店,2009年版,第323页。
③ 陈来《古代思想文化的世界:春秋时代的宗教、伦理与社会思想》,生活·读书·新知三联书店,2009年版,第360页。

而被称为"敬",在春秋成为"礼"背后的意义内涵——"忠",尤其是在孔子那里,被凝练为"仁境"的基本精神——"忠恕",成为孔门学说的精神动力。到了《中庸》和《孟子》,则被进一步发展为"诚",成为个人修养中应该持守的原则。"慎独"就是个人独处时"诚"的表现。因为儒家学说为心性学,没有内在的"诚"作为精神基础,其学说将成为缺乏根基的空中楼阁。

综上所述,作为政治控制能力的代称,"德"具有丰富的意义内涵,包括了刚克(武力)和柔克(怀柔)两种获取权威的方式。"德"在西周还是一个中性词,不具有褒贬色彩。西周的"德"通过与其他词汇的组合来表示不同性质或褒贬意义。"德"在西周主要指人的政治行为和品质,在春秋时期裂变为各种德目并且转化为人内在的道德品质,经过长期的酝酿,最后凝练为诸子学术的核心思想,分别成为儒家的"仁"、道家的"道"、法家的"法"等。所以,"德"在先秦经历了"形成——裂变——聚合转化"这样一个演变过程。由此化用《庄子》的说法:先秦思想史是"德术将为天下裂"的思想史运动。德的发展演变在前,道的产生和演变在后。道是德的演变和转化。"德"在这一时期裂变为众多的德目,并内面化为伦理道德和人的精神品质。"德"在这一时期从外在的"能力"和"影响力"转化为内在的"道德力"。导致这一变化的是思想史的巨大变革。这一时期思想史的变革主要表现为:天人关系由天转向人;人文精神觉醒;人的主体精神确立;思想史发生了"从宗教到历史"的突破,或者"从宗教到哲学"的突破等等。而春秋时期正处于这种巨变的过渡时期。这一时期处于思想前沿的是贵族君子,他们的思想酝酿为战国诸子学术的繁荣奠定了基础。他们和战国诸子一起促进了轴心时代的思想繁荣和巨变,所以可以称这一时期为"君子时代"或"前诸子时代"。

第二节 谥法的流行及其人物品评性质

谥法的流行与"德"的裂变和内面化关系密切。从人物品评的角度来说,丰富的德目和众多的谥号都是品评人物的准则和尺度。

谥号是对人的一生进行盖棺论定的总结。谥法的产生有两个原因：一是对于死者的禁忌，二是祖先崇拜和祖先祭祀。禁忌不能直呼其名，祖先崇拜需要在歌颂祖先功德的同时对祖先加以美称。周王室对有功德之家族的策命和赏赐强化了人们对于名号的重视。而春秋时期人物品评的盛行更是促进了谥法的发展。随着德目的丰富化，谥法所用之词也丰富起来，随着"德"的祛魅和内面化，谥法的宗教意义逐渐减退，历史意识增强。春秋时期，谥法制度也发生了从宗教到历史的转变。《逸周书·谥法解》是对谥法的文献总结，也可以说是一部人物品评的品目集或者人物品评的总结性词典。谥法在春秋时期已经大为流行，《谥法解》则是在战国初期才被编辑成篇的。

一、谥法起源于人们对于死者的禁忌

商王庙号是谥法产生的第一阶段，贵族称颂先祖是谥法形成的第二阶段。上古之人不避生讳，常有君臣同名者。《左传·昭公元年》："卫齐子曰：'苟或知之，虽忧何害？'"杨伯峻《春秋左传注》："齐子即齐恶，为闵二年《传》齐子之四世孙，见杜氏《世族谱》。时卫襄公名恶，而其臣有齐恶、石恶，君臣同名。《礼记·内则》孔《疏》云：'先卫侯生，故得与卫侯同名，是知先生者不改也。'昭七年《穀梁传》云：'此何为君臣同名也？君子不夺人名，不夺人亲之所名，重其所以来也，王父名子也。'"①早期的避讳制度并不严格，郑樵说："周人卒哭而讳，将葬而谥。有讳则有谥，无讳则谥不立。"②生者不相避名，避讳主要用于死者。《礼记·曲礼》："卒哭乃讳。"对于死者的避讳来源于原始禁忌。当死者神主迁入宗庙以后，不可再言其名。这种避死者讳的制度来自古人对于死者魂灵的禁忌和崇拜。

商王庙号即是一种避讳制度。关于商王庙号中的天干之名，有人认为是记日之名，即以死者出生当日的天干序名作为其代名，叫做日名。甲日出生的日名为甲，乙日出生的日名为乙。有人主死日说，认为商王庙号是以死日当日的天干序名为其代名。近年来，张光直

---

① 杨伯峻《春秋左传注》，中华书局，1981年版，第1203页。
② [宋]郑樵《通志·谥略·序论第一》，中华书局，1987年版，第603页上。

先生又提出了一种新的观点,即商王庙号是不同政治团体的氏族名,商人政权在几个氏族组织间轮流交替,死后归入各自氏族的神庙,即"乙丁制",这种制度后来演化为昭穆制①。但不管是日名制还是乙丁制,商王庙号是对死者的讳称,这一点是确定的。出于避讳的庙号制是谥法的雏形。

二、周公制谥只涉及"美谥"

谥法在西周已经产生。《礼记·檀弓》说:"死谥,周道也。"《礼记·郊特牲》:"死而谥,今也。古者生无爵,死无谥。"据《逸周书·谥法解》和《礼记·檀弓》等的说法,周初诸王如文、武、成、康、昭、穆、共、懿等都是周王的死称,也就是谥号,但王国维首先对这种说法提出挑战。他在《遹敦跋》中说:"周初诸王,若文、武、成、康、昭、穆,皆号而非谥也。"②是为生称而非死谥。又说:"谥法之作,其在宗周共、懿诸王以后乎。"③徐中舒进一步论证了这一观点。汪受宽通过出土铭文的有关记载,认为西周的武王、成王、昭王、穆王、共王、懿王等诸王之号,都不是谥号,而是生称④,并认为周穆王宠妾盛姬是第一个得谥号的人:"穆王这位风流天子对盛姬的感情是如此的深,对其去世是如此的悲痛,而盛姬生前地位却不高,不像元妃之有尊号,所以在她死后,谥以哀淑人之号,以示隆重。我们以为,这很可能是周王室所颁给的第一个谥号。"⑤他进一步认为,谥法作为正式的周朝礼仪制度,是从孝王开始的。其来源是"由穆王以前贵族称颂故去的父

---

① 参张光直《中国青铜时代》,生活·读书·新知三联书店,2013年版,第173—210页。
② 王国维《观堂集林》,中华书局,1959年版,第895页。
③ 王国维《观堂集林》,中华书局,1959年版,第896页。
④ 《国语·周语上》中有"周文公之《颂》"的说法,韦昭注:"文公,周公旦之谥也。"汪受宽《谥法研究》认为《尚书》《诗》《史记》《汉书·古今人表》,都只称其为周公、鲁公、叔旦,而无称其为文公者。……况且,谥法中人臣之谥,须避讳先王尊谥,文本为姬昌之号,怎得又作为姬旦谥号呢!(参汪受宽《谥法研究》,上海古籍出版社,1995年版,第9—10页)其认为"文"并非周公之谥,这是对的。但说早期的谥也有严格的避讳制度,似乎有点绝对。因为在周的贵族称颂先祖之辞中全是尊贵至极的"皇、文"等辞。春秋时期周王、各诸侯国的国君甚至卿大夫用同一谥号者屡见不鲜。谥法的精髓就在于一视同仁,不分贵贱,后世的君王为了显示自己的尊贵只能通过多用高贵威严的谥字的方式以示区别。
⑤ 汪受宽《谥法研究》,上海古籍出版社,1995年版,第15—16页。

祖开始,经过一百多年,终于被周王室所接受,作为追荣天子的典礼之一①。谥法是"小传统"影响了"大传统"的结果。但是近年又有些学者的研究则认为,周初已经有谥法②。对谥法作于共、懿诸王以后的说法提出质疑,认为"周公制谥法是周初政治生活中的一件大事"③。

西周进行了一系列的制度建设,最典型的就是周公的制礼作乐。而周人针对自己的政权建设提出的一系列新理念也是前所未有的,如"明德""敬德"等。周人通过在一些重大的国家活动中演唱大量的祖先颂诗来歌颂和美化自己的先祖,同时通过爵禄、车服、礼节等各个方面的不同来体现尊卑高低的等级差别,如爵位上公、侯、伯、子、男的差别明显昭示着一个家族或个人地位的高低。相对于商王室主要以武力的强大与否显示地位的高低,周人的制度建设完全用人文的手段建立统治秩序。运用不同的称谓是周人礼乐制度和等级差别的重要体现。对生者的称呼体现人文内涵和等级差别,对死者的称谓也应当有所变化,而不仅仅是出于禁忌的需要了。所以周公制礼作乐中包括了对死者称谓的新规定也应该是可信的,周王死后直接冠以美称也是可能的。因为不论从西周时期的传世文献还是出土文献来看,周初对于人的称谓是非常重视的,而且用于美称的词语相当丰富。不论是周的最高统治者对始祖的称颂,还是一般贵族在铜器铭文中对先祖的称颂,都极尽溢美之词。按照周人严格的等级制度,生称尚且有严格的高低贵贱之区别,那么,当一般的贵族都已经用溢美之词称颂自己已逝先祖的时候,周的最高统治者不可能反而落在臣属之后。所以说,在死者的名号前加上美称是谥法形成的第二个阶段。而从周初诸王的称号来看,文、武、成、康、昭、穆、共、懿等称号在一般贵族对先祖的称颂之辞中也出现了。如在贵族称颂先祖的铜器铭文中有"前文人""文妣""文考""皇""烈"等,"皇""烈"与"昭"

---

① 汪受宽《谥法研究》,上海古籍出版社,1995年版,第16页。
② 如:彭裕商《谥法探源》,《中国史研究》,1999年第1期;常金仓《周公制谥公案及文献与考古发现的契合》,《陕西师范大学继续教育学院学报》,2000年第2期;杜勇《金文"生称谥"新解》,《历史研究》,2002年第3期,等等。
③ 罗家湘《〈逸周书〉研究》,上海古籍出版社,2006年版,第178页。

义近，而在铜器铭文对先祖的赞美中，有"明""懿""哲""穆""肃"等词。丧葬作为礼制的重要方面，君王和臣民在丧葬的程序、规格、用物等方面皆有严格的限定和区别。春秋时期礼崩乐坏，一些有功的诸侯开始越礼向周王室索求特殊的丧葬礼仪①，被周王拒绝，说明丧葬礼仪是统治者极为看重的。因此不可能是臣属在对死者的称谓中先用了这些溢美之词，而后被周王室采纳。而只有上行下效，臣属才会在一定范围内使用这些词。

但是正如我们前文所述，固然周公于制礼作乐具有不可替代的创制之功，但其毕竟只是初具规模，完备的礼乐制度是在后世逐渐完成的，谥法制度也是如此。可能周公虽然设计了谥法制度，但并不意味着褒贬得当、惩恶扬善的谥法精神就完全确立了。又因为周初诸王基本上能传承先王之德，其行为并无大的过错，故周初诸王皆得以获得美谥，谥法制度并没有受到真正的考验。《逸周书·谥法解》："谥者，行之迹也；号者，功之表也；车服，位之章也。"如果被褒奖者确有德行，只不过是"功之表也"的概括，还不能显现出"行之迹也"的谥法精髓。谥法是累积平生所行善恶而定之名，所以周初诸王之用谥只是体现了"功之表"的谥法内涵。只有败德的周王出现时，谥法也能够表现其"行之迹"的话，谥法制度才算完全确立。也有可能是周公制谥只是建立了美谥制度，还未来得及考虑恶谥制度。恶谥是败德之君出现后，周的上层统治者在周公美谥制度的基础上对谥法制度的完善。

与早期的"德"观念一样，早期的谥法具有浓厚的宗教意义。所以人们在为死者给谥时，尽量总结其功德给予美谥。这种功德最终是被周王室以封赏的形式认定的。周初统治者将封赏和功德、宗教联系在一起，贵族对祖先功德的记录和赞美同时又强化了这种宗教意义，即希望这种功德能福泽后世子孙。所以在西周的铜器铭文中，歌功、颂德、祈福是三位一体的。政教结合的国家在政治权威强大之时，宗教神权也具有强大的约束力。神灵对人的德行的监督和约束力极强，人们在神灵的监督之下，发扬善行，累积祖荫。由于先秦宗

---

① 如僖公二十五年，晋文公纳周襄王而自请隧葬，被周襄王拒绝了。

族观念极强,个人行为又与宗族福荫密切相关,周人一开始又将政治兴衰与"德"联系起来,因此在周人的意识形态中,整体上重视功德。记功,其实就是记功于宗庙、归并于宗族、呈示于上天神灵,由神灵来决定宗族后代的福荫。

三、成熟的谥法制度确立于厉王之后

西周后期的统治中,颇有失德败行的君王存在。因此,在其死后对其功德的评价不能再用溢美之词了,因为"皇皇上天,照临下土",不可欺天。再加上谥法多由史官拟定,巫史礼官的神圣职责就是根据代代相传的职业规范和祖训,依据传统的"礼"的规范记录、描述客观事实,呈于祖庙,昭示上天。早期的诸侯和臣属也大多能按照礼法行事,故前期的溢美之词大多是对死者的概括而笼统的美称,是将善美之辞给予死者,称美不称恶。宋代学者郑樵说:"生有名,死有谥。名乃生者之辨,谥乃死者之辨,初不为善恶也。以谥易名,名尚不敢称,况可加之以恶乎?非臣子之所安也!"①又说:"成周之法,初无恶谥,谥之有恶者,后人之所立也。"②但当君王有明显的败德之举,臣属有明显的败行之后,其谥就成为名不符实的溢美之词了。同时统治者中的清醒者也希望借此约束君王的行为,使谥法同爵位、名号、车服一样成为惩恶劝善,约束和规范人的国家制度。谥法作为一种文化权力能否独立于政治权力之外,不变成政治权力的附庸,关键就在于能否对败德之君给予恶谥。应该说,谥法作为一项完整的国家制度确定下来是在厉王、幽王之后,因为说好容易,说坏难,尤其是对于周的最高统治者来说。因此,成熟的、客观的谥法制度的确立应该是在周王室出现了最高统治者的败德行为之后,厉王是第一个得恶谥的周王。谥法制度作为一种文化权力由周公首创,经过从"美谥"到"恶谥"的发展,最终经受住政治权力的影响而被推行,成为一项独特的文化制度。

四、谥法制度成为春秋时人自觉遵守的文化制度

春秋时期,谥法进一步丰富和完备,同时也成为被人们自觉遵守

---

① [宋]郑樵《通志·谥略·序论第一》,中华书局,1987年版,第603页上。
② [宋]郑樵《通志·谥略·序论第三》,中华书局,1987年版,第603页下。

的文化制度。谥法制度就像礼制一样,在春秋时期焕发出了新的时代精神。谥法从神秘的宗教色彩中逐渐解脱出来,由呈告于神灵转变为定位于历史,最终成为人对于理性价值、历史价值的自觉追求。谥法制度的历史意义突显之后,即成为人对自身品质和历史功德的自觉反思和观照。至此,谥法作为一种人物品评的特殊方式与中国文化的历史价值至上之特点紧密地结合在一起。人们通过对死者的盖棺论定对其一生的行为进行总结和褒贬,在评价死者的同时警示生者,强化社会核心价值观念,因而具有强烈的价值导向作用,是一种强有力的社会意识形态话语形式,体现了文化的权威性和巨大作用。春秋时期的谥法出现了以下几个新的特点:

(一) 赐谥

大夫死后,一般由国君定谥号。《礼记·檀弓》记载,卫国大夫公叔发卒后,其子戍向国君请谥,卫灵公谥其为贞惠文子。《左传·隐公八年》记载,鲁国大夫无骇死,羽父为其向国君请求给予谥号与氏族名,鲁隐公给其谥号并以其字"展"作为氏族名。《左传·昭公二十年》记载:"卫侯赐北宫喜谥曰贞子,赐析朱锄谥曰成子。"这些皆是诸侯国君赐给大夫谥号的具体事例。

(二) 议谥

诸侯之谥,则由大臣和公子议定,所谓"子议父,臣议君"。谥号有善有恶,人们根据其行绩确定谥号。《左传·襄公十三年》:

> 楚子疾,告大夫曰:"不穀不德,少主社稷。生十年而丧先君,未及习师保之教训而应受多福,是以不德而亡师于鄢;以辱社稷,为大夫忧,其弘多矣。若以大夫之灵,获保首领以殁于地,唯是春秋窀穸之事,所以从先君于祢庙者,请为'灵'若'厉'。大夫择焉。"莫对。及五命,乃许。秋,楚共王卒。子囊谋谥。大夫曰:"君有命矣。"子囊曰:"君命以共,若之何毁之?赫赫楚国,而君临之,抚有蛮夷,奄征南海,以属诸夏,而知其过,可不谓共乎?请谥之'共'。"大夫从之。

楚共王提前拟定自己死后的谥号,而且对自己的行为深刻反省,不避恶谥,表现了这一时期人们对于谥法的自觉遵守和认同。最后,臣子根据其生平行事,尤其是感佩于其能自知其过而重新议定其谥为"共"。此为议谥之例。

(三) 改谥

对于一些与事实不符的谥号,最后还有改谥的情形发生。如《左传·宣公四年》记载,郑国大夫子家反叛,杀死国君姬夷,谥为幽公。六年后,子家死,郑之国人将子家之族全部驱逐。改葬幽公,改谥号为灵,是因为幽不符合姬夷的生平行事。《左传·文公元年》记载,楚太子商臣发动军事政变,包围王宫,杀死父亲楚王熊恽,并谥其父为灵。熊恽死不瞑目,又改谥为成,这时才闭上眼睛。这些皆是改谥之例。

(四) 谥行相符,不避恶谥

春秋各诸侯国君得恶谥者比比皆是,谥号基本能反映人生前的"行之迹"。在人的理性精神完全觉醒之后,人们极为重视他人对自己身后的评价。人们对身后声誉的重视和珍惜是前所未有的。但在谥法制度面前,春秋时人还是能做到实事求是,表现了对谥法制度的自觉遵守。童书业先生说:"读《左传》《史记》等书,知西周中叶以来,列国君臣以至周天子谥号,多于其人之德行、事业以至考终与否大略相当。"①在100多个谥字中,根据褒贬色彩可以将其分为美谥、恶谥、平谥。美谥表功,恶谥明过,平谥概括其一生的突出特点。总之,是要在人死后对其有一个整体的评价和总结,这样才算完满。不论是美谥、恶谥还是平谥,都要尽量做到名副其实,谥行相符。如《逸周书·谥法解》对"悼"字的解释是:"年中早夭曰悼,肆行劳祀曰悼,恐惧从处曰悼。"周悼王在位7个月被杀,晋悼公不到30岁而卒,齐悼公在位4年被杀,卫悼公立5年而死,郑悼公立1年而卒,于是有了"年中早夭曰悼"的谥解,可谓谥行相符。当时的恶谥主要是"幽""厉""灵"三字。《谥法解》对"幽"字的解释是:"蚤孤有位曰幽,壅遏不通曰幽,动祭乱常曰幽。"对"厉"的解释是:"致戮无辜曰厉。"对"灵"的解释是:"死而志成曰灵,乱而不损曰灵,极知鬼事曰灵,不勤成名曰

---

① 童书业《春秋左传研究》,上海人民出版社,1980年版,第382页。

灵,死见鬼能曰灵,好祭鬼神曰灵。"童书业先生说:"谥为'幽'者,盖非令主,且不得其死。周幽王见杀于犬戎而亡其国,鲁幽公被杀,郑幽公为韩人所杀,晋幽公淫妇人为盗所杀,楚幽王时楚大乱,曹幽伯被杀,赵幽缪王亡国。谥为'厉'者,皆有昏德或不终者,周厉王放于彘,齐厉公暴虐见杀,宋厉公杀君自立,晋厉公被杀,秦厉公时国亦不宁,郑厉公尝见逐,陈厉公淫乱见杀。'灵'之为谥,略近于'厉',周灵王'防斗川以饰宫',死后王室始乱(《周语》),……卫灵公、郑灵公、晋灵公、楚灵王、齐灵公、陈灵公、蔡灵侯,皆无道或见杀,秦灵公时秦国势方兴,而灵公务为神怪(见《史记·封禅书》),赵武灵王虽有武功,然废长立幼,卒致内乱,身死为天下笑。"①可见这一时期的谥号基本上能概括人一生的行迹,做到"谥行相符"。恶谥的顺利推行最能体现谥法惩恶扬善的警示意义。败德之君的谥号皆能做到谥行相符,体现了谥法作为一种文化权力对政治权力的约束和制衡,能够对人的行为产生巨大的规范约束作用。

春秋时期谥法的使用也逐渐普遍化,不但诸侯国君能得谥,大夫甚至士人也可以得谥,这表明谥法制度的普及和深入人心。如《礼记·檀弓上》记载,鲁宋乘丘之战时,鲁庄公的马匹突然受惊,导致战败。御者县贲父因马惊自责,奔向敌阵,力战而死。战后,圉人洗马,发现马身上中有流矢。鲁庄公才知道马惊不是御者的责任,为了表彰县贲父的勇敢精神,亲自为其读诔赐谥。可见谥法从上层社会逐渐下移,逐渐普世化。

春秋时期是一个文献产生的高峰期。谥法经过长期的流行,产生了大量的谥字。这些谥字最后被人总结在一起,成为《逸周书·谥法解》。据汪受宽研究,"《谥法解》由一位楚国的儒生纂成于公元前370年至前321年间"②。罗家湘《逸周书研究》则认为,《谥法解》属于《逸周书》礼书类,大概作于公元前400年前后③。也就是说,《谥法解》的写定时间当在战国初年。《谥法解》现存100个谥字,其来源有四:一是战国中期及其以前天子、国君、妃和卿大夫的谥号及生称的

---

① 童书业《春秋左传研究》,上海人民出版社,1980年版,第384页。
② 汪受宽《谥法研究》,上海古籍出版社,1995年版,第229页。
③ 罗家湘《逸周书研究》,上海古籍出版社,2006年版,第49页。

用字,二是借取神王的尊号和三代爵号用字,三是根据儒学道德体系新拟的谥字,四是根据历代君侯继位实际拟定的个别谥字。①《谥法解》中的大多数谥字是在春秋时期形成的。其与"德"的裂变和德目的丰富化关系密切,有些就是当时流行的德目。春秋时期人们通过品评人物和事件,对不同德目的意义进行阐发,同时根据实践生活的实际需要创造出新的德目和价值准则,这些新的德目和价值准则为谥法所借鉴,这就大大丰富了谥号用字的数量。《左传·昭公二十八年》记魏献子与成鱄讨论举贤之事,成鱄对魏献子所举魏戊进行赞美和评价之后,说:

> 心能制义曰度,德正应和曰莫,照临四方曰明,勤施无私曰类,教诲不倦曰长,赏庆刑威曰君,慈和遍服曰顺,择善而从之曰比,经纬天地曰文。九德不愆,作事无悔,故袭天禄,子孙赖之。主之举也,近文德矣,所及其远哉!

这一段话与《谥法解》的体式完全一致。可能《谥法解》就是在春秋君子对德目的解释和发挥的影响下形成的,也可以看出谥法用字与德目之间的密切关系。可以说,"德"的裂变及其意义的丰富化、内面化也促使谥法制度走向完善。

总之,谥法制度是对人盖棺论定的总体评价。其起源于对死者的敬忌和赞美,其中的宗教意味也很浓。到了春秋时期,谥号逐渐摆脱宗教的神秘因素,成为人的历史价值和个人品行的定位和总结。谥法作为一种约定俗成的制度被广泛推行,其与春秋笔法一起,成为约束和规范人的行为方式的意识形态话语权力。

第三节 春秋人物品评的"天人二元"模式

春秋时期,思想界出现剧烈变革。这一变革可以概括为:天人关

---

① 汪受宽《谥法研究》,上海古籍出版社,1995年版,第235—236页。

系由天向人转变;人文理性逐渐觉醒;人的主体精神逐渐加强;思想史发生着"从宗教到历史"的突破,或者"从宗教到哲学"的突破等等。在这种转变的过渡时期,思想界呈现出天人二元思维模式交错并存的状态。伴随着思想史的巨变,人物品评之风非常兴盛,出现了中国历史上第一个人物品评的高峰。发生在上层社会精英文化圈内的人物品评与当时的社会思想状态密切相关。思想界的天人二元思维模式使得春秋时期的人物品评也具有天人二元之特征。

一、千面神灵与春秋思想界的天人二元状态

春秋时期,思想观念的变化使得作为人的观念投射物的宗教神灵之形象也在发生着变化。人们对神的作用、意义及其特点有了不同的解释。如《左传·僖公十年》:"臣闻之:'神不歆非类,民不祀非族。'君祀无乃殄乎!"①《左传·僖公三十一年》:"卫成公梦康叔曰:'相夺予享。'公命祀相。宁武子不可,曰:'鬼神非其族类,不歆其祀。'"②《论语·为政》:"非其鬼而祭之,谄也。"③钱锺书也说:"左氏记贤人君子之言鬼神,即所以垂戒劝。从狐突、宁武子之言,则鬼神不歆非类;而依公孙侨之言,则鬼神之歆,有德无类。从晏子之言,则君昏政失,其族之鬼神知而不飨;而依内史过、史嚚之言,则国君多凉德,鬼神且降临而亲观,君祭之,鬼神亦飨之,且阳赐土地以阴速其亡。夫必'降'而'观其恶',是不得为'聪明'也;佯锡福而实促殃,是不得为'正直'也;依德而不依人,称为'壹'可也,嘲为二三其德亦可也。"④可见这一时期,鬼神在人们的不同解释中千姿百态,立场不一,甚至毫无原则。人们对神的作用的多重解释表现了思想变革酝酿阶段的杂乱情形。中国的神一开始就与意识形态结合紧密,这一特点意味着其权威性必然受政治意识形态的影响。千面神灵的出现正是神灵权威随着周人政治的衰颓而走向失坠的表现。

不但在人们的解释中,鬼神对于人事面孔多变,态度不一,而且

---

① 杨伯峻《春秋左传注》,中华书局,1990年版,第334页。
② 杨伯峻《春秋左传注》,中华书局,1990年版,第487页。
③ [宋]朱熹《四书章句集注》,中华书局,1986年版,第60页。
④ 钱锺书《管锥编》(一),生活·读书·新知三联书店,2007年版,第304页。

人们事鬼神的态度也发生了变化,变得"二三其德",表里不一。钱锺书先生说:"人之信事鬼神也,常怀二心焉。虽极口颂说其'聪明正直',而未尝不隐疑其未必然,如常觉其迹近趋炎附势是也。……盖信事鬼神,而又觉鬼神之不可信、不足恃,微悟鬼神之见强则迁、唯力是附,而又不敢不扬言其聪明正直而壹、冯依在德,此敬奉鬼神者衷肠之冰炭也。"①

千面神灵的出现和人对鬼神看法的多变,是因为在礼崩乐坏、弱肉强食的战乱时代,残酷斗争中的不可控因素太多,鬼神并不能帮助人们取得斗争的胜利。在巨大的社会变革面前,鬼神就会充分显示出其虚幻性来。因此,此时的鬼神退居二线,只是作为见证者或监督者的因素而存在,为斗争中的人们提供胜利的根据或失败的理由。正因为如此,到了春秋后期,上帝和神灵的权威逐渐失坠,至孔子已经"不语怪力乱神",并用"未能事人,焉能事鬼"的态度将鬼神问题封存在思想话语之外。鬼神权威失坠的原因是,商周时期的统治者一开始就将天帝鬼神与自身的政治统治结合起来,而当周的政治衰微之后,在意识形态领域维护周人统治的天帝鬼神也一损俱损。

当然神灵的形象和人对神灵的态度也是逐渐演变的,这从商周青铜器上的动物纹样的演变中也可以看出来。因为商周青铜器及其上面的动物花纹与宗教神灵观念有密切关系。张光直认为,商周青铜器上的动物纹样乃是助理巫觋通天地工作的各种动物在青铜彝器上的形象。商周青铜器上的动物形象及其风格的变化反映了宗教神灵观念由盛而衰的演变过程。

> 商周时代的美术风格可以分为三个不同而连续的"式",即高本汉所称的古典式、中周式与淮式,亦即郭沫若所称的古典期、退化期与中兴期。……从古典式到淮式,专就装饰美术中的动物而言,似乎有两点重要的变化:第一,在早期,饕餮及其他的神异动物似乎具有很大的神力与支配性的影响,而到了晚期,这种有力生动的纹样变得因袭呆板,似乎不复具有那种神奇的力

---

① 钱锺书《管锥编》(一),生活·读书·新知三联书店,2007年版,第308—309页。

量。第二,在商代及西周早期的器物花纹里,人似乎仅有被动的与隶属性的地位,而到了东周时代人则变成了动物的征服者或至少是挑战者。……都呈示一种人对于这类神异动物的新态度,一种不复能称为敬畏的新态度。①

即在商周的早期,神奇的动物具有很大的支配性的神力,对动物而言,人的地位是被动与隶属性的。到了周代的后期,人从动物的神话力量之下解脱出来,常常以挑战者的姿态出现,有时甚至成为胜利的一方面。

另外,在商周早期的神话中,动物的功能也主要发挥在人的世界与祖先及神的世界之沟通上,而到了周代后期,神话动物与神的世界被归入了一个范畴之内,而人之与动物为敌成为对于神的反抗的一种象征。东周时代,在政治思想上争雄的各国君主对宗周权威进行挑战,其表现在神话上,被挑战的对象就是上帝、天以及神与自然的世界。所以,东周时代的神话不但很清楚地要强调神界对人世上权威的支配力量的微弱,而且常常把上帝描述成一个与人为敌的形象。②

宗教神灵的迷雾逐渐消退之后,便是人对自身力量的真正发现。人真正思考如何运用自己的力量建立社会秩序,把握人类的未来。一方面,人们通过总结历史探求社会治理经验,这就形成了《左传》《国语》《战国策》等大量的历史散文。另一方面,知识界的精英人物围绕社会秩序的建设问题展开思考和争鸣,从而形成了丰富的诸子散文。值得注意的是,思想界在思考社会秩序和政治治乱的同时,也注重人的精神世界的建设问题。葛兆光认为,战国时期百家争鸣围绕三种话题:宇宙时空、社会秩序、个人存在。③ 各家在关注社会秩序的同时,也关注个人存在。在宗教神灵观念衰减之后,人如何才能实现永恒和不朽,人当如何生活在当下等都成为一些争论的焦点话题。时代精英围绕这些问题进行了深刻的思考。关于"人"的一系列

---

① 张光直《中国青铜时代》,生活·读书·新知三联书店,2013年版,第412—415页。
② 张光直《中国青铜时代》,生活·读书·新知三联书店,2013年版,第431—432页。
③ 葛兆光《中国思想史》第一卷,复旦大学出版社,2001年版,第143—187页。

学术思想也在这一时期纷纷建立起来。而知人、论人等学说体系的发达是思想界"哲学的突破"之后,人的思想视野内传,并最终回归人本身的反映。道家和儒家都非常关注个人存在,他们依据各自对宇宙时空和社会人生的理解,确立自我价值,开辟内在的精神境界。对个人价值的重视是思想界天人关系的重心由天转向人的体现。宗教神灵的衰落伴随着人的理性精神的觉醒。没有理性精神的觉醒,没有人的主体意识的成长,就没有对个人价值的深刻反思和内在观照。

天人关系由天转向人是经过了一个相当漫长的历史时期才完成的。春秋时期正是思想观念的重心从神向人转变的过渡时期,这一时期从各个方面都表现出了思想史过渡阶段的痕迹。钱钟书在《管锥编》中说:

> 《论衡·案书篇》:"左氏得实明矣,言多怪,颇与孔子'不语怪力'相违反也";范宁《〈穀梁传〉集解序》:"左氏艳而富,其失也巫",杨士勋注:"谓多叙鬼神之事,预言祸福之期:申生之托狐突、荀偃死不受含、伯有之厉、彭生之妖是也。"(参观《后汉书·郎凯、襄楷传·论》"然而其敝好巫"句章怀注);柳宗元《非〈国语〉》上《卜》:"左氏惑于巫而尤神怪之";《欧阳文忠公年谱》天圣元年应举随州,试《左氏失之巫论》,略云:"石言于晋,神降于莘,内蛇斗而外蛇伤,新鬼大而故鬼小。"汪中《述学》内篇一《左氏春秋释疑》则谓"左氏之言鬼神,未尝废人事",有资"戒劝"。两说相羽翼,然于左氏之"怪""巫"而不能自圆,概乎未及。①

关于左氏之"怪""巫"但又"未尝废人事"的矛盾现象,正是春秋时期人们的思想信仰处于复杂的天道与人道、理性与非理性交织状态下的真实反映。《左传》所反映的时代正处于"哲学突破"的前夜。这一时期,人们的思想不可避免地呈现出过渡时代特有的痕迹。春秋思想界之天人关系由天向人的过渡表现为两方面:一是来自传统的天道观念和与之相伴而生的一系列制度依然存在。殷周时代沿袭

---

① 钱锺书《管锥编》(一),生活·读书·新知三联书店,2007年版,第304页。

下来的以历算与星占为主的天象之学、以龟策为主的预测之学、以象征为主的仪礼之学仍然影响着贵族的观念,主宰着百姓的生活。在当时,大到战争的胜负、迁都的利弊,小到婚丧嫁娶,人们都要通过观察星象或者占卜来占验吉凶,预测未来。① 这些从《左传》的记载就可以看到。如《左传·闵公元年》载,毕万曾筮出仕于晋的吉凶,遇《屯》之《比》,让辛廖占之。② 僖公五年,卜偃为晋国能否灭虢占星,称:"丙子旦,日在尾,月在策,鹑火中,必是时也。"认为九十月间必能灭虢。③ 僖公十五年,秦伯伐晋,请卜徒父以筮来占卜胜负。④ 僖公十五年亦记载,"初,晋献公筮嫁伯姬于秦",并让史苏来占卜这一决定的吉凶。⑤ 僖公二十五年,"秦伯师于河上",欲纳周襄王。狐偃也劝晋文公勤王。晋侯"使卜偃卜之",吉。又筮之,亦吉。然后才采取行动。⑥ 文公十三年,邾文公要迁都到绎,问卜于史。⑦ 文公十八年,鲁文公听说齐侯生病,让卜者占卜他什么时候死。⑧ 昭公五年,叔孙穆子出生之时,他的父亲"庄叔以《周易》筮之,遇《明夷》之《谦》",让卜楚丘解释卦象。⑨ 可见春秋时期,人们常常还需要借助于占卜来"定嫌疑,决是非",因为他们一时还无法完全用理性来判断未来和命运。

但是另一方面,面对时代的变迁,这种来自传统的神圣的神灵巫祝观念却在逐渐动摇。有些时候,曾经代表着天道神意的神灵巫史已经不那么具有神圣性和权威性了。如《左传·僖公四年》载,晋献公想立骊姬为夫人,用龟甲占卜,不吉利;用蓍草筮之,则吉利。卜人建议"筮短龟长,不如从长",但献公根本不听,执意立骊姬为夫人。⑩ 成公十年,晋景公"梦大厉",召桑田巫解梦,桑田巫告之:"不食新矣。"最后竟被晋景公杀掉。⑪ 哀公十七年,卫侯梦有人"登昆吾之观,

---

① 张光直《中国青铜时代》,生活·读书·新知三联书店,2013年版,第71—72页。
② 杨伯峻《春秋左传注》,中华书局,1990年版,第259—260页。
③ 杨伯峻《春秋左传注》,中华书局,1990年版,第311页。
④ 杨伯峻《春秋左传注》,中华书局,1990年版,第353页。
⑤ 杨伯峻《春秋左传注》,中华书局,1990年版,第363页。
⑥ 杨伯峻《春秋左传注》,中华书局,1990年版,第431页。
⑦ 杨伯峻《春秋左传注》,中华书局,1990年版,第597页。
⑧ 杨伯峻《春秋左传注》,中华书局,1990年版,第629页。
⑨ 杨伯峻《春秋左传注》,中华书局,1990年版,第1263页。
⑩ 杨伯峻《春秋左传注》,中华书局,1990年版,第295—296页。
⑪ 杨伯峻《春秋左传注》,中华书局,1990年版,第849—850页。

被发北面而噪",因令"胥弥赦占之"。卫侯无道,胥弥赦不敢以占卜"实情"相告,只好敷衍说"无害",最后逃到宋国去了。① 看来灵龟神策的神圣性已经匍匐于强权之下。随着这种神灵巫史观念的动摇和被破坏,人们对于神灵龟策也逐渐进行理性的分析和判断。如僖公二十一年夏,大旱,鲁僖公欲焚烧巫、尪来止天旱。臧文仲说:"非旱备也。修城郭、贬食、省用、务穑、劝分,此其务也。巫、尪何为?天欲杀之,则如勿生;若能为旱,焚之滋甚。"鲁僖公听从了臧文仲之言而作罢。② 昭公十七年冬,"有星孛于大辰",鲁国大夫申须和梓慎依据天象预言宋、卫、陈、郑四国将发生大火灾。郑国的裨灶建议子产用瓘斝玉瓒来祭神,以禳除火灾。子产没有采纳他的建议,而是加强防范措施,积极应对。次年夏,"火始昏见",子产说:"天道远,人道迩,非所及也,何以知之?灶焉知天道?是亦多言矣,岂不或信?"③再如昭公二十六年,齐国有彗星,齐侯要举行祭祀来祓除不祥,晏子则说:"无益也,只取诬焉。天道不谄,不贰其命,若之何禳之?"他接着说,如果天上有彗星,则是为了扫除人间的污秽,如果国君没有"秽德",就不必去祭祀祈禳。"若德之秽",能靠祭祀祈禳减少秽德吗?所以他的结论是:"祝史之为,无能补也。"④可见,在人们的观念和行事中,神灵龟策等非理性的因素在衰退,而理性的、人事的因素在加强。

综上所述,春秋时期,思想界处于"天人关系"由"天"到"人"转变的过渡时期。所谓"天人关系"也就是宗教与理性之关系;或谓"神灵信仰"与"实践理性"之关系;或谓"天官传统"与"地官意识"之关系。⑤ 整个先秦思想史是人文理性不断突破神灵信仰,最终完全确立的过程。而在这种"突破"尚未完成之前,思想界呈现出天人二元思维模式交错并存的状态。在这种大背景下,谥法制度、春秋笔法、历史书写等文化形态皆有天人二元思维并存的特征。同样,这一时期兴起的人物品评风潮也表现为典型的天人二元模式。其具体表现为

---

① 杨伯峻《春秋左传注》,中华书局,1990年版,第1709页。
② 杨伯峻《春秋左传注》,中华书局,1990年版,第390—391页。
③ 杨伯峻《春秋左传注》,中华书局,1990年版,第1390、1395页。
④ 杨伯峻《春秋左传注》,中华书局,1990年版,第1479—1480页。
⑤ 陈来《古代思想文化的世界:春秋时代的宗教、伦理与社会思想》,生活·读书·新知三联书店,2009年版,引言第15—16页。

相术观人和实际考察相结合,品评人物和预测人物命运相结合等等。

二、相术观人与实际考察相结合

春秋人物品评的主体包括史官、贵族君子和以"君子曰"的形式隐藏了身份的贤人知识分子。对于春秋人物品评主体的判断,主要依据的是《春秋》《左传》《国语》《逸周书》等文献。这些文献本身是由史官记录和整理的,在记录和整理中,其对人物品评的关注说明史官是当时人物品评的主体之一。《左传》中记录了许多贵族君子之间的人物品评活动,这些品评中也有史官加工润色的成分。《左传》常常用"君子曰"的形式来品评人物,这里的"君子"是一个隐性主体,其中必然包括一部分出身史官的知识分子。先秦时期,一切与权力有关的东西都经历了一个逐渐下移的过程。比如说"德",其作为一种高贵的特性和行为法则起初为族群集体所共有或者为部族首领所有,后来为统治者所主宰,并依据"德"的大小分配权力和确定地位,再后来逐渐普世化、个人化。人物品评的主体也经历了这样一个过程:由代表最高统治者的巫史礼官,再到春秋贵族君子,再到士人知识分子,逐级下降。在《左传》《国语》所记春秋后期的一些事件中,常常由孔子来进行人物品评,"孔子曰"逐渐取代了"君子曰"而成为人物品评的主体。这一转变也是人物品评的主体从史官向诸子(士人知识分子)转变的标志。

作为人物品评主体的史官,其源自传统的巫史兼职在春秋时期虽然已经逐渐分化,但史官仍然没有脱掉巫史思维的传统。而另一个品评主体——贵族君子的知识视野虽然超过了巫史,但仍然要以传统的巫史知识作为自己思想的基础和土壤。一些具有超前意识的思想精英虽然已经摆脱了天命神学的观念,他们的人文视野已经形成,理性精神已经确立,能以人文关怀看待世界,但在他们的思维模式中,源自传统的天道思维以一种转化了的方式继续存在。在《左传》和《国语》等文献的人物品评中,这种从天道到人文的过渡痕迹主要表现为两方面:一是以人文理性分析人物行为,但又根据人物行为预测寿夭祸福,即将人的言行举止与人的祸福寿夭的预测结合在一起;二是表面上以相术来判断人物的性格和命运,但其背后都是以人事和对各种实际情境的考察为依据的。

相术观人就是这种天人二元模式的集中反映。相人术是根据人的面貌、五官、骨骼、气色、体态、手纹以及声音、动静、威仪、清浊等等推测人的吉凶、福祸、贫富、贵贱、穷通、荣枯、得失、寿夭、休咎等等的一种方术。相术观人突出的特点有神秘性、生理性、预测性等，带有明显的神秘主义先验论色彩。相术观人也具有经验性、实用性，甚至是科学性和技术性的一面，并与中医理论和中医诊断方法之"望""闻""问""切"等关系密切。也就是说，相人术是依据人的生理特征和其他一些外显的特征对人的吉凶、祸福、夭寿等做出推断的方法和技术。《左传》记录了许多相术观人的事例，其明显带有巫史礼官结合天道谈人事的时代痕迹。但是春秋时期相术观人的背后都是以人事和各种实际情境的分析为基础的。如《左传·文公元年》：

> 初，楚子将以商臣为大子，访诸令尹子上。子上曰："君之齿未也，而又多爱，黜乃乱也。楚国之举，恒在少者。且是人也，蜂目而豺声，忍人也，不可立也。"①

楚成王要立商臣为太子，令尹子上提出异议。他认为，一方面，成王尚年轻，所畜妻妾也较多，将来还会有不少子嗣。从立嗣传统来说，楚国常常立年少者为太子。如果现在就立商臣为太子，以后若有少子而废立，可能会导致动乱。另一方面，从商臣的音容上来看，其"蜂目而豺声"，是不义之人，故不可立。后来，商臣果然发动叛乱，并杀死了自己的父亲。子上观察和识鉴人物将现实境况与相术结合，但以对现实境况的判断为主，以相术观人为辅。

相术观人在春秋时期非常流行，但时人并不完全迷信相人术，人们评定人物最终是以人自身的才德为主要评判标准的，相术只是判断的辅助而已。人们在以相术预测人的未来时，总是设置一些特殊的难题和情境来检验人物的品性，如《史记·赵世家》记载布谷子卿为赵简子相子的故事：

---

① 杨伯峻《春秋左传注》，中华书局，1990年版。下引《左传》同。

异日,姑布子卿见简子,简子遍召诸子相之。子卿曰:"无为将军者。"简子曰:"赵氏其灭乎?"子卿曰:"吾尝见一子于路,殆君之子也。"简子召子毋恤。毋恤至,则子卿起曰:"此真将军矣!"简子曰:"此其母贱,翟婢也,奚道贵哉?"子卿曰:"天所授,虽贱必贵。"自是之后,简子尽召诸子与语,毋恤最贤。简子乃告诸子曰:"吾藏宝符于常山上,先得者赏。"诸子驰之常山上,求,无所得。毋恤还,曰:"已得符矣。"简子曰:"奏之。"毋恤曰:"从常山上临代,代可取也。"简子于是知毋恤果贤,乃废太子伯鲁,而以毋恤为太子。①

姑布子卿遍相诸子,无一出众者,唯对子毋恤大为赞赏。但是简子并未完全相信,而是通过进一步的考察来作判断,最后证实了姑布子卿的预测。

类似的相术观人的例子在《左传》《国语》中还有好多,但都体现了综合分析相术和人事境况来判断人物特点的倾向,反映了春秋时期品评人物的天人二元模式。相术观人是原始交感巫术与宗教思维的遗留。相人术曾十分流行,但随着人的理性意识的增长,相术观人逐渐受到人们的怀疑和排斥,最终退出了精英文化领域。到了战国时期,诸子们对于相术观人有了更为理性的看法。如《荀子·非相》:"故相形不如论心,论心不如择术。形不胜心,心不胜术。术正而心顺之,则形相虽恶而心术善,无害为君子也;形相虽善而心术恶,无害为小人也。君子之谓吉,小人之谓凶。故长短、小大、善恶形相,非吉凶也。"②荀子认为,人的寿夭、福祸、吉凶、善恶并不能从相术上体现出来,而是由人的修养和品行决定的。荀子甚至说:"相人,古之人无有也,学者不道也。"③孟子则完全从理性的角度分析人的形貌与人的内心世界之间的关系。《孟子·离娄上》:"存乎人者,莫良于眸子。眸子不能掩其恶。胸中正,则眸子瞭焉;胸中不正,则眸子眊焉。听

---

① [汉]司马迁《史记》,中华书局,1959年版,第1789页。
② [清]王先谦撰,沈啸寰、王星贤点校《荀子集解》,中华书局,1988年版,第46页。
③ [清]王先谦撰,沈啸寰、王星贤点校《荀子集解》,中华书局,1988年版,第46页。

其言也,观其眸子,人焉廋哉?"①孟子认为,人的神情完全由人的内心世界所决定。人的内心世界都会在人的眸子中显现出来。心正则眸子瞭;心不正,则眸子眊。相术并不是先验的存在,其并不能够决定人的善恶祸福。《庄子》一方面将相术观人的故事寓言化,另一方面则完全从理性的角度对相术观人进行了颠覆和解构。如《庄子·应帝王》描写了一个极其幽默诙谐的相人故事:

> 郑有神巫曰季咸,知人之死生存亡,祸福寿夭,期以岁月旬日,若神。郑人见之,皆弃而走。列子见之而心醉,归,以告壶子,曰:"始吾以夫子之道为至矣,则又有至焉者矣。"
>
> 壶子曰:"吾与汝既其文,未既其实,而固得道与?众雌而无雄,而又奚卵焉!而以道与世亢,必信,夫故使人得而相汝。尝试与来,以予示之。"
>
> 明日,列子与之见壶子。出而谓列子曰:"嘻!子之先生死矣!弗活矣!不以旬数矣!吾见怪焉,见湿灰焉。"
>
> 列子入,泣涕沾襟以告壶子。壶子曰:"乡吾示之以地文,萌乎不震不止。是殆见吾杜德机也。尝又与来。"
>
> 明日,又与之见壶子。出而谓列子曰:"幸矣,子之先生遇我也!有瘳矣,全然有生矣!吾见其杜权矣。"
>
> 列子入,以告壶子。壶子曰:"乡吾示之以天壤,名实不入,而机发于踵。是殆见吾善者机也。尝又与来。"
>
> 明日,又与之见壶子。出而谓列子曰:"子之先生不齐,吾无得而相焉。试齐,且复相之。"
>
> 列子入,以告壶子。壶子曰:"乡吾示之以太冲莫胜,是殆见吾衡气机也。鲵桓之审为渊,止水之审为渊,流水之审为渊。渊有九名,此处三焉。尝又与来。"
>
> 明日,又与之见壶子。立未定,自失而走。壶子曰:"追之!"列子追之不及。反,以报壶子曰:"已灭矣,已失矣,吾弗及已。"
>
> 壶子曰:"乡吾示之以未始出吾宗。吾与之虚而委蛇,不知

---

① [宋]朱熹《四书章句集注》,中华书局,1986年版,第283页。

其谁何,因以为弟靡,因以为波流,故逃也。"

然后列子自以为未始学而归,三年不出。为其妻爨,食豕如食人。于事无与亲,雕琢复朴,块然独以其形立。纷而封哉,一以是终。①

郑国的神巫季咸替壶子看相,壶子私藏己意,与神巫虚于周旋,通过内心和精神状态的调整,呈现出各种虚幻之相,千变万化,让人捉摸不定。最后,神巫实在看不透他的内心世界和生死祸福,只好逃走了。这个故事讲的道理与荀子、孟子的观点一致,那就是相由心生,人的内在精神通过相显示出来,人的命运是由人自身的修养决定的,并不是由先天的面相决定的。这些都说明相术观人最终退出了精英文化领域。

三、品评人物与预测人物命运相结合

在人类社会的早期,人要面对来自外界的各种威胁和险恶,人们渴望对未来和自己的命运有所把握,对事物的发展趋势作出判断。在《周易》中可以看到这种预测文化的发达。在各种预测中,人们最关心的是人的生死和祸福问题,而宗教最关注的也是人的祸福和生死问题。中国的宗族观念和祭祀文化又使人们对于家族的兴衰和祸福给予更多的关注。即使在人文理性逐渐发展起来之后,这种预测和推断人的祸福命运的传统和惯性思维仍然影响着人们的思想观念。《左传》在品评人物的同时,总是自觉不自觉地依据人的行为方式对其祸福命运做出预测和推断。如《左传·襄公十四年》:

卫侯在郲,臧纥如齐唁卫侯。卫侯与之言,虐。退而告其人曰:"卫侯其不得入矣。其言粪土也。亡而不变,何以复国?"子展、子鲜闻之,见臧纥,与之言,道。臧孙说,谓其人曰:"卫君必入。夫二子者,或挽之,或推之,欲无入,得乎?"

---

① 陈鼓应《庄子今注今译》,中华书局,1983 年版,第 220—221 页。

襄公十四年,卫国内乱,卫侯出奔到齐,大臣子展、子鲜同行。同年,鲁国大夫臧纥到齐国来慰问卫侯,与君臣三人先后进行了交谈。与卫侯交谈后,他认为"其言粪土",并据此来断定卫侯回国无望了;后来他又与子展和子鲜交谈,发现他们言语有"道",又因此改而推断卫侯重掌国政有望。后来卫侯果然回国,重掌了国政。又《左传·昭公二十五年》:

> 二十五年春,叔孙婼聘于宋,桐门右师见之。语,卑宋大夫而贱司城氏。昭子告其人曰:"右师其亡乎!君子贵其身,而后能及人,是以有礼。今夫子卑其大夫而贱其宗,是贱其身也,能有礼乎?无礼,必亡。"

昭公二十五年春,叔孙婼到宋国聘问,桐门右师接见了他。叔孙婼与右师进行交谈,右师对宋国的大夫和司城氏都不加尊重,叔孙婼由此预测,桐门右师将遭大祸,最终是要逃亡的,因为"君子贵其身,而后能及人,是以有礼"。而右师不尊重他们自己的大夫,也不尊重他的宗族,这其实就是不尊重他自己,这样的无礼之人,必然是要遭遇祸端的。又《国语·周语中》:

> 定王八年,使刘康公聘于鲁,发币于大夫,季文子、孟献子皆俭,叔孙宣子、东门子家皆侈。归,王问鲁大夫孰贤?对曰:"季、孟其长处鲁乎!叔孙、东门其亡乎!若家不亡,身必不免。"①

周定王八年,定王派刘康公出使鲁国,向鲁国的大夫分送礼物。刘康公看到季文子、孟献子都俭朴,而叔孙宣子、东门子家却很奢侈。回来后,定王询问鲁国的大夫哪位贤德,刘康公根据季文子、孟献子、叔孙宣子、东门子的俭侈不同来分析预测四家的前途命运,认为前两家尚俭,所以他们将财用丰足,因而家族能得到荫护,不用担忧;后两家

---

① 徐元诰撰,王树民、沈长云点校《国语集解》,中华书局,2002年版,第69页。

奢侈,奢侈就会财用匮乏,忧患必然会降临,这样必然会危及自身。后来,叔孙宣子、东门子两家果然都发生了变乱。又如《左传·襄公七年》:

> 卫孙文子来聘,且拜武子之言,而寻孙桓子之盟。公登亦登。叔孙穆子相,趋进,曰:"诸侯之会,寡君未尝后卫君。今吾子不后寡君,寡君未知所过。吾子其少安!"孙子无辞,亦无悛容。
> 穆叔曰:"孙子必亡。为臣而君,过而不悛,亡之本也。《诗》曰,'退食自公,委蛇委蛇',谓从者也。衡而委蛇,必折。"

卫国的孙林父前来鲁国聘问,结果不按礼节行事。襄公登上台阶,他也并肩登上。叔孙穆子相礼,面对孙林父的失礼,他急忙上前劝阻,孙林父没有话说,但也没有悔改之意。叔孙穆子因而预言,孙林父必然遭遇祸端。这种预言类似于咒语。对于不守礼法的人们通过天谴的警示来约束和监督,这也是来自传统的天道观念使然。又《左传·襄公二十八年》:

> 蔡侯归自晋,入于郑。郑伯享之,不敬。子产曰:"蔡侯其不免乎!日其过此也,君使子展迋劳于东门之外,而傲。吾曰犹将更之。今还,受享而惰,乃其心也。君小国,事大国,而惰傲以为己心,将得死乎?若不免,必由其子。其为君也,淫而不父。侨闻之,如是者,恒有子祸。"

襄公二十八年,蔡侯从晋国回国,路过郑国,郑伯设宴款待他,蔡侯却表现出很不敬的态度。蔡侯在之前与郑国大臣的交往中就已经表现出骄傲的态度,现在见了郑国国君仍然怠惰而无礼,子产根据其骄傲的本性预言他将不免于祸患。

总之,在整个《左传》和《国语》的记载中,还有许多人物品评的内容都以对事态的发展或人物命运的预测作结,这形成春秋人物品评的一大特点。如《左传·僖公十一年》载,周召武公因晋侯受玉而惰,而预测其将无后。僖公二十二年,秦晋迁陆浑之戎于伊川,而追记辛有适伊川,见披发而祭于野者,因推断:"不及百年,此其戎乎!其礼先亡矣。"僖公三十三年,周王孙满因秦师的"轻而无礼"而料其必败。成公十三年,鲁孟献子因晋郤锜的"将事不敬"而断其先亡。成公十五年,楚申叔时因子反的背盟而断其不免。昭公十一年,晋叔向因单子的"视下言徐"而断其将死。定公十五年,邾隐公来朝,子贡见"邾子执玉高,其容仰;公受玉卑,其容俯",断定"二君者皆有死亡焉"等等。这样的例子在《左传》《国语》中还有很多。徐复观说:"在过去,监察人的行为,以定人的祸福的是天命,是神;现在则不是神,不是天命,而是礼。《左传》由礼以推定人的吉凶祸福,说得几乎是其应如响。"①这其实是巫术思维和宗教神学观念的延续。一种新思想的孕育往往包裹于旧有的传统观念中。在对人的祸福吉凶的预测中,最常见的结果有三种:"无后""不免""其亡"。春秋时期,预测文化仍然大行其道,这种来自原始的巫术占卜和吉凶判断的习惯思维模式仍然在人们的思维模式中占有重要地位,只是预测判断的依据正在悄悄地发生着变化。早期掌握预测权力的巫史主要依据神灵的昭示,通过占卜的形式征求神灵的旨意,最后做出预测和判断。而到了后来,在占卜的同时,主要结合人事情势和因果关系的分析,尤其是对人的行为本身的分析做出判断。当然在占卜的早期,为了获得神灵的昭示,人们在占卜的过程中要清洁自己的衣着,沐浴、斋戒,规范自己的行为,以获得神灵的垂顾。在占卜时,人的行为的肃穆整洁,虔敬真诚的表现遂与占卜的灵验联系起来。在后世的预测和占卜中,以人的言行举止判断祸福吉凶既有对早期占卜预测文化中预测者进入神圣的占卜状态时行为的要求,同时也融入了对个人行为在事件发展中的基于人文理性的因果关系的分析。春秋时期的人们在人物品评的同时,往往依据其言行举止进行人物寿夭祸福的预测和事件发展趋势的判断,即包含了理性和非理性的双重因素,体现了人物品评中的天人二元模式和宗教与人文交织的双重性质。

---

① 徐复观《中国人性论史》(先秦篇),上海三联书店,2001年版,第43页。

第四节　春秋时期人物品评的功用

《左传》记载了春秋时期大量的人物品评活动。人物品评在当时的政治活动和外交活动中具有重大意义。贵族阶层和各国的政治精英圈通过人物品评了解各国政治状况，分析战争形势，预测各国政治走向，做出相应的政治外交决策。各国贵族君子之间虽然存在国家利益上的斗争，但作为个人却惺惺相惜，相互激赏，被对方的人格魅力所折服。在一些激烈的外交斗争中，一些人由于崇高的人格魅力为他国政治权势人物激赏而得以免去杀身之祸。下面试详论之。

一、知人以观政

通过品评一个国家统治者的精神风貌和行为方式判断其政治状况，是春秋时期人物品评的主要功能。如《左传·昭公元年》载，早已有篡逆之心的楚公子围弑郏敖而立，是为楚灵王。灵王早在虢之会时就因为运用君王的仪仗队和服饰而受到各国的讥评。弑君而立之后，灵王更是蠢蠢欲动，有合诸侯之志，要与长期的中原盟主晋国一决高下。郑国的游吉到楚国去参加郏敖的葬礼，并且恭贺灵王新立。游吉通过对灵王的观察，发现其骄傲自大，好大喜功，断定其必合诸侯。这是通过观人进行政治预测的典型事例。

襄公三十年，鲁国的季武子分析品评了晋国的执政人物之后得出"晋未可媮也"的结论。因为当时晋国有赵武主政，有"鲁使者在晋，归以语诸大夫。季武子曰：'晋未可媮也。有赵孟以为大夫，有伯瑕以为佐，有史赵、师旷而咨度焉，有叔向、女齐以师保其君。其朝多君子'"，晋国不可不敬事之。当时鲁国日渐衰弱，在晋国、楚国、齐国等大国之间疲于周旋，各大国的力量变幻无常，晋国作中原盟主多年，但楚国、齐国皆有争夺盟主之心，所以鲁国要随时分析各国政治的变化，根据分析做出正确的外交决策。

襄公三十年，郑国的子产到陈国参加结盟。回来之后，根据对陈国执政者的观察，他认为陈国有亡国之兆，郑国不能与之亲附。因为陈国本来弱小,却不恤民力,不安抚百姓。国君根基不巩固,公子奢侈,太子卑微,大夫骄傲,政治人物各行其是。陈国又夹在大国中间,不超过十年就会灭亡。子产是在对陈国执政者素质及其执政状况综合判断的基础上做出以上预测的。

二、个人魅力的崇尚

春秋时期的人物品评几乎成为一种风潮,人物品评在政治外交中已经常态化。各国政治精英一方面为各自的国家利益激烈斗争;另一方面又惺惺相惜,为对手的崇高精神和人格魅力而倾倒。政治精英人物之间除了国家利益的竞争还有人格道德的竞争。在当时的政治舞台上,形成了一个以人物品评为纽带的文化群体。这个群体既是政治性的,也是文化的、文学的。他们中的一些人由于其崇高的人格魅力受到圈内政治权势人物的激赏而得以免去杀身之祸。

《左传·昭公元年》载,在虢之会上,鲁国的使臣叔孙豹正在与各诸侯国的大夫会盟,在国内主持政事的季武子不顾叔孙豹的安危攻伐莒国,亵渎了盟会的宗旨,而致力于争当盟主的楚国于是"请戮其使",叔孙豹命悬一线。但是叔孙豹因为出众的政治才能和个人魅力早已闻名遐迩,在当时的政治精英圈内很有影响。在这危难时刻,他得到赵文子的帮助,赵文子力排众议,极力赞美叔孙豹难能可贵的品质,最终说服楚国释放了叔孙豹。叔孙豹就是因为个人魅力受到各国政治精英的赏识而保全了性命,同时也使鲁国逃过了暂时的讨伐。

另外,《国语·晋语六》载,因为晋厉公暴虐,晋国的栾武子、中行献子囚禁了晋厉公,并且想弑杀他。事前,他们召韩献子加入,遭到拒绝。中行献子欲攻伐韩献子,栾武子在对韩献子的言行举止进行综合评价后劝说中行献子放弃攻伐的打算。他说:"不可。其身果而辞顺。顺无不行,果无不彻,犯顺不祥,伐果不克。夫以果戾顺行,民不犯也,吾虽欲攻之,其能乎!"韩献子义正词严的态度和坚决果断的做事风格让二人望而却步,最终不敢贸然行动,放弃了攻伐韩献子的念头。

三、外交策略的决策标准

春秋时期争霸和兼并战争频繁,诸侯国之间的政治外交斗争十分复杂。各国都要审时度势,准确把握各国的强弱变化和意图动态,以便在瞬息万变的国际环境中争取主动权。在制定各种外交政策的过程中,分析品评各国的执政人物常常有助于做出准确的判断和决策。如在春秋后期,晋国虽然一直为中原盟主,但楚国虎视眈眈,一直与晋国争夺盟主地位。襄公二十七年,晋国和楚国因为主持会盟和歃血的次序问题发生争执,最后,晋国做出让步,让楚国先歃。两国的大夫隔阂加深,暗中较量。后来,宋公及诸侯之大夫在蒙门外结盟。楚国的子木想试探晋国执政大臣的实力,于是就问赵孟说:"范武子之德何如?"赵孟回答:"夫子之家事治,言于晋国无隐情。其祝史陈信于鬼神,无愧辞。"赵孟对范武子的一句评价让子木大为敬佩,子木回去将此事告诉了楚王。楚王感叹说:"尚矣哉!能歆神、人,宜其光辅五君以为盟主也。"子木又对楚王说:"宜晋之伯也,有叔向以佐其卿,楚无以当之,不可与争。"楚国君臣从晋国赵孟对范武子的评价中看到了晋国君臣一心,以德服人的良好政治氛围。于是打消了与晋国争霸的念头,从心底里承认了晋国的盟主地位。

　　正因为人们通过外交使臣的言谈举止观察其国政得失,因此,各国在挑选外交使臣上也要对人物进行客观准确的评价,使其能够在不同的外交环境中发挥应有的作用。《国语·晋语二》记载晋国因骊姬之祸,群公子逃亡各国,晋国政局一直混乱不宁。秦穆公打算在重耳和夷吾之间做出选择,立为新的晋君。需要对二位公子进行考察。于是,秦穆公召大夫子明及公孙枝,询问派谁去考察。大夫子明曰:"君使縶也。縶敏且知礼,敬以知微。敏能窜谋,知礼可使,敬不坠命,微知可否。君其使之。"子明认为只有公子縶才能肩负起这个重任。因为这一番考察关乎秦晋两国的关系,能否准确地评价两位晋国公子事关重大,这对品评者本身也有极高的要求。因此,子明先分析了公子縶的知人才能,认为其可担当大任。于是秦国派公子縶前去考察夷吾和重耳。公子縶果然明察秋毫,对二位晋公子做出了准确的判断,并及时将重耳和夷吾的品行汇报给了穆公。在选择到底立谁为晋君的政治权衡中,公子縶的建议更是略高一筹。《国语·晋语二》:

> 公子縶反,致命穆公。穆公曰:"吾与公子重耳,重耳仁。再拜不稽首,不役为后也。起而哭,爱其父也。退而不私,不役于利也。"公子縶曰:"君之言过矣。君若求置晋君而载之,置仁不亦可乎? 君若求置晋君以成名于天下,则不如置不仁以猾其中,且可以进退。臣闻之:'仁有置,武有置。仁置德,武置服。'"是故先置公子夷吾,是为惠公。

秦国从自身的立场出发,制定出适合自己的外交决策,放弃仁而有德的重耳,立急功近利的夷吾,以观其变,这样秦国就通过立君这件事抓住了其与晋国外交关系的主动权。这些都是以对当事人的准确分析和评价为前提的。

《左传·昭公四年》载,楚灵王骄奢而好大喜功,与晋国争夺霸主之位而合诸侯于申。此会楚子的汰侈之态毕露。于是郑国的子产和宋国的合左师对楚王和楚国的政治做出判断:

> 子产见左师曰:"吾不患楚矣。汰而愎谏,不过十年。"左师曰:"然。不十年侈,其恶不远。远恶而后弃。善亦如之,德远而后兴。"

子产针对楚王的行为得出"吾不患楚矣"的结论。这显然是一种外交姿态和外交原则的表达。郑国作为小国,夹在大国之间,惟盟主马首是瞻,与各个大国周旋,生存实属不易。晋国已经作中原霸主多年,郑国也一直以晋国为盟主。但日渐强大的楚国咄咄逼人,要与晋国一决高下。申之会,楚强为之,加上楚王恃强凌弱,欲合诸侯却不以政德,诸侯表面来会盟,内心并不承认其"霸主"地位。郑国的子产通过对楚王"汰而愎谏"的判定,已然得出郑国未来将要执行的外交策略。何去何从,是亲晋还是亲楚,子产已然做出了外交政策上的选择。这些都是通过人物品评决定外交政策的典型例子。

四、分析战争形势

春秋时期,人们不但由人观政,决定外交策略,而且通过观人分析战争形势。昭公二十三年,吴国攻打州来,楚国的薳越率领楚国及其诸侯的军队来救援州来。吴军在钟离抵御楚军。这时楚国的令尹子瑕刚死,楚军士气涣散。吴国的公子光对楚国率领的各诸侯国君及其大夫进行品评,借以分析战争形势,他说:

> 胡、沈之君幼而狂,陈大夫啮壮而顽,顿与许、蔡疾楚政。楚令尹死,其师熸。帅贱、多宠,政令不壹。七国同役而不同心,帅贱而不能整,无大威命,楚可败也。若分师先以犯胡、沈与陈,必先奔。三国败,诸侯之师乃摇心矣。诸侯乖乱,楚必大奔。请先者去备薄威,后者敦陈整旅。

吴公子光认为,胡和沈的君主年幼而狂躁,陈国的大夫啮顽固而不通权变,顿、许、蔡三国对楚政不满,楚令尹刚死,楚军士气低落,再加上政令不一,"七国同役而不同心",一旦交战,楚师必败。这里,吴公子光通过品评各国人物来分析战争形势,制定战略措施,最后吴军果然打败了楚军,赢得了战争的胜利。

又如昭公二十三年至昭公二十五年,楚沈尹戌三次预言郢亡,皆是在对关键人物的行为方式进行分析评判的基础上做出的战争预测。《左传·昭公二十三年》:

> 楚囊瓦为令尹,城郢。沈尹戌曰:"子常必亡郢。苟不能卫,城无益也。古者,天子守在四夷;天子卑,守在诸侯。诸侯守在四邻;诸侯卑,守在四竟。慎其四竟,结其四援,民狎其野,三务成功,民无内忧,而又无外惧,国焉用城?今吴是惧,而城于郢,守已小矣。卑之不获,能无亡乎?昔梁伯沟其公宫而民溃。民弃其上,不亡,何待?夫正其疆场,修其土田,险其走集,亲其民人,明其伍候,信其邻国,慎其官守,守其交礼,不僭不贪,不懦不耆,完其守备,以待不虞,又何畏矣?《诗》曰:'无念尔祖,聿修厥德。'无亦监乎若敖、蚡冒至于武、文?土不过同,慎其四竟,犹不城郢。今土数圻,而郢是城,不亦难乎?"

《左传·昭公二十四年》:

> 楚子为舟师以略吴疆。沈尹戌曰:"此行也,楚必亡邑。不抚民而劳之,吴不动而速之,吴踵楚,而疆场无备,邑,能无亡乎?"
> 越大夫胥犴劳王于豫章之汭。越公子仓归王乘舟,仓及寿梦帅师从王,王及圉阳而还。吴人踵楚,而边人不备,遂灭巢及钟离而还。
> 沈尹戌曰:"亡郢之始于此在矣。王一动而亡二姓之帅,几如是而不及郢?《诗》曰'谁生厉阶,至今为梗',其王之谓乎!"

沈尹戌根据楚令尹囊瓦城郢而不修政德,楚王好战、劳师动众而不抚慰人民的做法预测其行为必然带来战争的失利,甚至造成亡郢之后果。三次预料皆与对人物的品评结合在一起,皆以政德为依据。这是以人的政治行为和人的行事特点来分析战争形势和战争成败的典型事例。

人物品评在当时的政治活动和外交活动中具有重大意义。在贵族阶层和各国的政治精英圈里,人物品评是一种常态化的活动。人们通过人物品评来官人、观政、分析战争形势、预测各国政治走向、制定外交政策,并逐渐形成了一个政治文化圈。他们的人物品评中蕴含着当时最前沿的思想火花,他们在人物品评中酝酿着剧烈的思想变革,他们的人物品评为孔子的崛起做好了铺垫,为战国诸子的思想爆发积蓄着力量,所以春秋时期的人物品评活动具有深远的历史意义和思想价值。

综上所述,作为轴心时代鼎盛阶段的春秋时期,随着礼崩乐坏的社会变革,思想界发生着剧烈的变化。在思想界正处于"从宗教到历史"的价值转变和"哲学突破"的过渡时期,天人二元模式并存于人的思维模式中,新旧思想碰撞激烈,人物品评活动非常活跃。人物品评的方式多种多样,从春秋人物品评的主体来看,有时人评、"君子曰"和"孔子曰"等形式。贵族君子是这一时期人物品评活动的主体,他们在政治外交活动中常常品评人物、褒贬是非、阐发新的思想观念,这种人物品评活动跟当时社会核心价值观念的生成形成互动,促进了思想文化的繁荣。人物品评之准则与新的价值观念相互生发,形成了浩浩荡荡的德目。春秋思想文化的繁荣使得这一时期的人物品评所依据的价值准则也很丰富具体,从而形成了众多的人物品评之品目。

春秋时期出现了我国历史上第一个人物品评的高峰。《左传》《国语》《论语》等传统文献中都有大量春秋人物品评的事例。同时,还出现了如《逸周书·官人解》和《大戴礼记·文王官人》这样的人物品评理论著作,其对刘劭的《人物志》产生了巨大影响。这些都表明,春秋时期人物品评活动相当兴盛,其品评人物活动之频繁、人们对于人物品评的重视和崇尚及品评人物在社会政治文化活动中的重大意义并不亚于魏晋时期。

第四章 《左传》《国语》承载的"君子文化"及其人物品评

第一节 人物品评的主体及其"君子曰"与"孔子曰"

春秋时期的人物品评活动盛况空前，出现了中国历史上第一个品评人物的高峰，在政治外交领域的人物品评活动几乎是常态化的。这一时期不但出现了众多品评人物的活动和事件，而且品评人物的主体通过人物品评活动彰显出了独特的精神气质和风貌。

一、《左传》《国语》品评人物的主体及其相互关系

从《左传》《国语》等文献记载来看，这一时期品评人物的主体包括三类人：史官、"君子曰"和"孔子曰"、当时的贵族君子，第三类我们将其简称为"时人评"。这三类主体既品评事件，也品评人物。从《左传》《国语》的文本来看，时人评所占比例最大，大约有87例，"君子曰"品评事例有26例，"孔子曰"有17例，史官直接品评人物的有4例，其中2例为同一事，只是记录于《左传》《国语》两处。另外还有个别地方用舆人之诵来品评人物。人物品评主体的多样性和丰富性可以反映出春秋时期人物品评的盛况。

在众多的品评主体中，"君子曰"是最典型的品评主体。"君子曰"是一种人物品评的隐性主体，也是一个群体性概念。"君子曰"中隐含的第一类角色是记录和整理历史的史官，是史官以一种与历史事件保持一定距离的姿态对人物和事件进行评价的方式；第二类角色是没有留下姓名的贵族君子或有影响的历史人物；第三类角色就

是讲诵历史、传播历史的一些史官或者民间艺人,他们在讲诵、传播历史的过程中,针对具体的历史事件有感而发,成为"君子曰"的一个组成部分。"君子曰"中的第一类角色是《左传》《国语》文本的作者,他们可能间接地借用了第二类和第三类角色的评价,将其归入"君子曰"的名下;也可能是自己在整理历史资料时有感而发,将自己的评价也归入"君子曰"这一隐性主体下。在三类角色中,第一类和第二类所占比例最大,也是"君子曰"人物品评的主要来源,其中第一类角色后来直接转化为《史记》的"太史公曰"。可以说,"太史公曰"是《左传》"君子曰"之史官角色的现身说法,是隐含在"君子曰"中的史官身份的明朗化。"君子曰"中的第二类角色是当时有地位、有影响力的贵族君子或者文化权威。《左传》《国语》所记后期历史事件中出现频率较高的"孔子曰"就是这一类角色的明朗化。这一类角色其实与史官和时人评也有一定的对应关系。在时人评中,评价人物最多的也是当时有地位、有影响力的贵族君子,如《左传》在孔子之前记录品评人物最多的是子产、叔向和叔孙豹。这些权威人士品评人物的意义与"君子曰"中的权威人士是对等的,他们也是明朗化的"君子曰",他们是当时的政治精英,他们的行为关乎国家和百姓利益。他们的思想和言论代表着当时最先进的思想观念,他们的言论也会引起人们的格外关注,他们是站在国家层面和人民利益的角度来品评人物的。因此,当时有地位、有权力的人也极为重视他们的评价。而贵族君子们所评价的对象也不是一般的人物,而是当时关乎天下民生的权力人物和关键人物。他们通过人物品评对这些人物的行为进行一定的规范和约束,使他们多做对天下民生有利的事。这些权威人士之所以如此重视品评人物,并且出现了众多品评人物的事例,是因为当时的宗法制和世官世禄的世袭制已经出现了极大的问题,各诸侯国统治集团内的继承者和贵族子弟日益衰败,人才匮乏。世官世禄的用人制度受到了严峻挑战。贵族阶层要继续维持自己的统治和地位,不能对这些现象置之不理。他们中的有识之士通过品评人物,对日益衰败的当权者进行规劝和警示,希望能够扭转局面。贵族君子一方面以身作则,通过自己的个人品行影响周围的人;另一方面利用自己的影响力和权威性品评人物,对其言行进行约束和规范,以达到维护统治的目的。可以说,"孔子曰"是继贵族君子中的权威人士之后的又一文化权威,所以才会特别地显现出来;"君子曰"类似庄子所说的"重言",是一种权威性的人物品评。由于第三类角色作为民间艺人地位较低,虽然他们也有恰当的评人论事之言论被文本作者采用,但最终成为"君子曰"中永久的隐形者,其身份成为永久的谜团。从整体而言,由于三类角色都被史官纳入"君子曰"这一隐性主体之下,于是"君子曰"与史官之间形成了"高度吻合"的情形。人们一看到"君子曰",马上想到的就是"史官"。

二、"君子曰"是君子时代特有的话语形态

春秋时期,贵族阶层中的一些有识之士代表了当时的精英文化,他们处在社会政治斗争的最前沿。中国文化是一种政治控驭性的文化,一些重大文化思想皆从政治变革和政治治理的需要中产生。处在政治斗争核心的精英们往往最先意识到社会文化变革的大趋势。过常宝详细地描述过"君子文化"的特点,他说:

> 在史官文化和士文化之间,还存在着一个君子文化。君子文化形成于春秋时期,它的主体是贵族大夫,但这一文化人群并不以政治身份划分。他们是这样的人:理解并坚持礼仪精神,同时也能引领社会理性的发展,通过某种途径知晓原史文献或礼仪知识,并能够立言于世。立言的标准是对原史文献或史事的征引。君子文化中所包含的精神义理,受到春秋史官的揄扬,并被载录下来。到了春秋晚期,以孔子为代表的士人,继承了原史文化和君子文化,将原史文献当作自己的话语资源,进一步发扬亦已形成的理性观念。孔子对原史文化的传播和阐发有着巨大的贡献,他将作为原史职业性修养的"六艺"发展为社会伦理规范和人格精神境界,他通过编纂《春秋》而标举了原始文化裁决天下的道义精神,他以师道传统代替了原史的职业传统,使得原史文化精神在脱离了宗教背景和职业背景后,仍然能够发挥意识形态创新等社会作用。①

---

① 过常宝《原史文化及文献研究》,北京大学出版社,2008年版,绪言第5页。

陈来将先秦文化模式的历程划分为巫术文化——祭祀文化——礼乐文化三个阶段,从代表文化的主体来看,巫史在巫术文化和祭祀文化的时代占主导地位。如果说春秋是礼乐文化的时代,那么在"春秋末期以前,在前孔子时代,卿大夫士群体中的先进知识人",他们作为君子文化的代表,其思想、主张和精神的确对春秋末期以孔子为代表的儒家学派的产生奠定了基础。孔子是先秦时代的一个文化高峰,但在孔子之前就已经出现了许多思想文化的山峰,孔子的思想建立在这些山峰之上。孔子是士文化时代的开启者,在史官文化时代和士文化时代之间存在着一个君子文化时代。君子文化的实质是礼乐文化。礼乐文化是周初制礼作乐时就已经确定了的,何以春秋时期才彰显出来呢?因为周初的礼乐文化主要是制度和仪式的建设,这一套制度和仪式中蕴涵的文化精神和文化意义以天命神学为主体,将天命神学与政治制度建设紧密结合起来,是周初礼乐文化建设的最大贡献。虽然周初已经出现了浓厚的人文理性精神,但这种精神尚包裹在天命神学之下,且是以神的约束力和监督为前提的,人的作为与神的天谴密不可分,德行受到神学的嘉奖和制约。

　　随着礼崩乐坏,礼乐制度与天命神学一同衰落。春秋君子文化的实质是礼乐文化的祛魅和礼乐文化的人文化。春秋君子在不停地阐发礼的新的意义内涵。他们所做的工作就是为礼祛魅,促进礼的人文化、理性化。在礼乐文化的权威性受到挑战的情况下,春秋君子看重的是礼乐文化维持社会秩序、加强自我修养的积极意义。他们在礼乐文化的坚持中,对礼乐文化的内涵进行分析和改造,如礼、仪相分,探问礼之本,将礼乐文化中传统的"德"(功德、天命、爵禄)进一步向人的内在修养和精神品德方面发展。春秋君子和孔子一样都坚持礼仪制度,就是因为礼除却宗教的神秘因素之后,可以成为完善个人修养、提升精神境界的有效途径。礼仪中的人文精神其实从西周初年就已经显现出来了,这就是在执行礼仪活动中的"敬"的态度。这种"敬",包括对天命政治的忧患意识和对自身言行的敬慎态度。在这种"敬"的精神状态中,人的态度严肃谨慎,心境坦然纯洁,精神境界得到提升,行为趋于合理,道德情愫慢慢滋生。"敬"本身就是人的道德精神的根基。所以礼乐文化在春秋君子那里爆发出新的生机,透显出新的精神内涵。

春秋贵族君子之间形成自己的文化圈,形成相似的文化理念,他们虽然各为其主,但惺惺相惜。他们之间既有政治外交的斗争和利益冲突,也有基于文化精神上的相互支持和认同。他们之间的人物品评活动相当频繁,有时一些政治外交活动甚至会成为他们交流思想和品评人物的场所。他们评价自己崇尚的人物为"君子"。如《左传·宣公十二年》载,在晋楚交战之前,楚国的许伯、乐伯、摄叔三人去挑战晋师,引其出战,结果引来晋人追杀。乐伯左射马,右射人。最后只剩下一矢,正好有麋在前,射麋,中背。晋国的鲍癸从其后追来,让摄叔奉麋献给鲍癸,说:"以岁之非时,献禽之未至,敢膳诸从者。"对于乐伯和摄叔的勇敢和机智,鲍癸深为叹服,他对左右说:"其左善射,其右有辞,君子也。"从而制止左右不要再追击。又如成公九年,范文子赞楚囚钟仪为君子。昭公元年,晋侯赞子产为"博物君子"。昭公十三年,孔子赞子产为"乐只君子"。"君子"一词已经从贵族身份的专称变为道德的化身,成为对人的最高评价和称谓。受这种时代风尚的影响,"君子曰"成为权威人士品评人物的特殊用语。

三、"君子曰"是史官文化与君子文化合流的标志

(一) 史官权力的转变

史官曾是周文化和意识形态话语权力的主宰。周王的策命和赏赐诸侯、臣下的策命大都由他们来拟定和颁布。陈梦家认为,"册命的主要内容有三:一、赏锡,二、任命,三、诰诫;而一般的册命亦以赏锡为多,其次任命。这些册命",要么是王自命,要么是史官代宣。[①]但具体拟定这些策命的事务肯定由史官承担无疑。在王室力量强盛的时期,史官的权力相当大,不但掌握着爵禄废置等大权,而且几乎掌握着生杀予夺的大权。《周礼·春官》记内史之职云:

> 掌王之八枋之法,以诏王治。一曰爵,二曰禄,三曰废,四曰置,五曰杀,六曰生,七曰予,八曰夺。执国法及国令之贰,以考

---

① 陈梦家《尚书通论》(增订本),中华书局,1985年版,第158页。

政事,以逆会计。掌叙事之法,受纳访,以诏王听治。凡命诸侯及孤卿大夫,则策命之。凡四方之事书,内史读之。王制禄,则赞为之,以方出之。赏赐亦如之。内史掌书王命,遂贰之。

在周王室的政治控驭能力强大的时代,史官皆能按照礼乐制度的规范执行自己的文化权力,维护周王室的统治。随着王室权力的衰落,周王室的政治控驭能力下降,越礼行为层出不穷。尽管史官始终是站在周王室大一统的政治立场一边的,但其再也不能依仗王室势力而对违礼者进行生杀予夺的处理了。他们只能凭借一贯的职业精神和职业传统,通过自己的职业话语对诸侯的越礼行为进行干预和影响。史官的书写变论功行赏、生杀予夺而为褒贬是非、惩恶扬善,春秋笔法因此而产生。

春秋时期,史官虽然失去了书史的政治权力保障,但他们还有来自天命的神圣传统和来自文化权力自身的权威性来保障其褒贬是非、惩恶扬善的正常进行。文化除了与政治有密切关系之外,其自身也具有权威性和相对独立性。文化所依附的政治权威失坠之后,史官文化凭借自身的影响力继续维持周的礼乐制度和政治权威性。他们的书法令越礼者和僭越者胆战心惊,寝食不安。春秋笔法对人和事的判断之所以引起人们的关注和恐惧,与春秋史官话语权力的宗教背景和天道意味密切相关。早期史官由巫而来,巫史一身的职业特点必然使他们的书写兼有宗教和历史的双重内涵。在支持春秋史官话语权力的政治权威性下降之后,其来自天命的支持仍然有很大的影响力。过常宝认为,春秋史官有两种信息来源,一种是"承告",一种是"传闻"。"承告"记载于正式的"典策",藏于宗庙,呈现于神灵;而"传闻"则记载于"简牍",成为史官个人或内部的文献。[①] 虽然是呈现于神灵的,等待神灵的裁决,但史官记录时对事件性质的判定和褒贬态度对神灵的"判断"会产生影响,因此人们才如此惧怕史官笔法的裁定。春秋史官的这种记录与王室权威鼎盛时的策命、赐爵等性质一样,具有神圣意味。受策命者皆铸造青铜礼器并刻上称美

---

① 过常宝《原史文化及文献研究》,北京大学出版社,2008年版,第130—131页。

不称恶的铭文,就是这个道理。

虽然王室权威失坠,但来自史官职业传统的权威性仍然存在。西周史官在策命诏诰中对人的嘉奖有福泽子孙的宗教意味;当史官的笔锋由嘉奖变为批判时,同样具有"祸及子孙"的宗教意味。这种与子孙后代挂钩的书写方式为宗教向历史转化奠定了基础。宗教向历史的转化就在家族功德的记录中悄悄进行。巫史最后变成了真正的史,宗教资本最后变成了历史。史官在拟定策命中反复强化这种宗教意味。他们在论功行赏之时,不忘重申天命神意和祖先福佑,使受赏者和受命者的功德与宗教联系起来。功德能够使家族福泽绵长,祖庙不倒,祭祀不绝。这种赏赐和功德积累起来逐渐凝聚为家族精神,变为家族历史,世世代代永远流传下去。在从祭祀不朽到历史价值不朽这一转变中,史官在策命中将功德和宗教祭祀结合的做法起了关键作用。《墨子·明鬼下》很好地诠释了史官书史的这种双重意义:

> 又恐后世子孙不能知也,故书之竹帛,传遗后世子孙。咸恐其腐蠹绝灭,后世子孙不得而记,故琢之盘盂,镂之金石以重之。有(又)恐后世子孙不能敬箬以取羊,故先王之书,圣人一尺之帛,一篇之书,语数鬼神之有也。

不论宗教层面还是历史层面,史官的书写都具有追求"不朽"之意义。在史官的书写变为惩恶扬善之后,书史对不朽的价值追求仍然存在,史官书写对人的宗教和历史的双重震慑意义仍然存在。

(二)春秋史官笔法的弊端

巫史礼官的记事和载录首先是为国家政治秩序和政权服务的。史官的书写早已与意识形态挂钩,书史表现为一种政治意识形态的话语权力。在春秋时期,这种话语权力在春秋笔法中得到了典型的体现。在这里,必须将春秋史官的笔法与孔子的春秋笔法区别开来。春秋笔法是春秋史官通用的记事笔法,其盛行于整个春秋时期。春秋时期各国皆有记录时事的类似于《春秋》的史书,号称百国《春秋》。而孔子所作的《春秋》即是在鲁《春秋》的基础上进行的笔削和加工。

随着礼崩乐坏的加剧,与意识形态紧密结合的春秋笔法越来越与现实格格不入。传统的史官笔法完全遵从高低贵贱的礼法等级进行书写,其最鲜明的特点就是只顾礼法而不顾情理、只为尊者讳而不为贤者讳、只见制度而不见是非因果。最能体现这种笔法弊端的典型事例就是"赵盾弑其君"和"崔杼弑其君光"等事件的记录。春秋史官由于生硬地依据礼法制度判定历史事件,而遭到当权者的激烈反对。这种书史笔法是以森严的等级制度和上下尊卑为基本标准的。由于其遵从的礼法过于繁琐,过于苛刻,而且过于不合"情理",人们也难于遵守。这种"过于"因为王室和君上的"不德"而被强化。如果王室强,君上有德,能自己正法度,即使书法中有尊上抑下的倾向,也不会显得过于生硬,还能够被人们接受。当一向标榜"皇天无亲,惟德是辅"的周王室自己无德无力的情况下还要"有德""有威信"的齐桓公、晋文公在能够做到"尊王室""攘夷狄"情况下还要"不专讨""不专封",显然是不可能的了。因此,传统的史官文化必然衰落,而整个春秋时期是"君子文化兴盛的时代"。"君子文化"在尊礼的同时对礼进行了全新的审视,对礼的文化内涵进行新的诠释和改革,不重视礼的繁文缛节,而重视礼的内涵和本质,并且将礼与天道、人事、个人品质等结合起来重新考察。春秋史官在简略的记事中给予事件和人物以"合法合礼"但又"不合情理"的价值判断,所以代表这一书法的史官文化也必然衰败,而史官本身在知识上的专有权和优势也渐渐让位于贵族士大夫中的有识之士。

(三)"君子曰"是史官改革传统笔法的新形态

由于传统史官的书史笔法已经不适应时代发展的需要,大多数史官退出了文化权力的中心。而史官中的敏锐者则有意识地摆脱旧的政治意识形态的束缚,与时俱进,主动地对这种话语模式进行改革,在时代的大潮中,积极主动地融入君子文化的行列,借助自己对于历史掌故的熟悉,主动改变"笔法"。这种改变就是还事实以真相,让事实来说话,在事件的记录中开始记录事件的前因后果,并在对事件的评论中拉开与事件本身的距离。这样,真正的史学诞生了。史官作为一个隐形的主体对人物和事件进行裁定,这种隐形的主体就是"君子曰"。"君子曰"就是史官与事件本身拉开一定的距离进行评人论事的表现,是改革之后的史官话语的新形态。用"君子曰"的方式对事件进行评价,使得史官的书写焕发出新的时代光彩,并最终成为与诸子并列的能代表时代精神的言说方式。这就是《左传》的意义价值之所在。《左传》先记录事件,然后跳出事件,对事件进行评价。春秋时期,史官已经不是文化知识的独占者,各国士大夫中有识之士的知识完全超出了史官,史官对士君子在文化创新方面的作为深为认同,因此,两者互相趋近。在《左传》中,史官为士君子留下了充足的言说空间,他们的思想观念为史官所认同。史官不但在《左传》中帮其立言,而且对其言论进行补充、完善和发挥。春秋君子的有些长篇宏论可能有史官的润色在里面。随着神权与政权的衰落,代表天命神意和政治权威的史官话语必须进行风格转换,摆脱宗教、政治的束缚而成为事实的呈现者。春秋时期的一些史官已经开始转换书史的思维模式了,虽然他们距离完全的"实录"还有距离,仍然在记录史实时不忘申述大义,难以放弃史官维护礼法的职业习惯,但他们改变了方式,通过总结历史经验教训,以史论道,发挥自己的优势,让事实说话,从而参与到诸子论道的洪流中,并深刻地影响了诸子的言说方式。诸子也是在说理的过程中加入史事,以史来论道。只不过各有侧重而已。由礼到义的书写原则的转换是春秋史官笔法需要做的第一项改革;打破讳尊不讳贤的格局是春秋史官笔法需要做的第二重改革;在合于礼和合于理之外,还要斟酌合于情是春秋史官笔法需要做的第三重调整。

(四)孔子对春秋史官笔法的变革

关于传统书史笔法以制度评人,只见制度而不见人文的方式,就是非常遵从礼制的孔子也是有所惋惜的。如他在对董狐"赵盾弑其君"的笔法进行赞扬的同时,对赵盾深表惋惜:"赵宣子,古之良大夫也,为法受恶。惜也,越竟乃免。"史官对书史笔法的改革从以裁定事件为主变为以还原事件和静观事件为主,然后将裁定事件的传统保留并浓缩在"君子曰"这一个小小的角落里。史官对书史笔法的改革走向以详细记录事件为主,这种改革的突出成果就是《左传》的诞生。可以说《左传》开创了中国历史上真正的史学传统。那么春秋史官笔法本身是不是因此就消失了呢?非也。对春秋史官笔法在改革的基础上进行继承的是孔子。孔子继承了春秋史官笔法注重"立义法"的原则,但孔子的《春秋》笔法判定人事从以礼为标准向以义为标准转化。不但要求合于礼,还要合于理、合于情;不但为尊者讳,同时为贤者讳;不但褒贬臣属,同样褒贬君王。春秋史官们的书史笔法过于"文",孔子针对时代的发展需要,救"文"之"弊",将"义法"与"情理"结合,变"外文"为"内文",变"直书"为"讳书",使其散发出新的光彩,因而更具说服力和"威慑力"。正是因为这一点,才有"孔子成《春秋》而乱臣贼子惧"之说。

(五)"君子曰"是史官与贵族君子思想观念的交汇点

总的来说,春秋时期的史官附着在政治和宗教上的文化权力逐渐衰退之后,他们在文化领域随着时代的需要进行了积极的角色转换。他们的言说方式尽管还遗留着巫史礼官对历史事件进行直观描述和记录的神圣性。但史官的精神却悄悄地向精英文化阶层(君子文化)靠近,并与之融合在一起。也就是说在文化上,君子代表的精英文化和史官代表的传统文化都通过对传统文化的革新而逐渐走向了合流。因为从"绝地天通"以来,政治文化和巫史文化就已经达成了一种"共谋",都是为社会治乱服务的。君子文化也是在长期存在的巫史文化和祭祀文化的基础上发展起来的,其中必然保留着传统文化的痕迹。因此,君子文化和巫史文化都处于革新和过渡中,君子文化对礼的坚持和维护与史官一致,史官也不知不觉融入了君子的行列。君子对当时人事的评判受到了史官的"揄扬"。"君子曰"与春秋君子对人物的品评在《左传》中相辅相成,互为表里。虽然不能排除史官对春秋君子言行的加工和改造成分,但史官职业的神圣性使我们相信《左传》所记的春秋君子对当时人和事的品评应该是可靠的。可以说《左传》所记的当时君子的言行反映了贵族君子们的思想。而君子们的思想之所以被史官详细地记录下来,甚至还要对其进行润色加工,完全是因为史官对贵族君子的言行深为认同。

总之,"君子曰"是史官跳出传统史官评人论事模式之后的新的品评人物的方式,是对传统书史笔法的改革。同样对春秋史官笔法进行改革的还有孔子。孔子的《春秋》笔法与春秋史官笔法不同:春秋史官笔法依据生硬的礼法制度进行"直书",只见礼法,不见情理,因而遭到了时人的反对;孔子和一些有远见的史官一样,对春秋史官笔法进行改革,变"直书"为"讳书","救文之弊",从而使其重新具有了"使乱臣贼子惧"的威慑力。

另外,"君子曰"也是《史记》《汉书》论赞体的源头,"君子曰"评人中有引《诗》,《史记》《汉书》论赞同样重视引《诗》评人。"君子曰"具有以"君子"自重的"重言"色彩。《左传》史官一直以君子自居。当孔子作为一个文化巨人出现之后,"君子曰"逐渐让位于"孔子曰"。《左传》所载昭公、定公、哀公时期,"孔子曰"在品评人物中的地位逐渐突出。让孔子在品评人物中来"重言",自然比隐性主体"君子曰"更有权威性。

四、"孔子曰"是"君子曰"的特殊形态

春秋品评人物的主体大多都是当时的权威人士。在孔子之前,品评人物最多的是叔孙豹、叔向和子产。孔子是继这些品评人物的权威主体之后的又一权威人物。他们其实与"君子曰"属于同一类品评主体,这些以真实身份现身的品评主体是"君子曰"的特殊形态。而孔子作为一个文化巨人,在《左传》文本的写作时代,已经是极为受人尊崇的君子。《左传》的作者显然十分推崇孔子,所以孔子品评人物的言论更具权威性。在昭公、定公、哀公时期的历史记录中,《左传》几乎用"孔子曰"代替了"君子曰",即自"孔子曰"出现之后,《左传》"君子曰"的出现频率大大降低。《左传》《国语》中孔子品评人物的事例约有17处之多。如《左传·宣公二年》载,孔子赞董狐为"良史"、赵宣子为"良大夫"。《左传·昭公七年》载,孔子赞孟僖子为"君子","可则效"。《国语·鲁语下》载,仲尼评公父文伯之母别于男女之礼,赞公父文伯之母智而"知礼"。《左传·哀公六年》载,孔子赞楚昭王"知大道"。《左传·昭公二十八年》载,仲尼赞魏献子之举人显"忠义"。《左传·哀公十一年》载,孔子赞冉有"义"。《左传·襄公二十三年》载,孔子评"臧武仲之知"。《左传·昭公十二年》载,孔子评楚灵王之"辱于乾溪"。《左传·昭公十五年》载,孔子评叔向为"古之遗直"。等等。孔子尤其敬佩子产,仅《左传》的记载来看,孔子对子产的评价就有三处。分别是:《左传·襄公三十一年》孔子赞

子产"仁":

> 仲尼闻是语也,曰:"以是观之,人谓子产不仁,吾不信也。"

《左传·昭公十三年》,仲尼赞子产为"乐只君子":

> 仲尼谓:"子产于是行也,足以为国基矣。《诗》曰:'乐只君子,邦家之基。'子产,君子之求乐者也。"且曰:"合诸侯,艺贡事,礼也。"

《左传·昭公二十年》,孔子赞子产为"古之遗爱":

> 及子产卒,仲尼闻之,出涕曰:"古之遗爱也。"

孔子三评子产,可见孔子对子产的推崇和敬仰。子产是春秋君子的代表,其政治思想对儒家思想产生了深远影响。叔孙豹、季札、晏子、子产、叔向等春秋政治思想家的言行是儒家政治思想的近源,周公、史伯、祭公等的思想是儒家思想的远源。从孔子对子产的评价可以看出,孔子对这些春秋君子的崇敬和敬仰。孔子在继承他们思想的基础上推陈出新,最终创立了儒家学说。

"孔子曰"不仅是"君子曰"的特殊形态,更宣示了一个新的文化时代的开始。先秦时期,一切与权力有关的东西都经历了一个逐渐下移的过程。比如说"德",其作为一种高贵的品性和行为法则起初为统治者所占有,依据"德"的大小分配权力和地位,后来逐渐普世化、个人化。人物品评的主体也经历了这样一个过程:由最高统治者及其巫史礼官,到春秋贵族君子,再到士人知识分子,逐级下移。随着人物品评主体的下移,人物品评的话语权也逐渐下移。

在《左传》《国语》所记春秋后期的一些事件中,常常由孔子进行人物品评,"孔子曰"取代"君子曰"而成为人物品评的权威性主体。这一转变是人物品评的主体从史官到诸子(士人知识分子)的标志。《庄子》所谓的"道术将为天下裂"之后,王官失守,"学在四夷",史官和典籍散落民间,春秋贵族君子随着春秋霸主政治的结束也烟消云散,或者沦为庶人。孔子的伟大就在于,重拾王官之学,主动承担起传播王官之学的重任,并对其进行改造,传播的对象也扩大为普通民众。这使得中国社会最终有了一个不依靠王官,而可以自由地专门从事知识工作的文化阶层。

第二节 《左传》《国语》人物品评之品目及其思想内涵

对于《左传》《国语》人物品评之品目的钩稽和提炼,我们仍然以其品评人物时依据的价值准则为依据。人们品评人物时依据的价值准则随着社会价值观的发展而变化。在先秦时期,品评人物时依据的价值准则与"德"的发展演变关系密切。春秋时期,"德"裂变成众多的德目,并且内化为人的道德品质。春秋时期的人物品评也基本围绕这些德目而展开,这一时期人物品评之品目与德目之间形成一定的对应关系。但就目前有限的资料来看,两者并非完全对应。春秋时期众多的德目都有可能被时人用来品评人物,但沧海桑田,无法稽考,我们只能以现有的文献记载中出现的人物品评事例为依据来确定这一时期的人物品评之品目。因为我们所能收集到的这一时期的人物品评事例也许只是当时品评人物风潮中的冰山一角,还有一些品目因为材料所限只能付诸阙如。所以在这里,我们只能依据《左传》《国语》中人物品评的事例归纳出春秋时期人物品评的部分品目。

另外,《左传》《国语》中有些人物品评的材料并没有明确的价值准则或道德规范,有些人物品评材料中出现的价值准则和道德规范又比较繁多。对于这类材料,我们根据其在品评人物的内容、风格、态度、方法、目的等方面表现出来的突出特点进行分类归纳。在这里我们充当了人物品评中的第三品评主体即人物品评材料整理者的角色,对这些人物品评材料进行分类,我们参照后世人物品评成熟文本《世说新语》的门类归纳方法,提炼出"识鉴""文学""赏誉""规箴""品藻"等类别,然后将《左传》《国语》中品评人物的事例按照其所依据的价值准则和其表现出来的品评特点两个方面进行分类。最终我们将这些人物品评资料编辑成"《左传》《国语》人物品评录"(见附录一),在这一"品评录"中,既有品目,又有门类。也就是说,我们根据《左传》《国语》人物品评资料的实际情况,在"品评录"的类别归纳中采用了双重标准。

在这里有必要区分一下人物品评的品目和门类两个概念。品目就是人物品评中所依据的价值准则和行为规范(也包括这些准则和规范的反面),或者是对人物品性和行为的定性和判定,而且这些行为规范在人物品评材料中都比较明确。如:

> 灵公虐,赵宣子骤谏,公患之,使鉏麑贼之。晨往,则寝门辟矣,盛服将朝,早而假寐。麑退,叹而言曰:"赵孟敬哉!夫不忘恭敬,社稷之镇也。贼国之镇,不忠;受命而废之,不信。享一名于此,不如死。"触庭之槐而死。(《国语·晋语五》)

这一人物品评材料中,品评者明确提出"敬"这一行为规范,并判定品评对象赵孟"敬"。因此,从这一材料中,可以提炼出"敬"这一人物品评的品目,然后可以将类似的品评材料都归入这一品目之下。又如:

> 冬,十月,滕成公来会葬,惰而多涕。子服惠伯曰:"滕君将死矣。怠于其位,而哀已甚,兆于死所矣,能无从乎?"(《左传·襄公三十一年》)

在这一人物品评事例中,子服惠伯和《左传》的作者都指出,滕成公表现出明显的惰怠之态,因此判定其"惰"。又如:

> 卫侯飨苦成叔,宁惠子相。苦成叔傲。宁子曰:"苦成家其亡乎!古之为享食也,以观威仪、省祸福也。故《诗》曰:'兕觥其觩,旨酒思柔。彼交匪傲,万福来求。'今夫子傲,取祸之道也。"(《左传·成公十四年》)

在这里,苦成叔的特点是"傲"。在《左传》《国语》中,"惰"和"傲"都是"不敬"的表现,因此我们将"惰"和"傲"合为一体,成为"惰傲"目,与"敬"这一人们尊崇的行为规范构成一对相反的品目。

另外还有一些人物品评材料并没有提出明确的价值准则或道德规范,如:

> 王使问礼于左师与子产。左师曰:"小国习之,大国用之,敢不荐闻?"献公合诸侯之礼六。子产曰:"小国共职,敢不荐守?"献伯、子、男会公之礼六。君子谓:"合左师善守先代,子产善相小国。"(《左传·昭公四年》)

这则材料没有明确的价值准则,但其又是人物品评事例无疑。我们就根据这则人物品评材料的突出特点——比较品评法,为其拟定一个门类——"品藻",因为"品藻"的本质就是比较品评。又如:

> 叔向曰:"辞之不可以已也如是夫!子产有辞,诸侯赖之。若之何其释辞也?《诗》曰:'辞之辑矣,民之协矣。辞之绎矣,民之莫矣。'其知之矣。"(《左传·襄公三十一年》)

这一段人物品评材料也没有提出明确的价值评判标准,而只说"子产有辞",但"有辞"显然不是一个价值准则或者概念范畴,不宜作为品目,但也不能否认这段材料的人物品评性质。因此可以根据"辞"的特点,再参照后世人物品评成熟文本中的门类,为其拟定一个门类——"文学"。同样,《左传·昭公十二年》叔孙昭子讥评宋华定不知《诗》之事例也可以归入"文学"一类,其都是从文学的角度品评人物的。

所以说,我们在这里充当了人物品评中的第三品评主体的角色。第一品评主体就是品评的当事人,例如评价赵孟的鉏麑、评价滕君的子服惠伯、评价苦成叔的宁惠子等。第二品评主体就是"君子曰""孔子曰"等,其对人物进行间接的品评。第三品评主体就是从人物品评的角度对材料进行整理和编排的文本作者。其实这些品评主体之间有密切关系,有时主体之间有交叉和过渡。

第三品评主体就是材料的整理者和文本的书写者,其在早期的人物品评中一直处于隐性状态,但其对于人物品评的作用一直存在。首先,将这些人物品评资料写入文本,本身就是第三品评主体——文本的书写者人物品评意识的体现。其次,第二品评主体"君子曰"和"孔子曰"中也有文本书写者的身影。有一部分"君子曰"可能就是文本书写者(史官)的代言,他们与其他"君子曰"或"孔子曰"在人物品评中立场一致。再次,他们在文本书写和事件记录中甚至也直接品评人物,但他们主要还是将自己对人物的评价态度隐含在叙事和记录中。由于历史书写是人物品评的温床,史官就是早期人物品评中典型的第三品评主体。随着历史书写的天平从记事向记人倾斜,第三品评主体的人物品鉴意识越来越突出。甚至可以说,纪传体史书体例的形成,也与历史书写者对人物的鉴赏心理密不可分。纪传体史书的历史书写者用一种鉴赏性的叙事方式书写历史,这种品鉴性的叙事方式在早期的史传文学中就已经表现出来了。在纪传体史书中,在事件的选择和叙事详略的处理上明显表现出了历史书写者个人的好恶和品鉴倾向,这就是"寓褒贬于叙事"。在《左传》和《国语》中,这种品鉴性叙事的端倪已经出现,作者对于一些人物活动给予了更多的关注,对于一些自己倾心的人物会用更多的笔墨对其言行举止进行详细的记录,同时借助"君子曰""孔子曰"以及时人评对其进行品评。故"君子曰"和"孔子曰"的安排也表现了作者自己对人物的态度,只是借君子之口或他人之口表达出来而已。作者有意识地让君子来评价人物,并将其在历史记录中表现出来,本身就表现了作者品评人物的倾向。《左传》的"君子曰"在《史记》中直接变成了"太史公曰",这是第三品评主体(作者自己)的明朗化。

只有当第三品评主体转变史官角色,跳出历史真实的严肃叙事和事件前因后果的叙事逻辑,转而完全对人物和事件进行审美观照的时候,人物品评的第三主体才开始真正走到前台,成为人物品评文本的缔造者,而标志着其身份转变的就是人物品评门类的明确提出。这一转变经过了漫长的过程,直到《世说新语》的出现,这一过程才算真正完成。史官和诸子都曾经充当过隐性的第三品评主体的角色,只是他们一个侧重于叙事,一个侧重于说理。中国政治文化以人伦为本位,即使是叙事说理,也与人物品评密切相关。

从《左传》到《世说新语》,随着第三品评主体的逐渐明朗化,与第三品评主体在人物品评中互为掎角的人物品评门类也经历了一个长期的演变过程。人物品评门类的形成和明确化与分类思想也有密切关系。从人物品评的角度进行的分类思想的萌芽产生较早,但自觉的人物品评门类形成较晚。据《左传·文公十八年》记载,上古之人曾经将十六善族和四凶族分别分为"八恺""八元""四凶"等;《论语》中根据弟子的专长,分出"德行""政事""文学""言语"等门类。战国诸子借助各种历史人物事迹来论证自己的学术观点,其中就已经进行了对事件的分类编排,分类的原则就是事件的某种共同的性质。如《韩非子》中的"十过"、《庄子》中的"让王"等,都是按照事件的性质和人物的某种品行来分类编排材料的,只是这些分类的侧重点不同,其中人物品评的性质和目的不是很明确。由于中国传统学术总体上"述而不作"的特征,以论事说理的方式总结历史事件是主要的学术方式。但是历史事件中必然包括人的活动,所以通过对历史事件的总结而形成的各种事理门类中也有人物品评的门类特征。如刘向的《说苑》通过总结历史事件阐发政治之道,其中分出了"君道""臣术""建本""立节""贵德"等政治事理门类,这些事理门类与具有人物品评性质的门类混合在一起,存在于战国秦汉的诸子著作和史传文学中。一直到魏晋时期的人物品评专著《世说新语》,其中仍然有"政事""宠礼""黜免""仇隙"等门类,从中也可以看到政治事理的特征,只是《世说新语》中的门类已经完全侧重于人物品评。子书的篇目其实都是按照论述的事理分出的类别,《荀子》《韩非子》《管子》《吕氏春秋》《淮南子》都是如此。有些著作在事理门类中又加入评价人物的门类,最明显的是刘向的著作。刘向《说苑》篇目中的"立节""复恩""正谏""敬慎""善说"等具有明显的人物品评性质。《新序》与《世说新语》的文本已经非常相似,都是围绕一定的事理门类汇集有关材料,这些材料全是历史事件,很少自己的评说,这种让事件本身说话的方式是典型的品鉴性叙事。就其篇目来看,"节士""刺奢""义勇""善谋"已经完全具备人物品评门类的性质。虽然刘向著作的本意可能并非是人物品评,而是为政治提供经验教训,但从文本来看,其当是《世说新语》文本的雏形,已经具备人物品评典范文本的性质。不但诸子著作分类论述学术事理,史传文学也十分重视分类编排历史人物。如《史记》的"本纪""世家""列传"本身就是依据历史人物的历史地位进行的分类;列传里面又分了人物、地域方国、循吏、儒林、酷吏、游侠、佞幸、滑稽、日者、龟策、货殖等门类。虽然这些分类比较混乱,缺乏统一的标准,但体现出极具人物品评性质的史传文学的分类思想。如果将人物品评的成熟文本《世说新语》中的门类做一分析研究,就会发现《世说新语》之门类综合了早期诸子和史传文学门类的分类特征,是战国秦汉诸子和史传著作篇目分类思想的继承和发展,只是《世说新语》选取材料和辑录材料的目的完全倾向于人物品评而已。

《世说新语》的人物品评门类可以分为以下几个方面:

1. 道德才能类:德行、言语、政事、文学、识鉴、术解、巧艺。

2. 精神气质、个性类:方正、雅量、捷悟、夙惠、豪爽、容止、任诞、简傲、假谲、俭啬、汰侈、忿狷。

3. 政治事理、处世态度类:规箴、自新、企羡、伤逝、栖逸、贤媛、宠礼、黜免、逸险、尤悔、纰漏、惑溺、仇隙。

4. 品评方法、风格、特点类:赏誉、品藻、排调、轻诋。

在这四大类中,许多门类在战国秦汉的诸子和史传著作篇目类别中都已经出现,只是《世说新语》中更突出"精神气质、个性类"而已,这一大类的突出正好反映了魏晋人物品评的新风尚和新的人生观、价值观。

总之,品目和门类是两个不同的概念。品目源于价值准则,门类是人物品评的材料整理者对材料进行提炼加工的结果。人物品评品目的出现较早,其来源于各个时代的价值准则;但门类的明朗化经历了一个漫长的过程。不论是品目还是门类,在先秦人物品评的具体实例中大多都没有被明确提出。我们的研究工作就是将其提炼出来,再归类总结。

因此,在研究中,我们对《左传》《国语》人物品评的材料进行分类编排,并依据早期人物品评材料零散而复杂的特征,将品目和门类放在一起进行分类编排,也就是说,在人物品评资料的分类中采用品目和门类结合的标准。其实即便在作为人物品评成熟文本的《世说新语》中,其门类的划分仍然留有品目和门类二重标准的痕迹。如"道德才能类"和"精神气质、个性类"中的门类基本与品目重合,其门类也就是品目;而"政治事理类、处事态度类""品评方法、风格、特点类"基本上是文本整理者从别的方面提炼出的门类。

那么又该如何选择和确定人物品评事例呢?在选定人物品评事例时,我们以当时人物间的互相评价和以"君子曰""孔子曰"的方式进行的人物品评为依据。并以此为标准,通过对《左传》《国语》人物品评事例的归纳和总结,共统计筛选出了三十一个类别(见附录一),分别是"相列""敬""惰傲""文""奢俭""贪陵""孝""华而不实""良""君子""忠""礼""让""守节""官人""知人(识鉴)""敬戒""义""知""品藻""信""赏誉""敏""文学""德""规箴""仁""直""守位""和同""言语",另外不能提炼出明显品目和类别的归入"其他"一类。这些品目的提取以人物品评实例中用来品评人物的关键词为主,个别的品目如"相列""品藻""赏誉""文学""规箴""言语"等是根据具体的品评实例某一方面的特征,对照《世说新语》的门类特征和命名特点另外命名的。以上所列类别用了双重标准,这也是早期人物品评的特点决定的。同时,我们针对材料另外提出门类,是因为这些材料本身与后世成熟的人物品评文本形态中的有关门类极为相似。这些事例本身已经具备了这些门类的性质。因此,这些归纳总结出的门类实质上就是后世人物品评门类的雏形。下面我们就《左传》《国语》人物品评类别中的主要品目(价值准则与行为规范)及其文化内涵进行简要分析。

一、"敬"与"惰傲"

在《左传》和《国语》中,"敬"与"惰傲"是一对完全相反的品目。不敬往往通过人在言行举止中的惰傲态度表现出来,因此,"惰傲"就成了"不敬"的代称。

"敬"是周初非常重要的人文观念之一。周人虽然以小邦周代替了大邦殷,并且不断地宣称是受天命:"维此文王,小心翼翼。昭事上帝,聿怀多福。厥德不回,以受方国。"(《大雅·大明》)"穆穆文王,于缉熙敬止。假哉天命,有商孙子。商之孙子,其丽不亿。上帝既命,侯于周服。"(《大雅·文王》)但同时他们从殷的灭亡中看到"天命靡常",他们在将自己的受命归之于"有德"之后,更谨慎于自己"德"的创新和保持问题。"在以信仰为中心的宗教气氛之下,人感到由信仰而得救;把一切问题的责任交给于神。"①但是信巫鬼、"重淫祀"的殷商信仰和祭祀鬼神的活动频繁而隆重,却不能保证国祚永续,周人对此深为谨惧。于是自觉地生出忧患意识来。徐复观在其《中国人性论史》(先秦篇)中详细的申述了这种忧患意识对于周文化的人文自觉产生的影响。他说:

> 在忧患意识跃动之下,人的信心的根据,渐由神而转移向自己本身行为的谨慎与努力。这种谨慎与努力,在周初是表现在"敬""敬德""明德"等观念里面。尤其是一个敬字,实贯穿于周初人的一切生活之中,这是直承忧患意识的警惕性而来的精神敛抑、集中及对事的谨慎、认真的心理状态。这是人在时时反省自己的行为,规整自己的行为的心理状态。周初所强调的敬的观念,与宗教的虔诚,近似而实不同。宗教的虔敬,是人把自己的主体性消解掉,将自己投掷于神的面前而彻底皈归于神的心理状态。周初所强调的敬,是人的精神,由散漫而集中,并消解自己的官能欲望于自己所负的责任之前,凸显出自己主体的积极性与理性作用。敬字的原来意义,只是对于外来侵害的警戒,这是被动的直接反应的心理状态。周初所提出的敬的观念,则是主动的,反省的,因而是内发的心理状态。这正是自觉的心理状态,与被动的警戒心理有很大的分别。……因此,周人的哲学,可以用一个"敬"字作代表。②

可以说"敬"与"德"一样,成为西周人物品评的基本准则。春秋时期,"德"开始裂变和内化,分化出许多与人的内在品质相关的德

---

① 徐复观《中国人性论史》(先秦篇),上海三联书店,2001年版,第20页。
② 徐复观《中国人性论史》(先秦篇),上海三联书店,2001年版,第20—21页。

目,而"敬"始终是人们极为重视的精神品质和状态。"敬"虽然很重要,但在《左传》和《国语》中,以"敬"为品目进行品评人物的事例却并不多,原因就在于礼崩乐坏是春秋社会的现实,不敬的行为层出不穷。于是有识之士对于"敬"的推崇反而通过对"不敬"行为的贬斥表现出来。在《左传》《国语》的人物品评实例中,代表"不敬"的"惰傲"目反而占了大多数。如《左传·僖公十一年》载,周天子派召武公、内史过到晋国赏赐晋侯,晋侯在接受瑞玉的时候神情懈怠不庄重。内史过以晋侯不礼不敬的表现,认为其是一个自暴自弃的人,而晋侯的后代恐怕也不能长久享有禄位。《左传·襄公二十八年》载,郑伯享蔡侯,蔡侯受享而惰,子产认为其"惰傲以为己心",将不免。《左传·隐公七年》载,陈五父到郑国参加结盟,盟誓歃血时,却表现得心不在焉。结盟本是重大的事件,关涉到国家利益,陈五父居然不放在心上。泄伯据此认为"五父必不免"。《左传·文公十七年》载,"襄仲如齐,拜谷之盟",发现齐君说话随便。作为一国之君,表现出漫不经心之态,由此可以想见他胸无大志,散漫苟且。因此襄仲断定齐国暂时不会对鲁国构成威胁。《左传·襄公三十一年》载,穆叔从晋国参加会见回来,去见孟孝伯,向他述说了自己对赵孟的看法。穆叔认为赵孟说话散漫,无远虑,不像是百姓的主人;年岁不大,却絮叨个没完没了,因而推断其寿命将不会很长了。穆叔由此建议,一旦赵孟死,晋国将由韩子当政,应早点和韩子处好关系,以使鲁国在将来的列国格局中处于有利地位。当天,他将这个建议向孟孝伯说时,孝伯之怠惰更甚于赵孟。穆叔即感叹赵孟、孟孙两人都将死。《左传·襄公三十一年》又载,"滕成公来会葬,惰而多涕",子服惠伯认为其"怠于其位,而哀已甚,兆于死所"。《左传·昭公十一年》载,单成公作为周景王的使者会见诸侯,其言行举止都极为失范,其会见韩宣子时,"视下,言徐"。因此,叔向对其评价说:"单子为王官伯,而命事于会,视不登带,言不过步,貌不道容,而言不昭矣。不道不共,不昭不从,无守气矣。"在群雄逐鹿的春秋时期,在精英云集的外交场合,这样毫无气度、胆小猥琐的人自然是为人不齿的。《左传·昭公二十五年》载,宋公享叔孙昭子,两人在饮酒赋诗之后,"语相泣也。乐祁佐,退而告人曰:'今兹君与叔孙,其皆死乎?吾闻之:"哀乐而乐哀,皆丧心也。"心之精爽,是为魂魄。魂魄去之,何以能久?'"这些都是在一些重要场合表现出惰态的典型事例。

《左传·成公十四年》载,卫侯设享礼招待苦成叔,苦成叔表现傲慢。宁惠子观察到苦成叔的傲慢之态后,对其进行了评价,并认为不骄不傲者是有德有福之人,而傲慢、自视甚高是取祸之道。《左传·襄公七年》载,卫国的孙文子来鲁国聘问,孙文子行为失于礼节,"公登亦登",不跟在鲁公之后,而与鲁公并排而行,毫无礼让。叔孙穆子马上上前委婉地制止,及时对其失礼行为进行纠正。结果,孙文子毫不理会,"无辞,亦无悛容",其不敬的行为引起叔孙穆子的强烈不满,于是断言其"必折"。《左传·襄公三十年》载,周灵王的弟弟儋季死了,他的儿子儋括除服见灵王,入朝而叹,当时单愆期是灵王的御士,正好走过王廷,听到括的不合时宜的叹息声,又通过他"不戚而愿大,视躁而足高"的行为方式断定此人贪图朝廷权力,将来必带来祸患。其父死,初脱除丧服,已无余哀,就来到朝廷,看来其权力欲望甚大。到了王廷,行为不敬,不是东张西望,就是走路大步流星,不但行为失范,而且是包藏祸心的体现。因为"举趾高,心不固矣"(《左传·桓公十三年》),"视躁而足高"即是行为不敬的表现。《国语·周语下》载,在柯陵之会上,晋厉公君臣参加会盟,皆言行傲慢,表现出狂傲之态。晋厉公"视远步高",郤锜"语犯",郤犨"语迂",郤至"语伐",齐国佐"语尽",于是单襄公断定晋国将有内乱。这些都是在一些重要场合表现出傲态的典型事例。

一个人的内心是否"敬",是从其言行举止、神情态度等各方面表现出来的。"不敬"则表现出各种过或者不及的精神状态。过之则表现出狂傲和心不在焉的情态,不及则表现出懒散、怠惰、懦弱等精神状态。前者可统称为"傲",后者可概括为"惰"。"敬"是"德"在心理状态上的反映。尤其是当"德"内面化之后,"敬"几乎成为"德"的代称。"敬"是从人的行为态度、仪容等方面做出的概括,是德容、礼容的基本要求。德容主"敬",不敬也可以从言行举止中表现出来。在春秋时期,人们将在言行举止上表现出来的不敬行为用"惰傲"等范畴专门提了出来,其正好是"敬"的反面。因此"惰傲"与"敬"成为两个互相对立的品目。身居要职者在关键的场合和活动中有惰傲之态,行为失范,不但有损自己国家的形象,而且会使国家利益受损。在群雄逐鹿的春秋时期,随着政治军事和国家实力竞争的加剧,人才的竞争也日趋激烈,世官世禄的官人制度的弊端已经显露无遗。在各种政治外交活动中,身居要职者不是狂傲失礼就是散漫苟且,这种现象令当时的有识之士深以为虑。人们在品评人物时对人的惰傲之态的关注和批评反映了统治阶层逐渐走向衰颓和腐朽的事实,世官世禄的官人制度逐渐走向了历史的终结,新型人才和新的官人制度已经成为时代的迫切需要。

二、礼

"敬"是春秋人物品评的核心理念,一个人的"敬"与"不敬"皆是通过其言行举止表现出来的。个人的言行举止从文化层面上来说其实就是礼仪,而惰傲之态只是不合礼仪的具体表现。所以,"敬"或"不敬"常常被评价为"合礼"或"不合礼"。在春秋人物品评中,直接以"礼"来评价人的例子也很多。"礼"也是春秋人物品评的主要品目。通过对《左传》《国语》有关人物品评资料的梳理,发现以"礼"为品目进行的人物品评事例数量最多,这反映了人们对礼的重视。如《左传·襄公八年》载,晋范宣子来聘,其言行举止皆合礼仪,于是君子以范宣子为知礼。《左传·襄公二十一年》载,叔向评齐侯、卫侯"不敬""怠礼"。《左传·襄公三十年》载,宋发生火灾,宋伯姬因为等待自己的傅姆而不肯逃出屋子,结果被大火烧死。君子认为伯姬守错了礼节,其作为妇人却执守未嫁女子的礼节,是为不知礼,不懂变通,因而丢了性命,并不为人称道。《左传·襄公三十一年》载,子产治理国政井井有条,用人各得其所,办事合情合理,于是北宫文子评子产之从政有礼。《左传·昭公元年》载,郑公孙挥与晋叔向交谈,公孙挥评郑子皙"无礼而好陵人"。《左传·昭公二年》载,叔向赞叔弓知礼。《左传·昭公三年》载,"郑伯如晋,公孙段相,甚敬而卑,礼无违者",君子曰:"礼,其人之急也乎! 伯石之汰也,一为礼于晋,犹荷其禄,况以礼终始乎?《诗》曰:'人而无礼,胡不遄死?'其是之谓乎!"《左传·昭公十二年》载,君子以子产"无毁人以自成"为知礼。《左传·昭公十五年》载,叔向评周景王乐忧不知礼。《左传·昭公二十五年》载,叔孙婼以乐大心"卑其大夫而贱其宗"为无礼。《左传·昭公二十六年》载,闵马父谓王子朝"无礼"。《国语·晋语五》载,苗棼皇谓"郤子勇而不知礼"。《左传·定公十年》载,君子谓涉佗无礼而遄死。《左传·定公十五年》载,子贡评定公、邾隐公俯仰皆失礼。《国语·晋语六》载,君子谓郤至"勇以知礼"。《国语·鲁语下》载,仲尼谓公父文伯之母别于男女之礼。《国语·鲁语下》载,师亥赞公父文伯之母知礼。《国语·鲁语下》载,仲尼赞公父文伯之母智而知礼。

可见,春秋时期,"礼"无疑是一个核心话语。传统的说法认为春秋时期是"礼崩乐坏",但是经过分析可以发现,崩坏的应该是"威仪",也就是西周按照宗法制和分封制建立起来的一整套仪式制度。这些仪式的本质是上下、尊卑的等级秩序,维持这一秩序的力量是周王室的政治权威。随着周室德衰,王室权威失坠,这套仪式也陷入了危机。而"礼"是春秋时期一个全新的政治范畴,是春秋精英知识阶层全力打造的一个新范畴。早期的"礼"虽然也是仪式的代称,但主要是祭祀仪式的代称,与社会政治层面的仪式有一定的距离,因而具有"威仪"不具备的神圣性。春秋君子因此借用"礼"这一神圣的仪式代称重新建立"礼"的核心内涵,"礼"的观念内核逐渐从祭祀仪式向人文精神转化,人们不断地阐明"礼"的仪式中包含的现实政教意义和人伦道德因素。如《左传·僖公十一年》:"礼,国之干也。敬,礼之舆也。不敬则礼不行。"《左传·僖公三十三年》:"敬,德之聚也。"《左传·成公十三年》孟献子曰:"礼,身之干也。敬,身之基也。"《左传·僖公三十三年》晋臼季曰:"出门如宾,承事如祭,仁之则也。"《左传·成公十五年》楚申叔时曰:"信以守礼,礼以庇身。"《左传·昭公二年》晋叔向曰:"忠信,礼之器也;卑让,礼之宗也。"《左传·昭公二十六年》晏子说:"君令,臣共,父慈,子孝,兄爱,弟敬,夫和,妻柔,姑慈,妇听,礼也。"《国语·周语上》内史兴说:"且礼所以观忠信仁义也。"从春秋时期这些关于"礼"的意义的阐发可以看出,"礼"作为一种主要用于宗教祭祀活动的仪式逐渐演变为人们日常交往中新的规范,成为当时人们遵循的普遍法规。其本质上仍然是仪式和人伦规范。在周公制礼作乐的过程中,注重的是"礼"的仪式规范和在国家政治统治中的秩序性和凝聚作用。但周建立在血缘关系之上的分封制和宗法制使得这种秩序性的仪式活动必然与人伦规范合二为一。家国同构,家是缩小的国,国是放大的家。因此国的仪式规范与家的人伦仪节相融合。起初,礼仪凸显的是其秩序性和融洽性,而到了后来,人们开始探寻"礼"的仪式中蕴含的人伦内涵及其意义。尤其是在礼崩乐坏的情况下,"礼"的秩序性和仪式性受到了人们的质疑。但"礼"作为一种传统,其本身的作用和价值仍然被人们重视。人们对于"礼"的作用和意义进行重新审视和估量,由此而发现隐藏在仪式背后的人伦道德因素,"礼"的仪式背后是人的精神品质。原来隐藏在"礼"背后的精神只有"敬",到春秋时期发展出仁、忠信、敬、卑让等意义内涵。于是由"礼"而生发出的人文精神和个人道德内涵越来越丰富。"礼"由于进一步与人文精神和人伦道德结合而越来越脱离其宗教仪式性,从而在新的时代变革中为自己找到了新的存在依据,所以整个春秋时期是"礼"的蜕变时代。人们围绕"礼"发展出丰富而系统的人文哲学体系,到了孔子,则集这种新思想之大成,建立起了儒家哲学体系。

春秋后期,礼崩乐坏,许多繁文缛节已经简化,且越礼的行为频出。尽管一些士大夫竭力维护,但难以力挽狂澜于既倒,"礼"有时也是诸侯霸主显示身份地位的战利品和徽章。当时的有识之士一方面重新阐发"礼"的意义内涵,另一方面极力推崇"礼",并以"礼"为评价人物的标准。这些贵族君子和史官希望通过文化权力维护"礼",重新建立社会秩序。以前,"礼"的中心控制权和享受权在王室;到了春秋后期,"礼"的控驭权和使用权在诸侯霸主,而"礼"的解释权却在一些少数的精英君子手中。

三、敬戒

直接以"敬戒"为明确的品目来品评人物的事例在《左传》《国语》中并不多,之所以在这里将其单独列出,是因为其与"敬"的精神品质有密切关系。"戒"也是"礼"的精神内涵之一。"戒"也与儒家思想关系密切,也是孔子推崇"礼"的原因。《左传》中以"戒"为品目品评人物的事例只有一例。《左传·襄公二十二年》:

> 九月,郑公孙黑肱有疾,归邑于公。召室老、宗人立段,而使黜官、薄祭。祭以特羊,殷以少牢,足以共祀,尽归其余邑,曰:"吾闻之,生于乱世,贵而能贫,民无求焉,可以后亡。敬共事君与二三子。生在敬戒,不在富也。"己巳,伯张卒。君子曰:"善戒。《诗》曰:'慎尔侯度,用戒不虞。'郑子张其有焉。"

君子对郑子张的善戒格外赞赏,因为"戒"能够使人摆脱非理性的情感和欲望的支配而走向理性的体悟。在古希腊文化中,酒神代表人的非理性的迷狂状态,日神代表的是人的冷静的理性状态。从非理性走向理性的重要环节就是"戒","戒"的行为需要"敬"的精神态度来实现。所以"戒""敬"实为一体。在人类文明的早期,人们早就意识到了"戒"的重要性。中国先秦时期的"礼"本质上就是"戒"。"礼"的观念深入人心,这与基督教中的"十诫"有相似之处。"戒"可以使人在心理上对信仰和价值追求做好精神准备,使人主动向信仰进行投诚。"戒"的状态可以使人精神振奋,令人肃然起敬。

在宗教仪式中,人们以"戒"作为一种形式、一种努力,从而感动神灵,人们也相信神灵的意愿与这种自我约束的努力是相通的。古希腊罗马神话中的神灵放荡不羁,有神力而无德行,其神的体系很快被具有约束力和戒律的宗教所代替,这与中国祖先崇拜的伦理宗教演进的路径是一致的。因为文化的演进必然加入人文的内涵,"戒"本身是由非理性向人文理性转变的表现。但是这两种力量始终构成一种文化的张力:当"戒"走向极端时,理性的日神就会以返璞归真的形式走向对酒神精神的回归。人类文明就在这种反复的较量中前行。

四、守位

"礼"作为仪式体现为在各种场合恰到好处的行为举止。礼节仪式是春秋时期人们在各种重大的政治外交场合所遵从的基本规范,具有通约性。人们通过这种场合中人们立身行事的礼节来观人观政。失礼的行为不但使国家形象受损,甚至会为国家带来巨大的祸患。而守位是按礼节行事的重要方面,也是人们在复杂的政治外交环境中裁断是非、确定立场、制定策略的主要依据。昭公十六年,"晋韩起聘于郑,郑伯享之"。子产提前告诫在朝廷有"位"的大臣,一定要严肃谨慎,站好自己的位子。结果在贵宾来到之后,孔张迟到了,他慌乱中找不到自己的位子,其狼狈不堪的窘态引来众人的嘲笑。事后,富子责备子产说:"夫大国之人,不可不慎也,几为之笑而不陵我?我皆有礼,夫犹鄙我。国而无礼,何以求荣?孔张失位,吾子之耻也。"并认为是子产处事不周。子产怒曰:"发命之不衷,出令之不信,刑之颇类,狱之放纷,会朝之不敬,使命之不听,取陵于大国,罢民而无功,罪及而弗知,侨之耻也。孔张,君之昆孙子孔之后也,执政之嗣也,为嗣大夫,承命以使,周于诸侯,国人所尊,诸侯所知。立于朝而祀于家,有禄于国,有赋于军,丧、祭有职,受脤、归脤。其祭在庙,已有著位。在位数世,世守其业,而忘其所,侨焉得耻之?辟邪之人而皆及执政,是先王无刑罚也。子宁以他规我。"(《左传·昭公十六年》)孔张失位,其不知礼仪和不敬慎礼仪的行为被晋国耻笑。"礼"是一种文化的象征,是一个国家国政严明的表现。

　　从周公制礼以来,"位"就是礼仪中非常重要的一个方面,人在不同的礼节中皆有不同的"位",失位即是失礼。如在非常重要的策命仪式中,王"即立"于大室之前,而受命者、傧者"立"于中廷。中廷在大室之南、门之北,故金文常有受命者入门北向而"立"于中廷之中,面对王之南向而"即立"于大室之前的记录。凡此"立"字都是"位"字。《尔雅·释宫》曰:"两阶间谓之乡(郭璞注:人君南乡当阶间),中庭之左右谓之位(郭璞注:群臣之列位也)。"《说文》曰:"列中庭之左右谓之位。"据金文所记,傧者在受命者之右,均北向,则受命者位于中廷之西而傧者在中廷之东。中廷之左右即中廷之东西,而王者南向立于两阶之间即东西两阶之间。《论语·季氏》记伯鱼所说"不学礼,无以立"乃指不知行礼时所应立的地位。《论语·乡党》述孔子"其在宗庙朝廷,便便言唯谨尔";"君召使摈,色勃如也,足躩如也,揖所与立";"立不中门"。孔子为傧相则揖所与立者,乃往朝或受命之臣。① 所以"位"是身份和地位的象征,是权力和秩序的体现,是礼仪中非常重要的因素。因此,孔张失位才会引起如此大的震动。

---

　　① 陈梦家《尚书通论》(增订本),中华书局,1985年版,第157页。

另外,除了礼仪中具体的"位子",人在处事中按照自己的身份地位采取相应的行为方式,把握立身行事的原则也是"守位"的主要内涵。《左传·昭公二十一年》:

> 三月,葬蔡平公。蔡大子朱失位,位在卑。大夫送葬者归,见昭子。昭子问蔡故,以告。昭子叹曰:"蔡其亡乎!若不亡,是君也必不终。《诗》曰:'不解于位,民之攸墍。'今蔡侯始即位,而适卑,身将从之。"

蔡太子朱身为国君继承人,却表现出卑怯之态,这不是一个国君应该表现出的姿态。因此,昭子认为其"失位",为不祥之兆。守位就是身份和地位要相符,过和不及都是失位、不能守位的表现。哀公五年,作为郑壁大夫的驷秦,爱炫富而生活奢侈,常用卿的车马服饰招摇过市,明显是越位的表现。最后郑人恶而杀之。子思对此发表评论说:"《诗》云:'不解于位,民之攸墍。'不守其位而能久者,鲜矣。《商颂》曰:'不僭不滥,不敢怠皇,命以多福。'"昭公三十二年十一月,晋魏舒、韩不信到京师,"合诸侯之大夫于狄泉,寻盟",并且商议城成周。结果魏舒忘乎所以,南面而令诸侯之大夫。卫彪傒于是评论说:"魏子必有大咎。干位以令大事,非其任也。《诗》曰:'敬天之怒,不敢戏豫。敬天之渝,不敢驰驱。'况敢干位以作大事乎?"果然魏舒在定公元年的春天就死了。昭公十六年,晋国的韩宣子出访郑国,结果发生了这样一件事:

> 宣子有环,其一在郑商。宣子谒诸郑伯,子产弗与,曰:"非官府之守器也,寡君不知。"子大叔、子羽谓子产曰:"韩子亦无几求,晋国亦未可以贰。晋国、韩子不可偷也。若属有谗人交斗其间,鬼神而助之,以兴其凶怒,悔之何及?吾子何爱于一环,其以取憎于大国也?盍求而与之?"子产曰:"吾非偷晋而有二心,将终事之,是以弗与,忠信故也。侨闻君子非无贿之难,立而无令名之患。侨闻为国非不能事大、字小之难,无礼以定其位之患。夫大国之人令于小国,而皆获其求,将何以给之?一共一否,为

罪滋大。大国之求,无礼以斥之,何餍之有?吾且为鄙邑,则失位矣。若韩子奉命以使,而求玉焉,贪淫甚矣,独非罪乎?出一玉以起二罪,吾又失位,韩子成贪,将焉用之?且吾以玉贾罪,不亦锐乎?"

当时,晋是大国,郑国是小国,小国在许多时候都要看大国的脸色行事,大国的主政大臣更是得罪不起。当晋国的韩宣子通过郑伯想向郑商求一环时,许多大臣唯恐得罪韩宣子,因而建议去寻求。子产在这件事上不卑不亢,高瞻远瞩,以君子之态拒绝了宣子的要求,反而让韩宣子自愧不如。子产在这件事上的处事方式是以"礼"为定位标准的。作为一个小国,如何在大国之间生存,的确是需要一定的处事准则的,"礼"作为当时的处事准则,虽然时不时地被霸权者僭越,但仍然是人们处事的标准,且有道义上的约束力。为国不在事大国之难,而在无礼以定位之患。一个小国,本来就处于俯首听命的位置,如果没有一定的处事准则,在处理与大国的关系中不能准确定位,将无以为政。若大国的每一个人都以大国的政治威慑来满足自己的私欲,将私事变成公事来要挟小国,将何以给之?所以在处事中,定位是关键。

守"位"、适"位"是知"礼"、守"礼"的表现。春秋后期,人们要么不知礼,要么知礼而不守礼或殆于礼,所以总是出现失位的情况。而像子产这样的有识之士则以守位来应对韩宣子的请环之举,以维护自己的形象和国家尊严。《周易》系辞曰:"天地之大德曰生,人间之大宝曰位,何以守位?曰仁。"春秋时期,"位"有时也不是依主观愿望就能守得住的,在春秋各种政治势力的消长中,守位也是一件很难做到的事,有些人越位,有些人被挤掉失位,有些人想守位却迫于权势而不能如愿。所以能否守位,也是综合政治势力和个人能力才能做到的。

五、和同

"和同"是春秋君子提出的一个全新的思想范畴,这一思想范畴对中国文化产生了深远影响。中国古代社会很早就有"同"的思想。

《周易·同人》卦就反映了这种"尚同"的思想，"同人"是人类族群在交往、兼并、扩大的过程中处理族群之间的关系时所得出的宝贵经验。"同人"就是与人和同。能与远方人和同，或者说得到远方人的归附，不仅是政治权威和政治才能的象征，更需要有包容心和宽广的胸怀。人们在反复的经验教训中发现与人和同则可以化敌为友，也可以在危难之际得到同盟者的帮助；不与人和同则会在争斗中两败俱伤，而一味的争斗只会让自己处于不利地位。与人和同的范围越广越好，同人于野、于郊、于门、于宗是"同人"由高到低的不同层次，反映了人们在族群融合的过程中逐渐破除狭隘的宗族观念，逐渐容纳对方的过程。"同人"思想对于道德观念的形成有着举足轻重的意义。赵敦华认为："道德才是人性的集中表现，是人类区别于动物的主要标志。……道德的起源则是人类脱离动物界的'飞跃'。"[①]而道德观念的产生就是在人类族群的迁徙和融合的过程中不断突破族群的狭隘观念，在不断接受和包容他人的过程中逐渐产生利他思想的结果。没有最起码的利他思想，道德观念恐怕很难产生。"同人"观念是人类社会由族群向部落联盟再向政治联合体发展的过程中出现的一种重要观念。没有突破狭隘族群意识的"同人"观念的出现，人类族群是很难发展壮大的，作为国家雏形的部族联合体也是很难出现的。"同人"思想对于民族的融合和族群的壮大意义重大，这一观念的出现有着特定的人类学背景。春秋时期，随着社会矛盾的加深和族群利益冲突的加强，随着人的主体精神和个体意识的增强，"同人"观念渐渐被"和"观念所代替。对"和同"问题的讨论和辨析也成为春秋时期重要的话题之一，而"和同"也成为人物品评的重要依据。如《左传·昭公二十年》：

> 齐侯至自田，晏子侍于遄台，子犹驰而造焉。公曰："唯据与我和夫！"晏子对曰："据亦同也，焉得为和？"公曰："和与同异乎？"对曰："异。和如羹焉，水、火、醯、醢、盐、梅，以烹鱼肉，燀之以薪，宰夫和之，齐之以味，济其不及，以泄其过。君子食之，以

[①] 赵敦华《谈谈道德起源问题》，《云南大学学报》（社会科学版），2006年第3期。

平其心。君臣亦然。君所谓可而有否焉,臣献其否以成其可;君所谓否而有可焉,臣献其可以去其否,是以政平而不干,民无争心。故《诗》曰:'亦有和羹,既戒既平。鬷嘏无言,时靡有争。'先王之济五味、和五声也,以平其心,成其政也。声亦如味,一气,二体,三类,四物,五声,六律,七音,八风,九歌,以相成也;清浊、小大、短长、疾徐、哀乐、刚柔、迟速、高下、出入、周疏,以相济也。君子听之,以平其心。心平,德和。故《诗》曰'德音不瑕'。今据不然。君所谓可,据亦曰可;君所谓否,据亦曰否。若以水济水,谁能食之?若琴瑟之专壹,谁能听之?同之不可也如是。"

在这一段对话中,齐侯认为梁丘据(子犹)奔驰着前来见自己,是与自己"和"的表现;而晏子却认为,梁丘据的做法是"同",不是"和",然后进一步对"和"与"同"进行了辨析。晏子以饮食和音乐作比,说明"和"是在多样性和差异性基础上的统一,而不是毫无差异的趋同。郑国的史伯也曾讨论过"和同"问题,他说:"夫和实生物,同则不继。以他平他谓之和,故能丰长而物归之;若以同裨同,尽乃弃矣。故先王以土与金木水火杂,以成百物。"(《国语·郑语》)史伯的"和同论"与晏子的"和同论"都说明了差异性和矛盾才是事物发展的动因。在国家政治事务中,用同一种声音说话、用同一种方式做事,后果是可怕的。而这种毫无原则地追求"同"的人,其要么是"好好先生"和毫无立场的乡愿,要么是毫无主见和能力的平庸者,所以孔子将"同而不和者"称为小人。春秋时期,复杂的政治外交活动和国与国的较量要求必须以"和"的方式来行事,"和"就是在处事中要把握对立统一的原则。如昭公二十年,郑子产有疾,临终前告诉子大叔为政之道:"唯有德者能以宽服民,其次莫如猛。夫火烈,民望而畏之,故鲜死焉;水懦弱,民狎而玩之,则多死焉,故宽难。"子产死后,子大叔为政,不忍用猛而用宽。结果"郑国多盗",扰乱社会秩序,带来了巨大的危害。子大叔这才领悟了子产的嘱托——宽猛相济即是和。孔子对子产的政见深为叹服,他赞叹说:"善哉!政宽则民慢,慢则纠之以猛。猛则民残,残则施之以宽。宽以济猛,猛以济宽,政是以和。《诗》曰'民亦劳止,汔可小康;惠此中国,以绥四方',施之以宽也。'毋从诡随,以谨无良;式遏寇虐,憯不畏明',纠之以猛也。'柔远能迩,以定我王',平之以和也。又曰'不竞不絿,不刚不柔,布政优优,百禄是遒',和之至也。"孔子明确指出子产的政治思想是"和"的表现,认为为政的主要方式在"和"而不在"同"。过于"宽"就走向了"同",只会带来祸患。"宽猛相济"是春秋末年的"和同论"在政治上的体现。

"君子和而不同,小人同而不和","以他平他谓之和"等观念标志着先秦哲学观念的进一步发展。"和"适用于解决人与人之间、社会族群利益冲突等具体矛盾。"和"观念恐怕是最具西方气质的中国哲学概念之一,它不但承认矛盾存在的合理性,而且承认差异性的交流和碰撞是促进事物发展的根本动力。面对具体的矛盾和问题,没有原则的从众、趋同、人云亦云是可怕的。孔子最憎恨的"乡愿"即是"同而不和"的典型代表。总之,"和"观念的出现是春秋战国时代人的理性精神觉醒的产物,是时代精神的体现。但是"同人"观念在特定的历史时期代表了社会发展方向的历史最强音,以历史发展的思维方式看待文化观念的演变,方能准确判断其历史价值和意义。最后儒家描述没有战乱和纷争的社会政治理想时仍然用了脱胎于原始"同人"观念的"大同"概念,说明它仍然是人类社会和平共处的一个重要理念。

第三节 《左传》所记三次重大的人物品评活动

从《左传》所记来看,人物品评在当时已经是一种常态,贵族君子之间品评人物以作事件的定夺;君臣之间品评人物以进行官职的任免;各国政治精英和使臣之间品评人物以判断各国政治状况,从而制定各国的政治外交政策。其中规模较大的人物品评活动有三次。

一、虢之会:郑行人公孙挥品评各国大夫

虢之会发生在昭公元年。在虢之会上,各国大夫对楚公子围的行为方式展开评论。然后,郑国的行人公孙挥又根据众人对公子围的评价对各国大夫展开了评价,形成春秋历史上一次非常重要的人

物品评活动：

> 三月甲辰，盟。楚公子围设服、离卫。叔孙穆子曰："楚公子美矣，君哉！"郑子皮曰："二执戈者前矣！"蔡子家曰："蒲宫有前，不亦可乎？"楚伯州犁曰："此行也，辞而假之寡君。"郑行人挥曰："假不反矣。"伯州犁曰："子姑忧子晳之欲背诞也。"子羽曰："当璧犹在，假而不反，子其无忧乎？"齐国子曰："吾代二子愍矣。"陈公子招曰："不忧何成？二子乐矣。"卫齐子曰："苟或知之，虽忧何害？"宋合左师曰："大国令，小国共，吾知共而已。"晋乐王鲋曰："《小旻》之卒章善矣，吾从之。"
>
> 退会，子羽谓子皮曰："叔孙绞而婉，宋左师简而礼，乐王鲋字而敬，子与子家持之，皆保世之主也。齐、卫、陈大夫其不免乎！国子代人忧，子招乐忧，齐子虽忧弗害。夫弗及而忧，与可忧而乐，与忧而弗害，皆取忧之道也，忧必及之。《大誓》曰：'民之所欲，天必从之。'三大夫兆忧，忧能无至乎？言以知物，其是之谓矣。"

这一则材料记载了一个连环套式的人物品评活动。各诸侯国大夫会盟于虢，楚公子围以大夫的身份使用国君的仪仗和服饰，这无疑是越礼的行为。虽然当时对礼的僭越时时出现，但在代表着当时政治文化精神的精英文化阶层——各国的卿大夫之间，大多数人都维护礼的神圣性，常以礼作为立身行事的准则，礼仍然是各国间公认的行事准则。礼崩乐坏的现实反而使礼的深层内涵彰显出来。对于楚公子围的越礼行为和楚国的政治乱象，与会大夫当然是有看法的，于是鲁叔孙豹、齐国弱、宋向戌、卫齐恶、陈公子招、蔡公孙归生、郑罕虎、公孙挥、晋乐王鲋九位大夫都对其作出了评价。后来，郑大夫公孙挥又根据各人对公子围的评论对各国发表评论的大夫作了总结性的品鉴：鲁国叔孙穆子的言辞恰切而婉转，宋合左师言语简明而合于礼仪，晋乐王鲋自爱而恭敬，郑国子皮、蔡国子家的评价说话得体，而齐国国子替人忧虑，陈国子招以高兴代替了忧虑，卫国齐子有忧患却不当作忧患，这三人对待忧患的态度都会招来忧患。那么公孙挥作出这样的评价,其依据是什么呢? 首先,在这次人物品评事件中,子围的做法是不合礼仪的,大家都对其表现了否定的看法,这是其共同的立场。其次,各种评价方式又可以看出评价者的个人素养和个性特征。叔孙豹说:"楚公子美矣,君哉!"在这次会盟中,楚国咄咄逼人,鲁国又是弱国。叔孙豹是春秋时期著名的外交家,以严谨知礼而闻名,在外交中多次凭借自己的才能和人格魅力维护了鲁国的利益。他在这句话中含蓄地指出了公子围的越礼行为,既表达了自己的立场,又避免引来祸患。郑子皮说:"二执戈者前矣!"蔡子家说:"蒲宫有前,不亦可乎?"是就其仪仗和子围在楚国已有的越礼情形作客观的描述,但听者谁都知道这是越礼的行为,其立场自然不言而喻。他们虽然认为不可,但讥评有度,不失风范。这一点楚国的伯州犁也心知肚明。为了挽回楚国的面子,他为子围辩解:"此行也,辞而假之寡君。"意思是这是临行前向国君临时借的。子羽没有评论他自己的言论,但从伯州犁的反应可以看出,子羽的一句"假不反矣"不但直接刺破了伯州犁的掩饰之词,而且也直接点破了子围的僭越行为,这令伯州犁再也忍耐不住了,直接与子羽进行正面的言辞较量——伯州犁说:"子姑忧子晳之欲背诞也。"子羽说:"当璧犹在,假而不反,子其无忧乎?"伯州犁的意思是你先不要替别人担忧,你们郑国的子晳背命放诞,将成为郑国的祸害,先担忧你们自己的国家吧。而子羽反驳说,楚国应当为当璧者所有,①如今令尹子围假王之仪节品物而欲真为王,楚国岂有不乱之理,难道你不担忧这种情况吗?真是针锋相对的较量了。这也可以见出子羽评价子围时,言辞直率,更多讥评意味。

而针对伯州犁与子羽互揭其忧的话题,齐国弱、陈公子招、卫齐恶分别围绕"忧"发表了自己的观点,国弱代人忧,子招乐忧,认为有忧然后事可成,也许是好事。齐恶说:"苟或知之,虽忧何害?"杜预注:"言先知为备,虽有忧难,无所损害。"

---

① 当璧之事见于《左传·昭公十三年》:"初,共王无冢适,有宠子五人,无适立焉。乃大有事于群望,而祈曰:'请神择于五人者,使主社稷。'乃遍以璧见于群望,曰:'当璧而拜者,神所立也,谁改违之?'既,乃与巴姬密埋璧于大室之庭,使五人齐,而长入拜。康王跨之,灵王肘加焉,子干、子晳皆远之。平王弱,抱而入,再拜,皆厌纽。"所以这里的"当璧"者,指的是尚未继位的楚平王。

但子羽对此三人言论的评价最下,认为不管是哪一种观点都是"取忧之道","忧必及之"。其依据是"《大誓》曰:'民之所欲,天必从之。'三大夫兆忧,忧能无至乎?言以知物,其是之谓矣"。其中"言以知物"的"物"字指的是一种神秘的预兆,是原始思维中言语交感及其神秘性征兆的遗留。《礼记·缁衣》:"言有物。"杜注:"物谓事验。"前人的研究已经表明,物与图腾关系密切。江绍源认为:"(《左传》)'百物'决不是'天地万物'之'万物'之比,而是'百物之神'或'精'之谓。"①杨向奎也说:"古代之所谓'物'即图腾崇拜标志之遗风,贵族有物,士之受命者有物,庶民无物。"②张光直也认为,《左传》所说的物,具有某种宗教意义。③ 所以这里的"物"显然指的是由图腾崇拜演变而来的某种神秘的魔力及因之而来的征兆的意味。从表面上看,这仍然是以神秘的交感巫术思维判断吉凶的表现,也许出自作为巫史礼官的《左传》作者之观点。当然这种观点就是在代表当时先进文化的士大夫阶层也同样存在,如子产解释实沈、台骀之神和伯有之鬼等时都有这种神秘观念的遗留。但其实质仍然是以人的个性特点作为判断依据的,那就是三大夫的言辞比较轻慢、随意。不论是"弗及而忧",还是"可忧而乐",还是"忧而弗害",这种说法在重要的外交场合都是有失国家形象和使臣身份的,其失在于"不敬",是自己丧失了威仪,使自身形象受损,也就不符合外交活动中谈话的严肃性和义理性。而合左师与乐王鲋的言辞正好表现了一个外交使臣应有的仪容风度,正好是三大夫言辞不当的完美反衬,这正说明三大夫之失在仪容风度。《左传》人物品评的依据是"礼"与"德",而在礼的标准中,尤其重视的是仪容态度的严肃敬谨,这也是直承西周以来的一贯精神。

西周初年的政治意识形态建设中贯穿着两条主线:一是"德",二是"敬"。"敬"主要是对人的仪容态度的规范,这也是贯穿在"礼"的仪节中的基本精神,而代表儒家文化精髓的一系列思想范畴都是在"敬"的仪容态度功夫的践行中生发出来的。带有"敬"的精神的这一

---

① 江绍源《中国古代旅行之研究》,商务印书馆,1935年版,第8页注三。
② 杨向奎《宗周社会与礼乐文明》,人民出版社,1992年版,第298页。
③ 张光直《中国青铜时代》,生活·读书·新知三联书店,2013年版,第446—447页。

系列仪容态度常常在重大的宗教祭祀场合体现出来,因此,这种"敬"的精神又与神秘的未知世界相交感,不同的仪容态度会产生不同的神秘效果,带来不同的结果,所以古人处事总是"小心翼翼""敬慎威仪"的,于是"敬"的仪容态度成为"礼"的必然要求。

在对子围的评价中,鲁叔孙、宋合左师和晋乐王鲋评价子围时都很得体。宋合左师曰:"大国令,小国共,吾知共而已。"体现了一种敬谨的态度。其根据自己国家在盟会中的地位,并未对子围进行评价,只申述自己应遵循的原则。子羽认为其评价"简而礼"。晋乐王鲋曰:"《小旻》之卒章善矣,吾从之。"乐王鲋引《诗》表现了对众人的看法,引《诗》本身是春秋外交场合和行人辞令中常用的言志方式,其本身体现了"礼"的精神和文化品位,还有"敬"的态度。其所引之诗"《小旻》之卒章"云:"不敢暴虎,不敢冯河。人知其一,莫知其他。战战兢兢,如临深渊,如履薄冰。"在这里引"《小旻》之卒章"显然是一语双关,既表现自己对众人公开讥评子围的不赞同,又对子围本身的张狂和招摇表达了自己的立场,其中少了讥评的意味,更多了劝诫的意味。

可以说这是一次人物品评的盛会。春秋时期,各国政治外交的较量也是个人外交才能和品行节操的较量。各国外交人员都通过观人以观政,因而特别重视对人物言行举止的分析和评论。在各国势力的较量中,有时行人的个人行为和魅力甚至会影响时局的变化,不仅事关个人命运,也和国家的政治地位唇齿相依。正在诸侯大夫会于虢之时,鲁国的季武子伐莒国,亵渎了盟会的宗旨和"国际公约","莒人告于会",而致力于争当盟主的楚国于是"请戮其使",当时参与会盟的鲁使者叔孙豹命悬一线,晋国的乐桓子以向主盟的赵文子求情为条件索贿于叔孙豹,遭到拒绝。赵文子听到这件事,评价叔孙豹说:"临患不忘国,忠也;思难不越官,信也;图国忘死,贞也;谋主三者,义也。有是四者,又可戮乎?"于是就向楚国请求说:"鲁虽有罪,其执事不辟难,畏威而敬命矣。子若免之,以劝左右,可也。若子之群吏,处不辟污,出不逃难,其何患之有?患之所生,污而不治,难而不守,所由来也。能是二者,又何患焉?不靖其能,其谁从之?鲁叔孙豹可谓能矣,请免之,以靖能者。"楚人答应了,赦免了叔孙。鲁国的叔孙豹因为个人魅力而保全了性命,同时也鲁国逃过了暂时的讨伐。

二、垂陇之会:赵孟请赋诗以观郑国七大夫之志

第二次大的人物品评活动发生在襄公二十七年。赋诗言志是春秋时期诸侯、卿大夫在政治外交等各种正规场合引用《诗经》中的诗句以表达意愿,进行交流的方式之一。赋诗最早是仪式和宴会上的一种祝祷辞,如周初雅颂之诗就是歌颂先祖功德的仪式颂歌。在清华简《耆夜》篇中,记有武王八年派兵伐黎,得胜后在宗庙举行"饮至"典礼,武王君臣饮酒赋诗之事。从当时的情形来看,这些诗都是君臣们现场所赋,诗句以劝酒为主,所以显得简洁质朴,类似于现在的祝酒词。在这一次赋诗活动中,周公的赋诗水平最高:"周公秉爵未饮,蟋蟀骤降于堂,公作歌一终曰《蟋蟀》。"①在周王室的各种仪式场合都有赋诗的记录。《诗经》即是赋诗的集结,也是应赋诗的需要而成的作品集。在春秋时期,王室与诸侯间其乐融融的赋诗传统变为一种政治外交方式,包含了更多的政治交涉功能。于是赋诗也成为人们的文化素养的表现,通过赋诗而观人之志,也是赋诗活动中的应有之义。在赋诗中往往借用诗句表达对人的赞美之情,这是西周中期以后用诗歌颂有功之臣和西周末年用诗美刺统治者之余绪。

《左传》所记通过赋诗而观人、品人的一次重要活动发生在襄公二十七年:

> 郑伯享赵孟于垂陇,子展、伯有、子西、子产、子大叔、二子石从。赵孟曰:"七子从君,以宠武也。请皆赋,以卒君贶,武亦以观七子之志。"子展赋《草虫》。赵孟曰:"善哉,民之主也!抑武也,不足以当之。"伯有赋《鹑之贲贲》。赵孟曰:"床笫之言不逾阈,况在野乎?非使人之所得闻也。"子西赋《黍苗》之四章。赵孟曰:"寡君在,武何能焉?"子产赋《隰桑》。赵孟曰:"武请受其卒章。"子大叔赋《野有蔓草》。赵孟曰:"吾子之惠也。"印段赋

---

① 李学勤主编《清华大学藏战国竹简》(壹),中西书局,2010年版,第150页。

《蟋蟀》。赵孟曰:"善哉,保家之主也!吾有望矣。"公孙段赋《桑扈》。赵孟曰:"'匪交匪敖',福将焉往?若保是言也,欲辞福禄,得乎?"

宴会之后,赵孟(文子)私下与叔向对郑国赋诗之卿大夫进行了评论。

辛亥,文子告叔向曰:"伯有将为戮矣。诗以言志,志诬其上而公怨之,以为宾荣,其能久乎?幸而后亡。"叔向曰:"然,已侈,所谓不及五稔者,夫子之谓矣。"文子曰:"其余皆数世之主也。子展其后亡者也,在上不忘降。印氏其次也,乐而不荒。乐以安民,不淫以使之,后亡,不亦可乎!"

我们看到,宴会赋诗也是人们品评人物的主要依据。人们根据赋诗所体现出来的志,对人物做出品鉴和判断。

三、延陵季子遍评各诸侯国政治精英

延陵季子为吴王寿梦之子,生于鲁成公十五年。鲁襄公十二年,吴王寿梦卒。《史记·吴太伯世家》:"寿梦有子四人,长曰诸樊,次曰余祭,次曰余昧,次曰季札。季札贤,而寿梦欲立之,季札让不可,于是乃立长子诸樊,摄行事当国。"襄公十四年,吴子诸樊既除丧,将立季札。季札谢曰:"曹宣公之卒也,诸侯与曹人不义曹君,将立子臧,子臧去之,以成曹君。君子曰'能守节矣'。君义嗣,谁敢干君?有国,非吾节也。札虽不才,愿附于子臧之义。"吴人固立之季札,季札弃其室而耕,乃舍之。(《史记·吴太伯世家》)鲁襄公二十五年,吴王诸樊卒。"有命授弟余祭,欲传以次,必致国于季札而止,以称先王寿梦之意,且嘉季札之义,兄弟皆欲致国,令以渐至焉。季札封于延陵,故号曰延陵季子。"(《史记·吴太伯世家》)

鲁襄公二十九年,吴子使季札聘问上国。"季札之初使,北过徐君。徐君好季札剑,口弗敢言。季札心知之,为使上国,未献。"(《史记·吴太伯世家》)季札聘于鲁,"见叔孙穆子,说之。谓穆子曰:'子其不得死乎!好善而不能择人。吾闻君子务在择人。吾子为鲁宗卿,而任其大政,不慎举,何以堪之? 祸必及子!'"(《左传·襄公二十九年》)在鲁国,季札观乐并对各国音乐做了评价,表现了他过人的政治素养和艺术素养,也表明他是一个出色的评论家。季札去鲁,遂使齐。"说晏平仲,谓之曰:'子速纳邑与政。无邑无政,乃免于难。齐国之政,将有所归。未获所归,难未歇也。'故晏子因陈桓子以纳政与邑,是以免于栾、高之难。"(《左传·襄公二十九年》)季札去齐,使郑。见子产,如旧交。"谓子产曰:'郑之执政侈,难将至矣,政必及子。子为政,慎之以礼。不然,郑国将败。'适卫,说蘧瑗、史狗、史鰌、公子荆、公叔发、公子朝,曰:'卫多君子,未有患也。'自卫如晋,将宿于戚",听见卫国的孙文子在鼓钟作乐,而这时卫献公在殡未葬,他说:"异哉! 吾闻之也,辩而不德,必加于戮。夫子获罪于君以在此,惧犹不足,而又何乐? 夫子之在此也,犹燕之巢于幕上,君又在殡,而可以乐乎?"遂去之。孙文子听到了季札对自己的评价之后,"终身不听琴瑟。适晋,说赵文子、韩宣子、魏献子,曰:'晋国其萃于三族乎!'说叔向。将行,谓叔向曰:'吾子勉之! 君侈而多良,大夫皆富,政将在家。吾子好直,必思自免于难。'"(《左传·襄公二十九年》)季札还至徐,"徐君已死,于是乃解其宝剑,系之徐君家树而去。从者曰:'徐君已死,尚谁予乎?'季子曰:'不然。始吾心已许之,岂以死倍吾心哉!'"(《史记·吴太伯世家》)

延陵季子是春秋时期著名的士君子,也是一位著名的评论家。他以身作则,为当时的士君子树立了立身行事的榜样,成为当时家喻户晓的有德之士。季札聘问上国,出访中原各国,遍观各国国政,广交各国政要,考察各国文化、民俗,对各国的国政、执政者以及礼乐文化进行评论。品评人物是其观政于上国的一部分。季札公私分明,在对各国进行例行的政治聘问之外,也与当时在国际上有影响力的各国士君子、卿大夫进行交往,结合各国政治形势对其个人处事风格、前途命运进行了中肯而客观的评价,并对其提出诚恳的建议。吴季札以其自身的人格魅力赢得了各国君子的尊重,他对当时各国重要人物的品评也像他的"辞位不受"的"义举"一样引起了当时精英文化阶层的巨大反响。

季札就像一位人物品评的精神领袖,他聘问上国的行动就是一场盛大的春秋诸子人物品评活动。在这次聘问活动中,他观礼乐于鲁,遍评各国士君子,他个人的言行也受到当时各国士君子的关注和品评。季札出访也可以说是一次典型的风雅盛会。从季札对各国人物的品评中也可以看出他自己的精神境界和人格魅力。除了其出众的艺术素养,季札突出的人格魅力主要体现在"礼"和"义"两个方面,他严格按"礼"和"义"的规范立身行事。他坚让王位是出于礼,坚持周礼的嫡长子继承制,因为他是吴王寿梦之第四子。季札与徐君有不言之诺,虽然出于聘问之需,未赐宝剑于徐君,但早已在内心中将自己的千金之剑许于徐君。他出使北方归来,徐君已死,但他仍然不愿"欺心",坚守信义。其在兑现诺言时"不欺心"的处事原则表现了春秋士君子已从旧有礼仪中的"不欺神"内化出一种人格理想和道德境界,凝聚出一种精神上的超越体验。这种对自我精神的重视与坚守是在礼仪执行中的虔敬和内诚等心理状态的基础上发展起来的。周人制礼作乐,通过一整套繁复的礼仪形式来磨炼人的"敬慎"态度。在礼乐制度中加入了"敬"的观念和"诚"的观念,这种观念本身是进行礼乐祭祀活动时的一种心理状态,当时因为神灵在场,是一种神圣体验,后来这种精神境界在礼乐活动中延续,并逐渐演化为一种内在的精神品质。而孔子无疑受季札影响,他对三年之丧和"心安"与否等问题的阐发以及对"仁"观念的提出等,都是对人进行内在心灵模塑,通过拓展精神境界来确立人生价值、树立人格魅力的表现。由此可见,孔子的思想受季札等春秋君子之影响巨大。春秋君子的思想为儒家思想的形成奠定了基础。

第五章　士阶层的崛起与《论语》人物品评

《论语》是孔子及其弟子问学活动的记录,其中具有大量的人物品评事例的记录。从文本形态和内容来看,其与后世的人物品评专著《世说新语》有许多相似之处。可以说,《世说新语》在很大程度上受了《论语》的影响。《论语》可以说是先秦人物品评集大成的著作。《论语》品评人物的主要对象是孔子、孔子弟子及其同时代的人。因此,《论语》所记大部分人物品评活动仍然属于春秋时期。《论语》是记载先秦人物品评活动的标志性文献,在先秦人物品评活动中具有划时代的意义。因此,应该用专章进行重点分析。

第一节　《大戴礼记·文王官人》的观人方法论与孔子人才思想的契合

春秋末年是周王室的统治秩序和周的礼乐文化完全崩坏的时代。随着权力的下移,文化也随之下移。各种政治集团急需各种人才提升自己的政治力量。士人知识分子逐渐成为掌握文化知识的独立阶层。这一阶层的出现,结束了长期以来贵族统治者垄断文化权力的局面。同时,适应时代要求的新的人才观念和官人制度逐渐形成。《大戴礼记·文王官人》就全面地记录了这一时期的观人、用人方法体系,而孔子的教育思想和教育方式正好与这种新的人才观念有内在的契合关系。

一、春秋战国之际的政治局面和人才格局

春秋末期是周王室的统治秩序完全崩坏的时代,是周的礼乐文

化完全被破坏的时代。厉王、幽王之后，周室不可避免地走向衰微之路。平王东迁，周王室已经无力号令诸侯，周天子对各诸侯国的权威名存实亡。之后五霸迭兴，在尊王攘夷的旗帜下征讨夷狄，挟制和聚合诸侯，使得社会危机稍有缓和。但这些都无法阻止社会秩序的进一步崩坏，周的社会政治体系开始自上而下地崩坏。首先是"礼乐征伐自天子出"的局面被"礼乐征伐自诸侯出"代替，接着各诸侯国国君的权力被其卿大夫篡夺，出现"礼乐征伐自大夫出"的局面，到后来甚至是"陪臣执国命"。

孔子生活于春秋末期，他生于鲁襄公二十二年，卒于鲁哀公十六年，历襄公、昭公、定公、哀公四世。当时鲁国国政日衰，连"礼乐征伐自大夫出"的局面都已经难以维持。《左传·昭公二十五年》记，昭公与权臣季氏发生矛盾，互相攻伐，昭公不敌季氏，奔齐，鲁乱。季氏与其家臣阳虎有隙，互相争斗，自此"陪臣执国政，是以鲁自大夫以下皆僭离于正道"（《史记·孔子世家》）。定公八年，季氏的家臣阳货发动叛乱，鲁国国政每况愈下。鲁国是当时保留周的礼乐文化气息最为浓厚的诸侯国，尚且如此，别的诸侯国的情况可想而知。《史记·太史公自序》云："《春秋》之中，弑君三十六，亡国五十二，诸侯奔走不得保其社稷者不可胜数。"所以孔子所处的时代是周人建立的社会秩序完全崩坏的时代，是周的礼乐文化完全被破坏的时代。当时最为紧迫的时代问题是"社会秩序的重建"。社会问题的解决需要强有力的文化理念作支撑，因此围绕社会秩序的重建问题，已经通过掌握一定的文化知识而登上历史舞台的士阶层主动承担起了寻求重建秩序、建立理想国度的时代任务。"士志于道"就是志于寻求政治之道。

其实，在孔子之前，春秋各国贵族中的一大批精英人士面对危局，曾一度地承担起政治责任，他们通过对周文化特别是礼乐文化的改革来积极维护各自国家的权益，他们寻找礼乐文化附着于仪式之外的深层内涵，通过阐发"仪式"背后的"礼"的人文内涵，确立"礼"的权威地位。同时，通过执行"礼"，以"礼"的标准来品评事件和人物，重新确立社会秩序。这就是在孔子之前曾经辉煌一时的"君子文化"。君子文化的本质是贵族文化，是先秦贵族阶层最后的文化绝唱。但是贵族君子难以力挽狂澜于既倒，也难以阻止整个贵族阶层的衰败与没落。贵族的没落首先是从文化上表现出来的,贵族阶层世官世禄,子弟不学无术,人才无以为继,有些贵族子弟甚至在重大场合连自己的"位子"都找不着(如昭公十六年,郑国孔张失位),这令春秋士君子深以为忧。春秋君子早已发现了贵族的衰颓之势,他们中的有识之士看到"学"的重要性,积极提倡学习,就是针对这一局面的。《左传·昭公十八年》:

> 秋,葬曹平公。往者见周原伯鲁焉,与之语,不说学。归以语闵子马。闵子马曰:"周其乱乎!夫必多有是说,而后及其大人。大人患失而惑,又曰:'可以无学,无学不害。'不害而不学,则苟而可,于是乎下陵上替,能无乱乎?夫学,殖也。不学,将落,原氏其亡乎!"

除了重视学习,贵族君子还通过各种重大的场合观察和品评人物,希望利用这种批判机制提升贵族阶层的综合素质,使贵族子弟能够成为适应时代需要的新型人才。但是随着权力的下移,文化也在下移,王官和贵族已经无法独占文化权力。《左传·昭公十七年》载,郯子来到鲁国,对叔孙昭子谈起少皞氏以鸟名官的典故。二十七岁的孔子被郯子的博学所折服,拜见郯子而学之,并且发出"天子失官,官学在四夷"的感叹。文化下移几乎与士阶层的兴起是同步的,士人知识分子逐渐成为掌握文化知识的独立阶层。这一阶层的出现,结束了长期以来贵族统治者垄断文化权力的局面。在争霸中逐渐壮大起来的新的政治集团急需要新型的人才提升自己的统治力量。新的人才思想和新的用人制度成为人们关注的主要问题。在官人制度上逐渐打破以世卿世禄为主的小范围的人才选拔,人才选拔的范围扩展到全社会尤其是掌握文化知识的士阶层。人才的衡量标准也更全面,人才的需求类型也更多样。除了"官人以德",也注重"官人以才"。这就需要形成一整套全新的考察和选拔人才的理论和标准。

二、《大戴礼记·文王官人》和《逸周书·官人解》的官人思想

《大戴礼记·文王官人》中的许多官人制度和考察人才的思想就

是在这样的时代大背景下产生的。《尚书·周书·立政》是现存最早的记载官人制度的文献。《立政》中,周公通过对夏商先王官人制度的总结,得出了"克用三宅三俊"的官人思想。惟其文古奥,对官人思想的讨论很简略。《文王官人》假托文王与太公对官人方法进行讨论,其实主要反映的是春秋战国之际新的官人思想和人才观念。《文王官人》中的大部分思想是世卿世禄的官人制度被打破之后,出现的全新的人才观念。其主要表现在:早期的人才选拔对象主要是上层贵族,教育专属于贵族,是王官之学,平民无权接受良好的教育;而《文王官人》反映的人才选拔范围广泛,并无贵族平民之分,而且选拔人才的类型丰富多样,不拘一格。世袭、分封、宗法体制下的贵族教育侧重于按部就班的贵族接班人的培养,教育内容是传统的六艺:礼、乐、射、御、书、数。其突出的是人才培养过程,至于培养的结果如何,并不影响其世袭的爵禄;而《文王官人》直接以人才综合素质和所具备的能力为任职选官的依据,不具备某种才能,就会被排除在外。贵族教育的目的主要是治国理政和继承祖业;而《文王官人》要求的人才除了能够治国理政之外,还要救亡图存,扶危济困,重振社会秩序,要能经受得住更严峻的考验。这也是春秋战国之际动荡的社会现状对人才的现实召唤。所以从教育的本质来说,传统的贵族教育是"要我学";而《文王官人》的要求必然是"我要学",其激发出的是人的自主意识和主动精神。人的主体意识的觉醒正是春秋战国之际的时代主旋律。传统贵族教育选拔人才注重德行;而《文王官人》选拔人才要求德才兼备。所以《文王官人》反映的正是春秋战国之际的人才观念和官人思想。但是应该指出的是,其中的一部分官人思想来源较早,可能有文王或周公官人思想的遗存。"由于它是在比较长的历史时期不断增补形成的,所以存在着分类不纯、前后抵牾、互相交叉等问题。"①但是其中的大部分官人思想则反映了春秋后期的新观念。《逸周书》中也有一篇《官人解》,内容与《文王官人》基本相同,只是交谈的双方是周公与成王。《官人解》在《逸周书》中属于"礼书"类,据考证,礼书大多作于公元前 400 年前后。② 但是其中反映的

---

① 伏俊琏《人物志译注》,上海古籍出版社,2008 年版,前言第 12 页。
② 罗家湘《逸周书研究》,上海古籍出版社,2006 年版,第 49—50 页。

官人思想和考察人才的思想应该在春秋晚期就已经流行起来了。从一种思想的产生到形成规范和体系并被录入文献，应该是经过了一段时间的。

《文王官人》通过观诚、考志、视中、观色、观隐、揆德六种方法进行人才考察，《逸周书·官人解》用以观人的六种方法分别为观诚、考言、视声、观色、观隐、揆德。《文王官人》在"六征"之外，还论及"九用""七属"等内容，是首段"论用有征"的具体落实，即"六征"是对人进行的分析考察，"九用""七属"是对各种人才的具体利用，不同的职位可以选择不同类型的人才。相比较而言，《文王官人》更为全面。所以黄怀信认为，《官人解》是节录《文王官人》而来的。① 从两者的区别来看，《官人解》缺少《文王官人》的"九用""七属"等内容，而这"九用""七属"的内容看起来似乎有点陈旧。尤其是"七属"具体讲对人才的使用，但其中的用人观念仍然是宗法制和世官世禄的思想的遗存，这种思想已经与春秋末年的官人思想相去甚远。春秋末年，世官世禄的用人思想已经普遍受到了排斥，而"七属"的用人观念是：诸侯国要利用地位高的人，乡邑要任用能干事的人，官府要任用领导的长官，大学要任用师儒，家族要任用宗亲，家庭要任用家主，老师要任用贤德。这些官人、用人思想具有明显的宗法色彩和世官世禄观念。所以我们推断，这两部分被《官人解》砍掉的内容可能是传统的官人思想，其来源甚早。而《官人解》之所以砍掉这部分内容，正说明其已经不合时宜。由此还可以进一步推断，《官人解》中的官人思想是春秋时期新思想的体现。盛行于春秋时期的阐释学一方面注重对传统观念的再诠释，另一方面注重提出和阐发新思想。《逸周书》中的许多篇章具有浓厚的阐释学色彩，其反映在文体形式上就是篇名后的"解"字，这个"解"字就意味着新的观念的提出或者阐发。而《大戴礼记》是西汉宣帝时期的戴德编辑整理的。这样《大戴礼记·文王官人》和《逸周书·官人解》之间的关系就存在着两重可能性：一是先秦时期很早就有《文王官人》的流传，但内容与今本《文王官人》并不相同，春秋末年出现了新的官人思想，后来集结成《官人解》，被《逸

---

① 黄怀信《〈逸周书〉源流考辨》，西北大学出版社，1992年版，第118页。

周书》收录,这也是《官人解》篇名不冠以"文王"二字的原因。后来在流传中,人们将原有的《文王官人》与《官人解》融合,最后发展为今本《文王官人》的形态。所以《文王官人》中的一部分与《官人解》重合,另外多出的是旧有的官人思想。二是旧有的《文王官人》在流传中不断吸收新的官人思想,尤其是吸收了春秋末年的官人新思想。到了春秋末年已经形成与今本《文王官人》接近的文本,里面既有旧的官人思想,又有新的官人思想。到了战国初期,有人从《文王官人》中摘录出当时新的官人思想独立成篇,这就是今本《逸周书·官人解》。两种情况都有可能。但基本可以肯定的是,《文王官人》的主体部分和《官人解》反映了春秋末年到战国初期新的人才观和用人思想。也就是说,从春秋末年到战国初期的确是形成了一整套的官人方法。由于《大戴礼记·文王官人》的主体部分与《逸周书·官人解》基本相同,内容虽然不太一致,但比较齐全。因此,下面我们对孔子人才思想与当时的官人思想的比较考察姑以《文王官人》为依据。

三、孔子将新的人才观念付诸教育实践

将新的人才思想真正落到实处的应该是孔子。或者说,孔子以自己的教育实践来满足时代对人才的新需求,孔子的教育思想和人才培养方式促进了人才新观念的明朗化和系统化。孔子除了建立儒家学派的思想体系之外,他的历史贡献还在于开启了一个文化的新纪元。其主要表现在:以开办私学的方式承接了下移的王官之学,并且培养了一大批传统文化的继承人;对王官之学进行整理和改造,使其散发出新的活力;宣扬"有教无类"的思想,彻底结束了贵族对文化的垄断,使文化从权力的束缚中解脱出来,从此在社会上形成了一个独立于政治权势的士阶层。士阶层以其所掌握的文化道统与掌握政治权力的势统相抗衡,并影响势统,这对文化的传播和发展无疑是意义重大的。"有教无类"的观念在先秦时代是具有划时代意义的新思想,这一思想观念的背后隐藏着深刻的思想史变迁,这一变迁简单地说就是作为先秦思想史的核心观念之"德"的祛魅、分化、重组运动。早期的"德"作为一种能力和权威影响力的代称,其与神秘的天命、祖先的功绩、族群的特性、血统和权力爵位都有密切关系,虽然其中也

包括个人的主观努力,但附加于其上的神秘因素和特权因素太浓厚,个人的主观努力总是被包裹其中。虽然周初的人文精神使天命神学色彩大为减弱,人的主观能动性大大明朗起来,但终究还是没有完全脱离神秘因素的干扰,而附加在"德"观念中的特权和阶级意识仍然很浓。直到孔子"有教无类"观念的提出,才使"德"不但彻底摆脱了神秘因素的束缚,而且也打破了"德"为贵族专有的局面。普通人只要肯努力修养,完全可以"成德",拥有与贵族一样"安天下"的能力。这时候的"德"逐渐被内面化成为人的精神品质和境界,作为一种影响力,是为"道德力","德"的主体和对象也逐渐普世化。"德"经过春秋时期的分化和酝酿,在孔子那里逐渐熔铸成为儒家的核心观念——"仁"。在儒家那里,思想发展的轨迹表现出了由"德"到"仁"的运动,于是孔子的思想集中于人的"成仁"功夫上,试图通过个人的成仁,实现"立己立人""立己达人",通过"仁"的自我模塑和不断的外推,进而达到"安天下"的目的。孔子说:"苟正其身矣,于从政乎何有?不能正其身,如正人何?"(《论语·子路》)儒家学派继承的是周文化的基本精神,其根本目的是被看作太上的"立德","立德"的具体途径是"求仁"。在儒家这里,"立德"与"求仁""立人"其实是表里关系,是同一的。孔子的伟大之处在于他将"成仁"和"成德"的起点安放在"成人"上,从切实的、易于实践操作的自修功夫上做起,这样使得"成德"不再那么遥远、神秘。"德"成为亲切的普世化的人生价值追求。每个人都可以根据自己的努力而领略"成仁""成德"之路上的不同层次的风景。"闻道有先后,术业有专攻",不同禀赋的人通过自己的努力,即使不能"成德",也可以"立功"或者"立言",再退而求其次,能够通过修身开辟出自己的人生境界,活出自己的人生价值也是"求仁""求德"过程中的很好回报。

所以孔子对于教育的贡献当放在广阔的思想史背景上来重估其价值。尽管孔子之后,形成了不同的学派,形成了一个个独立的文化群体,但以孔子为创始人的儒家学派无疑是当时社会的主要人才库,后来在社会政治中发挥巨大作用的主要是从儒家学派分化出来的人才。所以孔子对先秦士阶层的形成和各类人才群体的产生起了奠基作用。

四、《文王官人》的人才标准与《论语》育人思想的契合

我们再将《文王官人》中的人才思想与《论语》中的育人思想进行对比,就会发现《文王官人》与《论语》,一个是从统治者的角度制定的挑选人才的标准,一个讲的是民间文化群体的个人修养和人才养成方式;一个讲从哪些方面考察人的品行和才能,一个讲人才的养成过程,但其结果殊途同归。也就是说,《文王官人》中的人才观与孔子的人才培养目标基本吻合(当然,这也与《文王官人》是儒家后学整理写定有关)。

官人建立在对人才的识别和考察的基础之上。考察人才的方法主要是通过其言行举止和在一定情境中的表现,考察其内在品质和材性。通过其所列举的各种人才类型,可以看出《文王官人》衡量人才的标准虽然以重德为主,但也注重人的材性。如《文王官人》的"考志"和"视中"二征大多数是谈人的材性的。"考志"条中的日益者、日损者、有质者、无质者、平心而固守者、鄙心而假气者、有虑者、愚赣者、絜廉而果敢者、弱志者、质静者、始妒诬者、治志者、以无为有者,基本上是从人的材性方面来谈的。"视中"条中的华诞者、顺信者、鄙戾者、宽柔者、信、义、智、勇等也是从人的材性方面来作的规定。

《文王官人》考察人才的标准与孔门弟子的多才多艺以及孔子"因材施教"的教育观念是一致的。这些考察人的条目中大多数与《论语》中反映的孔子的教育思想相吻合。下面试就《论语》和《文王官人》①中的有关条目做一比较。

条目	《文王官人》	《论　　语》
观诚	富贵者,观其礼施也;贫穷者,观其有德守也;嬖宠者,观其不骄奢也;隐约者,观其不慑惧也。	子贡曰:"贫而无谄,富而无骄,何如?"子曰:"可也。未若贫而乐,富而好礼者也。" 子曰:"贫而无怨难,富而无骄易。"

---

① [清]王聘珍撰,王文锦点校《大戴礼记解诂》,中华书局,1983年版。下引《大戴礼记》同。

续　表

条目	《文王官人》	《论　语》
		子曰："衣敝缊袍,与衣狐貉者立,而不耻者,其由也与？'不忮不求,何用不臧？'" 子曰："君子固穷,小人穷斯滥矣。"
观诚	其少,观其恭敬好学而能弟也。……父子之间,观其孝慈也;兄弟之间,观其和友也;君臣之间,观其忠惠也;乡党之间,观其信悌也。省其居处,观其义方;省其丧哀,观其贞良;省其出入,观其交友;省其交友,观其任廉。	子曰："弟子入则孝,出则悌,谨而信,泛爱众,而亲仁。行有余力,则以学文。" 子曰："出则事公卿,入则事父兄,丧事不敢不勉,不为酒困,何有于我哉？" 孔子于乡党,恂恂如也,似不能言者。 子食于有丧者之侧,未尝饱也。 子曰："君子和而不同,小人同而不和。" 曾子曰："君子以文会友,以友辅仁。"
	考之,以观其信;挚之,以观其知;示之难,以观其勇。	子曰："智者不惑,勇者不惧。"
考志 ("考言")	方与之言,以观其志。志殷如渊,其气宽以柔,其色俭而不谄,其礼先人,其言后人,见其所不足,日日益者也。如临人以色,高人以气,贤人以言,防其不足,伐其所能,曰日损者也。其貌直而不侮,其言正而不私,不饰其美,不隐其恶,不防其过,曰有质者也。 其貌固呕,其言工巧,饰其见物,务其小征,以故自说,曰无质者也。	子曰："不知言,无以知人也。" 子曰："论笃是与,君子者乎？色庄者乎？" 子曰："君子耻其言而过其行。" 子曰："其言之不怍,则为之也难。"
	喜怒以物而色不作,烦乱之而志不营,深道以利而心不移,临慑以威而气不卑,曰平心而固守者也。 喜怒以物而变易知,烦乱之而志不裕,示之以利而易移,临慑以威而	子曰："三军可夺帅也,匹夫不可夺志也。" 子曰："志士仁人,无求生以害仁,有杀生以成仁。" 曾子曰："可以托六尺之孤,可以

续 表

条目	《文王官人》	《论语》
考志（"考言"）	易慑,曰鄙心而假气者也。 易移以言,存志不能守锢,已诺无断,曰弱志者也。 征清而能发,度察而能尽,曰治志者也。	寄百里之命,临大节而不可夺也。君子人与？君子人也。" 曾子曰："士不可以不弘毅,任重而道远。仁以为己任,不亦重乎？死而后已,不亦远乎？" 子曰："笃信好学,守死善道。危邦不入,乱邦不居。天下有道则见,无道则隐。邦有道,贫且贱焉,耻也。邦无道,富且贵焉,耻也。"
视中（"视声"）	心气华诞者,其声流散；心气顺信者,其声顺节；心气鄙戾者,其声斯丑；心气宽柔者,其声温好。信气中易,义气时舒,智气简备,勇气壮直。	子温而厉,威而不猛,恭而安。 子曰："狂而不直,侗而不愿,悾悾而不信,吾不知之矣。" 子夏曰："君子有三变：望之俨然,即之也温,听其言也厉。"
观色	诚智必有难尽之色,诚仁必有可尊之色,诚勇必有难慑之色,诚忠必有可亲之色,诚絜必有难污之色,诚静必有可信之色。	子曰："智者不惑,仁者不忧,勇者不惧。" 子曰："若臧武仲之知,公绰之不欲,卞庄子之勇,冉求之艺,文之以礼乐,亦可以为成人矣。"
观色	质色皓然固以安,伪色缦然乱以烦,虽欲故之,中色不听也。虽变可知,此之谓观色也。	曾子言曰："君子所贵乎道者三：动容貌,斯远暴慢矣；正颜色,斯近信矣；出辞气,斯远鄙倍矣。" 子曰："色厉而内荏,譬诸小人,其犹穿窬之盗也与？" 子夏问孝。子曰："色难。有事弟子服其劳,有酒食先生馔,曾是以为孝乎？" 子曰："君子坦荡荡,小人长戚戚。"
观隐	小施而好大得,……如此者,隐于仁质也。推前恶忠府知物焉,……如是者,隐于知理者也。素动人以言,涉物而不终,……如此者,隐于	子曰："吾之于人也,谁毁谁誉？如有所誉者,其有所试矣。" 子曰："君子不重则不威,学则不固。主忠信。无友不如己者。

续 表

条目	《文王官人》	《论语》
观隐	文艺者也。廉言以为气,骄厉以为勇,……如此者,隐于廉勇者也。自事其亲,好以告人,……如此者,隐于忠孝者也。阴行以取名,比周以相誉,……如此者,隐于交友者也。	过则勿惮改。" 子夏曰:"小人之过也必文。" 曰:"赐也亦有恶乎?""恶徼以为知者,恶不孙以为勇者,恶讦以为直者。" 子曰:"乡原,德之贼也。"
揆德	其言甚忠,其行甚平,其志无私,施不在多,静而寡类,庄而安人,曰有仁心者也。	子曰:"刚、毅、木、讷近仁。" 子张问仁于孔子。孔子曰:"能行五者于天下,为仁矣。"请问之。曰:"恭、宽、信、敏、惠。恭则不侮,宽则得众,信则人任焉,敏则有功,惠则足以使人。"
	少言如行,恭俭以让,有知而不伐,有施而不置,曰慎谦良者也。微忽之言,久而可复,幽閒之行,独而不克,行其亡,如其存,曰顺信者也。贵富虽尊,恭俭而能施,众强严威,有礼而不骄,曰有德者也。	子贡曰:"君子亦有恶乎?"子曰:"有恶:恶称人之恶者,恶居下流而上者,恶勇而无礼者,恶果敢而窒者。" 子曰:"君子泰而不骄,小人骄而不泰。"
	置方而不毁,廉絜而不戾,立强而无私,曰经正者也。	子曰:"古者民有三疾,今也或是之亡也。古之狂也肆,今之狂也荡;古之矜也廉,今之矜也忿戾;古之愚也直,今之愚也诈而已矣。"
	合志如同方,共其忧而任其难,行忠信而不相疑,迷隐远而不相舍,曰至友者也。	子贡问友。子曰:"忠告而善道之,不可则止,无自辱焉。" 曾子曰:"君子以文会友,以友辅仁。" 孔子曰:"益者三友,损者三友。友直,友谅,友多闻,益矣。友便辟,友善柔,友便佞,损矣。"

续 表

条目	《文王官人》	《论　语》
揆德	心色辞气,其入人甚俞,进退工故,其与人甚巧,其就人甚速,其叛人甚易,曰位志者也。饮食以亲,货赇以交,接利以合,故得望誉征利而依隐于物,曰贪鄙者也。质不断,辞不至,少其所不足,谋而已,曰伪诈者也。言行亟变,从容谬易,好恶无常,行身不类,曰无诚志者也。	子曰:"巧言令色,鲜矣仁。"子张问于孔子曰:"何如斯可以从政矣?"子曰:"尊五美,屏四恶,斯可以从政矣。"子张曰:"何谓五美?"子曰:"君子惠而不费,劳而不怨,欲而不贪,泰而不骄,威而不猛。"

综上所述,《文王官人》之"六征"中,"观诚"是考察人才的一个总纲目,是对人才的总要求。考志、视中、观色三征则分别是从语言、声气、颜色三方面进行由外到内的考察人的方法。"考志",虽然考察的是人的志向,但主要是通过语言来进行判断,故又作"考言",即从言语来考察人的志向;"视中"是从人的声气来考察人的内在素质,故又作"视声";"观色"是从人面对各种情境时显露出的颜色来考察人的内在品质;"观隐"则是对一些人用各种方式所做的伪装进行揭露,提醒观人者要透过现象看本质,切不可被伪善者蒙蔽;"揆德"则是从人的言行举止等各方面对人进行的综合考察,力图通过各种方式和细致的、长时间的考察之后,对人的各种德行进行准确判断。这又是一个综合性的纲目性的条目,与"观诚"互相呼应并相互补充。

《文王官人》考察人才的方法与《论语》有许多对应的地方。如孔子主张有教无类,广收门徒,这是破除世官世禄思想的表现;《文王官人》着眼于人才本身的才能,不考虑出身、爵位、血统,不拘一格选拔人才,这也是破除世官世禄思想的表现。孔子序门人以为四科,泛论众材以辨三等,主张因材施教;《文王官人》则更重视人才的多样性和丰富性。孔子提出"仁"学观念,通过确立人的自主性开拓人内在的不同层次的精神境界;《文王官人》考察人才,要求人才要有坚定的内在素质,能经得起严峻的考验,这些素质没有超强的自主精神是无从谈起的,这样的素质必然要求"诚(仁)在其中"。另外,《文王官人》从人的言行举止各方面对人进行综合考察,考察的主要标准是仁、智、勇、忠信、廉直、慈惠、孝友、庄重、守礼、有志、深谋远虑、好学上进等品质,反对懦弱无断、表里不一、华而不实、巧言令色、伪诈贪鄙等等,这些标准和精神品质与《论语》中孔子的人才培养目标基本一致。《庄子·列御寇》甚至将一些在《文王官人》中出现的"官人"之法直接冠于孔子名下:

> 孔子曰:"凡人心险于山川,难于知天。天犹有春秋冬夏旦暮之期,人者厚貌深情。故有貌愿而益,有长若不肖,有顺懁而达,有坚而缦,有缓而釬。故其就义若渴者,其去义若热。故君子远使之而观其忠,近使之而观其敬,烦使之而观其能,卒然问焉而观其知,急与之期而观其信,委之以财而观其仁,告之以危而观其节,醉之以酒而观其则,杂之以处而观其色。九征至,不肖人得矣。"

虽然《文王官人》中提出的系统的官人法并不见得就直接出自孔子,但孔子的教育思想与《文王官人》的确有相互影响和对应之处。孔子的教育思想对当时的人才观和官人思想产生了巨大影响,且与当时社会对人才的需求相一致。《逸周书·官人解》和《大戴礼记·文王官人》则是从官方的用人角度对人才提出的总要求,其与孔子的教育思想互相呼应。可以说,孔子的教育思想和教育实践开启了中国人才观念和人才培养的新纪元。

到了战国时期,各学派围绕各自的学术思想纷纷提出自己的官人方法。如《六韬·六守》提出选拔人才的六条标准是仁、义、忠、信、勇、谋,并进一步说明运用富之、贵之、付之、使之、危之、事之等六种方法来考察,就能够知道其是否符合这六条标准。选拔人才时使用的这六种方法其实就是一种情境考验法。其说如下:

> 文王问太公曰:"君国主民者,其所以失之者何也?"太公曰:"不慎所与也。人君有六守、三宝。"文王曰:"六守何也?"太公

曰:"一曰仁,二曰义,三曰忠,四曰信,五曰勇,六曰谋,是谓六守。"文王曰:"慎择六守者何?"太公曰:"富之而观其无犯,贵之而观其无骄,付之而观其无转,使之而观其无隐,危之而观其无恐,事之而观其无穷。富之而不犯者,仁也;贵之而不骄者,义也;付之而不转者,忠也;使之而不隐者,信也;危之而不恐者,勇也;事之而不穷者,谋也。人君无以三宝借人,借人则君失其威。"①

这种官人法就是将人放在具有一定挑战性的情境中,以反观其变,进而识鉴其能力和品行。《鹖冠子·道端》也提出通过预设情境来判断人的品行修养的情境检验法:

富者观其所予,足以知仁;贵者观其所举,足以知忠。观其大祥,长不让少,贵不让贱,足以知礼达。观其所行,足以知义;受官任治,观其去就,足以知智;迫之不惧,足以知勇。口利辞巧,足以知辩;使之不隐,足以知信。贫者观其所不取,足以知廉。贱者观其所不为,足以知贤。测深观天,足以知圣。②

此说与《六韬·六守》的方法相似,皆可以概括为情境考验法。《吕氏春秋·论人》则又提出著名的"八观六验"和察"六戚四隐"之法。

凡论人,通则观其所礼,贵则观其所进,富则观其所养,听则观其所行,止则观其所好,习则观其所言,穷则观其所不受,贱则观其所不为。喜之以验其守,乐之以验其僻,怒之以验其节,惧之以验其特,哀之以验其人,苦之以验其志。八观六验,此贤主之所以论人也。论人者,又必以六戚四隐。何谓六戚?父、母、兄、弟、妻、子。何为四隐?交友、故旧、邑里、门郭。内则用六戚四隐,外则用八观六验,人之情伪、贪鄙、美恶无所失矣。譬之若

---

① 《六韬》,文渊阁《四库全书》本。
② 黄怀信《鹖冠子汇校集注》,中华书局,2004年版,第104—106页。

逃雨,污无之而非是。此先圣王之所以知人也。①

将这些方法与《文王官人》进行比较,就会发现战国时代诸子著作中出现的官人之法与《文王官人》也有许多相似之处,其受孔子和《文王官人》人才观念的影响十分明显。可以说孔子的人才观和教育思想开启了中国人才思想的新纪元,后世的人才观和官人方法都深受其影响。

总之,孔子的教育思想对当时的"官人"思想产生了巨大影响,同时也对魏晋时期刘劭所作《人物志》这一系统的官人著作的出现产生了深远影响。刘劭在其《人物志·自序》中极为推崇孔子对知人、官人理论建设的贡献。他说:"是故仲尼不试,无所援升。犹序门人以为四科,泛论众材以辨三等。又叹中庸以殊圣人之德。尚德以劝庶几之论。训六蔽以戒偏材之失。思狂狷以通拘抗之材。疾悾悾而无信,以明为似之难保。又曰察其所安,观其所由,以知居止之行。人物之察也,如此其详。"②从孔子教育思想对"官人"思想的影响来看,刘劭的推崇并非没有道理。

第二节 《论语》人物品评之品目及其哲学内涵

徐复观说:"《论语》中许多观念,几无不与春秋时期一般贤士大夫间所流行的观念有关。……周初是少数统治者的自觉,《诗经》时代末期及春秋时期,则扩展为贵族阶层中的自觉;孔子则开始代表社会知识分子的自觉。"③可以说,《左传》《国语》所蕴含的价值体系与《论语》有一脉相承的关系,《左传》《国语》对历史事件的记录展示了春秋时期精英阶层的思想世界,这一思想世界正处在从宗教到哲学"突破"的过渡阶段,这一时期的人物品评也表现出从天到人的过渡模式。而作为先秦思想史核心范畴的"德"则逐渐从宗教和特权等神

---

① [汉]高诱注《吕氏春秋》,《诸子集成》本,中华书局,2006年版,第30—31页。
② 伏俊琏《人物志译注》,上海古籍出版社,2008年版,第4页。
③ 徐复观《中国人性论史》(先秦篇),上海三联书店,2001年版,第55—56页。

圣因素的笼罩下解脱出来,并且分化为浩浩荡荡的德目,这些德目大多与人的伦理道德有关,表现出内面化的特征。"德"作为一种自始至终被人们崇尚的能力和权威影响力,逐渐从人自身的行为方式和精神品质中寻找新的生长点。人物品评作为一种春秋精英思想界的价值构建模式,反映出新的人文价值体系的酝酿过程,并且成为这一价值体系的载体。春秋时期处于传统价值观的裂变和新的价值观的形成时期,后世诸子百家思想体系的各种端倪皆已出现。春秋君子的思想总体呈现出向后世儒家发展的趋势,①但能代表儒家理论核心的概念范畴还没有凝练出来。所以,春秋时期人物品评的准则(标准)比较丰富而复杂,这些准则都是当时流行的新的价值标准,是从传统的"德"观念中分化和析出的德目。

我们分析时直接以人物品评中出现的这些德目为纲,结合后世人物品评的品目和门类,对其进行了分类研究。我们的分类立足于作品中记载的人物品评事件,而不按照后世的人物品评之标准,因为时人就是以这些标准来评价人的。《左传》《国语》中的人物品评承载了春秋时期主要的人文价值内涵,人物品评也是建立价值规范的方式,人物品评之准则与价值体系合一,所以其中的评价准则就是当时的价值准则本身,而从人物品评方式和事件性质的角度分出的人物品评门类较少。《论语》主要是孔子及其弟子言行的记录,尤其以记"言"为主,其目的就是阐述儒家的价值准则和价值体系,人物品评则起辅助作用。这样,《论语》人物品评中以价值准则为品目的门类就大大减少,而且这些价值准则大多隐含在人物品评事件中,通过一种含蓄的方式表现出来。于是从事件的性质和人物品评方式角度分出的门类就多了起来,而且人物品评的审美因素逐渐加强。

在《左传》《国语》看似浩浩荡荡的品目中,其实归纳起来不外乎"德""礼"两翼。但不论是"德"目还是"礼"目,都侧重于人的内在品质和精神气质,这些人文化和内面化的品目成为孔子构建儒家学术体系的基石。在《论语》中,孔子对这些德目加以提升、整合、

---

① 陈来称其为"前儒家"。见陈来《古代宗教与伦理:儒家思想的根源》,生活·读书·新知三联书店,2009年版,第240—241页。

归纳,成为丰富多彩的儒家行为规范和价值标准,但是在孔子那里,这些价值准则逐渐凝聚于一个更高的核心价值范畴——"仁"。礼目在《论语》中也是人物品评的主要标准,但礼经过春秋时期的思想洗礼,在孔子那里主要成为人用来"求仁"的工具和途径,因而其主要体现为体道过程中的"德容"或者叫做"礼容"。《论语》人物品评的品目虽然与《左传》《国语》人物品评的品目一样,基本上以裂变和内面化了的德目为主,但数量上相对减少,品目更为突出和集中。随着德目在孔子学术中的凝练和提升,《论语》中人物品评的品目也相对比较集中。另外《论语》人物品评从品评方法、品评特点、品评风格的角度形成的门类也多了起来。从这些方面进行的人物品评可以直接提炼出与《世说新语》接近的门类。所以,本书对《论语》人物品评的分类仍然采用双重标准,即将其品评人物时依据的价值准则和评价方式结合起来确定其类型。这样,这些品目中已经包含有后世人物品评之门类,但我们皆将其归之于品目,如"仁""好学""乐道""礼"等是从品评人物依据的价值标准归纳出的门类,而"品藻""排调""赏誉"等又是从品评方法方面分出的门类。前者作为品目基本在时人的评价中直接出现,后者是我们根据其品评人物的特点进行的归纳和总结(详见附录二)。下面就《论语》人物品评的主要品目进行分析研究。

一、仁

仁的思想在孔子之前就已经产生。但早期的"仁"观念与孔子的"仁学"思想不同。陈来认为,早期的仁是"农村公社乡里出入的原理",是农村公社的"互助伦理",这种"互助伦理"在早期并没有上升为一种普遍原理,直到孔子才将其上升为一种普遍原理,而这种变化同时也反映了社会共同体关系的变化。① 互助伦理其实就是在利益互助基础上的一种"友善"和"互爱"观念。到了孔子,则将这种基于互助的"爱人"观念变为一种价值追求的自觉,使其成为"爱百姓""安天下"的博大胸怀,这种价值自觉和博大胸怀需要通过个人内在境界

---

① 陈来《古代宗教与伦理:儒家思想的根源》,生活·读书·新知三联书店,2009年版,第345页。

的开拓来实现。所以"仁"是孔子的核心思想。孔子的"仁"就是人在自己的内心开辟出的一种人格境界,这种境界能使"爱人"成为一种主动的价值追求。

孔子的"仁"是一种敞开之境,是人不断促使自身无限完善自我的能动精神。仁境有层次,有高低,所以求仁永远"在路上"。但是一旦具有求仁的主观意愿和能动精神,"仁"就在其中了。"义""礼""智""信""勇""忠"等都是"求仁"之途中相伴而生的某种精神品质或者需要处理好的人生态度,是接近"仁"需要具备的品质条件。在孔子以前,这些具体的人格品质已经出现。这些具体的道德观念一方面是对人的行为的要求和规范,另一方面也是品评人物的准则。虽然其已经是对人的内在素质和精神品质的要求,但还是在客观世界的相互关系中所比定出来的,有较多的他律因素,还不能算是有意识地开辟了一种内在的人格世界。只有将这种精神品质变为一种精神的自觉追求,才算是真正开辟出了内在的人格世界。所谓内在的人格世界,不能以客观世界中的标准去加以衡量、加以限制,因为客观世界是量的世界,是平面的世界;而内在的人格世界却是质的世界,是层层向上的立体的世界。这一内在的人格境界就是"仁"。人只有发现自身有此一人格境界,然后才能够自己塑造自己,把自己从一般动物中不断地向上提高,因而使自己的生命力作无限的扩张与延展,而成为一切行为价值的无限源泉。知能上的成就,可以给客观世界以秩序的建立。但若仅止于此,则生命除了向外的知性活动以外,依然只是一团血肉,一团幽暗的欲望。以这样的生命主体面对知能在客观世界中的成就,常常会感到自己把握不住,甚至相矛盾冲突。由孔子所开辟的内在人格世界,是从血肉、欲望中沉浸下去,发现生命的根源,本是无限深、无限广的一片道德理性,这在孔子即是"仁";由此而将客观世界乃至在客观世界中的各种成就涵融于此一"仁"的内在世界之中,而赋予以意味、价值;此时人不要求对客观世界的主宰性、自由性,而自有其主宰性与自由性。这才是人类所追求的大目的。此一世界的开启,须要高度的反省、自觉;而此种反省、自觉并不能像禅家的电光石火一样,仅凭一时的照射;而是要继之以切实的实践功夫,才能在自己的生命中(不仅是在自己的观念中)开发出来;并且在现实生活中,是可以经验得到的。这正是孔子对我国文化,也即是对世界文化最大的贡献。① "但就仁的自身而言,它只是一个人的自觉地精神状态。自觉地精神状态,可以有许多层级,许多方面。为了使仁的自觉地精神状态,能明白地表诠出来,应首先指出它必需包括两方面。一方面是对自己人格的建立及知识的追求,发出无限地要求。另一方面,是对他人毫无条件地感到有应尽的无限的责任。"②其实这两个方面用孔子的话来说就是忠恕,所谓"己欲立而立人,己欲达而达人"的立己立人的功夫。在"修己以敬"的同时,更要"安人""安百姓"。一方面是成己,一方面是成人,而能够自觉地、真正地成人,则意味着成己的实现,同时,也意味着成人的可能。

"仁"是孔子思想的核心。在整个《论语》的人物品评中,虽然孔子及其弟子对"仁"的讨论很多,但以"仁"的标准来品评人物的材料并不多,正是因为"仁"是一种精神自觉,其有无限生成的可能性,每个求仁者也只是到达了"仁"的某一个层次而已,所以孔子品评人物时并不轻许人以仁。如《论语·公冶长》:

> 子张问曰:"令尹子文三仕为令尹,无喜色;三已之,无愠色。旧令尹之政,必以告新令尹。何如?"子曰:"忠矣。"曰:"仁矣乎?"曰:"未知,焉得仁?"
>
> "崔子弑齐君,陈文子有马十乘,弃而违之。至于他邦,则曰:'犹吾大夫崔子也。'违之。之一邦,则又曰:'犹吾大夫崔子也。'违之。何如?"子曰:"清矣。"曰:"仁矣乎?"曰:"未知。焉得仁?"

因为令尹子文和陈文子虽然能做到"忠"和"清",但在立身行事中是否已经培养出了自觉向上的人格境界,不得而知,所以孔子不轻许之以仁。在《论语》的人物品评中,能被孔子许之以仁的只有管仲、伯夷、叔齐、颜回等。《论语·宪问》:

---

① 徐复观《中国人性论史》(先秦篇),上海三联书店,2001年版,第61—62页。
② 徐复观《中国人性论史》(先秦篇),上海三联书店,2001年版,第81页。

> 子路曰:"桓公杀公子纠,召忽死之,管仲不死。"曰:"未仁乎?"子曰:"桓公九合诸侯,不以兵车,管仲之力也。如其仁!如其仁!"

《论语·述而》:

> 冉有曰:"夫子为卫君乎?"子贡曰:"诺。吾将问之。"入,曰:"伯夷、叔齐何人也?"曰:"古之贤人也。"曰:"怨乎?"曰:"求仁而得仁,又何怨?"出,曰:"夫子不为也。"

《论语·雍也》:

> 子曰:"回也,其心三月不违仁,其余则日月至焉而已矣。"

孔子为何要许管仲以仁,给予其连自己都不敢自许的"仁",这是因为管仲在"恕"即"成人"方面做出了巨大贡献,尽管人们质疑他不为公子纠死为不忠,辅佐桓公为不义,但与天下苍生来比,管仲能不为一己之私角逐小忠小义,而是舍小就大,即使自己"未得为仁人,而其利泽及人,则有仁之功矣"。① 正因为如此,孔子甚至称赞管仲说:"管仲相桓公,霸诸侯,一匡天下,民到于今受其赐。微管仲,吾其被发左衽矣。岂若匹夫匹妇之为谅也,自经于沟渎而莫之知也。"(《论语·宪问》)孔子曾批评管仲不知礼,但因为其不以兵车而安天下之功而许之以仁。管仲作为历史人物,其求仁之途已经走完,其所有的仁境气象已完全呈露,从仁的角度来考量,其功足以当之,故许之以仁。

对于伯夷和叔齐,孔子首先定位其为"贤人",他们虽然"求仁而得仁",但还算不上完全达到了"仁"之境。他们首先能够求仁,这一点是肯定的,他们在求仁的过程中,达到了一定层次的仁之境界,但用以天下为己任的儒家精神来衡量,伯夷、叔齐只是"独善其身"者,并未得仁之大者,故只能是"贤人",不能称之为"仁人"。管仲之功和

---

① [宋]朱熹《四书章句集注》,中华书局,1983年版,第153页。

伯夷、叔齐之义的区别就在于"兼济天下"还是"独善其身"。从天下的角度来说，其中的轻重高低自明。

对于当下的每个人来说，求仁永远是一个过程。仁是不断提升和完善自身的一种精神状态，这种状态的出现是人树立起高度的自觉性的表现，其自觉性就表现在锲而不舍的行动自觉和不断的自省中，体现为一种不间断的恒定行为。不论在成己还是成人方面都表现为一种坚持和连续性的自觉行为。孔子说："若圣与仁，则吾岂敢？抑为之不厌，诲人不倦，则可谓云尔已矣。"（《论语·述而》）所谓"学而不厌，诲人不倦"即是这种恒定行为的写照。"仁"作为一种精神境界是人在自己的内心中开辟出的一种可以无限生成价值的敞开之境，所以仁境是为无止境。人只有不断地通过"下学而上达"的功夫去无限接近仁境，但不可终止之。同样，作为求仁之途径的"好学"也是一种无止境。好学是到达仁境的一贯精神，或者说好学就意味着仁在其中了。能做到好学即是精神自觉的表现，好学也是一种自省和自律，而非被迫和他律。好学即是仁这种精神境界的呈现。但是即使好学如颜回者也只是"三月不违仁"，如果学的精神自觉性达到更高的水平，则可以更长时间的不违仁，甚至成仁。所以孔子对于自己最得意的弟子颜回也认为其只有三月之仁，更不用说别人了。

仁具有层次性。仁作为一种自觉的精神状态落实于具体的生活行为之中的时候，即是仁的一部分的实现；而对于整体的仁而言，则又是一种功夫、方法，即所谓"仁之方"。仁之方也即某一层级的仁。孔子并不轻许人以仁，正因为仁是一种敞开之境，是一种无限的道德生成之境。只有不同层次和不同方面的仁的表现和不同的"仁之方"，但不能轻易判定某人已经达到了仁的境界。另外如果对某一个层次的仁或者某一方面的仁的表现动辄许之以仁，则意味着封闭了仁的无限生成之境和价值实现的无限可能性，而让不断进取的人生状态停步不前，最终会失去已得到的仁的某一方面。从这个意义上来说，仁是一种不断开拓向前的、向善的精神状态，而追问某人是否为"仁"本身就是为此人的求仁之路画上句号。如《论语·公冶长》：

孟武伯问："子路仁乎？"子曰："不知也。"又问。子曰："由也,千乘之国,可使治其赋也,不知其仁也。""求也何如?"子曰:"求也,千室之邑,百乘之家,可使为之宰也,不知其仁也。""赤也何如?"子曰:"赤也,束带立于朝,可使与宾客言也,不知其仁也。"

孔子对子路、冉求、公西赤各自的特点和才能分别进行概括和评价,但皆不许之以仁,就是因为他们具有成仁的无限可能性,他们能达到怎样的仁之境界还是个未知数。同时在求仁之途中,会受到种种影响,一般人也很难坚持修仁不坠,就是反复被孔子称赞"贤哉""好学"的颜回也只是"三月不违仁"。其他人则"日至焉矣",就连一些"君子"也有"无终食之间违仁"者。

那么仁是不是成了神秘的不可把握的东西? 不然,仁就是从自身做起,从小事做起,不断克服自己不符合义、智、礼、信、孝、悌等人伦规范和伦理道德的行为,做到"非礼勿视,非礼勿听,非礼勿言,非礼勿动"。求仁永远是一种进行时。只要能坚持按求仁的自觉精神去做,仁在其中矣。孔子在给学生开出的仁之方中包括了众多的人伦道德纲目,这些纲目就在伦常日用中。孔子说:"仁远乎哉? 我欲仁,斯仁至矣。"这些做法看似简单,但要长期坚持去做,并在任何环境和条件下,甚至在各种艰难之境也能坚持去做就不容易了。曾子死前总结自己一生的精神状态为"战战兢兢,如履薄冰",正是坚持求仁之连续性和一贯性的艰难写照,但不理解这一点的学生总是反复向孔子问仁。而孔子秉着因材施教的原则总是从其自身的缺点或者特点出发,从其自修中当务之急的问题入手回答仁。其实都是"仁之方",或者说是自修中要克服的缺点或当务之急的问题。不同的人,求仁的起点和层次不同,所以孔子为其开出的"仁之方"也不同,这一点与仁作为一种敞开之境相一致。所以仁也就是塑造人、成为人的学问,是叫人趋向善的学问。如:

颜渊问仁。子曰:"克己复礼为仁。一日克己复礼,天下归仁焉。为仁由己,而由人乎哉?"颜渊曰:"请问其目。"子曰:"非礼勿视,非礼勿听,非礼勿言,非礼勿动。"颜渊曰:"回虽不敏,请

事斯语矣。"(《论语·颜渊》)

仲弓问仁。子曰:"出门如见大宾,使民如承大祭。己所不欲,勿施于人。在邦无怨,在家无怨。"仲弓曰:"雍虽不敏,请事斯语矣。"(《论语·颜渊》)

司马牛问仁。子曰:"仁者其言也讱。"曰:"其言也讱,斯谓之仁已乎?"子曰:"为之难,言之得无讱乎?"(《论语·颜渊》)

同样是问仁,孔子对于不同的学生给出了不同的答案,从其答案中可以看出每个学生的层次和需要解决的问题。颜回基础最好,所以为其提出了一个大目标——"克己复礼"。再大的目标都要从小事做起,需要持之以恒地去践行,所以又提出了具体的践行方法。颜回心领神会。仲弓的学养水平不及颜回,可能仲弓已然能够践行一些礼仪和规范,但还没有达到表里如一,在践行中还不能做到"诚"和"敬",不能做到乐在其中。求仁并不意味着简单地遵守礼的形式就可以了,"和孝一样,以礼来规范行为的前提是'动情'('色难'、至于犬马,皆能有养;不敬,何以别乎?)让自己的感情像诗一样'兴发'起来('兴于诗'),然后'约之以礼',才能'发而皆中节',而归于仁。"①所以孔子就其缺点开出适合仲弓的"仁之方"。司马牛基础最薄弱,从孔子对其问题的回答来看,他可能不能做到言行一致,"多言而躁",缺乏践行之功。所以孔子没有对其深入回答仁的问题,只是要其谨于言而慎于行。求仁就是不断克服自己的缺点,不断地认识自己、反思自己、提升自己。只有认识到这一点,才能不断趋近仁境。

孔子不肯轻易许人以仁,除了仁是一种不断向上的精神状态,是一种敞开之境,具有广阔的包容性之外,还因为仁人并不是一种类型。每个人因其性格气质和特长的不同,可能在某一方面成为伟大之人,所以孔子总是从不同学生的气质中寻找其可以成就之处,给予教育提升,开出相应的"仁之方"。孔子针对不同学生的个性和其发问的原因进行分析之后,给出符合不同学生特点的回答,根据学生的悟性和学习的层次给予具体的指导,提出具体的措施,这些措施对于

---

① 蔡祥元《仁境——孔子圣人境界的现象学阐释》,中国现代外国哲学学会现象学专业委员会 2013 年年会暨"现象学与中国思想"主体年会论文集,2013 年 9 月,第 173 页。

每个学生都可以做到,即是下学的功夫。从下学的地方做起,一点一点地上达,即从仁的精神的局部、低层逐步充实而最终达到仁境的全部呈露。从学生们各自的特点出发,发挥其长处,使其都能从自己的特点出发找到到达仁境的途径,这使得儒学具有切实可行的特点,而且具有平易近人的理论个性。所以说孔门的一切修身功夫和要求都为求仁而设。孔子在对学生的品评中因材施教,为其指明求仁之道路。

二、礼

孔子的时代,思想界的核心话题是"如何重建社会秩序"。官学下移后出现的士阶层主动承担起重建社会秩序的任务。围绕社会秩序的重建展开的争论就形成了百家争鸣的局面。宗教和神灵不再是人的依赖,人要靠自己解决自己的问题。以前是拿天说人的事,现在是以人说人的事和以人的事说天的事。以前是"皇天无亲,惟德是辅",到后来是"国将兴,听于民;将亡,听于神","民者,神之主也",到最后是"天行健,君子以自强不息。地势坤,君子以厚德载物",人的品德可以与天比德。到了荀子则直接是"制天命而用之"。孔子的伟大之处就在于在中国思想界"从宗教到哲学的突破"后建立了以人为本来解决社会问题的哲学体系。他的思想宗旨就在于通过一系列的"成仁""成圣"功夫使人成为掌握自身命运的主体。所以孔子开出了一系列的践行方法和自修方式,并且依此来品评人的精神气质和性格特点,根据不同的人"因材施教",为其指出提升自身境界和品格的修养路径。在众多的修养路径中,"礼"是最重要的路径之一。所以"礼"也是《论语》品评人物的重要标准。如:

> 子曰:"管仲之器小哉!"或曰:"管仲俭乎?"曰:"管氏有三归,官事不摄,焉得俭?""然则管仲知礼乎?"曰:"邦君树塞门,管氏亦树塞门;邦君为两君之好,有反坫,管氏亦有反坫。管氏而知礼,孰不知礼?"(《论语·八佾》)

孔子曾经因为管仲的"安天下"之功而许管仲以"仁",但也毫不客气地批评管仲"不知礼"。真正的"仁"的完成包括了"成己"和"成人"两个方面,也就是"忠"和"恕"两个方面。管仲成就的仁之功在于"成人"之一面,在于"恕"的完成。但在"成己"的角度来看,还有许多不及之处。孔子指出了这一点,同时也暴露了儒家理论在面对现实时的一些矛盾。按照儒家的理论设想,人应该由内圣而外王,但现实是一些能做到"外王"的,"内圣"功夫却不足。但即使如此,儒家仍然认为,缺乏"内圣"的外王并不能长久,有时甚至是危险的,也并非正途,能够内外兼善才是人生之正道。所以孔子对管仲之"仁"的评价只是就其"事功"和"外王"的角度而言,而对其缺点则进行严厉的批评。孔子批评管仲"不知礼"说明管仲自我修养是有不足的,也说明孔子是维护礼仪制度的。

在礼崩乐坏的普遍现实下,孔子维护礼是不是与时代的发展背道而驰? 其实,孔子并不是无视新的时代变化,而是在对礼的改革的基础上提倡维护礼的。从春秋贵族君子起,就开始了对礼的重新诠释和改革。孔子和春秋君子一样提倡在对礼的改革的基础上继承礼。他们之所以不愿意完全舍弃礼,是因为礼仪制度是千百年来人们在追寻合理性、稳定性、秩序性的过程中发现的一套很好的维持社会秩序的方法。而且这套方法在历史上曾经发挥过极大的作用,所以这套礼制有其存在的合理性、必要性,其对于当时的社会而言仍然具有意义和价值。《汉书·艺文志》说:"孔子曰:'如有所誉,其有所试。'唐虞之隆,殷周之盛,仲尼之业,已试之效者也。"作为六艺之一的礼,在历史上有过光辉的作用。作为历代圣王政教经验的总结和精华,孔子深信其价值。

礼的来源包括两个方面:一是祭祀仪式,二是人伦秩序。但不论是祭祀还是人伦,其中都包含着人天生的一种仁爱因素。从祭祀仪式的角度来看,祭祀对象以祖先神为主,随着人文理性的加强,人们在祭祀祖先时的神秘因素逐渐减弱,最后完全变为人的一种情感寄托和对祖先的追念,这种追念即是孝。孝是仁爱之端,是仁爱之本。从人伦秩序的角度来看,礼体现了"尊尊亲亲"之道和长幼次序。在"尊尊亲亲"和长幼次序中,仁爱才和谐地体现出来。人的这种来自祭祀仪式和人伦秩序的仁爱素养可以推而广之,由爱祖先、爱父母而爱天下。所谓"老吾老以及人之老,幼吾幼以及人之幼"。能爱天下即为大爱,这种大爱就是公心。这种公心又是人能坚持社会正义和确立社会合理性、规范性、秩序性的人性基础。孟子将这种"仁爱"进一步具体化为"恻隐之心""羞恶之心""辞让之心""是非之心"四端(《孟子·公孙丑上》),就是说人具有建立正义和合理性的品质。但这种品质是隐性的,需要修养才能使其发挥作用。因此孔门重视自修。其路径是修身——齐家——治国——平天下,进而达到重建社会秩序的目的。然而礼的仪式性、操作性、规范性、行动性使其成为一种很好的自修方式。对礼的践行可以使人养成追求正义的意志和品质,有助于人发现更深远的合理性秩序和社会制度。因此以孔孟为代表的儒家作为百家争鸣的一家,他们提出的"社会秩序的重建"方案是在改革中恢复礼制,重建秩序。

  同时孔子重视礼的原因还有一条,就是在礼的执行过程中,能够使人进入"敬""诚"的精神状态,这是敬神、祀神的过程中神灵在场时人们自然进入的澄明状态,也是执行不同典礼时面对权威和尊亲时的谨敬心理状态。践行礼可以进化心灵、祛除杂念。行礼时的威仪通过恭敬、肃穆的礼容来体现。只有心灵进入澄明神圣的状态才能做到"敬慎威仪"。儒家将这种心理状态总结为"诚""忠""信"等精神品质。庄重肃穆的礼节仪容在逐渐去掉神灵在场的神秘感之后仍然受到春秋士大夫以及孔子的重视,就是因为它对于模塑人的道德品质同样具有重要作用。早在西周初年,人们就已经反复强调"敬慎威仪""淑于威仪"的重要性,这种"敬慎威仪"的背后是对政教合一的国家权威和宗教信仰的双重投诚。而到了春秋时期,人们通过礼仪中的敬慎态度来判断人物的品行、预测事件的发展趋势和吉凶祸福。虽然仍然有神灵在场的震慑和约束痕迹,但此时人们更重视的是从执行礼仪的"敬"或"不敬"中判断其做事的态度和内在品质,并通过个人品行进一步推测事件的发展和趋势。春秋君子谈礼尚未完全脱尽宗教意识形态的残留,而到了孔子则将其一扫而空,他用"未知生,焉知死","不能事人,焉能事鬼"的态度"敬鬼神而远之",将不可知的鬼神问题封存在自己的哲学话语之外,但却用"祭神,如神在"的态度保留了人在祭神仪式中特有的敬慎态度和澄明之境。因为只有"如神在"的精神状态才能使人提升精神境界,在体道、悟道的心理体验中感受到崇高感和价值感,从而将"成仁""成圣"的人格修养变成精神的自觉,而不是被动地接受。孔子孜孜不倦地坚持在各种场合按照礼仪行事,他的这种做法甚至为时人所不解(如《论语·八佾》:"子曰:'事君尽礼,人以为谄也。'")。而孔子执着于礼的真正原因就在于礼对于"成仁""成圣"有模塑作用,《论语》在许多地方记录了孔子对"礼仪"尤其是对"礼容""礼貌"的重视,同时也记录了孔门从"礼容""礼貌"方面对人物进行的品评,如:

> 子禽问于子贡曰:"夫子至于是邦也,必闻其政,求之与?抑与之与?"子贡曰:"夫子温、良、恭、俭、让以得之。夫子之求之也,其诸异乎人之求之与?"(《论语·学而》)
> 子温而厉,威而不猛,恭而安。(《论语·述而》)
> 子曰:"巧言、令色、足恭,左丘明耻之,丘亦耻之。匿怨而友其人,左丘明耻之,丘亦耻之。"(《论语·公冶长》)
> 子之燕居,申申如也,夭夭如也。(《论语·述而》)
> 闵子侍侧,訚訚如也;子路,行行如也;冉有、子贡,侃侃如也。子曰:"若由也,不得其死然。"(《论语·先进》)

《论语·乡党》大量地记录了孔子的言行举止中表现出来的"礼容""礼貌"。礼在孔子那里已经成为模塑精神境界的方式。孔子将"礼容""礼貌"完全看作修身的必要途径,是其"求仁""体道"的身体语言。许多人疑惑于孔子为何在礼崩乐坏的当时,在社会自上而下的各种越礼行为层出不穷的情况下还要坚持礼。其实,重礼并非孔子有意复古的迂腐行为。孔子继承了西周春秋以来中国主流思想发展的精华。周公、臧文仲、叔孙豹、叔向、季札、子产等贵族阶层中的有识之士的思想积淀是孔子这座高峰得以拔地而起的基础。孔子的思想不是无源之水、无本之木,孔子对前人思想精华的继承以及在继承基础上的创新是他对于中国文化的主要贡献。我们不能因为孔子提倡恢复周礼而认为他是复古派,其实孔子打破了许多传统的惯例,他的创新精神尤其是对周礼的创新是应该重新审视的。孔子对礼的改革主要体现在以下两个方面：

第一就是以礼归仁。即孔子把礼的外在约束变成了人的情感需要和心理自觉，而不是来自神灵和政治权力的强加。这样，人从自己的内心世界找到了礼的新的合理性依据。"这就把'礼'以及'仪'从外在的规范约束解说成人心的内在要求，把原来的僵硬的强制规定，提升为生活的自觉理念，把一种宗教性神秘性的东西变而为人情日用之常，从而使伦理规范与心理欲求溶为一体。"①礼的执行以"仁""义""敬""诚"等精神品质和境界的充分表达为原则，而不是华而不实的繁文缛节。如《论语·阳货》：

> 宰我问："三年之丧，期已久矣。君子三年不为礼，礼必坏；三年不为乐，乐必崩。旧谷既没，新谷既升，钻燧改火，期可已矣。"子曰："食夫稻，衣夫锦，于女安乎？"曰："安。""女安则为之！夫君子之居丧，食旨不甘，闻乐不乐，居处不安，故不为也。今女安，则为之！"宰我出。子曰："予之不仁也！子生三年，然后免于父母之怀。夫三年之丧，天下之通丧也。予也有三年之爱于其父母乎？"

这段话记载了宰予与孔子讨论"三年之丧"的故事。"三年之丧"是礼，但要以心安与否为是否执行三年期限的依据，而不是无心守孝却强为之礼。让礼成为人内在品质的外在显现。"三年之丧"是为那些对父母之丧深以为痛的人而设的缅怀父母的方式，是因为人觉得需要，才设三年，如果一个对父母之丧毫无哀痛的人，大可不必勉为其难。不过，以"三年之丧"为长的宰予在孔子看来其人"不仁"。宰予的"不仁"不是因为其不能执行"三年之丧"的礼节，而是因为其没有三年之哀，其对父母之感情淡薄如此，在孔子看来，就是"不仁"。

第二就是以礼归义。也就是说礼这种社会秩序和规范是合理的、正当的，是人追求合理性与正当性的天然需要产生的结果。礼的本质不是生硬的仪式，不是没有理由的权威性，而是人类追求合理有

---

① 李泽厚《中国思想史论》，安徽文艺出版社，1999年版，第25页。

序的生活的过程中产生的智慧结晶。原来的礼是为了崇德,是为了体现统治者的权威性。礼在统治者强大的政治权威之下是自上而下之权威性的体现,是按照"德"的大小进行的权力分配在仪式上的体现。人们对于礼,只有按要求执行而不用询问出处。德大者礼隆,德小者礼卑。孔子的礼仍然要崇德,但孔子的"德"已经摆脱了神秘性、祖荫和爵位的光环,完全成为内在的道德影响力。"德"作为能力和效能的本质没有变,它只是从外在的政治权威演变、内化成了人内在的精神品质和精神境界,是为"道德力"。文化熏陶下的人的内在精神境界作为一种前所未有的力量成为"德"的全新内涵。在儒家这里,它被称作"仁",在道家那里被称作"道",皆是就一种内在的精神境界而言的。

总的来说,孔子对传统的礼制进行了温和的革新,从而让人重新认识到礼在重建社会秩序中的价值。孔子的做法就是为礼找到新的合理性依据,这些依据就是"仁"和"义",具体方法就是"以礼归仁"和"以礼归义",以区别于传统的"以礼归神"和"以礼归政治权力"。这就将礼的支撑点选定在人的自觉心和价值追求上,使礼的合理性支撑摆脱了原始伦常和天道观念的纠缠,而走向人本身。

三、德

如果说西周初期,《诗经》雅颂诗中的人物品评主要是以宣扬先祖功德作为周人受命的依据的话,那么从西周后期开始,人物品评的对象就开始逐渐下移。人物品评的对象经历了"先祖——功臣——列国贵族君子——士人知识分子"的下移过程。人物品评的对象和主体越来越广泛。人物品评的核心准则"德"也随着时代的巨变逐渐裂变为各种德目,这些德目也逐渐内面化为人内在的道德品质。在《左传》《国语》的人物品评中,这些德目成为品评人物的主要准则和品目。经历了裂变和分化之后,经过长期的酝酿,新的核心概念逐渐形成,"德"的使用频率开始降低,渐渐地淡出了人们的视线。但"德"这个曾经具有极强包容性的综合概念仍然存在于人们的话语体系中。只是此时"德"的使用范围更为宽泛,内涵更为复杂,其包含了"德"的原始含义和内面化之后的道德品质义。在《论语》的人物品评

中,"德"的使用典型地反映了"德"在裂变和内面化之后,其意义内涵的复杂性。如:

> 舜有臣五人而天下治。武王曰:"予有乱臣十人。"孔子曰:"才难,不其然乎?唐、虞之际,于斯为盛。有妇人焉,九人而已。三分天下有其二,以服事殷。周之德,其可谓至德也已矣。"(《论语·泰伯》)

此处之"德"指周的"政治控驭能力"和"权威影响力",是"德"的初始义。又如:

> 南宫适问于孔子曰:"羿善射,奡荡舟,俱不得其死然;禹稷躬稼,而有天下。"夫子不答。南宫适出,子曰:"君子哉若人!尚德哉若人!"(《论语·宪问》)

此处之"德"是就禹、稷获得政治影响力的行为而言,其与善射之羿、荡舟之奡树立政治权威性的行为不同。相较于羿、奡的武力和凶德,禹、稷之行为是柔德和善德,其"躬稼而有天下"就是因善德而有天下。所以孔子在这里赞美南宫适尚德的同时,也赞美了禹、稷之"德"。其"德"即指宽柔慈惠的合道德性的行为。下面所列举人物品评的实例则反映了"德"在孔子时代的新含义——个人的"道德力"及其所产生的影响效果:

> 子曰:"雍也可使南面。"(《论语·雍也》)
> 子曰:"天生德于予,桓魋其如予何?"(《论语·述而》)
> 子曰:"无为而治者,其舜也与?夫何为哉?恭己正南面而已矣。"(《论语·卫灵公》)
> 齐景公有马千驷,死之日,民无德而称焉。伯夷、叔齐饿于首阳之下,民到于今称之。其斯之谓与?(《论语·季氏》)
> 子曰:"泰伯,其可谓至德也已矣!三以天下让,民无得而称焉。"(《论语·泰伯》)

子曰:"巍巍乎,舜、禹之有天下也,而不与焉!"(《论语·泰伯》)

子曰:"大哉尧之为君也! 巍巍乎! 唯天为大,唯尧则之。荡荡乎! 民无能名焉。巍巍乎! 其有成功也;焕乎,其有文章!"(《论语·泰伯》)

子曰:"禹,吾无间然矣。菲饮食,而致孝乎鬼神;恶衣服,而致美乎黻冕;卑宫室,而尽力乎沟洫。禹,吾无间然矣。"(《论语·泰伯》)

在以上品评事例中,虽然孔子对有些人物的品评并没有用"德"字,但按照"德"在先秦时期的具体用例和孔子品评人物的语境来看,其是以"德"为人物品评之准则的。因为在这一组人物品评的实例中,除了孔子对自己的评价之外,皆说的是"正南面""有天下""让天下"之事,这些都与"政治影响力"直接相关。就是孔子对自己之"德"的自评,从儒家修己以安天下的思想旨归来说,仍然与"天下"有关。孔子时代的"德"观念已经与传统的"德"观念有了较大的区别,孔子这里的德不是天命的、祖荫的、世袭的、爵位的、武力的、制度的、族群的,而是祛魅的、理性的、普世的、道德的、个人的。这是人的理性精神的觉醒在"德"观念上的反映。在新的"德"观念的观照之下,尧、舜、禹这些在历史上取得辉煌成就的政治人物,皆是以自己的个人品德获得政治权威性的。只要做好自己的"修德"功夫,不用刻意作为即可获得天下、治理天下,即只要"恭己",就可以"正南面"。在这里孔子也提出了"无为而治"的观念,这种"无为而治"是于内有为("修德"),与外无为("治天下")。当然孔子在这里提出"无为而治"是为了强调"修德"的巨大作用和意义。"修德"即是"求仁","求仁"可以开辟出内在的人格境界,这种境界可以在人伦交往的践行中产生光辉的示范性和感召力。这种感召力可以聚而成德。因此,孔子说:"为政以德,譬如北辰,居其所而众星共之。"(《论语·为政》)这样即可通过治身达到治世的目的,这也是孔子提出要"克己复礼"的原因。后世儒家直接在此基础上将孔子设想的修己以安天下的功夫具体化为"修身、齐家、治国、平天下"的四部曲,这四部曲合起来就是"内圣外王"之道。建立"外王"的政治权威性完全在于个人的"修德",而且由"内圣"到"外王"的政治路径对任何人都适用,所以孔子说:"雍也可使南面。"(《论语·雍也》)这是儒家思想最为闪光的地方。这种思想体现了一种平等观念和朴素的民主思想。由这种观念出发,人的高低贵贱的差别皆可以通过个人品行和修养的不同而重新确定。既然获得政治权威性和影响力的途径不是主要来自外在的因素,而关键在于自己的道德修养,那么个人修养就成为"成德"的关键。个人的修养其实就是儒家一贯强调的"求仁"。如此,"求仁"就成为新时代获得政治影响力的方式,这种影响力的本质就是"道德力"。这样,儒家之道便完全集中于一系列的"成人"功夫上。

"成人"的功夫分为多种层次,孔子说:"圣人,吾不得而见之矣;得见君子者,斯可矣。"(《论语·述而》)又说:"善人,吾不得而见之矣;得见有恒者,斯可矣。亡而为有,虚而为盈,约而为泰,难乎有恒矣。"(《论语·述而》)"成仁""成圣"成为人担当起社会责任的关键,"成仁""成圣"的最终目的是"成德",即成就政治事功。中国文化的政治本位特征使得"德"始终与政治事功关系密切,通过求仁以成就政治事功("成德")是人所追求的最高价值和目的。所以儒家文化的精神动力是要在现实社会中有所作为,要"立德",这一根本目的没有变。儒家士人以道自任,这是传统的文化情结决定的。立德的方式完全落实到人自身的修养上,完全在于人自身所开拓的精神境界。一个人能开拓的仁之境有多大,那么他能立德的能力就有多大。德大者甚至被尊为圣人、神人。一切权力制度、文化以及能否营造一个太平盛世,关键就在于人的"成仁""成圣"功夫。古代神话即有圣人情结,神话中之神人即理性文化中之圣人,神人具有超自然的神力;圣人没有神力,但有完美的德行,神人同圣人在文化的演进中悄悄发生了置换。同样,当圣人的功德可昭日月的时候,人们同样对其"惊为天人",于是"神""圣"二字往往合用。孟子更是根据人的修养的精进程度,将修养的境界进行层次划分:"充实之谓美,充实而有光辉之谓大,大而化之之谓圣,圣而不可知之之谓神。"(《孟子·尽心下》)这样就产生了一种奇特的中国文化现象:神人和圣人相互转化。先是由崇拜神人转为崇拜圣人,然后将伟大的圣人神圣化。前者是思想演变,后者是情感认同。

四、孝

  孔子对于祭祀和鬼神采取悬置的态度,但又提出"祭神如神在"的观念,看似矛盾,其实不然。因为他是将祭祀作为一种人生修养的方式来看待的。中国所祭祀之神灵以祖先神为主,因此祭祀主要是"孝"的表现。孔子说:"孝弟也者,其为仁之本与!"(《论语·学而》)祭祀也是仁的表现。"普通宗教,在肯定神的权威前提之下,为了求得赦罪或得福而行各种仪式。这实际是为了满足人类的自私。孔子及由孔子发展下来的祭祀,则是推自身诚敬仁爱之德,以肯定祭祀的价值。并在自己诚敬仁爱之德中,不忍否定一般人所承认的鬼神之存在;其目的只在尽一己之德,并无所求于鬼神。这完全是使每一个人从以自己为中心的自私之念,通过祭祀而得到一种澄汰与纯化。"① 孝是仁之端,是仁之本,人类的孝敬之心中保留着最原始也最纯净的仁爱的种子。以仁为核心思想的儒家重视孝就是看到了这颗种子对于培养"仁境"的价值和意义。所以,孝也是儒家极为看重的人伦品质。在《论语》的人物品评中,孝也是一个非常重要的品目。如孔子评闵子骞说:

  子曰:"孝哉闵子骞!人不间于其父母昆弟之言。"(《论语·先进》)

又如曾子评孟庄子说:

  曾子曰:"吾闻诸夫子:孟庄子之孝也,其他可能也;其不改父之臣,与父之政,是难能也。"(《论语·子张》)

在一定程度上,价值体验达到一定程度就与宗教中的神圣感和天命相通。徐复观认为:"道德的普遍性、永恒性,正是孔子所说的天、天

---

① 徐复观《中国人性论史》(先秦篇),上海三联书店,2001年版,第73页。

命、天道的真实内容。孔子'五十而知天命'的'知',是'证知'的知,是他从十五志学以后,不断地'下学而上达',从经验的积累中,从实践的上达中,证知了道德的超经验性。这种道德的超经验性,在孔子便由传统的观念而称之为天、天道、天命。"①"而孔子五十所知的天命,乃道德性之天命,非宗教性之天命,⋯⋯他的知天命,乃是对自己的性,自己的心的道德性,得到了彻底地自觉自证。孔子对于天、天命的敬畏,乃是由'极道德之量'所引发的道德感情;而最高的道德感情,常是与最高的宗教感情,成为同质的精神状态。"②因此,道德的超越性与天命等同起来,宋儒进一步直言人的这种道德境界即是天理。道德产生的内在价值超越感让人产生宗教性的神圣体验。人们对于孝的重视就在于孝作为一种伦理道德情感常与神圣的宗教情感相通。

五、中

中庸之道是儒家学术的性格特征。中庸之道反映的是一种中和思想,即立身行事追求恰到好处,反对过犹不及,这种恰到好处的状态就是找到无过无不及的"平衡点"。如何寻找这个平衡点,方法就在于审时度势的"权"。孔子曾多次论述过这种中和思想。如:

> 子曰:"质胜文则野,文胜质则史。文质彬彬,然后君子。"(《论语·雍也》)
> 子曰:"吾有知乎哉?无知也。有鄙夫问于我,空空如也,我叩其两端而竭焉。"(《论语·子罕》)

"文质彬彬"就是一种中和之态,"叩其两端"就是从"过"和"不及"之间寻找最佳的平衡点。中和之态是人们在反复的实践中总结出的处事经验。中和思想的产生可能很早。据近年来发现的清华简《保训》篇记载,周文王在患病之时,唯恐时日不多,要将"宝训"传授于武王。其中就说到了舜和上甲微得到"中"建立了大功的过程,并且记录了"中"的传承过程。李学勤先生认为:"《保训》里所含的'中'的观念,

---

① 徐复观《中国人性论史》(先秦篇),上海三联书店,2001年版,第77页。
② 徐复观《中国人性论史》(先秦篇),上海三联书店,2001年版,第79页。

或称中道,是《保训》全篇的中心,它与儒家后来所说的中庸之道有着内在的联系。李先生引用了《中庸》里的一段话:'子曰:舜其大知也与!舜好问而好察迩言,隐恶而扬善,执其两端,用其中于民,其斯以为舜乎!'证明《保训》的'中'与此有关。"①另外《尚书·大禹谟》也有"允执厥中"的说法,可与此印证。可见"中"的思想应该产生较早。这一思想最终在儒家学说中发扬光大。因此在《论语》的人物品评中,体现出了尚"中"的思想。如:

季文子三思而后行。子闻之,曰:"再,斯可矣。"(《论语·公冶长》)

遇事要谨慎、反思是对的,可以防止鲁莽和草率引起的过失。遇事不思,则是"不及",但"三思"则有点过,过则"私意起而反惑"②,缺乏决断。君子应当"务穷理而贵果断,不徒多思之为尚"。③ "三思"已经错过最佳的平衡点,偏向一端,与中道不符,故孔子非之。做事过之固然不符合中庸之道,不及则会欠火候。如:

仲弓问子桑伯子,子曰:"可也简。"仲弓曰:"居敬而行简,以临其民,不亦可乎?居简而行简,无乃大简乎?"子曰:"雍之言然。"(《论语·雍也》)

仲弓问孔子对子桑伯子作何评价,孔子的评价是"简",而且孔子的态度是赞成其"简"。仲弓却提出了不同的看法。他认为,如果内心已经有敬的自主精神作主宰,能够严于律己,在这基础上能够化繁为简,则可;如果自己本身缺乏修养和自律,本身处于简而不知礼的状态,而所行又简,则会失之太简。也就是说,如果一个人已经学习了大量的知识,然后又能从其中跳出来,化繁为简,则是一种自由和超脱的"简";而如果一个人根本没有学习知识,却把知识的贫乏当作自

---

① 刘国忠《走近清华简》,高等教育出版社,2011年版,第91页。
② [宋]朱熹《四书章句集注》,中华书局,1983年版,第81页。
③ [宋]朱熹《四书章句集注》,中华书局,1983年版,第81页。

由和超脱的"简",则是太简。因为"内主于敬而简,则为要直;内存乎简而简,则为疏略"①。按照中庸之道的要求,"居敬而行繁",则为过之;"居简而行简",则为不及;"居敬而行简",则符合中庸之道。这三种情形就如同人们常说的"见山是山,见山不是山,见山还是山"的情形一样,是一种否定之否定的境界更迭。

对于人的个性和精神气质来说,孔子也以具有中和之气为高。如:

> 子在陈,曰:"归与!归与!吾党之小子狂简,斐然成章,不知所以裁之。"(《论语·公冶长》)

孔子认为自己的门人多"志大而略于事"的狂士,这种个性容易过中失正,或者陷于异端,因而难以成就大事,故思量如何"裁之",使其成为中行之士人。在孔子看来,中行之士为最难得,退而求其次,则狂狷之士也可:

> 子曰:"不得中行而与之,必也狂狷乎!狂者进取,狷者有所不为也。"(《论语·子路》)

"狂者,志极高而行不掩。狷者,知未及而守有余。"这两种人一种过之,一种不及;一种志存远大,一种有所执守,都有自己的原则和立场。因此,只要适当"激励裁抑"则可使其进于道。而不狂不狷、谨厚而不思进取之人或者看似无过无不及,实际却是左右逢源、毫无原则的乡原,这是孔子不会寄予厚望的。

能得中和之气的人很难得,能得中庸之道的人也很少,因此孔子深赞能在对"知"与"愚"的把握中找到立身行事的中庸之道的宁武子,认为其精神实属难能可贵:

> 子曰:"宁武子邦有道则知,邦无道则愚。其知可及也,其愚

---

① [宋] 朱熹《四书章句集注》,中华书局,1983年版,第84页。

不可及也。"(《论语·公冶长》)

宁武子,卫国大夫,名俞。据《春秋传》记载,"武子仕卫,当文公、成公之时。文公有道,而武子无事可见,此其知之可及也。成公无道,至于失国,而武子周旋其间,尽心竭力,不避艰险。凡其所处,皆智巧之士所深避而不肯为者,而能卒保其身以济其君,此其愚之不可及也"。① 孔子给宁武子极高的评价,就是因为宁武子立身行事恰好体现了儒家的中庸之道。在君主有道时,不刻意凸显己功,以成君主之功德;在君主无道时,不离不弃,不避凶险,知难而上,辅佐君主。同时既能在无道之君和险恶的政治环境中辅佐君主,又能化险为夷,保全自身,体现了其非同寻常的处事智慧。

六、好学

在《论语》的人物品评中,"好学"因为是求仁的关键,所以其几乎成为一个与"仁"同等重要的品目。"好学"的特征在于持之以恒,在世官世禄的时代,祖德、爵位、权势往往遮蔽了"好学"的意义,所以真正能认识到"好学"的意义、做到"好学"的人很少。《论语》将"好学"作为一种非常重要的人物品评标准,就是因为"好学"的精神状态与仁境相通,也就是说仁是一个人努力于学的动机、方向、目的,有了这种动机,才会有"好学"的精神状态出现。孔子之所以将最高的评价"仁"给予颜回,就是因为颜回"好学"。《论语》曾多次赞美颜回"好学":

> 子曰:"吾与回言终日,不违如愚。退而省其私,亦足以发。回也不愚。"(《论语·为政》)
> 哀公问:"弟子孰为好学?"孔子对曰:"有颜回者好学,不迁怒,不贰过。不幸短命死矣!今也则亡,未闻好学者也。"(《论语·雍也》)
> 子谓子贡曰:"女与回也孰愈?"对曰:"赐也何敢望回?回也

---

① [宋]朱熹《四书章句集注》,中华书局,1983年版,第81页。

闻一以知十,赐也闻一以知二。"子曰:"弗如也!吾与女弗如也。"(《论语·公冶长》)

颜回的"好学"皆有明确的学习效果反映出来,学习之后"亦足以发""不迁怒,不贰过""闻一以知十"就是在学习中充分调动了主观能动性的表现。有了这种精神自觉,仁境不远矣。孔子之所以如此看重"好学"的意义,是因为他于此深有体会,孔子曾自我评价说:"十室之邑,必有忠信如丘者焉,不如丘之好学也。"(《论语·公冶长》)事实上,真正能够持之以恒地"好学"的人并不多,真正能够以"好学"为乐的人更少,真正能够把握"好学"精神与求仁之关系的人几乎微乎其微,所以孔子自信地说"不如丘之好学也"。

学既包括修德,又包括求知。而在学习的态度上,主要体现为学的自觉。孔子说:"知之者不如好之者,好之者不如乐之者。"(《论语·雍也》)"好学"本身就是这种精神自觉的表现。从"好学"的精神中甚至可以看出人的精神自觉("仁")之端倪。主体的自觉精神的养成贵在反思,而"好学"就是要在不断的反省中提升学的效果。"好学"的态度在于"忠信",在于全身心地投入,而仁境的精神状态就在于"忠信",在于"诚"。所以"好学"是通向仁境的关键。

另外,"好学"在春秋时期特有的社会背景下被提出来也具有划时代的意义。古代社会,学在官府,世官世禄的官人用人之制限制了普通人参与社会重大事务、展示才能的机会。孔子开办私学,广收门徒,提出"有教无类"的新思想,这就完全打破了教育为贵族胄子专有的特权,开创了中国教育思想和人才思想的新纪元。所以孔子"有教无类"教育思想的提出具有里程碑的意义。孔子之前的春秋君子已经意识到世族贵胄不能拥有应有的才能和德行,他们中的一些人已经强烈地呼吁学习。能够维持一个统治集团或政治家族的政治地位的"德"并非天生,也并非为贵族世家所专有,"德"需要不断地修养和学习才能固守而不至失落。下层民众只要肯学,则完全可以成为有德之人,这一点在现代看来是再浅显不过的道理,但在先秦时代,这一转变却无疑是思想界的翻天覆地的变化。因为,在人类由野蛮时代进入文明时代之后,同时也进入了阶级社会。统治阶级除了按照等级差别独占政治权力,并且为了维护和巩固自己的权力,还垄断了知识文化和受教育的权利。而对于一些在宗族的发展中体现出超强能力的统治者和贵族,则又赋予神秘色彩而加以崇拜,这就使文化知识成为距离普通人很远的神圣事物。随着社会的发展,上层统治者的弱点和无能打破了这种神话。人们意识到,人只要通过教育,皆有成为有德之人的可能。孔子说:"雍也可使南面。"到了孟子甚至直接提出"人皆可以为尧舜"的观点,说明了人通过修养和受教育成为圣德之人的可能性。然而人皆有成仁、成圣的可能,但人又是千差万别的,人的天赋也是不同的,每个人都有不同的精神气质,在成仁、成圣的修养之路上,得道有先后,体道有深浅,于是采用"因材施教"的方法,在人的各种个性品质中来发现其可以提升和雕琢之处。因此孔子对他的学生进行不同角度的观察和评价,他说:"柴也愚,参也鲁,师也辟,由也喭。"(《论语·先进》)在各种不同的个性中发现其善处而加以成就。春秋时期,只有通过学习才能成为有德之人,这已经是当时时代的共识,而孔子则以私塾教育的方式彻底将这一观念变成了现实。

七、乐道

在孔子的时代,虽然学习的内容已经丰富化和多元化,但学习的内容最终要"百川入海",服务于儒家之道。儒家之道的最终旨归就是内圣外王,也就是通过修己以安百姓、安天下,成就圣贤之功。所以,学习的目的是求道、体道,"好学"的精神状态正与"乐道"的精神状态相同。

在《论语》中,孔子赞美颜回已经有仁者气象,能够"三月不违仁";赞美颜回"好学",认为自己和子贡在"好学"上皆不及颜回;更赞美颜回"乐道",在艰难的境况中"不改其乐"。可见颜回的确可以作为"求仁"的典范人物了。"仁""好学""乐道"在颜回身上三位一体,从其所达到的精神境界来说,是相通的。孔子多次赞美颜回的"乐道"精神:

> 子曰:"贤哉,回也! 一箪食,一瓢饮,在陋巷。人不堪其忧,

回也不改其乐。贤哉,回也!"(《论语·雍也》)

子曰:"语之而不惰者,其回也与!"(《论语·子罕》)

子谓颜渊,曰:"惜乎!吾见其进也,未见其止也。"(《论语·子罕》)

子曰:"回也非助我者也,于吾言无所不说。"(《论语·先进》)

"好学"的最高境界就是乐在其中,只有乐学,才能使人真正步入求"仁"之境。孔子说:"知之者不如好之者,好之者不如乐之者。"(《论语·雍也》)又说:"君子食无求饱,居无求安。敏于事而慎于言,就有道而正焉,可谓好学也已。"(《论语·学而》)子夏也说:"贤贤易色,事父母能竭其力,事君能致其身,与朋友交言而有信。虽曰未学,吾必谓之学矣。"(《论语·学而》)"好学"的精神状态能够让人全身心地投入学习,"发愤忘食,乐以忘忧"(《论语·述而》)。从心理状态上来说,乐道与乐学是一而二、二而一的关系。"好学"的心理本质是"诚"。在《中庸》中,"诚"作为一个重要概念被提出来,因为其是孔门治学之关键和心法。在《论语》中,"求仁"和"好学"的精神状态皆被称为"忠信"。所以只有激发起"诚"的心理状态才算是真正的"好学"。真正的"好学"就是唤起自身的精神自觉,能够使人的精神状态焕然一新。"好学"的反面是被动的学,无目的的学。"好学"的状态犹如"仁","好学"的精神即已进入"仁"的状态。人能"好学"就已经具备了求仁的基本素质。

但是比"好学"更高一层的境界是"乐道""乐学"。乐道的境界与艺术相通,就是心灵完全沉醉于其中的美感体验。这一点可以从孔子对音乐的重视和独特体验中反映出来,孔子闻韶乐而三月不知肉味正是发生了"仁境"与音乐的通感,是经历了对道的高峰体验。之前的研究很少重视音乐与儒家之道的关系。体道时能"诚"已经是人的精神高度自觉的表现,但是还需要通过规范和制约自身才能达到自觉。而"乐"则是一种完全忘我的自然天成的境界,是体道的最高境界。孔子曾说过:"志于道,据于德,依于仁,游于艺。"(《论语·述而》)"游于艺"才是体道的最高境界。孔子的仁学其实非常重视

"性情之真","游于艺"其实就是体道时的"真情发动",而非刻意的伪饰和作为。孔子之所以给予颜回最高的评价,就是因为颜回已经达到了"乐道"的境界,其表现是"人不堪其忧",而颜回却"不改其乐",学习能够"不惰",只见"其进",不见"其止",与其论道"无所不说"。

八、尊道

《论语》中有两处典型的人物品评事例反映了儒道两家不同的世界观,但也反映了孔子践行儒家之道的执着精神。兹列举如下:

> 长沮、桀溺耦而耕,孔子过之,使子路问津焉。长沮曰:"夫执舆者为谁?"子路曰:"为孔丘。"曰:"是鲁孔丘与?"曰:"是也。"曰:"是知津矣。"问于桀溺,桀溺曰:"子为谁?"曰:"为仲由。"曰:"是鲁孔丘之徒与?"对曰:"然。"曰:"滔滔者天下皆是也,而谁以易之?且而与其从辟人之士也,岂若从辟世之士哉?"耰而不辍。子路行以告。夫子怃然曰:"鸟兽不可与同群,吾非斯人之徒与而谁与?天下有道,丘不与易也。"(《论语·微子》)
>
> 子路从而后,遇丈人,以杖荷蓧。子路问曰:"子见夫子乎?"丈人曰:"四体不勤,五谷不分,孰为夫子?"植其杖而芸。子路拱而立。止子路宿,杀鸡为黍而食之,见其二子焉。明日,子路行以告。子曰:"隐者也。"使子路反见之。至则行矣。子路曰:"不仕无义。长幼之节,不可废也;君臣之义,如之何其废之?欲洁其身,而乱大伦。君子之仕也,行其义也。道之不行,已知之矣。"(《论语·微子》)

这两个事例通过道家人物对孔子的评价和孔子对自己执着于儒家之道的原因的解释,反映了儒道两家思想的激烈冲突。通过这样的思想交锋,儒道两家的思想性格完全呈现出来。

孔子开创的儒家思想继承的是在三代损益的基础上长期形成的社会主流文化。儒家学说承继的是传统中形成的以政治治理为核心的学说体系,这一体系经过众多政治精英的发展和完善,到了孔子,其理论品质有了进一步的提升。

儒家哲学本质上是一种政治伦理学,或者政治哲学。其强调的是对社会事务的积极参与,在现实的社会事务中有所作为,实现人生价值,所以孔子明确提出"鸟兽不可与同群"。儒家的一切自修功夫最终的目的都是要用于社会治理的("成德")。这是一种积极的社会责任的承担精神,逃避和躲避被认为是没有责任心的表现,也不是人之为人的原则。他们以道自任、坚持道统,以道统来对政统施加影响,致力于营造一个太平世界;他们胸怀天下、追求公正无私,在必要的时候,宁可杀身成仁、舍生取义;他们知其不可而为之,始终以天下为己任,这就是原始儒家的精神本质。儒家思想的政治导向和事功意识来源于以下几个方面:

首先,儒家积极承担社会责任的思想源于对生命的理性认识,在对生死和不朽有了清醒的认识之后,儒家便希望以生命意义的最大化来弥补生命时间的短缺;通过精神价值的不朽增加生命在宇宙时空中的分量,从而达到人生在价值意义上的永恒。儒家通过在历史中的精神不朽来代替在宗教中的灵魂永生,必然要在对社会事务的积极参与中实现自身价值。积极投入人类社会,并且在社会现实中立德、立功、立言才能实现生命的意义和价值。

其次,儒家思想的入世精神和事功意识还与千百年来"爵有德而禄有功"的意识形态倾向有关。周王室常常以社会功德作为策命和奖赏的依据,人们以功德作为光宗耀祖的旗帜。意识形态对这种积极参与社会政治事务的引导强化了人们的功德意识。

再次,地理环境的影响。中国的先民主要活动于大陆地区,人们的生产方式以比较稳定和保守的农耕为主。人们获得的资源和财富有限,各个统治集团获取资源和财富的渠道就是占有更多的土地和人口,因此对土地和人口的争夺是政治斗争和战争的根源。人们的智力角逐主要集中于政治控驭能力和智慧的较量,集中于治理人民的方法的较量,集中于处理人伦关系和群体关系的较量。相较而言,西方文明的发源地古希腊、古罗马处于地中海地区,他们的地理空间有限,人口较少,但他们的财富获取渠道有广阔的大海,海上的角逐充满了许多未知性和多变性,他们更关注对于未知世界的知识探索。

所以西方哲学形成以"求知"为方向的哲学精神,"爱智"是其哲学之魂。而中国社会关注的"德"主要体现在政治事功上。

儒家的理论优点在于抓住了人生存的实际需要。人在世界中就应该不舍不离,生存于世界,就在世界中实现自我,不在世界之外寻找价值实现的途径。因此,儒家具有刚健有为的精神,要求建立规范和制度,因为人不能脱离于制度之外而生存。儒家也要求制度(规范)的变革,以适应社会的变化。因为制度一旦形成,在一定时间内就是静态的、具有惰性的。它与社会生产力的发展形成矛盾运动。矛盾是永恒的存在。生命本身也是规范与生命本能的矛盾运动。矛盾是事物的本质,是世界的正常态。逃避矛盾不是正确的方式,勇于投入矛盾才是合理的人生态度。因此,儒家从人生态度的取舍上来说是正确的。

道家对待世界的态度是舍离。道家要求不受社会规范的制约,追求完全摆脱矛盾的绝对自由。但是,人作为群体社会的存在物必须处理与他人、他物之间的关系,必须在群体中解决问题。人在社会生活中的实情是必须生活在群体中,只要有群体就要有规范。所以道家幻想的绝对自由只能是一种虚幻的假想,在社会中并不能存在。

儒、道两家对待社会规范和社会矛盾的态度导致了各自观点的差异。道家关注规范的消极性和对个人的制约作用,要求个体自由,这是对的,但是其路径是消极的。道家要求抛弃规范走上极端的自由,就是荀子说的"蔽于天而不知人"。

春秋时期是人的主体性完全确立的时代。但这一主体性是人从神灵的世界中解脱出来才获得的。确立了自己的主体性,从而以人文关怀代替宗教信仰。但是这一主体性的确立还仅仅是人类整体的主体性,是集体性的、族群性的主体性,个人的主体性还是隶属于整体性的。儒家伦理规范的整体性压倒了个体性,个体的主体性没有确立起来。儒家对个体性的张扬不够,对个体性的落实不够,个体意识一直停留在人伦关系中,这一点儒家不如道家。

儒、道两家的共同之处就是都开辟出了人的内在世界。但儒家通过开辟出内圣之境实现外王的人生事功,最终目标是立德,退而求其次可以立功或者立言。即使外王实现不了,也可以在内圣中体验精神超拔之意义和价值。道家纯粹走内圣之路,而且这种内圣的精神体验与儒家的修养路径完全相反。儒家遵循人类文明创造的必要知识、制度、规范和礼节;道家则是"绝圣弃智",回归自然,让身心完全地回归到素朴纯一的原始状态,体现出人本有的性情之真来。

通过以上的分析,可以看出儒、道两家人物品评的思维向度和问题所在。道家独善其身,但儒家不能自我陶醉和孤芳自赏于个人世界。当然,尽管道家讥评儒家"知其不可而为之"的入世精神,但以天下为己任的儒家精神却是人类社会不断进步发展的保证。

第三节 《论语》人物品评的方法

从《论语》人物品评的品目来看,孔子对人物的品评已经不完全是从国家政治的角度和德礼的角度来品评,这与他"因材施教"的教育原则相一致。因为这已经是一个以个人才能为中心的时代,人的才能是多方面的,人的品性也是多方面的,孔子的教育就在于依据每个学生的个性,从其特长处进行教育,所以他能对学生的品性进行全方位的分析和评价。同时,其品评人物的方法也是灵活多变、丰富多彩的。《论语》品评人物的主要方法体现为以下几个方面。

一、品第法

《论语》人物品评出现了众多的品评方法。首先,《论语》在《左传》早已出现的品藻法的基础上进一步形成了品第法。品藻法的本质是比较品评。如《左传·文公七年》酆舒问贾季赵衰和赵盾孰贤?贾季对曰:"赵衰,冬日之日也。赵盾,夏日之日也。"虽然贾季在这里运用比喻来说明两者的差别,但对赵衰和赵盾的品评主要用了品藻法。因为按照《世说新语·品藻》的人物品评实例,比较品评是其主要特点。《左传·昭公四年》的"君子谓:'合左师善守先代,子产善相小国'"同样用了比较品评的品藻法。

所谓品第法就是在比较品评的基础上对人物又分出高低等级和层次。《论语》的人物品评中就出现了这样的品第法。如：

> 孔子曰："生而知之者,上也；学而知之者,次也；困而学之,又其次也；困而不学,民斯为下矣。"(《论语·季氏》)
> 孔子曰："见善如不及,见不善如探汤。吾见其人矣,吾闻其语矣。隐居以求其志,行义以达其道。吾闻其语矣,未见其人也。"(《论语·季氏》)
> 子曰："知之者不如好之者,好之者不如乐之者。"(《论语·雍也》)
> 子曰："中人以上,可以语上也；中人以下,不可以语上也。"(《论语·雍也》)

这些品评方法皆是在比较品评的基础上判定两者的等次和高低差别,是典型的品第法。品藻和品第有密切关系,两者都是对人物及其某一方面的差别或优劣长短的比较和评价。但两者的区别在于侧重点不同,品藻重在指出比较对象之间的差别和特点,品第重在分出比较对象的次第和等级高低。在《论语》中,比较人物的差别和特点或者指出人物在某一方面的优劣长短的品藻之例很多。如：

> 子谓子贡曰："女与回也孰愈?"对曰："赐也何敢望回。回也闻一以知十,赐也闻一以知二。"子曰："弗如也！吾与女弗如也。"(《论语·公冶长》)
> 子贡问："师与商也孰贤?"子曰："师也过,商也不及。"曰："然则师愈与?"子曰："过犹不及。"(《论语·先进》)
> 子曰："求也退,故进之；由也兼人,故退之。"(《论语·先进》)
> 或问子产。子曰："惠人也。"问子西。曰："彼哉！彼哉！"问管仲。曰："人也。夺伯氏骈邑三百,饭疏食,没齿无怨言。"(《论语·宪问》)
> 叔孙武叔语大夫于朝,曰："子贡贤于仲尼。"子服景伯以告

子贡。子贡曰:"譬之宫墙,赐之墙也及肩,窥见室家之好。夫子之墙数仞,不得其门而入,不见宗庙之美,百官之富。得其门者或寡矣。夫子之云,不亦宜乎!"(《论语·子张》)

逸民:伯夷、叔齐、虞仲、夷逸、朱张、柳下惠、少连。子曰:"不降其志,不辱其身,伯夷、叔齐与!"谓:"柳下惠、少连,降志辱身矣。言中伦,行中虑,其斯而已矣。"谓:"虞仲、夷逸,隐居放言。身中清,废中权。我则异于是,无可无不可。"(《论语·微子》)

但这些品藻之例的目的并非要分出人物的高低等级和次序,而只是指出人物的差别和特点。尤其是孔子品藻学生各自的特点是为了根据学生的特点因材施教,并非要将其分出等次。在《世说新语·品藻》中,这种侧重于品评对象之特点的比较之例也很多。如:

顾劭尝与庞士元宿语,问曰:"闻子名知人,吾与足下孰愈?"曰:"陶冶世俗,与时浮沉,吾不如子。论王霸之余策,览倚伏之要害,吾似有一日之长。"劭亦安其言。

正始中,人士比论,以五荀方五陈,荀淑方陈寔,荀靖方陈谌,荀爽方陈纪,荀彧方陈群,荀顗方陈泰。

刘令言始入洛,见诸名士而叹曰:"王夷甫太鲜明,乐彦辅我所敬,张茂先我所不解,周弘武巧于用短,杜方叔拙于用长。"

时人道阮思旷骨气不及右军,简秀不如真长,韶润不如仲祖,思致不如渊源,而兼有诸人之美。

但《世说新语》在比较品藻的基础上逐渐倾向于区分人物的优劣等次。可以说,品第是在品藻的基础上形成的,品第是品藻的特殊形态。因此,《世说新语·品藻》的实例既包括笼统的不是旨在区分高下的人物品评事例,也包括区别高下和等次的事例。下面皆是区分高低等次的品第人物的典型事例:

诸葛瑾弟亮及从弟诞,并有盛名,各在一国。于时以为蜀得其龙,吴得其虎,魏得其狗。诞在魏与夏侯玄齐名。瑾在吴,吴朝服其弘量。

世论温太真是过江第二流之高者。时名辈共说人物,第一将尽之间,温常失色。

桓大司马下都,问真长曰:"闻会稽王语奇进尔耶?"刘曰:"极进,然故是第二流中人耳。"桓曰:"第一流复是谁?"刘曰:"正是我辈耳。"

《论语》在品藻人物的基础上将人物分出高下等次的做法对后世人物品评和文学批评产生了深远影响。《论语》品第法直接启发了司马迁按照"本纪""世家""列传"由高到低分门别类记录历史人物的书史体例,进而启发了班固《汉书·古今人表》按照等次排列历史人物的方式。从更长远的角度来看,《论语》品第法还对魏晋至唐文论和文学批评中的品第法的形成产生了深远影响。这样,本来是人物品评方法的"品第"法,也就成了文艺批评的一种方法,钟嵘《诗品》、谢赫《画品》和庾肩吾《书品》是这一批评方法的代表。①

二、比喻法

比喻也是《论语》常用的人物品评方法。《论语》人物品评所用比喻法也极为形象生动。如:

子曰:"吾有知乎哉?无知也。有鄙夫问于我,空空如也。我叩其两端而竭焉。"(《论语·子罕》)

这一段话可以看作孔子的一段自我评价。孔子在这里自谦称自己没有知识,但是如果有人向自己求教,则教之不敢不尽。叩,发动之义。两端,即两头。朱熹谓"言终始、本末、上下、精粗,无所不尽",认为此句表现了孔子诲人不倦的亲和态度。当然还有一层方法论的意思在里面,即用"叩其两端"生动地比喻自己的一种求知的方法,谓在事理的两端之间把握最佳的平衡点,努力趋近于事象的本质和真理。这

---

① 张克锋《论魏晋南北朝文艺"品第"批评法的产生和演变》,《甘肃理论学刊》,2010年第3期。

种方法也就是孔门提倡的中庸之道。孔子巧妙地运用比喻法将抽象的道理生动形象地解释出来。同时孔子的亲和、好学、求知的一系列特点也形象地凸显出来。

> 子贡曰："有美玉于斯，韫椟而藏诸？求善贾而沽诸？"子曰："沽之哉！沽之哉！我待贾者也。"（《论语·子罕》）

这里子贡以美玉比喻孔子，含蓄地与孔子探讨出仕之道。子贡的意思是孔子有道犹如美玉，是应该藏在椟中不出售（喻不出仕）呢，还是找一个好价钱卖出去（喻仕）呢？孔子的回答是当然要卖出去，但要等一个好价钱，而不是去求售。孔子的意思是有道之君子未尝不想出仕，但出仕有道，要待礼而行。"必不枉道以从人，衒玉而求售"。此处虽然探讨的是出仕之道，但子贡将有道之孔子比喻为美玉，实为比喻式人物品评。

> 子曰："岁寒，然后知松柏之后凋也。"（《论语·子罕》）

此处用比喻法突出君子人格的出类拔萃之处。在治世，君子的人格魅力凸显不出来，贤愚无法区分，但是遇到世变或者严峻的考验，君子的气节和坚守的道义就会显现出来。所谓"士穷见节义，世乱识忠臣"。此又是比喻式品评人物之一例。

> 子谓仲弓曰："犁牛之子骍且角，虽欲勿用，山川其舍诸？"（《论语·雍也》）

这里孔子将仲弓比喻为颜色赤、角周正的牲牛。骍，指赤色。周人尚赤，献祭神灵的牛多为赤色而角正的牛。即使其父不肖（普通的犁牛），但并不能掩盖其自身的贤德，其才德最终会被世人发现（山川之神会喜欢"骍且角"的牛）。这里用"骍且角"的牲牛比喻仲弓之贤不可遮蔽，是典型的比喻式人物品评。

> 子贡问曰:"赐也何如?"子曰:"女器也。"曰:"何器也?"曰:"瑚琏也。"(《论语·公冶长》)

子贡让孔子给自己一个评价,孔子目之为"器",因为孔子曾经说过"君子不器"(《论语·为政》)的话。"器者,各适其用而不能相通"。真正的有德之士,当不唯一才一艺而已,应当是"体无不具,用无不周",能够审时度势,融会贯通。所以孔子目子贡为"器",说明其才德还没有达到一种理想的状态。但器也有高低之分,于是子贡又问自己可当"何器",孔子说:"瑚琏也。"瑚琏,"宗庙盛黍稷之器而饰以玉,器之贵重而华美者"。看来,子贡的才德虽然尚未脱离器的一才一用之状态,但仍不失为器之贵重者。

比喻式人物品评在《世说新语》中成为最主要的品评人物的方法之一,尤其是用器物来比喻品评人物是其一大特点。如《世说新语·赏誉》:

> 裴令公(秀)目夏侯太初(玄),肃肃如入廊庙中,不修敬而人自敬;一曰如入宗庙,琅琅但见礼乐器。见钟士季(会),如观武库,但睹矛戟。见傅兰硕(嘏),汪廧靡所不有。见山巨源(涛),如登山临下,幽然深远。
>
> 会稽孔沉、魏顗、虞球、虞存、谢奉并是四族之俊,于时之桀。孙兴公目之曰:"沉为孔家金,顗为魏家玉,虞为长琳宗,谢为弘道伏。"

由此可见《论语》人物品评中的比喻法对后世人物品评影响巨大,其为《世说新语》所借鉴,两者之间的承继关系也是非常明显的。

三、品类法

《论语》品评人物时还出现了一种特殊的现象,就是将人物分成不同的类型,然后对其特点进行概括和评价。如:

> 子曰:"君子坦荡荡,小人长戚戚。"(《论语·述而》)

子曰:"君子怀德,小人怀土;君子怀刑,小人怀惠。"(《论语·里仁》)

子曰:"君子周而不比,小人比而不周。"(《论语·为政》)

子谓子夏曰:"女为君子儒,无为小人儒。"(《论语·雍也》)

曾子曰:"士不可以不弘毅,任重而道远。仁以为己任,不亦重乎?死而后已,不亦远乎?"(《论语·泰伯》)

子曰:"士志于道,而耻恶衣恶食者,未足与议也。"(《论语·里仁》)

子曰:"知者不惑,仁者不忧,勇者不惧。"(《论语·子罕》)

子曰:"圣人,吾不得而见之矣;得见君子者,斯可矣。"子曰:"善人,吾不得而见之矣;得见有恒者,斯可矣。亡而为有,虚而为盈,约而为泰,难乎有恒矣。"(《论语·述而》)

子曰:"三人行,必有我师焉。择其善者而从之,其不善者而改之。"(《论语·述而》)

子曰:"我非生而知之者,好古,敏以求之者也。"(《论语·述而》)

夫仁者,已欲立而立人,已欲达而达人。(《论语·雍也》)

樊迟问知。子曰:"务民之义,敬鬼神而远之,可谓知矣。"问仁。曰:"仁者先难而后获,可谓仁矣。"(《论语·雍也》)

子曰:"知者乐水,仁者乐山;知者动,仁者静;知者乐,仁者寿。"(《论语·雍也》)

子曰:"不仁者不可以久处约,不可以长处乐。仁者安仁,知者利仁。"(《论语·里仁》)

以上所举皆为类的品评,即先将人分成不同的类型,然后再指出其具体的特点。这些类型大都是一组一组地出现,形成对立的或并列的形象特征。这些对举和分组的类型有君子、小人;君子儒、小人儒;士;智者、仁者、勇者;圣人、君子、善人、有恒者;善者、不善者;生而知之者、敏以求之者;仁者;知者、仁者;不仁者、仁者、知者等。这些类的品评不见具体的评价对象,只见各种人的类型,在分类中就已经包含着品评,其精神风貌和品行特点已经隐含其中。在分类的基础上再指出各自的特点即是进一步的评价。因此,品类法其实是一种双重的人物品评方法。

品类法在战国时期的诸子著作中也有很多,如《荀子·儒效》有"俗人""俗儒""雅儒""大儒"等类型的区别和品评;《礼记》《易传》中描述"君子"的类型;《易传》则通篇都在讲类型化的"君子"人格。"君子"成为儒家的理想人格和化身,显然是受了《论语》品类法之影响的。另外《晏子春秋》中对明君和贤臣的类型品评、《战国策》《吕氏春秋》中对"士"的类型品评等等都是一种品类法。这种类型品评并不具体到某个人,而是对某一类人的特点描述或者理想化的规范。《礼记·儒行》通过孔子和鲁哀公的对话,为"儒者"树形,明确了儒者特有的行为特征,为后世儒者确立了行为规范:

哀公命席,孔子侍,曰:"儒有席上之珍以待聘,夙夜强学以待问,怀忠信以待举,力行以待取。其自立有如此者。

"儒有衣冠中,动作慎;其大让如慢,小让如伪;大则如威,小则如愧;其难进而易退也,粥粥若无能也。其容貌有如此者。

"儒有居处齐难,其坐起恭敬;言必先信,行必中正;道涂不争险易之利,冬夏不争阴阳之和;爱其死以有待也,养其身以有为也。其备豫有如此者。

"儒有不宝金玉,而忠信以为宝;不祈土地,立义以为土地;不祈多积,多文以为富。难得而易禄也,易禄而难畜也。非时不见,不亦难得乎!非义不合,不亦难畜乎!先劳而后禄,不亦易禄乎!其近人有如此者。

"儒有委之以货财,淹之以乐好,见利不亏其义;劫之以众,沮之以兵,见死不更其守;鸷虫攫搏,不程勇者;引重鼎,不程其力;往者不悔,来者不豫;过言不再,流言不极;不断其威,不习其谋。其特立有如此者。

"儒有可亲而不可劫也,可近而不可迫也,可杀而不可辱也。其居处不淫,其饮食不溽,其过失可微辨而不可面数也。其刚毅有如此者。

"儒有忠信以为甲胄,礼义以为干橹;戴仁而行,抱义而处;

虽有暴政,不更其所。其自立有如此者。

"儒有一亩之宫,环堵之室;筚门圭窬,蓬户瓮牖;易衣而出,并日而食;上答之不敢以疑。上不答不敢以谄。其仕有如此者。

"儒有今人与居,古人与稽;今世行之,后世以为楷;适弗逢世,上弗援,下弗推。谗谄之民,有比党而危之者,身可危也,而志不可夺也;虽危,起居竟信其志,犹将不忘百姓之病也。其忧思有如此者。

"儒有博学而不穷,笃行而不倦;幽居而不淫,上通而不困;礼之以和为贵,忠信之美,优游之法;慕贤而容众,毁方而瓦合。其宽裕有如此者。

"儒有内称不辟亲,外举不辟怨,程功积事,推贤而进达之,不望其报,君得其志。苟利国家,不求富贵。其举贤援能有如此者。

"儒有闻善以相告也,见善以相示也;爵位相先也,患难相死也;久相待也,远相致也。其任举有如此者。

"儒有澡身而浴德,陈言而伏;静而正之,上弗知也;粗而翘之,又不急为也;不临深而为高,不加少而为多;世治不轻,世乱不沮;同弗与,异弗非也。其特立独行有如此者。

"儒有上不臣天子,下不事诸侯;慎静而尚宽,强毅以与人,博学以知服;近文章,砥厉廉隅;虽分国,如锱铢,不臣不仕。其规为有如此者。

"儒有合志同方,营道同术;并立则乐,相下不厌;久不相见,闻流言不信。其行本方立义,同而进,不同而退。其交友有如此者。

"温良者,仁之本也。敬慎者,仁之地也。宽裕者,仁之作也。孙接者,仁之能也。礼节者,仁之貌也。言谈者,仁之文也。歌乐者,仁之和也。分散者,仁之施也。儒者兼此而有之,犹且不敢言'仁'也。其尊让有如此者。

"儒有不陨获于贫贱,不充诎于富贵;不恩君王,不累长上,不闵有司,故曰'儒'。今众人之命儒也妄,常以儒相诟病。"

这一段话从"容貌""备豫""近人""特立""刚毅""自立""仕""忧思""宽裕""举贤援能""任举""特立独行""规为""交友""尊让"等方面确立了儒者的行为规范,展示了儒者的精神风貌。这种类型化的人物品评一方面是树立理想化的人格类型,供某一群体或某一种身份的人仿效学习,同时对其进行规范和约束;另一方面则与不符合这些行为规范的群体和人格类型相区别,甚至在对比中形成对反面的或对对立面的人格类型和行为模式的批判和制约。如《晏子春秋》中,晏子在对齐景公的规诫和进谏中总是先将齐"先君"的行为规范评价一番,然后对齐景公的行为方式再评价一番,最后指出两者的差距。在晏子的描述中,"先君"也是贤君的类型化概括,齐景公的错误行为则在其比照下暴露无遗。晏子通过这种方式达到劝谏齐景公改邪归正的目的。

另外,战国诸子人物品评的目的在于阐发自己学派的道义,所以战国诸子各自推崇的人物都是类型化了的道义化身。相同的历史人物在不同的学派那里得到的评价完全不同。战国诸子的人物品评要么是虚构人物为自己的核心理念"塑形",要么是重新寻找适合为自己代言的历史人物及其隐藏的特点,要么就是将历史人物重新归类,对其进行重新的定位和评价,这些都是因为受到各家学术之影响,对人物进行类型化品评的反映。

四、一字评

《论语》品评人物多用"一字评",这与春秋时期兴盛的阐释学有密切关系。春秋时期随着社会的巨大变革,新的思想观念层出不穷,各种思想观念的交流和碰撞十分剧烈。各种新的概念范畴出现之后,往往需要对其进行意义阐发和说明。这就引发春秋时期阐释学的盛行。《左传》和《国语》中,记载了许多时人的长篇宏论,在这些言论中,许多都是阐发和解释不同的概念范畴的。这种阐释学的盛行便使许多文献形成好用一字一词的文风,如《逸周书》就有大量的一字句。或者说句子多由一字一顿的词语构成,如《常训解》《文酌解》《谥法解》《职方解》等等。从《逸周书》篇目的名称就可以看出阐释学在这一时期的盛行。受这种文化背景的影响,这一时期品评人物也崇尚简洁,好用"一字评"。"一字评"在《左传》《国语》中即有体现,尤其是其中的"君子曰""孔子曰"在品评人物时,先用简洁的"一字评"概括人物的精神风貌,然后再具体解释说明。显然是受当时阐释风气的影响的。《论语》在品评人物时也多用一字评。如:

  柴也愚,参也鲁,师也辟,由也喭。(《论语·先进》)

在这里,孔子评价柴(子羔)为"愚"。朱熹《四书章句集注》:"愚者,知不足而厚有余。"《孔子家语》说子羔:"足不履影,启蛰不杀,方长不折。执亲之丧,泣血三年,未尝见齿。避难而行,不径不窦。"可见子羔之"愚"即为敦厚。孔子评价曾参为"鲁"。鲁,钝也。程颐说:"曾子之学,诚笃而已。圣门学者,聪明才辩,不为不多,而卒传其道,乃质鲁之人尔。故学以诚实为贵也。"尹氏曰:"曾子之才鲁,故其学也确,所以能深造乎道也。"①另外,孔子评价师(子张)"辟"而由(子路)"喭"。辟者,便辟也,即习于容止而少诚实。喭,即粗俗之义。孔子分别用简洁的一个字就准确地指出了四个弟子的个性特点,可谓一字传神。又如:

  子曰:"吾未见刚者。"或对曰:"申枨。"子曰:"枨也欲,焉得刚?"(《论语·公冶长》)

这里孔子评价弟子申枨是"欲",而不是"刚"。所谓无欲则刚,有欲则屈从于物欲,身为物役。大概申枨表面有刚强进取的一面,但由于其本质多嗜欲,故孔子指出,在嗜欲的驱动和物质的诱惑面前,其恐怕难以禁得住考验,最终难以守志,难以为刚。又:

  季康子问:"仲由可使从政也与?"子曰:"由也果,于从政乎何有"曰:"赐也,可使从政也与?"曰:"赐也达,于从政乎何有?"曰:"求也,可使从政也与?"曰:"求也艺,于从政乎何有?"(《论

---

① [宋]朱熹《四书章句集注》,中华书局,1983年版,第127页。

语·雍也》)

孔子分别评价子路、子贡、冉求三者为"果""达""艺"。果者,有决断;达者,通事理;艺者,多才能。孔子评价三者各取其所长,指出各自的特点,可谓一字到位。

又如孔子评价颜回为"贤"(《论语·雍也》),评价子桑伯子为"简"(《论语·雍也》),评价令尹子文为"忠"(《论语·公冶长》),评价陈文子为"清"(《论语·公冶长》),将"不得中行"的人分为"狂者"和"狷者"两类(《论语·子路》),评价弟子师"过"而商"不及"(《论语·先进》)……这些一字评简洁而传神地点出了人物的基本特点。孔子对自己的每个学生都非常了解,这与孔子因材施教的教育思想也有密切关系。

孔子不仅品评人物好用一字评,其论诗也好用一字评。近年发现的《上海博物馆藏战国楚竹书》(简称"上博简")中有《孔子诗论》一篇。这篇《诗论》基本上也是采用一字评的形式品评《诗经》篇目。如:

> 《关雎》之怡,《樛木》之时,《汉广》之智,《鹊巢》之归,《甘棠》之褒,《绿衣》之思,《燕燕》之情,盖曰童而偕,贤于其初者也。《关雎》以色喻于礼,情爱也。《关雎》之怡,则其思益矣。《樛木》之时,则以其禄也。《汉广》之智,则智不可得也。《鹊巢》之归,则叀者好,反纳于礼,不亦能怡乎?《樛木》福斯在君子,不可得,不攻不可能,不亦智恒乎?《鹊巢》出以百两,不亦又叀乎?《甘棠》两矣,其四章则愉矣。以琴瑟之悦,嬉好色之忱,以钟鼓之乐及其人,敬爱其树,其褒厚矣。①

孔子既用一字评品评人物,也用一字评评论诗歌,体现了孔子品人法和品文法的会通。这对后世人物品评和文学批评在品评方法、品评标准和品目范畴方面的融汇与贯通奠定了基础。

---

① 马承源《上海博物馆藏战国楚竹书》(一),上海古籍出版社,2001年版,第139—144页。

另外，一些后世通用的，并且成为后世"方法类"门类的人物品评方法在《论语》中已经完全成熟，而且具有一定的规模。在后世人物品评的典范文本《世说新语》中，有一部分门类是从品评人物时运用的方法、态度及其风格特点的角度提炼出来的。如上文所述"品藻"和"品第"就是对人物的比较品评法。"轻诋"是对人物的微讽或批评：

> 子曰："小人哉，樊须也！上好礼，则民莫敢不敬；上好义，则民莫敢不服；上好信，则民莫敢不用情。夫如是，则四方之民襁负其子而至矣，焉用稼？"(《论语·子路》)
>
> 子曰："由之瑟奚为于丘之门？"门人不敬子路。子曰："由也升堂矣，未入于室也。"(《论语·先进》)
>
> 子贡方人。子曰："赐也贤乎哉？夫我则不暇。"(《论语·宪问》)
>
> 子路宿于石门。晨门曰："奚自？"子路曰："自孔氏。"曰："是知其不可而为之者与？"(《论语·宪问》)
>
> 子曰："臧文仲其窃位者与！知柳下惠之贤，而不与立也。"(《论语·卫灵公》)
>
> 冉求曰："非不说子之道，力不足也。"子曰："力不足者，中道而废。今女画。"(《论语·雍也》)
>
> 曾子曰："堂堂乎张也，难与并为仁矣。"(《论语·子张》)

又如"赏誉"则是对人物的赞美和嘉奖：

> 颜渊喟然叹曰："仰之弥高，钻之弥坚；瞻之在前，忽焉在后。夫子循循然善诱人，博我以文，约我以礼。欲罢不能，既竭吾才，如有所立卓尔。虽欲从之，末由也已。"(《论语·子罕》)
>
> 太宰问于子贡曰："夫子圣者与？何其多能也？"子贡曰："固天纵之将圣，又多能也。"子闻之，曰："太宰知我乎！吾少也贱，故多能鄙事。君子多乎哉？不多也。"(《论语·子罕》)
>
> 子谓子产："有君子之道四焉：其行己也恭，其事上也敬，其

养民也惠,其使民也义。"(《论语·公冶长》)
　　子曰:"晏平仲善与人交,久而敬之。"(《论语·公冶长》)
　　蘧伯玉使人于孔子。孔子与之坐而问焉,曰:"夫子何为?"对曰:"夫子欲寡其过而未能也。"使者出。子曰:"使乎!使乎!"(《论语·宪问》)

　　从《论语》人物品评的具体实例来看,这些品评人物的方法已经完全显现出来。这些人物品评突出品评方法、态度、风格、语气等方面的因素,已经完全具备《世说新语》中方法类门类的风神,只是缺乏第三评价主体(材料整理者的再品评)将其提炼出来而已。

　　总之,孔子是前诸子时代与诸子时代的划界性人物。孔子的文化活动直接开启了诸子时代的到来,开创了先秦人才思想和人才培养模式的新纪元,并对先秦士阶层的形成和壮大产生了巨大影响。《论语》具有哲学、文学、历史等多重价值维度,而从其体例和内容来看,将其作为一部人物品评著作也并不为过。《论语》从体例、人物品评方法和品评标准各个方面都为后世人物品评树立了范式,对《史记》《汉书》《世说新语》等都产生了深远影响。

第六章　战国时代的"评人论道"和"人学兼评"

《左传》《国语》对人物在具体事件中的行为方式进行分析和评论，并从中揭示一定的人伦道德和价值理念，其品评人物是缘事而发，就事论事。即使人物品评仍然遵循一定的道义和价值标准，但事件和价值标准在人物品评中都是独立的、并列的关系。人物行为和价值标准互相发明。到了战国时期，品评人物与阐发道义的天平发生了倾斜，人物品评成为载道的工具。品评人物不再是在原有事件的基础上实事求是地进行评价，而是根据各家所持的学术观点来选择、改编或虚构人物故事，对有助于发挥其学术观点的故事细节和人物行为进行夸大突出，对于人物事迹都是本着"拿来主义"的立场，而不是遵循历史的真实。由于中国文化的核心要素是"人伦"，各家学说基本围绕"人伦"展开各自的学理系统。这样诸子的人物品评成为论道、体道、载道的载体。

由于诸子常常要借助历史人物来论道，诸子之道往往通过品评历史人物的行为方式和功过是非来阐发道义，这样人物品评就在史与子之间起了中介和衔接作用。章学诚说："六经皆史也。"（《文史通义》）不仅仅是六经都与史有关，就是诸子也明显地受到史官文化的影响。史与子说理论道的方式和价值追求都有相通之处。史和子都注重通过史料进行道义阐发。先秦史传文学中一直有一个传统，那就是在事件的记录中加入大量的记录历史人物言论的文字，这些历史人物的大段言论都事关道义和价值导向，史家不由自主介入历史现场，是借历史人物之辞以阐发道义，体现了史家的主体意识。虽然史家的基本行为方式是文献载录，但在文献的载录和保存过程中，史家获得了对历史的解释权，并最终成为天道人事的阐释者，他们凭借自己超强的言说能力和对史料的熟练运用,对社会意识形态发挥能动作用。同诸子一样,先秦史家在书史的同时也要立说。他们以史家的价值评判标准和道德标准来评判历史。由于史官文化源远流长,史官文化注重历史经验的总结和历史价值的发掘这一特点无疑成为早期著述的传统,当然也影响了诸子。诸子则完全以阐发道义为旨归,但其著述方式也是由史官的著述模式转化而来。不论是史官,还是诸子士人,其言论和著述都要与史结合。他们或言事(史),或言理(子),但归根结底是要述义(道),史家在书史中不忘申义,诸子在布道中不忘引史。只是在史书中,述史是主体;在诸子著作中,布道是主体,历史故事成为工具和辅助材料。他们打破历史叙述的真实性原则,对史料进行加工改造,为其学术观点的阐发服务,使其完全成为载道的工具。在诸子那里,人物和事件的性质被重新定位,重新阐释,呈现出不同的面貌。

第一节 战国时代的"评人论道"和"人学兼评"

战国后期,诸子经过长期的争鸣,都希望对各家学术之特点进行总结和综合评价。通过对众家学术之总体观照,在总览全局的学术视野之下突出自己的学术地位。在这些综合性的学术评价风潮中,各学派之学术领袖和代表即成为各家学术精神之化身,成为人们品评的对象,因而出现了"以学论人"和"人学兼评"的现象。而对各家学术的评价则直接以人物品评的形式体现出来。

一、《荀子·非十二子》的"以学论人"

《荀子·非十二子》批评的十二个人其实代表的是六个不同的学术派别。评人即是论道,非其人即是非其道,如果我们将其行文顺序稍作调整,其评人论道的特征更为明显:

它嚣、魏牟:纵情性,安恣睢,禽兽行,不足以合文通治。
陈仲、史䲡:忍情性,綦溪利跂,苟以分异人为高,不足以合大众,明大分。

墨翟、宋钘：不知壹天下、建国家之权称,上功用、大俭约而僈差等,曾不足以容辨异、县君臣。

慎到、田骈：尚法而无法,下修而好作,上则取听于上,下则取从于俗,终日言成文典,反紃察之,则偶然无所归宿,不可以经国定分。

惠施、邓析：不法先王,不是礼义,而好治怪说,玩琦辞,甚察而不惠,辩而无用,多事而寡功,不可以为治纲纪。

子思、孟轲：略法先王而不知其统,犹然而材剧志大,闻见杂博。案往旧造说,谓之五行,甚僻违而无类,幽隐而无说,闭约而无解。案饰其辞而祗敬之曰：此真先君子之言也。子思唱之,孟轲和之,世俗之沟犹瞀儒,嚾嚾然不知其所非也,遂受而传之,以为仲尼、子游为兹厚于后世。

以上十二子为荀子所批判者,而仲尼、子弓一脉和舜、禹则是荀子所崇尚和赞美者：

仲尼、子弓：若夫总方略,齐言行,壹统类,而群天下之英杰而告之以大古,教之以至顺,奥窔之间,簟席之上,敛然圣王之文章具焉,佛然平世之俗起焉,六说者不能入也,十二子者不能亲也,无置锥之地而王公不能与之争名,在一大夫之位则一君不能独畜,一国不能独容,成名况乎诸侯,莫不愿以为臣,是圣人之不得势者也。

舜、禹：一天下,财万物,长养人民,兼利天下,通达之属,莫不从服。

荀子认为,十二子皆偏离了正道,当今的仁人只有"上则法舜、禹之制,下则法仲尼、子弓之义,以务息十二子之说",才能成就圣王之事功。

二、《庄子·天下》的"人学兼评"

《庄子·天下》是又一篇学术总结性的文章,其以更宽广的视野

对当时的"天下"学术进行了全面总结和评价。现将其对各家的评价引述如下:

墨翟、禽滑厘:不侈于后世,不靡于万物,不晖于数度,以绳墨自矫,而备世之急。……其生也勤,其死也薄,其道大觳。使人忧,使人悲,其行难为也。恐其不可以为圣人之道,反天下之心。天下不堪。墨子虽独能任,奈天下何!离于天下,其去王也远矣!……墨翟、禽滑厘之意则是,其行则非也。将使后世之墨者,必自苦以腓无胈、胫无毛相进而已矣。乱之上也,治之下也。虽然,墨子真天下之好也,将求之不得也,虽枯槁不舍也,才士也夫!

宋钘、尹文:不累于俗,不饰于物,不苟于人,不忮于众,愿天下之安宁以活民命,人我之养,毕足而止,以此白心。……以为无益于天下者,明之不如已也。以禁攻寝兵为外,以情欲寡浅为内。其小大精粗,其行适至是而止。

彭蒙、田骈、慎到:公而不党,易而无私,决然无主,趣物而不两,不顾于虑,不谋于知,于物无择,与之俱往。……其所谓道非道,而所言之韪不免于非。彭蒙、田骈、慎到不知道。虽然,概乎皆尝有闻者也。

关尹、老聃:以本为精,以物为粗,以有积为不足,澹然独与神明居。……常宽容于物,不削于人。虽未至极,关尹、老聃乎,古之博大真人哉!

庄周:寂漠无形,变化无常,死与?生与?天地并与?神明往与?芒乎何之?忽乎何适?万物毕罗,莫足以归。……其于本也,弘大而辟,深闳而肆;其于宗也,可谓稠适而上遂矣。虽然,其应于化而解于物也,其理不竭,其来不蜕,芒乎昧乎,未之尽者。

惠施:惠施多方,其书五车,其道舛驳,其言也不中。……说而不休,多而无已,犹以为寡,益之以怪,以反人为实,而欲以胜人为名,是以与众不适也。弱于德,强于物,其涂隩矣。由天地之道观惠施之能,其犹一蚊一虻之劳者也。其于物也何庸!夫充一尚可,曰愈贵,道几矣!惠施不能以此自宁,散于万物而不厌,卒以善辩为名。惜乎!惠施之才,骀荡而不得,逐万物而不反,是穷响以声,形与影竞走也,悲夫!

《庄子·天下》综合品评各家学术,虽然站在道家的学术立场上,但要比荀子显得平和公允许多,从其评价总体来看,《天下》的学术视野明显高于荀子;从其立论基调来看,此时各家学术有合流之势,知识阶层也开始有意识地寻找学术统一之路径,这也是战国后期国家政治趋于统一的需要。《天下》虽为庄子后学所作,但显然已经试图摆脱狭隘的门派之争,寻求能够统一学术思想的路径。同时庄子后学已经趋向于关注政治治乱,将自己的学说与社会现实结合。《天下》的开头部分是全篇的主要内容,体现了作者对于学术发展趋势的总体设想和反思,后半部分才是对各家学术的品评,但从对各家的品评来看,都不是作者支持的。《天下》认为,天下的文化发展趋势是从道术到方术的运动,所谓方术则是"天下多得一察焉以自好"的枝节之说。各家皆各执道术之一端,只见一斑而不见全豹。用庄子的寓言故事来形容,各家所持皆"凿王官之浑沌所得之窍",这些"窍"看起来五彩纷呈,但皆已经走向方术之末流。学术最终应该归于道术。那么这个道术是什么?《天下》的回答是"内圣外王"之道:

天下大乱,贤圣不明,道德不一。天下多得一察焉以自好。譬如耳目鼻口,皆有所明,不能相通。犹百家众技也,皆有所长,时有所用。虽然,不该不遍,一曲之士也。判天地之美,析万物之理,察古人之全。寡能备于天地之美,称神明之容。是故内圣外王之道,暗而不明,郁而不发,天下之人各为其所欲焉以自为方。悲夫!百家往而不反,必不合矣!后世之学者,不幸不见天地之纯,古人之大体。道术将为天下裂。

《天下》对当时"道德不一,不能相通,百家众技,各执一曲而不能察古人之全"之弊端深为不满,明确提倡要明"内圣外王"之道,而"内圣外王"却是儒家思想的基本精神。从其所评价的各家思想来看,唯独没有提出和评价儒家人物。作为先秦显学,却不出现在被评价行列,这说明了什么？再从其开头开宗明义亮出的自我观点及其对邹鲁之士、缙绅先生和《诗》《书》《礼》《乐》等的肯定来看,作者显然是站在儒家学术立场上的。再从其所评价的各家来看,除了对关尹、老聃、庄周等道家人物进行肯定和赞美之外,对其他各家学术观点皆持否定态度。耐人寻味的是作者对道家人物的赞美有点无关痛痒,其仅仅是赞美而已,并没有提及其与天下治乱和"内圣外王"之道的关系,这与其在开篇标榜的论天下治乱之宏旨无关,而对其他各家的评价则几乎都或多或少关乎天下治乱之事。另外,作者在开篇对"古之所谓道术者"的描述也有王官之学的特点。儒家是王官之学的主要传承者,道家和墨家皆走的是文化"反动"之路线,在国家趋向统一的时代,已经越来越不适用于社会。因此,我们可以推断,《天下》盖道家后学中趋向儒学者所作,其否定了其他各家,出于学派出身,虽然赞美了道家,但以儒家思想为基本旨归。

回顾我们前文对于"德"范畴之演变的分析,以政治哲学为主体的中国学术经过分合演变,至此又趋向统一。"德"这个先秦思想史中的核心概念范畴极具政治哲学的意味,围绕"德"的演变可以清楚地看到先秦思想史的演变进程。但是当"德"在春秋时期裂变为各种德目之后,"德"这个术语逐渐内化为人的道德品质的代称,逐渐淡出了政治话语系统。而"德"原来承载的政治哲学内涵经过各家的争鸣和酝酿,最后被凝练为"内圣外王"之道重新提了出来。而以宽广的学术视野重新提出"内圣外王"之道,回归传统的政治哲学本位的却是对传统政治哲学批判最有力的道家后学。这一现象值得深思。

第二节 战国文体对后世人物品评文本形态的影响

战国时代的人物品评活动仍然十分活跃,但战国文体中出现的一些新特点对后世人物品评的发展和人物品评成熟文本的出现产生了巨大影响。这种新特点主要表现在"以类相从"的人物故事编排形式和品鉴性叙事的大量出现。下面试详论之。

一、"以类相从"的人物故事编排形式

《左传》和《国语》由于以记录历史事件为主,虽然在记录历史事件的同时也要通过人物和事件阐发一定的道义,但其以记事为主,以阐发道义为辅,而且借以阐发道义的事件基本都是真实的历史事件,人物品评也是就事论事,探讨这些人物行为和事件是否符合道义,或者从中可以发明什么道义。道义是在层出不穷的事件中逐渐总结和提炼出来的。人物都是真实的人物,事件都是真实的事件。在《论语》中,人物也是真实的人物,事件也是真实的事件,但评人与论道开始紧密结合。孔子开创的儒家学派既是一个学术群体,又是一个教育团体。出于教育和培养人才的目的,《论语》所记的人物品评还起着培养人和规范人的作用,《论语》人物品评的准则和品目就是儒家思想中的核心观念和范畴,因此人物品评开始侧重于以道论人。到了战国时期,人物品评成为论道的工具,出现了"以学论人"和"人学兼评"的现象。诸子著作中的人物因其所持道义的不同呈现出不同的甚至完全相反的特征。许多人物和事件的真实性被颠覆,寓言压倒历史。为了论道,一些历史事件除了被重新诠释之外,还被改造和加工甚至虚构,或者直接将其寓言化。

(一)《庄子》中"品汇相从"的故事集群

由于论道的需要,一些人物和故事都被类型化、寓言化。许多相似的故事被归入一类以充分说明同一个道理,出现了"品汇相从"的事件集群现象。如《庄子·让王》将众多的"让王"故事排列在一起,以说明同一种价值理念:

> 尧以天下让许由,许由不受。又让于子州支父,子州支父曰:"以我为天子,犹之可也。虽然,我适有幽忧之病,方且治之,未暇治天下也。"夫天下至重也,而不以害其生,又况他物乎! 唯无以天下为者,可以托天下也。
>
> 舜让天下于子州支伯。子州支伯曰:"予适有幽忧之病,方且治之,未暇治天下也。"故天下大器也,而不以易生,此有道者之所以异乎俗者也。

舜以天下让善卷,善卷曰:"余立于宇宙之中,冬日衣皮毛,夏日衣葛絺;春耕种,形足以劳动;秋收敛,身足以休息;日出而作,日入而息,逍遥于天地之间而心意自得。吾何以天下为哉?悲夫!子之不知余也!"遂不受。于是去而入深山,莫知其处。

　　舜以天下让其友石户之农,石户之农曰:"卷卷乎后之为人,葆力之士也。"以舜之德为未至也,于是夫负妻戴,携子以入于海,终身不反也。

　　《庄子》将这些事件汇集在一起,就是为了阐明同一种观念:生命重于王位。"让王"就是辞让王位,《庄子·让王》由十五个寓言故事组合而成,大多数借辞让王位之事宣扬重生思想,以生命为贵,以名位为轻。这些类似的故事被编排在一起,共同阐发一个思想观念,表现出"以类相从"的人物故事编排形式。

(二)《韩非子》"以类相从"的"储说"体

　　除了《庄子》,《韩非子》一书中大多数篇章也多用"以类相从"的小故事来论说治国之道。韩非文章的"储说""说难""说林"等标题直接体现了这种"以类相从"的文体特征,而有些统摄这些小故事的篇名或纲目名皆具有人物品评之品目的雏形,如《韩非子·十过》主要讲治理国家的十种过失。韩非从历史的经验中总结出了君主常犯的十种过失,用它们所导致的亡国亡身的惨祸,告诫统治者要引以为鉴。首先韩非先列举十过之名称:

　　十过:一曰行小忠,则大忠之贼也。二曰顾小利,则大利之残也。三曰行僻自用,无礼诸侯,则亡身之至也。四曰不务听治而好五音,则穷身之事也。五曰贪愎喜利,则灭国杀身之本也。六曰耽于女乐,不顾国政,则亡国之祸也。七曰离内远游而忽于谏士,则危身之道也。八曰过而不听于忠臣,而独行其意,则灭高名,为人笑之始也。九曰内不量力,外恃诸侯,则削国之患也。十曰国小无礼,不用谏臣,则绝世之势也。

然后针对每一种"过失"分别用相关的小故事来举例说明:

奚谓小忠？昔者，楚共王与晋厉公战于鄢陵，楚师败，而共王伤其目。酣战之时，司马子反渴而求饮，竖谷阳操觞酒而进之。子反曰："嘻，退！酒也。"谷阳曰："非酒也。"子反受而饮之。子反之为人也，嗜酒而甘之，弗能绝于口，而醉。战既罢，共王欲复战，令人召司马子反，司马子反辞以心疾。共王驾而自往，入其幄中，闻酒臭而还，曰："今日之战，不谷亲伤。所恃者，司马也，而司马又醉如此，是亡楚国之社稷而不恤吾众也！不谷无与复战矣。"于是还师而去，斩司马子反以为大戮。故竖谷阳之进酒，不以雠子反也，其心忠爱之，而适足以杀之。故曰："行小忠，则大忠之贼也。"

奚谓顾小利？昔者，晋献公欲假道于虞以伐虢。荀息曰："君其以垂棘之璧与屈产之乘，赂虞公，求假道焉，必假我道。"君曰："垂棘之璧，吾先君之宝也；屈产之乘，寡人之骏马也。若受吾币不假之道，将奈何？"荀息曰："彼不假我道，必不敢受我币。若受我币而假我道，则是宝犹取之内府而藏之外府也，马犹取之内厩而著之外厩也，君勿忧。"君曰："诺。"乃使荀息以垂棘之璧与屈产之乘赂虞公而求假道焉。虞公贪，利其璧与马而欲许之。宫之奇谏曰："不可许。夫虞之有虢也，如车之有辅。辅依车，车亦依辅，虞、虢之势正是也。若假之道，则虢朝亡而虞夕从之矣！不可，愿勿许。"虞公弗听，遂假之道。荀息伐虢之，还反处三年，与兵伐虞，又克之。荀息牵马操璧而报献公，献公说曰："璧则犹是也。虽然，马齿亦益长矣。"故虞公之兵殆而地削者，何也？爱小利而不虑其害。故曰："顾小利则大利之残也。"

这种一个标题下汇聚许多同类型故事的模式在战国秦汉时期的古籍作品中很常见，而贯穿这些独立的故事材料的小标题与后世人物品评成熟文本中的门类已经十分接近。只是前者的目的是说理论道，后者的目的是突出特点和审美鉴赏。

二、品鉴性叙事

（一）《礼记·檀弓》的品鉴性叙事

同样，通过材料罗列表达一定的核心观念，但没有提炼出与材料主题相关的小标题的材料编排形式是《礼记·檀弓》的鲜明特点。与战国诸子著作不同,《礼记·檀弓》直接呈现系列事件,只有材料的汇聚,没有统摄这些事件的小标题。但是,这类故事汇编性质的文体最突出的特点是对于这些事件的"鉴赏性"态度。通过形象生动的故事,体现材料编排者的人生观、价值观、审美观,这些观念就隐含在故事本身中。《礼记·檀弓》通过众多的小故事来说明礼仪之内涵。如:

> 穆公之母卒,使人问于曾子曰:"如之何?"对曰:"申也闻诸申之父曰:'哭泣之哀,齐、斩之情,饘粥之食,自天子达。布幕,卫也;缲幕;鲁也。'"
>
> 晋献公将杀其世子申生,公子重耳谓之曰:"子盖言子之志于公乎?"世子曰:"不可。君安骊姬,是我伤公之心也。"曰:"然则盖行乎?"世子曰:"不可。君谓我欲弑君也,天下岂有无父之国哉!吾何行如之?"使人辞于狐突曰:"申生有罪,不念伯氏之言也,以至于死。申生不敢爱其死。虽然,吾君老矣,子少,国家多难,伯氏不出而图吾君。伯氏苟出而图吾君,申生受赐而死。"再拜稽首乃卒。是以为共世子也。
>
> 鲁人有朝祥而莫歌者,子路笑之。孔子曰:"由!尔责于人,终无已夫!三年之丧,亦已久矣夫!"子路出,夫子曰:"又多乎哉!逾月则其善也。"
>
> 鲁庄公及宋人战于乘丘,县贲父御,卜国为右,马惊败绩,公队,佐车授绥。公曰:"末之卜也。"县贲父曰:"他日不败绩,而今败绩,是无勇也。"遂死之。圉人浴马,有流矢在白肉。公曰:"非其罪也。"遂诔之。士之有诔,自此始也。
>
> 曾子寝疾,病。乐正子春坐于床下,曾元、曾申坐于足,童子隅坐而执烛。童子曰:"华而睆,大夫之箦与?"子春曰:"止!"曾子闻之,瞿然曰:"呼!"曰:"华而睆,大夫之箦与?"曾子曰:"然。斯季孙之赐也。我未之能易也,元起易箦!"曾元曰:"夫子之病革矣,不可以变。幸而至于旦,请敬易之。"曾子曰:"尔之爱我也不如彼。君子之爱人也以德,细人之爱人也以姑息。吾何求哉?

吾得正而毙焉,斯已矣。"举扶而易之,反席未安而没。

太公封于营丘。比及五世,皆反葬于周。君子曰:"乐,乐其所自生;礼,不忘其本。"古之人有言曰:"狐死正丘首,仁也。"

子夏丧其子而丧其明。曾子吊之曰:"吾闻之也,朋友丧明则哭之。"曾子哭,子夏亦哭,曰:"天乎!予之无罪也!"曾子怒,曰:"商!女何无罪也?吾与女事夫子于洙、泗之间,退而老于西河之上,使西河之民疑女于夫子,尔罪一也;丧尔亲,使民未有闻焉,尔罪二也;丧尔子,丧尔明,尔罪三也。而曰女何无罪与?"子夏投其杖而拜,曰:"吾过矣!吾过矣!吾离群而索居亦已久矣。"

高子皋之执亲之丧也,泣血三年,未尝见齿。君子以为难。

叔孙武叔之母死,既小敛,举者出户。出户袒,且投其冠,括发。子游曰:"知礼。"

这里虽然列举了一系列的人物行为故事,在材料的选择上也体现出了作者的主观倾向和好恶,但这些倾向、好恶及其对人物和事件本身的评价都隐含在材料本身中,即让事实说话,让材料本身呈现价值判断。作者本人对人物的判断和态度就蕴含在事件材料中。这种品鉴性叙事的特点就是"寓褒贬于叙事"。这种材料编排方式在后世的纪传体史书《史记》中发展成熟,并对人物品评的成熟文本《世说新语》产生了巨大影响。《世说新语》的文本从本质上来说,就属于一种品鉴性叙事,其直接以事件本身呈现人物精神风貌,作者的观念隐含其中却不露痕迹。这种事件的汇集让人物品评的第三主体(材料的整理者)的人物品评意识凸显出来,意味着人物品评的主体从事件本身中的当事人变为第三方的材料整理者,而且品评的主体完全处于隐蔽状态。在《左传》《国语》中,这个第三方本身就是编写史书的史官,从人物故事的选材到编写再到有意识地通过"君子曰""孔子曰"来品评人物,第三主体的人物品评倾向越来越明确。

品评人物有一个非常重要的组成部分,就是人物品评的主体。人物品评的主体经过了三个发展阶段:第一阶段是当事人本身,第二阶段是与事件拉开了一定距离的"君子曰",第三阶段是有意识地对人物故事进行加工整理，并通过一定的价值理念将其串联在一起的诸子。这时，除了让故事中的人互相品评、让站在故事之外的旁观者进行品评以外，还有一个站在更隐蔽处的深藏不露的品评者——故事的整理者，其根据自己的好恶对这些品评故事进行出于实用目的或者审美目的的观照。这个站在故事背后的品评者在战国时代就已经出现了。当人们对这些故事进行加工、归类、整理之后，人物品评得以作为一种文化现象以独立的方式呈现出自己的风貌。战国的诸子著作、汉代的刘向皆以这些历史故事为素材，运用以类相从的方式，使其成为某种人类文化精神的形象化载体。同时，这种以类相从的故事汇编方式为后世系统性的人物品评专著的出现奠定了基础。

在品鉴性叙事中，鉴赏性的第三视角逐渐明朗化，其对人物品评门类的出现也具有促进作用。虽然这些故事汇编没有明确的统摄性标题，但所有的故事要么围绕着同一个主题，强化同一种理念；要么表现同一种事象、特点、风格。当这些主题、理念、事象、特点、风格被专门提出来，并让其统摄所有的故事之后，真正的人物品评门类就产生了。在《左传》《国语》《论语》中，只有分散的人物品评故事，这些故事虽然蕴含着一定的价值理念，但这些价值理念我们只能将其看作"品目"，相当于《世说新语》中的"评语"及其关键词。因为这些价值理念并没有专门为统摄故事而设，同一种理念下并没有汇聚相似的故事。只有当这些人物故事被人从鉴赏性的角度重新编排汇集，并从一个特定的角度将其贯穿统摄起来，并拟定出这些故事共用的小标题后，人物品评的成熟文本才算真正产生。

（二）《战国策》的品鉴性叙事

《战国策》的材料编排也体现了品鉴性叙事的特征。一本书由一个个独立的小故事构成，故事之间没有因果关系，这些材料背后的逻辑关系就是作者本人的主观意图：通过具体的事实或者明理，或者展示人在不同方面的才能，或者寄托作者的价值观和人生观，或者对某种人的行为进行鉴赏。《战国策》和《礼记·檀弓》在材料的编排模式上完全一致，其不同之处就在于作者编排材料的意图，《礼记·檀弓》意在示范礼并揭示礼的意义和价值，《战国策》的编排意在展示士人在政治舞台上的才能和精神风貌,带有鉴赏甚至渴望模仿的性质。它们都以历史事件为材料,但都与真正的史书有区别:即不是为了呈现事件的前因后果、来龙去脉,而是展示和鉴赏人物的立身行事和神采风貌,并从中揭示一定的道理和价值意义。《战国策》的鉴赏色彩大于记事色彩。《战国策》的事件编排方式对《史记》的纪传体产生了巨大影响,《史记》的纪传体故事有些就直接采用了《战国策》的现有故事。但因为《史记》是正史,以叙事为旨归,所以其要突出事件的来龙去脉和前因后果。虽然《史记》以独立的人物故事为基本单位,但采用了各种方式(如互见法)突出事件的因果关系和内在联系;而《战国策》的叙事以独立的事件为基本单位,事件与事件之间并没有密切的联系,其重在对事件本身及人物行为的鉴赏。因此,《战国策》中也有许多对人物的言行举止和精神风貌进行直接品评的内容,如《战国策·齐策一》:

> 秦假道韩、魏以攻齐,齐威王使章子将而应之。与秦交和而舍,使者数相往来,章子为变其徽章,以杂秦军。候者言:"章子以齐入秦。"威王不应。顷之间,候者复言:"章子以齐兵降秦。"威王不应。而此者三。有司请曰:"言章子之败者,异人而同辞,王何不发将而击之?"王曰:"此不叛寡人明矣,曷为击之?"
>
> 顷间,言:"齐兵大胜,秦军大败。"于是秦王拜西藩之臣而谢于齐。左右曰:"何以知之?"曰:"章子之母启得罪其父,其父杀之,而埋马栈之下。吾使者章子将也,勉之曰:'夫子之强,全兵而还,必更葬将军之母。'对曰:'臣非不能更葬先妾也。臣之母启得罪臣之父。臣之父未教而死。夫不得父之教而更葬母,是欺死父也,故不敢。'夫为人子而不欺死父,岂为人臣欺生君哉?"[1]

齐秦交战,齐威王派章子迎战,章子出于策略的需要,改变了自己军队的旗号,穿上了秦军的衣服,掺杂在秦军中。齐国侦查人员不明情况,便向齐威王汇报章子投降了,威王不理睬,后来侦查人员接二连

---

[1] 范祥雍《战国策笺证》,上海古籍出版社,2006年版。下引《战国策》同。

三说章子投降了秦军,威王坚持不信。最终传来消息,齐军战胜了秦军。左右大臣不明白为什么,威王解释说,这是从章子不欺骗他死去的父亲这一点看出来的。既然他连自己死去的父亲都不欺骗,更不会欺骗自己的国君。这一故事反映了用人不疑和君臣遇合的观念,在故事的叙述中具有浓厚的鉴赏意味。又《战国策·齐策三》:

> 淳于髡一日而见七人于宣王。王曰:"子来。寡人闻之,'千里而一士,是比肩而立;百世而一圣,若随踵而至也。'今子一朝而见七士,则士不亦众乎?"
>
> 淳于髡曰:"不然。夫鸟同翼者而聚居,兽同足者而俱行。今求柴葫、桔梗于沮泽,则累世不得一焉。及之睾黍、梁父之阴,则郄车而载耳。夫物各有畴,今髡贤者之畴也。王求士于髡,譬若挹水于河,而取火于燧也,髡将复见之,岂特七士也。"

淳于髡一天之内向齐宣王引荐七个人。齐宣王认为淳于髡的做法有些过,便表示了些许的不满。淳于髡解释说,世上万物各有其类,他自己是贤人,所以在他周围的也是贤人,这样他向国君引荐大量人才将会是非常容易的事情。通常所说"物以类聚,人以群分",就是这个道理。这个故事说明举人不分内外亲疏,唯贤是举才是关键,表现了战国士人的洒脱和宽广的胸怀。《战国策·楚策一》:

> 楚王问于范环曰:"寡人欲置相于秦,孰可?"对曰:"臣不足以知之。"王曰:"吾相甘茂,可乎?"范环对曰:"不可。"王曰:"何也?""夫史举,上蔡之监门也。大不如事君,小不如处室,以苛廉闻于世,甘茂事之顺焉。故惠王之明,武王之察,张仪之好谮,甘茂事之,取十官而无罪。茂诚贤者也,然而不可相秦。秦之有贤相也,非楚国之利也。"

楚王向范环咨询让甘茂为秦相如何,范环认为不可。因为甘茂实在是不可多得的人才,他在过去事秦的时候表现出了惊人的处事本领。史举是小吏,一般人很难与其相处,甘茂却和他相处得很好。秦惠王英明，秦武王精干，张仪又好进谗，甘茂给他们做事，却一连晋升了十次，也没有获罪。据此看来，甘茂是贤能的人。和难处的人能相处融洽，在诸多厉害角色当中能游刃有余，可见这样的人具有非凡的才能和智慧。如果让其再去相秦，①那就会让强秦如虎添翼，到时候反而是楚国的威胁。这段故事通过记述楚王和范环的对话，评价了甘茂之才。

《战国策》中还有很多这样直接品评人物的事例，如果将这些人物品评的材料摘录出来，再汇总在一起，将其按照一定的特点分成不同的类别，为其加上小标题，就是典型的人物品评著作了。《战国策》中大多数简短精练的故事其实就是一个个人物品评性质的故事。因为其是一种鉴赏性的故事汇编，尽管鉴赏的不仅仅是人物，还有事件本身，但人物和事件总是相依而存的，其中都包含着叙事者鉴赏的情感因素。《战国策》的人物故事编排形式及其品鉴性叙事对后世人物品评的成熟文本形态产生了巨大影响。

与《战国策》一样，《晏子春秋》的人物故事编排形式也是品鉴性叙事的故事汇编，只不过这些故事的主人公都是晏子一个人，对晏子的言行和精神风貌进行品鉴性的记录和叙述，其人物品评性质更为突出。

总之，历史故事是先秦子书与史传的共同资源，这类介于子和史之间的人物故事集是后世人物品评成熟文本的雏形。只是《世说新语》对类似的故事进行了分类并按照其内涵将其归入不同的门类。但是其鉴赏性质和让故事本身呈现事理和价值判断这一点与《世说新语》完全相同。这类品鉴性叙事在汉代也很流行，像《韩诗外传》《风俗通义》《列女传》《说苑》《新序》都有这样的故事汇集在一起，只是这些作品将其中的故事归于某一明确的事理类别之下，让故事中的事理明朗化，或者这些故事本身就是为明某种事理而设，这一点又与诸子相同。所以说人物故事集就是介于子与史之间的文体形态，随着编纂者的主观倾向而左右摇摆。这种故事集最终走向成熟形态的标志就是《世说新语》的出现，其虽然以品评鉴赏为主，但就品评鉴

---

① 据《史记·樗里子甘茂传》，此时，甘茂被向寿和公孙奭之谗而亡秦奔齐。

赏的内容来说,包含了明事理和审美两个方面,这是受战国子书与史书中"以类相从"的人物故事编排形式和品鉴性叙事影响的结果。

综上所述,战国文体中出现的"以类相从"和"品鉴性叙事"形态对后世成熟的人物品评文本的出现产生了巨大影响。战国时期的人物品评与诸子的道义阐发紧密结合,体现出"以学论人"和"人学兼评"的特点。

由于各家学术观点不同,诸子人物品评的特点也不同,同一个人物在不同学派的话语系统中呈现出不同的特点。在诸子著作中,孔子成为共同的评价对象,诸子和史传在行文结构上都有庄子所谓的"三言"模式,只是侧重点不同而已。因此,孔子在战国诸子著作中的主要作用和意义就在于承载了"重言"的角色。在战国诸子中,孟子的人物品评有突出地位,其与孔子的人物品评一脉相承。《孟子》的人物品评主要围绕"仁政""王道""性善论"和"义裁"等问题展开。孔子多言"礼",而孟子多言"义","礼"与"义"的转化是孔孟哲学的主要区别,也是儒家学术从孔子到孟子发展的关键点。《荀子》一书所涉人物品评现象虽然具有战国诸子"以学论人""人学兼评"的共同特征,这一点以其《非十二子》《正论》《解蔽》等篇章为代表。但《荀子》一书还出现了许多与其所处的时代背景、思想观点和思辨逻辑相关的人物品评内容,主要是从其"名学"理论引发的对人事的"正名辨实"和基于"统类"思想的"分类定等"等特点。荀子的人伦品鉴呈现出"类型品评"的特点。荀子不但遵从既有的礼仪规范,而且丰富、发展、完善了各种行为规范,荀子通过"正名""制名"建构起了庞大的伦理道德名类体系,不论是哪个层面的行为,是哪种身份的人,还是哪种情境中的做法,荀子都按层次的高低、修养的高下对其进行评判和褒贬,这些名类体系对人的行为具有规约和镜鉴意义。

第七章　战国诸子著作的"三言"模式及其孔子形象的"重言"意味

《庄子》称其文由"寓言、重言、卮言"构成，称其文章是"寓言十九，重言十七，卮言日出，和以天倪"。又解释说，之所以要用"寓言"和"重言"，都是为了取信于人。"寓言十九，籍外论之。亲父不为其子媒。亲父誉之，不若非其父者也"。重言主要是借助长者或贤者的言论或故事来增强其观点的可信度和说服力，同时也可以终止争端。"重言十七，所以已言也，是为耆艾"。(《庄子·寓言》)其实从形式上来看，战国诸子文章大多都具有庄子所说的"三言"模式，只是不同的子书中"三言"所占的比例不同而已。在《庄子》一书中，所占比例最高的是"寓言"，"寓言"主要是被加工和改造过的历史故事和寓言故事。"重言"主要是长者或者贤者的言论，"重言"有时候还由具有权威性的《诗》《书》等经典和民间谣谚来承担。由于《庄子》反对仁义和礼乐制度，其"重言"很少引《诗》《书》。法家提倡严刑峻法，"法后王"，所以传统的经典和古圣先贤的言论不适宜为其"重言"。法家著作中的"寓言"部分大多数也是经过加工和改造的历史故事和寓言故事，"重言"相对较少，只有很少的部分引《书》。《孟子》《荀子》作为儒家的继承者，《诗》《书》《礼》《乐》、民间谣谚、古圣先贤之言皆是其"自重其言"的材料。《墨子》虽然与儒家的观点不同，但墨家也提倡效法古圣王，因此其"重言"多引《诗》《书》和古圣先贤之言。又因为墨家反对礼乐，提倡节用、节葬、非乐，所以很少引用礼乐方面的材料。在诸子的论辩中，古圣先贤也成为法家和道家攻击的对象，这除了古圣先贤在传说中被描述为仁义的化身之外(这与法家和道家的思想相左)，也与他们常常作为"重言"之材料有很大的关系。

诸子"三言"之体其实在史传文学中也有对应的形式。因为不论是先秦史书还是诸子,或书史(史传),或言理(诸子),归根结底都是要述义(道)的。同诸子一样,先秦史家在书史的同时也要立说。史家在书史时不忘申义,诸子在布道中需要引史以佐证。史官所申之道义要么隐含在历史事件或者历史人物之言中,要么通过"君子曰""舆人之诵"和诗歌谣谚表现出来,要么通过对事件的直接评价和解说表现出来。① 所以,诸子的"三言"模式在史传中也有体现。在史传著述中,与诸子"寓言"对应的就是作为史传主体的历史事件。可以说,诸子中的"寓言"是源于史传传统的。只是在史传中,其是真实的历史事件;在诸子中,其变成了带有虚构成分的历史故事,或者干脆自己创作不关历史的寓言故事。史传的"君子曰""舆人之诵"和所引用的《诗》《书》、谣谚等对应的是诸子著述中的"重言",史官对一些历史事件的直接评价和说明则对应诸子著作中的"卮言"。史传和诸子著述的侧重点不同:史传侧重于记录和总结历史,所以以历史事件的呈现和记录为主;诸子著述侧重于阐发自己的观点和看法,所以历史故事和寓言皆为其道义阐发服务。

在战国诸子著作中,孔子形象复杂而多变,除了其形象本身被加工、改造和寓言化之外,还有一个不约而同的倾向,就是孔子或多或少是作为承担"重言"的角色出现的。战国诸子大多借孔子故事和孔子之言以自重言论,让孔子成为其学说的代言人。这是因为孔子在战国时期已经具有非常广泛的影响力,而儒家学派在当时又是显学,所以各家的论争都必然涉及孔子。孔子是儒家学派的创始人,儒家学派是争鸣、论战的百家之一,孔子既被其他学派攻击,同时又时时被其他各家作为权威重言的发表者,孔子的这种二重身份使其在诸子著作中成为复杂多变的形象。诸子及其后学对孔子的评价也出现了前后不一甚至矛盾的现象。

第一节 孔子在《墨子》中的形象及其作用

儒、墨在战国时期并称为当世显学。《韩非子·显学》说:"世之

---

① 孙董霞《先秦两汉史传文学"言""事"关系的分合与流变》,《兰州大学学报》(社会科学版),2013年第4期。

显学,儒、墨也。"墨家的创始人为墨翟,约生于公元前480年,卒于公元前390年。① 墨子正好生活于孔子之后,孟子和庄子之前。墨家产生于儒家之后,但能够发展到与儒家平分秋色的地步,可见其影响力之大。据载,墨子原为儒门弟子,后因不满儒家学说而另创一对立的学派:

> 墨子学儒者之业,受孔子之术,以为其礼烦扰而不说,厚葬靡财而贫民,服伤生而害事,故背周道而用夏政。(《淮南子·要略》)②

《要略》认为墨家出自儒家,并不是毫无根据。历史地看,孔子的确以自己的行动创立了中国历史上第一个真正意义上的文化群体,这一群体的发展和分化逐渐开启了百家争鸣的新时代。在墨家学说中,孔子基本上是作为负面形象而被批判的。为了明白墨家对孔子批评的原因及其到底是在怎样的思想层面上来评价孔子的,首先必须要明白墨家学术的大概精神。

墨家作为战国时代的显学,与其自身的理论特色有关。劳思光先生认为,墨家思想的中心,在于兴天下之利。"利"指的是社会利益,因此其学术的"基源"问题是"如何改善社会生活",其学术的第一主脉是功利主义。在百家争鸣的核心——"社会秩序的重建"问题上,墨子持权威主义观点,认为必须下同乎上("尚同"),故权威主义是墨家学术的第二主脉。由功利主义观念乃生出非乐、非攻之说;由权威主义观念乃生出天志、尚同之说,但这两条主脉皆汇于"兼爱"说中。③ 墨家的"兼爱"说虽然呼吁人们要"兼相爱",但其是出于"交相利"的根本目的。当时对天下来说,最大的"利"莫过于"平乱",使社会由乱趋于治。墨子认为,天下之所以大乱是因为人不能"兼相爱":"当(尝)察乱何自起? 起不相爱。""故天下兼相爱则治,交相恶则乱。"所以"兼爱"是出于平乱求治的目的,能产生利天下的实效。

---

① 钱穆《先秦诸子系年》,九州出版社,2011年版,第91页。
② [汉]刘安等《淮南子》,高诱注《诸子集成》本,中华书局,2006年版,第375页。
③ 劳思光《新编中国哲学史》,广西师范大学出版社,2005年版,第217页。

墨子的"兼爱"即是出于功利主义之根本目的;墨子的"利"并非自私自利,而是利天下之利。孟子说:"杨子取为我,拔一毛而利天下,不为也。墨子兼爱,摩顶放踵利天下,为之。子莫执中,执中为近之,执中无权,犹执一也。所恶执一者,为其贼道也,举一而废百也。"(《孟子·尽心上》)杨朱之利是自私之利,只为自己考虑;墨子之利为利他人之利,但两者都走向了极端,皆是"执一"而已,不知权衡和变通,故"举一而废百"。儒家对于利的态度是要合于义,行其义而不谋其利,义就是孟子所说的"权"。在得失利弊面前,以义为衡量标准,是为中庸之道。

墨子的"兼爱"在于无私的爱、普遍平等的爱,这种爱超越了人伦亲情,成为无差别的爱。这也是墨家与儒家的根本区别所在。儒家批判墨家"无父无君"即是出于此。孟子说:"杨氏为我,是无君也;墨氏兼爱,是无父也。无父无君,是禽兽也。"(《孟子·滕文公下》)那么儒家在人伦亲情和利天下之间作何取舍呢?标准是什么呢?孟子通过一个事件假设回答了这个问题:

> 桃应问曰:"舜为天子,皋陶为士,瞽瞍杀人,则如之何?"孟子曰:"执之而已矣。""然则舜不禁与?"曰:"夫舜恶得而禁之?夫有所受之也。""然则舜如之何?"曰:"舜视弃天下,犹弃敝蹝也。窃负而逃,遵海滨而处,终身䜣然,乐而忘天下。"(《孟子·尽心上》)

桃应以为舜虽爱父,而不可以私害公;皋陶虽执法,而不可以刑天子之父,因此作此假设。孟子的回答是"各行其义"。对皋陶而言,在这件事情上要行的"义"是"执法";对舜来说,在这件事上应行的"义"是"孝"。如果按照墨子的理论,则皋陶杀舜父以利天下,舜则缚其父交与皋陶而正法以利天下,此类似于《论语·子路》所说"证父攘羊"之事,这是墨家之义决定的。因为在墨家那里是义、利一元,功利与实用合一;而儒家是义、利相分,义是道德的最高标准,义和利也是君子和小人的重要区别。在这件事上,作为当事人的舜在天下和孝之间权衡取舍,当以孝为先,孝在这一特殊事件中为义之重者。因为儒家认为天下之至大者,人伦也。"无父无君,是禽兽也"。

墨家的"兼爱"思想表面听起来,对下层平民来说似乎很有吸引力。但问题是,让人们产生这种普遍无私的爱何以可能? 爱别人真的能像爱自己的亲人一样吗? 这种爱能否涵养得出真情来? 虽然墨子独能为之,奈芸芸众生何? 墨家学派的"兼爱"和利天下之思想缺乏坚实的理论基础作为根基,虽然口号响亮,但弊端也很明显。普通的人也难以执行其道,所以孟子说:"逃墨必归于杨,逃杨必归于儒。"(《孟子·尽心下》)荀子说:"墨子蔽于用而不知文。"(《荀子·解蔽》)又批评墨子"不知壹天下、建国家之权称,上功用、大俭约而僈差等,曾不足以容辨异、县君臣"(《荀子·非十二子》)。《庄子·天下》①也批评墨家之道说:

  其生也勤,其死也薄,其道大觳;使人忧,使人悲,其行难为也,恐其不可以为圣人之道,反天下之心,天下不堪。墨子虽独能任,奈天下何! 离于天下,其去王也远矣!

  墨家非礼乐,提倡节俭,是针对当时儒家礼节过于繁复的弊端和下层平民的实际而提出的,但墨子非礼非乐则走上了另一个极端,等于否定了传统文化的所有价值。墨子也没有理解礼乐文化在儒家学说中的真正意义,所以对儒家的批判也只能是一些皮相之见,无外乎《庄子》评价说"其行难为也","天下不堪","墨子虽独能任,奈天下何","将使后世之墨者,必以自苦腓无胈、胫无毛相进而已矣"(《庄子·天下》)。墨家学说难行和令人不堪忍受的原因,庄子后学并没有进一步深入分析。究其原因,还在于墨家学术的路径过于牵强。

  墨家学术的核心内涵是"兼爱",认为天下之所以大乱在于人"不相爱",所以人要"兼相爱",才能天下太平。但是墨子把人从"不相爱"到"兼相爱"的理据仅仅安放在"功利"上,认为只要认识到"兼爱"的功利效果,人们就会因为"交相利"而"兼相爱"。将爱人这一种高级的精神活动完全安放在利上,而且还是毫不利己,而要全心全意地去利天下这样宏大的目标上,的确很难。至此可见,墨家学理逻辑

---

① 陈鼓应《庄子今注今译》,中华书局,1983年版。下引《庄子》同。

的问题即在于不能从人自身寻找一价值支撑点。无私宏大的爱人精神只是建立在利的基础上,当利无法实现时怎么办?这种爱还能不能维持?人不能涵养出这种无私的利他之爱又怎么办?这样"兼爱"是否成了一句空话?且人完全没有了自我意识和个体价值,"兼爱"的热情能维持多久?墨家不能像儒家那样将"爱人"变成一种出于个人价值自觉和精神提升的行动,在提升个人精神境界的基础上来谈"爱人",即不能像儒家那样通过"立己"以"立人",通过"达己"以"达人";通过亲亲以仁民,通过仁民以爱物,进而爱天下,这样逐级向外推,通过推己和融通的方式形成与他人的互动。所以修墨家之道者最终苦不堪言,就像孟子所说,最后逃归于杨,又逃归于儒。

墨家也意识到了这一点,他们必须为人们找到"兼爱"的终极理由,让人无怨无悔地去"兼相爱"。墨家随即将目光转向天志,以天志作为"兼爱"的价值根源。认为人要"兼相爱,交相利"是天意如此,天下太平也是天意如此。义自天出,而不是出自人本身。人间的"兼爱"、公平、正义都出自天意。墨家的天无疑是主宰天,这样墨家在天人关系上又走上了思想史发展的回头路。

要达到天下大治,除了每个人之间的"兼爱"之外,在国家政治层面上,墨家还提出"尚同"。"尚同"的本质是"一同天下之义"。天下"一人则一义,十人则十义"将会秩序混乱,无所适从,因此国家应该有一统一之思想,而建立这一统一思想的任务则落在"天子"身上。天子何能"一同天下之义"? 在于天子能尚同于天。天子法天以求得"一同天下之义",这就是绝对权威,人们要"尚同义(乎)其上,而毋有下比之心",这样墨家思想即显露出极强的权威主义色彩,这一点为当时的权力竞争者所青睐。孔子的时代,旧的格局还没有完全打破,孔子学术中也没有提出明确的政治纲领。而墨子的时代,"王天下"成为明确的时代问题,这时期墨家大盛,并明确提出了"王天下"的问题,于是墨家大有压倒儒家之势。墨子死后,孟子顺应新时代的发展需要,进一步发展儒学思想,提出"仁政"和"王道"之说,滔滔而辩,力挽狂澜于既倒,终于巩固了儒家的学术地位。但在孟子之前,墨子的权威主义思想的确吸引了统治者的注意力,墨家遂为显学。那么人何以把握天志?天志的本质是什么?墨子仍归之于"兼爱"。《墨子·天志下》①：

> 曰：顺天之意何若？曰：兼爱天下之人。

这样墨子即构建完成了其以"兼爱""天志""尚同"为核心的理论体系。总之，墨家的思想即以功利主义和权威主义为根基。墨家的"非乐""节用""节葬"等思想观念皆因此基本观念而来。

明白了两者的主要差别之处，我们再来看《墨子》对儒家和孔子的批评，则可以知道其处于什么样的思想层面。墨家对于儒家的批判主要在一些细枝末节上，而不能从理论根基上否定儒家。《墨子》对儒家的攻击也皆是立足于其功利主义的立场，其批评的矛头主要指向其不敬天神、厚葬、礼乐的繁饰等。如《墨子·公孟》：

> 子墨子谓程子曰："儒之道足以丧天下者，四政焉。儒以天为不明，以鬼为不神，天鬼不说，此足以丧天下。又厚葬久丧，重为棺椁，多为衣衾，送死若徙，三年哭泣，扶后起，杖后行，耳无闻，目无见，此足以丧天下。又弦歌鼓舞，习为声乐，此足以丧天下。又以命为有，贫富寿夭、治乱安危有极矣，不可损益也。为上者行之，必不听治矣；为下者行之，必不从事矣，此足以丧天下。"

这里，墨家批判儒家不敬天神、厚葬、礼乐繁饰、有命等四个方面，以为其是"足以丧天下"之道。但是其对儒家不敬天神的非议，其高下自不待论；对于儒家之"天命"的误解也自不待言。唯厚葬和礼乐繁饰似有道理者，但其仍然没有理解儒家礼乐背后的真义。孔子创立的儒家学说以"心性论"为核心，一切行为皆围绕培养人之自觉性而来，礼乐即是养成方式之一。况且，到了孔子的时代，礼崩乐坏，孔子已经意识到礼乐制度的问题，而且孔子并不提倡厚葬，孔子说："礼，与其奢也，宁俭；丧，与其易也，宁戚。"(《论语·八佾》)孔子重视的是礼乐对人格修养的模塑作用，而不是其外在的仪式。这样的评价显

---

① 吴毓江《墨子校注》，中华书局，1993年版。下引《墨子》同。

然太过牵强,连跟墨子对话的程子也说:"甚矣,先生之毁儒也。"(《墨子·公孟》)由于墨家不能抓住儒家之核心思想进行辩驳,故其非儒非孔则陷于表面化,甚至以讥嘲讽刺为能事。《墨子·非儒下》:

  且夫繁饰礼乐以淫人,久丧伪哀以谩亲,立命缓贫而高浩居,倍本弃事而安怠傲,贪于饮食,惰于作务,陷于饥寒,危于冻馁,无以违之,……君子笑之,怒曰:"散人,焉知良儒!"

这里无非是讥讽儒家不善求利,不事生产,而又繁饰礼乐。并不能指出儒家理论的根本缺陷。因为孔子在当时的影响力巨大,各家论证自己的学说要么以孔子来"重言",要么批判孔子以树立自己的学术观点。墨家虽然批判儒家思想,但墨子对待孔子的态度还是比较谨慎的,与其后学对待孔子的态度有所不同。如《墨子·公孟》:

  公孟子谓子墨子曰:"昔者圣王之列也,上圣立为天子,其次立为卿大夫。今孔子博于《诗》《书》,察于礼乐,详于万物,若使孔子当圣王,则岂不以孔子为天子哉。"子墨子曰:"夫知者,必尊天事鬼,爱人节用,合焉为知矣。今子曰孔子博于《诗》《书》,察于礼乐,详于万物,而曰可以为天子,是数人之齿而以为富。"

看来,墨子评论孔子还算平和。在某些时候,墨子甚至也要利用孔子之言论来自重其言。《墨子·公孟》:

  子墨子与程子辩,称于孔子。程子曰:"非儒,何故称于孔子也?"子墨子曰:"是亦当而不可易者也。今鸟闻热旱之忧则高,鱼闻热旱之忧则下,当此,虽禹、汤为之谋,必不能易矣。鸟鱼可谓愚矣,禹、汤犹云因焉。今翟曾无称于孔子乎?"

但是随着两家论战的白热化,两家之间的相互攻击也逐渐升级。在论战激烈之时,双方的论辩逐渐演化为对其学术领袖的个人攻击,甚至编造虚假的故事对其学派领袖进行丑化也在所不惜。尤其是在

墨家后学那里,其对孔子的丑化和侮蔑尤甚。《墨子·非儒下》借晏子之口对孔子大加贬斥:

> 齐景公问晏子曰:"孔子为人何如?"……晏子对曰:"婴不肖,不足以知贤人。虽然,婴闻所谓贤人者,入人之国,必务合其君臣之亲,而弭其上下之怨。孔丘之荆,知白公之谋,而奉之以石乞,君身几灭,而白公僇。……今孔丘深虑同谋以奉贼,劳思尽知以行邪,劝下乱上,教臣杀君,非贤人之行也。……臣婴不知孔丘之有异于白公也,是以不对。"

这里借晏子之口虚构了一则孔子故事,说孔子支持白公作乱。据《左传·哀公十六年》:"夏四月己丑,孔丘卒。"白公与石乞作乱之事发生在鲁哀公十六年秋七月,此时,孔子已卒十旬。所以孔子不可能支持白公之乱。另外,齐景公卒于哀公五年秋,在白公之乱发生时,景公已经死去十一年了。而晏子比孔子年长更多,在鲁襄公十七年,晏子已经代父桓子为大夫,是时,孔子尚未出生。晏子之卒比景公更先,《左传》于鲁昭公二十六年之后,再没有出现关于晏子之事的记载。杨伯峻《春秋左传注》于定公十年注引张文虎《螺江日记续编》云:"夹谷之会,《史记·孔子世家》又添出晏子一人,实属诬罔。……意其人在昭、定之间已经物故。"① 因此根本不可能存在景公与晏子的这番谈话,因为他们不可能预知身后事而事先言之。

《墨子·非儒下》又杜撰一事,将孔子描述为心胸狭窄、伺机报复之人:

> 孔丘之齐,见景公。景公说,欲封之以尼谿,以告晏子。晏子曰:"不可。……孔丘盛容修饰以蛊世,弦歌鼓舞以聚徒,……其道不可以期世,其学不可以导众。……"公曰:"善。"于是厚其礼,留其封,敬见而不问其道。孔丘乃志怒于景公与晏子,乃树鸱夷子皮于田常之门,告南郭惠子以所欲为,归于鲁。有顷,间

---

① 杨伯峻《春秋左传注》,中华书局,1981年版,第1579页。

> 齐将伐鲁,告子贡曰:"赐乎!举大事于今之时矣。"乃遣子贡之齐,因南郭惠子以见田常,劝之伐吴,以教高、国、鲍、晏,使毋得害田常之乱,劝越伐吴。三年之内,齐、吴破国之难,伏尸以言术数,孔丘之诛也。

这里通过晏子先将孔子贬低一番,然后写孔子"志怒于景公与晏子,乃树鸱夷子皮于田常之门",图谋报复,帮助田常在齐国叛乱。据《史记·越王勾践世家》,范蠡助勾践亡吴后,乃"浮海出齐,变姓名,自谓鸱夷子皮"。又据《左传》记载,鲁哀公二十二年越灭吴,此时,孔子已去世六年,景公已去世十七年,又安知范蠡适齐而树之田氏之门乎?

《墨子·非儒下》还有一则丑化孔子的故事说:

> 孔丘为鲁司寇,舍公家而于季孙,季孙相鲁君而走,季氏与邑人争门关,决植。

这一故事所述也与事实不符。孔子曾反对季氏"八佾舞于庭""三家者以《雍》彻"等僭越行为,深恨礼乐征伐自大夫出,"陪臣执国命"之现状,视此为"天下无道"之乱象,曾支持公室"堕三都"(《左传·定公十二年》)。说孔子是"舍公家而于季孙",故意放走叛臣,显然与事实不符。另据《左传·襄公十年》记载,曾举国门之关的是孔子的父亲叔梁纥,而不是孔子,这里显然是将叔梁纥的故事转嫁在了孔子身上,是对历史事实的编造和对孔子形象的歪曲。①

不难看出,在这些故事中,墨家后学完全将孔子进行了丑化,与客观而公平的评价相距甚远,关于孔子的故事则纯属捏造。墨家后

---

① 《左传·襄公十年》记载:晋国组织鲁、曹等诸侯联军攻偪阳,偪阳守军开城门而暗置悬门,诱部分诸侯军队入城,放下悬门,企图围而歼之。关键时刻,孔子的父亲叔梁纥挺身举起沉重的悬门,直到入城联军全部撤出,才撒手而退。这里显然将叔梁纥劲举门关之事加工改造后转移到孔子身上。战国秦汉时人多借此推测孔子也能劲举国门之关,但大多明确指出是"能够",并非实有举门关之事,且更侧重于表明孔子虽有勇力,但不以力自彰。如《列子·说符》:"孔子劲能招国门之关,而不肯以力闻。"《吕氏春秋·慎大览》:"孔子之劲,举国门之关,而不肯以力称。"《淮南子·道应训》:"孔子劲扚国门之关。"《淮南子·主术训》:"孔子……力招城关。"《论衡·效力》:"孔子能举北门之关,不以力自章。"

学还将孔子描绘成"污邪诈伪"的卑琐之人：

> 孔丘穷于蔡、陈之间，藜羹不糁，十日，子路为享豚，孔丘不问肉之所由来而食。褫人衣，以酤酒，孔丘不问酒之所由来而饮。哀公迎孔丘，席不端弗坐，割不正弗食。子路进，请曰："何其与陈、蔡反也？"孔丘曰："来，吾语女。曩与女为苟生，今与女为苟义。"夫饥约则不辞妄取以活身，赢饱则伪行以自饰。污邪诈伪，孰大于此？（《墨子·非儒下》）

墨家学派丑化孔子的目的很简单，就是将儒家的祖师描绘成一个灵魂丑陋的人，这样整个儒家学派不就不堪一击了吗？有其师必有其徒，近朱者赤，近墨者黑。孔子行为卑劣，其弟子后生皆修其言，法其行，"今孔丘之行如此，儒士则可以疑矣"（《墨子·非儒下》）。墨家伪造和丑化孔子的动机昭然若揭。墨家如此攻击和贬低孔子，从反面证明了孔子在当时的影响力之大，墨家虽然不是以孔子来"重言"，但意在破坏孔子的"重言"角色。

第二节 《孟子》对孔子形象的"圣化"和"重言"化

从墨家对儒家的批判和对孔子的丑化可以看出儒、墨两家学术思想斗争之激烈。儒家学说如果不能及时进行调整和发展，其地位必然受到影响，孟子的出现及时地适应了这种要求。从墨家对儒家的批判来看，其攻击可以称得上尖酸刻薄了。所以在墨家咄咄逼人的攻势下，孟子的理论必然显示出相应的特色。这种特色表现在两个方面：一是"好辩"，二是重塑孔子形象。在理论根基上则是对儒家学说进行完善和发展。孔子在孟子那里的"重言"色彩是非常明显的。为了增强自己学术观点的权威性，孔子不但是被赞扬的对象，而且这种赞扬被推到了极致，最后被圣化。这一方面是重塑被墨家颠覆的孔子形象的需要，另一方面是孟子在对儒家思想的继承和发展中越来越体会到了孔子的伟大。其实与其说孟子是对孔子地位脱离实际地夸大,倒不如说是孟子对孔子精神境界发自内心的感佩。

但是,客观地讲,孔子在孟子那里,的确是被称颂到了无以复加的地步。如在《孟子·公孙丑上》中,孟子借子贡之口评价孔子已经达到了圣人的境界:"学不厌,智也;教不倦,仁也。仁且智,夫子既圣矣!"接着,在与伯夷、伊尹的比较中,高度评价了孔子:

> 非其君不事,非其民不使;治则进,乱则退,伯夷也。何事非君,何使非民;治亦进,乱亦进,伊尹也。可以仕则仕,可以止则止,可以久则久,可以速则速,孔子也。皆古圣人也,吾未能有行焉;乃所愿,则学孔子也。

孟子又借孔子弟子之口赞扬孔子:宰我认为孔子"贤于尧、舜远矣";子贡认为孔子"见其礼而知其政,闻其乐而知其德。由百世之后,等百世之王,莫之能违也。自生民以来,未有夫子也";有若则说:"岂惟民哉?麒麟之于走兽,凤凰之于飞鸟,太山之于丘垤,河海之于行潦,类也。圣人之于民,亦类也。出于其类,拔乎其萃,自生民以来,未有盛于孔子也。"《孟子·万章下》又说:"伯夷,圣之清者也;伊尹,圣之任者也;柳下惠,圣之和者也;孔子,圣之时者也。孔子之谓集大成。集大成也者,金声而玉振之也。"这里,孔子被评价为至高无上的圣人,而且是圣人中的出类拔萃者。在《孟子·尽心下》中,孟子说:

> 由尧舜至于汤,五百有余岁,若禹、皋陶,则见而知之;若汤,则闻而知之。由汤至于文王,五百有余岁,若伊尹、莱朱则见而知之;若文王,则闻而知之。由文王至于孔子,五百有余岁,若太公望、散宜生,则见而知之;若孔子,则闻而知之。由孔子而来至于今,百有余岁,去圣人之世,若此其未远也;近圣人之居,若此其甚也,然而无有乎尔,则亦无有乎尔。

所谓五百岁而圣人出,圣人之道通过同时代的人"见而知之"和后世之贤者"闻而知之"的方式得以传递。孔子与汤、文王属于"闻而知之者"。古圣王闻道而有天下,孔子未能以其道治天下,是因为"不时"。这里孟子将孔子与"闻而知之者"的古圣王放在同等位置,是因为以孔子对圣王之道的领悟,应该与古圣王一样能成天下之大功。但是从闻道的角度来看,自有生民以来未有如孔子者,孔子甚至"贤于尧、舜远矣"。在《孟子·滕文公下》中,孟子称颂孔子作《春秋》之功:"世衰道微,邪说暴行有作,臣弑其君者有之,子弑其父者有之。孔子惧,作《春秋》。《春秋》,天子之事也。"在这里,孔子不是天子而能够行天子之事,写作《春秋》,拯救世道人心。可见,孟子为了提升自己学说的权威性,对已经很有影响力的孔子进行了高度的颂扬,对其的褒奖达到了无以复加的地步。孟子对于孔子的圣化一方面是基于墨家、道家等学派对其形象的颠覆所作的矫枉过正的拔高,结合当时的时代背景和儒家学说的历史困境来看,孟子的这种做法在情理之中。《孟子》中的孔子形象完全是作为"重言"角色出现的。

第三节 《庄子》中孔子形象的"重言"意味

最值得玩味的是《庄子》中的孔子形象。《庄子》33篇中,有21篇约44个章节提到孔子,孔子被老庄学派的重视程度可见一斑。但是《庄子》一书中孔子形象的复杂性也是最为引人注目的。司马迁认为《庄子》是"诋訾孔子之徒,以明老子之术"。① 郭象、苏轼等则认为,庄子实际上是推崇孔子的。苏轼《庄子祠堂记》:"余以为庄子盖助孔子者,要不可以为法耳。"并认为庄子对孔子是"阳挤而阴助之"。② 事实上,《庄子》中的孔子形象并不一致,《庄子》各篇对孔子的评价态度也并非一致。当今一些学者认为《庄子》中的孔子形象分为三类。如霍松林、霍建波先生在《论〈孟子〉〈庄子〉中的孔子形象》一文中把《庄子》中的孔子形象分为三类:作为儒家思想代表而屡遭

---

① [汉]司马迁《史记》,中华书局,1959年版,第2144页。
② [宋]苏轼《庄子祠堂记》,清缪荃孙重刊明成化本《东坡七集·东坡集》卷三十二。

批判的孔子、谦逊好学的孔子、作为道家人物的孔子。① 尚建飞认为《庄子》中的孔子形象分为"未闻道（道家之"道"）的孔子""进行视域转换的孔子""得道的孔子"三类。② 孔子的这三种形象是以其对道家学术的态度为依据划分的。孔子作为儒家的代表是受《庄子》批判的，批判孔子也就是批判儒家观点，弘扬道家思想，持儒家之道的孔子在道家看来是"未闻道"的；谦逊好学的孔子也就是在《庄子》的想象中接受并且开始折服于道家之"道"的孔子，表现出对道家思想的赞赏和向往，或者可以说这一类型的孔子进行了由儒家思想向道家思想的视域转换；作为"道家人物"的孔子则完全"接受"了道家观点，成了道家思想的代言人，是谓得道家之"道"的孔子。三类孔子都是寓言化的孔子，但后两类显然更具有"重言"意味。

下面，我们仍然对道家学说的要义做一简单介绍，在此基础上来看《庄子》三类孔子形象分别代表了儒家和道家的哪些思想层面。庄子是战国时期道家思想的集大成者。庄子思想直承老子，老子思想的基本逻辑是：观"变"而思"常"，思"常"又反向而寻。反向思维的结果是否定世间普通意义的文化价值，从而得出"无为""无不为"；"守柔""不争"；在政治上试图退回到小国寡民的状态等思想。其核心思想是"无为"，其他皆是"无为"思想的推衍。③ 这样道家看到"道"的本质皆在"反"。其实，面对社会的变乱，各家都在思考社会秩序的重建问题：儒家希望通过"克己复礼"、行仁义之道改变社会，建立社会秩序；道家主张"绝圣弃智"，抛弃现有的一切文化价值，退回到小国寡民的时代，这样民心归淳，社会就会自治。关于人面对社会的变乱如何自处，儒家和道家也持不同观点：儒家不逃避，以积极的心态面对变乱，在社会中既积极地调适自身，又希望通过自己的努力改变社会；道家正好相反，其对于变乱采取逃避的态度，不想让身心役于外物，追求身心的自由而不为世俗所拘羁。随着社会变乱的加

---

① 霍松林、霍建波《论〈孟子〉〈庄子〉中的孔子形象》，《兰州大学学报》（社会科学版），2004年第4期。
② 尚建飞《寓言化的孔子形象与庄子哲学主题》，《西北大学学报》（哲学社会科学版），2007年第3期。
③ 劳思光《新编中国哲学史》，广西师范大学出版社，2005年版，第175页。

剧,道家逐渐退回到自己的内心世界,通过改变和调适自己的心态以达到精神上虚幻的"自由"。道家之"道"的精魂是"反",道家调适自己的内心皆是反向求之,其要义关键在于"破执",让心不陷于外界万物而终合于道的"自由境界"。"破执"就是"不肯定客观历史中文化成长之价值","不肯定任何特殊规范,亦不肯定经验知识",对政治秩序亦持一敛退之观点。也就是否定德性我、否定认知我、否定形躯我,最终肯定生命情义我之价值。① 道家之"道"常常与"德"并用。"德"的原始含义实源于事物的功效和性能。早期的"德"被赋予神秘色彩,同时与政治权力、社会地位等挂钩。到了春秋时期,"德"不但被祛魅,而且裂变、内化为基于人的各种内在精神品质的德目。从春秋晚期到战国时期,这些德目在诸子那里逐渐酝酿、凝聚为各自思想的核心范畴:在儒家那里,其基于"德"在正统文化中的发展趋势,被凝练为"仁""义"等;在道家那里,被凝练为"道";在法家那里,其取"德"作为能力和影响力中之刚性方式和刚克手段之一面,而凝练出"法"的思想。②

在春秋战国时期,儒家已发展为明显的道德哲学,但却用"仁义"来标榜自己的学术特点,"德"字的使用很少;道家明显背离社会发展的主流,却以"道德"自我标榜。如果不梳理清楚"德"发展演变的轨迹,就很难理解这一点。显然,以"反者,道之动"为哲学思维方式的道家是在上溯追寻"德"之原始义,归之于"效能""功能""性能"之本义。所以道家哲学中的"德",即取"效能""功能""性能"义,而不是取仁义道德义,这一点正与道家思想的思维方式相吻合。所以,道家的"德"取其原始义。儒家虽然以"仁""义"为其思想核心,但"仁""义"直承"德"的演变轨迹而来,其代表了主流精英文化发展的最新成果,是"德"的进化义,是内化之后的"道德"效能。因为"德"在造字之初以及一贯的使用中皆与政治和社会关系密切,故"道德"二字最终成为儒家哲学的代称。"德"在老庄哲学中只是取"德"的原始义而已,是为"德"的返璞归真,并不代表文化的发展形态。

但是在道家哲学中,其核心范畴是"道","德"居其次。可见,

---

① 劳思光《新编中国哲学史》,广西师范大学出版社,2005年版,第184—187页。
② 参拙文《先秦"德"义新解》,《甘肃社会科学》,2015年第1期。

"德"是作为功能、性能、效能而言的,道家的目的在于寻求获得或者保持这种性能的方式,"道"是从"德"的方式和手段层面分出的哲学范畴。早期的"德"是综合性的概念范畴,其中包含了能获得"能力"的方式、手段、目的、结果等等因素。道家的"德"是从目的和结果层面立义的,而诸子争论的焦点此时都集中于"德"的方式和手段层面,所以各家之"道"都侧重于"德"的方式和手段义。儒家的仁义既是精神境界,更是行为方式和手段。道家的"道",其基本内涵是"无为",尤其是主途径和方式的,是为保持原始淳朴之"德"的途径和方式。

到了庄子的时代,社会变乱更加剧烈,人在社会中甚至连生命也无法自保,所以庄子的思想更加内敛,在这种情况下还要追求精神的高度自由,就必须对"生死"和"是非"问题予以解决。所以庄子在持守"生命情义我"的同时,在老子否定"形躯我"的基础上进一步通过"破生死"和"通人我"的方式"击碎常识中对形躯我之执"。认为形躯之成毁为万物流变之一例,自觉之自我一经超拔,则不自系于形躯之中,此即"破生死"。同时认为"形躯我"与万物为同级存在,与"他人"一起皆属万物之范围,都是现象,而非真我,真我即自觉之"情义我",自当超拔于形躯之中。同时,庄子在老子否定"认知我"的基础上进一步通过"泯是非"的方式破除"认知我"之执障。①

形躯与认知皆可归于人与自我的关系问题。人通过破形躯、破认知,解决了人面对自身的种种束缚时的精神自由问题。那么人终究是生活于现实世界的,如何在现实世界中保持心灵的"自由"才是关键。这就是人与社会的关系问题。以"德性我"为主的儒家在社会事象中实现价值,故为化成世界之态度;古希腊传统精神重智,以"认知我"掌握经验事物之规律,也为化成世界之态度;佛教只求一静敛不昧之主体自由,视存在本身为罪,故为舍离世界之态度。道家则为"观赏世界"之态度。② 这样道家就通过否定形躯欲望、否定智慧机巧、否定道德仁义而达到养生和全性意义上的精神上的绝对自由。这是道家哲学的基本精神。

那么我们再来反观《庄子》中不同类型的孔子形象,也就明白其

---

① 劳思光《新编中国哲学史》,广西师范大学出版社,2005 年版,第 196—197 页。
② 劳思光《新编中国哲学史》,广西师范大学出版社,2005 年版,第 207 页。

所反映的不同思想层面了。如《庄子·齐物论》：

> 瞿鹊子问乎长梧子曰："吾闻诸夫子（按：指孔子）：'圣人不从事于务，不就利，不违害，不喜求，不缘道；无谓有谓，有谓无谓，而游乎尘垢之外。'夫子以为孟浪之言，而我以为妙道之行也。吾子以为奚若？"
>
> 长梧子曰："是黄帝之所听荧也，而丘也何足以知之！"

长梧子批评孔子不懂大道。这一批评体现了道家否定德性价值、超然世俗之外、以率性自由之心作观赏世界之主张，体现的是儒家与道家在人与社会的关系问题上的分歧，即出世与入世问题上的对立。道家不陷于俗务，不求化成世界；儒家之人生价值正好在入世并化成世界中体现。所以道家批评孔子不知"道"即在这一层面；《庄子·人间世》中，楚狂接舆提醒孔子在天下纷乱的时代，全身免祸也属于这一层面。《庄子·德充符》用叔山无趾踵见孔子，以及无趾与老聃对孔子的议论指出儒家之性残：

> 无趾语老聃曰："孔子之于至人，其未邪？彼何宾宾以学子为？彼且蕲以諔诡幻怪之名闻，不知至人之以是为己桎梏邪？"
>
> 老聃曰："胡不直使彼以死生为一条，以可不可为一贯者，解其桎梏，其可乎？"
>
> 无趾曰："天刑之，安可解！"

这是庄子借一身残之人反讽儒家之性残，庄子即以无拘无束之"情义我"为人性之本真，所谓的仁义道德和智力机巧皆是蒙蔽人的天然本性之障，对于形躯之在意即是执。老子说："吾所以有大患者，为吾有身，及吾无身，吾有何患？"（《老子·十三章》）而孔子见到无趾只见其形残，不见其德全，反而以形全为德全。儒家和道家对于"德"的不同理解在这里完全呈现，所以无趾认为孔子是"天刑之"。道家认为孔子陷于形躯之执，仁义之障，天性受到损伤，自入桎梏而不知。老聃建议其以"死生为一条，以可不可为一贯者"，即是以破生死、泯是非之思维破其执障。《庄子·天地》记子贡南游于楚,劝一丈人用器械灌溉圃畦,遭到丈人的训斥,进而批评孔子为"博学以拟圣,於于以盖众,独弦哀歌以卖名声于天下者"。以智力机巧为损害人之天然本性者,乃是基于"破认知"之立场进行的批评。《庄子·天道》又借老聃批评孔子的兼爱、仁义,是要扰乱人的本性。道家认为,天地万物的天然本性即是"德",仁义是扰乱人性。"放德而行,循道而趋"才是正道。保持天性的本然状态,追求精神的绝对自由皆以一切"有为"为害。这些都是《庄子》站在道家思想的立场上对孔子进行的批评。

其实在《庄子》中,孔子主要是作为"重言"角色出现的。《庄子》在大多数时候是将孔子塑造成对道家之道赞赏、敬佩并且"心向往之"的形象的。在《庄子·大宗师》中,孔子派子贡前去助理子桑户的丧事,发现子桑户的朋友孟子反和子琴张"或编曲、或鼓琴,相和而歌",很是吃惊。子贡问二子:"敢问临尸而歌,礼乎?"反而受到二子的嘲笑。对于这件事,孔子并不奇怪。他说:

> 彼,游方之外者也;而丘,游方之内者也。外内不相及,而丘使女往吊之,丘则陋矣。彼方且与造物者为人,而游乎天地之一气。彼以生为附赘县疣,以死为决痪溃痈,夫若然者,又恶知死生先后之所在!假于异物,托于同体;忘其肝胆,遗其耳目;反复终始,不知端倪;芒然彷徨乎尘垢之外,逍遥乎无为之业。彼又恶能愦愦然为世俗之礼,以观众人之耳目哉!

孔子又自称为"天之戮民"。庄子通过让孔子自愧不如来显示"道"之可贵,从孔子的话来看,似乎孔子已经非常理解道家之大道,只是未能践行而已。庄子是注重全生养性的,但是在精神的绝对自由面前,"生"在一定程度上也成为"附赘悬疣",这里以"破生死"达到精神的绝对自由。方之内与方之外的区别显然是世俗社会和绝对自由境界之分。方之内以化成为功,方之外只立足于生命情义之观赏,故外内不相及。同样在《庄子·大宗师》中,当颜回说他"堕肢体,黜聪明,离形去知,同于大通",达到"坐忘"之境界时,孔子说:"而果其贤乎!丘也请从而后也。"孔子完全成为道家思想的追随者。在《庄子·天运》

中,孔子"行年五十有一而不闻道,乃南之沛见老聃",虚心地聆听了老聃的教诲。归来后,"三日不谈"。并赞美老聃说:"吾乃今于是乎见龙!龙,合而成体,散而成章,乘云气而养乎阴阳。予口张而不能嗋,予又何规老聃哉!"《庄子》让孔子谦虚地向道家人物请教、学习,无非是因为孔子在当时影响力巨大,道家引孔子以自重其言罢了。不过,从《论语》的记载来看,孔子对出世的道家人物并未持批判的态度,只是申明自己与其不同的价值观而已,这也使《庄子》借孔子"重言"有了一定的依据。

《庄子》为了提高自己理论的说服力,甚至让孔子以道家人物的身份出现,成为道家思想的代言人。如在《庄子·人间世》中,写颜回向孔子辞行,要去卫国改善其政治状况,孔子即以道家思想教导颜回,并提出"心斋"的概念。在《庄子·德充符》中,庄子让孔子代为宣讲道家的要言妙道;庄子又让孔子代道家发言,解释"才全"和"德不形"。在《庄子·达生》中,孔子俨然是一位通达道家思想精义的有道之士。在《庄子·山木》中,孔子"穷于陈、蔡之间,七日不火食",仍然与颜回讨论"无受天损易,无受人益难。无始而非卒也,人与天一也"的道家要义。

总之,在后两种孔子形象中,《庄子》显然是利用孔子来自重其言的。霍松林先生认为《孟子》对孔子进行了圣化,《庄子》则对孔子进行了寓言化。但无论是《孟子》对孔子的圣化,还是《庄子》对孔子的寓言化,都是在承认孔子大师级人物地位的前提下,基于抬高自己理论权威性的需要而对孔子形象进行的改造。另外,《庄子·寓言》曾说其文章为"寓言十九,重言十七"。陈鼓应《庄子今注今译》注曰:"寓言十九:寄托寓意的言论占了十分之九。""重言十七:借重先哲时贤的言论占了十分之七。"又引张默生《庄子新释》曰:"《庄子》书中,往往寓言里有重言,重言里也有寓言,是交互错综的,因此寓言的成分,即使占了全书的十分之九,仍无害于重言的占十分之七。这种交互引用的例子很多。"①所以,《庄子》中虚构的孔子故事从形式上来说是"寓言",从性质和作用上来说更是"重言",是属于"寓言"和

---

① 陈鼓应《庄子今注今译》,中华书局,1983年版,第727—729页。

"重言"交互使用的典型例子。

第四节 《韩非子》中孔子的"重言"角色

《韩非子》中提到孔子的地方有30多处,其中的孔子形象也具有二重性。作为法家人物的韩非,其对孔子的思想观点多持批判态度。但囿于孔子在当时的地位和影响力,韩非也往往需要借孔子来"重言",以提升其理论的权威性。为了这一目的,韩非对孔子言行进行调整,使其与法家思想相一致。在有些情况下甚至虚构孔子故事,使其变成法家的代言人。如《韩非子·外储说左下》虚构了这样一个故事:

> 孔子相卫,弟子子皋为狱吏,刖人足,所刖者守门。人有恶孔子于卫君者,曰:"尼欲作乱。"卫君欲执孔子,孔子走,弟子皆逃。子皋从出门,刖危引之而逃之门下室中,吏追不得。夜半,子皋问刖危曰:"吾不能亏主之法令而亲刖子之足,是子报仇之时也,而子何故乃肯逃我?我何以得此于子?"刖危曰:"吾断足也,固吾罪当之,不可奈何。然方公之欲治臣也,公倾侧法令,先后臣以言,欲臣之免也甚,而臣知之。及狱决罪定,公愀然不悦,形于颜色,臣见又知之。非私臣而然也,夫天性仁心固然也。此臣之所以悦而德公也。"①

这一故事通过伏法者对执法者的理解和以德报怨,说明法制的合理性,而这位受人尊敬的执法者子皋正是孔门弟子。同时,韩非在这里又让孔子直接为法家思想代言:"善为吏者树德,不能为吏者树怨。概者,平量者也;吏者,平法者也。治国者,不可失平也。"②

《韩非子·内储说上·七术》又虚构了如下一些有关孔子的故事:

---

① [清] 王先慎《韩非子集解》,中华书局,1998年版。下引《韩非子》同。
② [清] 王先慎《韩非子集解》,中华书局,1998年版,第295页。

鲁哀公问于仲尼曰:"《春秋》之记曰:'冬十二月霣霜不杀菽。'何为记此?"仲尼对曰:"此言可以杀而不杀也。夫宜杀而不杀,桃李冬实。天失道,草木犹犯干之,而况于人君乎!"

殷之法刑弃灰于街者。子贡以为重,问之仲尼。仲尼曰:"知治之道也。夫弃灰于街必掩人,掩人,人必怒,怒则斗,斗必三族相残也。此残三族之道也,虽刑之可也。且夫重罚者,人之所恶也;而无弃灰,人之所易也。使人行之所易而无离所恶,此治之道。"

……

鲁人烧积泽。天北风,火南倚,恐烧国,哀公惧,自将众趣救火。左右无人,尽逐兽而火不救。乃召问仲尼,仲尼曰:"夫逐兽者乐而无罚,救火者苦而无赏,此火之所以无救也。"哀公曰:"善。"仲尼曰:"事急,不及以赏,救火者尽赏之,则国不足以赏于人,请徒行罚。"哀公曰:"善。"于是仲尼乃下令曰:"不救火者比降北之罪,逐兽者比入禁之罪。"令下未遍而火已救矣。

这些故事中的孔子形象直接以法家人物的姿态出现,旨在说明孔子对法家思想的认同。其实,这完全是韩非子按照法家思想虚构的孔子言行和故事,其中所记故事并不见于经传。第一则故事中关于"霣霜杀菽"之记载见于《春秋》,僖公三十三年"冬十有二月,……陨霜不杀草",定公元年"冬十月,陨霜杀菽",但两处皆无传。杨伯峻《春秋左传注》引韩非此说后,指出"此事亦难信"。并说:"孔丘明知周正不合四季之正,故《论语·卫灵公》载其主张'行夏之时',何至谓'宜杀而不杀'?"①宋王应麟《困学纪闻》卷六谓:"此韩非书所载也。以鲁论焉用杀之言?观之恐非夫子之言也。法家者流,托圣言以文其峭刻耳。"②而第二则所记,韩非子直接"以商鞅之法为殷法,又托于仲尼",王应麟批之:"法家侮圣言至此!"(《困学纪闻》卷十)另据《左传·昭公二十九年》记载:"晋赵鞅、荀寅帅师城汝滨,遂赋晋国一鼓铁,以铸刑鼎,著范宣子所为刑书焉。"孔子就作刑鼎这件事发表议论

---

① 杨伯峻《春秋左传注》,中华书局,1981年版,第493—494页。
② [宋]王应麟《困学纪闻》,文渊阁《四库全书》本。

给予严厉批评。由此可见孔子对于刑法思想并不支持。韩非子将孔子塑造成法家人物,无非是借孔子以"重言",提高法家思想的地位而已。

总之,不仅是《庄子》好用"三言"的说理模式,战国诸子中的其他各家在说理论道中大多都有运用"三言"之倾向。除了以上所举《墨子》《庄子》《孟子》《韩非子》之外,其他子书大多如此,各家尤其好用"重言"。孔子在战国时期已经具有极高的影响力,于是成为各家重言的首选人物。又由于孔子是儒家人物,儒家又是百家争鸣之一家,各家既要借孔子来"重言",又要时不时地批判孔子的观点,这就形成了孔子在诸子著作中复杂多变的形象。这一文化现象很值得进一步深入探究。

第八章 《孟子》的哲学思想与人物品评

从墨家对儒家的批判和对孔子的丑化可以看出儒、墨两家学术思想斗争之激烈。儒家学说如果不能及时进行调整和发展，其地位必然受到影响，孟子的出现及时地顺应了这种要求。从墨家对儒家的批判来看，其攻击可以称得上尖酸刻薄了。所以在墨家咄咄逼人的攻势下，孟子的理论必然显示出相应的特色。这种特色表现在两个方面：一是"好辩"，二是重塑孔子形象。在理论根基上则是对儒家学说进行完善和发展。

结合战国时代的实际来看，孔子理论中遗留的一些问题逐渐显露出来，其中最重要的有二：一是孔子创立了以"仁"为核心的理论体系。"仁"包括"立己"和"立人"两方面，前者为修身，后者最终通向以安天下为目的的社会秩序的重建。"仁"的实现以人的主体性和自觉精神的极大张扬为特征，而且"立己"是"立人"的前提和保证。从前者到后者的过程即是"克己复礼"，或者说"主体自由之客观化"。但这种主体精神的根源是什么？人何以能产生自觉精神？对于这一问题，孔子未及回答。二是孔子在当时的政治环境下，只是提出天下有道无道的问题，但对于政权转移问题及政权转移的标准问题并未来得及回答。儒家学说的这两个薄弱环节也是墨家得以乘虚而入的地方，尤其是后者更是当时时代必须回答的问题。孟子学术的核心即是对这两个问题的回答。对于第一个问题，孟子提出"性善论"以作答；对于第二个问题，孟子提出"仁政"说来作答。孟子作答的方式除了辩论说理，就是重新诠释历史人物的行为事迹，在对历史人物行为方式的分析和再诠释中彰显自己的理论见解。这必然涉及人物品评。

第一节　孟子以"仁政""王道"为核心的人物品评

儒学传承了中国文化发展的基本方向，所以孟子对大部分历史人物的品评与传统的评价大致一致，尧、舜、禹、三代先王以及孔子成为孟子品评和赞美的主要对象，只不过有些被相对拔高。同时，他还依据自己理论特征的需要对历史人物之品行和道德价值进行了重新诠释，使其成为儒家之道的载体和有力依据。比如《孟子·公孙丑上》基于"仁政""王道"的新标准评价管仲和晏子之功，曾经被孔子赞美为"如其仁、如其仁"的管仲之功德则一落千丈，不但孟子羞于自比，在孟子眼里，连曾西都不愿与其相比：

> 公孙丑问曰："夫子当路于齐，管仲、晏子之功，可复许乎？"孟子曰："子诚齐人也，知管仲、晏子而已矣。或问乎曾西曰：'吾子与子路孰贤？'曾西蹴然曰：'吾先子之所畏也。'曰：'然则吾子与管仲孰贤？'曾西艴然不悦，曰：'尔何曾比予于管仲？管仲得君，如彼其专也；行乎国政，如彼其久也；功烈，如彼其卑也。尔何曾比予于是？'"曰："管仲，曾西之所不为也，而子为我愿之乎？"曰："管仲以其君霸，晏子以其君显。管仲、晏子犹不足为与？"曰："以齐王，由反手也。"曰："若是，则弟子之惑滋甚。且以文王之德，百年而后崩，犹未洽于天下。武王、周公继之，然后大行。今言王若易然，则文王不足法与？"曰："文王何可当也？由汤至于武丁，贤圣之君六七作。天下归殷久矣，久则难变也。武丁朝诸侯有天下，犹运之掌也。纣之去武丁未久也，其故家遗俗，流风善政，犹有存者；又有微子、微仲、王子比干、箕子、胶鬲皆贤人也，相与辅相之，故久而后失之也。尺地莫非其有也，一民莫非其臣也，然而文王犹方百里起，是以难也。齐人有言曰：'虽有智慧，不如乘势；虽有镃基，不如待时。'今时则易然也。夏后、殷、周之盛，地未有过千里者也，而齐有其地矣；鸡鸣狗吠相

闻,而达乎四境,而齐有其民矣。地不改辟矣,民不改聚矣,行仁政而王,莫之能御也。且王者之不作,未有疏于此时者也;民之憔悴于虐政,未有甚于此时者也。饥者易为食,渴者易为饮。孔子曰:'德之流行,速于置邮而传命。'当今之时,万乘之国行仁政,民之悦之,犹解倒悬也。故事半古之人,功必倍之,惟此时为然。"

孟子在政治理论上力倡仁政王道。而管仲专齐政四十余年,可谓久也;齐国地广人众,物产富饶,物质条件可谓丰足也;数百年王者不作,而民憔悴于虐政,未有甚于此时者,老百姓之于仁政,犹如久旱逢甘霖,可谓天时也。于此时行仁政而王,莫之能御也;于此时行仁政,必将事半功倍也。但管仲不知王道而行霸术,于仁政之功远矣。所以孟子以仁政来衡量管仲之霸术,则管仲之功相形见绌,故曾西羞比管仲,孟子更是不愿自比于管仲。相反,文王之时,殷商地大物博,"贤圣之君六七作",纣虽暴虐,但有众多贤臣辅佐,其根基可谓深厚矣。而文王地不足百里起,行仁政,最终三分天下,才有其二;并为武王克商奠定基础,为周的礼乐文化准备了条件,文王之功可谓大也。相较之下,管仲之功自然无法与文王相比。这就是仁政与霸术的差别。在这里孟子将仁政之功效夸大到极致,在品评管仲和文王时,自然极力贬管仲而褒文王,其中也难免言过其实。在有些时候,孟子甚至采取历史怀疑主义态度,为历史传说中的"仁政"作辩护。《孟子·尽心下》:

> 孟子曰:"尽信书,则不如无书。吾于《武成》,取二三策而已矣。仁人无敌于天下。以至仁伐至不仁,而何其血之流杵也?"

孟子认为周人是以仁政取天下的,《尚书·武成》所记武王伐纣,"流血漂杵"的情形不可能出现。《尚书·武成》所记可能是历史之真实,但孟子基于以史论道,以道释史的立场,即予以否定,这是一种基于理论逻辑的应然推理,而非实然判断。《孟子》中像这样的例子还有很多。孟子又说:"五霸者,三王之罪人也;今之诸侯,五霸之罪人也;

今之大夫,今之诸侯之罪人也。"(《孟子·告子下》)在仁政的标准之下,从"三王"到"今之大夫",其争霸日盛,距离仁政日远,政治每况愈下。

孟子认为,三王和尧、舜、禹皆能行仁政。行仁政者首先自己要有仁爱之心,古代圣贤之君能行仁政,其个人有仁爱之心是关键。孟子多次赞美尧、舜、禹并以其事迹来解说自己的政治主张。《孟子·滕文公上》:

> 尧以不得舜为己忧,舜以不得禹、皋陶为己忧。夫以百亩之不易为己忧者,农夫也。分人以财谓之惠,教人以善谓之忠,为天下得人者谓之仁。是故以天下与人易,为天下得人难。孔子曰:'大哉尧之为君!惟天为大,惟尧则之。荡荡乎民无能名焉!君哉舜也!巍巍乎有天下而不与焉!'尧、舜之治天下,岂无所用其心哉?亦不用于耕耳。

孟子认为,古代圣贤之君皆能以身作则,以仁义之心行仁义之事,仁政于此显也。《孟子·离娄下》:

> 孟子曰:"禹恶旨酒而好善言。汤执中,立贤无方。文王视民如伤,望道而未之见。武王不泄迩,不忘远。周公思兼三王,以施四事;其有不合者,仰而思之,夜以继日;幸而得之,坐以待旦。"

禹、汤、文、武所处时代不同,其行虽有不同,但其道一也。孟子所举先王之事皆是行仁政的具体表现。程子曰:"孟子所称,各因其一事而言,非谓武王不能执中立贤,汤却泄迩忘远也。人谓各举其盛,亦非也,圣人亦无不盛。"①孟子又说:"舜生于诸冯,迁于负夏,卒于鸣条,东夷之人也。文王生于岐周,卒于毕郢,西夷之人也。地之相去也,千有余里;世之相后也,千有余岁。得志行乎中国,若合符节。先

---

① [宋]朱熹《四书章句集注》,中华书局,1983年版,第294页。

圣后圣,其揆一也。"(《孟子·离娄下》)所谓"一"者,仁政也。君王能播仁义、行仁政,则天下归心;不能播仁义、行仁政,则不但祸害天下,同时祸及自身。《孟子·尽心下》:

> 孟子曰:"不仁哉,梁惠王也! 仁者以其所爱及其所不爱,不仁者以其所不爱及其所爱。"公孙丑曰:"何谓也?""梁惠王以土地之故,糜烂其民而战之,大败,将复之,恐不能胜,故驱其所爱子弟以殉之,是之谓以其所不爱及其所爱也。"

总之,孟子以"仁政""王道"为准则,不但重新评价和定位了历史人物,而且品评了当时的政治人物。其品评人物体现了典型的"以学论人"之特点。

第二节 孟子以"性善论"为核心的人物品评

孟子还有大量的人物品评是围绕其"性善论"而发的。孟子提出"性善论",使孔子提出的"仁"学结构牢牢地安放在人自身的本质属性之上,这使儒家以发扬人的高度的自觉性为特征的心性论哲学之性格大显。

一、孟子的"性善论"

孟子将"性善"概括为四端,即"恻隐之心""羞恶之心""辞让之心""是非之心",认为此四端为人之固有的价值本心。人之初,这四端的种子犹如人之四体,已经隐含于人心之中。但是这四端在起初仅仅是一种可能性而已,其对于人能否行仁义来说,只是"应然"而非"实然",人要将其变为"实然",必须进行艰苦的自我修养,"凡有四端于我者,知皆扩而充之矣,若火之始然,泉之始达。苟能充之,足以保四海;苟不充之,不足以事父母"。(《孟子·公孙丑上》)合理的社会秩序的建立,源于人合理的行为,孔子虽然已经发现,人的行为规范的根源与保证可以求之于自身之中,认为"为仁由己",但仍然注重行为("礼")对人的规范和矫正作用,人反复地执行这种规范化的行为,才可以培养出高度自觉的"仁"来。但是这里有一个潜在的理论缺漏:人如果没有能够"成仁""成圣"的潜在素质,就是执行这些行为规范也未必能"成仁"。"仁"和"不仁"的根本差别是什么,其根源到底何在?孟子以"性善论"弥补了这一问题,他认为人能"仁"的根源在于"人性善"。但是"性善"只是人能行仁义的先天基础,人即使有这个根基,日后未必能成仁义。由此孟子推出一系列的"存养""扩充""践行"之功夫,使人基于"性善"的仁义之根苗茁壮成长,使人的"仁"之境界由低到高逐渐展现。"仁"为什么要"存养"、要"扩充"?因为人的善性会受到各种内外因素的影响、蒙蔽,甚至会走向"恶"。孟子认为人的恶来源于两个方面:一是来自耳目之欲,二是来自环境的影响。① 来自外在的环境影响,这一点自不必说;但是来自人的耳目之欲,似乎又与其"性善论"相矛盾。人性非善乎?耳目之欲非人性乎?孟子与告子的争论即因此而来。

告子认为"生之谓性",告子的"性"包括了与生俱来的欲望好恶等,认为"食色,性也",所以"性无善无不善"。孟子所说的"性善"之"性"即是从人之所以为人的特出之质着眼,即从人不同于动物欲望的地方着眼来谈性,性不是人的所有属性的全部,而是人的各种特点中的特殊部分。"为了将人之所以为人的本质表示清楚,便不应从与犬牛相同的地方来表示,而只应从不同地方来表示。所以他只认为生而即有中的'几希'(四端)是性"。② 所以欲望不是孟子所说的"性善论"之"性"。孟子的"性善论"之"性"即是人与动物之差别的几希处。但是欲望也是人固有的特点,人们往往也将其归并于"人性",但在孟子的哲学体系中,欲望是作为人的普通的、一般的特点存在的,这一点当有所分别。因此,欲望并不是人之为人的主导因素,欲望当受由善性而来的、逐渐壮大的德性之统摄。并且人的耳目口舌之感官都能在德性的统摄中发挥应有的功能,成为与人的德性协调一致的整体。但是如果耳目口舌之欲不能被心性统摄,甚至让其占了上风的话,善性不但不能彰显,人反而会在欲

---

① 徐复观《中国人性论史》(先秦篇),上海三联书店,2001年版,第152页。
② 徐复观《中国人性论史》(先秦篇),上海三联书店,2001年版,第164—165页。

望的支配下做出为恶的事情来。所以欲望本无善恶,但欲望可以被引导为善恶。

孟子为了将"性善"与其他的耳目之欲区别开来,特以"心"为主管人之"性善"的官能器官,因为"耳目之官不思",心独有"思"的功能。孟子的心之"思包含反省和思考两重意思;在孟子则特别重在反省这一方面。仁义为人心所固有,一念的反省、自觉,便当下呈现出来。所以说'思则得之'。人在无反省时便随耳目之欲逐去,仁义的善端,即隐而不显"。① 看来,在人的众多天然属性中,的确是有主次和层次之差别的。冯友兰先生将人生划分为四个境界:自然境界、功利境界、道德境界、天地境界。②"自然境界"和"功利境界"指的是"现在就是"的人,"道德境界"和"天地境界"指的是"应该成为的人"。这一切决定于人的价值追求的自觉程度。劳思光先生认为人的自我境界分为形躯我、认知我、情意我、德性我。③ 冯友兰先生的"天地境界"具有超道德性,与中国的道家精神相合。劳思光先生推崇力求现实价值的儒家精神,故以情义我之境界属道家,以德性我之境界属儒家,且以德性为最高境界。

二、"仁"境的层次性

我们再回到孟子的"性善论",如果以自我境界之划分来做一比较,四端和欲望所主宰之领域自明。而人要做的努力就是让四端之种子开花结果,最终扩充出人的道德境界来。道德境界也即仁的境界,是一个敞开之境,其中仍然根据修养的高低可以分出若干层次来,孟子的人物品评实例很好地说明了"仁"境的层次性。如《孟子·告子下》:

> 鲁欲使乐正子为政。孟子曰:"吾闻之,喜而不寐。"公孙丑曰:"乐正子强乎?"曰:"否。""有知虑乎?"曰:"否。""多闻识乎?"曰:"否。""然则奚为喜而不寐?"曰:"其为人也好善。""好

---

① 徐复观《中国人性论史》(先秦篇),上海三联书店,2001年版,第148页。
② 冯友兰著,涂又光译《中国哲学简史》,北京大学出版社,1996年版,第291页。
③ 劳思光《新编中国哲学史》,广西师范大学出版社,2005年版,第109页。

善足乎?"曰:"好善优于天下,而况鲁国乎?……夫苟不好善,则人将曰:'訑訑。予既已知之矣。'訑訑之声音颜色,距人于千里之外。士止于千里之外,则谗谄面谀之人至矣。与谗谄面谀之人居,国欲治,可得乎?"

乐正子虽然不强不知,也不多闻,但有一至关重要的优点——"好善"。"好善"即意味着其能求仁,能够拥有求仁的博大胸怀,因为"仁"在个体精神境界中的扩充最终会推及外部世界,这样就能广纳贤才,做好政事。但是仅仅能够做到"好善"而不志于学,则不能开拓出更为广阔的仁境,"好善"但不好学,其善也仅止于此而已,甚至会因为自足而受到蒙蔽。孟子在将人生之境界划分成善、信、美、大、圣、神等六个层次之后,将乐正子归于"二之中,四之下"。也就是说,乐正子的人生境界只能居于善、信、美的层面,其于"大"以上的层面还有很大的距离。《孟子·尽心下》:

浩生不害问曰:"乐正子,何人也?"孟子曰:"善人也,信人也。""何谓善?何谓信?"曰:"可欲之谓善,有诸己之谓信。充实之谓美,充实而有光辉之谓大,大而化之之谓圣,圣而不可知之之谓神。乐正子,二之中,四之下也。"

朱熹《四书章句集注》:"张子曰:'颜渊、乐正子皆知好仁矣。乐正子志仁无恶而不致于学,所以但为善人信人而已;颜子好学不倦,合仁与智,具体圣人,独未至圣人之止耳。'程子曰:'士之所难者,在有诸己而已。能有诸己,则居之安,资之深,而美且大可以驯致矣。徒知可欲之善,而若存若亡而已,则能不受变于俗者鲜矣。'尹氏曰:'自可欲之善,至于圣而不可知之神,上下一理。扩充之至于神,则不可得而名矣。'"[①]由性善而发端的仁境可以无限扩充,乃至达到圣、神的境界。人既已有开拓"仁境"的善端,这是"成仁""成圣"的先天基础,但是"性善"之苗能否长成参天大树,还受到欲望、私利、

---

① [宋]朱熹《四书章句集注》,中华书局,1983年版,第370—371页。

外部环境等等的影响,一不小心就会"放失其心"。普通人都要通过不断地自修和反思来巩固和开拓仁境,仁心放失之后,通过努力以求其"放心"。大多数人都走在"求放心"的旅程中,生而知之者很少。孟子说:"尧舜,性之也;汤武,身之也;五霸,假之也。久假而不归,恶知其非有也。"(《孟子·尽心上》)只有像尧、舜这样的人,仁境自开,不假修习;汤、武修身体道,以复其性;五霸则假借仁义之名,以求济其贪欲之私耳。这些伪君子窃仁义之名以终身,而不自知其非真有耳。"仁"是至真至纯的境界,五霸假借仁义,是为过;假借仁义以谋私利、行霸术,过之大也。所以,孟子对五霸大加贬斥。仁境依据人的修养和开拓之努力而见大小,这其中必然要以人的自觉主宰之精神的养成为入口。或者从一定意义上来说,人求仁的自觉能动性之形成乃迈入仁境之门的关键,"好学"即是自觉能动性的体现。孔子甚至将"好学"本身即看作"仁",就是因为一"好"字意味着人之主宰性的确立。自此,人之求仁不再靠他律,而可以自律。这是开拓仁境的关隘,一般人都需要很长时间才能达到此一境界。孟子学术直承孔子,所以在这一点上,两者是一致的。因此"好学"的颜回自然高于天性好善但不好学的乐正子。因为,不学就无法再开拓出更高层次的仁境,其善止于此而已。所以儒家崇尚健动精神,追求自强不息,这是仁境本身之特点决定的。不理解这一点,就很难理解孟子人物品评的关键点和实质。

三、"求仁"之健动性

所谓求仁之健动性,即求仁进程中的积极主动精神。孟子对于那些在求仁之路上表现出了积极主动精神的人皆给予极高的评价。如《孟子·尽心上》:

> 孟子曰:"舜之居深山之中,与木石居,与鹿豕游,其所以异于深山之野人者几希。及其闻一善言,见一善行,若决江河,沛然莫之能御也。"

又《孟子·公孙丑上》:

> 孟子曰:"子路,人告之以有过则喜。禹闻善言则拜。大舜有大焉,善与人同。舍己从人,乐取于人以为善。自、耕、稼、陶、渔以至为帝,无非取于人者。取诸人以为善,是与人为善者也。故君子莫大乎与人为善。"

这些评价皆以"好善"为基准,但尧舜禹的"好善"显然已经化为积极主动的精神,不但"好善",而且"求善""乐善"。古之圣贤人皆"好善"如此,乃得终为圣贤。与乐正子的"好善"而不"好学"不同,这里的"好善"完全是一种不自足的求仁精神和行动,其意义正与孔子崇尚的"好学"相同。孟子极力赞美求善若渴之行动,即在于人之耳目之欲和外部环境的影响会遮蔽和掩盖基于"性善"的求仁之心。"心溺于物,则意志即以形躯之欲为方向,遂不能如理,亦不能实现价值;心不溺于物,则如理畅行,即以本有之价值自觉为方向"。[①] 虽然人本已有"性善"之素质,但这一素质能否发挥作用,关键在于人的价值自觉,当人的价值自觉达到一定程度时,则可产生巨大的意志力,这种自觉也可称之为"志",当然这种强大的志要以"义"和"道"为支撑,所以"求仁"与"固志"相辅相成。心中保持"固志",则可以处变不惊,不畏不惧,亦不会随波逐流。达到这种状态,孟子称其为"不动心",又赞其为"大丈夫"。这就是孟子提出的著名的"养气"之说的理论基础。

四、"不动心"与"固志"

《孟子·公孙丑上》中有一段有名的人物品评,其通过一系列的人物品评阐发了"不动心""固志""知言""浩然之气"等重要的哲学命题。这些问题奠定了孟子"性善论"的理论基础。

> 公孙丑问曰:"夫子加齐之卿相,得行道焉,虽由此霸王不异矣。如此,则动心否乎?"孟子曰:"否。我四十不动心。"曰:"若是,则夫子过孟贲远矣。"曰:"是不难,告子先我不动心。"曰:"不

---

① 劳思光《新编中国哲学史》,广西师范大学出版社,2005年版,第124页。

动心有道乎?"曰:"有。北宫黝之养勇也,不肤挠,不目逃;思以一豪挫于人,若挞之于市朝。不受于褐宽博,亦不受于万乘之君。视刺万乘之君,若刺褐夫。无严诸侯。恶声至,必反之。孟施舍之所养勇也,曰:'视不胜犹胜也。量敌而后进,虑胜而后会,是畏三军者也。舍岂能为必胜哉?能无惧而已矣。'孟施舍似曾子,北宫黝似子夏。夫二子之勇,未知其孰贤,然而孟施舍守约也。昔者曾子谓子襄曰:'子好勇乎?吾尝闻大勇于夫子矣:自反而不缩,虽褐宽博,吾不惴焉;自反而缩,虽千万人,吾往矣。'孟施舍之守气,又不如曾子之守约也。"曰:"敢问夫子之不动心,与告子之不动心,可得闻与?""告子曰:'不得于言,勿求于心;不得于心,勿求于气。'不得于心,勿求于气,可;不得于言,勿求于心,不可。夫志,气之帅也;气,体之充也。夫志至焉,气次焉。故曰:'持其志,无暴其气。'""既曰'志至焉,气次焉',又曰'持其志无暴其气'者,何也?"曰:"志壹则动气,气壹则动志也。今夫蹶者趋者,是气也,而反动其心。""敢问夫子恶乎长?"曰:"我知言,我善养吾浩然之气。""敢问何谓浩然之气?"曰:"难言也。其为气也,至大至刚,以直养而无害,则塞于天地之间。其为气也,配义与道;无是,馁矣。是集义所生者,非义袭而取之也。行有不慊于心,则馁矣。我故曰,告子未尝知义,以其外之也。必有事焉而勿正,心勿忘,勿助长也。无若宋人然:宋人有闵其苗之不长而揠之者,芒芒然归。谓其人曰:'今日病矣,予助苗长矣。'其子趋而往视之,苗则槁矣。天下之不助苗长者寡矣。以为无益而舍之者,不耘苗者也;助之长者,揠苗者也。非徒无益,而又害之。""何谓知言?"曰:"诐辞知其所蔽,淫辞知其所陷,邪辞知其所离,遁辞知其所穷。生于其心,害于其政;发于其政,害于其事。圣人复起,必从吾言矣。""宰我、子贡善为说辞,冉牛、闵子、颜渊善言德行。孔子兼之,曰:'我于辞命则不能也。'然则夫子既圣矣乎?"曰:"恶!是何言也?昔者子贡问于孔子曰:'夫子圣矣乎?'孔子曰:'圣则吾不能。我学不厌而教不倦也。'子贡曰:'学不厌,智也;教不倦,仁也。仁且智,夫子既圣矣!'夫圣,孔子不居,是何言也?""昔者窃闻之:子夏、子游、子张皆有圣人之一体,冉牛、闵子、颜渊则具体而微。敢问所安。"曰:"姑舍是。"曰:"伯夷、伊尹何如?"曰:"不同道。非其君不事,非其民不使;治则进,乱则退,伯夷也。何事非君,何使非民;治亦进,乱亦进,伊尹也。可以仕则仕,可以止则止,可以久则久,可以速则速,孔子也。皆古圣人也,吾未能有行焉;乃所愿,则学孔子也。""伯夷、伊尹于孔子,若是班乎?"曰:"否。自有生民以来,未有孔子也。"曰:"然则有同与?"曰:"有。得百里之地而君之,皆能以朝诸侯有天下。行一不义、杀一不辜而得天下,皆不为也。是则同。"曰:"敢问其所以异?"曰:"宰我、子贡、有若智足以知圣人。污,不至阿其所好。宰我曰:'以予观于夫子,贤于尧、舜远矣。'子贡曰:'见其礼而知其政,闻其乐而知其德。由百世之后,等百世之王,莫之能违也。自生民以来,未有夫子也。'有若曰:'岂惟民哉?麒麟之于走兽,凤凰之于飞鸟,太山之于丘垤,河海之于行潦,类也。圣人之于民,亦类也。出于其类,拔乎其萃,自生民以来,未有盛于孔子也。'"

此段是《孟子》一书中最集中的一段人物品评。首先由公孙丑设问,如果孟子能够在齐国得位而行道,孟子会不会因为身当大任而有所恐惧("动心")? 孟子说自己四十不惑,不会"动心"。公孙丑乃借评价孟贲之勇以赞孟子"不动心"之难能可贵。孟子却随即提出告子之"不动心"。孟子之义似乎是"不动心"并不难做到,由此引发公孙丑之疑问,进而追问"不动心"是否有道。孟子接连排出北宫黝、孟施舍、曾子、子夏四人之"勇"进行比较品评:四子者皆心有所主,故皆能勇而不动心。北宫黝盖刺客之流,以必胜为主,而不动心;孟施舍自言其战虽不胜,亦无所惧,若量敌虑胜而后进战,则是无勇而畏三军矣,其以无惧为主,而"不动心"。两者在勇气上,一奋进,一固守,皆能"不动心"。子夏笃信圣人,曾子反求诸己。故孟施舍、北宫黝二人之于曾子、子夏,虽非等伦,然论其气象,则各有所似。论二子之勇,未知谁胜;论其所守,则孟施舍比于北宫黝,为得其要也。但孟施舍虽似曾子,然其所守乃一身之气,又不如曾子之反身循理为高。显然孟子对由发自内心的、基于道义的反思而得来的勇气更为赞赏。孟子之"不动心",其原盖出于此。

孔子曾说:"志士仁人,无求生以害仁,有杀身以成仁。"(《论语·卫灵公》)孟子也曾经说过:"理义之悦我心,犹刍豢之悦我口。"(《孟子·告子上》)又说"舍生取义",可见"不动心"有多重层次,勇也有差别,但真正的大勇来自仁义之道,来自仁义之道熔铸出来的高度的自觉性。

下面公孙丑接着问告子的"不动心"与孟子的"不动心"有何差别。孟子转述告子对"不动心"的描述为:于言有所不达,则当舍置其言,而不必反求其理于心;于心有所不安,则当力制其心,而不必更求其助于气,此所以固守其心而不动之速也。孟子对告子之言的看法是:不得于心而勿求诸气者,急于本而缓其末,可;但不得于言而不求诸心,则既失于外,又失之内,不可。因为"理(道义)得"则"心安","理得"则"气壮",不得理而求其气,必馁;但不得言而不求于心,则是不反思其过,不求进取。如此,则永远不能获得大勇。由此可见,心志是气之将帅,但人心志的强大与否又是通过勇气表现出来的。而气有时候也许并不是由人的仁义德行发出的,它也可能是发自其他的生命情意,有时候它可能还会产生反面作用和破坏力。就是由德性发出之气,如果心志不固,则也难以驾驭和控制,气走向极端,就会走向反面。所以孟子说志至则气次。朱熹《四书章句集注》:"公孙丑见孟子言志至而气次,故问如此则专持其志可矣,又言无暴其气何也?……孟子言志之所向专一,则气固从之;然气之所在专一,则志亦反为之动。"也就是说志可以支配气,气也有可能支配志。志和气的关系犹如理智和情感的关系。劳思光先生谓,志就是"德性我",而气就是"情意我",必须以德性我统摄生命情义我。①

五、"知言"与"养气"

公孙丑复问孟子之"不动心"所以异于告子如此者,有何所长而能然。孟子说,其特出之处是"知言"和善养"浩然之气"。公孙丑一下子被孟子的"浩然之气"的概念所吸引,马上询问何为"浩然之气"。

---

① 劳思光《新编中国哲学史》,广西师范大学出版社,2005年版,第127页。

孟子对"浩然之气"的景象做了一番描述后,提出"浩然之气"的关键在于"配义与道;无是,馁矣。是集义所生者,非义袭而取之也。行有不慊于心,则馁矣"。看来,这"浩然之气"即是因仁义而形成的,是受仁义支配的。而告子以为义不是出自人内心的自觉,故其"不动心",殆亦冥然无觉,悍然不顾而已尔。"浩然之气"必须以仁义来涵养,没有修仁义的内在功夫,徒求浩然之气犹如拔苗助长也。

后一段则由孟子的"知言"引出一系列人物的品评,最终落到对孔子的评价上。其大概线索如下:公孙丑和孟子就"动心"问题讨论之后,已知孟子之"不动心"与告子异。接着就问,孟子的"不动心"有何特出之处而能如此。孟子答以"知言"和善养"浩然之气"。公孙丑先问"浩然之气",次又问"知言"。孟子的回答是其能通过不同的言辞之特点判断人的内心状况。意思是"言为心声",不得于言,勿求于心,不可。孟子所列举的诸种不得之言,皆是心之"失"的表现。知言者,尽心知性,于凡天下之言,无不有以究极其理,而识其是非得失之所以然也。人之有言,皆本于心。其心明乎正理而无蔽,则其言平正通达而无病;否则,就会出现如孟子所举之失言之状。通过其言之病,而知其心之失,更知其心不明乎道义,如果这样的人当政,必然害于政事。那么作为"知言"者,必须于道有更高层次的领悟,所谓"知言"的背后是知道义,一个不明道义的人是无法品评别人是否有道义的,一个不得于心的人是无法判断别人是否"得言"的。所以"知言"是一个很高的要求,"知言"者首先自己要得于心。朱熹说:"非心通于道,而无疑于天下之理,其孰能之?彼告子者,不得于言而不肯求之于心;至为义外之说,则自不免于四者之病,其何以知天下之言而无所疑哉?程子曰:'心通乎道,然后能辨是非,如持权衡以较轻重,孟子所谓知言是也。'又曰:'孟子知言,正如人在堂上,方能辨堂下人曲直。若犹未免杂于堂下众人之中,则不能辨决矣。'"[①]说的就是这个道理。

孟子的时代,士人知识分子的自我意识高扬到极致,他们以道自任,傲视王侯;他们当仁不让,勇于承担社会责任。所以孟子表现出

---

① [宋]朱熹《四书章句集注》,中华书局,1983年版,第233页。

当时时代所要求的个性,显示出前所未有的自信和勇气。孟子说:"如欲平治天下,当今之世,舍我其谁也?"(《孟子·公孙丑下》)孟子一贯以好辩、善辩著称,这也是那个时代学术争鸣、相与攻击争胜的环境所逼迫,面对论辩对手的进攻(像墨家和道家对孔子的歪曲甚至丑化),孟子要维护儒家的地位,必须好辩、善辩,是不得已而为之的事情。要善辩,必须有足够的气势。气势从哪里来?来自论辩者所持之道的深厚,来自论辩者对道义的深刻把握。所以,"知言"、养气与孟子的善辩、好辩还有这样一层关系。但是公孙丑抛开世异则事异的现实,而直接将孟子的"知言"与孔子曾"自谓不能于辞命"的情形相比较,问孟子是否已经达到了圣人的境界。孟子不料公孙丑有是问,极力表明不敢以圣自居。同时通过引孔子、子贡问答之辞说明孔子已有圣人气象却不以圣自居,自己更不可以圣自居。在对孔子的评价中,孟子绕开了"知言"的话题,而借子贡"学不厌,智也;教不倦,仁也。仁且智,夫子既圣矣"来评价孔子。在这里,有一个歧义现象:要么是公孙丑偷换了概念,将"知言"与"善言"放在一起比较;要么是孟子的"知言"即包含"用言""善言"之义,否则告子不会拿孟子的"知言"与孔子的"不能于辞命"比较。从孟子绕开话题评价孔子来看,可能是后者。或许孟子认为这是两个不同时代的评价标准,而不想在此处与孔子较高低。

孟子不敢居圣,也不敢自比孔子,但执着的公孙丑非要给孟子一个准确的定位,将其与有圣人之一体的子夏、子游、子张和具有圣人之体但还没有将圣人气象扩充广大的冉牛、闵子、颜渊作比较,问孟子跟他们相比当处于什么位置。孟子不愿与其比较,显然是不愿以数子所至者自处也。显然孟子对自己还有更高的要求。公孙丑仍然锲而不舍,继续问:"伯夷、伊尹何如?"是问孟子能否以伯夷、伊尹自当。孟子被追问得实在没有办法,只好在对伯夷、伊尹、孔子分别评价之后说,三者都是古圣人,但是"乃所愿,则学孔子也"。孟子在这时虽说愿学孔子,但并未将孔子与伯夷、伊尹分高下。于是公孙丑又追问三人是否可以同等看待。孟子以为孔子高出二子者远矣。公孙丑又问三人有无相同之处。孟子以为三者若得百里之地皆可王天下。"行一不义,杀一不辜,而得天下,皆不为也"。这是他们的相同点。由此可见,三人皆以道自守。但是既然孔子比伯夷、伊尹高出许多,差异到底在哪里呢? 公孙丑是以又问。我们发现此时,孟子除了借助宰我、子贡、有若之口对孔子进行了前无古人的评价之外,并没有指出其具体的差异到底在哪里。可以看出,这时孟子还没有完全建立起自己的理论系统,或者说孟子的心性论哲学体系在此时还没有完全成熟,所以还不能对其做出深入的比较和评价。

孟子对伯夷、伊尹、柳下惠以及孔子的合评有多次,这是孟子人物品评的一大特色。四人不同的体道之法,正好与儒家哲学发展到孟子时必须解决的一个重大问题有关。孟子对这个问题的思考始终伴随着对伯夷、伊尹、柳下惠和孔子的品评,这是我们从孟子人物品评的角度发现的一个极其有趣的现象。这个问题最终在《孟子·万章下》得到了解决。这个问题就是"义"及其"义"的"裁定"问题。这将是我们探究孟子人物品评时的第三个落脚点。

综上所述,孟子认为人有"性善"之端,但"性善"只是人能行仁义的可能性,并非现实性。因此,人要让"性善"之端倪真正扩充壮大而成为仁义之道,并且成为人心志的主宰,由此可以培养出人的"浩然之气",就会使人处变不惊,无畏无惧,产生巨大的人格魅力和精神力量。这种力量是以至高至纯的道义为支撑的,它不同于匹夫之勇、气力之勇,它是发自心灵深处的道义能量。孟子在《孟子·滕文公下》形象地描述了这种力量的表现:

> 景春曰:"公孙衍、张仪岂不诚大丈夫哉? 一怒而诸侯惧,安居而天下熄。"孟子曰:"是焉得为大丈夫乎? 子未学礼乎? 丈夫之冠也,父命之;女子之嫁也,母命之,往送之门,戒之曰:'往之女家,必敬必戒,无违夫子!'以顺为正者,妾妇之道也。居天下之广居,立天下之正位,行天下之大道。得志与民由之,不得志独行其道。富贵不能淫,贫贱不能移,威武不能屈。此之谓大丈夫。"

孟子还认为古代圣王舜就是具有这种品质和力量的人。《孟子·尽心下》:

> 孟子曰:"舜之饭糗茹草也,若将终身焉;及其为天子也,被袗衣,鼓琴,二女果,若固有之。"

有这种力量的人就是"富贵不能淫,贫贱不能移,威武不能屈"的"大丈夫"而不是靠诡诈之术耀武扬威的所谓"大丈夫"。这种力量不但成就天下事功,同样成就人的精神境界,使人固守心志,宠辱不惊,不以贫贱而有慕于外,不以富贵而有动于中,随遇而安,无预于己,镇定自若。

第三节 "义裁"、中庸之道与孟子的人物品评

孔子多言"礼",而孟子多言"义","礼"与"义"侧重点的转移是孔孟哲学的主要区别。"礼"是人们面对外部世界进行决策时采取的来自传统的依据和标准,这种标准是一种他律体系;"义"的强化是人面对外部世界进行决策时自主精神提高的表现,"义"的执行更依赖于人的自律精神。"义"就是人的自觉心及由人的自觉心主宰的对于公平正义的判断力和需要采取的决策行动。这种对世间大道的裁断能力是以人对道义的把握为前提的。人依据自己的裁断能力对外部事象做出综合的判断就是"权",也即中庸之道。《孟子》有许多人物品评的内容围绕"义"的裁定问题而展开。人们体道的能力不同,则对世间事象做出的裁定也不同,因而孟子对其做出的评价也不同。孟子的时代,面对瞬息万变的社会事象,陈旧的"礼"已经不能作为决策的合理依据,人必须通过自己的主体精神来把握世界。这是隐藏在"义"背后的深层内涵。

战国时期的人物品评总体来说具有"评人论道"和"以学论人"的特点。战国诸子品评人物常常与自己的道义阐发紧密结合。由于各家所持观点不同,许多历史人物在诸子那里获得的定位和评价都不同。在战国诸子著作中,《孟子》一书的人物品评最为丰富和集中,其与孔子的人物品评一脉相承。《孟子》的人物品评主要围绕"仁政"

"王道""性善论"和"义裁"等问题展开。围绕"义裁"问题展开的人物品评是《孟子》人物品评的一大特点。

一、"义"的三重含义及"义裁"维度

如果将《论语》和《孟子》作一比较,就会发现《论语》多"礼"字,《孟子》多"义"字。而"礼"的消退,"义"的凸显也正是儒家哲学从孔子发展到孟子的重要特征。在《论语》中,孔子已经强调"义"的重要性,并且"摄礼归义",为这种极具秩序生成性的"礼"找到了来自"人类社会追求公平正义之需要和自觉追求"的一个依据,[①]这样"礼"不再是毫无意义的仪式。"礼"的仪式性仍然存在,但促使人遵循"礼"的动力是仪式背后的"义",甚至人可以直接根据"义"的需要对"礼"进行繁简方面的裁制。如孔子说:"人而不仁,如礼何?"又说:"礼,与其奢也,宁俭;丧,与其易也,宁戚。"(《论语·八佾》)"义"就是人的自觉心及由自觉心主宰的对于公平正义的判断力和需要采取的相应行动。孔子虽然强调人对于公平正义的自觉主宰性,同时认为人的公正之心的养成需要借助于传统的行为规范——"礼"。通过在"礼"的践行中的下学功夫而上达至仁境,不断增强人对于公平正义的主宰能力和基于公平正义的对外界事物的裁定能力。在春秋早期,贵族君子们裁定外部事象仍然基本依赖于"礼",但是"义"已经露出端倪。到了孔子时,"义"的作用更突出。由于孔子尚未能明确指出人的自觉主宰性的根源在人的内心,为人内心之固有("性善"),而是需要人不断地下学上达的功夫才能培养出这种精神自觉,所以孔子特别推崇行动在开拓仁境中的意义和作用。也就是说孔子虽然认为人能通过行动("礼")培养出这种精神自觉,但还没有明确指出人能培养出这种精神自觉的人性根源(人先天的固有属性),这也是孔子遗留给孟子要解决的问题。在裁定事象时,孔子虽然"礼""义"并用,但在很大程度上依赖"礼"。所以"礼"是孔子品评人物时的一个重要基准。当然这也与孔子对传统礼制的维护以及仍然希望通过"礼"来建立社会秩序的目的有关,但是尚未明确基于人的自觉心的"义"源于

[①] 劳思光《新编中国哲学史》,广西师范大学出版社,2005年版,第82—87页。

人性所固有也是一个主要原因。孟子的贡献就在于以"性善论"确立了人对于"义"的自觉主宰性的人性论根源,这样人对于正义的把握和裁定就有了来自人性论的理论支持。

总的来说,"义"就是人的自主性以及人在形成高度的自主意识之后对于公平正义的判断力和决策行动。"义"包含三重含义:第一,指公平正义和正当性的事。这一层次的"义"就是道义或者理。孟子常将"义利"对举,说明"义"是人通过自觉的修养而达到的对于道义的把握,当然这种道义是基于公平正义的。第二,指人对于公平正义的担当精神和责任心(如见义勇为)。第三,当人通过践行和涵养功夫逐渐把握道义之后,就可以用其来裁定世间事象,然后在自己的出处和安身立命等重大问题上做出决策,采取相应的行动。也就是说,人随着对仁义之道的把握,就可以做出符合世间大道的行动决断,而决断的对错、高低则因人对道义的体认水平而不同。人们体认道义的水平不同、角度不同,因而对事象做出的裁定也不同,对人做出的评价也完全不同。孟子对于历史人物作出全新的评价,就是因为他以发展了的儒家之道来重新定位历史人物,对人物的评定有了新的标准,这个标准就是在孟子那里有了新的意义内涵的"义"。

"义"既是基于性善而形成的仁义之道,又是依据仁义之道对事象的裁决。在战国时期,传统礼制的权威性受到进一步的破坏,以"礼"来裁定重大的政治事象已经不可能。所以战国诸子很少言"礼",就是孟子也较少言"礼"。因为"礼"已经逐渐退出了政治话语系统,代之而起的是"义",是"理"(荀子虽然积极提倡"礼",但已经倾向于"法",提倡"礼法并用、王霸兼行")。这样对于事象的裁定更多地倾向于人的内在自觉,倾向于人自身对道义的深层把握,这就是朱子所说的"心之制,事之宜"。在人对一客观事象进行判断时,人与自己所把握的"道"及外部事象之间形成三角关系。如果以为对事象的判断是基于自身把握到的"道",则"义,内也";如果以为对事象的把握是出于事象本身的特性,则认为义自外出。这正是孟子与告子关于"义内外"问题的争论。但是对于同一个事象,为什么会有完全不同的判断呢?同样是管仲,孔子许其仁,而孟子却羞与之比,显然是评价主体对于"义"的把握有了变化。① 孟子认为"义"自内出,因为"对象只是一种客观的实然的存在,其自身无所谓义不义的问题。对此实然的存在而加以道德判断,由判断而决定相应的行为的标准,这才是'义'。所以义不是'实然'而是'应然'"。② 由此可以看到战国时期,不论是对人的评价还是对其他事象的评价皆以"义"为基准,而各家之"义"因各家之"道"的不同而不同。这就形成了以"道"论人的现象。人物品评完全以"道"为基准,就是"道"的裁决。各家之"道"不同,于是同一类人物在诸子那里完全呈现不同的风貌。由于"道"对人物的严格裁定,各家对人物的品评也往往是以偏概全。战国诸子们的人物品评基本上以各家之"道"为基准,其品目比较单一。而在道义之外来寻求人物的闪光点和独特性,品评者能够允许人物呈现出各种不同的姿态,并且抱着一种宽容的心态作远距离的观赏当是汉以后的事了。所以说这一时期的人物品评主要以道义为基准。那么以"道"论人是不是与审美无关?非也。李泽厚将审美分为三个层次,即悦耳悦目、悦心悦意、悦志悦神,认为"悦志悦神"是"人类所具有的最高等级的审美能力","所谓'悦志'是对某种合目的性的道德理念的追求和满足,是对人的意志、毅力、志气的陶冶和培育;所谓'悦神'则是投向本体存在的某种融合,是超道德而与无限相同一的精神感受"。③ 孟子也说:"理义之悦我心,犹刍豢之悦我口。"(《孟子·告子上》)正因为如此,魏晋时期对人物进行全方位审美观照的《世说新语》三十六门类中,首推德行门,另外其他的方正、雅量、识鉴等门类也都与德行有密切关系。德行就是以道义为评价基准的。

二、"义裁"与中庸之道

下面仍然回到孟子关于"义"的问题上来。人所持之"道"、外部对象以及人自身之间形成三角关系。外部对象虽然也有一定的客观

---

① 按:孔子对管仲辅助桓公"九合诸侯,不以兵车""霸诸侯,一匡天下,民到于今受其赐"的功绩许其仁,但也没有完全肯定管仲,同时评论他"器小""不知礼",此皆是一种较客观的就事论事的评论。而孟子对管仲的评价是严格的"以学论人"和"评人论道",其品评人物是为了阐明道义,难免以偏概全。
② 徐复观《中国人性论史》(先秦篇),上海三联书店,2001年版,第167页。
③ 李泽厚《美学四讲》,天津社会科学院出版社,2001年版,第193—211页。

标准,而在这一客观标准之下对其进行一定的基于道义的判断,取决于人的主观自觉。人自身是裁决者,因此"义"出自内。不论是以"义"的道义内涵还是裁决内涵来说,"义"都出自内。但是裁决也不能忽视客观对象的基本特性,客观对象是形成判断的载体,出于道义的判断要与之相适应。所以说人对事象的裁决必须找到主观道义与客观对象之间的交汇点。人要根据不同的对象、不同的环境对外部事象做出综合的判断,这一判断就是"权",也即中庸之道。"权"就是一种基于"主体自觉"的综合判断。《孟子·梁惠王上》:"权,然后知轻重;度,然后知长短。物皆然,心为甚。"也可以说,裁定意义上的"义"就是中庸之道。中庸之道并非一种简单的折中主义,而是一种基于事象的综合判断和全面考量。一个"义"字后面隐藏着多重关系:人与道义的关系、道义与客观对象的关系、道义的层次关系等等。在这一系列的关系中,人需要通过权衡做出最终的裁决。一旦做出裁决即顺"义"而行,至于其能否达到预期的结果,则不是人自身能够控制的了,君子只求"尽心"而已。所以孟子说:"大人者,言不必信,行不必果,惟义所在。"(《孟子·离娄下》)孔子也说过:"道之将行也与？命也。道之将废也与？命也。"(《论语·宪问》)"君子之仕也,行其义也。道之不行,已知之矣。"(《论语·微子》)①这也体现了孔孟哲学的一贯性:在人的主观努力之外,坦然地留出成败进退之领域,承认"道"或将不行的事实,只求尽己力提升自己的主体能动性,做好"道"的践行和"义"的权衡裁定而已。权衡裁定即是中庸之道,中庸之道的本质在于"权"。

孟子曾经用杨朱和墨子之利己与利他问题说明中庸之道,其中明确地说明了以"权"为核心的"义裁"思想。《孟子·尽心上》:

> 孟子曰:"杨子取为我,拔一毛而利天下,不为也。墨子兼爱,摩顶放踵利天下,为之。子莫执中,执中为近之,执中无权,犹执一也。所恶执一者,为其贼道也,举一而废百也。"

---

① 按:这里孔子所说的"义"主要是指"义"的第一层(道义)和第二层(人对于公平正义的担当精神和责任心)的意义内涵;而孟子的"惟义所在",则在前两者的基础上倾向于"义"第三层(裁断)的意义内涵。

孟子认为在处理利己和利他问题上要用中庸之道,不能走极端,但"执中"并非中庸之道。因为"执中无权,犹执一也","执一"即走极端,"执一"则不知变通。中庸之道的精神在于"权","权"则意味着要以"义"的大小、轻重、缓急而定,是综合权衡利弊之后的裁定和取舍。就利己和利他而言,当某个人要用别人所利去做坏事,还能利他吗?当正义在己不在他时,当然不能利他。另外利己和利他还有量的权变考量,这些都当以"义"的标准来取舍。中庸之道其实与"义"的裁断内涵相吻合,而人最终要做出最合理的裁定,就必须不断扩充自己的仁义之道,这样"义"的道义内涵与裁定内涵即是一而二,二而一的相辅相成之关系。

面对战乱纷争的战国时代,国家层面的"礼"已无法起到约束作用。世事瞬息万变,在变乱的时世如何裁定事物?儒家认为必须依赖于人自身,要不惧变乱,积极提高自己的应变能力和判断力,所以儒家精神在于健动有为。因此,孟子的"义"在一定程度上就是通过不断提高自己的境界争取做到对事象的准确把握。相反,对于世事的变乱和不确定性,道家观变以思常,最后走向反向思维,以不变应万变。从某种程度上来说,诸子之道虽然不同,但皆有相似或共同的根源。

三、《孟子》基于"义裁"的人物品评

弄清楚了孟子关于"义"的哲学内涵,就会发现《孟子》一书中的许多人物品评内容皆基于"义裁"问题而发。或者说,孟子的人物品评证明了其关于"义裁"的思想内涵。

(一)"出处"与"处世态度"之"义裁"问题

孟子对伯夷、伊尹、柳下惠以及孔子的合评有多次,这是孟子人物品评的一大特点。孟子对四人的合评,都反映了孟子关于"出处"的"义裁"问题。《孟子·公孙丑上》第一次对伯夷、伊尹、孔子进行合评:

> (公孙丑)曰:"伯夷、伊尹何如?"曰:"不同道。非其君不事,非其民不使;治则进,乱则退,伯夷也。何事非君,何使非民;治

亦进,乱亦进,伊尹也。可以仕则仕,可以止则止,可以久则久,可以速则速,孔子也。皆古圣人也。吾未能有行焉;乃所愿,则学孔子也。""伯夷、伊尹于孔子,若是班乎?"曰:"否。自有生民以来,未有孔子也。"

此处,孟子虽然认为孔子最高,但并没有指出三者的差别到底在哪里。第二次合评仍然是在《孟子·公孙丑上》,但其合评的是伯夷和柳下惠①:

> 孟子曰:"伯夷,非其君不事,非其友不友。不立于恶人之朝,不与恶人言。立于恶人之朝,与恶人言,如以朝衣朝冠坐于涂炭。推恶恶之心,思与乡人立,其冠不正,望望然去之,若将浼焉。是故诸侯虽有善其辞命而至者,不受也。不受也者,是亦不屑就已。柳下惠,不羞污君,不卑小官。进不隐贤,必以其道。遗佚而不怨,厄穷而不悯。故曰:'尔为尔,我为我,虽袒裼裸裎于我侧,尔焉能浼我哉?'故由由然与之偕而不自失焉,援而止之而止。援而止之而止者,是亦不屑去已。"孟子曰:"伯夷隘,柳下惠不恭。隘与不恭,君子不由也。"

这一次,孟子指出了伯夷和柳下惠各自的特点,并且评价说:"伯夷隘,柳下惠不恭。"说明两者一个是过,一个不及,两者皆偏;过者隘,不及者不恭。这两者,儒家君子不当为也。但是虽然伯夷、柳下惠皆有圣贤气象,是古代人们称道的圣贤典范,那么孟子对他们的评价依据到底是什么,我们先将《孟子》全书所有评价四者的材料汇聚如下,然后做一分析。

《孟子·万章下》:

> 孟子曰:"伯夷,目不视恶色,耳不听恶声。非其君不事,非其民不使。治则进,乱则退。横政之所出,横民之所止,不忍居

---

① 孟子评四人用的是同一个基准,故此处虽不及孔子、伊尹,仍是同一类评价。

也。思与乡人处,如以朝衣朝冠坐于涂炭也。当纣之时,居北海之滨,以待天下之清也。故闻伯夷之风者,顽夫廉,懦夫有立志。伊尹曰:'何事非君?何使非民?'治亦进,乱亦进。曰:'天之生斯民也,使先知觉后知,使先觉觉后觉。予,天民之先觉者也;予将以此道觉此民也。'思天下之民匹夫匹妇有不与被尧、舜之泽者,若己推而内之沟中,其自任以天下之重也。柳下惠,不羞污君,不辞小官。进不隐贤,必以其道。遗佚而不怨,厄穷而不悯。与乡人处,由由然不忍去也。'尔为尔,我为我,虽袒裼裸裎于我侧,尔焉能浼我哉?'故闻柳下惠之风者,鄙夫宽,薄夫敦。孔子之去齐,接淅而行;去鲁,曰:'迟迟吾行也。'去父母国之道也。可以速而速,可以久而久,可以处而处,可以仕而仕,孔子也。"孟子曰:"伯夷,圣之清者也;伊尹,圣之任者也;柳下惠,圣之和者也;孔子,圣之时者也。孔子之谓集大成。集大成也者,金声而玉振之也。金声也者,始条理也;玉振之也者,终条理也。始条理者,智之事也;终条理者,圣之事也。智,譬则巧也;圣,譬则力也。由射于百步之外也,其至,尔力也;其中,非尔力也。"

又《孟子·尽心下》:

　　孟子曰:"圣人,百世之师也,伯夷、柳下惠是也。故闻伯夷之风者,顽夫廉,懦夫有立志;闻柳下惠之风者,薄夫敦,鄙夫宽。奋乎百世之上。百世之下,闻者莫不兴起也。非圣人而能若是乎,而况于亲炙之者乎?"

《孟子·告子下》:

　　淳于髡曰:"先名实者,为人也;后名实者,自为也。夫子在三卿之中,名实未加于上下而去之,仁者固如此乎?"孟子曰:"居下位,不以贤事不肖者,伯夷也;五就汤,五就桀者,伊尹也;不恶污君,不辞小官者,柳下惠也。三子者不同道,其趋一也。一者何也? 曰:仁也。君子亦仁而已矣,何必同?"

梳理所有孟子对于伯夷、伊尹、柳下惠和孔子四人的评价，其实质都是围绕"出处"和"处世态度"问题而言，也就是人面对不同的社会环境如何选择与社会的关系问题。四者皆有所持的道义标准，但是他们各自所持的道义标准在面对人与社会、人与他人的出处和关系问题进行裁决时各有不同。伯夷的裁定过于保守，是"独善其身"者，其道止于孤芳自赏，其对社会状况和他人的要求过严，不是自己崇尚的君主，不仕；不是自己看中的民众，不使。按照儒家"仁"的精神境界来衡量，伯夷只能是内圣达到了极高的层次，但不能施之外王。或者说其只达到了儒家仁境中"忠"的境界，而没有达到"恕"的胸怀。而儒家之"仁"的境界必须是"忠""恕"并重，在执守正道的同时，要推己及人，甚至要知其不可而为之，要化成天下，要改变天下。而伯夷只等天下有道时才仕，于大道来说，则为"隘"。虽然"闻伯夷之风者，顽夫廉，懦夫有立志"，人们崇敬他的志向，但终究没有达到儒家胸怀天下、健动不息的精神，所以伯夷是"圣之清者"。但是水至清则无鱼，伯夷之道偏于一端，故君子不由。

与伯夷相反，柳下惠则完全能"融入"到社会环境中。哪怕是无道之天下、无道之君、无礼之民，柳下惠都能泰然处之。虽然柳下惠的包容性很强，但不管在什么样的环境下，他都能保持自己的节操，能坚持己道，能做到和而不流，卓然独立，出淤泥而不染，能够以直道处理问题。因为他对"处世"问题进行裁定时，对于外部环境几乎完全不考虑，所重者在于持守自身之道不受外界影响，外部环境不作为他"义裁"时的权衡因素，因此他的直道不能产生实际效果。他裁定事象时所持之"义"过于外向，过于宽泛，因而显得不恭，有失自己的形象。尽管如此，他仍然"我行我素"，"不以三公易其介"（《孟子·尽心上》），最后只能成为一个"独善其身"者，距离儒家的"化成"要求仍然很远。

柳下惠能"和而不流"，能持守己道，故仍然有"仁"者气象；如果"和而流"，毫无持守和主见，并且见风使舵、左右逢源，就成了孔孟所深恶痛绝的"乡原"了。所以柳下惠是圣之"和"者，但于大道来说，则为"不恭"。

相对于伯夷和柳下惠，伊尹可以说在"知其不可而为之"这一点上与儒家非常接近,治亦进,乱亦进。伊尹对于出处环境的要求也不苛刻,认为"何事非君?何使非民",在这一点上与柳下惠相似。他"以先觉觉后觉"的姿态面对需要教化的民众,他勇于承担天下大任,希望天下民众皆能被尧舜之泽。表面上看,伊尹对于出处的选择似乎合乎孔子,何以孟子不许之以"时",而独许孔子以"时"?朱熹说:"或疑伊尹出处,合乎孔子,而不得为圣之时,何也?程子曰:'终是任底意思在。'"①但并没有解答清楚到底为什么。或许在孟子看来,伊尹之行事固然可敬,但是他一味地执着于行道;治亦进,乱亦进;进而不知止,在外界环境不成熟的情况下不免走向偏执,徒劳无功,不为智者。不像孔子将"义""命"分立:积极行道,义也;道之不行,命也。在人的主观努力之外,坦然地留出一块未知领域,以供出处进退之用,而不是一味的猛进,这样于天下无功,于己失性。虽然仍然是知其不可而为之,但在尽己之力之后,承认道或将不行的事实。所以,孔子只是注重在不同的环境下应该做什么,然后尽力去做:"可以速而速,可以久而久,可以处而处,可以仕而仕。"一"可"字即表明孔子"圣之时者"的特点。另外,对于外部环境,孔子也不是毫无要求,得明君而仕是其首选;其君不明,辅佐规劝;规谏而冥顽不化,则舍而弃之。而伊尹"五就汤,五就桀",其行固然是出于公心,但不能明智地审时度势,而反复如此,于自己的德行损失大矣。所以说孔子懂得时变,在权衡时变的裁定中能执中庸之道,而不走向偏执。故谓"孔子,圣之时者也"。

综上,孟子对于伯夷、伊尹、柳下惠、孔子的评价基于人的"出处"和"处世态度"问题,用以裁定"出处"的"义"之准则为"中庸"之道。

另外,在"如何处世"的"义裁"考量中,廉洁的取舍也是一个重要方面。孟子与匡章评论陈仲子则是关于廉洁的"义裁"问题。《孟子·滕文公下》:

> 匡章曰:"陈仲子岂不诚廉士哉?居于陵,三日不食,耳无闻,目无见也。井上有李,螬食实者过半矣,匍匐往将食之,三

---

① [宋]朱熹《四书章句集注》,中华书局,1983年版,第315页。

咽,然后耳有闻,目有见。"孟子曰:"于齐国之士,吾必以仲子为巨擘焉。虽然,仲子恶能廉?充仲子之操,则蚓而后可者也。夫蚓,上食槁壤,下饮黄泉。仲子所居之室,伯夷之所筑与?抑亦盗跖之所筑与?所食之粟,伯夷之所树与?抑亦盗跖之所树与?是未可知也。"曰:"是何伤哉?彼身织屦,妻辟纑,以易之也。"曰:"仲子,齐之世家也。兄戴,盖禄万钟。以兄之禄为不义之禄而不食也,以兄之室为不义之室而不居也,辟兄离母,处于於陵。他日归,则有馈其兄生鹅者,己频颇曰:'恶用是鶃鶃者为哉?'他日,其母杀是鹅也,与之食之。其兄自外至,曰:'是鶃鶃之肉也。'出而哇之。以母则不食,以妻则食之;以兄之室则弗居,以於陵则居之。是尚为能充其类也乎?若仲子者,蚓而后充其操者也。"

陈仲子盖避世者,不食不义之食,不居不义之屋,且因不食不义之食而差点饿死。在一般人看来,其行足够廉洁,但在孟子看来仲子未得为廉。因为从仲子的行为来看,其对于廉的执守都到了避世的境地,以逃避为守廉的方式,说明其以廉为最高的道义,那么就应当满其所守之志,而不应该守廉洁又不彻底:仲子以母之食、兄之室为不义而"不食""不居";至于妻所易之粟,于陵所居之室,既未必伯夷之所为,说不定为盗跖所为,则亦不义之类耳。今仲子于此则"不食""不居",于彼则"食之""居之",岂为能充满其操守之类者乎?要真正满其志就应当像蚯蚓一样不食人间烟火,无求于世而自足,然后可以为廉也。但仲子未免居室食粟,若所从来或有非义,则是未能如蚯蚓之廉也。其实在这里孟子是就仲子对于廉之"义裁"的偏执而进行讽刺性的推论。儒家以入世为谈论"义裁"的前提,人必须在社会生活中不脱离社会,才能谈廉的问题,不敢面对廉洁的挑战和考验只能是懦弱者,以逃避为廉洁显然是以大义就小义。既然已经逃避,就应该按照自己执守的"义"满而行之,仲子不能,又要于世俗社会取之,此行为在判断错误的基础上又行"义"不彻底,故孟子讥之。

(二) 人之个性与自处方式之"义裁"问题

那么人对于自己如何把握?人该如何把握人的自处问题呢?下

面这段人物品评就围绕人的自处和个性之"义裁"问题展开,见《孟子·尽心下》:

> 万章问曰:"孔子在陈曰:'盍归乎来!吾党之士狂简,进取,不忘其初。'孔子在陈,何思鲁之狂士?"孟子曰:"孔子'不得中道而与之,必也狂狷乎!狂者进取,狷者有所不为也'。孔子岂不欲中道哉?不可必得,故思其次也。""敢问何如斯可谓狂矣?"曰:"如琴张、曾晳、牧皮者,孔子之所谓狂矣。""何以谓之狂也?"曰:"其志嘐嘐然,曰'古之人,古之人'。夷考其行而不掩焉者也。狂者又不可得,欲得不屑不洁之士而与之,是狷也,是又其次也。孔子曰:'过我门而不入我室,我不憾焉者,其惟乡原乎!乡原,德之贼也。'"曰:"何如斯可谓之乡原矣?"曰:"'何以是嘐嘐也?言不顾行,行不顾言,则曰:古之人,古之人。行何为踽踽凉凉?生斯世也,为斯世也,善斯可矣。'阉然媚于世也者,是乡原也。"万子曰:"一乡皆称原人焉,无所往而不为原人,孔子以为德之贼,何哉?"曰:"非之无举也,刺之无刺也;同乎流俗,合乎污世;居之似忠信,行之似廉洁,众皆悦之,自以为是,而不可与入尧、舜之道,故曰德之贼也。孔子曰:'恶似而非者:恶莠,恐其乱苗也;恶佞,恐其乱义也;恶利口,恐其乱信也;恶郑声,恐其乱乐也;恶紫,恐其乱朱也;恶乡原,恐其乱德也。'君子反经而已矣。经正,则庶民兴;庶民兴,斯无邪慝矣。"

人之自处方式和态度与人的个性紧密相关。当然人之自处离不开与他人的关系。不论是自处还是与他人相处,皆以处中庸状态为最高,即在坚持道义的同时以"义"的标准裁定如何自处及与他人相处。狂者和狷者皆不得中庸之道,狂者过,狷者不及,但两者皆有自己的处事标准,皆有持守。狂者积极进取,追求道义,需稍加纠正即有可能成就圣贤之功;狷者虽然不肖,进取心不够,但不会随波逐流,有自己的道义持守,所以狷者又次于狂者。这是就自我人格的修养和模塑方面而言,人也应该通过中庸之标准"义裁"和调整自己的自处之道,也就是自我修养之道,不可顺其自然。成大功者在充分认识自己的基础上,积极地反思和提升自己的思想境界,提高自己把握世界的能力。人之自处的中庸之道是在健动有为的进取中寻求自己把握世界的最佳状态,树立自己把握世界的尺度和那个恰到好处的点,是一种境界更高的在广阔领域里自由驾驭自己的自我主宰能力。从某种程度上来说,自处中的中庸就是自由,既在世俗世界之内,而又超越世俗世界之上。人缺乏对世界的判断力,在纷繁的社会事象中无法裁定自己的自处之道,无法克服自己的欲望和弱点,不是受自己的欲望和惰性控制,就是陷于世俗世界随波逐流,不能超拔于世俗世界,这些都是不自由的表现。所以自由就是对欲望的克制,是对世俗的超拔,是让超越的自我意识成为自己的主宰。"狂,有志者也;狷,有守者也。有志者能进于道,有守者不失其身"。① "有志""有守"皆已体现出追求超拔之气象,但仅仅止于此,则不能在更高层次上建立起自由把握自己和世界的尺度,最终会偏执于一端而不能成就大功。"狂者"有似于伊尹,"狷者"有似于柳下惠(这里仅就其精神气质而言)。最让孔子不齿的是"乡原"。"乡里所谓愿人,谓之乡原"。② 这些人似德而非德,似义而非义,人云亦云,随波逐流,没有自己的价值主宰和判断力,没有自己的主见,犹如墙头草左右逢源,按别人的意思说话,按别人的意思办事,故多言而不实,深自闭藏,以求亲媚于世,使当世之人皆以为善矣,这种人就是所谓的"好好先生"。孔子以这种人为"德之贼",深恶而痛绝之。一般人往往将乡原与中庸之道等同起来,因为"乡原讥狂者曰:何用如此嘐嘐然,行不掩其言,而徒每事必称古人邪? 又讥狷者曰:何必如此踽踽凉凉,无所亲厚哉? 人既生于此世,则但当为此世之人,使当世之人皆以为善则可矣,此乡原之志也"。③ 乡原似乎既不"狂"又不"狷",人皆以为善,有似乎中道而实非也,其实于中庸之道远矣。中庸之道本身就是一种基于极高的自我修养基础上的判断是非之道,是在自我意识和主体精神高度张扬之后的价值决策和取舍之道,在大是大非面前有大为,也有大不为,是谓有大义。中庸之道裁决是非以"诚"为原则,不欺心、不阿世,

---

① [宋] 朱熹《四书章句集注》,中华书局,1983年版,第375页。
② [宋] 朱熹《四书章句集注》,中华书局,1983年版,第375页。
③ [宋] 朱熹《四书章句集注》,中华书局,1983年版,第375页。

完全是基于道义的自我裁定。而乡原毫无价值判断,也无自我主宰,故不能与中庸之道相提并论。

(三) 与人交往之"义裁"问题

孟子的大多数人物品评基本上围绕"义"的裁定问题而展开,"义"的裁定就是在综合内外各方面因素之后的综合判断。情境不同、身份不同、地位不同,"义"的裁定都不同。下面再试举几例作为验证。《孟子·离娄下》:

> 逢蒙学射于羿,尽羿之道,思天下惟羿为愈已,于是杀羿。孟子曰:"是亦羿有罪焉。"公明仪曰:"宜若无罪焉。"曰:"薄乎云尔,恶得无罪? 郑人使子濯孺子侵卫,卫使庾公之斯追之。子濯孺子曰:'今日我疾作,不可以执弓,吾死矣夫!'问其仆曰:'追我者谁也?'其仆曰:'庾公之斯也。'曰:'吾生矣。'其仆曰:'庾公之斯,卫之善射者也,夫子曰"吾生",何谓也?'曰:'庾公之斯学射于尹公之他,尹公之他学射于我。夫尹公之他,端人也,其取友必端矣。'庾公之斯至,曰:'夫子何为不执弓?'曰:'今日我疾作,不可以执弓。'曰:'小人学射于尹公之他,尹公之他学射于夫子。我不忍以夫子之道反害夫子。虽然,今日之事,君事也,我不敢废。'抽矢扣轮,去其金,发乘矢而后反。"

这一段人物品评,孟子主要探讨的是人在才德方面的取舍问题和"择人而交"的问题。① 孟子认为使羿如子濯孺子得尹公他而教之,则必无逢蒙之祸。羿自己行为不端,故所择之人亦不端。另外,在才与德方面,重才不重德,必然带来严重后果。《孟子·尽心下》记载了孟子预测盆成括见杀之事,原因就是"其为人也小有才,未闻君子之大道也,则足以杀其躯而已矣",重才而不重德则招来杀身之祸。这是在才德方面的取舍偏差所致。

---

① 按:朱熹以为庾公之斯和尹公之他的故事在"义裁"中显然有问题,"庾斯虽全私恩,亦废公义",在公私大小之间选择了小者。其事皆不足论者,孟子盖特以取友而言耳。但是儒家的"义裁"问题包括亲情、恩情和道义之综合考量,就像孔子对"证父攘羊"的批评,孟子对"舜父杀人,舜背父逃走而弃天下"的赞同一样。人伦在儒家思想中有很高地位,至于其是非问题,此处不再讨论。这里仅从儒家的学理逻辑出发,尽量作实证和还原。

人在与人交往中不但要"择人而交",而且要有择人和与人交往之"义",是为交往之"义裁"问题。如《孟子·万章上》:

> 万章问曰:"或谓孔子于卫主痈疽,于齐主侍人瘠环,有诸乎?"孟子曰:"否,不然也。好事者为之也。于卫主颜雠由。弥子之妻与子路之妻,兄弟也。弥子谓子路曰:'孔子主我,卫卿可得也。'子路以告。孔子曰:'有命。'孔子进以礼,退以义,得之不得曰'有命'。而主痈疽与侍人瘠环,是无义无命也。孔子不悦于鲁卫,遭宋桓司马将要而杀之,微服而过宋。是时孔子当厄,主司城贞子,为陈侯周臣。吾闻观近臣,以其所为主;观远臣,以其所主。若孔子主痈疽与侍人瘠环,何以为孔子?"

孔子适卫主于幸臣还是主于贤者的问题,其所面临的"义裁"有两个方面:一是择人而交的问题,二是行道的问题。孔子本为求行道而去卫国,但如果通过接近幸臣而求道的推行,则失其行道之义。行道以直,行道以义,道之不行,那是命的范围。孔子早已在行道的同时划出命之领域,目的就是为了不害义。曲以求之,离道远矣。因此在"择人而交"和求治天下之问题上两者并不冲突,并不存在这两者在"义裁"方面的权衡问题,孔子只管处理好择人和行道各自的"义裁"问题。孔子行道以义,是在行道方面的"义裁";择人主贤,是在择人方面的"义裁"。即使在困厄之时,孔子尚且择主以贤,何况并无困厄之时? 此为择人之"义裁"问题。

(四)"职分"与"身份"之义裁问题

下面这段人物品评所论为"职分"与"身份"之"义裁"问题,见《孟子·离娄下》:

> 曾子居武城,有越寇。或曰:"寇至,盍去诸?"曰:"无寓人于我室,毁伤其薪木。"寇退,则曰:"修我墙屋,我将反。"寇退,曾子反。左右曰:"待先生,如此其忠且敬也。寇至则先去以为民望,寇退则反,殆于不可。"沈犹行曰:"是非汝所知也。昔沈犹有负刍之祸,从先生者七十人,未有与焉。"子思居于卫,有齐寇。或

> 曰:"寇至,盍去诸?"子思曰:"如伋去,君谁与守?"孟子曰:"曾子、子思同道。曾子,师也,父兄也;子思,臣也,微也。曾子、子思易地则皆然。"

曾子和子思反映了两种不同的身份在相同情境下的不同行为方式。行为虽不同,但反映了相同的"义裁"取向。武城人待曾子忠诚恭敬,但是当有敌人来攻城时,曾子带领弟子尽快离开武城,等敌人退了,又第一时间返回。子思居于卫,有齐兵进犯,有人建议子思逃走,子思说:"如伋去,君谁与守?"不论是曾子的先逃还是子思的固守,其行为都是不同身份的人在相同情境下"义裁"的最佳选择。因为曾子之于武城人,师也,宾也,遇到危险,主人总是要先考虑和保护老师和宾客的安全,反增其累,于御寇不利,曾子率其弟子去之,是不与其难,去之为义。等敌人退回,第一时间返回,也是不让主人担心。而子思当时是臣,有敌来犯,当承担护君御寇之责任,逃去非义。假如曾子和子思交换位置,他们的去留选择是一致的。所以尹焞说:"或远害,或死难,其事不同者,所处之地不同也。君子之心,不系于利害,惟其是而已,故易地则皆能为之。"①总之,像这样的评人论道之事例在《孟子》中还有许多,兹不一一列举。孟子的人物品评大多围绕着人在社会的进退出处中的"义裁"而发,孟子的"义"是孔子的"礼"在新的时代背景下的发展形态。面对多变的社会,刻板而老套的"礼"已经无法成为人选择正确行为方式的参照。人必须以更高的自觉意识和自主精神在纷繁的社会变迁中做出更为合理的行动决策。这种行动决策因时而异,因势而异,但都合乎道义之标准。就是在同时合乎道义的事物之间进行决策也可以根据权衡获得最佳的决策点,我们称其为"义裁"。"义裁"使人的行动不再唯"礼"是从,人更相信自己的裁断能力。这种自信来源于人对道义的掌握,来源于人的主体精神的高度自觉。这也是战国士人知识分子自我意识得以空前高涨的原因。

---

① [宋]朱熹《四书章句集注》,中华书局,1983年版,第300页。

第九章　正名辨实、分类定等与《荀子》的伦类品评

《荀子》一书所涉人物品评具有战国诸子"以学论人""人学兼评"的共同特征,这一点以其《非十二子》《正论》《解蔽》等篇章为代表。但《荀子》一书还出现了许多与其所处的时代背景、思想观点和思辨逻辑相关的人物品评特点,主要是从其"名学"理论引发的对人事的"正名辨实"和基于"统类"思想的"分类定等"之特点的思考。关于荀子的人物品评问题仍然要从荀子的基本思想谈起。

第一节　荀子思想的基本理路

荀子理论的出发点在于对人类社会生存发展的现实考量。人类的生存发展是政治哲学和政治伦理学家共同关心的问题,具有普遍性,只是不同的时代面临的问题不同,人们关注的焦点不同。战国中后期的兼并战争和统一趋势使荀子的理论更具现实性和实用理性。劳思光认为荀子思想具有典型的经验主义和实用主义特征。荀子从历史和现实的角度分别提出"群体社会"的生存法则和现实困境。

就生存法则而言,人类社会维持自己的生存发展必须组合在一起("群")而与自然相奋斗。人类社会的本质是维持"群"的状态和能力,不论是约定俗成的民间契约还是国家制度的强制规范,目的都是保证人类群体的生存和发展状态。这是人类社会发展的潜在意志,也是儒家思想一以贯之的内在精神。

就现实困境而言,礼崩乐坏是春秋战国的社会大背景,荀子时代的战乱杀伐和弱肉强食与日俱增,社会失序是文化精英的普遍焦虑。社会失

序数百年,安定和谐与天下一统的紧迫感前所未有。诸子百家的学术争鸣都围绕"秩序"而展开,这种普遍焦虑和紧迫感下的"秩序情结"促使各家探讨社会失序的根源,寻找社会"有序"和"群"的有效方法和途径。

一、性恶论:荀子理论的基石

人因生存需要形成群体社会,同样因为群体矛盾而导致社会失序。个人和不同的利益群体面对有限的物质生存资源,就会发生争夺。除了作为生命体的生存所需,人类的争夺还源于人与生俱来的、永不满足的欲望。荀子说:

> 人生而有欲,欲而不得,则不能无求;求而无度量分界,则不能不争;争则乱,乱则穷。(《荀子·礼论》)①

荀子认为争夺源于欲望,而欲望又属于人性问题。荀子说:

> 今人之性,生而有好利焉,顺是,故争夺生而辞让亡焉;生而有疾恶焉,顺是,故残贼生而忠信亡焉;生而有耳目之欲,有好声色焉,顺是,故淫乱生而礼义文理亡焉。然则从人之性,顺人之情,必出于争夺,合于犯分乱理而归于暴。(《荀子·性恶》)

这里的"好利""嫉恶""耳目之欲""好声色"皆属于人的欲望。徐复观认为,荀子的人性论立足于经验主义,"而荀子性论的特色,正在于以欲为性"。② 在荀子看来,欲望"与生俱来",不可去除,"欲望"为人之本性。"顺是"则必然导致争夺和破坏群体秩序的结果,"顺是"也就是"求而无度量分界"。即欲望的满足不受约束限制。荀子虽然指出欲望引发争夺,争夺源于人之好利的本性。但也肯定了欲望的合理性,这是"古代从早期奴隶制向后期奴隶制转变过程中,奴隶主阶级意识的深刻变化在思想上的反映。早期奴隶主至少在口头上是讳

---

① [清]王先谦撰,沈啸寰、王星贤点校《荀子集解》,中华书局,1988年版。下引《荀子》同。
② 徐复观《中国人性论史》(先秦篇),上海三联书店,2001年版,第205页。

言功利的,后期奴隶主完全则直言不讳了。追求欲望的满足被说成是人类的本性"。① 在原始社会后期,由于团结群体共同展开生存斗争的需要,氏族部落首领的奉献精神和道德感召以及对民众的团结友爱在实际中更有作用,因而形成了朴素的原始民主人道之遗风。"由自身作起,才可能在本氏族内取得威信,然后才可能去当部落和部落联盟的有威望的首领。"②这种氏族观念中的道德遗风作为观念进而变为意识形态中的伦常道德精神为孔门所继承。

而到了奴隶社会中后期,动用强大的军事力量征服掠夺已经司空见惯,毫不掩饰。荀子作为新时代的儒家,做了许多变通,表现在荀学中的原始民主和人道遗风大大减弱,③但"荀子还坚决主张欲望的满足必须符合而不能违背礼义,所以他还留在儒家的营垒里"。④

先秦思想家为什么大都不约而同地关注到人性问题,就是因为序化社会秩序首先要从了解人自身开始。分析人性之善恶特点,方能开出"群"的方案。荀子从欲望的角度观照人性,欲望本身无善恶之分,但无节制的欲望必然带来危害。所以荀子从欲望的流弊得出了"人性恶"的判断。荀子说:"人之性恶,其善者伪也。"(《荀子·性恶》)而性恶论是荀子理论的基石。"性"属于先天的、不关人为的、自然的范畴,"伪"属于后天的、须经人为的、社会的范畴。而"性"在荀子看来是恶的,因为人生来就好利恶害,好逸恶劳,只知追求自己的欲望的满足,根本不懂得什么仁义。人性既然是恶的,那么仁义道德又从何而来呢?它是古代圣王建立起来的,但一个人经过努力学习都可以做到。所以荀子认为"善"不是人的本性,而是人为的东西,它不属于"性",而是属于"伪"。性恶是荀子"同孟子的性善论相对立的基本命题"。⑤

徐复观认为,荀子所谓性,包括两方面的意义:一指官能的能力,

---

① 李泽厚、刘纲纪《中国美学史》(先秦两汉编),安徽文艺出版社,1999年版,第304页。
② 李泽厚《中国思想史论》,安徽文艺出版社,1999年版,第112页。
③ 李泽厚《中国思想史论》,安徽文艺出版社,1999年版,第113页。
④ 李泽厚、刘纲纪《中国美学史》(先秦两汉编),安徽文艺出版社,1999年版,第304页。
⑤ 李泽厚、刘纲纪《中国美学史》(先秦两汉编),安徽文艺出版社,1999年版,第313页。

二指由官能所发生的欲望。官能的能力和欲望本无善恶之分,可谓无定向的。但荀子主要从欲望的流弊或者说无节制的欲望的流弊来证明恶。牟宗三认为,荀子之性恶论直接就人之生物本能,生理欲望、心理情绪(总之大体是人之动物性)以言性,属于"生之所以然者"(《荀子·正名》),虽然他没有明确提炼出"气"这个形而上的抽象概念,但终归属于"材朴""气质"之层面,仍然可划在用气为性一路。而荀子不但贱性,且直谓之为恶。① 葛兆光认为,在社会失序,利益至上,生存压迫之下,"人很容易感受到'恶',而偏向于现世实用的思想家大都倾向同意人性'恶'的说法,……更极端的思路来自商鞅。……比孟子和商鞅都要晚一些的荀子却兼采了两面意见又拒绝了两面的极端主义"。② 荀子的时代,思想家讨论人性完全是为了治世。所谓揭出"人性",开出"治理"之方略。孟子从性善的角度论证秩序的建立,认为人有先验的道德本性,这种本性使人的内心中自然有一种尊重秩序、承认价值、遵守规则的意愿,这种意愿使人能够克制自身私欲,尊重他人的权利,此意愿即人的善性。孟子以人有善性为社会秩序稳定的依据,以人性善为社会和谐亲情稳固的基础。以

---

① 牟宗三先生认为,中国古代凡言性有两路:一是顺气而言,二是逆气而言。顺气而言,则性为材质之性,亦曰气性。逆气而言,则在于气之上逆显一理。此理与心合一,指点一心灵世界。此性乃宋儒所说之天地之性,或义理之性,而以孔子之仁,孟子之心性,《大学》之明德,《中庸》之忠与诚,程朱之理与性,象山之心,阳明之良知,戴山之意以实之。而历来人们对于人性善恶的争论都是出于"以气为性"之一路,或曰"顺气而言"之一路。就善恶来说,说善,说恶,说有善有恶,说无善无恶,说善恶混,说善有等级等等,这些说法都可以将其统摄于"气性"观这一观念之下。因为这些观念都是将人性定为"气性"这一本源之后的相关之义。按照"以气为性"的思路,将性看作人之初禀之气,或者叫做"材朴之性,质朴之性,一种生而俱来的先天之气",这种气质之性具有"混杂性"和无定向性。其中有善的倾向,亦可有恶的倾向。且善的倾向亦可随时转为恶的,恶的亦可随时转为善的。所以,千百年来,诸多人性论莫衷一是,就是执其驳杂性之一端而思考,故立论无定准。诸义并立而既不能自足,又不能否定其他之义。牟宗三先生赞同"逆气而言"性的人性论理路,并将"人性"界定为"道德性之当身"。人类的道德性则必然是善的。或者说,人性就是专指人的道德性之善,道德性之善是定然的善,是自觉的善,是由人的主体性完全支配的善。此道德的心性之善作为定然的善,是"逆气""逆觉"的,是用理为性,是即心以见性,是理性上之必然。这也是人能"成圣"之超越的根据,故可曰"圣性"。此犹佛家之言佛性,一切众生皆有佛性,一切众生皆可成佛。佛性是成佛之超越根据。孟子之性善即此道德性本身之性之定然的善。此性是普遍的,人人具有的。人之超越而自足的普遍的道德心性之当身可以完全为人类开辟一超越之德性领域或道德心灵之领域,这一领域驾临于人之动物性之上。这也是孔孟哲学立论的基石。见牟宗三《才性与玄理》,吉林出版集团有限责任公司,2010年版,第3—36页。

② 葛兆光《中国思想史》第一卷,复旦大学出版社,2001年版,第163—165页。

此为据,序化社会的方式就是通过引导教化唤醒人的"仁爱"之心,依靠人的主体性和主观能动性,最后通过自律达到自觉遵守和维护社会秩序的目的;而持极端性恶论的法家必然倾向于法治主义的治理思路。作为"不够彻底"的"性恶"主义者,荀子虽然将人性划入"恶"的范畴,但又寄希望于改造人性而使之趋向于"善",不像法家完全用严刑峻法来压制和震慑人性之恶。他对于人性的治理仍然是强调用仁义道德来教化,用传统的相对温和的"礼仪"来规范约束,不得已时才用国家制度来威慑惩处。

二、化性起伪

既然生存需要和欲望的满足是人之本性,那么争夺就不可避免。争夺进而引发战争,必然给以群体状态存在的人类社会带来灾难甚至毁灭,所以人类必须要探索维护群体秩序的各种途径和方法。荀子得出的基本思路是"化性起伪",通过正人伦、行教化约束和改造人性。但是如何能让本身属于恶的主体判断善恶,并进而趋向善呢?或者说,人性既恶,那么如何由恶走向善?性恶主体之求善何以可能?徐复观认为,荀子性论的结构内涵中包含了"官能"这一领域,此领域使荀子性论中保留了一份"中性无定向"的可塑性,荀子正是借助这一方面的"知与能作桥梁,去化人性另一方面的恶,去实现客观之善"。这一官能才为荀子的性恶论"开出化性起伪之路"。"但性恶的判断,又破坏了他性无定向的观点。所以从理论上说,他的性恶说,实在不及告子性无善恶说的完整。"[1]

那么荀子理论中是如何利用"心知"这一官能来达到"化性起伪"的目的的呢?荀子认为,依靠心的认识官能可以对道德礼仪进行判断和选择。对于心而言,孟子侧重于心的道德性,荀子侧重于心的认识性。"认识之心,可以成就知识;而知识对于行为的道德不道德,并没有一定的保证。于是荀子一方面要靠心知,以使人由知道而通向善;但另一方面又要以道来保证心知的正确性。"[2]孟子说到心的主宰性时,即是心的仁义礼智来主导人的行为,这是可以信赖的;荀子说

---

[1] 徐复观《中国人性论史》(先秦篇),上海三联书店,2001年版,第225页。
[2] 徐复观《中国人性论史》(先秦篇),上海三联书店,2001年版,第210页。

到心的主宰性时,乃是表示心对于行为的决定性,大过于其他官能,但这种决定性的力量,并非等于即是保证一个人可以走向善的方向。"所以心的主宰性,对于行为的道德而言,并不是可以信赖的。心的主宰性,是由其认识能力而来;心的主宰性之不可信赖,即是心的认识能力之不可信赖。"①那么怎样的心认识能力才可以信赖呢?那就是一颗虚壹而静的心。怎样才能做到虚壹而静呢?必须凭借客观的道。② 也就是说,人心要体察到道,并按道的规范去择善而从,必须先养成一颗"得道"之心。

荀子道心的"虚壹而静",与一部分道家乃至后来的禅宗或者宋明理学都有相似之处,但宋明理学是在心的本身上求保持其"虚壹而静"的本体。此心之本体即是道。而荀子则认为,心之本身是容易动摇歪曲的。要靠客观的道来作权衡才能保持其大清明的本体本性。此本体本性只是具备了能进一步知道(善)的能力。由知道而进一步行道,最后才能到达善的境界。梳理荀子所谓的心知过程即是:求道——心虚壹而静——心知道——微(向善)。心求道,是心求得一个标准。心有了标准,然后能保持"虚壹而静"的状态。心有了"虚壹而静"的状态,才能知道(知善)。心能知道,才能选择向善。

所以从本质上,荀子对于心知的官能还是不信任的,他认为每个人直接呈现出的心知并不是可靠的,而须要凭借着道做标准的知才是可靠的。他所谓道是生于圣人或圣王的。他之所谓心求道并不是直凭自己的知去求道,而是要靠外在的师法的力量。当然,善就是道的一个方面。荀子通过心的知,知善、求善,最后用外在的善代替本性所有的恶,则在知善之后,必须要有一套化性起伪的功夫。"圣人化性而起伪,伪起而生礼义"。孟子认为性善,所以只要尽心便可求善扬善,并且发现更多善的原则,道德之善在孟子那里可以反求诸身而自足;"荀子认为性恶,只能靠人为的努力(伪)向外面去求",就连判断善恶的心的认知基础也要向外面去求,靠经验的积累。经验积累到一定程度时,即可以化恶向善,"由小人进而为士君子,由士君子进而为圣人,……所以荀子特别重视学,而学之历程则称之为'积'"。

---

① 徐复观《中国人性论史》(先秦篇),上海三联书店,2001年版,第213页。
② 徐复观《中国人性论史》(先秦篇),上海三联书店,2001年版,第214页。

"伪就是积"。① 要化性起伪,除了学积,还要重视环境对人的熏习的力量,此种力量他称之为渐或者靡。仅有个人的努力及环境的渐靡,还没有把握,还得依赖师。孟子以礼义具于人心,思则得之,师只是处于启发诱导的地位。一个人的上进,取决于自己。但荀子以为礼义法正,圣人所生,与人性无关,且人心很难把握仁义法正,需要靠师、法之力来保证心知,心始能知仁义法正。所以荀子又是一个经验主义者,圣人化性起伪而形成的礼仪即是人类在"群"和序化社会的实践中累积而成的经验总结。圣人和师作为先知先觉者可以制定规范教化众人,如果教化还不能达到化性起伪的目的,则需要政治和法制的强制力量作为教育的手段。

因为人性恶的理论设定,圣人化性起伪的目的不是出于善,而是出于人性本有的"欲"和"利",或者是出于人类群体整体生存的利益。以限制约束人类个体的"私利"来成全群体的"公利",人类向善的努力只是为了"利"和"欲",而不是"善"本身。这后面又隐含着一层目的论、工具论或者权谋论。人对伦理道德的遵从是出于对社会功名、荣誉、地位的欲望追求,而要获得这一切,必须通过社会从伦理道德的角度对其进行的审视,进而获得赞誉、肯定、褒奖。人对伦理道德的追求也是出于欲望功利的目的,而不是内在的超功利的精神需要。性善论者认为,伦理道德是人追求正义、正当、善的过程中天然生成的,是人性本身的需要,伦理道德与人性顺向契合;性恶论者认为,伦理道德是维持社会秩序的工具,是人类总结出的维护社会群体秩序的经验制度。遵从它,有利于个人欲望的更大满足,功利色彩不变。人遵从伦理道德,"其目的就士大夫来说是为了'取田邑',就官人百吏来说是为了'取禄秩',就庶人来说是为了'取暖衣饱食,长生久视,以免于刑戮'。"② 人对伦理道德是一种发自人性(恶)的不情愿的、不得已的利用,是逆向的分裂。荀子的"修身""荣辱"皆非"本性"需要,是人用他律、强制的"伪"的修炼来约束、限制自己的欲望。境界越高,人与自己的本性"恶"相去越远。孟子的性善理论是修养越高,

---

① 徐复观《中国人性论史》(先秦篇),上海三联书店,2001年版,第219页。
② 李泽厚、刘纲纪《中国美学史》(先秦两汉编),安徽文艺出版社,1999年版,第319页。

人对自身善的扩充越大。以性善论为理论根基,道德境界可以贯通审美,触探审美体验的"乐"的境界,孟子云:"理义之悦我心,犹刍豢之悦我口。"(《孟子·告子》)说的正是伦理道德的这种审美体验。孟子又说:"可欲之谓善,有诸己之谓信,充实之谓美,充实而有光辉之谓大,大而化之之谓圣,圣而不可知之之谓神。"(《孟子·尽心》)以人性为恶,则伦理道德最多能带来一种极端功利的体验,功利成就满足了最大的私欲,功利实用主义的体验不是艺术和纯粹美的体验。

三、荀子性恶论的特点

(一)性恶论的"美""善"分离

这里必然涉及善与美的关系问题。在孔孟儒学那里,道德之善可以与美统一,在荀子这里只能分离。按照荀子的性恶论,善是功利的工具,美源于功利的满足。"美主要存在于建功立业、富贵尊荣的外向活动中,而不是存在于个体人格内在精神的崇高之中。即令是儒家最强调的'乐',在荀子这里,也主要不是同个体人格的完善相联系,而更着重于它的广泛的'移风易俗'的社会功能。完全可以说,荀子把美空前地世俗化了"。①

荀子的美脱离不了功利,很难体验到美善统一的境界,感受不到美与个体人格精神之间的自由关系。性善论是一种情感美学,能够通向道德美感,具有先验道德的"情感心";性恶论基于功利和欲望,功利和欲望只能下讲,不能上讲,因为道德感和道德审美必须有利他和牺牲精神的加持。"具有肯定个体人格精神不为功利所压倒的崇高价值这一方面,便刚好开启了通向审美的大门"。②

孔孟竭力追求具有内在超越精神的道德精神之美,鄙视对功利欲望的追求。老庄直接将功利欲望看作束缚人性的枷锁而加以摈弃。荀子虽不否定道德精神的美,但他强调的是人对物质财富的占有和获取功利的荣耀之美。而真正纯粹意义上的审美正是超功利的。

---

① 李泽厚、刘纲纪《中国美学史》(先秦两汉编),安徽文艺出版社,1999年版,第317页。

② 李泽厚、刘纲纪《中国美学史》(先秦两汉编),安徽文艺出版社,1999年版,第318页。

荀子以人性恶之本质来要求人走求善之路，走的是一条反向求成之路，故荀子的教育和修养精神带有纯粹的强制性质，而失去了主动性和乐在其中的修身体验，受教者完全处于被动地位。性善论引出启发式教育，性恶论逼出教化式教育。性善论使求善变为自觉自为的行为，性恶论使求善成为被动接受的戒律。以性恶之性去求向善之途，以超功利的善去求功利性的"利"和"欲"，以"利"和"欲"为动力推动修身养性的善，这使荀子性恶论中存在着诸多的矛盾因素。

（二）荀子性恶论的矛盾和弱点

从逻辑上来看，荀子性恶论的逻辑理路充满了矛盾。并且，荀子对于性恶的主张，"并非出于严密地论证，而是来自他重礼、重师、重法、重君上之治的要求"。[①] 荀子理论的矛盾就在于性恶论和伦理道德追求的背离，即以人性恶之本质来要求人走求善之路，并将善看作"伪"（人为）的结果。这样，荀子理论的弱点首先表现为道德主体性的消融。人性本恶，人判断善恶缺乏主体性的积极彰显，其修身向善的追求也缺乏道德的主观能动性。荀子认为人性本恶，须整治节理，这源于其"群"的理性认识和整体需要，而非发自内心的道德主体性需要。他强调修身治性，"客观地欲显礼仪之作用，主观地欲显心君之作用"，但如前所述，荀子"心君"的主观能动性仍然是需要外在的"道"提携的。荀子的心看似具有"越乎性而主宰乎性"的主体性，但其侧重于认识官能。孟子将人的善根赋予心，心性一体。性善有先验的道德心之加持。荀子的心性分离，性"不能善反，就心以言性。……进至孟子之境界，则心之道德意义之善性，即不能由心自身维持得住，而须靠外在之礼仪以提携，是则其可尊贵亦无其自身之超越根据"。这样，"凡礼仪之善、仁义之善，无有不是后天加工而为人为者。……但不能就心以言性，则心之地位不稳定，其可尊贵亦无其自身之超越根据，其道德意义之善性亦不能由其自身来维持"。[②] 所以，荀子理论中改造性恶使之向善的动力一方面只能来自外力的约束、限制、他律、被迫；另一方面如果从人本身去寻找向善的动力源的话，仍然只能溯源于人性恶中的"欲望""功利"以及清醒现实的经验主义。

---
① 徐复观《中国人性论史》（先秦篇），上海三联书店，2001年版，第228页。
② 牟宗三《才性与玄理》，吉林出版集团有限责任公司，2010年版，第21页。

其次,荀子人性论缺乏精神上的"含融性"。荀子作为先秦儒家最后一位大师,他继承了孔孟儒学中尊礼、修身、仁爱等伦理道德观念,但他的性恶理论使这种伦理道德的追求与人性意愿相悖,而达不到精神上的"含融"和"契合"。荀子把仁当作客观的知识去看,而不是通过自己的精神实践去体认,仁便在荀子的思想中没有生下根。荀子心目中的理想人生,宇宙,只是很合理地划分明白,各尽其职的人生、宇宙。是一种分工,而不是精神的融合。孔、孟以仁为人之为人的基本条件,荀子以礼为人禽之辨的标准。孔、孟由仁的无限的精神境界,以上透于天命的人性,这是人性的超越的一面。人性的超越性,实际即是人性对自我以外的人与物的含融性。此时之礼,乃是向外实现时所建立的合乎仁的要求的个体与群体的生活方式与秩序。礼为了建立秩序,不能不以分、别为其特性。但在分与别的后面,是流动着连带性的亲和感。①

然而荀子否定了道德向上的超越精神,实际便否定了人性对人与物的含融性。荀子意在建立一种以礼为核心的各尽所能、各取所值的合理社会。但这种合理社会在人与人的关系上,应当以互相含融的精神作为礼与法的基础。缺少精神中的互相含融,而仅靠外在的礼法权势等做机械的规定与安排,势必堕入强制性的权力机括之中,使社会有秩序而没有谐和,没有自由,此种秩序终将演变为压迫人类的工具,导致社会精神上的离隔。即使是崇尚法制,当法制成为维护社会正义的必要武器和神圣手段时,以仁的超越性为前提,人们仍然可以为其找到含融性依据。就像苏格拉底为了神圣的法而献身,使法成为融合信念的超越价值。而荀子以性恶阻断人的超越之路,即使强迫人们去求仁尊礼也不能使之融入人心。不能使人产生高山仰止,心向往之的超越体验。

荀子虽然是先秦儒家最后的大师,提倡仁和礼,但他的性恶论使他的"仁"失去人性根基,而不得不加大礼的强制性和约束性,而不能发挥人守礼、尊礼的主观自觉。对人性的悲观和不信任最终引出刑法和重势的思想,最后成为法家思想和集权主义的温床。荀子要求人们按礼和各种规范要求各尽所能,各取所值,各行义务,但唯独缺

---

① 参徐复观《中国人性论史》(先秦篇),上海三联书店,2001年版,第227—228页。

少了内在超越的精神主动性和个体主体性,因而显得僵化、凝滞,甚至让人无趣沮丧。这样的社会人生,有秩序而无趣味。这与社会的长远发展和人类道德主体性的发展是不利的。

再次,荀子人性论的立论根基不深厚。荀子理论的起点在于人性恶的判断,而将改造人性的方法依然寄托于传统的礼制。思想家论人性,对人性的界定很重要,人的复杂性使人身上兼具社会性、动物性和各种因人而异的情绪。牟宗三、徐复观等在论述人性时将人性与动物性区分,为"人性"划界,并将"人性"界定为人之为人的"道德性之当身",是逆气而行的"义理"之性,犹如佛教所言成佛之佛性。人的道德性当为修善之圣性,求仁之慧根,所以它必然是善的。而荀子之人性仍然属于"用气为性之一路",此一路之人性属于材朴之性,具有先天性、混杂性、不稳定性,而且侧重于气质之性中的恶的倾向,所以其人性论不能透彻立极,开出人的道德精神超越之领域,而此领域正是人之为人的根本。而"成德之学,唯在'逆觉'。逆觉者,逆其材质情性之流而觉悟到成德化质所以可能之'超越根据'之谓"。① 成德化质之学有其所以可能之超越根据,而才质之性虽是生命上之先天的、定然的,然究是生命之实然,而非理性上之必然。故一旦能开辟出理性之领域,则即可化可转,如是成德之学始可能。若开不出理性之领域,只是顺材性而言,则生命上之先天的、定然的,皆实落下来而真成为定然而不可化,不可转。如是则成德之学即无法讲。因此,荀子对人性的划界局限也是其人性论的矛盾根源。

(三) 荀子人性论的积极意义

荀子理论中的矛盾性正表现了他的时代特色以及对儒家学说在新的时代大潮中发挥作用,解决社会问题的殷切期望。孔孟理论中的原始人道主义和民主遗风显然在弱肉强食的战国时代并不实用。葛兆光说:"过分强调人性发掘的孟子一路必然走向理想的文化主义,显然不切实用;而过分依赖法律制约的商鞅一路则必然趋向于现世的功利主义,容易漠视人的情感。"② 荀子兼收两方面而又舍去了两方面的极端部分。在一定程度上制约了人向纯粹功利主义的滑落。

---

① 牟宗三《才性与玄理》,吉林出版集团有限责任公司,2010年版,第51页。
② 葛兆光《中国思想史》第一卷,复旦大学出版社,2001年版,第165页。

另外,荀子言性,以人性为恶,虽属于用气为性之一路,但荀子不肯堕入性恶的宿命泥沼,就像其面对人与自然关系时提出的"制天命而用之",人对于人的自然之"性"也不是放任自流,而是力求上拔,不肯落于天然气性之命定主义。这也是荀子的朴素唯物论思想和心性论哲学在人性论上的反映,表现了以政治伦理学为关注焦点的荀子改造人性进而改造社会的决心。荀子以客观之道(礼仪之统)提心,以心治性。虽于道术主体之根不能洞识,因而不能开出真正之德性领域,然而有客观而外在之德性领域。故云:"形不胜心,心不胜术。"荀子尊心而禁性,将性上提于外在之教化。"提形从心,提心从道,而不肯泯心废道,下委于形而自足"。① 这种"一一上提"使荀子理论具有了积极向上之品格。孟子在中国思想史上最先树立了伟大的个体人格观念,荀子在中国思想史上最先树立了伟大的人的族类的整体气概。孟子对孔学的发扬主要在"内圣",荀子则主要在"外王",因而更具实践品格。人类的心理道德是在外在的实践活动基础上才能形成并逐渐内化凝聚和积淀的。

以人性论为基石,诸子开出不同的序化社会的构想和方略。基于人性善的孟子希望通过发动人性本身的善念,"求放心""推恩保民",推行仁政王道;而基于人性恶的荀子则继承儒家思想,试图继续运用传统礼制来约束和规范人们的行为,防微杜渐,必要时动用刑罚等国家力量来强制规范人们的行为,提出了礼法并用、王霸兼行的政治主张。当然,荀子对于"法"和"霸"的选择是退而求其次的不得已的选择,是在"礼仪""王道"不行之境况中的选择。荀子在将王者、霸者、强者并提时总是极力推崇王者,其次才是霸者。这是因为荀子仍然希望通过相对柔和的"礼"来约束和规范人事,所以荀子要最大化地发挥礼的功能。既然道德主体性不能在荀子理论中发挥作用,以自觉为特征的成德求仁之路显然是行不通的,荀子必须强化"礼"的规范性和制约功能,通过"外铄"的方式促使人们尊礼守法,遵守伦理道德,进而维护社会秩序。

四、礼法伦类

既然人性恶是客观事实,是人之天然本性,就必须理性地面对和

---

① 牟宗三《才性与玄理》,吉林出版集团有限责任公司,2010年版,第34页。

接受。直面人性之恶,肯定欲望的合理性和必然性,这符合战国时代兼并争霸的普遍现实,但这并不意味着就应该向性恶妥协,纵容欲望。因为不论从宏观的人类族群整体命运的角度来看,还是从局部和整体的关系来看,这种妥协和纵容都是极具危害性的。人类要通过"化性起伪"的方式对"本恶"之性进行约束和规范,首要的办法就是用具有约束力和规范性的礼仪为欲望划界,用礼仪来规约人性。有了礼仪的规范约束作用,人才不至于因为个人或者部分利益集团的欲望而危害他人,甚至导致人类的集体毁灭,因为"规范约束并不是取消欲望的满足,而恰好是因为只有这样才能使欲望得到真正的满足"。[①]

为什么选择"礼"作为"化性起伪"的工具?因为"礼"体现了人类社会"群"的智慧,要使社会群居合一,有秩序,不混乱,关键在于"分"。"分"一面作区分解,一面作定分解,定分就是分类定等。对群体区别等级,让人们各守本分,社会就有了秩序,而"礼"的特性就在于"分"。《荀子·礼论》:"曷谓别?曰:贵贱有等,长幼有差,贫富轻重皆有称者也。"礼仪一方面使人关系融洽,一方面对各种人加以区别。历史证明,维持社会秩序的"礼"就是维系人类生存的一种统类的存在。"礼"是人作为特殊族类存在的必需,这种规范是人区别于禽兽的关键,"是对个体具有强制性质的群体要求"。[②]

要用"礼"来规范约束人的行为,做到"化性起伪",首先要让人明礼、知礼。这就必须强化后天的学习和教育,通过学习和熏陶让人们养成遵守规则、服从秩序的习惯,成为彬彬君子。人性虽恶,但人有判断是非曲直的意志理性,这种意志理性来源于心的"滤知"功能。心通过学习和积累圣人制定的,不断累积的社会价值系统和是非曲直的判断而获得一种判断是非、求善向善的能力,并通过自己的意志理性和判断力来确认"礼"的必要性和权威性,进而走上修身向善之路。心的意志理性源于其认识官能,源于人趋利避害的本性需要、群的需要、利的需要,因为不群、不遵礼,则人人不得其利。这既是权衡利弊的必须选择,也符合荀子人性恶论的思维逻辑。意志理性是人趋利避害的本能。

[①] 李泽厚、刘纲纪《中国美学史》(先秦两汉编),安徽文艺出版社,1999年版,第307页。
[②] 李泽厚《中国思想史论》,安徽文艺出版社,1999年版,第116页。

这种认识能力和意志理性需要学习和不断的积累才能获得,通过学习和修身,人不断提升修养和境界,最后成为修养极高的圣人。因此作为人性本恶的人类群体,整体面临着一个"化性起伪"的修养历程,同时也肩负着明"礼法伦类"的神圣使命。通过"先觉觉后觉"的方式,由"圣人""师""圣王"等承担起这一重任,通过教化、约束达到规范人性、稳定秩序,使人们群居和一的目的。

第二节 正名辨实与分类定等

面对需要"化性起伪"的芸芸众生,荀子希望通过"启智"提高人心的认识水平,从而使人准确迅速地把握善和道德。同时,通过"学习""积累"来"修身",走向通往伦理道德的"起伪"之路。"礼"是现成的通向伦理道德的有效方式。面对礼崩乐坏的普遍现实,荀子反复重申"礼"的重要性和必要性,号召人们知礼、明礼,进而尊礼。由于时代的原因,这种号召产生的效果有限,荀子只能选择礼、法并用,必要时不排除强制手段的运用。他不喜言抽象的道德原则,多言具体的制度规范,就是明确告诉人们何者当为,何者不当为。这些制度规范中,除了旧有的"礼",荀子还从圣人的角度出发,丰富、发展、完善了各种行为规范。如果说周礼是等级性的、秩序性的行为规范,荀子丰富发展了的则主要是道德性的、行为性的伦理规范,这些规范就是作为礼仪规范之延续的"统类""伦类"。

一、"统类"与"伦类"

不论是哪种类型、哪个层面的行为,抑或是哪种身份地位的人,或者哪种情境中的做法,荀子都对其进行了详细具体的说明、分类、梳理和规定。这些丰富具体的行为规范和道德层次与旧有的"礼"一起形成庞大的伦理道德的"统类""伦类"体系。如《荀子·修身》:

> 故非我而当者,吾师也;是我而当者,吾友也;谄谀我者,吾贼也。

这里以"人我"关系为定位,将与自身有关的人分为"师""友""贼"三类,依据是其对"我"的不同态度和修身作用。反之,对待这三类人和三种行为的不同态度又可以区分"君子"和"小人":

> 故君子隆师而亲友,以致恶其贼。好善无厌,受谏而能诫,虽欲无进,得乎哉!小人反是,致乱而恶人之非己也,致不肖而欲人之贤己也,心如虎狼、行如禽兽而又恶人之贼己也。(《荀子·修身》)

"君子"和"小人"这两个词在孔子的时代还主要是贵族和平民两种身份地位的区分,而到了荀子时则已经完全用于道德修养高低好坏的区别,褒贬之义甚明。这也是荀子正名思想中"作新名"的意义内涵之一,就是给一些传统的旧名以新的意义规定性,形成新的"名""义"关系或者"名""实"关系。这样在荀子学术体系中,就构成了积极正面和消极负面两大道德统类和伦类,这两大统类的典型代表就是"君子"和"小人"。但凡在各种人伦情境和道德选择中取正当积极一面的即归之于"君子"之列,反之亦然。

"类"在荀子学说中既是一个非常重要的概念,又是其行文说理的一种思维逻辑。"类"有多重含义,它既有法则、准则之义,又有种类、类别之义,"把'类'和'统'相联系称为'统类'才是荀子有关'类'思想的特色"。① 杨倞注"统类"曰:"统,谓纲纪;类,谓比类。大谓之统,分别谓之类。"②统,即总;类,即分。"统类"也就是纲纪,礼法就是最重要的"统类"。《荀子·劝学》:"礼者,法之大分,类之纲纪也。"除了"礼",荀子"统类"观念中还包括了对各种伦理道德及境界层次的规定和区分。荀子在原有礼制和孔子思想的基础上以统类观念梳理确认了不同身份的人"化性起伪"过程中的各种境界和层次类型,由低到高,由坏到好,一一归类,清晰可依。不同身份、不同道德境界的人都可以与其参照对比,据以镜鉴自身。将伦理道德具体化、

---

① 孟凯《正名与正道——荀子名学与伦理政治思想研究》,华东师范大学博士论文,2012年,第75页。
② [清]王先谦撰,沈啸寰、王星贤点校《荀子集解》,中华书局,1988年版,第95页。

丰富化、类型化,这是荀子对儒家学说的巨大贡献。这些按修养的高下、层次的高低自成系列的伦理系统堪称规范大全。利用这些伦理道德规范对人的行为进行评定和规诫,进而起到"化性起伪"的教化作用,其实质是语言符号的意识形态功能的体现。这必然要涉及先秦思想史上另一个著名的哲学命题——"名学"。"礼"就是先秦时期最重要的名学范畴,是秩序、规范之名,也是最主要的"统类"。所以,"统类"与"名"在某些方面是同一的。孔子的"正名"即"正礼"。荀子延续了孔子的"正名"思想,其目的是通过"正名"以正人伦,进而规范社会秩序。

二、正名辨实

(一)何为"名"

"正名"是春秋战国"名学"论争中的重要议题。何为"名"?"名"表面看就是作为能指的语言符号对事物的称谓、描述和表达。语言对事物的称谓、描述和表达在特定的情境中隐含了某种褒贬、规诫和目的,具有意识形态性。"词对人们行为的态度和爱好能产生影响",这"似乎成为中国思想家的一种先入之见"。人们"相信词能魔术般地训练一种心理上的强制力"。[①] 语言的意识形态功能并不仅仅源于政治,更源于对语言的神圣信仰。在不同文明区域的早期,大多曾出现过将语言功能神秘化的阶段。比如人们认为咒语、祝祷辞可以对实际事物产生影响。语言构想的世界可以调整、确认现实世界,语言表达的世界秩序也可以起到规范世界秩序的作用。语言和世界的关系问题即"名实关系"问题。荀子说:"名也者,所以期累实也。"(《荀子·正名》)《说文》:"期,会也。""会,合也。""累,缀得理也。"就是说,"名"是大家共同约定以表达"实"的。名与实的关系起初可能是任意的,即荀子所说"名无固实",但是约定俗成之后就"约之以命实",通过"命实"建立起社会规范和制度,这些规范和制度就成了维系秩序的名分,成为实在的东西。先秦"名"范畴的提出主要是基于"名实关系"问题,也就是如何处理语言对现实的功能和作用问题,

---

[①] (美)陈汉生著,周云之、张清宇、崔清田等译,李先焜校订《中国古代的语言和逻辑》,社会科学文献出版社,1998年版,第74页。

而这一问题的核心关注点在于关乎社会秩序的"名实关系"。所以语言是一种极其严肃庄重的表达方式,语言不仅表述和凸显现实世界的情状,也表达和模塑人的道德情操,关乎社会风俗和秩序规范。语言的混乱将引起同异不别、是非不清、秩序混乱、价值观扭曲,给社会带来灾难。荀子说:"异形离心交喻,异物名实玄纽,贵贱不明,同异不别。如是则志必有不喻之患,而事必有困废之祸。"(《荀子·正名》)《礼记·王制》就极其严厉地规定,不得析言破律,乱名改作。

(二)何为"名学"

何为"名学"?"即是以'名'为核心,以形(刑)名、名实关系等为主要议题,以正名、制名、无名、循名责实、以名举实等为主要研究方法的学说"。① 其"既有重政治、伦理的一面,也有相对重智和抽象的一面;既有名实关系的讨论,也有宇宙观问题的分析"。② 名学有没有在先秦形成一个学派,学界尚有争议,一些学者认为,战国时期形成了一个注重语言技巧和言辩逻辑的名家学派,他们以惠施、邓析、公孙龙为代表;一些学者认为,后世所谓的名家学派只不过是后人特别是汉代人回溯性归纳追认的结果。③ 事实上,关于"名"和"名实关系"的讨论是春秋战国尤其是战国时代思想界的一个普遍话题。"作为工具性的语言把握,名辩是那个时代的每个思想家必须关心的技术"。④ 先秦诸子关于"名"的认识和思想都应该属于名学的范围,⑤ 只是各家对"名"的观点不同而已。

(三)何为"正名",为什么要"正名"

正因为名对实具有规约作用,设立和确认各种伦理道德名目,并以此为参照系,教化人们何者当为,何者不当为,个人如何在社会中确立自己的定位,就可以规范人伦,人伦定则秩序生。"礼"作为"大共名"确立了一整套伦理规范和原则,在社会秩序的维护方面发挥了巨大作用。春秋战国时期的礼崩乐坏,其表现就是"名实相怨"和"名

---

① 孟凯《正名与正道——荀子名学与伦理政治思想研究》,华东师范大学博士论文,2012年,第24页。
② 崔清田《名学与辩学》,山西教育出版社,1997年版,第21页。
③ 葛兆光《中国思想史》第一卷,复旦大学出版社,2001年版,第188页。
④ 葛兆光《中国思想史》第一卷,复旦大学出版社,2001年版,第188页。
⑤ 翟锦程《先秦名学研究》,天津古籍出版社,2005年版,第3页。

实相乱"。传统的礼仪名则已经失去了对人的规训和制约效力,通过原有之名建立起来的社会秩序随之坍塌,"正名"思想和"名学"论辩因此而生。天下失序是"正名"观念提出的社会大背景。也就是说,当社会变革打破了语言建立起来的原有秩序的时候,人们试图通过重新强调"名实对应关系"来恢复名则规约下的社会秩序。春秋思想家虽然尚未提出"正名"概念,但试图通过对"礼"的道德内涵的重新诠释来修复"礼"的名号规约性。孔子"正名"观念的提出正是这一思想运动的延续。以孔子为代表的儒者"源于殷周时代参与仪礼操持的巫祝史宗一类文化人"。①"他们似乎比任何人都看重仪式和象征",②包括语言的象征意义和调节功能。早期巫史通过语言的象征意义和神秘力量来调整世界秩序的原始思维如草蛇灰线,孔子的"正名"思想为之接续。"正名"即重新确立礼乐名号的权威性,希望人们按原有名分行事,通过"正名"来恢复天下秩序。礼崩乐坏就是"礼"的名号规约性和权威性的消解,这种权威性源于周王室大一统的政治控驭力。王室衰则礼乐弛、名号废。如何重塑"礼"的名号权威性,孔子的做法是重塑"礼"的人文内涵,系统地将"礼"与人的内在品质相结合,以礼归仁,以礼归义,为礼乐名则在人的内心和人生价值的需求角度找到新的依据。

战国时期,百家争鸣的一个核心话题就是关乎天下秩序的"名实关系"。墨家虽然重实轻名,但墨家名学与孔子"正名"思想亦有相通之处,其名学思想包含有伦理政治意味,并且提出"以名举实""名实相应""名实相符"等观念。惠施、公孙龙等名辩者以名为名,名实隔离。道家倡导"无名",意在破除名的规约作用,试图超越语言的藩篱,用直觉和意念直达玄妙之境,越名而悟道。使社会恢复自然之态,使人恢复本初之心,从而达到天下自治。具体而言,老庄的无名包括"破认知"让人返璞归真,不为"名物"所累;"破德行"让人清心寡欲,不受名利之蔽。"无为"观念也包含对"名"的意识形态功能的消解意味。孟子、荀子分别从性善和性恶两个不同角度发展了儒家"内圣"和"外王"两个层面的道德名类体系,为重建天下秩序提供理

---

① 葛兆光《中国思想史》第一卷,复旦大学出版社,2001年版,第88页。
② 葛兆光《古代中国文化讲义》,复旦大学出版社,2006年版,第48页。

论依据。这样,"正名"思想从孔子开始,经过各家不同名学思想的碰撞,最后又回到了以荀子为代表的儒者的"正名"轨道。

(四)儒家的"正名"思想

可见,儒家得"正名"思想之正宗。儒家试图通过语言对事物的指称和命名来达到象征和规范事物秩序的目的。希望借助"名——物""名——义"关系的确认和规定来迫使社会确立一种秩序的合理性,通过正名来规范人伦,移风易俗,维护社会秩序。简言之,就是"正名以正政"。同样是"正名以正政"的理路,孔子"正名"的参照标准是以"周礼"为核心的旧名,"正名"是通过维护"周礼"进而恢复大一统的社会秩序。荀子继承了孔子"正名以正政"的学术思路,其"正名的任务在于为政治和伦理服务,这即对'正名所以正政'的儒家逻辑思想的继承"。① 只是他顺应时代的变化需要,试图建立新的名实关系,确立新的秩序规范和秩序体系。按照荀子的观点,建立新的名实关系,就是"制名以指实"(择实)。如何"制名"?即"有循于旧名,有作于新名"(《荀子·正名》)。孔子着眼于传统的名实象征体系,这套体系与"礼"并行,重在继承;而荀子在持守传统礼制的基础上,制定出了各种提升人们道德修养的规范体系和道德名目,也就是"作新名"。因此,荀子正名思想在孔子正名观的基础上进行了扩充和发展,大大扩展了儒家的道德名类体系。其所作"新名"几乎涉及了表示具体和抽象、个体和类属、实体和性质、事实和价值的所有范畴。荀子以制名重塑儒家伦理规范体系的同时,还批驳诸子之"谬名"。荀子名学还重视"循名责实",通过礼法并用将名之规范付诸实践。这也是荀子名学的显著特点。

可见荀子的"正名"思想内涵更为丰富,"正"主要包含了"制""作""辨""明"等含义。荀子的正名主要是处理"名"与指称对象之间的关系,或者说确定"名"与"义","名"与"实"之间的关系。让名与指称对象之间形成一种约定俗成的固定关系,这种固定关系或者建立在"名"所承载的已有的思想文化意义的基础之上,或者纠正、打破不合时宜的固定关系,通过"制""作""辨""明"的阐发过程形成合

---

① 温公颐《先秦逻辑史》,上海人民出版社,1983年版,第267页。

乎时宜的新的固定关系。这种新的名实关系包含新的应然导向,让"名"所承载的意义内涵和价值导向反过来塑造人、规约人。

三、名类结合与分类定等

"名""类"结合是荀子思维逻辑的又一显著特点。各种"名"被分成不同的类型,各种类型下又分出不同级别的名,名类套嵌,环环相扣,相辅相成。《荀子·非十二子》中有许多例证,如:

> 信信,信也;疑疑,亦信也。贵贤,仁也;贱不肖,亦仁也。言而当,知也;默而当,亦知也。故知默犹知言也。

此处主要阐述了"信""仁""言"三种抽象的"名",在各个"名"下,又分出了两类情形。又如:

> 故多言而类,圣人也;少言而法,君子也;多少无法而流湎然,虽辩,小人也。

此处根据"言辩"的水平层次和境界高低分出了"圣人""君子""小人"三种级别不同的类名。其内涵是"圣人""君子""小人"三类人在"言辩"才上的区别。类似的例子还有:

> 故劳力而不当民务谓之奸事,劳知而不律先王谓之奸心,辩说譬谕、齐给便利而不顺礼义谓之奸说。此三奸者,圣王之所禁也。

在这一组名类组合中,核心之"名"是负面贬斥的"奸",在此"名"之下又与"事""心""言"三个中性之"名"结合生成"奸事""奸心""奸说"之"三奸"。可谓名中有类,类中有名,名类套嵌。又如:

> 古之所谓士仕者,厚敦者也,合群者也,乐富贵者也,乐分施者也,远罪过者也,务事理者也,羞独富者也。今之所谓士仕者,污漫者也,贼乱者也,恣睢者也,贪利者也,触抵者也,无礼义而

唯权埶之嗜者也。

古之所谓处士者,德盛者也,能静者也,修正者也,知命者也,著是者也。今之所谓处士者,无能而云能者也,无知而云知者也,利心无足而佯无欲者也,行伪险秽而强高言谨悫者也,以不俗为俗,离纵而跂訾者也。

这里"士仕者"为核心之"名",前面冠以"古""今"将其分为正面典范和负面典型两类,在厚古薄今的鲜明态度中,区别两类不同的行为方式系列。这些行为系列又由一个个褒贬分明的具体行为构成,它们又是一连串的名。比如:

志不免于曲私而冀人之以己为公也,行不免于污漫而冀人之以己为修也,其愚陋沟瞀而冀人之以己为知也,是众人也。志忍私然后能公,行忍情性然后能修,知而好问然后能才,公修而才,可谓小儒矣。志安公,行安修,知通统类,如是则可谓大儒矣。(《荀子·儒效》)

此处以"志""行""知"三个人生质性名类为依托,通过其在这三方面的素养表现,区别"众人""小儒""大儒"三种层次不同的修养境界。又如:

有小人之辩者,有士君子之辩者,有圣人之辩者。(《荀子·非相》)

此处"辩"是核心名类,根据"辩"的层次水平又区分和构成"小人之辩者""士君子之辩者""圣人之辩者"三种"辩"的层次名类。这类例子在《荀子》一书中比比皆是。荀子通过名类结合和分类定等的方式建构了庞大的道德名类体系,并对各种名类的意义内涵进行申述与界定,成为人们修身养性和立身行事的参照系。这些伦理道德名类体系构筑起了荀子思想中新的伦类秩序。

名类结合和分类定等的思维模式是荀子将正名观念与"礼"的秩序等差观念结合的产物。荀子发扬传统礼制名号的规训功能,制定了各种伦理道德和政治职分名目。同时将人们遵守这些名目所能达到的水平境界分成层次和等级，进行区别和界定，分出大共名、大别名以及更具体的别名，从而形成新的等次名类。通过层层套嵌，逐级分类，确定其内涵、意义以及性质差异，从而形成褒贬和价值判断。所以"正名"本身也是一种评定和褒贬，"正"也意味着对负面价值的否定与批判。[①] 荀子在"正名"原则下的名类结合和分类定等也就具有了人伦品鉴的性质。这种人伦品鉴可分为三种情况：一是以学论人，人学兼评；二是以自己的学术观点重新论定一些历史人物的是非功过，这一点跟孔孟一致；三是为各种伦理行为分类定等，可以称其为类型品评，这是抽象的理念化的人格类型。正因行文中运用大量的类型品评，所以尽管《荀子》一书较少评价具体人物，但处处可见褒贬。

第三节　伦类与类型品评

　　荀子不独强调"正名"本身。在荀子的整个学术体系中，他将"正名"思想和分类定等思想作为一种思维方式融入其中，成为其分析问题、论证观点的逻辑理路。所以"正名"和分类定等的行文逻辑随处可见。荀子的学术理路基本可以梳理为"修身——辩知（辨实）——成事"的基本逻辑，或者"正身——正知（正名）——正伦常"的基本思路。按照荀子的学术理路，首先，荀子在性恶论的基础上，认为修身为万事之根基，从分析人的材性气质和各种行为品性开始，列举各种材性气质名类，指陈其利弊，提出修身养性之方法，进而提出各种修养之境界和需要养成的人格品质。其次，指出践行修养、提升境界必须建立在正确认识事物的基础之上，境界需要以眼界为基础，所以修身需要治心，需要"解蔽"，让心保持"虚壹而静"的状态。这样才能制正确之名，"正名"，并且接受名。有了开阔的视野和正确的认识，还要积极辩说、传播真理、广施教化，故而提出"君子必辩"。当然，正确的认识即"正名"是关键。最后回到荀子学术的旨归"正纲纪"，明确

[①] 孟凯《正名与正道——荀子名学与伦理政治思想研究》，华东师范大学博士论文，2012年，第11页。

君臣父子不同的伦常规范和职守,规劝人人各司其职,各守本分,才能达到天下太平的目的。

荀子对人在"求知"和"修身"过程中的种种行为表现进行一一辨析,对各种行为特征给予明确的称谓。这些约定俗成的字眼和称谓与各种行为特征相匹配,褒贬自现,醒目地昭示着各种行为的正当性或者卑劣性,它们就像一面面镜子将每一种行为反射向人本身,警示和警醒着每一个身在其中的人。这种只评价品行不评价个人的品评,我们可以称之为"类型品评"或者"类品评"。

一、修养境界与层次名类

正政先正人,正人先"正名"。人自身的修养首先得从认识自身开始,只有对个人材性气质进行准确诊断和把握,才能开启修身正己之途。荀子首先对个人材性品质进行分类与辨析,并给予其各种"名"的规定与评判,让人们知对错,辨荣辱,进而选择正确的人生方向。于是荀子的类型品评首先从人的品性气质角度入手。

(一)品性气质名类

人性本恶,人的材朴之性需要锻造提升,人先天的一些缺陷需要明确、正视并加以改造。以伦理道德为主要修养内容的儒家首先关注的是人在人伦关系中的各种作为,这也是荀子关注的:

> 以善先人者谓之教,以善和人者谓之顺;以不善先人者谓之谄,以不善和人者谓之谀。是是、非非谓之知,非是、是非谓之愚。伤良曰谗,害良曰贼。是谓是、非谓非曰直。窃货曰盗,匿行曰诈,易言曰诞,趣舍无定谓之无常,保利弃义谓之至贼。多闻曰博,少闻曰浅;多见曰闲,少见曰陋。难进曰偍,易忘曰漏。少而理曰治,多而乱曰秏。(《荀子·修身》)

荀子对人在人伦交往中的各种表现详细洞察,并用约定俗成、承载着人们普遍认同的"名"进行切中要害的判定和指称,让一些不良行为无处遁形,昭然若揭。"教""顺""谄""谀""知""愚""谗""贼""直""盗""诈""诞""无常""至贼"等等一系列性质不同的"名"通过对人的行为品性的命名和定性起到惩恶扬善、震慑世人的目的。这些名目也可以叫做"散名",也可以看作是荀子人物品评的品目,这是荀子"正名"思想最具特色的部分。这些类名使我们看到一连串的行为类型和人格品性,不见具体的评价对象,但每个人都能从中反观自身,不得不深察自省。这些行为类型和人格品性也是政治层面取人用人的参照,品性贪婪乱诞者绝不可取:

> 鲁哀公问于孔子曰:"请问取人?"孔子对曰:"无取健,无取詌,无取口啍。健,贪也;詌,乱也;口啍,诞也。故弓调而后求劲焉,马服而后求良焉,士信悫而后求知能焉。……"(《荀子·哀公》)

除了这些散名和具体的品目,人伦关系中性质相似相近的立身行事方式还被荀子归为一类,成为"同质"系列,如"幼而不肯事长,贱而不肯事贵,不肖而不肯事贤"之"三不祥",又如"为上则不能爱下,为下则好非其上""乡则不若,偕则谩之""知行浅薄,曲直有以相县矣,然而仁人不能推,知士不能明"之"三必穷"系列,这些构成了"行为统类系列"。

除了对人伦关系中的立身行事进行鉴定辨别,荀子要治理人"生而为恶"的好利之性,必须对人的材性气质有详细深刻的分析和认识。这样才能对症下药,修治疗救:

> 快快而亡者,怒也;察察而残者,忮也;博而穷者,訾也;清之而俞浊者,口也;豢之而俞瘠者,交也;辩而不说者,争也;直立而不见知者,胜也;廉而不见贵者,刿也;勇而不见惮者,贪也;信而不见敬者,好剸行也。(《荀子·荣辱》)

以上气性表现皆"小人"所务而非"君子"所为,自是"修治"的对象。荀子首先揭示这类行为的表现和特点,并为其命名定性,形成一"劣性名典",将其归入"小人"之行,让人躬身自省,引以为戒。以上所举是应当杜绝的气性行为。荀子还将人的心性气质进行客观的分类和概括,并制定出针对性的治气养心之术,以便因性施教,分类化成。他说:

血气刚强,则柔之以调和;知虑渐深,则一之以易良;勇胆猛戾,则辅之以道顺;齐给便利,则节之以动止;狭隘褊小,则廓之以广大;卑湿、重迟、贪利,则抗之以高志;庸众驽散,则劫之以师友;怠慢僄弃,则炤之以祸灾;愚款端悫,则合之以礼乐,通之以思索。(《荀子·修身》)

在这里,荀子将人的材性气质进行辨析分类,并指出针对不同材性的治气养心之术,既有定性和评判,又有提升和改进的具体方法和途径。荀子通过"名"的规约和评判功能试图对人的行为和精神境界进行干预和引导,试图规劝人们走上成德向善之路。

需要特别指出的是,在人的材性气质中,有一种特殊的先天材性,那就是"相"。"相"应该也属于"人性"之范畴。按照牟宗三先生的观点,荀子"性恶论"属于"以气为性"之思路。这一思路是将人性看作人之初禀之气,或者叫做"材朴之性,质朴之性,一种生而俱来的先天之气",这种气质之性具有"混杂性"和无定向性。其中有善的倾向,亦可有恶的倾向。且善的倾向亦可随时转为恶的,恶的亦可随时转为善的。思想家于人性论莫衷一是,只是执其驳杂性之一端而思考。而荀子正是执其材朴之性、无定向之性、驳杂性之性中的"恶""不完美"之一端为人性之"定向",关注的是"转为恶"的"不完美"的一面。在这些恶性中,又有层次、程度和个性的差异。人的一些恶性、劣性不但需要修治,甚至需要通过强制手段加以遏制,才能无害于他人和社会。材朴之性中还有一部分属于"不完美"但"无害"的气质,修治之则有成为君子圣人的可能性,不治则成为平庸普通之众人。而人的先天气质中还有一部分是不可修治的、后天不可改变的,"相"就是这种不可治之天性。对"相"的不可治,荀子提出"非相而治心"之论。因为人的"相"可以"不完美"但"无害",人的后天修养才是人应该关注的。但一些认知能力和判断能力不够的人容易以貌取人,一些人因为相貌不佳而容易被忽视其内在才能,一些人因为相貌过于完美而掩盖了其内在的品性之恶。"相"因此成为人们知人、识人之一蔽。如何解相之蔽("非相")?曰"治心"。如何治心?曰"择术"。择何术?曰"礼仪"。

《荀子·非相》提出了"相形不如论心,论心不如择术。形不胜心,心不胜术"的观点。什么是"术"? 仍然是荀子倡导的礼仪规范。只要按礼仪规范"治心","则形相虽恶而心术善,无害为君子";如果心不顺礼仪规范,则"形相虽善而心术恶,无害为小人"。善行君子之谓吉,奸邪小人之谓凶。外形上的长短、小大、善恶形相不能决定人的吉凶。以此为标准,荀子对古代人物进行了集中评价。在荀子笔下,历史上许多成就卓著的人反而多是相貌平平甚至有缺憾的:

盖帝尧长,帝舜短,文王长,周公短,仲尼长,子弓短。昔者卫灵公有臣曰公孙吕,身长七尺,面长三尺,焉广三寸,鼻目耳具,而名动天下。楚之孙叔敖,期思之鄙人也,突秃长左,轩较之下,而以楚霸。叶公子高,微小短瘠,行若将不胜其衣。然白公之乱也,令尹子西、司马子期皆死焉;叶公子高入据楚,诛白公,定楚国,如反手尔,仁义功名善于后世。故事不揣长,不揳大,不权轻重,亦将志乎尔。长短、小大、美恶形相,岂论也哉!

且徐偃王之状,目可瞻马;仲尼之状,面如蒙倛;周公之状,身如断菑;皋陶之状,色如削瓜;闳夭之状,面无见肤;傅说之状,身如植鳍;伊尹之状,面无须麋;禹跳,汤偏,尧、舜参牟子。从者将论志意,比类文学邪? 直将差长短,辨美恶,而相欺傲邪?

先不论这些古圣先贤的外在状貌是否真如荀子所述,荀子称举其貌只是想论证:但凡青史留有美名,被千古传诵称道的人物,并不是因为相貌,而完全在于他的志意和德行;同样,那些历史上留下恶名的人,比如"长巨姣美,天下之杰,筋力越劲,百人之敌"的桀纣,他们身死国亡,为天下人羞辱,与他们的容貌无关,而是因为他们见识浅陋,思想境界卑下。

荀子的"非相"涉及三个方面的论题:一是人性论,二是天人关系,三是认识论。从人性论的角度来说,人性是先天的,人的相貌也是先天的。"相"属于人的材朴之性中可能"不完美"但"无害"的先天之性,是人的先天气质中不可修治、后天不可改变之天性。从天人关系的角度来看,"相"虽不可治,但形不胜心,心不胜术。后天修养可以变化气质,作为整体的人可以用治心提升自己的精神道德境界而弱化"相"的影响。这时的天人关系就体现为外在之"相"与内在之"德"的关系,是荀子"制天命而用之"的天人观在"形""相"问题上的体现。荀子的"非相"强调了"择术"和后天修养的重要性,最好的"术"就是"礼","术"是"化性起伪"的又一依据。从认识论上来看,认识之知的获得关键也在于择术,而"非相"就是一种识人之术,其实"非相"的潜台词就是"择礼""观德","礼"以成"德","德""礼"相依,二者互文。

"非相"就是不能以貌取人,"相"之不可取,也在于其容易成为认识事物过程中之一偏或者一端,容易造成自知和识人之弊,因此"非相"也属"解蔽"。限于自身容貌,会弱化个人修养和努力进取之动力,甚至陷入命定主义之泥沼。以貌取人,则不能分出人的道德才能之高下,而在人类社会的发展中真正起作用的是人通过后天努力而获得的品行和能力,所以最需要重视的还是人的道德修养境界。

(二) 修养层次名类

受"礼"的等级观念的启发和影响,荀子将人的修养层次进行划分和设定,不同境界层次的人对应着不同的行为方式和德行表现。比如在说到不断提升自己的道德修养时,他根据执行力和学习效果的不同,划分出三种修养境界类型:

> 好法而行,士也;笃志而体,君子也;齐明而不竭,圣人也。(《荀子·修身》)
> 彼学者,行之,曰士也;敦慕焉,君子也;知之,圣人也。(《荀子·儒效》)

儒者的修身过程会经过"士""君子""圣人"三个层次。三者的区别在于:"士"学习礼法规范的同时可以按要求践行之;"君子"将其变为自觉的价值追求,因而诚在其中,乐在其中;"圣人"知其然,并知其所以然,能根据情势制定新的规范和修身准则。《荀子·儒效》又云:

> 以从俗为善,以货财为宝,以养生为己至道,是民德也。行法

至坚，不以私欲乱所闻，如是，则可谓劲士矣。行法至坚，好修正其所闻以桥饰其情性，其言多当矣而未谕也，其行多当矣而未安也，其知虑多当矣而未周密也，上则能大其所隆，下则能开道不己若者，如是，则可谓笃厚君子矣。修百王之法若辨白黑，应当时之变若数一二，行礼要节而安之若生四枝，要时立功之巧若诏四时，平正和民之善，亿万之众而博若一人，如是，则可谓圣人矣。

这里又根据修养层次和人生境界的不同，将人分为普通人、劲士、笃厚君子、圣人四个层次。划分类型层次和分类定等是荀子人物品评的又一特点。不论是修养境界、求知解蔽，还是伦类纲常，不同境界、不同身份、不同情境中的人都会表现出有层次和差异的行为方式，荀子对这些层次性和差异性都进行了详细辨析，给予不同层次的人物类型及其行为方式以分类定等的评判和鉴定。就修养层次而言，荀子从不同角度划分出庸人、众人、士、君子、士君子、明君子、贤人、圣人等不同等级类型。如《荀子·哀公》：

孔子曰："人有五仪：有庸人，有士，有君子，有贤人，有大圣。"哀公曰："敢问何如斯可谓庸人矣？"孔子对曰："所谓庸人者，口不能道善言，必不知色色；不知选贤人善士托其身焉以为己忧；勤行不知所务，止交不知所定；日选择于物，不知所贵；从物如流，不知所归；五凿为正，心从而坏：如此，则可谓庸人矣。"哀公曰："善！敢问何如斯可谓士矣？"孔子对曰："所谓士者，虽不能尽道术，必有率也；虽不能遍美善，必有处也。是故知不务多，务审其所知；言不务多，务审其所谓；行不务多，务审其所由。故知既已知之矣，言既已谓之矣，行既已由之矣，则若性命肌肤之不可易也。故富贵不足以益也，卑贱不足以损也，如此，则可谓士矣。"哀公曰："善！敢问何如斯可谓之君子矣？"孔子对曰："所谓君子者，言忠信而心不德，仁义在身而色不伐，思虑明通而辞不争，故犹然如将可及者，君子也。"哀公曰："善！敢问何如斯可谓贤人矣？"孔子对曰："所谓贤人者，行中规绳而不伤于本，言足法于天下而不伤于身，富有天下而无怨财，布施天下而不病贫,如此,则可谓贤人矣。"哀公曰:"善! 敢问何如斯可谓大圣矣?"孔子对曰:"所谓大圣者,知通乎大道,应变而不穷,辨乎万物之情性者也。大道者,所以变化遂成万物也;情性者,所以理然不、取舍也。是故其事大辨乎天地,明察乎日月,总要万物于风雨,缪缪肫肫,其事不可循,若天之嗣,其事不可识,百姓浅然不识其邻,若此,则可谓大圣矣。"哀公曰:"善!"

所谓"五仪"即人的五种仪态,实际是五个层次境界的人,按照能力水平和修养层次由低到高分别被命名为"庸人""士""君子""贤人""大圣"。这些以修养层次为依据划定的名类含有褒贬评鉴之义,通过评判分辨给人指明正确的修身治性之路。

这些逐级而升的名类同时被广泛运用于不同的伦理修养领域,而这样的修养层次名类和分类定等评价更是散见于荀子的说理论辩中。通观荀子学术体系,最基本的境界类型是以"士——君子——圣人"或者"小人——君子——圣人"三级渐进展开的人格层次类型。前者更多出现在知识的积累和修养境界的精进语境中;后者适用于一般的伦理道德修养的层次划分,更具有普遍性和包容性,其中就包含知识素养的精进状态。

1. 士

对人性持悲观主义的荀子将"学"视作人一生的必修课,"学"是时时受欲望干扰而有堕落之险的"性恶"个体"化性起伪"的基本途径,所以荀子开篇即言"劝学"。士是知识者的代称,是个体通过知识的学习和积累,从庸众开始变化气质进而成为君子和圣人的起点。士志于道,志于学,确立了成为君子、圣人的人生目标,所以士也是一种向着高尚人生蓄势待发的起始状态,是"成人"征程中的开端,具有无限可能。"故隆礼,虽未明,法士也"。士的特点在于学习知识,在于有计划、有体系地进行知识精进训练,所以又可以称其为"修士"。荀子说:"向是(圣、王之法)而务,士也;类是而几,君子也;知之,圣人也。"(《荀子·解蔽》)向着圣王之法的标准而努力学习的,就是士;与这个标准近似而差不多要达到的,就是君子;完全精通这个标准的,就是圣人。荀子又说:"好法而行,士也;笃志而体,君子也;齐明而不竭,圣人也。"(《荀子·修身》)士"好法而行","好"即确立了学习的对象和目标,"行"即开始投入学习状态;士向君子人格迈进,君子不但学有所成,而且能够知行合一,身体力行,并且将修养变成一种持守;智虑敏捷,应变自如,知礼法而又明统类,能够驾驭万物而优游不迫的就是圣人。简言之,士是初学者,君子是学成者,圣人是万中得一的出类拔萃者。

《说苑·修文》:"辨然否,通古今之道,谓之士。"士的综合学养虽然不及身体力行、知行合一的君子,但其掌握的某些方面的知识可能多于君子,所以一些具有道德持守的君子仍然有必要向掌握专业知识的士学习,"故君子居必择乡,游必就士,所以防邪僻而近中正也"(《荀子·劝学》)。而既有渊博的知识,又能践行礼法规范,养成了"能定能应"的"德操"的自然就是内外兼修的"士君子"。士君子与君子的差别主要就在于知识的丰富性和专业性。士可以有知识,有修养,但不一定能成为君子。因为君子的养成关键在于对礼仪规范和伦理道德的执行力,在于知行合一。根据德行的高下,以知识见长的士又有不同的层次类别:

> 有通士者,有公士者,有直士者,有悫士者,有小人者。上则能尊君,下则能爱民,物至而应,事起而辨,若是,则可谓通士矣。不下比以暗上,不上同以疾下,分争于中,不以私害之,若是,则可谓公士矣。身之所长,上虽不知,不以悖君,身之所短,上虽不知,不以取赏,长短不饰,以情自竭,若是,则可谓直士矣。庸言必信之,庸行必慎之,畏法流俗而不敢以其所独甚,若是,则可谓悫士矣。言无常信,行无常贞,唯利所在,无所不倾,若是,则可谓小人矣。(《荀子·不苟》)

以上关于士的层次类别的划分主要立足于立身行事和德行境界上。通士为德能兼备者,尊君爱民,于德盛焉,"物至而应,事起而辨",能应变治事,是士中俊杰;公士能秉持公心,不结党以遮蔽在上者之明,不苟合在上者而害下,与同僚有纷争但不会以私害公;直士不矜其长,不掩其短,以真诚之情实示人,即使才能不济,但于德不亏。悫士

"言必信","行必慎",不从流俗但也不敢以其所独善而甚过人,悫士有自己的立身之道,不为流俗而放弃原则,但不能勇敢地超拔于流俗之上而标榜君子之道;小人则唯利是图,随俗俯仰,没有信义原则可言。这里与四种士人层次并列的"小人",也有可能拥有一定的专业知识,但是德行缺失,因此归之于小人之列,君子不齿。

2. 君子

君子有"德操",君子是能定能应的"成人",君子之名承载了荀子对儒家道德人格的充分设定,是道德人格的典范,也是荀子对个体"化性起伪"和治性修身的基本期待。君子在人伦社会的各个场域中都堪为表率,因为君子求之可得,而圣人高山仰止。成圣可作为极致理想,在现实中,君子更容易成就。君子集结了道德人伦的大部分美好品质:

> 君子博学而日参省乎己,则知明而行无过矣。(《荀子·劝学》)
> 君子生非异也,善假于物也。(同上)
> 故言有召祸也,行有招辱也,君子慎其所立乎!(同上)
> 故君子结于一也。(同上)
> 故君子隆师而亲友,以致恶其贼。(《荀子·修身》)
> 君子役物,小人役于物。(同上)

山不厌高,水不厌深,君子好德,全粹是思。"君子知夫不全不粹之不足以为美也"(《荀子·劝学》),因此君子求仁养德,死而后已。"生乎由是,死乎由是,夫是之谓德操。德操然后能定,能定然后能应,能定能应,夫是之谓成人。天见其明,地见其光,君子贵其全也"。(《荀子·劝学》)然而"全粹"的获得正在于有所为,有所不为。知进退,有进止,取舍都需要持守方能全其"德"。君子人格养成之后,就会产生由内而外的气质变化。"君子之学也,入乎耳,箸乎心,布乎四体,形乎动静,端而言,蝡而动,一可以为法则。……君子之学也,以美其身"。(《荀子·劝学》)君子品行内外兼善,内在充盈的德行流布四体,浸润言行,从而春风化雨"美其身"。君子的言行动静之间透显德行，其显著特征是"恰到好处""恰如其分"，或曰"适度"。

> 故不问而告谓之傲，问一而告二谓之囋。傲，非也；囋，非也；君子如向矣。（《荀子·劝学》）
>
> 夫坚白、同异、有厚无厚之察，非不察也，然而君子不辩，止之也；倚魁之行，非不难也，然而君子不行，止之也。（《荀子·修身》）
>
> 君子之求利也略，其远害也早，其避辱也惧，其行道理也勇。君子贫穷而志广，富贵而体恭，安燕而血气不惰，劳倦而容貌不枯，怒不过夺，喜不过予。君子贫穷而志广，隆仁也；富贵而体恭，杀埶也；安燕而血气不惰，柬理也；劳倦而容貌不枯，好交也。怒不过夺，喜不过予，是法胜私也。（同上）

君子不论身处何种情境，都能保持"中和"之态。无过，无不及。因此君子的基本状态是一种平衡态、平和态。学养进入一种相对"完成"而可继续发展之佳境，甚至修养境界"有钧无上"，言行举止能够审时度势，恰当进退。君子之行可谓"至文"：

> 君子易知而难狎，易惧而难胁，畏患而不避义死，欲利而不为所非，交亲而不比，言辩而不辞。荡荡乎，其有以殊于世也。（《荀子·不苟》）
>
> 君子宽而不僈，廉而不刿，辩而不争，察而不激，寡立而不胜，坚强而不暴，柔从而不流，恭敬谨慎而容，夫是之谓至文。（同上）

君子平易近人，但又凛然不可犯。他们心存敬畏，但绝不作无原则的妥协，他们畏惧祸患但必要时舍生取义。总之，荀子思想中的君子人格其实完全契合于儒家一贯标榜的"中和"之道，即不走极端，不哗众取宠，不偏不倚，体现出一种"中和"的人格之美。君子行事是中庸之道的集中体现，判定君子立身行事是否符合中庸之道的标准和依据就是"礼"和"义"。

> 君子崇人之德，扬人之美，非谄谀也；正义直指，举人之过，非毁疵也；言己之光美，拟于舜、禹，参于天地，非夸诞也；与时屈伸，柔从若蒲苇，非慑怯也；刚强猛毅，靡所不信，非骄暴也。以义变应，知当曲直故也。（《荀子·不苟》）

君子据"礼"立身，以"义"应变，当仁不让。依"礼""义"而屈伸，其要义全在一个"当"字。荀子说："君子行不贵苟难，说不贵苟察，名不贵苟传，唯其当之为贵。"（《荀子·不苟》）君子行为不在于做出惊世骇俗之举，或者极端夸张的举动，而在于行为适当，合乎礼仪。君子被人称道的行为不在于做出了常人难以做到的事，也不在于说出来别人想不到的奇言妙语，更不在于声名远播，流传千古，而以"当之为贵"。"当"的衡量标准是什么？就是"礼""义"。荀子据此品评了三组历史人物，其行为得失立显，高下立判：

> 故怀负石而赴河，是行之难为者也，而申徒狄能之；然而君子不贵者，非礼义之中也。山渊平，天地比，齐、秦袭，入乎耳，出乎口，钩有须，卵有毛，是说之难持者也，而惠施、邓析能之；然而君子不贵者，非礼义之中也。盗跖吟口，名声若日月，与舜、禹俱传而不息；然而君子不贵者，非礼义之中也。（《荀子·不苟》）

为了彰显君子人格的规范要求，荀子特别设定"小人"这一名类范畴，并将与君子人格完全对立的劣性人格和反面行为统统归入其中。相对来说，荀子在确立和明晰君子人格的同时，也相应地丰富和明确了"小人"的人格内涵。概而言之，按礼法和各种道德规范行事者为君子，反其道而行者为小人。君子是德行典范，小人是君子的对照。君子和小人作为两种完全对立的德行"名类"为正反两类行为模式划界，泾渭分明，褒贬自现：

> 君子能亦好，不能亦好；小人能亦丑，不能亦丑。君子能则宽容易直以开道人，不能则恭敬缚绌以畏事人；小人能则倨傲僻违以骄溢人，不能则妒嫉怨诽以倾覆人。故曰：君子能则人荣学

焉,不能则人乐告之;小人能则人贱学焉,不能则人羞告之。是君子小人之分也。(《荀子·不苟》)

　　君子大心则天而道,小心则畏义而节;知则明通而类,愚则端悫而法;见由则恭而止,见闭则敬而齐;喜则和而理,忧则静而理;通则文而明,穷则约而详。小人则不然,大心则慢而暴,小心则淫而倾,知则攫盗而渐,愚则毒贼而乱;见由则兑而倨,见闭则怨而险;喜则轻而翾,忧则挫而慑;通则骄而偏,穷则弃而儑。(同上)

君子作为荀子称道的人格类型,是修成道德和践行礼仪规范的人格典范。君子对于"德操"生死如一,有"德操"然后能定,"能定能应",谓之成人。君子是普通人通过修持而应达到且能达到的理想人格状态,所以君子是荀子为"化性起伪"的修行个体树立的一个分水岭式的价值评判名类。在他之上有圣人,在他之下是众人、庸人、小人。

3. 士君子

士君子是士与君子的结合,即士人中的君子。士君子侧重于学识,属于学识渊博者,而君子是德行达到一定境界之人。与君子相对的名类是"小人",与士君子相对的名类往往是"腐儒""散儒"。所以士君子是学者、儒生、知识阶层中的君子,而君子则适用于指一切品行高洁之人。可以说,士君子是君子阵列中的一支。比如在论证辩说的重要性的时候,荀子根据辩说水平层次的差别,将辩者分为"小人之辩者""士君子之辩者""圣人之辩者"。辩说主要是"知识者"的专长,所以不论辩说层次高低,其"小人""君子""圣人"都当与"知识者"有关,此处以士君子代替君子就是明证。《荀子·子道》举了一则孔门品评人物的典故,其中使用名类印证了士君子以知识为专长的特点:

　　子路入,子曰:"由,知者若何? 仁者若何?"子路对曰:"知者使人知己,仁者使人爱己。"子曰:"可谓士矣。"子贡入,子曰:"赐,知者若何? 仁者若何?"子贡对曰:"知者知人,仁者爱人。"子曰:"可谓士君子矣。"颜渊入,子曰:"回,知者若何? 仁者若何?"颜渊对曰:"知者自知,仁者自爱。"子曰:"可谓明君子矣。"

孔门儒生是典型的学者，是士人的代表，孔子评价三个学生所用正是"士""士君子""明君子"这样的名类。正因为士以知识获得相应的职业，以自己的知识服务于社会，"学而优则仕"是其参与社会事务甚至是生存的主要方式。因此对于士君子来说，能否持守道义还多了一层出处穷达和荣辱尊严的考验。荀子专就"士君子之所能不能为"的问题进行讨论：

> 君子能为可贵，不能使人必贵己；能为可信，不能使人必信己；能为可用，不能使人必用己。故君子耻不修，不耻见污；耻不信，不耻不见信；耻不能，不耻不见用。是以不诱于誉，不恐于诽，率道而行，端然正己，不为物倾侧，夫是之谓诚君子。（《荀子·非十二子》）

这是对从事文化事业的知识阶层修炼君子人格的专门规定，这一规定说明以道自任的士人知识分子通向君子之路更为艰辛。关于这一点，孔子的经历和言行可谓先河和明证。孔子曾告诫弟子：君子应当"人不知而不愠"，"不患人之不己知，患其不能也"。士君子除了以知识者身份区别于君子，还有一个显著特征在于与其"知识者"身份相符的行为举止和仪容仪态：

> 士君子之容：其冠进，其衣逢，其容良，俨然，壮然，祺然，蕼然，恢恢然，广广然，昭昭然，荡荡然，是父兄之容也。其冠进，其衣逢，其容悫，俭然，恀然，辅然，端然，訾然洞然，缀缀然，瞀瞀然，是子弟之容也。（《荀子·非十二子》）

这里对"士君子之容"按照"父兄""子弟"的不同人伦身份进行描述，行为仪态是修养的外化；反过来，仪容仪态的规范促成修养的提升。这些端方雅正的仪态既是由内而外的德行显现，更需要士君子"审之以礼"的规范训练和检视，让士君子的德行风范内外兼善，达到"至文"之态，所谓"文质彬彬，然后君子"。

士是"志于道"的知识分子，士君子是知识分子中的君子。不论是士还是士君子,他们的言行举止之间透显着修养和德行。"士君子不为贫穷怠乎道"(《荀子·修身》),但一些读书人却是知识分子中的小人或者庸众,他们的行为举止怪异而丑陋,荀子将其种种令人生厌的行为举止统称为"呰容":

> 吾语汝学者之呰容:其冠絻,其缨禁缓,其容简连;填填然,狄狄然,莫莫然,瞡瞡然,瞿瞿然,尽尽然,盱盱然,酒食声色之中则瞒瞒然,瞑瞑然;礼节之中则疾疾然,訾訾然;劳苦事业之中则儢儢然,离离然,偷儒而罔,无廉耻而忍謑訽:是学者之嵬也。(《荀子·非十二子》)

这种丑态"呰容"与士君子之容形成了鲜明对比。荀子详细列举正面的士君子之容和反面的学者之"呰容",有意正反对比,既是两类人的肖像画,又是两种行为的参照系,是非曲直一目了然。

4. 圣人

圣人是最高的修养境界。儒家的修身历程"始乎为士,终乎为圣人"(《荀子·劝学》)。圣人"齐明而不竭","情安礼,智若师",礼者正身,师者正礼。圣人即"正礼"者,是"礼"的创设者、阐发者、改进者、补充者,更是践行者,也可以说他们是一定时期内适合人类生存发展的至高文化制度的创设者,此即圣人为师义。圣人"情安礼",情者,性之显者也。以荀子的"性恶论"来看,圣人已经彻底完成了"化性起伪"的修养历程,以礼为安,让礼内化于心志,与情性合一相融。这里的"安"是说人先天之性恶在圣人那里已经深隐或者抑制,是善与恶的冲突的消解状态。他们于世事变幻从容应对,他们的智慧永不枯竭。他们学习历代帝王的法度,如分辨黑白一样清楚;应付时代之变化易如反掌;奉行礼法轻松自如;抓住时机建功立业;妥善治理政事、协调百姓,能使万众一心。圣人知统类,能以道应万变,"向乎邪曲而不迷,观乎杂物而不惑"。总之,圣人是荀子理想人格的最高境界,是思想之枢纽,是万世之师。如此博大的圣人气象令人景仰,对圣人的崇敬之情已经难于言表,"情动于中而形于言,言之不足故嗟叹之,嗟叹之不足故永歌之,永歌之不足,不知手之舞之,足之蹈之

也"。(《毛序》)

> 井井兮其有理也,严严兮其能敬己也,分分兮其有终始也,猒猒兮其能长久也,乐乐兮其执道不殆也,炤炤兮其用知之明也,修修兮其用统类之行也,绥绥兮其有文章也,熙熙兮其乐人之臧也,隐隐兮其恐人之不当也,如是,则可谓圣人矣。(《荀子·儒效》)

这是对圣人气象的极致歌咏。圣人境界是一种令人神往的"神固"之境,能使天下尽善尽美通体皆治者叫作"神明",世间的一切都不能够使之倾斜者叫作"稳固"。也就是说,圣人的仁德智慧都达到了极致。

(三) 精神品格名类

1. 诚

自春秋以来,礼崩乐坏的同时也是"礼"的内面化和性格化的过程,即从仪式规范逐渐变为道德规范的过程。"礼"背后的精神内涵经历了"敬——忠——诚"的更迭过程,在西周称其为"敬";在春秋,逐渐过渡为"忠";在孔子那里,被凝练为"仁境"的基本精神——"忠恕",成为孔子学说的精神动力;到了《中庸》和《孟子》则被进一步发展为"诚";而在《荀子》中,同样强调"诚"。那么思孟之"诚"与荀子之"诚"有何异同?《大学》讲正心诚意和慎独,《中庸》讲"至诚之道"。因为儒家学说为心性学,没有内在的"诚"作为精神基础,其修身养性之道便缺乏根基和动力。这一点于孟、荀是一致的。但思、孟的"诚"是"性善论"基础上的本性召唤和自我觉醒;荀子的"诚"则是"性恶论"判断下的理智警觉和当头棒喝,是趋利避害的集体无意识和关乎整体命运的利益权衡,是理智的"欲恶取舍之权":

> 见其可欲也,则必前后虑其可恶也者;见其可利也,则必前后虑其可害也者;而兼权之,孰计之,然后定其欲恶取舍。(《荀子·不苟》)

荀子之"诚"是在对欲恶利害的"兼权孰计"之后,对于礼仪道德的真诚持守和身体力行,是一种理性的现实主义的使命感,带有不那么讨喜的功利色彩,而思孟的正心诚意多少有些理想主义和自我价值追求的完美主义因素。思孟的"诚"是发扬至善之性,而荀子的"诚"是全力"养心守仁",因为荀子的修养功夫主要在"认知心"和"主宰心"上,让心的认知智慧和意志力去约束教化本恶之性。思孟之"诚"与荀子之"诚"的心理基源尽管不同,但两者对"诚"的重视和进入"诚"的状态都是一样的,都是对道义的绝对认同和全身心的投入。

2. 勇

荀子对争斗深恶痛绝,批判的言辞可谓激烈。为何? 一方面,争斗容易放任"性恶",而与荀学改造人性的"化性起伪"之学术理路相背离;另一方面是社会原因。战国时代诸侯国家之间的兼并战争可谓大斗,统治者之间的争权夺利、争斗杀伐可谓小斗,这些争斗导致社会混乱。这也是追求社会有序,人民"群居合一"的荀子所激烈反对的。而争斗者也会为自己的好斗寻找"依据"和理由,最直接和简单的理由就是"勇"。一些人以"勇"来为自己的好斗恶习作掩护。对此,荀子不得不辨。荀子对"勇"的关注和辨析源于人们对"斗"与"勇"的混同,故荀子不得不对"勇"的实质、"勇"的层次、"勇"的境界进行辨别:

> 有狗彘之勇者,有贾盗之勇者,有小人之勇者,有士君子之勇者:争饮食,无廉耻,不知是非,不辟死伤,不畏众强,恈恈然唯利饮食之见,是狗彘之勇也。为事利,争货财,无辞让,果敢而振,猛贪而戾,恈恈然唯利之见,是贾盗之勇也。轻死而暴,是小人之勇也。义之所在,不倾于权,不顾其利,举国而与之不为改视,重死持义而不桡,是士君子之勇也。(《荀子·荣辱》)

从性质差异来看,为争夺饮食而不辟死伤、不畏众强的争强好斗是"狗彘之勇",争夺财货而勇猛贪戾是"贾盗之勇",暴烈轻死是"小人之勇"。荀子推崇的是坚守大义而不妥协于威逼利诱,为"义"而忍辱负重的"士君子之勇"。高等次的"勇"不独在有所为,更在于持守道义而不为,因"义"取舍方显大勇。"勇"按照层次的高低来划分,又可以分为"上勇""中勇""下勇":

> 有上勇者,有中勇者,有下勇者:天下有中,敢直其身;先王有道,敢行其意;上不循于乱世之君,下不俗于乱世之民;仁之所在无贫穷,仁之所亡无富贵;天下知之,则欲与天下同苦乐之,天下不知之,则傀然独立天地之间而不畏,是上勇也。礼恭而意俭,大齐信焉而轻货财,贤者敢推而尚之,不肖者敢援而废之,是中勇也。轻身而重货,恬祸而广解,苟免,不恤是非、然不然之情,以期胜人为意,是下勇也。(《荀子·性恶》)

"上勇"胸怀天下,不从乱君,不随流俗,唯仁是视,为义是取,不忧不惧,傀然独立,此勇也是荀子心目中的理想人格的组成部分;退而次之,能持守礼法,重义轻财,敢于举贤黜不肖,则为"中勇";为了财货而不顾礼义廉耻,不分是非黑白,甚至为财而争胜斗狠,不顾性命,此为"下勇"。"士君子之勇"基本可以对应"上勇","小人之勇"对应"下勇","中勇"属于中间状态。而"狗彘之勇"和"贾盗之勇"都被荀子排除在了"勇"的层级之外,甚至可以说不属于"勇"的范畴。可见"勇"这一精神品质的界定和判断关键在于对"义""利"的取舍。

3. 辩

君子修身成己,目的不在于孤芳自赏,而在于引导众生,化成天下。这一点是儒家积极入世的基本宗旨。在孔子则曰"安天下",在孟子则曰"平治天下",在荀子则曰"因求以成天下之大事",这是共生的群体社会之必然要求。面对"性恶"之芸芸众生,圣人从群体命运休戚与共的整体思考出发,有"先觉觉后觉"的责任和义务,必须普施教化,沉默不是金,"君子必辩"。明晰了礼法伦类,确立了立身行事的道德规范,就要推而广之,使其理论真正深入人心,规诫人性,进而移风易俗,天下太平。荀子与孟子一样,在异辞蜂起、众口嚣嚣的争鸣论辩中,激流勇进,号召儒者积极论辩,善于论辩,发出自己的正义之声。以"乐辩"为"君子",为"诚士";以"不辩"为"鄙夫",为"腐儒":

> 凡言不合先王,不顺礼义,谓之奸言,虽辩,君子不听。法先王,顺礼义,党学者,然而不好言,不乐言,则必非诚士也。故君子之于言也,志好之,行安之,乐言之。故君子必辩。凡人莫不

好言其所善,而君子为甚。故赠人以言,重于金石珠玉;观人以言,美于黼黻、文章;听人以言,乐于钟鼓琴瑟。故君子之于言无厌。鄙夫反是,好其实,不恤其文,是以终身不免埤污佣俗。故《易》曰:"括囊,无咎无誉。"腐儒之谓也。(《荀子·非相》)

"辩"是道义君子的责任和义务,是教化芸芸众生的必要方式。但劝说教化众人求仁向善并非易事:

凡说之难,以至高遇至卑,以至治接至乱。未可直至也,远举则病缪,近世则病佣。善者于是间也,亦必远举而不缪,近世而不佣,与时迁徙,与世偃仰,缓急嬴绌,府然若渠匽櫽栝之于己也,曲得所谓焉,然而不折伤。(《荀子·非相》)

意思是说,辩说劝导的难处在于让愚陋之人体会至高的思想境界,让顽劣祸乱之人接受国家治理的思想,这样劝说的目的是不能直截了当就可以达到的。善于辩说的人必须做到举远古的事例而不发生谬误,举近代的事例又不显得庸俗;说话内容要随着时代的发展而变动,随着世俗的变化而抑扬;是说得和缓些还是说得急切些,是多说一些还是少说一些,都能适应情况,像阻拦流水的渠坝、矫正竹木的工具那样控制自己;婉转地把所要说的话都说给对方听,但是又不挫伤他。所以辩说需要掌握谈说技巧和方法:

谈说之术:矜庄以莅之,端诚以处之,坚强以持之,分别以喻之,譬称以明之,欣欢芬芗以送之,宝之珍之,贵之神之,如是则说常无不受。虽不说人,人莫不贵,夫是之谓为能贵其所贵。(《荀子·非相》)

小辩不如见端,见端不如见本分。小辩而察,见端而明,本分而理,圣人士君子之分具矣。(同上)

要说服对方,不能只靠语言技巧,更要能够以身作则,所谓言传身教。要有一颗包容之心,要"贤而能容罢,知而能容愚,博而能容浅,粹而能容杂"(《荀子·非相》),才能以真诚之心态教化民众。辩论的目的是为了以正义之道教化人,而不是逞口舌之能。言辩是为了明道,道是根本,辩是布道的途径,不可本末倒置。

> 是以小人辩言险而君子辩言仁也。言而非仁之中也,则其言不若其默也,其辩不若其呐也;言而仁之中也,则好言者上矣,不好言者下也。故仁言大矣。起于上所以道于下,正令是也;起于下所以忠于上,谋救是也。(《荀子·非相》)

小人之辩宣扬险恶之术,君子之辩申明仁爱之道。辩说内容不合"仁爱"之道,说话不如沉默,善辩还不如讷于言;仁义在心,辩说为上,不辩为下。辩说出于仁义,在上就是治国安民的政策与命令,在下就是臣民的谏言和良策。"辩"除了有本质的好坏,也分高低层次:

> 有小人之辩者,有士君子之辩者,有圣人之辩者:不先虑,不早谋,发之而当,成文而类,居错迁徙,应变不穷,是圣人之辩者也。先虑之,早谋之,斯须之言而足听,文而致实,博而党正,是士君子之辩者也。听其言则辞辩而无统,用其身则多诈而无功,上不足以顺明王,下不足以和齐百姓,然而口舌之均,噡唯则节,足以为奇伟偃却之属,夫是之谓奸人之雄,圣王起,所以先诛也。然后盗贼次之。盗贼得变,此不得变也。(《荀子·非相》)

"圣人之辩"如源头活水,合乎法度又能随机应变;"士君子之辩"虽不及圣人自然天成,但辩说目的和内容都合乎道义法度,渊博公正。而行事诡诈、夸夸其谈之徒可谓"奸人之雄",其危害甚至比盗贼还要巨大。圣王之治,必"先诛之"。

二、解蔽与蔽者

荀子一方面通过"制名""正名"树立自己的政治之道和伦理道德规范,以规范人们的行为举止,开展"化性起伪"的社会教化工程;另一方面也试图提升人们的认识水平和认识能力。确立正确的行为规范,制作正确的"名",源于正确而深刻的认识。正确的"名"能被社会广泛接受和践行,从而通过"正名"而"正行",进而"正政",离不开大众整体认知能力的提升。所以确立有利于社会整体的伦理名类和统类规范一方面要做"立"的功夫,另一方面还要做"破"的功夫,破奸言邪说,破错误认知。在认识事理的同时,需要明辨是非。在诸子蜂起、百家争鸣的时代,各种观点令人眼花缭乱,奇辞异说横流,这给人形成正确的判断带来了困扰,加大了认知事理的难度。

先秦哲学基本都围绕社会治理和伦理道德而展开,荀子学说也不例外。通过修身正己提升认识事物和政治治理的能力,是为政的基本途径。但是人能否"正己"进而"正政",前提是先要正确认识事物,同时正确认识自身。事实上,许多历史和个人的悲剧因为人的无知、错知、欲望、偏见而酿成。这些无知、偏见就是"蔽","蔽"就是遮蔽、蒙蔽,它对人正确认识事理和立身行事造成障碍,所以荀子说:"凡人之患,蔽于一曲而暗于大理。"(《荀子·解蔽》)关于"蔽"的观念,先秦思想家大多提及,比如《庄子·齐物论》所谓的"夫随其成心而师之"的"成心",《庄子·天道》的"一曲之人"的"一曲",《庄子·则阳》的"在物一曲",《庄子·天下》的"一曲之士",《庄子·天下》提到的宋钘、尹文的"接万物以别宥为始"的"别宥"等,而诸家对于"蔽""一曲""成见"都是持反对和批评意见的。只不过各家观点不同,学术理路不同,对"蔽"的认定也不同。各家都从自己的立场和认识经验出发,认为自己的主张是无蔽之论,其他各家难免为一曲之见,这也是各家展开争鸣的原因。就荀子而言,"蔽"主要有欲恶、始终、远近、博浅、古今等五组十种。即心之好恶而成蔽,执事物终始之一端而成蔽,如"朝菌不知晦朔,蟪蛄不知春秋"。知远不知近或者知近不知远亦成蔽,这是距离和认识视野上造成的蔽塞。博学能为蔽,浅陋也成蔽,博学而累,浅陋而寡。泥古不化为蔽,知今不知古也是蔽。这些成蔽之因不外乎偏而不全,蔽于一曲。即"凡万物异则莫不相为蔽",世间万物有差异就会互相形成蔽。所以避免以偏概全,全面客观地看问题方能解除认知之蔽。

> 万物为道一偏,一物为万物一偏,愚者为一物一偏,而自以为知道,无知也。慎子有见于后,无见于先;老子有见于诎,无见于信;墨子有见于齐,无见于畸;宋子有见于少,无见于多。有后而无先,则群众无门;有诎而无信,则贵贱不分;有齐而无畸,则政令不施;有少而无多,则群众不化。(《荀子·天论》)

如何做到全面客观而不蔽,关键在于认识主体能否养成一颗"虚壹而静"的心,此心能摈弃好恶的影响,做到判断是非的客观公正,能吸纳万物,于纷繁复杂中正确认识事物,用徐复观的话来说就是"道心"。此"道心"需要"学""积"的"渐靡"过程方可慢慢养成,而此"道心"即是一颗具备判断是非能力之心,也即解蔽之心。其特征有三:"虚""壹""静"。"虚"为无物之境,"静"即排除各种杂念好恶之干扰,"壹"即没有先入之见的理性判断能力。唯圣人具备此心,以此心为主宰,方可无弊。在此意义上,荀子的圣人更倾向于"理性"圣人,或者叫做"理性道德"圣人,而非"情感道德"圣人。所以荀子道德无法通向超验道德的审美体验,无法通向构建人类和谐共存之功用价值。

所以在认识论上,荀子表现了儒家一贯的积极有为之态:面对"万物异则莫不相为蔽"的浩瀚未知和无穷无尽的蔽海,荀子坚持了其"制天命而用之"的积极乐观精神,认为养成"虚壹而静"的道心便可解认知之蔽,而不像老庄那样发出"吾生有涯而知也无涯"的"不可知论",放弃认知世界的可能性。

以关注政治秩序和伦理道德为根本的荀子学术,其"道心"所关注的重点亦在"政治规范"和"伦理道德",其解蔽和求知的重点也在这一领域。这些"蔽"概括而言主要是人的好恶,其表征就是偏知偏见或无知错知。这些蔽造成的障碍就是认知和行事上的偏见和一曲,进而导致破坏性的后果。历史上一些人君人臣正是因为偏知偏信之弊而导致政治混乱,身死国灭。荀子将各种层次的人可能面临的偏知和蔽进行了分类评价。

(一)人君之蔽者

在荀子看来,人君身居高位,更要自觉养成明察人事、判断是非的公正之心,因为除了容易被"欲望""好恶"遮蔽真知之外,还会被"权位"掩盖下的假象惑其心,这就需要人君广纳善言,不可依据自己的"好恶"和"欲望"偏听偏信。历史上的许多亡国之君就是因此而造成蔽塞之祸:

> 昔人君之蔽者,夏桀、殷纣是也。桀蔽于末喜、斯观,而不知关龙逢,以惑其心而乱其行;纣蔽于妲己、飞廉,而不知微子启,以惑其心而乱其行。(《荀子·解蔽》)

桀纣蔽于末喜、妲己的美色,贪恋美色属于"欲望";惑于斯观、飞廉属于"好恶",而此"好恶"仍然源于其好大喜功之欲望,其根本原因都是不能"主其心",导致其对投其所好之佞臣偏知偏信,疏远贤臣。相反,成汤和文王都能以桀纣为戒,能主其心而举贤授能,故能成为一代圣君。

人君之弊者,在于"欲望"与"好恶"。"欲望"与"好恶"属于人之本然天性,在所难免,而"欲"与"恶"如果不加节制,任其率性而为,就会给自己和他人带来危害,也是从这个意义上,荀子得出人"性恶"的结论。荀子主要是从欲望的流弊或者说无节制的欲望的流弊来说明"性恶"。而作为君王,他被"欲望"和"好恶"遮蔽,其危害和后果就会被放大,因为人君的言行关乎天下社稷的安危。桀纣就是因为放任欲望,喜好美色和阿谀奉承,排斥逆耳之忠言,最后"惑其心","乱其行",导致蔽塞之祸。所以要"解蔽",就是通过修身提升自己判断是非的能力,通过"节欲""养欲"以消解蔽塞之祸。明辨是非的能力来源于心知,来源于心的认知性。心能否正确判断是非,能否主宰自己的抉择和行动,是由其认知能力而来的。荀子并不能充分信任心的认知能力,因为心本身是容易动摇的。只有当心进入"虚壹而静"的"大清明"状态时,才具有正确认知进而解蔽的能力。如何养成大清明之心?要靠客观的"道"的加持,所以"清明心"也就是"得道心"。荀子在这里勾勒出了"问道——清明心——认知力"的认知论三部曲。心要保持"虚壹而静"才有正确判断是非的能力,而让心能做到"虚壹而静"需要"道"的净化和洗礼,这个净化心灵的"道"来自哪里？在荀子看来，其生于圣人或圣王，所以一颗具有正确的认知能力和判断是非曲直的主宰之心，不是生而具有的，而是要靠外在的师法的力量才能获得的。

总之，荀子认为人对善和道德的把握依赖于心，依赖于心的认知和过滤作用。如何做到正确的判断，就是要能够做到"主其心"，"主其心"是一种修养功夫，必须借助外界已有的"道"为心求得一个标准，大道在心才能使其清明，清明才能进一步知道。所以修心、练心是解蔽的关键。桀纣不修心，故不能"主其心"，偏听偏信，蔽于美色奸言。成汤和周文王能够主其心而谨慎治理国家，因此能知人善任，不失正道。成汤、周文为什么能"主其心"？除了自己谨慎为政和自身修养外，还有一点就是以前朝蔽塞君王为戒，修其心而去其蔽。在这里，荀子从"蔽"的角度对三代君王进行了全新的评价。

（二）人臣之蔽者

人君之蔽在于贪色贪功，人臣之蔽多在贪欲权势而生争斗之心，不能用正当的竞争方式获取权力，最后害人害己。

> 昔人臣之蔽者，唐鞅、奚齐是也。唐鞅蔽于欲权而逐载子，奚齐蔽于欲国而罪申生，唐鞅戮于宋，奚齐戮于晋。逐贤相而罪孝兄，身为刑戮，然而不知，此蔽塞之祸也。故以贪鄙、背叛、争权而不危辱灭亡者，自古及今，未尝有之也。（《荀子·解蔽》）

唐鞅因为蔽塞于权力欲而驱走了戴驩，奚齐因为蒙蔽于夺取君位的欲望而加罪于申生。怎样的人臣可以做到不为权力和贪欲所蒙蔽？那就是拥有"仁知"之心的贤臣：

> 鲍叔、宁戚、隰朋仁知且不蔽，故能持管仲而名利福禄与管仲齐；召公、吕望仁知且不蔽，故能持周公而名利福禄与周公齐。传曰："知贤之谓明，辅贤之谓能。勉之强之，其福必长。"此之谓也。此不蔽之福也。（《荀子·解蔽》）

人君蔽于贪欲而容易导致偏知、曲知和偏听偏信，而人臣因为贪欲和权力易生嫉恨争斗之心。所以人臣除了偏知、曲知之蔽，还有公德、私欲之别。人臣之"知"主要在"知己""知人"，同时还在"知贤""辅贤"，"知贤之谓明，辅贤之谓能"。"知贤"而"辅贤"才叫真正的人臣之知。人臣面对家国大义，如何与竞争者和同僚求同存异、协同共事，这不仅仅是是非问题，更重要的是德行问题。秉德为"仁"，辨是非为"知"。对于具有上下级别和权力大小的人臣，"仁"比"知"更重要，因为判断是非，除了正确"认知"事物之外，还关涉能否正确评价的问题，或者说愿不愿正确评价、判断是非的问题，这是认知者的态度问题。态度端正，则可以"是其是""非其非"；否则会指鹿为马，以"是"为"非"，以"非"为"是"。评价态度不端，就是心已经为权力之欲所蒙蔽，而不能秉持正义，当然也就蒙蔽了"认知"的双眼。唐鞅、奚齐为权力贪欲的蒙蔽者，逐贤相而罪孝兄，身为刑戮，自取灭亡。鲍叔、宁戚、隰朋、召公、吕望等都是因为兼具"仁""知"二德而破除了贪欲之蔽，能够辅助贤者而名利福禄与贤者齐。所以荀子曾多次赞颂孔子的"仁知"之德，因为此二德兼备，才能从观念到行动真正做到明辨是非。不过这里荀子仍然从能否满足"合理"欲望的角度说明"蔽"之害和"不蔽"之利。这与其人"性恶"的基本主张是一致的。

（三）宾孟之蔽者

人君之蔽和人臣之蔽多发生于政治治理中的知人用人方面。而在学术领域，蔽塞会导致"内以自乱，外以惑人"之祸，其影响范围更为广大。荀子所谓"宾孟"也即诸子百家，其属于学术领域。从人物品评的角度来看，属于"以学论人""人学兼评"一类。《荀子·解蔽》云：

> 昔宾孟之蔽者，乱家是也。墨子蔽于用而不知文，宋子蔽于欲而不知得，慎子蔽于法而不知贤，申子蔽于埶而不知知，惠子蔽于辞而不知实，庄子蔽于天而不知人。故由用谓之道，尽利矣；由俗谓之道，尽嗛矣；由法谓之道，尽数矣；由埶谓之道，尽便矣；由辞谓之道，尽论矣；由天谓之道，尽因矣：此数具者，皆道之一隅也。夫道者，体常而尽变。一隅不足以举之。曲知之人，观

于道之一隅而未之能识也,故以为足而饰之,内以自乱,外以惑人,上以蔽下,下以蔽上,此蔽塞之祸也。

墨子从实用主义的角度出发,反对奢侈,提倡节俭,进而反对繁文缛节的"礼乐"仪式。荀子认为,这是墨子蔽于一曲之道,只看到了眼前实用的一面,而忽视了礼乐在维护社会秩序、移风易俗、教化人心方面的意义。宋钘只看到了人有清心寡欲的一面,但没有看到人的贪欲之心,所以才提出所谓的"人之情,欲寡"这样的谬论。《荀子·正论》曾经驳斥了当时社会上流行的十种观点,其中包括了宋钘的"见侮之不辱,使人不斗""见侮不辱""人之情,欲寡"等观点。荀子对此都进行了一一的辩驳,指出人性皆欲多而不欲少,所以先王才以利禄财物作为赏赐,而以剥夺和减损利禄财物作为惩罚。依宋钘之言,岂不是以人们不想要的做赏赐,而以人们想要的作惩罚吗?

> 古之人为之不然。以人之情为欲多而不欲寡,故赏以富厚而罚以杀损也,是百王之所同也。故上贤禄天下,次贤禄一国,下贤禄田邑,愿悫之民完衣食。今子宋子以是之情为欲寡而不欲多也,然则先王以人之所不欲者赏而以人之所欲者罚邪?乱莫大焉。今子宋子严然而好说,聚人徒,立师学,成文曲,然而说不免于以至治为至乱也,岂不过甚矣哉!(《荀子·正论》)

所以宋子之道显然是蔽于一曲之道,属于"杂学乱派"。商鞅、慎到和申不害都属于法家人物,主张用法、术、势治理国家,恢复社会秩序。荀子批判他们只看到法和权势的作用,而忽视了任用贤良和智慧之人的作用。所以在兼并战争白热化的战国时代,荀子仍然坚守在儒家的阵营里,虽然提倡礼法并用,王霸兼行,但反对完全依赖刑法,法和权势只是王道政治和礼治社会的辅助手段而已,而他的学生李斯和韩非则完全走上了法、术、势的极端主义道路。惠施的思想与邓析和公孙龙属于同一理路,皆属于先秦"名辩"之学,惠施、邓析、公孙龙等名辩者以名为名,名实隔离。惠施提出"坚白论""同异论""无厚,不可积也,其大千里""南方无穷而有穷""我知天下之中央,燕之北、越之南是也""天与地卑,山与泽平""日方中方睨,物方生方死"等等辩说命题,具有一定的辩证法思想。但这种辩说不免陷入相对主义的泥沼,且与当时最需要的经世致用之学相距甚远。荀子批评他是"不法先王,不是礼义,而好治怪说,玩琦辞。甚察而不惠,辩而无用,多事而寡功,不可以为治纲纪",(《荀子·非十二子》)谓其说为"邪说辟言"之"三惑"。故曰:"惠子蔽于辞而不知实。"而作为道家学派的庄子则追求顺应自然,反对人为,在人性论上主张全生养性,在治理国家方面提倡"无为而治",这在荀子看来是"蔽于天而不知人"的主体性力量。因为荀子以人的天然之性为恶,顺其自然就是放任性恶,人必须发挥自己的理性主宰心的主观能动性"治理人性",进而"治天下"。"无为"不可取,"天然"需要"人为"的改造。荀子认为以上各家之道皆拘于"一隅",真正的"道"能统摄一切事物的变化,而"一隅"之"道"并不能涵盖事物的全部,"不全不粹"不为美。那么是否有全面之"道"呢?荀子认为只有孔子之道当之:"孔子仁知且不蔽,故学乱术,足以为先王者也。一家得周道,举而用之,不蔽于成积也。故德与周公齐,名与三王并,此不蔽之福也。"(《荀子·解蔽》)

可以说,"蔽"是人类必须面对的自身缺陷,而"解蔽"是人类永恒的功课。"蔽"与"解蔽"的斗争正是荀子性恶与修身、天命与制天命的另一种表达。

三、伦类与职守

荀子一方面批驳诸子学说,是为"破";另一方面重申儒家学术思想,重构儒家建立在纲常伦理之上的君臣父子之道,完善儒家学术体系,确立其权威性,是为"立"。儒家学说要成为经世致用之学,必须正本清源,自我完善;而儒者要成为经世致用之才,也必须确立自己的学术格局,明确自己的修养境界,树立儒者典范,昭示儒者修身养性的行为规范。因为只有这样才能担当匡扶天下之责。荀子按照儒家的伦理秩序,为不同身份和职分的人设定了合乎自身伦类要求的行为规范,如儒道、君道、臣道、子道等等,并依据这些规范对历史人物进行新的评价和定位。

(一) 儒道

儒家学说在孔子之后分为八派,这样在儒家学术阵营内也是众说纷纭,莫衷一是。面对这种情况,荀子从自己对于儒学的理解出发"正本清源,辨析正误"。其在《荀子·非十二子》里除了批判儒家之思孟学派,还集中批判了"子张氏""子夏氏""子游氏"三派:

> 弟佗其冠,神禫其辞,禹行而舜趋,是子张氏之贱儒也。正其衣冠,齐其颜色,嗛然而终日不言,是子夏氏之贱儒也。偷儒惮事,无廉耻而耆饮食,必曰君子固不用力,是子游氏之贱儒也。彼君子则不然。佚而不惰,劳而不僈,宗原应变,曲得其宜,如是,然后圣人也。

被荀子批判的三类"贱儒":其一,模仿古圣人之形态,而无圣人之德行;其二,一副自视清高之貌却沉默不言;其三,怠惰又怕事,好吃懒做而无廉耻。此三类人以儒者自居,实为儒门之辱。那么荀子认为的儒者应该具有怎样的识见,养成怎样的品格,能于大事中有怎样的表现呢?儒者并非专精于具体事务者,亦非能遍能人之所能者。儒家君子以治国平天下为己任。儒者内外兼修,评价儒者的高低也是从内外两个方面来衡量。士、君子、圣人三个层次主要是从内在修养方面进行的划分。荀子说:"彼学者,行之,曰士也;敦慕焉,君子也;知之,圣人也。"(《荀子·儒效》)儒者首先是掌握修身之道和治国之方的知识者,学习并能践行其道的可以称作士人;"行而加勉则为君子",①"敦慕"者,行而不懈怠之义;对于道义能够融会贯通则谓之圣人。这三个层次根据程度和其他差异又可以有不同的表达:

> 行法至坚,不以私欲乱所闻,如是,则可谓劲士矣。行法至坚,好修正其所闻以桥饰其情性,其言多当矣而未谕也,其行多当矣而未安也,其知虑多当矣而未周密也,上则能大其所隆,下则能开道不己若者,如是,则可谓笃厚君子矣。修百王之法若辨

---

① [清]王先谦撰,沈啸寰、王星贤点校《荀子集解》,《诸子集成》本,中华书局,2006年版,第80页。

白黑,应当时之变若数一二,行礼要节而安之若生四枝,要时立功之巧若诏四时,平正和民之善,亿万之众而博若一人,如是,则可谓圣人矣。(《荀子·儒效》)

儒者要达到的最高的修养境界就是圣人之境。外在方面主要是就其儒者的社会身份而言,其实"儒"本身就是一个职业名类,是一种社会身份,其内涵就是"内圣外王"的人生设定,强调的是其对社会的责任和担当。荀子根据儒者在"外王"事功中的能力表现将其分为"俗儒""雅儒""大儒"三个不同的层次。

层次	才　　能	功　　用
俗儒	逢衣浅带,解果其冠,略法先王而足乱世术,缪学杂举,不知法后王而一制度,不知隆礼义而杀《诗》《书》;其衣冠行伪已同于世俗矣,然而不知恶者;其言议谈说已无以异于墨子矣,然而明不能别;呼先王以欺愚者而求衣食焉,得委积足以揜其口则扬扬如也;随其长子,事其便辟,举其上客。亿然若终身之虏而不敢有他志:是俗儒者也。	用俗儒则万乘之国存。
雅儒	法后王,一制度,隆礼义而杀《诗》《书》,其言行已有大法矣,然而明不能齐法教之所不及,闻见之所未至,则知不能类也,知之曰知之,不知曰不知,内不自以诬,外不自以欺,以是尊贤畏法而不敢怠傲:是雅儒者也。	用雅儒则千乘之国安。
大儒	法先王,统礼义,一制度,以浅持博,以古持今,以一持万,苟仁义之类也,虽在鸟兽之中,若别白黑,倚物怪变,所未尝闻也,所未尝见也,卒然起一方,则举统类而应之,无所儗㤊,张法而度之,则晻然若合符节:是大儒者也。	用大儒则百里之地久而后三年,天下为一,诸侯为臣,用万乘之国则举错而定,一朝而伯。

圣人内外修养都达到了极高的境界,成为圣人者堪当"大儒"之责。在这里圣人与"大儒"合题",成为两个内外合一、互融互见的名类。荀子为儒者树立了一个以"圣人"为内涵尺度的典

范——"大儒",其代表人物就是周公。周公摄政、诛兄、分封同姓诸侯、返政成王,都以安定天下为立身行事的准则,胸怀天下而不存私欲。周公的出处进退皆出于"安天下,爱万民"之"公心",因此其以枝代主并非僭越,以弟诛兄并非暴虐,君臣易位并非不顺,是审时度势之大义之举。周公之举是大儒的典范。大儒有何整体的特点?

> 彼大儒者,虽隐于穷闾漏屋,无置锥之地,而王公不能与之争名;在一大夫之位,则一君不能独畜,一国不能独容,成名况乎诸侯,莫不愿得以为臣;用百里之地而千里之国莫能与之争胜,笞棰暴国,齐一天下,而莫能倾也。是大儒之征也。其言有类,其行有礼,其举事无悔,其持险应变曲当,与时迁徙,与世偃仰,千举万变,其道一也。是大儒之稽也。其穷也,俗儒笑之;其通也,英杰化之,嵬琐逃之,邪说畏之,众人魄之。通则一天下,穷则独立贵名,天不能死,地不能埋,桀、跖之世不能污,非大儒莫之能立,仲尼、子弓是也。(《荀子·儒效》)

大儒的影响和能力可以存亡继绝,"齐一天下"。穷达不堕其志,出处不失其度,举事应变"与时迁徙,与世偃仰",其操守德行始终如一。儒者的理想状态是内外兼善,在内养成极高的人格修养和德道境界,能够"无爵而贵,无禄而富,不言而信,不怒而威,穷处而荣,独居而乐","隐而显,微而明,辞让而胜";在外通晓治道,运筹帷幄,能够"谪德而定次,量能而授官,使贤不肖皆得其位,能不能皆得其官,万物得其宜,事变得其应"。这也是荀子所称颂的"德操"之状态。"德操然后能定,能定然后能应",其言行举止能够"恰到好处""恰如其分",或曰"适度","适度"即"中","中"即礼仪,即先王之法,是来自先王的政治实践。荀子说:"先王之道,仁之隆也,比中而行之。曷谓中?曰:礼义是也。"(《荀子·儒效》)大儒能"法先王",隆礼仪,心存社稷,胸怀天下,"在本朝则美政,在下位则美俗",不以穷达出处而改其度。儒者就是以治国平天下为己任的文化精英,其治理之道的核心就是"比中而行"。

"中道"是仁道之至隆者,是礼仪大统。荀子提倡的"中道"也是儒家以礼义裁断大事的中庸之道,中庸之道是儒家孜孜以求的合目的性和合规律性相统一的取舍之道。"中道"的裁定依据在孔子主要是"礼",在孟子主要是"义",在荀子则是"礼""义"兼施。中庸之道是一种权衡和裁定的功夫,是儒家伦理选择的理想标准。如何做到恰到好处的选择,靠的就是修养功夫。孔子的"仁"开出内圣之路,这是发挥人的主体精神来获得主宰自身和世界的能力,但同时借助于"礼"来协助人们获取和提升这一能力。孟子沿着这一思路,继续扩大人的"内圣"主体性,以"性善论"为"仁"的养成的内在依据,因而以"义"逐渐代替"礼",给人自身更多的伦理选择主动权;以"义裁"代替"礼裁",发挥人本身的主观能动性。而在争夺和战乱频仍的战国中后期,荀子更多地看到了人在求善、"内圣"过程中的不可靠。在特殊的环境中,他看到更多的是人的私欲和恶行,所以得出"性恶论"的观点。否定"性善论"同时也是消解"内圣"的道德先验性和主观能动性。荀子的主体性主要体现在理性"认知"和"外王"的主观能动性上,是一种基于"欲望满足"的合理化的"意志主体性",而不是"道德主体性"。荀子接受了战国时代需要"义裁"的普遍事实,只不过荀子的"义"主要是基于群体社会发展需要的外在合理性和合规律性。荀子同时强调"礼",也是借助"礼"这一外在的约束机制来帮助人们趋近"中道"这一伦理选择的最佳状态。退而求其次,就要依据"法"了。所以荀子的"义"趋同于"理",趋向于"法"。这一隐含的思路最后被韩非和李斯发扬展开。

(二) 君道

对于以治国平天下为己任的儒者而言,荀子为其确立的最高典范是"大儒"。在君道方面,荀子首倡王道政治。王者之政的核心原则是举贤罢不能,惩恶扬善,公平中和,分均不偏。人君之大节有三:平政爱民以求安,隆礼敬士以求荣,尚贤使能以求功名。此三节处理得当,则其余自然得当;此三节处理不当,其余即使能够勉强得当,也于事无补。按照对这三节处理的得当与否,可以将人君分为"上君""中君""不可观"三个层次:

孔子曰:"大节是也,小节是也,上君也。大节是也,小节一

出焉,一入焉,中君也。大节非也,小节虽是也,吾无观其余矣。"(《荀子·王制》)

意思是这三大节处理得当,其余小节也能处理得当则为"上君";这三节处理得当,而小节处理不当的仍不失为"中君",因为瑕不掩瑜;倘若失了大节,即使小节都正确无误也只是本末倒置,君道不存。可见此三节为王者治国的根本举措。

荀子一方面对王道政治进行明确的规定,并极力颂扬之;另一方面又对人君的治理之道进行分层次论述,指出其利弊得失。君王的治理之道按照从高到低可以分为王者、霸者、强者,再其下者就是国政艰难的存亡之君了。

君道	做法	性质	结果	应当持守之道
王者	夺之人	臣诸侯	王	仁眇天下,义眇天下,威眇天下。
霸者	夺之与	友诸侯	霸	辟田野,实仓廪,便备用,案谨募选阅材伎之士,然后渐庆赏以先之,严刑罚以纠之。存亡继绝,卫弱禁暴,而无兼并之心。
强者	夺之地	敌诸侯	危	全其力,凝其德。

这是政治治理的三个逐级提升的层次。王道政治是最高理想,"王者"以仁为本,以义立国,以威服天下。仁德使天下人亲附,道义赢得天下人尊重,威严使其难于为敌。故仁义之君不怒自威,不战而胜。可见王道政治的核心理念是"道义",国家治理能否持守"道义"决定了君王事功的大小和成败。荀子以"信义"为衡量标准,将历史上有名的君王分为"义立而王者""信立而霸者""求利而亡者"三个层次类型:

以国齐义,一日而白,汤、武是也。汤以亳,武王以鄗,皆百里之地也,天下为一,诸侯为臣,通达之属莫不从服,无它故焉,以义济矣。是所谓义立而王也。德虽未至也,义虽未济也,然而天下之理略奏矣,刑赏已、诺,信乎天下矣,臣下晓然皆知其可要也。政令已陈,虽睹利败,不欺其民;约结已定,虽睹利败,不欺其与。如是,则兵劲城固,敌国畏之,国一綦明,与国信之,虽在僻陋之国,威动天下,五伯是也。非本政教也,非致隆高也,非綦文理也,非服人之心也,乡方略,审劳佚,谨畜积,修战备,齺然上下相信,而天下莫之敢当。故齐桓、晋文、楚庄、吴阖闾、越句践,是皆僻陋之国也,威动天下,强殆中国,无它故焉,略信也。是所谓信立而霸也。挈国以呼功利,不务张其义,齐其信,唯利之求,内则不惮诈其民而求小利焉,外则不惮诈其与而求大利焉,内不修正其所以有,然常欲人之有,如是,则臣下百姓莫不以诈心待其上矣。上诈其下,下诈其上,则是上下析也,如是,则敌国轻之,与国疑之,权谋日行而国不免危削,綦之而亡,齐闵、薛公是也。(《荀子·王霸》)

汤武就是以道义得天下的"王者";齐桓公、晋文公、楚庄王、吴王阖闾、越王勾践等五霸属于以信义取天下的"霸者",其与"王者"的差距就是不能以道义凝聚人心,但尚能做到政令清明,赏罚分明,"不欺其民",信立于国,上下一致;而齐闵公、薛公属于不修道义,唯利是图的亡国之君。唯利是图则上下相诈,权谋日行,君民离心离德,"国不免危削,綦之而亡"。求利之国为什么自取灭亡?因为聚敛求利"富筐箧,实府库。筐箧已富,府库已实,而百姓贫,夫是之谓上溢而下漏,入不可以守,出不可以战,则倾覆灭亡可立而待也"。(《荀子·王制》)

可见君王在义利间的取舍使其高下立判。王者之事在于安定天下,治理人民。为君之道本质上是一种"群"的艺术。荀子说:"君者何也?曰:能群也。"(《荀子·君道》)君王治理天下就是团结民众、凝聚人心的一项大工程,所以"能群"则为君王,反之则为匹夫。君王要实现"群"的政治理想就要从正确的识人、用人开始。君王要举贤授能,让其成为辅佐自己治国理政的肱股之臣,切不可"安值将卑埶出劳,并耳目之乐,而亲自贯日而治详,一内而曲辨之,虑与臣下争小察而綦偏能"。(《荀子·君道》)王者治大不治小,不可越俎代庖,与臣下争小察。君王对臣下"审之礼也","以礼分施,均遍而不偏"(《荀子·君道》),君臣各司其职,方能使国家群居合一,上下一心。所以荀子又从君王"官人"以职的角度提出了观人用人的依据,或谓"材人"的标准:

> 愿悫拘录,计数纤啬而无敢遗丧,是官人使吏之材也。修饬端正,尊法敬分而无倾侧之心,守职循业,不敢损益,可传世也,而不可使侵夺,是士大夫官师之材也。知隆礼义之为尊君也,知好士之为美名也,知爱民之为安国也,知有常法之为一俗也,知尚贤使能之为长功也,知务本禁末之为多材也,知无与下争小利之为便于事也,知明制度、权物称用之为不泥也,是卿相辅佐之材也,未及君道也。能论官此三材者而无失其次,是谓人主之道也。(《荀子·君道》)

对以上"三材"的正确识察和合理任用是人主之官人、用人的关键。综上所述,荀子的王道政治主要在"道义"二字,其核心做法是平政爱民,尚贤使能,分均不偏。孟子的"王道"强调"仁政","保民而王",主要立足点在于"仁民",强化王者的仁爱之心的普施,通过德化和感召达到天下大治;荀子的王道突出"义立"而王,重在合理性和规范性的确立。自上而下建立"王道"规范,自然能以理服人,威胁天下。与孟子的仁爱"王道"不同,荀子的"王道"政治和圣王情怀少了一些道德情感的投射,而多了一些理性规范的照临。

(三) 臣道

对于为臣之道,荀子仍然用名类结合的方式对其分类定等,从不同的角度对其分等级,定层次。如按能否为国为君举荐贤才分为"下臣""中臣""上臣":

> 下臣事君以货,中臣事君以身,上臣事君以人。(《荀子·大略》)

最下等的人臣以财货取悦君王;中等的臣子身体力行,尽己之能辅佐君王，但如若不能为君王进贤才，则有蔽贤之嫌；上等之臣为君王举荐贤者，不求专宠。荀子又按各自的为政特点和不足来评价历史名臣：

> 子谓子家驹续然大夫，不如晏子；晏子，功用之臣也，不如子产；子产，惠人也，不如管仲。管仲之为人，力功不力义，力知不力仁，野人也，不可以为天子大夫。(《荀子·大略》)

子家驹是增益君主明察的大夫，但不能兴功用，故比不上晏子；晏子有功用，但比不上子产有恩惠于人民；子产为政，广施恩惠于民，但比不上管仲有才略；管仲尚功力而不致力于道义，致力于智谋而不致力于仁爱，不修仁义，故不可以成为天子的大夫。这些历史名臣在治国理政中皆有突出之处，但其缺点和不足也限制了他们的政治功绩。

从其政治态度和政治贡献来看，又可分为"态臣""篡臣""功臣""圣臣"四个层次类型：

> 内不足使一民，外不足使距难，百姓不亲，诸侯不信，然而巧敏佞说，善取宠乎上，是态臣者也。上不忠乎君，下善取誉乎民，不恤公道通义，朋党比周，以环主图私为务，是篡臣者也。内足使以一民，外足使以距难，民亲之，士信之，上忠乎君，下爱百姓而不倦，是功臣者也。上则能尊君，下则能爱民，政令教化，刑下如影，应卒遇变，齐给如响，推类接誉，以待无方，曲成制象，是圣臣者也。(《荀子·臣道》)

君道与臣道相辅相成。君道明，则圣臣、功臣兴其功；君道暗，则态臣、篡臣乱其国。不同等次的君王会聚拢不同类型的臣子，不同的臣子也可影响和造就不同胸襟的君王。王霸之君尚贤使能，圣臣、功臣立于朝；危亡之君妒贤畏能，篡臣、态臣萦绕左右。当然，不同的政治环境和用人之道必然造成不同的结果：态臣用则必亡，篡臣用则必危，功臣用则必荣，圣臣用则必尊。荀子先为臣者这一职分划定不同的层次和等级，然后又对号入座，对历史上的臣属按照这些层次类型进行分类评价：

> 故齐之苏秦,楚之州侯,秦之张仪,可谓态臣者也。韩之张去疾,赵之奉阳,齐之孟尝,可谓篡臣也。齐之管仲,晋之咎犯,楚之孙叔敖,可谓功臣矣。殷之伊尹,周之太公,可谓圣臣矣。(《荀子·臣道》)

这样既划定了明确的臣道层次,树立了臣道等级链,又从理性到感性,从抽象到具体,以史为鉴,让人们对臣道等次及其吉凶贤不肖有明确的认识,从而做出正确的选择。这里体现了荀子一贯的做法:分类定等、定义是非、明确褒贬,然后引导人们做出正确的臣道选择。

荀子在给臣属划分等级层次的同时,也为其行为性质和行事风格"制名定性",构建了臣属行为的"名类体系",形成了丰富完备的"褒贬名号库":

> 蔽公者谓之昧,隐良者谓之妒,奉妒昧者谓之交谲。交谲之人,妒昧之臣,国之秽孽也。
> 口能言之,身能行之,国宝也。口不能言,身能行之,国器也。口能言之,身不能行,国用也。口言善,身行恶,国妖也。治国者敬其宝,爱其器,任其用,除其妖。(《荀子·大略》)
> 从命而利君谓之顺,从命而不利君谓之谄;逆命而利君谓之忠,逆命而不利君谓之篡;不恤君之荣辱,不恤国之臧否,偷合苟容,以持禄养交而已耳,谓之国贼。君有过谋过事,将危国家、陨社稷之惧也,大臣父兄有能进言于君,用则可,不用则去,谓之谏;有能进言于君,用则可,不用则死,谓之争;有能比知同力,率群臣百吏而相与强君挢君,君虽不安,不能不听,遂以解国之大患,除国之大害,成于尊君安国,谓之辅;有能抗君之命,窃君之重,反君之事,以安国之危,除君之辱,功伐足以成国之大利,谓之拂。(《荀子·臣道》)

这些名号词语承载着约定俗成的文化信息,褒贬之义甚明,令人戒惧和警醒。为了让人们进一步明确其是非优劣,荀子进一步将这些名类分成正面肯定和反面否定的两大类,倡导正确的臣道规范,极力颂扬"谏争辅拂"等臣道风骨,给为政之臣以明确的政治方向:

> 故谏、争、辅、拂之人,社稷之臣也,国君之宝也,明君之所尊厚也。(《荀子·臣道》)

同样,在对臣属行为风格进行制名指实和褒贬定性之后,荀子同样以其制定的名类体系评价历史人物:

> 伊尹、箕子,可谓谏矣;比干、子胥,可谓争矣;平原君之于赵,可谓辅矣;信陵君之于魏,可谓拂矣。(《荀子·臣道》)

荀子充分发挥了先秦传统的来自礼乐文明的"名号"制度的威慑力,制名指实,在内涵和外延都给予臣道名号以确定的意义,从而达到惩恶扬善、规训约束的目的。明君贤臣向来是儒家理想中的君臣关系,但这种理想关系并不容易获得。针对不同类型的君主,如何恪守正确的臣道是为臣者面临的难题。对此,荀子的分类定等思想又发挥了作用。当臣属无法选择君主时,可以依据不同层级的君主类型选择不同的事君方式:

> 事圣君者,有听从,无谏争;事中君者,有谏争,无谄谀;事暴君者,有补削,无挢拂。
>
> ……
>
> 恭敬而逊,听从而敏,不敢有以私决择也,不敢有以私取与也,以顺上为志,是事圣君之义也。忠信而不谀,谏争而不谄,挢然刚折,端志而无倾侧之心,是案曰是,非案曰非,是事中君之义也。调而不流,柔而不屈,宽容而不乱,晓然以至道而无不调和也,而能化易,时关内之,是事暴君之义也。(《荀子·臣道》)

对于谏诤之臣来说,最难事的是暴君。他们恰逢乱世,不遇明君,无法彻底改变暴君,但可以尽己所能抑制其暴行。就像驾驭未曾调习之马,不可强牵;就像教养不晓事理的婴儿,只能顺适其性,不可惊惧之;就像帮助至饥之人,不可使其速饱。对于暴虐之君也需要以善道节量与之,顺从其意,与之推移,逆遏其邪,使之在不知不觉中迁善抑恶。事暴君之臣道可"微谏""曲得",不可"直谏""直取"。或"因其惧也而改其过,因其忧也而辨其故,因其喜也而入其道,因其怒也而除其怨";或"崇其美,扬其善,违其恶,隐其败,言其所长,不称其所短"。通过委婉的方式,春风化雨,防微杜渐,潜移默化地引导和纠正。然而冥顽不化的暴君危害国家民族利益,罔顾生灵涂炭之时,情势的发展必然导致非常态的政治选择,臣道已经非常道可行,荀子将这种极端危机状态下的非常之道概括为"通忠之顺,权险之平,祸乱之从声"三种:

> 通忠之顺,权险之平,祸乱之从声,三者,非明主莫之能知也。争然后善,戾然后功,出死无私,致忠而公,夫是之谓通忠之顺,信陵君似之矣。夺然后义,杀然后仁,上下易位然后贞,功参天地,泽被生民,夫是之谓权险之平,汤、武是也。过而通情,和而无经,不恤是非,不论曲直,偷合苟容,迷乱狂生,夫是之谓祸乱之从声,飞廉、恶来是也。(《荀子·臣道》)

荀子肯定了在国家危亡之际,信陵君出于"至忠至公"而以身犯险,违反君令而救亡图存的"通忠之顺";也肯定了汤武救民于水火而诛杀桀纣的"权险之平";批判了"不恤是非,不论曲直,偷合苟容",无原则迎合暴君,助纣为虐的"祸乱之从声"之辈。这里就关涉到了臣道的伦类精神问题,也是其职业道统问题。臣道的伦类精神是"忠",但"忠"这种伦类精神只有与"德"结合起来才能达到臣道的最高境界,臣道的最高境界不是愚忠于"一夫",而是仁爱无私,以天下为己任,以德行忠。在对待残暴之君的问题上,荀子和孟子的观点是一致的,孟子说:"贼仁者谓之贼,贼义者谓之残,残贼之人谓之一夫,闻诛一夫纣矣,未闻弑君也。"(《孟子·梁惠王下》)当为君者不仁不义至"残贼之人"时,已是天下公敌,成为失掉民心的"独夫",此时行"权险之平",救民于水火,方显臣道大义,否则就成了暴君为祸天下的帮凶("祸乱之从声")。因此,"忠"会因臣属的德行境界不同而层次不同:

> 有大忠者,有次忠者,有下忠者,有国贼者:以德复君而化之,大忠也;以德调君而补之,次忠也;以是谏非而怒之,下忠也;不恤君之荣辱,不恤国之臧否,偷合苟容,以之持禄养交而已耳,国贼也。若周公之于成王也,可谓大忠矣;若管仲之于桓公,可谓次忠矣;若子胥之于夫差,可谓下忠矣;若曹触龙之于纣者,可谓国贼矣。(《荀子·臣道》)

臣之德甚大甚美,足以感召和化成君王,则是"大忠";臣德大公无私,能以德匡正和辅佐君王,可谓"次忠";臣德刚正不阿,直言死谏而不知迂回,进而激怒君王,使君有害贤之名,则为"下忠"。而无德无能的"偷合苟容"之徒只是"持禄养交"的国贼而已。臣道失去了德的加持,"则虽有敏疾之美,自伤败之;虽有功业,自堕坏之;虽有勤苦,自灭没之。所以然者,才不胜德,功不补过,有而不能自保其有也"。①

(四) 子道

为子之道在于"孝","孝"的特点在于顺,而荀子对于"孝"也划分出了不同的层次:"入孝出弟,人之小行也;上顺下笃,人之中行也;从道不从君,从义不从父,人之大行也。"(《荀子·子道》)就像他反对"愚忠"一样,他也反对"愚孝",为"孝"划出层次,划出边界。最高的"孝"道不是无原则的顺从,而是"从道不从君,从义不从父"。"从"与"不从"需要以道义作为参照:

> 孝子所以不从命有三:从命则亲危,不从命则亲安,孝子不从命乃衷;从命则亲辱,不从命则亲荣,孝子不从命乃义;从命则禽兽,不从命则修饰,孝子不从命乃敬。故可以从而不从,是不子也;未可以从而从,是不衷也。明于从不从之义,而能致恭敬、

---

① [清]王先谦撰,沈啸寰、王星贤点校《荀子集解》,中华书局,1988年版,第254页。

忠信、端悫以慎行之,则可谓大孝矣。(《荀子·子道》)

真正的孝子不是盲目地顺从父母,父母之命有错失,从之则使其陷于危险之境,故不从命乃是真正的"孝";从命招来羞辱,则不从命为父母赢得道义;从命使其失掉礼仪,则不从命为父母赢得尊敬。所以必须明于"从不从之义",然后做到"恭敬、忠信、端悫"方可为"大孝"。因此荀子论孝道重点强调了"不从"之"大孝"。这是"和而不同"思想在"子道"中的体现,也是荀子"性恶""解蔽"思想在"孝道"上的体现。人在认识上的偏知偏信使人容易判断失误,虽尊为君父也在所难免。"性恶"使人必须依据外在的礼仪(道义)对人的行为加以规范和约束,所以臣、子需要成为君、父的监督者和协助者。君父需要诤臣、诤子,个人也需要诤友:

孔子曰:"……昔万乘之国有争臣四人,则封疆不削;千乘之国有争臣三人,则社稷不危;百乘之家有争臣二人,则宗庙不毁。父有争子,不行无礼;士有争友,不为不义。……"(《荀子·子道》)

所以荀子纠正了普通观念中的"子从父、臣从君"的思想,而突出了"从不从之义"和"审其所以从之"的重要性,这是对儒家思想的进一步发展。

总之,荀子在原有的伦理规范的基础上,完善和扩展了儒家的君臣父子之道。荀子按照儒家的伦理秩序,为不同身份和职分的人设定了合乎自身伦类要求的行为规范,这些行为规范可称之为"儒道""君道""臣道""子道"等等,并在各种伦类规范内部划分等次,分出优劣高下,给不同身份和职分的人指明从低到高逐级提升的阶梯和路径,使人的各种行为都有可资镜鉴的参照系。在各类职分伦类中,皆有核心的精神准则:在儒者为"中道""公心",在君王为"道义",在臣为"忠",在子为"孝"。然而在持守这些核心精神准则之时,又有特殊情境下的裁断和权衡,不可僵化凝滞,方能把握其精髓。

总而言之,《荀子》一书所涉人物品评现象比较丰富而复杂,除了具有战国诸子"以学论人""人学兼评"的共同特征之外,其评人论事主要体现为一种独特的"类型品评"模式。即其评价的对象重点不在具体的个人,而在于各种人格类型和伦理类型,我们可以简称之为"伦类"。荀子评判各种伦类人格重点在建立规范,指出社会群体中各种伦类身份之人的行为举止及其高下优劣,让人扬长避短、弃恶扬善,从而建立"群居和一"的社会秩序。这些行为规范中,一部分是儒家原有的礼仪规范,一部分是荀子完善和扩展的伦理道德规则。在建立这些伦理规范时,荀子发扬了先秦"名学"的语言规约功能,继承了"礼"的等差观念,将"名"与"礼"的两大学术路径结合,既正名辨实,又制名责实,同时又将各种"名实"分类定等,进行褒贬和对比,形成庞大的褒贬人事的"名类"体系。这一名类体系又是专为人伦而设,故可称之为"伦类"。所以荀子的类型品评实质上也是关于伦理道德规范的伦类品评。这一思路不仅表现在荀子的语言构词中,也表现在荀子的整个学术体系的构建中,成为其分析问题、论证观点的逻辑理路。荀子构建了庞大的伦类名目,其目的正在于规诫。规诫是为了教化人们遵守社会秩序,即通过"正伦常"来维护社会整体"群"的和谐状态。这是荀子孜孜以求的"大事"。以此为最高目标,荀子的学术理路可以梳理为"修身——辨知(辨实)——成事",或谓"正身——正知(正名)——正伦常"。首先,基于人"性恶"的判断,修身为成事之基。修身就得认识人自身,于是荀子在分析人的材性气质和各种行为品性的过程中,列举了各种材性气质名类,指陈其利弊,进而提出各种修养之境界和需要养成的人格品质,形成了士、君子、圣人等修养境界名类和诚、勇、辩等人格品质名类,此为"修身名类"体系。其次,践行修养、提升境界必须建立在正确认识事物的基础之上,境界需要以眼界为基础,所以修身需要治心,需要"解蔽",让心保持"虚壹而静"的状态。这样才能制名、正名,并且接受名的规约。于是围绕认知和认知之蔽的讨论形成了"人君之蔽者""人臣之蔽者""宾孟之蔽者"等"蔽者名类"体系,在这一体系之下,各种历史人物被重新定位和评鉴。此为"(辨)知名类"体系。最后,回到荀子学术的旨归——"正纲纪",明确君臣父子等不同的伦常规范和职守,分别对"儒道""君道""臣道""子道"等人伦内涵进行界定和阐发,规劝人们各司其职,各守本分,达到天下太平,社会"群居和一"的和谐状态,是为"成事名类"体系。

与魏晋时期对人物的品鉴和鉴赏不同,先秦时期的人物品评是规劝的、裁定的、榜样的、示范的。魏晋人物品评属于美学判断或兴趣判断,先秦人物品评属于道德的规诫和伦理的示范。荀子的伦类品评集中体现了这一点。

余论：先秦人物品评对两汉魏晋人物品评的影响

作为一种贯穿于中国传统社会的文化基因，在先秦时期形成的人物品评原则、模式、机制等等成为一种文化惯性，对后世人物品评产生了深远影响。

产生于中国文化源发期的人物品评一开始就自觉承担了主流价值观引领和意识形态导向的角色。先秦人物品评与社会意识形态和文化风潮的这一联动机制成为后世人物品评的基本传统。作为人物品评主要载体的先秦史传文学的人物品评模式在两汉魏晋的史传文学中延续并有新的发展。战国文体"品汇相从"和"品鉴性叙事"的文本形态在《说苑》《新序》《烈女传》《韩诗外传》等文本中继续发展，并最终促成了人物品评的经典文本《世说新语》的产生。在先秦人物品评理论著作《大戴礼记·文王官人》《逸周书·官人解》形成的人物品评理论的基础上，两汉魏晋的人物品评理论越来越丰富，并产生了如刘劭的《人物志》这样的人物品评方法论专著。人物品评的主题逐渐从"儒家伦理"转向"风度材性"，这种主题转换在《论语》《法言》《世说新语》三部著作中草蛇灰线，前后相接。先秦谥法与铜器铭文中颂扬祖德的文字作为特殊的人物品评形式，在魏晋时期经过流变与整合，转换为大众化的、普世化的墓志铭。谥法对人一生的盖棺论定和铜器铭文对祖先功德的颂扬在后世的民间墓志铭中变为对逝者生平行状和主要事迹的总结。

一、先秦人物品评与社会风潮的"联动"机制和"互见"模式成为后世人物品评的传统

先秦时期形成的人物品评与社会文化思潮、政治意识形态、人

才的选拔和任用、社会群体认同、政统与道统的联动机制和互见模式一同成为后世人物品评的内在传统。这种人物品评机制在春秋战国时期基本成熟,经过两汉的持续发展,在魏晋时期形成了另一个高峰。

春秋和魏晋,这两个时代的人物品评其实代表了中国文化性格的两个方面:一个方面是向集体的国家主流意识形态和理性价值观方向趋同,另一个方面是向个体疏离于主流意识形态的超越方向倾斜。其背后的价值依据其实就是儒家的入世思想和道家的精神超越。徐复观认为,人物品评"开始是以儒学为鉴识的根据,以政治上的实用为其所要达到的目标;以分解的方法,构成他们的判断。而其关键之点,则在于通过可见之形,可见之才,以发现内在而不可见之性,即是要发现人之所以为人之本质。要从一个人的根源——本质之地,判断出一生行为的善恶。及正始名士出而学风大变;竹林名士出而政治实用的意味转薄;中朝名士出而生命情调之欣赏特隆;于是人伦鉴识,在无形中由政治的实用性,完成了向艺术的欣赏性的转换。自此以后,玄学,尤其是庄学,成为鉴识的根柢;……在前一阶段的人伦鉴识,实近于康德之所谓认识判断;而竹林名士以后,则纯趋于康德之所谓趣味判断。"①就是说魏晋之前的人物品鉴侧重于道德品评和实用目的,具有"立身立道"和"立身立学"的功利性,而魏晋六朝的人物品鉴侧重于材性和审美鉴赏。

春秋时期,基于"化亲亲为尊尊"的礼乐文明内涵,人物品评的基本准则是政治规范和人伦法则,是从周初礼乐文化的传统中分离出来的各种"礼目"和"德目"。人物品评的根本目的是促成有利于集体的、族群的主流意识形态和人才素养。人物品评表现为明显的政治实用性。在爵位世袭的春秋时期之前,品评人物是为了按照礼乐文化规范培养贵族阶层的社会治理人才。春秋时期,人物品评空前活跃,是因为社会礼崩乐坏,养尊处优的贵族阶层已经无法满足社会巨变时期对人才的特殊需求。人才凋零,无以为继。随着争霸战争的加剧,各诸侯国的君主们为维护其统治,开始不拘一格地选拔人才,

---

① 徐复观《中国艺术精神》,华东师范大学出版社,2001年版,第91页。

如齐桓公任用管仲为相、任用商贩宁戚为卿，秦穆公任用陪嫁奴隶百里奚等等，贵族的世袭地位被打破。作为贵族阶层的精英分子——贵族君子言传身教，惺惺相惜，通过人物品评和互相嘉尚的方式试图阻止贵族地位和贵族精神的凋零。战国时期，私学兴起，士阶层出现，各派围绕"社会秩序的重建"问题争鸣论辩，建立各自的学术思想，人物品评与学术评论相结合，不同的品评主体推崇和依据的"道"不同，其对相同人物的评价也各不相同，品评主体之间为了弘扬己道、驳倒对方，互相攻讦，体现为典型的"以学论人"和"人学兼评"。各大学派培养之人才被各国君主或统治集团中的要人以养士的方式储备起来，以便随时授以政治任务。

先秦时期形成的这种政治需求和人才选拔需求与人物品评之间的关联机制一直延续到两汉魏晋时期。汉代的人才选拔途径包括太学、察举、征辟三种。太学主要是通过置五经博士以教授博士弟子，通过学习经学培养人才。察举是由公卿及郡国守相根据考察，以向朝廷推荐品德高尚、才能出众的平民或下级官吏，所谓"察"就是察孝廉，"举"就是举秀才。孝廉偏重德行，秀才偏重文才。察举的名目还有"贤良方正""贤良文学""孝悌力田""直言极谏"等。西汉以举秀才为主，秀才又叫"贤良文学"；东汉以举孝廉为盛。除察举之外，对某些有名望的士人，还可以由皇帝或官府直接征聘，授予官职，谓之征辟。其中由皇帝直接聘请者称为"征"，由官府聘请者为"辟"。两汉魏晋时期实行察举制选拔人才，是这一时代人物品评现象繁荣的主要原因之一。魏晋南北朝时期，虽然由地方察举孝廉、秀才的做法未废，但主要的选官制度却是九品中正制，又叫九品官人法。所谓"九品"，是将察举的对象分为九等，即上上、上中、上下、中上、中中、中下、下上、下中、下下九等，由政府按等录用；所谓"中正"，是指各州郡所设的品评人物高低的官员初为各郡长官推举，后来多由朝官中有声望的人担任。九品中正制最初实行时，基本贯彻了曹操"唯才是举"的方针，品评人物也比较客观，基本能按评定的实际情况任用人才。但到了曹魏后期，特别是晋代，各级中正官多由豪门大族任命或直接担任，人物品评全被豪门贵族所操纵，其品评的标准也以门第出身为唯一的条件，个人的才德表现并不被考虑。于是九品中正制便成为巩固门阀特权的工具,人才选拔和人才识鉴之间的这种关联机制走向了僵化,最终以科举制与人才选拔的联姻代替了人物品评与人才选拔的互动。

而当政治实用性的人物品评逐渐被世家大族垄断之后,政治领域内的人物品评被社会文化精英唾弃,他们转而另辟蹊径,品评人物由政治实用转向对生命情调之激赏和对艺术审美、玄理奥妙之探寻。人物品评的使用场域也逐渐从政治领域转到艺术领域。

从人物品评依据的基准来看,魏晋之前的人物品评基本上以"德行"为品评准则,魏晋时期以"材性"为人物品评准则。春秋和魏晋,相似的社会背景,不同的文化方向,一立一破,相得益彰。两个时期反映了中国文化性格的两个方面:一个方面是对个人进行规范和约束的理性精神,另一个方面是追求个体自由的洒脱和个性的张扬。但不管是先秦还是魏晋,社会文化风潮总是通过人物品评的方式表现出来。

二、先秦史传文学的人物品评模式在汉晋的传承和创新

从先秦开始,人物品评就已经与历史书写结缘。最早发现人物品评与史传文学之关系的人是扬雄,他在《法言·重黎》中提出《左传》具有"品藻"之特性,可谓眼光独到。作为先秦人物品评内容最丰富的著作,《左传》中的"君子曰""孔子曰""时人曰"被司马迁和班固继承和发展,直接演变为《史记》《汉书》中的"太史公曰"和"赞曰"等"论赞"体例,而且这一"论赞"体例一直影响到后世史书的书写,甚至进入了受史传文学影响的民间志怪小说、传奇小说中。如:

《谢小娥传》:"知善不录,非《春秋》之义也,故作传以旌美之。"

《李娃传》:"节行瑰奇,有足称者,故监察御史白行简为传述。"

《三梦记》:"行简曰:《春秋》及子史,言梦者多,然未有载此三梦者也。世人之梦亦众矣,亦未有此三梦。岂偶然也?抑亦

必前定也？予不能知。今备记其事,以存录焉。"

《南柯太守传》:"事皆摭实,辄编录成传,以资好事。"

《离魂记》:"玄祐少常闻此说,而多异同,或谓其虚。……遇莱芜县令张仲规,因备述其本末。镒则仲规堂叔祖,而说极备悉,故记之。"

尽管这些论赞体是评人论事相结合,同时也是为了证明其"真实性"或者教化价值,但其受史传文学"论赞"传统的影响是显而易见的。清代蒲松龄的《聊斋志异》也是直接借用这种史传论赞体,称为"异史氏曰",并以此论赞体文字评价小说人物和故事。

除了继承,两汉史传文学中的人物品评又出现了一些新形式。如《史记》"序目"、《汉书·古今人表》等都是在先秦人物品评的基础上产生的人物品评新形式,具有独特的人物品评特点。尤其是《汉书·古今人表》直接用"分层定等"的方式将历史人物分为"圣人""仁人""智人""愚人"四个层次和"上上""上中""上下""中上""中中""中下""下上""下中""下下"九个等级,其中只有"上上"等级的属于"圣人"层次,包括太昊帝、伏羲氏、炎帝神农氏、黄帝轩辕氏、少昊帝金天氏、颛顼帝高阳氏、帝喾高辛氏以及尧、舜、禹、商汤、周文王、周武王、周公旦等上古圣贤君王和圣人;"上中"等级的属于"仁人"层;从"上下"到"下中"六个等级的历史人物都属于"智人"层;最后"下下"等的属于"愚人"层。其实这种分层定等的思想在先秦诸子著作中即已出现,尤其是《荀子》。荀子分层定等的人物品评模式和伦类品评是《汉书·古今人表》分层定等品评人物的上源。这种分层定等的人物品评方式对魏晋六朝以"九品中正制"品评和选拔人才的制度产生了直接影响,同时对《世说新语》人物品评的门类和品目的确定产生了影响。只不过《汉书·古今人表》主要是按"德行"的高低将人物分层分等,《世说新语》则是按某一方面"材性"的突出将人物归入不同的类别,如"言语""方正""豪爽""容止""巧术""简傲""汰侈""忿狷"等。南北朝时期,这种人物品评风潮进一步向艺术品评转移,而受人物品评影响的文学品评(批评)论著《诗品》就采用分层定等的品评方法,全书共品评了两汉至梁代的诗人一百二十二人,计上品十一人,中品三十九人,下品七十二人。其《序》明确提出,钟嵘是仿汉代"九品论人,七略裁士"的体制写成这部品评诗人的著作的。

三、战国文体"品汇相从"和"品鉴性叙事"的文本形态持续发展

受《战国策》《韩非子》《庄子》《荀子》《礼记·檀弓》等战国文体的影响,"品汇相从"的材料组织形式和"品鉴性叙事"的文本形态在两汉持续发展,并最终促成了人物品评的经典文本《世说新语》的产生。"刘向三书"(《说苑》《新序》《列女传》)具有围绕理想人物的不同德行选择史料,进而品评人物的特点。此外,《韩诗外传》《风俗通义》等汉代典籍的文本体例也体现了"品汇相从"的材料组织特点,其中也不乏人物品评方面的内容。

"品汇相从"的文本材料组织在一起"评人论事",反复证明或者强化某政治观点或主张。这种分门别类、以事件累积的方式布局行文的文本形态进一步影响了《世说新语》,《世说新语》每一门类下就是具有某种共同品行、雅趣、特性的人物的趣闻轶事的汇编。这些小故事汇编排列在一起,供读者赏读、品鉴,属于"品鉴性叙事"。

四、人物品评的理论著作越来越丰富

先秦时期已经出现了《逸周书·官人解》和《大戴礼记·文王官人》这样的官人和品评人物的方法论著作。汉魏人物品评的理论与方法更为丰富,出现了《淮南子·氾论》《论衡·骨相》《潜夫论·相列》《连丛子》等人物品评的理论著作和篇章。而汉魏之交,战乱促使人才选拔的标准向政才、武略、勇力倾斜,人物品评的理论专书大量出现。据《隋书·经籍志》所收,尚有《士操》《形声论》《士纬新书》《姚氏新书》《九州人士论》《通古人论》等。刘劭的《人物志》可以说是汉魏人物品评理论的集大成之作。就以"骨相"论人来说,先秦时期已经非常盛行,《左传》就记载了许多以相论人的事例。东汉王充的《论衡·骨相》也记录了古代一些以骨相品评人物的典故,钩稽了西汉以前人物品评的情况;汉末王符的《潜夫论·相列》基本上是对王充观点的发挥;之后曹植和王朗皆著有《相论》,皆是讨论骨相品人问题的。汉末刘劭的《人物志》不但与先秦人物品评的方法论著作

《逸周书·官人解》和《大戴礼记·文王官人》遥相呼应,更是在继承基础上的发展。刘劭的《人物志》作为评人观人的方法论著作,还特别提到了《论语》的人物品评特征及其对后世的影响,其在《人物志·序》中对《论语》中和人物品评有关的重要内容作了概括说明。

五、从"儒家伦理"到"风度材性":《论语》《法言》《世说新语》品评人物的主题转换

从人物品评的文本形态来看,《论语》《法言》和《世说新语》分别是先秦、两汉、魏晋三个时代人物品评的标志性著作,三部著作就是人物品评穿越历史的草蛇灰线,只不过人物品评的主题从哲学伦理转向了材性鉴赏。《论语》以人物品评论证儒家哲学伦理和行为规范。东汉的扬雄不但关注到先秦史传文学的人物品评特征,同时,他也关注到了先秦时期最具人物品评特质的典籍《论语》。扬雄的《法言》一书可以说就是模仿《论语》而作,《法言》从体例到行文风格都模仿《论语》,其标题也是拟《论语》,以每篇首章首句之首词或关键词来定篇名,其中许多地方涉及人物品评的思想。《法言·序》云:"仲尼之后,讫于汉道,德行颜、闵,股肱萧、曹,爰及名将尊卑之条,称述品藻。撰《渊骞》第十一。"其体式模拟《论语》作问答体,其宗旨也是要表达和重申儒家思想。这种问答体极其简易,与扬子在《法言》中提倡的大道简易观念是一致的,他说:"多闻则守之以约,多见则守之以卓。寡闻则无约也,寡见则无卓也。"(《法言·吾子》)《法言》全书作语录体,也是评论体,其中有评文、评政、评人、评事、评道(各家学术和观点)。《法言》通过评论以明儒家人伦义法,故曰"法言"。《汉书·扬雄传》曰:"雄见诸子各以其知舛驰,大氐诋訾圣人,即为怪迂,析辩诡辞,以挠世事,虽小辩,终破大道而或众,使溺于所闻而不自知其非也。及太史公记六国,历楚、汉,讫麟止,不与圣人同,是非颇谬于经。故人时有问雄者,常用法应之,撰以为十三卷,象《论语》,号曰《法言》。"颜师古注曰:"言诸子之书,大归皆非毁周、孔之教,为巧辩异辞以搅乱时政也。"司马光曰:"'氐'下脱'不'字。"宋咸《重广注扬子法言原序》曰:"惟《法言》者,盖时有请问,子云用圣人之法以应答之也。"此"圣人之法"即孔孟之道。此书在评人论事中阐发了扬雄的

文艺观点、政治观点、历史观点,尤其是儒家的修身养性和立身行事之道。所以扬雄《法言》人物品评的主题仍然是儒家伦理。

自汉代末年兴起一直延续至两晋的清流名士之风尚和才情风度之品鉴被人们称为"魏晋风度与名士风流",记载此一人物品评风潮中种种情事的最详之书即是刘宋临川孝王刘义庆所作的《世说新语》。《世说新语》虽然成于宋世,但其所载有关人物品评的资料则断于汉末至晋末,故可取为研究东汉末至晋末人物品评的重要依据。

东汉后期,政治每况愈下,政统腐败并与道统疏离,贤士大夫清议于朝野,结援以自重来对抗政统。党事起,清流成,人物品评大盛,臧否人物具有"扬清激浊"的政治意味。之后党锢祸起,又由于人物本身的不同姿态与精神风貌吸引了清流名士的注意,于是人物品评从臧否变为品鉴,由清议朝政变为清谈玄理,人物品评的主题也从名教德行变为才情风度。这一人物品评之新风一直延续到两晋南北朝(中间虽有曹魏的功用才智之风,但很短暂)。社会政治文化的变迁导致了人物品评风潮的转向。在这一大背景下,东汉末年人物品评盛况空前。出现了"汝南月旦评"等人物品评活动,评选出了所谓的"三君""八俊""八顾""八及""八厨"等精英人物,并且产生了许多知名的人物品评家,如郭太、许劭、许靖等。这一时期不但有定期而隆重的人物品评活动,有品评家和参与人物品评活动的群体,还出现了许多人物品评的趣闻轶事,人物品评的品题、品目、品评方式也非常丰富,人物品评逐渐倾向于人物言行举止和风神才情的鉴赏和审美。尤其是以"竹林七贤"为代表的正始名士雅集竹林,诗酒谈玄,踵武老庄,任诞放达,成为魏晋风度的标杆。魏晋名士对生命情调的激赏成为当时人物品评的风向标,他们也成为被品评和欣赏的对象,并成为《世说新语》的主角,于是人物品评由政治的实用性完成了向艺术的鉴赏性的转换。人物品评的主题从儒家的哲学伦理转向以玄学尤其是庄学为根基的材性鉴赏。

人物品评的主题从哲学伦理向才情鉴赏转移,而品评之领域也从政治人伦向文学艺术转移。南北朝朝代更迭频繁,战乱频仍,清雅鉴赏式的人物品评逐渐衰退,但汉晋人物品评之遗风并未消歇。在南朝,这种人物品评之遗风进一步向文学艺术转移,刘勰的《文心雕龙》和钟嵘的《诗品》作为中国古代文学理论的代表性著作,人物品评对其的影响功不可没。扎根于中国文化深层土壤的人物品评从来都不是单纯的品评人物,而是评人论事、评人论政、评人论道。当然,文艺批评也是品评文艺和品评人物相结合,文艺风格也是人物精神风貌的折射。如《诗品·序》云:

> 降及建安,曹公父子,笃好斯文;平原兄弟,郁为文栋;刘桢、王粲,为其羽翼。次有攀龙托凤,自致于属车者,盖将百计。彬彬之盛,大备于时矣。尔后陵迟衰微,迄于有晋。太康中,三张、二陆、两潘、一左,勃尔俱兴,踵武前王,风流未沫,亦文章之中兴也。永嘉时,贵黄、老,稍尚虚谈。于时篇什,理过其辞,淡乎寡味。爰及江左,微波尚传。孙绰、许询、桓、庾诸公诗,皆平典似《道德论》,建安风力尽矣。先是郭景纯用俊上之才,创变其体;刘越石仗清刚之气,赞成厥美。然彼众我寡,未能动俗。逮义熙中,谢益寿斐然继作。元嘉中,有谢灵运,才高词盛,富艳难踪,固已含跨刘、郭,陵轹潘、左。故知陈思为建安之杰,公干、仲宣为辅;陆机为太康之英,安仁、景阳为辅;谢客为元嘉之雄,颜延年为辅:斯皆五言之冠冕,文词之命世也。

《诗品·上品》又云:

> 汉都尉李陵,其源出于《楚辞》。文多凄怆怨者之流。陵,名家子,有殊才。生命不谐,声颓身丧。使陵不遭辛苦,其文亦何能至此!
> 晋平原相陆机,其源出于陈思。才高词赡,举体华美。气少于公干,文劣于仲宣。尚规矩,不贵绮错,有伤直致之奇。然其咀嚼英华,厌饫膏泽,文章之渊泉也。张公叹其大才,信矣。

除了文学理论,书画论等其他艺术领域也受到了人物品评的影响。整个魏晋六朝的人物品评与文艺理论交融汇通,成为中国文化在这一时期的一大景观。

六、先秦谥法与铜器铭文人物品评的流变与整合：汉魏墓志铭

先秦谥法制度是对人盖棺论定的一种总体评价，是一种特殊的人物品评制度。其起源于对死者的敬忌和赞美，其中的宗教意味也很浓。到了春秋时期，谥号逐渐摆脱宗教的神秘因素，成为人的历史价值和个人品行的定位和总结。中国文化中的祖先崇拜、慎终追远等思想使人们非常注重"生前身后名"，非常重视自己死后的评价。在后世，谥法在上层社会一直存在，但多为美谥，很少恶谥，谥法的客观纯粹性不能继续保持，但谥法对人一生的盖棺论定性质在后世的民间墓志铭中变为对死者生平行状和主要事迹的总结。这是一种潜移默化的变通。墓志铭的内容不仅受先秦谥法制度的影响，还受先秦铜器铭文人物品评内容的影响。西周青铜器铭文的主要内容是作器以祭祀，或纪念其祖先、记录战役和重大事件，或者记录王的任命、训诫和赏赐等，这些铜器铭文记录了作器者祖先或者家族成员的荣耀和丰功伟绩。在记录事件的同时，还有对事件相关人物的评价和赞美。这是一种特殊的人物品评。这些铸刻在青铜器上的事件都是值得纪念的人生大事，这些大事在青铜器被替代之后，在盖棺论定的人生总结普世化、世俗化之后，逐渐演化为墓志铭的主要内容。即墓志铭受先秦铜器铭文的影响而来，是祭祀祖先和纪念祖先功德的青铜器铭文的变化形态。

墓志铭的物质载体——墓碑也是先秦刻有纪念祖先功德铭文的青铜器的变化形态。周天子按照功德的大小策命和赏赐臣属，受赏者受到策命和赏赐后，继之以作器纪念祖考并祈求福寿，这些青铜器有时候是周王亲自赏赐的。在铜十分珍贵的周代，通常情况下是不能随便制作青铜器的，能作器者，必然是因为有功德或者受到天子的赏赐。这些铜器或者被作为陪葬品埋于地下，或者被家族世代相传，所以青铜器也是功德和地位的象征。同样，后世墓碑上的墓志铭也给予了一个人最后的尊严和荣耀。

七、民间人物品评之风盛行

正如先秦人物品评在社会下层、在文化小传统中也有体现一样，

汉魏人物品评的盛况不仅体现在正史和经典文献的记载中，不仅是上层精英文化圈和文化大传统的特殊现象，这种品评人物之风气也在社会下层、在文化小传统中流行，在民间歌谣、不同类型的人物传记（包括个人专传、先贤传、耆旧传、集传、家传等）和墓志铭中也有大量人物品评内容。这些非主流的、带有民间文化特色的文献资料中的人物品评又具有不同的特点和文化蕴涵。

总之，先秦是中国人物品评文化的发端期、奠基期，其从一开始就与社会价值导向和主流意识形态紧密结合，成为社会意识形态和社会思潮的风向标。这一时期形成的人物品评原则、品评模式、品评机制以及文本形态作为一种传统，对后世人物品评的发展产生了巨大影响，其不仅为魏晋人物品评的勃发奠定了基础，也进而形成了人物品评的文化传统，这一传统贯穿着整个中国古代社会。人物品评活动在后世还出现了许多新形态，如后世文人的交游唱和、雅集聚会中时时会伴随着特殊的人物品评活动。历代正史文本是评价历史重要人物的高地，普通人难以企及，于是一些文人笔记、地方史志、人物传记以及墓志铭等在这方面作了补充，甚至如钟嗣成的《录鬼簿》等还专门记录伶人事迹，并对其事迹和贡献进行相应的品评。人物品评在后世还影响到其他领域，与文论、诗论、画论、史论相互交织、相互渗透、相得益彰。诸如此类，都可以看出人物品评对中国传统文化影响之大。

人物品评是传统文化土壤中生成的一种次生文化现象，这种次生文化现象反过来又是传统文化的表现形式，促进传统文化体制的形成和变革。人物品评既是人对自身的人格魅力、精神境界的审美观照，也是人对社会伦理道德规范和自身价值的反思。人物品评以人为本、知人论世、立身立政，通过确立人的行为规范进而构建社会秩序。人物品评实质上是文化精英以某一种符合社会潮流的价值导向对社会意识形态和社会价值观、人生观进行的规训行为，本身具有强烈的权力能量，表现出不同社会阶层和社会群体之间激烈的意识形态斗争和话语权的博弈。有一定文化影响力的社会群体通过人物品评的方式行使自身的话语权，并对社会意识形态和社会思潮产生作用。某一个时期的人物品评崇尚什么、贬斥什么，往往体现着特定历史时期社会思想文化的主流意识和文化群体的集体心理需求。

从中国文化浓厚的历史意识和兴盛的人物品评活动可以看出古人对精神家园的重视。但是当今社会，随着经济的发展和物质的丰富，一些人的精神家园却开始荒芜。价值虚无主义像幽灵一样弥漫在社会的各个角落，吞噬着人的精神空间，各种媚俗的、颓废的、有损于人类精神世界健康发展的社会思潮冲击着人们的人生观和价值观。在大众文化领域，充斥着反传统、颠覆和解构正统思想的思潮。当传统文化被任意颠覆、被解构、被丑化、被抛弃之后，一个国家的民族精神也许会在传统文化的失重和思想的无根基中坍塌。

自然科学的飞速发展促进了社会经济的高度繁荣，但人文领域的发展并没有跟上社会发展的整体节奏，人们的精神领域内出现了诸多急需重视的问题。各种恶性的道德事件冲击着社会正义和良知的底线，反思和重塑当代人的精神世界成为刻不容缓的时代任务。要做好这一点，先秦时期的人物品评活动无疑具有重要的参考价值。与魏晋时期的人物品评相比，先秦时期的人物品评更具有道德规范和制约作用，它更注重国家、民族、人民的整体利益，体现为个人价值与国家利益的高度结合；魏晋人物品评虽然表现为个人与社会的疏离，但是魏晋人追求超越的生命情趣和精神的丰富性，魏晋人物品评开拓出的精神境界和审美境界仍然是人类最宝贵的财富，其在精神领域是一种内在超越和升华。

先秦人物品评在社会主流文化构建和正向价值观的生成中发挥了积极的导向作用。研究先秦时期的人物品评现象，积极利用人物品评的价值导向作用，对于解决当今社会思想文化领域内出现的突出问题具有重要意义。作为先秦人物品评高峰的春秋人物品评之所以能够成为当时人们普遍认同和自觉遵守的文化规范，跟其在国家制度层面和意识形态领域有着一套完善的评价机制和评价体系有密切关系。这一点完全可以古为今用，作为当代社会人文精神建设之参考。

参 考 文 献

[古籍]

1. 《十三经注疏》,[清]阮元校刻,中华书局,1980年版。
2. 《诸子集成》,国学整理社编,中华书局,2006年版。
3. 《世本八种》,[汉]宋衷注,[清]秦嘉谟等辑,中华书局,2008年版。
4. 《尚书今古文注疏》,[清]孙星衍撰,陈抗、盛冬铃点校,中华书局,1986年版。
5. 《周易大传今注》,高亨著,齐鲁书社,1998年版。
6. 《周易评注》,唐明邦主编,中华书局,1995年版。
7. 《殷周金文集成释文》,中国社会科学院考古研究所编,香港中文大学中国文化研究所,2001年版。
8. 《殷周金文集成引得》,张亚初编著,中华书局,2001年版。
9. 《近出殷周金文集录》,刘雨、卢岩著,中华书局,2002年版。
10. 《殷周金文集成》(修订增补本),中国社会科学院考古研究所编,中华书局,2007年版。
11. 《诗集传》,[南宋]朱熹集注,赵长征点校,中华书局,2011年版。
12. 《诗三家义集疏》,[清]王先谦集疏,《续修四库全书》第七七册,上海古籍出版社,2002年版。
13. 《诗经今注》,高亨注,上海古籍出版社,1980年版。
14. 《诗经注析》,程俊英、蒋见元著,中华书局,1991年版。
15. 《春秋经传集解》,[晋]杜预集解,上海古籍出版社,1978年版。
16. 《春秋左传注》,杨伯峻编著,中华书局,1981年版。

17.《国语集解》,徐元诰撰,王树民、沈长云点校,中华书局,2002年版。

18.《四书章句集注》,[南宋]朱熹撰,中华书局,1983年版。

19.《逸周书汇校集注》,黄怀信、张懋镕、田旭东撰,黄怀信修订,李学勤审定,上海古籍出版社,2007年版。

20.《老子道德经注校释》,[三国·魏]王弼注,楼宇烈校释,中华书局,2008年版。

21.《老子注译及评介》,陈鼓应著,中华书局,1984年版。

22.《论语译注》,杨伯峻译注,中华书局,1980年版。

23.《墨子校注》,吴毓江撰,孙启治点校,中华书局,1993年版。

24.《孟子译注》,杨伯峻译注,中华书局,1960年版。

25.《庄子集解》,[清]王先谦撰,中华书局,1987年版。

26.《庄子今注今译》,陈鼓应注译,中华书局,1983年版。

27.《韩非子集解》,[清]王先慎撰,钟哲点校,中华书局,1998年版。

28.《管子校正》,[清]戴望撰,《续修四库全书》第九七〇册,上海古籍出版社,1995年版。

29.《楚辞补注》,[宋]洪兴祖撰,白化文、许德楠、季如鸾、方进点校,中华书局,1983年版。

30.《鬼谷子集校集注》,许富宏撰,中华书局,2008年版。

31.《鹖冠子汇校集注》,黄怀信撰,中华书局,2004年版。

32.《战国策笺证》,[西汉]刘向集录,范祥雍笺证,范邦瑾协校,上海古籍出版社,2006年版。

33.《晏子春秋译注》,卢守助撰,上海古籍出版社,2006年版。

34.《荀子集解》,[清]王先谦撰,沈啸寰、王星贤点校,中华书局,1988年版。

35.《荀子汇校汇注》,董志安、郑杰文汇撰,齐鲁书社,1997年版。

36.《吕氏春秋集释》,许维遹撰,梁运华整理,中华书局,2009年版。

37.《大戴礼记解诂》,[清]王聘珍撰,王文锦点校,中华书局,1983年版。

38.《礼记集解》,[清]孙希旦撰,沈啸寰、王星贤点校,中华书局,1989年版。

39.《礼记译解》,王文锦译解,中华书局,2001年版。

40.《淮南子集释》,何宁撰,中华书局,1998年版。

41.《韩诗外传集释》,[西汉]韩婴撰,许维遹校释,中华书局,1980年版。

42.《史记》,[西汉]司马迁撰,[南朝·宋]裴骃集解,[唐]司马贞索隐,[唐]张守节正义,中华书局,1959年版。

43.《新语校注》,王利器撰,中华书局,1986年版。

44.《说苑校证》,[西汉]刘向撰,向宗鲁校证,中华书局,1987年版。

45.《新序校释》,[西汉]刘向编著,石光瑛校释,陈新整理,中华书局,2001年版。

46.《春秋公羊传译注》,刘尚慈译注,中华书局,2010年版。

47.《穀梁古义疏》,[清]廖平撰,郜积意点校,中华书局,2012年版。

48.《春秋繁露义证》,苏舆撰,钟哲点校,中华书局,1992年版。

49.《汉书》,[东汉]班固撰,[唐]颜师古注,中华书局,1962年版。

50.《盐铁论校注》,王利器校注,中华书局,1992年版。

51.《白虎通疏证》,[清]陈立撰,吴则虞点校,中华书局,1994年版。

52.《论衡校释》,黄晖撰,中华书局,2006年版。

53.《扬子法言译注》,李守奎、洪玉琴译注,黑龙江人民出版社,2003年版。

54.《潜夫论笺校正》,[东汉]王符著,[清]汪继培笺,彭铎校正,中华书局,1985年版。

55.《人物志译注》,伏俊琏撰,上海古籍出版社,2008年版。

56.《世说新语校笺》,徐震堮著,中华书局,1984年版。

57.《世说新语汇校集注》,[南朝·宋]刘义庆撰,[南朝·梁]刘孝标注,朱铸禹汇校集注,上海古籍出版社,2002年版。

58.《古今人物论》,[明]郑贤辑,《四库禁毁书丛刊》史部第二七册,北京出版社,1998年版。

59.《茗香堂史论》,[清]彭孙贻著,《续修四库全书》第四五〇册,上海古籍出版社,2002年版。

60.《廿二史劄记》,[清]赵翼著,《续修四库全书》第四五三册,上海古籍出版社,2002年版。

61.《史通通释》，[唐]刘知幾著，[清]蒲起龙通释，王煦华整理，上海古籍出版社，2009年版。
62.《冰鉴精解详注》，[清]曾国藩著，梁平天编译，青海人民出版社，1998年版。

[研究论著]

1.《先秦学术概论》，吕思勉，世界书局，1933年版。
2.《中国古代社会新研》，李玄伯，开明书店，1949年版。
3.《观堂集林》，王国维，中华书局，1959年版。
4.《诗经与周代社会研究》，孙作云，中华书局，1966年版。
5.《美的历程》，李泽厚，文物出版社，1981年版。
6.《美学散步》，宗白华，上海人民出版社，1981年版。
7.《郭沫若全集·历史编》第一卷，人民出版社，1982年版。
8.《中国古名家言》，伍非百，中国社会科学出版社，1983年版。
9.《尚书通论》(增订本)，陈梦家，中华书局，1985年版。
10.《中国人才思想史》第一卷，雷祯孝，中国展望出版社，1987年版。
11.《诸子百家论人才》，朱耀廷，北京大学出版社，1988年版。
12.《诗书成词考释》，姜昆武，齐鲁书社，1989年版。
13.《中国古典哲学概念范畴要论》，张岱年，中国社会科学出版社，1989年版。
14.《中国名学》，虞愚，上海书店，1992年版。
15.《〈史记〉与中国文学》，张新科，陕西人民教育出版社，1995年版。
16.《谥法研究》，汪受宽，上海古籍出版社，1995年版。
17.《中国哲学简史》，冯友兰著，涂又光译，北京大学出版社，1996年版。
18.《中古文学理论范畴》，詹福瑞，河北大学出版社，1997年版。
19.《〈世说新语〉研究》，蒋凡，学林出版社，1998年版。
20.《稷下学研究——中国古代的思想自由与百家争鸣》，白奚，生活·读书·新知三联书店，1998年版。
21.《中国美学史》，李泽厚、刘纲纪，安徽文艺出版社，1999年版。
22.《中国思想史论》，李泽厚，安徽文艺出版社，1999年版。

23.《中国哲学史》,冯友兰,华东师范大学出版社,2000年版。
24.《秦汉士史》,于迎春,北京大学出版社,2000年版。
25.《中国艺术精神》,徐复观,华东师范大学出版社,2001年版。
26.《中国思想史》,葛兆光,复旦大学出版社,2001年版。
27.《中国人性论史》(先秦篇),徐复观,上海三联书店,2001年版。
28.《魏晋玄学论稿》,汤用彤,上海古籍出版社,2001年版。
29.《新编中国哲学史》,劳思光,广西师范大学出版社,2005年版。
30.《先秦名学史》,胡适,安徽教育出版社,2006年版。
31.《先秦名学研究》,翟锦程,天津古籍出版社,2005年版。
32.《荀子之名学析论》,李哲贤,文津出版社,2005年版。
33.《〈逸周书〉研究》,罗家湘,上海古籍出版社,2006年版。
34.《春秋史与春秋文明》,王美凤、周苏平、田旭东,上海科学技术文献出版社,2007年版。
35.《管锥编》,钱锺书,生活·读书·新知三联书店,2007年版。
36.《原史文化及文献研究》,过常宝,北京大学出版社,2008年版。
37.《古代宗教与伦理:儒家思想的根源》,陈来,生活·读书·新知三联书店,2009年版。
38.《古代思想文化的世界》,陈来,生活·读书·新知三联书店,2009年版。
39.《德礼之间——前诸子时期的思想史》,郑开,生活·读书·新知三联书店,2009年版。
40.《颜子形象与魏晋人物品鉴:魏晋任诞士风研究》,吴冠宏,花木兰文化出版社,2009年版。
41.《名家与荀子》,牟宗三,吉林出版集团有限责任公司,2010年版。
42.《才性与玄理》,牟宗三,吉林出版集团有限责任公司,2010年版。
43.《先秦文学编年史》,赵逵夫,商务印书馆,2010年版。
44.《魏晋人物品评风尚探究——以〈世说新语〉为例》,方碧玉,花木兰文化出版社,2010年版。
45.《汉晋人物品鉴研究》,张蓓蓓,花木兰文化出版社,2010年版。
46.《士与中国文化》,余英时,上海人民出版社,2013年版。
47.《中国青铜时代》,张光直,生活·读书·新知三联书店,2013

年版。

[译著]

1. 《美学》,(德)黑格尔著,朱光潜译,商务印书馆,1979年版。
2. 《剑桥中国秦汉史》,(英)崔瑞德、(英)鲁唯一编,杨品泉等译,中国社会科学出版社,1992年版。
3. 《人论》,(德)恩斯特·卡西尔著,甘阳译,上海译文出版社,1985年版。
4. 《基督教的本质》,(德)费尔巴哈著,荣震华译,商务印书馆,1997年版。
5. 《金枝》,(英)詹姆斯·乔治·弗雷泽著,徐育新、汪培基、张泽石译,汪培基校,大众文艺出版社,1998年版。
6. 《东周战争与儒法国家的诞生》,赵鼎新著,夏江旗译,华东师范大学出版社,2006年版。
7. 《儒家之道:中国哲学之探讨》,(美)倪德卫著,(美)万白安编,周炽成译,江苏人民出版社,2006年版。
8. 《精神现象学》,(德)黑格尔著,王诚、曾琼译,中国社会科学出版社,2007年版。
9. 《九品官人法研究——科举前史》,(日)宫崎市定著,韩昇、刘建英译,中华书局,2008年版。

[研究论文]

1. 《祭公谋父及其德论》,李学勤,《齐鲁学刊》,1988年第3期。
2. 《关于〈左传〉的人物评论》,何新文,《文学评论》,2004年第5期。
3. 《论〈孟子〉、〈庄子〉中的孔子形象》,霍松林,《兰州大学学报(社会科学版)》,2004年第4期。
4. 《前四史论赞文体艺术及其文化内涵》,赵彩花,复旦大学博士论文,2004年。
5. 《试论〈论语〉对〈世说新语〉的影响》,余群,《学术交流》,2004年第10期。
6. 《论〈论语〉对〈世说新语〉人物品评的影响》,彭昊,《船山学刊》,

2008年第1期。
7.《〈世说新语〉人物品评的儒学渊源》,彭昊,《湘潭大学学报(哲学社会科学版)》,2008年第3期。
8.《论周代铜器铭文中的文学批评思想》,谭德兴,《贵州大学学报(社会科学版)》,2009年第3期。
9.《论〈论语〉人物品评体系的三重构建》,彭昊,《求索》,2008年第7期。
10.《先秦时期"德"观念源流考》,李德龙,吉林大学博士论文,2013年。
11.《正名与正道——荀子名学与伦理政治思想研究》,孟凯,华东师范大学博士论文,2012年。

附录一:《左传》《国语》人物品评录

对于《左传》《国语》之人物品评品目的分类,我们依据文本中的"君子曰"和时人的品评来确定。品目的凝练主要以"君子曰"和时人品评中使用的概念范畴为主,因为品评者往往运用多个概念范畴评价同一事件或同一个人,我们依据其品评内容和各概念之间的关系,提取其主要范畴作为品目。有些君子和时人品评只是一般的赞美,而没有明确地提出规定性的范畴,则依据其主要内容,参照后世人物品评之门类,为其拟定出门类。品目和门类是两个不同的概念,前文已有论述。这里根据《左传》《国语》人物品评的实际特点将品目和门类放在一起,所以分类上运用了双重标准和依据。有些内容有明显交叉现象的,则在不同的品目重出或者注出。《左传》文本依据杨伯峻《春秋左传注》,①《国语》依据徐元诰《国语集解》。② 标题为笔者所拟。

[一] 相　　列

令尹子上相商臣"蜂目豺声"

子上曰:"君之齿未也,而又多爱,黜乃乱也。楚国之举,恒在少者。且是人也,蜂目而豺声,忍人也,不可立也。"(《左传·文公元年》)

王孙说评叔孙侨如"方上而锐下"

简王八年,鲁成公来朝,使叔孙侨如先聘且告。见王孙说,与之语。说言于王曰:"鲁叔孙之来也,必有异焉。其享觐之币薄而言诌,殆请之也。若请之,必欲赐也。鲁执政唯强,故不欢焉而后遣之。且其状方上而锐下,宜触冒人。王其勿赐。"(《国语·周语中》)

---

① 杨伯峻《春秋左传注》,中华书局,1990年版。
② 徐元诰撰,王树民、沈长云点校《国语集解》,中华书局,2002年版。

内史叔服相公孙敖二子

元年春，王使内史叔服来会葬。公孙敖闻其能相人也，见其二子焉。叔服曰："谷也食子，难也收子。谷也丰下，必有后于鲁国。"（《左传·文公元年》）①

[二] 敬

内史过评晋国君臣"不敬"

襄王使邵公过及内史过赐晋惠公命。吕甥、郤芮相晋侯不敬，晋侯执玉卑，拜不稽首。内史过归，以告王曰："晋不亡，其君必无后。且吕、郤将不免。"（《国语·周语上》）

冀缺夫妇相敬如宾

臼季使，舍于冀野。见冀缺耨，其妻馌之，敬，相待如宾。从而问之，冀芮之子也，与之归。既复命而进之，曰："臣得贤人，敢以告。"文公曰："其父有罪，可乎？"对曰："国之良也，灭其前恶，是故舜之刑也殛鲧，其举也兴禹。今君之所闻也，齐桓公亲举管敬子，其贼也。"公曰："子何以知其贤也？"对曰："臣见其不忘敬也。夫敬，德之恪也，恪于德以临事，其何不济！"公见之，使为下军大夫。（《国语·晋语五》）

晋文公敬奉王命

襄王使太宰文公及内史兴赐晋文公命。上卿逆于境，晋侯郊劳，馆诸宗庙，馈九牢，设庭燎。及期，命于武宫，设桑主，布几筵，太宰莅之，晋侯端委以入。太宰以王命命冕服，内史赞之，三命而后即冕服。既毕，宾、享、赠、饯，如公命侯伯之礼，而加之以宴好。内史兴归，以告王曰："晋不可不善也，其君必霸。逆王命敬，奉礼义成，敬王命，顺之道也。成礼义，德之则也。则德以导诸侯，诸侯必归之。且礼所以观忠、信、仁、义也。忠所以分也，仁所以行也，信所以守也，义所以节

---

① 《史记·赵世家》还记载了姑布子卿为赵简子相子之事："异日，姑布子卿见简子，简子遍召诸子相之。子卿曰：'无为将军者。'简子曰：'赵氏其灭乎？'子卿曰：'吾尝见一子于路，殆君之子也。'简子召子毋恤。毋恤至，则子卿起曰：'此真将军矣！'简子曰：'此其母贱，翟婢也，奚道贵哉？'子卿曰：'天所授，虽贱必贵。'自是之后，简子尽召诸子与语，毋恤最贤。简子乃告诸子曰：'吾藏宝符补常山上，先得者赏。'诸子驰之常山上，求，无所得。毋恤还，曰：'已得符矣。'简子曰：'奏之。'毋恤曰：'从常山上临代，代可取也。'简子补是知毋恤果贤，乃废太子伯鲁，而以毋恤为太子。"

也。忠分则均,仁行则报,信守则固,义节则度。分均无怨,行报无匮,守固不偷,节度不携。若民不怨而财不匮,令不偷而动不携,其何事不济! 中能应外,忠也。施三服义,仁也。守节不淫,信也。行礼不疚,义也。臣入晋境,四者不失,臣故曰:晋侯其能礼矣,王其善之。树于有礼,艾人必丰。"(《国语·周语上》)

鉏麑感佩赵孟恭敬社稷

灵公虐,赵宣子骤谏,公患之,使鉏麑贼之。晨往,则寝门辟矣,盛服将朝,早而假寐。麑退,叹而言曰:"赵孟敬哉! 夫不忘恭敬,社稷之镇也。贼国之镇,不忠;受命而废之,不信。享一名于此,不如死。"触庭之槐而死。(《国语·晋语五》)

〔三〕惰 傲

晋侯受玉惰

天王使召武公、内史过赐晋侯命,受玉惰。过归,告王曰:"晋侯其无后乎! 王赐之命,而惰于受瑞,先自弃也已,其何继之有? 礼,国之干也;敬,礼之舆也。不敬,则礼不行;礼不行,则上下昏,何以长世?"(《左传·僖公十一年》)

蔡侯受享而惰

蔡侯归自晋,入于郑。郑伯享之,不敬。子产曰:"蔡侯其不免乎! 日其过此也,君使子展迋劳于东门之外,而傲。吾曰犹将更之。今还,受享而惰,乃其心也。君小国,事大国,而惰傲以为己心,将得死乎? 若不免,必由其子。其为君也,淫而不父。侨闻之,如是者,恒有子祸。"(《左传·襄公二十八年》)

苦成叔受飨而傲

卫侯飨苦成叔,宁惠子相。苦成叔傲。宁子曰:"苦成叔家其亡乎! 古之为享食也,以观威仪、省祸福也。故《诗》曰:'兕觥其觩,旨酒思柔。彼交匪傲,万福来求。'今夫子傲,取祸之道也。"(《左传·成公十四年》)

公子稠"在戚而有嘉容"

己亥,孟孝伯卒。立敬归之娣齐归之子公子稠。穆叔不欲,曰:"大子死,有母弟,则立之;无,则立长。年钧择贤,义钧则卜,古之道也。非适嗣,何必娣之子?且是人也,居丧而不哀,在戚而有嘉容,是谓不度。不度之人,鲜不为患。若果立之,必为季氏忧。"武子不听,卒立之。比及葬,三易衰,衰衽如故衰。于是昭公十九年矣,犹有童心,君子是以知其不能终也。(《左传·襄公三十一年》)

陈五父莅盟歃如忘

十二月,陈五父如郑莅盟。壬申,及郑伯盟,歃如忘。泄伯曰:"五父必不免,不赖盟矣。"(《左传·隐公七年》)

石碏忧州吁侍宠而骄将速祸

石碏谏曰:"臣闻爱子,教之以义方,弗纳于邪。骄、奢、淫、泆,所自邪也。四者之来,宠禄过也。将立州吁,乃定之矣;若犹未也,阶之为祸。夫宠而不骄,骄而能降,降而不憾,憾而能眕者,鲜矣。且夫贱妨贵,少陵长,远间亲,新间旧,小加大,淫破义,所谓六逆也;君义,臣行,父慈,子孝,兄爱,弟敬,所谓六顺也。去顺效逆,所以速祸也。君人者,将祸是务去,而速之,无乃不可乎?"(《左传·隐公三年》)

襄仲评齐君"语偷"

襄仲如齐,拜谷之盟。复曰:"臣闻齐人将食鲁之麦。以臣观之,将不能。齐君之语偷。臧文仲有言曰:'民主偷,必死。'"(《左传·文公十七年》)

穆叔料赵孟、孟孙语偷将死

三十一年春王正月,穆叔至自会。见孟孝伯,语之曰:"赵孟将死矣。其语偷,不似民主。且年未盈五十,而谆谆焉如八、九十者,弗能久矣。若赵孟死,为政者其韩子乎!吾子盍与季孙言之,可以树善,君子也。晋君将失政矣,若不树焉,使早备鲁,既而政在大夫,韩子懦弱,大夫多贪,求欲无厌,齐、楚未足与也,鲁其惧哉!"孝伯曰:"人生几何,谁能无偷?朝不及夕,将安用树?"穆叔出,而告人曰:"孟孙将死矣。吾语诸赵孟之偷也,而又甚焉。"又与季孙语晋故,季孙不从。(《左传·襄公三十一年》)

刘定公评赵孟之语偷

天王使刘定公劳赵孟于颍,馆于洛汭。刘子曰:"美哉禹功!明德远矣。微禹,吾其鱼乎!吾与子弁冕、端委,以治民、临诸侯,禹之力也。子盍亦远绩禹功而大庇民乎!"对曰:"老夫罪戾是惧,焉能恤远?吾侪偷食,朝不谋夕,何其长也?"刘子归,以语王曰:"谚所谓老将知而耄及之者,其赵孟之谓乎!为晋正卿,以主诸侯,而侪于隶人,朝不谋夕,弃神、人矣。神怒、民叛,何以能久?赵孟不复年矣。神怒,不歆其祀;民叛,不即其事。祀、事不从,又何以年?"(《左传·昭公元年》)

秦后子谓赵孟"玩岁而愒日"

赵孟视荫,曰:"朝夕不相及,谁能待五?"后子出,而告人曰:"赵孟将死矣。主民,玩岁而愒日,其与几何?"(《左传·昭公元年》)

滕成公惰而多涕

冬十月,滕成公来会葬,惰而多涕。子服惠伯曰:"滕君将死矣。怠于其位,而哀已甚,兆于死所矣,能无从乎?"(《左传·襄公三十一年》)

单子会韩宣子视下言徐

单子会韩宣子于戚,视下,言徐。叔向曰:"单子其将死乎!朝有著定,会有表;衣有襘,带有结。会朝之言必闻于表著之位,所以昭事序也;视不过结襘之中,所以道容貌也。言以命之,容貌以明之,失则有阙。今单子为王官伯,而命事于会,视不登带,言不过步,貌不道容,而言不昭矣。不道,不共;不昭,不从。无守气矣。"(《左传·昭公十一年》)

宋公享叔孙昭子语相泣

宋公享昭子,赋《新宫》。昭子赋《车辖》。明日宴,饮酒,乐,宋公使昭子右坐,语相泣也。乐祁佐,退而告人曰:"今兹君与叔孙其皆死乎!吾闻之:'哀乐而乐哀,皆丧心也。'心之精爽,是谓魂魄。魂魄去之,何以能久?"(《左传·昭公二十五年》)

孙文子失礼无悛容

卫孙文子来聘,且拜武子之言,而寻孙桓子之盟。公登亦登。叔孙穆子相,趋进,曰:"诸侯之会,寡君未尝后卫君。今吾子不后寡君,寡君未知所过。吾子其少安!"孙子无辞,亦无悛容。

穆叔曰:"孙子必亡。为臣而君,过而不悛,亡之本也。《诗》曰,'退食自公,委蛇委蛇',谓从者也。衡而委蛇,必折。"(《左传·襄公

七年》)

儋括居丧视躁而足高

初,王儋季卒,其子括将见王,而叹。单公子愆期为灵王御士,过诸廷,闻其叹,而言曰:"乌乎!必有此夫!"入以告王,且曰:"必杀之!不感而愿大,视躁而足高,心在他矣。不杀,必害。"(《左传·襄公三十年》)

晋厉公君臣会盟言行傲慢

柯陵之会,单襄公见晋厉公,视远步高。晋郤锜见单子,其语犯。郤犨见,其语迂。郤至见,其语伐。齐国佐见,其语尽。鲁成公见,言及晋难及郤犨之谮。单子曰:"君何患焉。晋将有乱,其君与三郤其当之乎!"鲁侯曰:"寡人惧不免于晋,今君曰'将有乱',敢问天道乎,抑人故也?"对曰:"吾非瞽史,焉知天道?吾见晋君之容,而听三郤之语矣,殆必祸者也。夫君子目以定体,足以从之,是以观其容而知其心矣。目以处义,足以步目,今晋侯视远而足高,目不在体,而足不步目,其心必异矣。目体不相从,何以能久?夫合诸侯,民之大事也,于是乎观存亡。故国将无咎,其君在会,步言视听,必皆无谪,则可以知德矣。视远日绝其义,足高日弃其德,言爽日反其信,听淫日离其名。目以处义,足以践德,口以庇信,耳以听名者也,故不可不慎也。偏丧有咎,既丧则国从之。晋侯爽二,吾是以云。夫郤氏,晋之宠人也,三卿而五大夫,可以戒惧矣。高位实疾颠,厚味实腊毒,今郤伯之语犯,叔迂,季伐。犯则陵人,迂则诬人,伐则掩人。有是宠也,而益之以三怨,其谁能忍之!虽齐国子亦将与焉。立于淫乱之国,而好尽言,以招人过,怨之本也。唯善人能受尽言,齐其有乎?吾闻之,国德而邻于不修,必受其福。今君偪于晋而邻于齐,齐、晋有祸,可以取伯,无德之患,何忧于晋?且夫长翟之人,利而不义,其利淫矣,流之若何?"(《国语·周语下》)

[四] 文

单襄公赞晋周有文德

晋孙谈之子周适周,事单襄公。立无跛,视无还,听无耸,言无远。言敬必及天,言忠必及意,言信必及身,言仁必及人,言义必及利,言智必及事,言勇必及制,言教必及辩,言孝必及神,言惠必及和,言让必及敌。晋国有忧,未尝不戚,有庆,未尝不怡。襄公有疾,召顷公而告之,曰:"必善晋周,周将得晋国。其行也文,能文则得天地,天地所祚,小而后国。夫敬,文之恭也。忠,文之实也。信,文之孚也。仁,文之爱也。义,文之制也。智,文之舆也。勇,文之帅也。教,文之施也。孝,文之本也。惠,文之慈也。让,文之材也。象天能敬,帅意能忠,思身能信,爱人能仁,利制能义,事建能智,帅义能勇,施辩能教,昭神能孝,慈和能惠,推敌能让;此十一者,夫子皆有焉。天六地五,数之常也。经之以天,纬之以地,经纬不爽,文之象也。文王质文,故天祚之以天下。夫子被之矣,其昭穆又近,可以得国。且夫立无跛,正也。视无还,端也。听无耸,成也。言无远,慎也。夫正,德之道也。端,德之信也。成,德之终也。慎,德之守也。守终纯固,道正事信,明令德矣。慎成端正,德之相也。为晋休戚,不背本也。被文相德,非国何取?……"(《国语·周语下》)

成鱄赞魏献子举人近文德

魏子谓成鱄:"吾与戊也县,人其以我为党乎?"对曰:"何也!戊之为人也,远不忘君,近不偪同,居利思义,在约思纯,有守心而无淫行,虽与之县,不亦可乎!昔武王克商,光有天下,其兄弟之国者十有五人,姬姓之国者四十人,皆举亲也。夫举无他,唯善所在,亲疏一也。《诗》曰:'唯此文王,帝度其心。莫其德音,其德克明。克明克类,克长克君。王此大国,克顺克比。比于文王,其德靡悔。既受帝祉,施于孙子。'心能制义曰度,德正应和曰莫,照临四方曰明,勤施无私曰类,教诲不倦曰长,赏庆刑威曰君,慈和遍服曰顺,择善而从之曰比,经纬天地曰文。九德不愆,作事无悔,故袭天禄,子孙赖之。主之举也,近文德矣,所及其远哉!"(《左传·昭公二十八年》)

[五] 奢　俭

刘康公评鲁大夫奢俭

定王八年,使刘康公聘于鲁,发币于大夫。季文子、孟献子皆俭,叔孙宣子、东门子家皆侈。归,王问鲁大夫孰贤?对曰:"季、孟其长处鲁乎！叔孙、东门其亡乎！若家不亡，身必不免。"……对曰："……俭所以足用也。……以俭足用则远于忧。若承命不违，守业不懈，宽于死而远于忧，则可以上下无隙矣，其何任不堪？上任事而彻，下能堪其任，其所以为令闻长世也。今夫二子者俭，其能足用矣，用足则族可以庇。二子者侈，侈则不恤匮，匮而不恤，忧必及之，若是，则必广其身。"（《国语·周语中》）

郑驷秦奢侈取祸

郑驷秦富而侈，嬖大夫也，而常陈卿之车服于其庭。郑人恶而杀之。子思曰："《诗》曰：'不解于位，民之攸塈。'不守其位而能久者鲜矣。《商颂》曰：'不僭不滥，不敢怠皇，命以多福。'"（《左传·哀公五年》）

晋士鞅料栾氏汰奢将先亡

秦伯问于士鞅曰："晋大夫其谁先亡？"对曰："其栾氏乎！"秦伯曰："以其汰乎？"对曰："然。栾黡汰虐已甚，犹可以免，其在盈乎！"秦伯曰："何故？"对曰："武子之德在民，如周人之思召公焉，爱其甘棠，况其子乎？栾黡死，盈之善未能及人，武子所施没矣，而黡之怨实章，将于是乎在。"秦伯以为知言，为之请于晋而复之。（《左传·襄公十四年》）

免余俭约不受邑

公与免余邑六十，辞曰："唯卿备百邑，臣六十矣。下有上禄，乱也。臣弗敢闻。且宁子唯多邑，故死，臣惧死之速及也。"公固与之，受其半。以为少师。公使为卿，辞曰："大叔仪不贰，能赞大事，君其命之。"乃使文子为卿。（《左传·襄公二十七年》）

叔向赞子展"俭而壹"

叔向曰："郑七穆，罕氏其后亡者也，子展俭而壹。"（《左传·襄公二十六年》）

司马侯料子容、司徒皆不免

齐高子容与宋司徒见知伯，女齐相礼。宾出，司马侯言于知伯曰："二子皆将不免。子容专，司徒侈，皆亡家之主也。"知伯曰："何如？"对曰："专则速及，侈将以其力毙，专则人实毙之，将及矣。"（《左传·襄公二十九年》）

伯有汰侈取祸

大夫聚谋。子皮曰:"《仲虺之志》云:'乱者取之,亡者侮之。推亡、固存,国之利也。'罕、驷、丰同生,伯有汰侈,故不免。"(《左传·襄公三十年》)

游吉观楚王汰侈料其必合诸侯

楚灵王即位,薳罢为令尹,薳启强为大宰。郑游吉如楚葬郏敖,且聘立君。归,谓子产曰:"具行器矣。楚王汰侈,而自说其事,必合诸侯,吾往无日矣。"子产曰:"不数年未能也。"(《左传·昭公元年》)

子产不患汰奢之楚

子产见左师曰:"吾不患楚矣。汰而愎谏,不过十年。"左师曰:"然。不年侈,其恶不远。远恶而后弃。善亦如之,德远而后兴。"(《左传·昭公四年》)

[六] 贪　　陵

叔孙侨如贪陵不获赐

简王八年,鲁成公来朝,使叔孙侨如先聘且告。见王孙说,与之语。说言于王曰:"鲁叔孙之来也,必有异焉。其享觐之币薄而言诌,殆请之也。若请之,必欲赐也。鲁执政唯强,故不欢焉而后遣之。且其状方上而锐下,宜触冒人。王其勿赐。若贪陵之人来而盈其愿,是赏不善也。且财不给。故圣人之施舍也议之,其喜怒取与也亦议之。是以不主宽惠,亦不主猛毅,主德义而已。"王曰:"诺。"使私问诸鲁,请之也。王遂不赐,礼如行人。(《国语·周语中》)

晏桓子评鲁子家贪

冬,公孙归父会齐侯于谷,见晏桓子,与之言鲁,乐。桓子告高宣子曰:"子家其亡乎!怀于鲁矣。怀必贪,贪必谋人。谋人,人亦谋己。一国谋之,何以不亡?"(《左传·宣公十四年》)

子大叔评楚子贪昧

子大叔归,复命。告子展曰:"楚子将死矣。不修其政德,而贪昧于诸侯,以逞其愿,欲久,得乎?《周易》有之,在复之颐,曰,'迷复,凶',其楚子之谓乎!欲复其愿,而弃其本,复归无所,是谓迷复,能无凶乎?君其往也,送葬而归,以快楚心。楚不几十年,未能恤诸侯也,

吾乃休吾民矣。"(《左传·襄公二十八年》)

[七] 孝

樊穆仲评鲁侯孝

宣王欲得国子之能训导诸侯者,樊穆仲曰:"鲁侯孝。"王曰:"何以知之?"对曰:"肃恭明神而敬事耇老,赋事行刑,必问于遗训而咨于故实。不干所问,不犯所咨。"王曰:"然则能训治其民矣。"乃命鲁孝公于夷宫。(《国语·周语上》)

[八] 华而不实

伯宗妻谓阳子华而不实

伯宗朝,以喜归。其妻曰:"子貌有喜,何也?"曰:"吾言于朝,诸大夫皆谓我智似阳子。"对曰:"阳子华而不实,主言而无谋,是以难及其身。子何喜焉?"伯宗曰:"吾饮诸大夫酒,而与之语,尔试听之。"曰:"诺。"既饮,其妻曰:"诸大夫莫子若也,然而民不能戴其上久矣,难必及子乎!盍亟索士憖庇州犂焉。"(《国语·晋语五》)

沈诸梁谓王孙胜华而不实

子西使人召王孙胜,沈诸梁闻之,见子西曰:"闻子召王孙胜,信乎?"曰:"然。"子高曰:"将焉用之?"曰:"吾闻之,胜直而刚,欲置之境。"子高曰:"不可。其为人也,展而不信,爱而不仁,诈而不智,毅而不勇,直而不衷,周而不淑。复言而不谋身,展也;爱而不谋长,不仁也;以谋盖人,诈也;强忍,毅也;直而不顾,不衷也;周言弃德,不淑也。是六德者,皆有其华而不实者也,将焉用之?"(《国语·楚语下》)

[九] 良

君子谓羊斟无良

君子谓羊斟"非人也,以其私憾,败国殄民,于是刑孰大焉?《诗》所谓'人之无良'者,其羊斟之谓乎!残民以逞。"(《左传·宣公二年》)

孔子赞董狐为良史、赵宣子为良大夫

孔子曰:"董狐,古之良史也,书法不隐。赵宣子,古之良大夫也,

为法受恶。惜也,越竟乃免。"(《左传·宣公二年》)

椒举赞向戌、叔孙侨如为诸侯之良

椒举言于楚子曰:"……宋向戌、郑公孙侨在,诸侯之良也,君其选焉。"(《左传·昭公四年》)

楚王赞左史倚相为良史

王曰:"是良史也,子善视之!是能读《三坟》《五典》《八索》《九丘》。"(《左传·昭公十二年》)

[十] 君 子

晋鲍癸赞楚乐伯、摄叔为君子

楚许伯御乐伯,摄叔为右,以致晋师。许伯曰:"吾闻致师者,御靡旌、摩垒而还。"乐伯曰:"吾闻致师者,左射以菆,代御执辔,御下,两马、掉鞅而还。"摄叔曰:"吾闻致师者,右入垒,折馘、执俘而还。"皆行其所闻而复。晋人逐之,左右角之。乐伯左射马,而右射人,角不能进。矢一而已。麋兴于前,射麋,丽龟。晋鲍癸当其后,使摄叔奉麋献焉,曰:"以岁之非时,献禽之未至,敢膳诸从者。"鲍癸止之,曰:"其左善射,其右有辞,君子也。"既免。(《左传·宣公十二年》)

范文子赞楚囚钟仪为君子

公语范文子。文子曰:"楚囚,君子也。言称先职,不背本也;乐操土风,不忘旧也;称大子,抑无私也;名其二卿,尊君也。不背本,仁也;不忘旧,信也;无私,忠也;尊君,敏也。仁以接事,信以守之,忠以成之,敏以行之。事虽大,必济。君盍归之,使合晋、楚之成。"公从之,重为之礼,使归求成。(《左传·成公九年》)

晋侯以子产为"博物君子"

晋侯闻子产之言,曰:"博物君子也。"重贿之。(《左传·昭公元年》)

仲尼赞子产为"乐只君子"

子产归,未至,闻子皮卒,哭,且曰:"吾已!无为为善矣。唯夫子知我。"

仲尼谓子产:"于是行也,足以为国基矣。《诗》曰:'乐只君子,邦

家之基。'子产,君子之求乐者也。"且曰:"合诸侯,艺贡事,礼也。"(《左传·昭公十三年》)

[十一] 忠

君子谓季文子"忠于公室"

君子是以知季文子之忠于公室也:"相三君矣,而无私积,可不谓忠乎?"(《左传·襄公五年》)

智武子以赵宣子之忠勉赵武

(赵文子)见智武子,武子曰:"吾子勉之,成、宣之后,而老为大夫,非耻乎!成子之文,宣子之忠,其可忘乎!夫成子导前志以佐先君,导法而卒以政,可不谓文乎!夫宣子尽谏于襄、灵,以谏取恶,不惮死进,可不谓忠乎!吾子勉之,有宣子之忠,而纳之以成子之文,事君必济。"(《国语·晋语六》)

君子谓子囊忠

楚子囊还自伐吴,卒。将死,遗言谓子庚:"必城郢!"君子谓:"子囊忠。君薨,不忘增其名;将死,不忘卫社稷,可不谓忠乎?忠,民之望也。《诗》曰'行归于周,万民所望',忠也。"(《左传·襄公十四年》)

君子评子然"不忠"

郑驷歂杀邓析,而用其《竹刑》。君子谓子然:"于是不忠。苟有可以加于国家者,弃其邪可也。《静女》之三章,取彤管焉。《竿旄》'何以告之',取其忠也。故用其道,不弃其人。《诗》云:'蔽芾甘棠,勿翦勿伐,召伯所茇。'思其人,犹爱其树,况用其道而不恤其人乎!子然无以劝能矣。"(《左传·定公九年》)

君子谓华元、乐举不臣

君子谓华元、乐举"于是乎不臣。① 臣,治烦去惑者也,是以伏死而争。今二子者,君生则纵其惑,死又益其侈,是弃君于恶也,何臣之为?"(《左传·成公二年》)

---

① 孔子说:"君使臣以礼,臣事君以忠。"(《论语·八佾》)故此处将"不臣"归于"不忠"。

[十二] 礼

君子以范宣子为知礼

晋范宣子来聘,且拜公之辱,告将用师于郑。

公享之。宣子赋《摽有梅》。季武子曰:"谁敢哉？今譬于草木,寡君在君,君之臭味也。欢以承命,何时之有？"武子赋《角弓》。宾将出,武子赋《彤弓》。宣子曰:"城濮之役,我先君文公献功于衡雍,受彤弓于襄王,以为子孙藏。匄也,先君守官之嗣也,敢不承命？"君子以为知礼。(《左传·襄公八年》)

叔向评齐侯、卫侯不敬怠礼

会于商任,锢栾氏也。

齐侯、卫侯不敬。叔向曰:"二君者必不免。会朝,礼之经也;礼,政之舆也;政,身之守也。怠礼,失政;失政,不立,是以乱也。"(《左传·襄公二十一年》)

君子谓宋共姬女而不妇

或叫于宋大庙,曰:"嘻嘻,出出。"鸟鸣于亳社,如曰"嘻嘻"。甲午,宋大灾。宋伯姬卒,待姆也。君子谓宋共姬:"女而不妇。女待人,妇义事也。"(《左传·襄公三十年》)

北宫文子评子产之从政有礼

子产之从政也,择能而使之:冯简子能断大事,子大叔美秀而文,公孙挥能知四国之为,而辨于其大夫之族姓、班位、贵贱、能否,而又善为辞令。裨谌能谋,谋于野则获,谋于邑则否。郑国将有诸侯之事,子产乃问四国之为于子羽,且使多为辞令;与裨谌乘以适野,使谋可否;而告冯简子使断之。事成,乃授子大叔使行之,以应对宾客,是以鲜有败事。北宫文子所谓有礼也。(《左传·襄公三十一年》)

公孙挥评子晳无礼而好陵人

叔向出,行人挥送之。叔向问郑故焉,且问子晳。对曰:"其与几何！无礼而好陵人,怙富而卑其上,弗能久矣。"(《左传·昭公元年》)

叔向赞叔弓知礼

叔弓聘于晋,报宣子也。晋侯使郊劳,辞曰:"寡君使弓来继旧好,固曰'女无敢为宾',彻命于执事,敝邑弘矣,敢辱郊使?请辞。"致馆,辞曰:"寡君命下臣来继旧好,好合使成,臣之禄也。敢辱大馆!"叔向曰:"子叔子知礼哉!吾闻之曰:'忠信,礼之器也;卑让,礼之宗也。'辞不忘国,忠信也;先国后己,卑让也。《诗》曰:'敬慎威仪,以近有德。'夫子近德矣。"(《左传·昭公二年》)

伯石一礼掩汰奢

夏四月,郑伯如晋,公孙段相,甚敬而卑,礼无违者。晋侯嘉焉,授之以策,曰:"子丰有劳于晋国,余闻而弗忘。赐女州田,以胙乃旧勋。"伯石再拜稽首,受策以出。

君子曰:"礼,其人之急也乎!伯石之汰也,一为礼于晋,犹荷其禄,况以礼终始乎!《诗》曰'人而无礼,胡不遄死',其是之谓乎!"(《左传·昭公三年》)

孔丘赞孟僖子重礼

九月,公至自楚。孟僖子病不能相礼,乃讲学之,苟能礼者从之。及其将死也,召其大夫,曰:"礼,人之干也。无礼,无以立。吾闻将有达者曰孔丘,圣人之后也,而灭于宋。其祖弗父何以有宋而授厉公。及正考父,佐戴、武、宣,三命兹益共,故其鼎铭云:'一命而偻,再命而伛,三命而俯,循墙而走,亦莫余敢侮。饘于是,鬻于是,以糊余口。'其共也如是。臧孙纥有言曰:'圣人有明德者,若不当世,其后必有达人。'今其将在孔丘乎!我若获没,必属说与何忌于夫子,使事之,而学礼焉,以定其位。"故孟懿子与南宫敬叔师事仲尼。仲尼曰:"能补过者,君子也。《诗》曰'君子是则是效',孟僖子可则效已矣。"(《左传·昭公七年》)

君子以子产"无毁人以自成"为知礼

三月,郑简公卒。将为葬除,及游氏之庙,将毁焉。子大叔使其除徒执用以立,而无庸毁,曰:"子产过女,而问何故不毁,乃曰:'不忍庙也。诺,将毁矣。'"既如是,子产乃使辟之。司墓之室有当道者,毁之,则朝而塴;弗毁,则日中而塴。子大叔请毁之,曰:"无若诸侯之宾何?"子产曰:"诸侯之宾能来会吾丧,岂惮日中?无损于宾,而民不害,何故不为?"遂弗毁,日中而葬。君子谓子产于是乎知礼。礼,无毁人以自成也。(《左传·昭公十二年》)

叔向评周景王乐忧不知礼

籍谈归,以告叔向。叔向曰:"王其不终乎!吾闻之:'所乐必卒焉。'今王乐忧,若卒以忧,不可谓终。王一岁而有三年之丧二焉,于是乎以丧宾宴,又求彝器,乐忧甚矣,且非礼也。彝器之来,嘉功之由,非由丧也。三年之丧,虽贵遂服,礼也。王虽弗遂,宴乐以早,亦非礼也。礼,王之大经也。一动而失二礼,无大经矣。言以考典,典以志经。忘经而多言,举典,将焉用之?"(《左传·昭公十五年》)

叔孙婼以乐大心卑其大夫而贱其宗为无礼

二十五年春,叔孙婼聘于宋,桐门右师见之。语,卑宋大夫而贱司城氏。昭子告其人曰:"右师其亡乎!君子贵其身,而后能及人,是以有礼。今夫子卑其大夫而贱其宗,是贱其身也,能有礼乎?无礼,必亡。"(《左传·昭公二十五年》)

闵马父谓王子朝无礼

闵马父闻子朝之辞,曰:"文辞以行礼也。子朝干景之命,远晋之大,以专其志,无礼甚矣,文辞何为?"(《左传·昭公二十六年》)

犁弥谓孔丘知礼而无勇

夏,公会齐侯于祝其,实夹谷。孔丘相,犁弥言于齐侯曰:"孔丘知礼而无勇,若使莱人以兵劫鲁侯,必得志焉。"齐侯从之。孔丘以公退,曰:"士兵之!两君合好,而裔夷之俘以兵乱之,非齐君所以命诸侯也。裔不谋夏,夷不乱华,俘不干盟,兵不偪好——于神为不祥,于德为愆义,于人为失礼,君必不然。"齐侯闻之,遽辟之。(《左传·定公十年》)

苗棼皇谓郤子勇而不知礼

靡笄之役也,郤献子伐齐。齐侯来,献之以得殒命之礼,曰:"寡君使克也,不腆弊邑之礼,为君之辱,敢归诸下执政,以憗御人。"苗棼皇曰:"郤子勇而不知礼,矜其伐而耻国君,其与几何!"(《国语·晋语五》)

君子谓涉佗无礼而遄死

初,卫侯伐邯郸午于寒氏,城其西北而守之,宵熸。及晋围卫,午以徒七十人门于卫西门,杀人于门中,曰:"请报寒氏之役。"涉佗曰:"夫子则勇矣;然我往,必不敢启门。"亦以徒七十人旦门焉,步左右,皆至而立,如植。日中不启门,乃退。

反役,晋人讨卫之叛故,曰:"由涉佗、成何。"于是执涉佗,以求成于卫。卫人不许。晋人遂杀涉佗,成何奔燕。君子曰:"此之谓弃礼,必不钧。《诗》曰:'人而无礼,胡不遄死?'涉佗亦遄矣哉!"(《左传·定公十年》)

子贡评定公、邾子俯仰皆失礼

十五年春,邾隐公来朝。子贡观焉。邾子执玉高,其容仰;公受玉卑,其容俯。子贡曰:"以礼观之,二君者,皆有死亡焉。夫礼,死生存亡之体也,将左右、周旋、进退、俯仰,于是乎取之;朝、祀、丧、戎,于是乎观之。今正月相朝,而皆不度,心已亡矣。嘉事不体,何以能久?高、仰,骄也;卑、俯,替也。骄近乱,替近病,君为主,其先亡乎!"(《左传·定公十五年》)

君子谓郤至"勇以知礼"

鄢之战,郤至以韎韦之跗注,三逐楚共王卒,见王必下奔,退战。王使工尹襄问之以弓,曰:"方事之殷也,有韎韦之跗注,君子也。属见不谷而下,无乃伤乎?"郤至甲胄而见客,免胄而听命,曰:"君之外臣至,以寡君之灵,间蒙甲胄,不敢当拜君命之辱,为使者故,敢三肃之。"君子曰:"勇以知礼。"(《国语·晋语六》)

仲尼谓公父文伯之母别于男女之礼

公父文伯之母,季康子之从祖叔母也。康子往焉,闱门与之言,皆不逾阈。祭悼子,康子与焉,酢不受,彻俎不宴,宗不具不绎,绎不尽饫则退。仲尼闻之,以为别于男女之礼矣。(《国语·鲁语下》)

师亥赞公父文伯之母知礼

公父文伯之母欲室文伯,飨其宗老,而为赋《绿衣》之三章。老请守龟卜室之族。师亥闻之曰:"善哉!男女之飨,不及宗臣。宗室之谋,不过宗人。谋而不犯,微而昭矣。诗所以合意,歌所以咏诗也。今诗以合室,歌以咏之,度于法矣。"(《国语·鲁语下》)

仲尼赞公父文伯之母智而知礼

公父文伯卒,其母戒其妾曰:"吾闻之:好内,女死之;好外,士死之。今吾子夭死,吾恶其以好内闻也。二三妇之辱共先祀者,请无瘠色,无洵涕,无搯膺,无忧容,有降服,无加服。从礼而静,是昭吾子也。"仲尼闻之曰:"女智莫若妇,男智莫若夫。公父氏之妇智也夫!

欲明其子之令德也。"

公父文伯之母朝哭穆伯,而暮哭文伯。仲尼闻之曰:"季氏之妇可谓知礼矣,爱而无私,上下有章。"(《国语·鲁语下》)

[十三] 让

君子赞晋卿礼让而国治

荀䇲、士鲂卒,晋侯蒐于绵上以治兵。使士匄将中军,辞曰:"伯游长。昔臣习于知伯,是以佐之,非能贤也。请从伯游。"荀偃将中军,士匄佐之。使韩起将上军,辞以赵武。又使栾黡,辞曰:"臣不如韩起,韩起愿上赵武,君其听之。"使赵武将上军,韩起佐之;栾黡将下军,魏绛佐之。新军无帅,晋侯难其人,使其什吏率其卒乘官属,以从于下军,礼也。晋国之民是以大和,诸侯遂睦。

君子曰:"让,礼之主也。范宣子让,其下皆让。栾黡为汰,弗敢违也。晋国以平,数世赖之,刑善也夫! 一人刑善,百姓休和,可不务乎!《书》曰:'一人有庆,兆民赖之,其宁惟永。'其是之谓乎! 周之兴也,其《诗》曰:'仪刑文王,万邦作孚。'言刑善也。及其衰也,其《诗》曰,'大夫不均,我从事独贤',言不让也。世之治也,君子尚能而让其下,小人农力以事其上,是以上下有礼,而谗慝黜远,由不争也,谓之懿德。及其乱也,君子称其功以加小人,小人伐其技以冯君子,是以上下无礼,乱虐并生,由争善也,谓之昏德。国家之敝,恒必由之。"(《左传·襄公十三年》)

公孙挥赞子产让不失礼

郑伯赏入陈之功,三月甲寅朔,享子展,赐之先路三命之服,先八邑;赐子产次路再命之服,先六邑。子产辞邑,曰:"自上以下,降杀以两,礼也。臣之位在四,且子展之功也,臣不敢及赏礼,请辞邑。"公固予之,乃受三邑。公孙挥曰:"子产其将知政矣。让不失礼。"(《左传·襄公二十六年》)

襄公谓郤至不让如兵在颈

襄公曰:"人有言曰:'兵在其颈。'其郤至之谓乎! 君子不自称也,非以让也,恶其盖人也。夫人性,陵上者也,不可盖也。求盖人,其抑下滋甚,故圣人贵让。且谚曰:'兽恶其网,民恶其上。'故《书》

曰:'民可近也,而不可上也。'《诗》曰:'恺悌君子,求福不回。'在礼,敌必三让,是则圣人知民之不可加也。故王天下者必先诸民,然后庇焉,则能长利。今郤至在七人之下,而欲上之,是求盖七人也,其亦有七怨。怨在小丑,犹不可堪,而况在侈卿乎。其何以待之?"(《国语·周语中》)

[十四] 守 节

季札守节让国效子臧

吴子诸樊既除丧,将立季札。季札辞曰:"曹宣公之卒也,诸侯与曹人不义曹君,将立子臧。子臧去之,遂弗为也,以成曹君。君子曰'能守节'。君,义嗣也,谁敢奸君?有国,非吾节也。札虽不才,愿附于子臧,以无失节。"固立之,弃其室而耕,乃舍之。(《左传·襄公十四年》)

屈狐庸论季札之守节

吴子使屈狐庸聘于晋,通路也。赵文子问焉,曰:"延州来季子其果立乎?巢陨诸樊,阍戕戴吴,天似启之,何如?"对曰:"不立。是二王之命也,非启季子也。若天所启,其在今嗣君乎!甚德而度。德不失民,度不失事。民亲而事有序,其天所启也。有吴国者,必此君之子孙实终之。季子,守节者也。虽有国,不立。"(《左传·襄公三十一年》)

[十五] 官 人

仲尼赞魏献子之举人显忠义

仲尼闻魏子之举也,以为义,曰:"近不失亲,远不失举,可谓义矣。"又闻其命贾辛也,以为忠,"《诗》曰'永言配命,自求多福',忠也。魏子之举也义,其命也忠,其长有后于晋国乎!"(《左传·昭公二十八年》)

君子赞楚国能官人

楚公子午为令尹,公子罢戎为右尹,蔿子冯为大司马,公子橐师为右司马,公子成为左司马,屈到为莫敖,公子追舒为箴尹,屈荡为连尹,养由基为宫厩尹,以靖国人。

君子谓:"楚于是乎能官人。官人,国之急也。能官人,则民无觊心。《诗》云,'嗟我怀人,置彼周行',能官人也。王及公、侯、伯、子、男,甸、采、卫、大夫,各居其列,所谓周行也。"(《左传·襄公十五年》)

晋悼公官人各得其所

君知士贞子之帅志博闻而宣惠于教也,使为大傅。知右行辛之能以数宣物定功也,使为元司空。知栾纠之能御以和于政也,使为戎御。知荀宾之有力而不暴也,使为戎右。栾伯谓公族大夫,公曰:"荀家惇惠,荀会文敏,黡也果敢,无忌镇静,使兹四人者为之。夫膏粱之性难正也,故使惇惠者教之,使文明者导之,使果敢者谂之,使镇静者修之。惇惠者教之,则遍而不倦;文明者导之,则婉而入;果敢者谂之,则过不隐;镇静者修之,则壹。使兹四人者为公族大夫。"公知祁奚之果而不淫也,使为元尉。知羊舌职之聪敏肃给也,使佐之。知魏绛之勇而不乱也,使为元司马。知张老之智而不诈也,使为元候。知铎遏寇之恭敬而信强也,使为舆尉。知籍偃之惇帅旧职而恭给也,使为舆司马。知程郑端而不淫,且好谏而不隐也,使为赞仆。

……

祁奚辞于军尉,公问焉,曰:"孰可?"对曰:"臣之子午可。人有言曰:'择臣莫若君,择子莫若父。'午之少也,婉以从令,游有乡,处有所,好学而不戏。其壮也,强志而用命,守业而不淫。其冠也,和安而好敬,柔惠小物,而镇定大事,有质直而无流心,非义不变,非止不举。若临大事,其可以贤于臣也。臣请荐所能择,而君比义焉。"公使祁午为军尉。殁平公,军无秕政。

……

悼公使张老为卿,辞曰:"臣不如魏绛。夫绛之智能治大官,其仁可以利公室不忘,其勇不疚于刑,其学不废其先人之职。若在卿位,外内必平。且鸡丘之会,其官不犯而辞顺,不可不赏也。"公五命之,固辞,乃使为司马。使魏绛佐新军。

……

悼公与司马侯升台而望,曰:"乐夫!"对曰:"临下之乐则乐矣,德义之乐则未也。"公曰:"何谓德义?"对曰:"诸侯之为,日在君侧,以其善行,以其恶戒,可谓德义矣。"公曰:"孰能?"对曰:"羊舌肸习于春秋。"乃召叔向使傅大子彪。(《国语·晋语七》)

[十六] 知人（识鉴）

秦穆公慧眼识人

君子是以知"秦穆之为君也，举人之周也，与人之壹也；孟明之臣也，其不解也，能惧思也；子桑之忠也，其知人也，能举善也。《诗》曰，'于以采蘩？于沼、于沚。于以用之？公侯之事'，秦穆有焉。'夙夜匪解，以事一人'，孟明有焉。'诒厥孙谋，以燕翼子'，子桑有焉。"（《左传·文公三年》）

叔向知祁奚外举不弃仇，内举不失亲

秋，栾盈出奔楚。宣子杀箕遗、黄渊、嘉父、司空靖、邴豫、董叔、邴师、申书、羊舌虎、叔罴，囚伯华、叔向、籍偃。

人谓叔向曰："子离于罪，其为不知乎？"叔向曰："与其死亡若何？《诗》曰，'优哉游哉，聊以卒岁'，知也。"

乐王鲋见叔向，曰："吾为子请。"叔向弗应。出，不拜。其人皆咎叔向。叔向曰："必祁大夫。"室老闻之，曰："乐王鲋言于君，无不行，求赦吾子，吾子不许。祁大夫所不能也，而曰必由之，何也？"叔向曰："乐王鲋，从君者也，何能行？祁大夫外举不弃雠，内举不失亲，其独遗我乎？《诗》曰：'有觉德行，四国顺之。'夫子觉者也。"

晋侯问叔向之罪于乐王鲋。对曰："不弃其亲，其有焉。"于是祁奚老矣，闻之，乘驲而见宣子，曰："《诗》曰：'惠我无疆，子孙保之。'《书》曰：'圣有谟勋，明征定保。'夫谋而鲜过、惠训不倦者，叔向有焉，社稷之固也，犹将十世宥之，以劝能者。今壹不免其身，以弃社稷，不亦惑乎？鲧殛而禹兴；伊尹放大甲而相之，卒无怨色；管、蔡为戮，周公右王。若之何其以虎也弃社稷？子为善，谁敢不勉？多杀何为？"宣子说，与之乘，以言诸公而免之。不见叔向而归，叔向亦不告免焉而朝。（《左传·襄公二十一年》）

晏子深信韩宣子知人

宣子遂如齐纳币。见子雅。子雅召子旗，使见宣子。宣子曰："非保家之主也，不臣。"见子尾。子尾见强，宣子谓之如子旗。大夫多笑之，唯晏子信之，曰："夫子，君子也。君子有信，其有以知之矣。"（《左传·昭公二年》）

智果识鉴智瑶与知宵

智宣子将以瑶为后,智果曰:"不如宵也。"宣子曰:"宵也很。"对曰:"宵之很在面,瑶之很在心。心很败国,面很不害。瑶之贤于人者五,其不逮者一也。美鬓长大则贤,射御足力则贤,伎艺毕给则贤,巧文辩惠则贤,强毅果敢则贤。如是而甚不仁,以其五贤陵人,而以不仁行之,其谁能待之?若果立瑶也,智宗必灭。"弗听。智果别族于大史为辅氏。及智氏之亡,唯辅果在。(《国语·晋语九》)

鲍叔知人荐管仲

桓公自莒反于齐,使鲍叔为宰,辞曰:"臣,君之庸臣也。君加惠于臣,使不冻馁,则是君之赐也。若必治国家者,则非臣之所能也。若必治国家者,则其管夷吾乎。臣之所不若夷吾者五:宽惠柔民,弗若也;治国家不失其柄,弗若也;忠信可结于百姓,弗若也;制礼义可法于四方,弗若也;执枹鼓立于军门,使百姓皆加勇焉,弗若也。"(《国语·齐语》)

施伯慧眼识管仲之才

庄公以问施伯,施伯对曰:"此非欲戮之也,欲用其政也。夫管子,天下之才也,所在之国,则必得志于天下。今彼在齐,则必长为鲁国忧矣。"(《国语·齐语》)

[十七] 敬　　戒

君子谓郑子张善戒

九月,郑公孙黑肱有疾,归邑于公,召室老、宗人立段,而使黜官、薄祭。祭以特羊,殷以少牢,足以共祀,尽归其余邑,曰:"吾闻之,生于乱世,贵而能贫,民无求焉,可以后亡。敬共事君与二三子。生在敬戒,不在富也。"己巳,伯张卒。君子曰:"善戒。《诗》曰'慎尔侯度,用戒不虞',郑子张其有焉。"(《左传·襄公二十二年》)

[十八] 义

孔子赞冉有"义"

孔子曰:"能执干戈以卫社稷,可无殇也。"冉有用矛于齐师,故能入其军。孔子曰:"义也。"(《左传·哀公十一年》)

君子谓陈庆氏不义

陈侯如楚,公子黄愬二庆于楚,楚人召之。使庆乐往,杀之。庆氏以陈叛。夏,屈建从陈侯围陈。陈人城,版队而杀人。役人相命,各杀其长,遂杀庆虎、庆寅。楚人纳公子黄。君子谓庆氏:"不义,不可肆也。故《书》曰:'惟命不于常。'"(《左传·襄公二十三年》)

陈文子谓崔杼过君不义

自卫将遂伐晋。

晏平仲曰:"君恃勇力,以伐盟主。若不济,国之福也。不德而有功,忧必及君。"崔杼谏曰:"不可。臣闻之:'小国间大国之败而毁焉,必受其咎。'君其图之。"弗听。陈文子见崔武子,曰:"将如君何?"武子曰:"吾言于君,君弗听也。以为盟主,而利其难。群臣若急,君于何有?子姑止之。"文子退,告其人曰:"崔子将死乎!谓君甚而又过之,不得其死。过君以义,犹自抑也,况以恶乎?"(《左传·襄公二十三年》)

[十九]知

仲尼评臧武仲之知

齐侯将为臧纥田。臧孙闻之,见齐侯,与之言伐晋,对曰:"多则多矣,抑君似鼠。夫鼠,昼伏夜动,不穴于寝庙,畏人故也。今君闻晋之乱而后作焉,宁将事之,非鼠如何?"乃弗与田。

仲尼曰:"知之难也。有臧武仲之知,而不容于鲁国,抑有由也,作不顺而施不恕也。《夏书》曰:'念兹在兹',顺事、恕施也。"(《左传·襄公二十三年》)

子大叔评张趯之知

三年春王正月,郑游吉如晋,送少姜之葬。梁丙与张趯见之。梁丙曰:"甚矣哉,子之为此来也!"子大叔曰:"将得已乎!昔文、襄之霸也,其务不烦诸侯,今诸侯三岁而聘,五岁而朝,有事而会,不协而盟。君薨,大夫吊,卿共葬事;夫人,士吊,大夫送葬。足以昭礼、命事、谋阙而已,无加命矣。今嬖宠之丧,不敢择位,而数于守适,唯惧获戾,岂敢惮烦?少姜有宠而死,齐必继室。今兹吾又将来贺,不唯此行也。"张趯曰:"善哉,吾得闻此数也!然自今子其无事矣。譬如火焉,火中,寒暑乃退。此其极也,能无退乎?晋将失诸侯,诸侯求烦不获。"二大夫退。子大叔告人曰:"张趯有知,其犹在君子之后乎!"(《左传·昭公三年》)

[二十] 品　　藻

贾季评赵衰赵盾孰贤

狄侵我西鄙,公使告于晋。赵宣子使因贾季问酆舒。且让之。酆舒问于贾季曰:"赵衰、赵盾孰贤?"对曰:"赵衰,冬日之日也;赵盾,夏日之日也。"(《左传·文公七年》)

公孙归生评晋楚大夫

令尹子木与之语,问晋故焉,且曰:"晋大夫与楚孰贤?"对曰:"晋卿不如楚,其大夫则贤,皆卿材也。如杞梓、皮革,自楚往也。虽楚有材,晋实用之。"子木曰:"夫独无族、姻乎?"对曰:"虽有,而用楚材实多。归生闻之:善为国者,赏不僭而刑不滥。赏僭,则惧及淫人;刑滥,则惧及善人。若不幸而过,宁僭,无滥。与其失善,宁其利淫。无善人,则国从之。《诗》曰'人之云亡,邦国殄瘁',无善人之谓也。"(《左传·襄公二十六年》)

徐吾犯之妹选婿嫁子南

郑徐吾犯之妹美,公孙楚聘之矣,公孙黑又使强委禽焉。犯惧,告子产。子产曰:"是国无政,非子之患也。唯所欲与。"犯请于二子,请使女择焉。皆许之。子晳盛饰入,布币而出。子南戎服入,左右射,超乘而出。女自房观之,曰:"子晳信美矣,抑子南,夫也。夫夫妇妇,所谓顺也。"适子南氏。(《左传·昭公元年》)

君子谓合左师善守先代,子产善相小国

王使问礼于左师与子产。左师曰:"小国习之,大国用之,敢不荐闻?"献公合诸侯之礼六。子产曰:"小国共职,敢不荐守?"献伯子男会公之礼六。君子谓合左师善守先代,子产善相小国。(《左传·昭公四年》)

叔向远征近引评子干

子干归,韩宣子问于叔向曰:"子干其济乎!"对曰:"难。"宣子曰:"同恶相求,如市贾焉,何难?"对曰:"无与同好,谁与同恶?取国有五

难：有宠而无人，一也；有人而无主，二也；有主而无谋，三也；有谋而无民，四也；有民而无德，五也。子干在晋，十三年矣。晋、楚之从，不闻达者，可谓无人。族尽亲叛，可谓无主。无衅而动，可谓无谋。为羁终世，可谓无民。亡无爱征，可谓无德。王虐而不忌，楚君子干，涉五难以弑旧君，谁能济之？有楚国者，其弃疾乎！君陈、蔡，城外属焉。苛慝不作，盗贼伏隐，私欲不违，民无怨心。先神命之，国民信之。芈姓有乱，必季实立，楚之常也。获神，一也；有民，二也；令德，三也；宠贵，四也；居常，五也。有五利以去五难，谁能害之？子干之官，则右尹也；数其贵宠，则庶子也；以神所命，则又远之。其贵亡矣，其宠弃矣。民无怀焉，国无与焉，将何以立？"宣子曰："齐桓、晋文不亦是乎？"对曰："齐桓，卫姬之子也，有宠于僖；有鲍叔牙、宾须无、隰朋以为辅佐；有莒、卫以为外主；有国、高以为内主；从善如流，下善齐肃；不藏贿，不从欲，施舍不倦，求善不厌。是以有国，不亦宜乎？我先君文公，狐季姬之子也，有宠于献；好学而不贰，生十七年，有士五人。有先大夫子余、子犯以为腹心，有魏犫、贾佗以为股肱，有齐、宋、秦、楚以为外主，有栾、郤、狐、先以为内主，亡十九年，守志弥笃。惠、怀弃民，民从而与之。献无异亲，民无异望。天方相晋，将何以代文？此二君者，异于子干。共有宠子，国有奥主；无施于民，无援于外；去晋而不送，归楚而不逆，何以冀国？"（《左传·昭公十三年》）

孟孺子自评不如颜羽而贤于邴泄

孟孺子语人曰："我不如颜羽，而贤于邴泄。子羽锐敏，我不欲战而能默，泄曰'驱之'。"（《左传·哀公十一年》）

刘康公评鲁大夫俭侈

定王八年，使刘康公聘于鲁，发币于大夫，季文子、孟献子皆俭，叔孙宣子、东门子家皆侈。归，王问鲁大夫孰贤？对曰："季、孟其长处鲁乎！叔孙、东门其亡乎！若家不亡，身必不免。"（《国语·周语中》）

赵文子叔向论前贤

赵文子与叔向游于九原，曰："死者若可作也，吾谁与归？"叔向曰："其阳子乎！"文子曰："夫阳子行廉直于晋国，不免其身，其知不足称也。"叔向曰："其舅犯乎？"文子曰："夫舅犯见利而不顾其君，其仁

不足称也。其随武子乎！纳谏不忘其师，言身不失其友，事君不援而进，不阿而退。"(《国语·晋语八》)

[二十一] 信

伯州犁谓令尹子木无信将死

子木曰："晋、楚无信久矣，事利而已。苟得志焉，焉用有信？"大宰退，告人曰："令尹将死矣，不及三年。求逞志而弃信，志将逞乎？志以发言，言以出信，信以立志。参以定之。信亡，何以及三？"(《左传·襄公二十七年》)

君子赞荀息不食其言

里克将杀奚齐，……荀息曰："昔君问臣事君于我，我对以忠贞。君曰：'何谓也？'我对曰：'可以利公室，力有所能无不为，忠也。葬死者，养生者，死人复生不悔，生人不愧，贞也。'吾言既往矣，岂能欲行吾言而又爱吾身乎？虽死，焉避之？"……既杀奚齐，荀息将死之。人曰："不如立其弟而辅之。"荀息立卓子。里克又杀卓子，荀息死之。君子曰："不食其言矣。"(《国语·晋语二》)

[二十二] 赏　　誉

叔向赵孟才德折子木

壬午，宋公兼享晋、楚之大夫，赵孟为客，子木与之言，弗能对；使叔向侍言焉，子木亦不能对也。

乙酉，宋公及诸侯之大夫盟于蒙门之外。子木问于赵孟曰："范武子之德何如？"对曰："夫子之家事治，言于晋国无隐情，其祝史陈信于鬼神无愧辞。"子木归以语王。王曰："尚矣哉！能歆神、人，宜其光辅五君以为盟主也。"子木又语王曰："宜晋之伯也，有叔向以佐其卿，楚无以当之，不可与争。"

晋荀盈遂如楚莅盟。(《左传·襄公二十七年》)

君子引诗评乐喜向戌

向氏欲攻司城。左师曰："我将亡，夫子存我，德莫大焉。又可攻乎？"君子曰："'彼己之子，邦之司直'，乐喜之谓乎！'何以恤我，我其收之'，向戌之谓乎！"(《左传·襄公二十七年》)

季武子赋诗《甘棠》誉韩起

公享之,季武子赋《绵》之卒章。韩子赋《角弓》。季武子拜,曰:"敢拜子之弥缝敝邑,寡君有望矣。"武子赋《节》之卒章。既享,宴于季氏。有嘉树焉,宣子誉之。武子曰:"宿敢不封殖此树,以无忘《角弓》。"遂赋《甘棠》。宣子曰:"起不堪也,无以及召公。"(《左传·昭公二年》)

[二十三] 敏

叔向赞楚薳罢敏将知政

楚薳罢如晋莅盟,晋侯享之。将出,赋《既醉》。叔向曰:"薳氏之有后于楚国也,宜哉!承君命,不忘敏。子荡将知政矣。敏以事君,必能养民,政其焉往?"(《左传·襄公二十七年》)

韩宣子以子产为敏

子皮之族饮酒无度,故马师氏与子皮氏有恶。齐师还自燕之月,罕朔杀罕魋。罕朔奔晋。韩宣子问其位于子产。子产曰:"君之羁臣,苟得容以逃死,何位之敢择?卿违,从大夫之位;罪人以其罪降,古之制也。朔于敝邑,亚大夫也;其官,马师也,获戾而逃,唯执政所置之。得免其死,为惠大矣,又敢求位?"宣子为子产之敏也,使从嬖大夫。(《左传·昭公七年》)

郑子皮自愧不及子产敏于行

戊子,晋平公卒。郑伯如晋,及河,晋人辞之。游吉遂如晋。九月,叔孙婼、齐国弱、宋华定、卫北宫喜、郑罕虎、许人、曹人、莒人、邾人、滕人、薛人、杞人、小邾人如晋,葬平公也。

郑子皮将以币行,子产曰:"丧焉用币?用币必百两,百两必千人。千人至,将不行。不行,必尽用之。几千人而国不亡?"子皮固请以行。

既葬,诸侯之大夫欲因见新君。叔孙昭子曰:"非礼也。"弗听。叔向辞之,曰:"大夫之事毕矣,而又命孤。孤斩焉在衰绖之中,其以嘉服见,则丧礼未毕;其以丧服见,是重受吊也。大夫将若之何?"皆无辞以见。

子皮尽用其币。归,谓子羽曰:"非知之实难,将在行之。夫子知

之矣,我则不足。《书》曰'欲败度,纵败礼',我之谓矣。夫子知度与礼矣,我实纵欲,而不能自克也。"(《左传·昭公十年》)

子大叔不及子产敏于事

甲戌,同盟于平丘,齐服也。令诸侯日中造于除。癸酉,退朝。子产命外仆速张于除,子大叔止之,使待明日。及夕,子产闻其未张也,使速往,乃无所张矣。(《左传·昭公十三年》)

[二十四] 文　　学

子犯自谓不及赵衰之文

秦伯将享公子,公子使子犯从。子犯曰:"吾不如衰之文也,请使衰从。"(《国语·晋语四》)

叔向评子产有辞

叔向曰:"辞之不可以已也如是夫!子产有辞,诸侯赖之,若之何其释辞也?《诗》曰'辞之辑矣,民之协矣;辞之绎矣,民之莫矣',其知之矣。"(《左传·襄公三十一年》)

叔孙昭子讥评宋华定不知《诗》

夏,宋华定来聘,通嗣君也。享之,为赋《蓼萧》,弗知,又不答赋。昭子曰:"必亡。宴语之不怀,宠光之不宣,令德之不知,同福之不受,将何以在?"(《左传·昭公十二年》)

郑六卿饯韩起于郊赋不出郑志

夏四月,郑六卿饯宣子于郊。宣子曰:"二三君子请皆赋,起亦以知郑志。"子齹赋《野有蔓草》。宣子曰:"孺子善哉!吾有望矣。"子产赋郑之《羔裘》。宣子曰:"起不堪也。"子大叔赋《褰裳》。宣子曰:"起在此,敢勤子至于他人乎?"子大叔拜。宣子曰:"善哉,子之言是!不有是事,其能终乎?"子游赋《风雨》。子旗赋《有女同车》。子柳赋《萚兮》。宣子喜,曰:"郑其庶乎!二三君子以君命贶起,赋不出郑志,皆昵燕好也。二三君子,数世之主也,可以无惧矣。"宣子皆献马焉,而赋《我将》。子产拜,使五卿皆拜,曰:"吾子靖乱,敢不拜德!"

宣子私觐于子产以玉与马,曰:"子命起舍夫玉,是赐我玉而免吾死也,敢不藉手以拜!"(《左传·昭公十六年》)

[二十五] 德

叔向评郑之罕宋之乐施而不德

郑子展卒,子皮即位。于是郑饥,而未及麦,民病。子皮以子展之命饩国人粟,户一钟,是以得郑国之民,故罕氏常掌国政,以为上卿。宋司城子罕闻之,曰:"邻于善,民之望也。"宋亦饥,请于平公,出公粟以贷;使大夫皆贷。司城氏贷而不书,为大夫之无者贷。宋无饥人。叔向闻之,曰:"郑之罕,宋之乐,其后亡者也,二者其皆得国乎!民之归也。施而不德,乐氏加焉,其以宋升降乎!"(《左传·襄公二十九年》)

舆人诵子产之德

从政一年,舆人诵之,曰:"取我衣冠而褚之,取我田畴而伍之。孰杀子产,吾其与之。"及三年,又诵之,曰:"我有子弟,子产诲之;我有田畴,子产殖之。子产而死,谁其嗣之?"(《左传·襄公三十年》)

师旷评晋公室不务德而争善

二十六年春,秦伯之弟针如晋修成,叔向命召行人子员。行人子朱曰:"朱也当御。"三云,叔向不应。子朱怒,曰:"班爵同,何以黜朱于朝?"抚剑从之。叔向曰:"秦、晋不和久矣。今日之事,幸而集,晋国赖之。不集,三军暴骨。子员道二国之言无私,子常易之。奸以事君者,吾所能御也。"拂衣从之。人救之。平公曰:"晋其庶乎!吾臣之所争者大。"师旷曰:"公室惧卑。臣不心竞而力争,不务德而争善,私欲已侈,能无卑乎!"(《左传·襄公二十六年》)

君子以吴为不吊

吴侵楚,养由基奔命,子庚以师继之。养叔曰:"吴乘我丧,谓我不能师也,必易我而不戒。子为三覆以待我,我请诱之。"子庚从之。战于庸浦,大败吴师,获公子党。

君子以吴为不吊,《诗》曰:"不吊昊天,乱靡有定。"(《左传·襄公十三年》)

申无宇谓公子围不善必不免

楚公子围杀大司马蒍掩而取其室。申无宇曰:"王子必不免。善人,国之主也。王子相楚国,将善是封殖,而虐之,是祸国也。且司

马,令尹之偏,而王之四体也。绝民之主,去身之偏,艾王之体,以祸其国,无不祥大焉。何以得免?"(《左传·襄公三十年》)

子大叔谓楚王使民不安其土

楚子使薳射城州屈,复茄人焉;城丘皇,迁訾人焉。使熊相䄣郭巢,季然郭卷。子大叔闻之,曰:"楚王将死矣。使民不安其土,民必忧,忧将及王,弗能久矣。"(《左传·昭公二十五年》)

秦后子评谓君"无道"

后子见赵孟。赵孟曰:"吾子其曷归?"对曰:"针惧选于寡君,是以在此,将待嗣君。"赵孟曰:"秦君何如?"对曰:"无道。"赵孟曰:"亡乎?"对曰:"何为?一世无道,国未艾也。国于天地,有与立焉。不数世淫,弗能毙也。"赵孟曰:"天乎?"对曰:"有焉。"赵孟曰:"其几何?"对曰:"针闻之,国无道而年谷和熟,天赞之也。鲜不五稔。"(《左传·昭公元年》)

叔向劝韩宣子忧德不忧贫

叔向见韩宣子,宣子忧贫,叔向贺之,宣子曰:"吾有卿之名而无其实,无以从二三子,吾是以忧,子贺我何故?"对曰:"昔栾武子无一卒之田,其宫不备其宗器,宣其德行,顺其宪则,使越于诸侯,诸侯亲之,戎狄怀之,以正晋国,行刑不疚,以免于难。及桓子骄泰奢侈,贪欲无艺,略则行志,假贷居贿,宜及于难,而赖武之德以没其身。及怀子改桓之行,而修武之德,可以免于难,而离桓之罪,以亡于楚。夫郤昭子,其富半公室,其家半三军,恃其富宠以泰于国,其身尸于朝,其宗灭于绛。不然,夫八郤五大夫三卿,其宠大矣。一朝而灭,莫之哀也,唯无德也。今吾子有栾武子之贫,吾以为能其德矣,是以贺。若不忧德之不建,而患货之不足,将吊不暇,何贺之有?"宣子拜稽首焉,曰:"起也将亡,赖子存之,非起也敢专承,其自桓叔以下,嘉吾子之赐。"(《国语·晋语八》)

子叔声伯评苦成叔少德而多宠

子叔声伯如晋,谢季文子,郤犨欲予之邑,弗受也。归,鲍国谓之曰:"子何辞苦成叔之邑?欲信让耶,抑知其不可乎?"对曰:"吾闻之,不厚其栋,不能任重。重莫如国,栋莫如德。夫苦成叔家欲任两国而无大德,其不存也,亡无日矣!譬之如疾,余恐易焉。苦成氏有三亡:

少德而多宠,位下而欲上政,无大功而欲大禄,皆怨府也。其君骄而多私,胜敌而归,必立新家。立新家,不因民不能去旧。因民,非多怨民无所始。为怨三府,可谓多矣。其身之不能定,焉能予人之邑?"鲍国曰:"我信不若子,若鲍氏有衅,吾不图矣。今子图远以让邑,必常立矣。"(《国语·鲁语上》)

叔向赞单靖公俭敬让咨以应成德

晋羊舌肸聘于周,发币于大夫,及单靖公。靖公享之,俭而敬,宾礼赠饯,视其上而从之,燕无私,送不过郊,语说《昊天有成命》。单之老送叔向,叔向告之曰:"异哉!吾闻之曰:'一姓不再兴。'今周其兴乎?其有单子也。昔史佚有言曰:'动莫若敬,居莫若俭,德莫若让,事莫若咨。'单子之贶我,礼也,皆有焉。夫宫室不崇,器无彤镂,俭也。身耸除洁,外内齐给,敬也。宴好享赐,不逾其上,让也。宾之礼事,放上而动,咨也。如是而加之以无私,重之以不殽,能避怨矣。居俭动敬,德让事咨,而能避怨,以为卿佐,其有不兴乎!且其语说《昊天有成命》,《颂》之盛德也,其诗曰:'昊天有成命,二后受之,成王不敢康。夙夜基命宥密,于缉熙,亶厥心,肆其靖之。'是道成王之德也,成王能明文昭,能定武烈者也。夫道成命而称昊天,翼其上也。二后受之,让于德也。成王不敢康,敬百姓也。夙夜,恭也。基,始也。命,信也。宥,宽也。密,宁也。缉,明也。熙,广也。亶,厚也。肆,固也。靖,和也。其始也,翼上德让而敬百姓。其中也,恭俭信宽,帅归于宁。其终也,广厚其心以固和之。始于德让,中于信宽,终于固和,故曰成。单子俭敬让咨,以应成德。单若不兴,子孙必蕃,后世不忘。"(《国语·周语下》)

[二十六] 规　　箴

晏子一言而齐侯省刑

初,景公欲更晏子之宅,曰:"子之宅近市,湫隘嚣尘,不可以居,请更诸爽垲者。"辞曰:"君之先臣容焉,臣不足以嗣之,于臣侈矣。且小人近市,朝夕得所求,小人之利也,敢烦里旅?"公笑曰:"子近市,识贵贱乎?"对曰:"既利之,敢不识乎?"公曰:"何贵?何贱?"于是景公繁于刑,有鬻踊者,故对曰:"踊贵,屦贱。"既已告于君,故与叔向语而称之。景公为是省于刑。

君子曰:"仁人之言,其利博哉! 晏子一言,而齐侯省刑。《诗》曰'君子如祉,乱庶遄已',其是之谓乎!"(《左传·昭公三年》)

君子谓冀芮"善以微劝"

穆公问冀芮曰:"公子谁恃于晋?"对曰:"臣闻之,亡人无党,有党必有雠。夷吾之少也,不好弄戏,不过所复,怒不及色,及其长也弗改。是故出亡无恶于国,而众安之。不然,夷吾不佞,其谁能恃乎?"君子曰:"善以微劝。"(《国语·晋语二》)

[二十七] 仁

申生好仁

优施教骊姬夜半而泣谓公曰:"吾闻申生甚好仁而强,甚宽惠而慈于民,皆有所行之。今谓君惑于我,必乱国,无乃以国故而行强于君。君未终命而不殁,君其若之何? 盍杀我,无以一妾乱百姓。"公曰:"夫岂惠其民而不惠于其父乎?"骊姬曰:"妾亦惧矣。吾闻之外人之言曰:为仁与为国不同,为仁者,爱亲之谓仁;为国者,利国之谓仁。故长民者无亲,众以为亲。苟众利而百姓和,岂能惮君?"(《国语·晋语一》)

仲尼谓楚灵王不仁辱于乾溪

仲尼曰:"古也有志:'克己复礼,仁也。'信善哉! 楚灵王若能如是,岂其辱于乾谿?"(《左传·昭公十二年》)

仲尼以子产不毁乡校为仁

郑人游于乡校,以论执政。然明谓子产曰:"毁乡校何如?"子产曰:"何为? 夫人朝夕退而游焉,以议执政之善否。其所善者,吾则行之;其所恶者,吾则改之,是吾师也。若之何毁之? 我闻忠善以损怨,不闻作威以防怨。岂不遽止? 然犹防川。大决所犯,伤人必多,吾不克救也。不如小决使道,不如吾闻而药之也。"然明曰:"蔑也今而后知吾子之信可事也。小人实不才,若果行此,其郑国实赖之,岂唯二三臣?"

仲尼闻是语也,曰:"以是观之,人谓子产不仁,吾不信也。"(《左传·襄公三十一年》)

君子以晏子为仁

初,景公欲更晏子之宅,曰:"子之宅近市,湫隘嚣尘,不可以居,请更诸爽垲者。"辞曰:"君之先臣容焉,臣不足以嗣之,于臣侈矣。且小人近市,朝夕得所求,小人之利也,敢烦里旅?"公笑曰:"子近市,识贵贱乎?"对曰:"既利之,敢不识乎?"公曰:"何贵?何贱?"于是景公繁于刑,有鬻踊者,故对曰:"踊贵,屦贱。"既已告于君,故与叔向语而称之。景公为是省于刑。

君子曰:"仁人之言,其利博哉!晏子一言,而齐侯省刑。《诗》曰'君子如祉,乱庶遄已',其是之谓乎!"(《左传·昭公三年》)

[二十八] 直

仲尼评叔向为"古之遗直"

晋邢侯与雍子争鄐田,久而无成。士景伯如楚,叔鱼摄理,韩宣子命断旧狱,罪在雍子。雍子纳其女于叔鱼,叔鱼蔽罪邢侯。邢侯怒,杀叔鱼与雍子于朝。宣子问其罪于叔向。叔向曰:"三人同罪,施生戮死可也。雍子自知其罪,而赂以买直,鲋也鬻狱;刑侯专杀,其罪一也。己恶而掠美为昏,贪以败官为墨,杀人不忌为贼。《夏书》曰'昏、墨、贼,杀',皋陶之刑也,请从之。"乃施邢侯而尸雍子与叔鱼于市。

仲尼曰:"叔向,古之遗直也。治国制刑,不隐于亲。三数叔鱼之恶,不为末减。曰义也夫,可谓直矣!平丘之会,数其贿也,以宽卫国,晋不为暴。归鲁季孙,称其诈也,以宽鲁国,晋不为虐。邢侯之狱,言其贪也,以正刑书,晋不为颇。三言而除三恶,加三利。杀亲益荣,犹义也夫!"(《左传·昭公十四年》)

[二十九] 守　　位

郑孔张失位窘态百出

三月,晋韩起聘于郑,郑伯享之。子产戒曰:"苟有位于朝,无有不共恪!"孔张后至,立于客间,执政御之;适客后,又御之;适县间。客从而笑之。事毕,富子谏曰:"夫大国之人,不可不慎也,几为之笑,而不陵我?我皆有礼,夫犹鄙我。国而无礼,何以求荣?孔张失位,吾子之耻也。"子产怒曰："发命之不衷,出令之不信,刑之颇类,狱之放纷,会朝之不敬,使命之不听,取陵于大国,罢民而无功,罪及而弗知,侨之耻也。孔张,君之昆孙子孔之后也,执政之嗣也,为嗣大夫;承命以使,周于诸侯;国人所尊,诸侯所知。立于朝而祀于家,有禄于国,有赋于军,丧、祭有职,受脤、归脤。其祭在庙,已有着位。在位数世,世守其业,而忘其所,侨焉得耻之？辟邪之人而皆及执政,是先王无刑罚也。子宁以他规我。"(《左传·昭公十六年》)

叔孙昭子评蔡太子失位

三月,葬蔡平公。蔡大子朱失位,位在卑。大夫送葬者归,见昭子。昭子问蔡故,以告。昭子叹曰："蔡其亡乎！若不亡,是君也必不终。《诗》曰：'不解于位,民之攸墍。'今蔡侯始即位,而适卑,身将从之。"(《左传·昭公二十一年》)

卫彪傒谓晋魏舒干位必有咎

冬十一月,晋魏舒、韩不信如京师,合诸侯之大夫于狄泉,寻盟,且令城成周。魏子南面。卫彪傒曰："魏子必有大咎。干位以令大事,非其任也。《诗》曰'敬天之怒,不敢戏豫;敬天之渝,不敢驰驱',况敢干位以作大事乎？"(《左传·昭公三十二年》)

子思评郑驷秦不守其位

郑驷秦富而侈,嬖大夫也,而常陈卿之车服于其庭。郑人恶而杀之。子思曰："《诗》曰：'不解于位,民之攸墍。'不守其位而能久者鲜矣。《商颂》曰：'不僭不滥,不敢怠皇,命以多福。'"(《左传·哀公五年》)

[三十] 和　　同

晏子谓梁丘据和而不同

齐侯至自田,晏子侍于遄台,子犹驰而造焉。公曰："唯据与我和夫！"晏子对曰："据亦同也,焉得为和？"公曰："和与同异乎？"对曰："异。和如羹焉,水、火、醯、醢、盐、梅,以烹鱼肉,燀之以薪,宰夫和之,齐之以味,济其不及,以泄其过。君子食之,以平其心。君臣亦然。君所谓可而有否焉,臣献其否以成其可;君所谓否而有可焉,臣献其可以去其否,是以政平而不干,民无争心。故《诗》曰：'亦有和羹,既戒既平。鬷嘏无言,时靡有争。'先王之济五味、和五声也,以平其心,成其政也。声亦如味,一气,二体,三类,四物,五声,六律,七音,八风,九歌,以相成也;清浊、小大、短长、疾徐、哀乐、刚柔、迟速、高下、出入、周疏,以相济也。君子听之,以平其心。心平,德和。故《诗》曰'德音不瑕'。今据不然。君所谓可,据亦曰可;君所谓否,据亦曰否。若以水济水,谁能食之?若琴瑟之专壹,谁能听之?同之不可也如是。"(《左传·昭公二十年》)

仲尼评子产能行和政为古之遗爱

郑子产有疾,谓子大叔曰:"我死,子必为政。唯有德者能以宽服民,其次莫如猛。夫火烈,民望而畏之,故鲜死焉;水懦弱,民狎而玩之,则多死焉。故宽难。"疾数月而卒。

大叔为政,不忍猛而宽。郑国多盗,取人于萑苻之泽。大叔悔之,曰:"吾早从夫子,不及此。"兴徒兵以攻萑苻之盗,尽杀之,盗少止。

仲尼曰:"善哉!政宽则民慢,慢则纠之以猛。猛则民残,残则施之以宽。宽以济猛,猛以济宽,政是以和。《诗》曰'民亦劳止,汔可小康;惠此中国,以绥四方',施之以宽也。'毋从诡随,以谨无良。式遏寇虐,惨不畏明',纠之以猛也。'柔远能迩,以定我王',平之以和也。又曰'不竞不絿,不刚不柔。布政优优,百禄是遒',和之至也。"

及子产卒,仲尼闻之,出涕曰:"古之遗爱也。"(《左传·昭公二十年》)

[三十一] 言　　语

叔向谓师旷之言信而有征

八年春,石言于晋魏榆。晋侯问于师旷曰:"石何故言?"对曰:"石不能言,或冯焉。不然,民听滥也。抑臣又闻之曰:'作事不时,怨讟动于民,则有非言之物而言。'今宫室崇侈,民力雕尽,怨讟并作,莫保其性,石言,不亦宜乎?"于是晋侯方筑虒祁之宫。叔向曰:"子野之言君子哉!君子之言,信而有征,故怨远于其身。小人之言,僭而无征,故怨咎及之。《诗》曰'哀哉不能言,匪舌是出,唯躬是瘁。哿矣能言,巧言如流,俾躬处休',其是之谓乎!是宫也成,诸侯必叛,君必有

咎，夫子知之矣。"(《左传·昭公八年》)

鬷蔑见叔向一言而善

贾辛将适其县，见于魏子。魏子曰："辛来！昔叔向适郑，鬷蔑恶，欲观叔向，从使之收器者，而往，立于堂下，一言而善。叔向将饮酒，闻之，曰：'必鬷明也！'下，执其手以上，曰：'昔贾大夫恶，娶妻而美，三年不言不笑。御以如皋，射雉，获之，其妻始笑而言。贾大夫曰："才之不可以已。我不能射，女遂不言不笑夫！"今子少不飏，子若无言，吾几失子矣。言之不可以已也如是！'遂如故知。今女有力于王室，吾是以举女。行乎！敬之哉！毋堕乃力！'"(《左传·昭公二十八年》)

臧纥谓卫侯其言粪土

卫侯在郲，臧纥如齐唁卫侯。卫侯与之言，虐。退而告其人曰："卫侯其不得入矣。其言粪土也。亡而不变，何以复国？"子展、子鲜闻之，见臧纥，与之言，道。臧孙说，谓其人曰："卫君必入。夫二子者，或挽之，或推之，欲无入，得乎？"(《左传·襄公十四年》)

宁嬴闻阳处父之言恶而反

阳处父如卫，反，过宁，舍于逆旅宁嬴氏。嬴谓其妻曰："吾求君子久矣，今乃得之。"举而从之。阳子道与之语，及山而还。其妻曰："子得所求而不从之，何其怀也！"曰："吾见其貌而欲之，闻其言而恶之。夫貌，情之华也；言，貌之机也。身为情，成于中。言，身之文也，言文而发之，合而后行，离则有衅。今阳子之貌济，其言匮，非其实也。若中不济而外强之，其卒将复，中外易矣。若内外类而言反之，渎其信也。夫言以昭信，奉之如机，历时而发之，胡可渎也！今阳子之情慝矣，以济盖也。且刚而主能，不本而犯，怨之所聚也。吾惧未获其利而及其难，是故去之。"期年，乃有贾季之难，阳子死之。(《国语·晋语五》)

[三十二] 其 他

君子谓子西"善事大国"

郑伯归自晋，使子西如晋聘，辞曰："寡君来烦执事，惧不免于戾，使夏谢不敏。"君子曰："善事大国。"(《左传·襄公二十六年》)

公孙固评重耳君臣

公子过宋,与司马公孙固相善。公孙固言于襄公曰:"晋公子亡,长幼矣,而好善不厌,父事狐偃,师事赵衰,而长事贾佗。狐偃,其舅也,而惠以有谋。赵衰,其先君之戎御赵夙之弟也,而文以忠贞。贾佗,公族也,而多识以恭敬。此三人者,实左右之。公子居则下之,动则咨焉,成幼而不倦,殆有礼矣。树于有礼,必有艾。"(《国语·晋语四》)

楚成王谓重耳敏而有文、约而不谄

(楚成)王曰:"……且晋公子敏而文,约而不谄,三材傅之,天祚之矣。天之所兴,谁能废之?"(《国语·晋语四》)

臧文仲以孟孙为善守

文公欲弛孟文子之宅,使谓之曰:"吾欲利子于外之宽者。"对曰:"夫位,政之建也;署,位之表也;车服,表之章也;宅,章之次也;禄,次之食也。君议五者以建政,为不易之故也。今有司来命易臣之署与其车服,而曰:'将易而次,为宽利也。'夫署,所以朝夕虔君命也,臣立先君之署,服其车服,为利故而易其次,是辱君命也,不敢闻命。若罪也,则请纳禄与车服而违署,唯里人之所命次。"公弗取。臧文仲闻之曰:"孟孙善守矣,其可以盖穆伯而守其后于鲁乎!"(《国语·鲁语上》)

君子谓莒展弃人而不立

叔弓帅师疆郓田,因莒乱也。于是莒务娄、瞀胡及公子灭明以大厖与常仪靡奔齐。

君子曰:"莒展之不立,弃人也夫!人可弃乎?《诗》曰'无竞维人',善矣。"(《左传·昭公元年》)

子产谓伯有侈而愎子皙好在人上

子产相郑伯以如晋,叔向问郑国之政焉。对曰:"吾得见与否,在此岁也。驷、良方争,未知所成。若有所成,吾得见,乃可知也。"叔向曰:"不既和矣乎?"对曰:"伯有侈而愎,子皙好在人上,莫能相下也。虽其和也,犹相积恶也,恶至无日矣。"(《左传·襄公三十年》)

仲尼评叔孙昭子之不劳

仲尼曰:"叔孙昭子之不劳,不可能也。周任有言曰:'为政者不赏私劳,不罚私怨。'《诗》云:'有觉德行,四国顺之。'"(《左传·昭

五年》)

鲁太史克评上古十六善族和四凶族

昔高阳氏有才子八人,苍舒、隤敳、梼戭、大临、尨降、庭坚、仲容、叔达,齐、圣、广、渊、明、允、笃、诚,天下之民谓之八恺。高辛氏有才子八人,伯奋、仲堪、叔献、季仲、伯虎、仲熊、叔豹、季狸,忠、肃、共、懿、宣、慈、惠、和,天下之民谓之八元。此十六族也,世济其美,不陨其名。以至于尧,尧不能举。舜臣尧,举八恺,使主后土,以揆百事,莫不时序,地平天成。举八元,使布五教于四方,父义、母慈、兄友、弟共、子孝,内平外成。

昔帝鸿氏有不才子,掩义隐贼,好行凶德;丑类恶物。顽嚚不友,是与比周,天下之民谓之浑敦。少皞氏有不才子,毁信废忠,崇饰恶言;靖谮庸回,服谗搜慝,以诬盛德,天下之民谓之穷奇。颛顼氏有不才子,不可教训,不知话言;告之则顽,舍之则嚚,傲很明德,以乱天常,天下之民谓之梼杌。此三族也,世济其凶,增其恶名,以至于尧,尧不能去。缙云氏有不才子,贪于饮食,冒于货贿,侵欲崇侈,不可盈厌,聚敛积实,不知纪极,不分孤寡,不恤穷匮。天下之民以比三凶,谓之饕餮。(《左传·文公十八年》)

仲尼以齐豹之盗孟絷之贼不许琴张吊宗鲁

琴张闻宗鲁死,将往吊之。仲尼曰:"齐豹之盗,而孟絷之贼,女何吊焉?君子不食奸,不受乱,不为利疚于回,不以回待人,不盖不义,不犯非礼。"(《左传·昭公二十年》)

晋女叔宽谓周苌弘齐高张违天违人皆将不免

齐高张后,不从诸侯。晋女叔宽曰:"周苌弘、齐高张皆将不免。苌叔违天,高子违人。天之所坏,不可支也;众之所为,不可奸也。"(《左传·定公元年》)

孔子谓楚昭王知大道

孔子曰:"楚昭王知大道矣。其不失国也,宜哉!《夏书》曰:'惟彼陶唐,帅彼天常,有此冀方。今失其行,乱其纪纲,乃灭而亡。'又曰:'允出兹在兹。'由己率常,可矣。"(《左传·哀公六年》)

君子曰谓楚惠王知志

巴人伐楚,围鄾。初,右司马子国之卜也,观瞻曰:"如志。"故命之。及巴师至,将卜帅。王曰:"宁如志,何卜焉?"使帅师而行。请承,王曰:"寝尹、工尹勤先君者也。"三月,楚公孙宁、吴由于、蓬固败巴师于鄾,故封子国于析。

　　君子曰:"惠王知志。《夏书》曰'官占唯能蔽志,昆命于元龟',其是之谓乎!《志》曰'圣人不烦卜筮',惠王其有焉。"(《左传·哀公十八年》)

附录二:《论语》人物品评录

对于《论语》人物品评的品目,我们主要依据其人物品评中出现的主要品评概念范畴和品评者的主要观点倾向来确定。有些品评事例没有明确地提出规定性的概念范畴,则参照后世人物品评之门类的提炼方法,依据其主要内容、品评人物的方法、风格、态度、特点等因素,为其拟定出门类。品目和门类本来是两个不同的概念,前文已有论述。门类的出现是与第三品评主体——材料的整理者的主体地位的凸显和确立相辅相成的。所以在《论语》人物品评类型的划分中,我们一方面以品评者提出的概念范畴和主要观点为依据;另一方面,我们自己充当了第三品评主体的角色,根据其品评人物的方法、风格、态度、特点等因素,将那些没有提出明确的概念范畴的材料归入特定的门类,如"品藻""轻诋""赏誉""识鉴"就是这一类型。所以,这里对《论语》人物品评的分类也只能是根据材料的实际特点将品目和门类放在一起,分类上仍然运用了双重标准。《论语》文本依据朱熹《四书章句集注》。①

[一] 仁

子张问曰:"令尹子文三仕为令尹,无喜色;三已之,无愠色。旧令尹之政,必以告新令尹。何如?"子曰:"忠矣。"曰:"仁矣乎?"曰:"未知,焉得仁?""崔子弑齐君,陈文子有马十乘,弃而违之。至于他邦,则曰:'犹吾大夫崔子也。'违之。之一邦,则又曰:'犹吾大夫崔子也。'违之。何如?"子曰:"清矣。"曰:"仁矣乎?"曰:"未知。焉得仁?"(《公冶长》)

---

① [宋]朱熹《四书章句集注》,中华书局,1983年版。

子路曰:"桓公杀公子纠,召忽死之,管仲不死。"曰"未仁乎?"子曰:"桓公九合诸侯,不以兵车,管仲之力也。如其仁!如其仁!"(《宪问》)

冉有曰:"夫子为卫君乎?"子贡曰:"诺。吾将问之。"入,曰:"伯夷、叔齐何人也?"曰:"古之贤人也。"曰:"怨乎?"曰:"求仁而得仁,又何怨。"出,曰:"夫子不为也。"(《述而》)

子曰:"回也,其心三月不违仁,其余则日月至焉而已矣。"(《雍也》)

孟武伯问:"子路仁乎?"子曰:"不知也。"又问。子曰:"由也,千乘之国,可使治其赋也,不知其仁也。""求也何如?"子曰:"求也,千室之邑,百乘之家,可使为之宰也,不知其仁也。""赤也何如?"子曰:"赤也,束带立于朝,可使与宾客言也,不知其仁也。"(《公冶长》)

[二] 好　　学

哀公问:"弟子孰为好学?"孔子对曰:"有颜回者好学,不迁怒,不贰过。不幸短命死矣!今也则亡,未闻好学者也。"(《雍也》)

子曰:"吾与回言终日,不违如愚。退而省其私,亦足以发。回也不愚。"(《为政》)

子曰:"十室之邑,必有忠信如丘者焉,不如丘之好学也。"(《公冶长》)

[三] 文

子贡问曰:"孔文子何以谓之文也?"子曰:"敏而好学,不耻下问,是以谓之文也。"(《公冶长》)

公叔文子之臣大夫僎,与文子同升诸公。子闻之曰:"可以为文矣。"(《宪问》)

子畏于匡。曰:"文王既没,文不在兹乎?天之将丧斯文也,后死者不得与于斯文也;天之未丧斯文也,匡人其如予何?"(《子罕》)

[四] 礼

子曰:"管仲之器小哉!"或曰:"管仲俭乎?"曰:"管氏有三归,官事不摄,焉得俭?""然则管仲知礼乎?"曰:"邦君树塞门,管氏亦树塞门;邦君为两君之好,有反坫,管氏亦有反坫。管氏而知礼,孰不知礼?"(《八佾》)

陈司败问昭公知礼乎?孔子曰:"知礼。"孔子退,揖巫马期而进之,曰:"吾闻君子不党,君子亦党乎?君取于吴为同姓,谓之吴孟子。君而知礼,孰不知礼?"巫马期以告。子曰:"丘也幸,苟有过,人必知之。"(《述而》)

子曰:"恭而无礼则劳,慎而无礼则葸,勇而无礼则乱,直而无礼则绞。君子笃于亲,则民兴于仁;故旧不遗,则民不偷。"(《泰伯》)

[五] 文　　学

子贡曰:"贫而无谄,富而无骄,何如?"子曰:"可也。未若贫而乐,富而好礼者也。"子贡曰:"《诗》云:'如切如磋,如琢如磨。'其斯之谓与?"子曰:"赐也,始可与言《诗》已矣!告诸往而知来者。"(《学而》)

子夏问曰:"'巧笑倩兮,美目盼兮,素以为绚兮。'何谓也?"子曰:"绘事后素。"曰:"礼后乎?"子曰:"起予者商也!始可与言《诗》已矣。"(《八佾》)

[六] 品　　藻

子谓子贡曰:"女与回也孰愈?"对曰:"赐也何敢望回。回也闻一以知十,赐也闻一以知二。"子曰:"弗如也!吾与女弗如也。"(《公冶长》)

子贡问:"师与商也孰贤?"子曰:"师也过,商也不及。"曰:"然则师愈与?"子曰:"过犹不及。"(《先进》)

子曰:"回也其庶乎,屡空。赐不受命,而货殖焉,亿则屡中。"(《先进》)

子路问:"闻斯行诸?"子曰:"有父兄在,如之何其闻斯行之?"冉有问:"闻斯行诸?"子曰:"闻斯行之。"公西华曰:"由也问闻斯行诸,子曰'有父兄在';求也问闻斯行诸,子曰'闻斯行之'。赤也惑,敢问。"子曰:"求也退,故进之;由也兼人,故退之。"(《先进》)

或问子产。子曰:"惠人也。"问子西。曰:"彼哉!彼哉!"问管仲。曰:"人也。夺伯氏骈邑三百,饭疏食,没齿无怨言。"(《宪问》)

德行:颜渊,闵子骞,冉伯牛,仲弓。言语:宰我,子贡。政事:冉有,季路。文学:子游,子夏。(《先进》)

卫公孙朝问于子贡曰:"仲尼焉学?"子贡曰:"文武之道,未坠于地,在人。贤者识其大者,不贤者识其小者,莫不有文武之道焉。夫子焉不学?而亦何常师之有?"(《子张》)

叔孙武叔语大夫于朝,曰:"子贡贤于仲尼。"子服景伯以告子贡。子贡曰:"譬之宫墙,赐之墙也及肩,窥见室家之好。夫子之墙数仞,不得其门而入,不见宗庙之美,百官之富。得其门者或寡矣。夫子之云,不亦宜乎!"(《子张》)

叔孙武叔毁仲尼。子贡曰:"无以为也,仲尼不可毁也。他人之贤者,丘陵也,犹可逾也;仲尼,日月也,无得而逾焉。人虽欲自绝,其何伤于日月乎?多见其不知量也!"(《子张》)

陈子禽谓子贡曰:"子为恭也,仲尼岂贤于子乎?"子贡曰:"君子一言以为知,一言以为不知,言不可不慎也。夫子之不可及也,犹天之不可阶而升也。夫子之得邦家者,所谓立之斯立,道之斯行,绥之斯来,动之斯和。其生也荣,其死也哀,如之何其可及也。"(《子张》)

季康子问:"仲由可使从政也与?"子曰:"由也果,于从政乎何有?"曰:"赐也,可使从政也与?"曰:"赐也达,于从政乎何有?"曰:"求也,可使从政也与?"曰:"求也艺,于从政乎何有?"(《雍也》)

子曰:"晋文公谲而不正,齐桓公正而不谲。"(《宪问》)

逸民:伯夷、叔齐、虞仲、夷逸、朱张、柳下惠、少连。子曰:"不降其志,不辱其身,伯夷、叔齐与!"

谓:"柳下惠、少连,降志辱身矣,言中伦,行中虑,其斯而已矣。"谓:"虞仲、夷逸,隐居放言。身中清,废中权。我则异于是,无可无不可。"(《微子》)

子曰:"不愤不启,不悱不发,举一隅不以三隅反,则不复也。"(《述而》)

[七] 信

子路有闻,未之能行,唯恐有闻。(《公冶长》)

子曰:"片言可以折狱者,其由也与?"子路无宿诺。(《颜渊》)

[八] 中　　道

子在陈曰:"归与!归与!吾党之小子狂简,斐然成章,不知所以裁之。"(《公冶长》)

子曰:"不得中行而与之,必也狂狷乎!狂者进取,狷者有所不为也。"(《子路》)

仲弓问子桑伯子,子曰:"可也简。"仲弓曰:"居敬而行简,以临其民,不亦可乎?居简而行简,无乃大简乎?"子曰:"雍之言然。"(《雍也》)

季文子三思而后行。子闻之,曰:"再,斯可矣。"(《公冶长》)

子曰:"宁武子邦有道则知,邦无道则愚。其知可及也,其愚不可及也。"(《公冶长》)

子曰:"质胜文则野,文胜质则史。文质彬彬,然后君子。"(《雍也》)

[九] 直

子曰:"直哉史鱼!邦有道,如矢;邦无道,如矢。君子哉蘧伯玉!邦有道,则仕;邦无道,则可卷而怀之。"(《卫灵公》)

子曰:"孰谓微生高直?或乞醯焉,乞诸其邻而与之。"(《公冶长》)

柳下惠为士师,三黜。人曰:"子未可以去乎?"曰:"直道而事人,焉往而不三黜?枉道而事人,何必去父母之邦。"(《微子》)

叶公语孔子曰:"吾党有直躬者,其父攘羊,而子证之。"孔子曰:"吾党之直者异于是。父为子隐,子为父隐,直在其中矣。"(《子路》)

子游为武城宰。子曰:"女得人焉尔乎?"曰:"有澹台灭明者,行不由径。非公事,未尝至于偃之室也。"(《雍也》)

[十] 乐　　道

子曰:"贤哉,回也!一箪食,一瓢饮,在陋巷。人不堪其忧,回也不改其乐。贤哉,回也!"(《雍也》)

叶公问孔子于子路,子路不对。子曰:"女奚不曰,其为人也,发愤忘食,乐以忘忧,不知老之将至云尔。"(《述而》)

子曰:"语之而不惰者,其回也与!"(《子罕》)

子谓颜渊,曰:"惜乎!吾见其进也,未见其止也。"(《子罕》)

子曰:"回也非助我者也,于吾言无所不说。"(《先进》)

[十一] 礼　　容

南容三复白圭,孔子以其兄之子妻之。(《先进》)

子温而厉,威而不猛,恭而安。(《述而》)

子曰:"巧言、令色、足恭,左丘明耻之,丘亦耻之。匿怨而友其人,左丘明耻之,丘亦耻之。"(《公冶长》)

子禽问于子贡曰:"夫子至于是邦也,必闻其政,求之与?抑与之与?"子贡曰:"夫子温、良、恭、俭、让以得之。夫子之求之也,其诸异乎人之求之与?"(《学而》)

子之燕居,申申如也,夭夭如也。(《述而》)

孔子于乡党,恂恂如也,似不能言者。

其在宗庙朝廷,便便言,唯谨尔。(《乡党》)

朝,与下大夫言,侃侃如也;与上大夫言,訚訚如也。君在,踧踖如也,与与如也。(《乡党》)

君召使摈,色勃如也,足躩如也。揖所与立,左右手。衣前后,襜如也。趋进,翼如也。宾退,必复命曰:"宾不顾矣。"(《乡党》)

入公门,鞠躬如也,如不容。立不中门,行不履阈。过位,色勃如也,足躩如也,其言似不足者。摄齐升堂,鞠躬如也,屏气似不息者。出,降一等,逞颜色,怡怡如也。没阶趋,翼如也。复其位,踧踖如也。(《乡党》)

执圭,鞠躬如也,如不胜。上如揖,下如授。勃如战色,足缩缩,如有循。享礼,有容色。私觌,愉愉如也。(《乡党》)

君子不以绀緅饰。红紫不以为亵服。当暑,袗絺绤,必表而出之。缁衣羔裘,素衣麑裘,黄衣狐裘。亵裘长。短右袂。必有寝衣,长一身有半。狐貉之厚以居。去丧,无所不佩。非帷裳,必杀之。羔裘玄冠不以吊。吉月,必朝服而朝。(《乡党》)

齐,必有明衣,布。齐,必变食,居必迁坐。(《乡党》)

食不厌精,脍不厌细。食饐而餲,鱼馁而肉败,不食。色恶,不食。臭恶,不食。失饪,不食。不时,不食。割不正,不食。不得其酱,不食。肉虽多,不使胜食气。惟酒无量,不及乱。沽酒市脯不食。不撤姜食。不多食。(《乡党》)

祭于公,不宿肉。祭肉不出三日。出三日,不食之矣。(《乡党》)

食不语,寝不言。(《乡党》)

虽疏食菜羹,瓜祭,必齐如也。(《乡党》)

席不正,不坐。(《乡党》)

乡人饮酒,杖者出,斯出矣。(《乡党》)

乡人傩,朝服而立于阼阶。(《乡党》)

问人于他邦,再拜而送之。(《乡党》)

康子馈药,拜而受之。曰:"丘未达,不敢尝。"(《乡党》)

厩焚。子退朝,曰:"伤人乎?"不问马。(《乡党》)

君赐食,必正席先尝之;君赐腥,必熟而荐之;君赐生,必畜之。侍食于君,君祭,先饭。(《乡党》)

疾,君视之,东首,加朝服,拖绅。(《乡党》)

君命召,不俟驾行矣。(《乡党》)

入太庙,每事问。(《乡党》)

朋友死,无所归,曰:"于我殡。"(《乡党》)

朋友之馈,虽车马,非祭肉,不拜。(《乡党》)

寝不尸,居不客。(《乡党》)

见齐衰者,虽狎,必变。见冕者与瞽者,虽亵,必以貌。凶服者式之。式负版者。有盛馔,必变色而作。迅雷风烈,必变。(《乡党》)

升车,必正立执绥。车中,不内顾,不疾言,不亲指。(《乡党》)

色斯举矣,翔而后集。曰:"山梁雌雉,时哉!时哉!"子路共之,三嗅而作。(《乡党》)

闵子侍侧,訚訚如也;子路,行行如也;冉有、子贡,侃侃如也。子乐。"若由也,不得其死然。"(《先进》)

[十二] 德

子曰:"雍也可使南面。"(《雍也》)

子曰:"天生德于予,桓魋其如予何?"(《述而》)

子曰:"无为而治者,其舜也与？夫何为哉,恭己正南面而已矣。"(《卫灵公》)

齐景公有马千驷,死之日,民无德而称焉。伯夷、叔齐饿于首阳之下,民到于今称之。其斯之谓与？(《季氏》)

子曰:"泰伯,其可谓至德也已矣！三以天下让,民无得而称焉。"(《泰伯》)

子曰:"巍巍乎！舜、禹之有天下也,而不与焉。"(《泰伯》)

子曰:"大哉尧之为君也！巍巍乎！唯天为大,唯尧则之。荡荡乎！民无能名焉。巍巍乎！其有成功也;焕乎,其有文章！"(《泰伯》)

舜有臣五人而天下治。武王曰:"予有乱臣十人。"孔子曰:"才难,不其然乎？唐、虞之际,于斯为盛。有妇人焉,九人而已。三分天下有其二,以服事殷。周之德,其可谓至德也已矣。"(《泰伯》)

子曰:"禹,吾无间然矣。菲饮食,而致孝乎鬼神;恶衣服,而致美乎黻冕;卑宫室,而尽力乎沟洫。禹,吾无间然矣。"(《泰伯》)

南宫适问于孔子曰:"羿善射,奡荡舟,俱不得其死然;禹、稷躬稼,而有天下。"夫子不答,南宫适出。子曰:"君子哉若人！尚德哉若人！"(《宪问》)

子曰:"乡原,德之贼也。"(《阳货》)

[十三] 孝

子曰:"孝哉闵子骞！人不间于其父母昆弟之言。"(《先进》)

曾子曰:"吾闻诸夫子:孟庄子之孝也,其他可能也;其不改父之臣,与父之政,是难能也。"(《子张》)

[十四] 识　鉴

子谓公冶长,"可妻也。虽在缧绁之中,非其罪也"。以其子妻之。(《公冶长》)

子谓南容,"邦有道,不废;邦无道,免于刑戮"。以其兄之子妻之。(《公冶长》)

子谓子贱,"君子哉若人！鲁无君子者,斯焉取斯"？(《公

冶长》)

或曰:"雍也仁而不佞。"子曰:"焉用佞? 御人以口给,屡憎于人。不知其仁,焉用佞?"(《公冶长》)

子曰:"道不行,乘桴浮于海。从我者其由与?"子路闻之喜。子曰:"由也好勇过我,无所取材。"(《公冶长》)

子曰:"吾未见刚者。"或对曰:"申枨。"子曰:"枨也欲,焉得刚?"(《公冶长》)

子贡曰:"我不欲人之加诸我也,吾亦欲无加诸人。"子曰:"赐也,非尔所及也。"(《公冶长》)

子曰:"孟公绰为赵、魏老则优,不可以为滕、薛大夫。"(《宪问》)

子路问成人。子曰:"若臧武仲之知,公绰之不欲,卞庄子之勇,冉求之艺,文之以礼乐,亦可以为成人矣。"曰:"今之成人者何必然? 见利思义,见危授命,久要不忘平生之言,亦可以为成人矣。"(《宪问》)

子问公叔文子于公明贾曰:"信乎夫子不言、不笑、不取乎?"公明贾对曰:"以告者过也,夫子时然后言,人不厌其言;乐然后笑,人不厌其笑;义然后取,人不厌其取。"子曰:"其然,岂其然乎?"(《宪问》)

子曰:"臧武仲以防求为后于鲁,虽曰不要君,吾不信也。"(《宪问》)

子言卫灵公之无道也,康子曰:"夫如是,奚而不丧?"孔子曰:"仲叔圉治宾客,祝鮀治宗庙,王孙贾治军旅。夫如是,奚其丧?"(《宪问》)

柴也愚,参也鲁,师也辟,由也喭。(《先进》)

季子然问:"仲由、冉求可谓大臣与?"子曰:"吾以子为异之问,曾由与求之问。所谓大臣者:以道事君,不可则止。今由与求也,可谓具臣矣。"曰:"然则从之者与?"子曰:"弑父与君,亦不从也。"(《先进》)

子路使子羔为费宰。子曰:"贼夫人之子。"子路曰:"有民人焉,有社稷焉。何必读书,然后为学?"子曰:"是故恶夫佞者。"(《先进》)

子路、曾皙、冉有、公西华侍坐。子曰:"以吾一日长乎尔,毋吾以也。居则曰:'不吾知也!'如或知尔,则何以哉?"子路率尔而对曰:

"千乘之国,摄乎大国之间,加之以师旅,因之以饥馑;由也为之,比及三年,可使有勇,且知方也。"夫子哂之。"求!尔何如?"对曰:"方六七十,如五六十,求也为之,比及三年,可使足民。如其礼乐,以俟君子。""赤!尔何如?"对曰:"非曰能之,愿学焉。宗庙之事,如会同,端章甫,愿为小相焉。""点!尔何如?"鼓瑟希,铿尔,舍瑟而作。对曰:"异乎三子者之撰。"子曰:"何伤乎? 亦各言其志也。"曰:"莫春者,春服既成。冠者五六人,童子六七人,浴乎沂,风乎舞雩,咏而归。"夫子喟然叹曰:"吾与点也!"三子者出,曾皙后。曾皙曰:"夫三子者之言何如?"子曰:"亦各言其志也已矣。"曰:"夫子何哂由也?"曰:"为国以礼,其言不让,是故哂之。""唯求则非邦也与?""安见方六七十如五六十而非邦也者?""唯赤则非邦也与?""宗庙会同,非诸侯而何? 赤也为之小,孰能为之大?"(《先进》)

[十五] 轻　诋

樊迟请学稼。子曰:"吾不如老农。"请学为圃。曰:"吾不如老圃。"樊迟出。子曰:"小人哉,樊须也! 上好礼,则民莫敢不敬;上好义,则民莫敢不服;上好信,则民莫敢不用情。夫如是,则四方之民襁负其子而至矣,焉用稼?"(《子路》)

宰予昼寝。子曰:"朽木不可雕也,粪土之墙不可杇也,于予与何诛。"子曰:"始吾于人也,听其言而信其行;今吾于人也,听其言而观其行。于予与改是。"(《公冶长》)

子曰:"由之瑟奚为于丘之门?"门人不敬子路。子曰:"由也升堂矣,未入于室也。"(《先进》)

子贡方人。子曰:"赐也贤乎哉? 夫我则不暇。"(《宪问》)

微生亩谓孔子曰:"丘何为是栖栖者与? 无乃为佞乎?"孔子曰:"非敢为佞也,疾固也。"(《宪问》)

子路宿于石门。晨门曰:"奚自?"子路曰:"自孔氏。"曰:"是知其不可而为之者与?"(《宪问》)

子曰:"臧文仲其窃位者与? 知柳下惠之贤,而不与立也。"(《卫灵公》)

冉求曰:"非不说子之道,力不足也。"子曰:"力不足者,中道而

废。今女画。"(《雍也》)

子曰:"臧文仲居蔡,山节藻棁,何如其知也?"(《公冶长》)

子游曰:"吾友张也,为难能也。然而未仁。"(《子张》)

曾子曰:"堂堂乎张也,难与并为仁矣。"(《子张》)

子贡曰:"纣之不善,不如是之甚也。是以君子恶居下流,天下之恶皆归焉。"(《子张》)

[十六] 赏　　誉

颜渊喟然叹曰:"仰之弥高,钻之弥坚;瞻之在前,忽焉在后。夫子循循然善诱人,博我以文,约我以礼。欲罢不能,既竭吾才,如有所立卓尔。虽欲从之,末由也已。"(《子罕》)

达巷党人曰:"大哉孔子!博学而无所成名。"子闻之,谓门弟子曰:"吾何执?执御乎?执射乎?吾执御矣。"(《子罕》)

子曰:"衣敝缊袍,与衣狐貉者立,而不耻者,其由也与?'不忮不求,何用不臧?'"子路终身诵之。子曰:"是道也,何足以臧?"(《子罕》)

大宰问于子贡曰:"夫子圣者与?何其多能也?"子贡曰:"固天纵之将圣,又多能也。"子闻之,曰:"大宰知我乎!吾少也贱,故多能鄙事。君子多乎哉?不多也。"(《子罕》)

子谓子产:"有君子之道四焉:其行己也恭,其事上也敬,其养民也惠,其使民也义。"(《公冶长》)

子曰:"晏平仲善与人交,久而敬之。"(《公冶长》)

蘧伯玉使人于孔子。孔子与之坐而问焉,曰:"夫子何为?"对曰:"夫子欲寡其过而未能也。"使者出。子曰:"使乎!使乎!"(《宪问》)

子曰:"君子道者三,我无能焉:仁者不忧,知者不惑,勇者不惧。"子贡曰:"夫子自道也。"(《宪问》)

子谓卫公子荆,"善居室。始有,曰:'苟合矣。'少有,曰:'苟完矣。'富有,曰:'苟美矣。'"(《子路》)

周有八士:伯达、伯适、仲突、仲忽、叔夜、叔夏、季随、季騧。(《微子》)

[十七] 尊　　道

长沮、桀溺耦而耕,孔子过之,使子路问津焉。长沮曰:"夫执舆者为谁?"子路曰:"为孔丘。"曰:"是鲁孔丘与?"曰:"是也。"曰:"是知津矣。"问于桀溺,桀溺曰:"子为谁?"曰:"为仲由。"曰:"是鲁孔丘之徒与?"对曰:"然。"曰:"滔滔者天下皆是也,而谁以易之? 且而与其从辟人之士也,岂若从辟世之士哉?"耰而不辍。子路行以告。夫子怃然曰:"鸟兽不可与同群,吾非斯人之徒与而谁与? 天下有道,丘不与易也。"(《微子》)

子路从而后,遇丈人,以杖荷蓧。子路问曰:"子见夫子乎?"丈人曰:"四体不勤,五谷不分。孰为夫子?"植其杖而芸。子路拱而立。止子路宿,杀鸡为黍而食之,见其二子焉。明日,子路行以告。子曰:"隐者也。"使子路反见之。至则行矣。子路曰:"不仕无义。长幼之节,不可废也;君臣之义,如之何其废之? 欲洁其身,而乱大伦。君子之仕也,行其义也。道之不行,已知之矣。"(《微子》)

[十八] 其　　他

子食于有丧者之侧,未尝饱也。(《述而》)

子于是日哭,则不歌。(《述而》)

子钓而不纲,弋不射宿。(《述而》)

子与人歌而善,必使反之,而后和之。(《述而》)

仪封人请见。曰:"君子之至于斯也,吾未尝不得见也。"从者见之。出曰:"二三子,何患于丧乎? 天下之无道也久矣,天将以夫子为木铎。"(《八佾》)

季氏使闵子骞为费宰。闵子骞曰:"善为我辞焉。如有复我者,则吾必在汶上矣。"(《雍也》)

公伯寮愬子路于季孙。子服景伯以告,曰:"夫子固有惑志于公伯寮,吾力犹能肆诸市朝。"子曰:"道之将行也与? 命也。道之将废也与? 命也。公伯寮其如命何!"(《宪问》)

后 记

拙作《先秦人物品评研究》终于要付梓了,这一刻距离本书的初稿完成已经过去了八年,距离书稿交付出版社也已经过去了三年。本书是在我的博士论文的基础上修改完成的。书稿的写作、修改、完善乃至出版伴随着我的学术成长过程。

从博士论文到定稿出版,前后历时八年。书稿的结构框架和材料、观点都经过了长久沉淀和反复打磨。其中最重要的是添加了《正名辨实、分类定等与〈荀子〉的伦类品评》一章的内容,重写了"余论"部分。因为博士论文中对于《荀子》一书的人物品评只是作了概括性的介绍,没有完全展开,所以后续的修改中着力补充了这一部分内容。对于"余论"部分,不仅是扩充和细化,亦相当于是对两汉人物品评的一个概括研究。从人物品评的角度梳理了《论语》《法言》和《世说新语》之间的内在关联和因革关系,进而将先秦人物品评与魏晋人物品评勾连起来。这样在原书的基础上又增加了六万多字,最后书稿的定稿已近五十万字,在内容上也更加完善。

总体来说,本书的写作立足于两个方面:一是思想史,二是文献。这与我的求学经历和兴趣偏好有关。

2011年,我考入西北师范大学,师从赵逵夫先生攻读中国古代文学博士学位。西北师范大学中国古代文学学科有着深厚的学术传统,学风踏实严谨,形成了以赵逵夫先生为代表的先秦文学研究团队,是国内先秦文学研究的重镇之一。赵先生治学注重文献和元典,结合历史演进的时空维度将先秦各类文学元典做通盘考察,注重回到历史现场,还原文本的生成和演进历程。他带领同门学长一起完成的《先秦文学编年史》,就是这种治学思想指导下的代表作。按照先生"先秦文学元典研究"的治学方向,先生本来有意让我作《鹖冠子》研究，但他在与我交流后，认为我更适合对传统文化中早已产生的"人物品评"现象展开研究。我遂将博士论文的题目定为《先秦人物品评研究》。在先生的指导下，我的博士论文以元典文献文本的梳理和细读为基础，综合我长期以来逐渐形成的文史哲综合研究的学术方法，对先秦时期的人物品评现象进行全方位的研究。

这种文史哲综合研究的学术方法，源于我硕士学习阶段的学术训练。2004 年，我考入兰州大学文学院，攻读中国古代文学专业先秦两汉方向的硕士学位，师从张崇琛先生。这是我真正接触学术研究的开始。张先生在王国维先生的"二重证据法"和姜亮夫先生的"综合研究法"的基础上，进而提出"大文化视野下的中国古代文学研究"的治学思想，教导我们从事古代文学的研究不应当囿于一隅，而应当进行跨学科的综合研究，要求我们开阔视野，拓展研究思路。先生主要研究楚辞，重点研究方向为先秦两汉文学，但研究范围涉及文学、历史、文献学等各个领域。受先生影响，我在硕士阶段，除了钻研中国古代文学，同时涉猎自己感兴趣的哲学和思想史领域。

哲学领域的研究往往以特定概念范畴及其相互关系来确立问题域，而我更关注这些概念范畴的发生发展史及其横向关系。这种追寻事物发生和流变的研究也正是思想史研究的主要路径。这种追根溯源的学术偏好，使我很快将研究思路集中于对人物品评源流发展的追溯及对其深层根源的揭示方面。人物品评所依据的价值准则和形成的品目根植于特定时期的思想土壤，这些价值准则和品目又是随着思想史及其代表性的概念范畴的演变而变化的，所以对先秦人物品评的研究在一定程度上也就成了先秦思想史的研究。

在研究中，我发现先秦人物品评的价值准则和品目与先秦"德"观念的发展演变关系密切。因此，我便首先对"德"观念展开了详细具体的研究，以此来作为论文的研究基础。结果关于先秦"德"观念的研究就写了近十万字，并且在前人研究的基础上也提出了一些自己的观点，如果稍作扩充，差不多单独就可以成为一篇博士论文了。这一部分体量太庞大，有冲淡人物品评研究主题之弊，最后在业师的建议下，将其压缩为七千多字，放在了绪论中，作为一个研究的思路说明和背景呈现。这部分内容虽然没有完全出现在我的论文中，但它却是我整篇论文的研究基础,没有这一部分的研究工作,就没有论文清晰的思路和应有的深度。后来我以这一部分的研究为基础申报了教育部项目,成为一个独立的研究课题。

论文的写作伴随着对文献的收集、文献时代和真伪的判断、文本关系的辨析与文本内容的解读。不论是哪一个学科领域,对文献掌握和认知的不同,都会得出完全不同的学术判断。只有充分掌握文献,深刻领会文献学知识才能得出可靠的结论。比如论文涉及先秦人性论的问题,在哲学研究领域,徐复观和劳思光两位先生都是学术大家,但他们对于《中庸》的时代问题却有完全不同的判断。徐复观先生《中国人性论史》(先秦篇)认为其出自子思及其门人,将其年代断为孟子之前,以此来构建中国人性论史;但劳思光先生的《中国哲学史新编》将《中庸》断为汉初的作品,因此得出了完全不同的学术观点。面对这些不同的学术结论,哪一种观点更接近学术真相,必须做出进一步的判断。经过查阅大量的文献资料和反复比对,我发现《中庸》产生于孟子之前,为先秦文献的判断似乎更为合理。还有比如《尚书》不同篇目产生的时代问题,《庄子》有关篇目的时代问题等等,这些文献的时代断定是论文写作首先要解决的问题。由此,我也深感文献学之于学术研究的重要性。

鉴于此,我于2014年获得博士学位后,马上进入山东大学儒学高等研究院博士后流动站,跟随郑杰文先生学习并开展博士后研究工作,继续夯实自己的文献学基础。当时,山东大学正在承担国家社科基金重大项目"《子海》整理与研究",郑先生是项目首席专家和负责人。我想通过参与古籍整理进一步加强我的文献学功底,进站后便参与了这一项目,并完成了出站报告《吴子汇校集释》。该书于2021年7月出版,并被收入"子海精华编"。在站期间,我深受山大浓厚学术氛围的熏陶,也得到杜泽逊、王承略、刘心明、聂济冬等诸位先生的指导和帮助,获益良多。能得到山大诸位先生的教诲和指导,我倍感荣幸!当时在站的还有比我小很多岁的魏代富师兄,他于古籍整理和文献研究已经有了不凡的功底,先后出版了多部古籍整理著作。他与我时时讨论交流,给予我很大的帮助。通过博士论文的写作,再加上这次流动站的历练,我对文献学和古籍整理知识有了基本的掌握。

　　伴随着上述学术积累,我的书稿也终于完成了,而这些学术积累也逐渐内化在了书稿中。中间虽然经历了很多困难和挑战,但也得到了众多师友的帮助和支持。

　　从本书的写作完成到出版,我的导师赵逵夫先生都给予了无微不至的指导和关怀。书稿出版在即,先生又于病中为本书作序,此情此景,更令我百感交集!先生的谆谆教诲,殷殷之情,每每想起,感佩于心。先生治学严谨,于学问之事一丝不苟。跟随先生治学多年,不但从先生处学到许多学问知识,而且从先生的言传身教中学到不少做人的道理。先生的勤勉常常令我刚刚冒出的怠惰之念又悄悄地退了回去。先生的认真细致促使我在学术研究中追求完美,追求卓越。先生对学术研究的投入也激励着我不断战胜平庸,在学术的殿堂中追求价值和崇高。先生曾幽默地说,麻雀偶尔可以飞得比鹰还高,但它永远达不到鹰的高度。做学问就要踏踏实实,要像鹰一样追求真正的高度,而不是浮躁地哗众取宠。先生的教诲将是我人生宝贵的精神财富。

　　我的硕士导师兰州大学张崇琛先生和西北师范大学韩高年、伏俊琏、郝润华等先生就博士论文的结构内容和有关材料提出了许多宝贵意见。复旦大学徐志啸先生、安徽大学丁放先生也对博士论文的不足之处给予了中肯的建议。在此表示衷心的感谢!另外,书中的一些篇章曾刊发于《兰州大学学报》《甘肃社会科学》《湖南师范大学社会科学学报》《诗经研究丛刊》及台湾《鹅湖月刊》等学术刊物,借拙作出版之际,谨表谢意!台湾大学的张蓓蓓教授著有《汉晋人物品鉴研究》一书,当时各大图书馆和网上都找不到此书。我根据台大网站上记载的邮箱给她发了一份邮件后,她欣然寄来了她的大作,邮件辗转三个多月才收到。张教授与我素不相识,仅凭着一份陌生的邮件,就给一个无名后学慷慨赠书,这种学人之间的相互信任与支持是那么纯粹和美好,令我十分感动!曾子曰:"君子以文会友,以友辅仁。"即此也!

　　最后,感谢甘肃省先秦文学与文化研究中心对本书出版的资助和支持!感谢上海古籍出版社的毛承慈和孙一夫两位编辑!毛编辑不辞辛劳,一直协调和安排出版事宜。孙一夫编辑在书稿的校对和编辑过程中提出了许多中肯的意见,校正了多处错误,尤其是对书中的引文一一核对,逐一落实征引文献的详细信息,包括铜器铭文和出土文献。对于一些问题,反复与我商讨议定。他认真严谨的工作作风和对学术著作的审慎态度令人敬佩。

书稿终于要出版了,但"学问"之路才刚刚开始。学术研究的殿堂深不可测,越往前走,越感到其博大精深和遥不可及。学无止境,按照孔子的观点来说,"求仁"永远在路上。

于求学治学途中,遇众多良师益友,幸甚至哉!

孙董霞

2022 年 9 月